edition C·H·Beck PAPERBACK

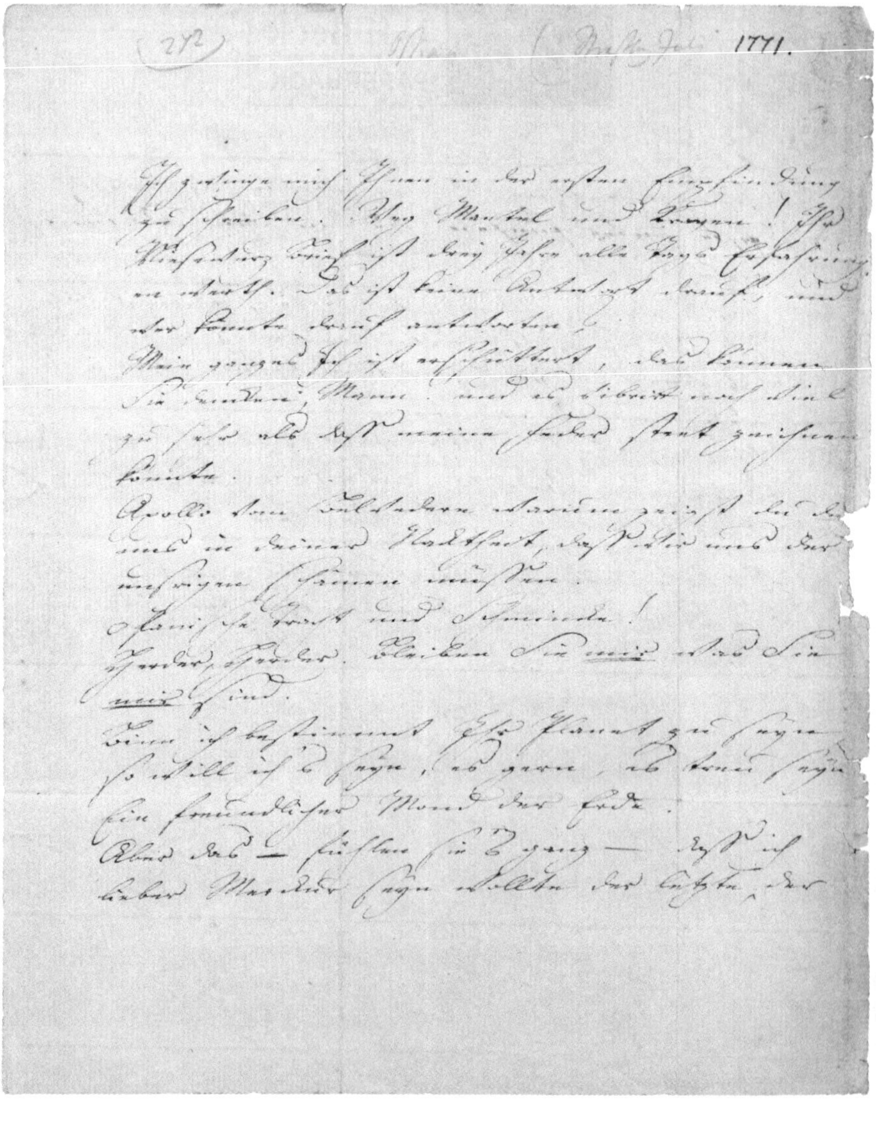

Goethe an Herder, wohl im Oktober 1771
(Faksimile der zweiten Briefseite
am Ende des Buches)

ALBRECHT SCHÖNE

Der Briefschreiber Goethe

C.H.BECK

Die ersten drei Auflagen dieses
Buches erschienen im Jahr 2015 in gebundener Form.

1., durchgesehene Auflage in C.H.Beck Paperback. 2019

www.chbeck.de
Satz: Fotosatz Amann, Memmingen
Druck und Bindung: Druckerei C.H.Beck, Nördlingen
Gedruckt auf säurefreiem, altersbeständigem Papier
(hergestellt aus chlorfrei gebleichtem Zellstoff)
Printed in Germany
978 3 406 73967 5

myclimate
klimaneutral produziert
www.chbeck.de/nachhaltig

INHALT

EXKURSE

»Die übersandten Blätter sind mir von unendlichem Werth«

Vorbemerkungen

> »Wenn die Philosophie ihr Grau in Grau mahlt, dann ist eine Gestalt des Lebens alt geworden, und Grau in Grau läßt sie sich nicht verjüngen, sondern nur erkennen; die Eule der Minerva beginnt erst mit der einbrechenden Dämmerung ihren Flug.«
>
> Hegel[1]

»Briefe gehören unter die wichtigsten Denkmäler, die der einzelne Mensch hinterlassen kann«, statuierte Goethe 1805 in der Vorrede zu seiner Ausgabe von Briefen Winckelmanns aus den Jahren 1752–1767 (an dessen Schulfreund und Hausgenossen Berendis, den späteren Sekretär der Weimarer Herzogin Anna Amalia).[2]

Das hat Adorno 1962 apodiktisch annulliert, als er in seinem Nachwort zu einer Neuauflage von Walter Benjamins Ausgabe deutscher Briefe aus den Jahren 1783–1883 »über den Brief als Form« konstatierte: »Sie ist veraltet; wer ihrer noch mächtig ist,

1 Sämtliche Werke. Jubiläumsausgabe Bd 7. [4]Stuttgart-Bad Cannstatt 1964, S. 36 f.

2 ›Winkelmann und sein Jahrhundert‹: FA I 19, hier S. 13.

verfügt über archaische Fähigkeiten; eigentlich lassen sich keine Briefe mehr schreiben. Benjamins Buch setzt ihnen das Denkmal. Die noch entstehen, haben etwas Falsches, weil sie durch den Gestus unmittelbarer Mitteilung Naivetät bereits erschleichen. Benjamins Buch lockt nicht zur Nachahmung der Texte, die es darbietet, sondern lehrt die Distanz von ihnen. Ihre Unwiederbringlichkeit wird zur Kritik des Weltlaufs, der, indem er das Beschränkende der Humanität tilgte, ohne diese zu verwirklichen, gegen Humanität sich kehrte.«[3]

Daß seither zum Briefschreiben »archaische Fähigkeiten« erforderlich seien, wird man bezweifeln dürfen. Auch Adornos Begründung der These, daß sich Briefe »eigentlich« gar nicht mehr schreiben ließen, verdient wohl kritische Überlegungen. Ohne Zweifel aber markiert sein Diktum eine epochale kulturgeschichtliche Zäsur. Die im 17. Jahrhundert einsetzende gemeineuropäische Briefkultur, der Goethes Eingangssatz galt und für die er gelten mag, auf deren Höhepunkt auch sein eigenes Briefwerk entstand, ist mit dem 20. Jahrhundert an ihr Ende gelangt. Mit einer »einbrechenden Dämmerung«, wie Hegel sie bedachte, sind Briefe als eine »Gestalt des Lebens alt geworden«. Abgedrängt von der handlichen Technik neuer, stürmisch raumgreifender Kommunikationsmedien, zieht sich der private, gar der handgeschriebene Brief zusehends in elitäre Nischen zurück. Zweifellos eröffnet diese digitale Kulturrevolution ungeahnt neue zwischenmenschliche Verständigungsmöglichkeiten, deren ›virtuelle‹ Texte nicht mehr angewiesen sind auf mühsam beschriebenes Papier. Zwangsläufig aber wird ein solcher Gewinn durch Verluste erkauft, die in ihrer Reichweite und Folgenschwere gleichermaßen unabsehbar erscheinen. Nicht um kulturkritische Klagen anzuheben, sondern

3 ›Deutsche Menschen. Eine Folge von Briefen ausgewählt und eingeleitet von Walter Benjamin‹. Frankfurt a. M. 1962, hier S. 128. – Der zur Verbreitung in Hitlers Deutschland bestimmte schmale Band war zuerst im Vita Nova Verlag Luzern 1936 unter dem tarnenden Pseudonym ›von Detlef Holz‹ erschienen (dazu Albrecht Schöne: Vom Betreten des Rasens. [2]München 2005, S. 223–238).

zur Verdeutlichung dieser »einbrechenden Dämmerung« gehe ich auf solche Verluste hier etwas näher ein.

Was sich schon mit den auf der alten Schreibmaschine getippten Briefen verflüchtigte, was ebenso bei den vom Computer ausgedruckten und vollends bei den nur vom Bildschirm der neuen Geräte abgelesenen E-Mail-Texten verlorengeht, ist die ›Aura‹ des eigenhändig Geschriebenen. Solche Blätter, konnte Goethe noch erklären, »sind mir von unendlichem Werth; denn da mir die sinnliche Anschauung durchaus unentbehrlich ist, so werden mir vorzügliche Menschen durch ihre Handschrift auf eine magische Weise vergegenwärtigt.« Am 10. Mai 1812 schrieb er das (mit einem ausdrücklichen Hinweis darauf, daß seine »Denkart im Alter eine historische Wendung« nehme) an Friedrich Heinrich Jacobi, dem er für solche »handschriftlichen Schätze« dankte.

Einer Mode folgend, die sich von Frankreich und England aus um die Mitte des 18. Jahrhunderts auch in Deutschland verbreitete und um die Wende zum 19. Jahrhundert mächtigen Aufschwung nahm, war 1804 unter Goethes Oberaufsicht auch in der Weimarer Bibliothek eine Autographensammlung angelegt worden. 1805 dann hatte der Verwalter des Gleim-Nachlasses in Halberstadt ihm selber eine Reihe meist an Gleim gerichteter Briefe geschenkt, die den Grundstock für seine eigene »gegenwärtige und künftige Sammlung« bildeten.[4] Schon im Jahr darauf stellte er ein erstes »Verzeichniß eigenhändiger Briefe merkwürdiger Männer« zusammen.[5] 1811 ließ er ein Register seines Handschriftenbestandes drucken, das er dann, um gefällige Ergänzungen bittend, eigenen Briefen an Freunde und Bekannte beilegte – so daß er 1812 über seine bereits »gegen die tausend Nummern enthaltende Sammlung« schreiben konnte: »Wo Tauben sind, fliegen Tauben zu«.[6] Sie kamen meist als Geschenke, aber auch durch Kauf oder Tausch

4 Dankesbrief an Körte, 13.9.1805.

5 An Eichstädt, 26.2.1806 (auch Tagebuchvermerke: 25.2.1806 und wieder 23.11.1809).

6 An v. Trebra, 7.4.1812.

mit anderen Sammlern in seinen Besitz. Briefe oder ausgeschnittene briefliche Schlußformeln und Unterschriften bildeten den weit überwiegenden Teil dieses Bestandes.[7] Einen »Zauberkreis, abgeschiedene oder entfernte Geister heranzuziehen« nannte er das,[8] betrachtete und besprach solche Handschriften mit Besuchern, machte sich graphologische und charakterologische, historische und philosophierende Gedanken darüber.

Auf die handfeste Materialität dieser Artefakte war gegründet, was Goethes Werther seiner Lotte erklärt: »Um eins bitte ich Sie: Keinen Sand mehr auf die Zettelchen die Sie mir schreiben. Heute führte ich es schnell nach der Lippe und die Zähne knisterten mir«[9] (man hat sich zu denken, daß sie ihre Tintenschrift mit der üblichen Streusandbüchse ablöschte). Umgekehrt, auf den eigenen Brief bezogen, schrieb Goethe selber 1775 an Augusta zu Stolberg: »wie wohl [ist mir's] bey dem Gedancken, Sie wird dies Blat in der Hand halten! S i e ! D i e s B l a t ! das ich berühre das iezt hier auf dieser Stäte noch weis ist.«[10] Nur setzte die Wahrnehmung einer Aura der eigenhändig zu Papier gebrachten Briefe voraus, daß man das dort in Worten Mitgeteilte auch verstand. Selbst für heutige Studenten der Germanistik und für die amtierenden Deutschlehrer (beiderlei Geschlechts) ist es aber keineswegs mehr selbstverständlich, daß sie die ›deutschen‹ Handschriften Goethes, Schillers, Hölderlins vom Blatt zu lesen vermögen. Weit gravierender noch wirkt dieser Kulturbruch im familiären Bereich sich aus: Briefe von Groß- und Urgroßeltern in der damals gängigen Schreibschrift können ihre Enkel oder Urenkel heute kaum noch entziffern. Dieses Band zwischen den Generationen ist ein für allemal abgerissen.[11]

7 Schreckenbach 1961 beschreibt die Entstehung der Goetheschen Autographensammlung und katalogisierte 1900 »Stücke« (davon 1354 briefliche). Inzwischen zählt man mehr als 2000 an fast 1500 Personen.

8 An Albers, 11./15.1.1814.

9 ›Die Leiden des jungen Werthers‹: FA I 8, S. 83.

10 Brief vom 3.8.1775. Oder an Charlotte v. Stein, 28.5.1783: »Lebe wohl, ich kann nicht vom Blatte wegkommen worauf du deine Augen heften wirst.«

11 Zur Angleichung der Schreibweisen in einem nationalsozialistisch vereinten

Die Aussicht, daß sich dergleichen mit Hilfe gemeinsam verwendeter ›lateinischer‹ Buchstaben wenigstens in Zukunft von neuem ausbilden könnte, erscheint für den Regelfall nicht sonderlich groß. Im gegenwärtigen Grundschulunterricht wird manchenorts anstelle der zusammenhängenden Schreibweise nur noch eine aus isolierten Einzelbuchstaben bestehende Blockschrift eingeübt, die den jungen Smartphone-Benutzern zwar genügen mag, ihr eigenhändiges Schreibvermögen aber verkümmern läßt und in der Folge wohl auch ihre Lesefähigkeit einschränken würde.

Ganz abgesehen noch vom Umgang mit handgeschriebenen Texten, hat der elektronische ›Briefwechsel‹ zweifellos erhebliche Folgen für die überliefernde Verfügbarkeit digitaler Schreiben. »Gott segne Kupfer, Druck und jedes andere vervielfältigende Mittel, so dass das Gute, was einmal da war, nicht wieder zu Grunde gehen kann«, schrieb Goethe angesichts verbrannter Notenschriften an seinen Freund Knebel.[12] Ausdrucken lassen sich auch die zunächst nur virtuellen Texte, aber in der Regel geschieht das gewiß nicht mehr. So mühelos und rasch, wie sie zustande kamen, werden sie auch wieder gelöscht, selten doch erneut gelesen und länger bedacht. Jedenfalls ist ihre dauerhafte Speicherung auf unseren ›Festplatten‹ keineswegs verbürgt. Vielmehr setzt die mit zunehmender, produktivitätssteigernder Bequemlichkeit des Schreibens immer schon verbundene abnehmende Beständigkeit der Schriftträger von Steinplatten, zu Holzscheiben, zu Tontafeln, zur gegerbten Tierhaut des Pergaments und schließlich zum Papier auf diese Weise sich fort. Ein so unermeßlich reiches Quellen-

Europa wurde in Großdeutschlands Schulunterricht 1941/42 die fortan beibehaltene ›lateinische‹ Schreibschrift eingeführt – anstelle der bis dahin gebräuchlichen ›deutschen‹ Kurrentschrift. Den dieser abgeschafften Sütterlin-Variante entsprechenden Fraktur-Druck hat ein parteiamtlich-internes Rundschreiben Martin Bormanns damals als »Schwabacher Judenlettern« ausgegeben. (Dazu, mit Literaturhinweisen, etwa Ulrich Joost in: Im Dickicht der Texte. Editionswissenschaft als interdisziplinäre Grundlagenforschung. Hg. v. Gesa Dane u. a. Berlin 2013, S. 123 f.).

12 Brief vom 1.5.1816.

reservoir, wie es der alltags- und mentalitätsgeschichtlichen Forschung mit den ungedruckt überkommenen privaten Briefwechseln der letzten drei oder vier Jahrhunderte verfügbar ist, wird für künftige Zeiten kaum mehr existieren. Auf den Einzelnen bezogen, scheint Canettis Notiz aus dem Jahr 1951 prognostischen Ernst anzunehmen: »Ein Mensch, der nie einen Brief bekommen hat.«[13]

Goethe hat wohl annähernd 24000 Briefe bekommen.[14] Etwa 20000 mag er selber geschrieben haben[15] – an mehr als 1700 verschiedene Adressaten.[16] Das war für seine Zeit nicht ungewöhnlich. In nur halb so viel Schreibjahren hat etwa auch Lichtenberg, bei weit geringerer Überlieferungszahl, vermutlich 10000 Briefe verfaßt. An tatsächlich überlieferten Schreiben enthalten die Schiller-Nationalausgabe aus 34 Jahren gut 2200, Jean Pauls Sämtliche Werke aus 45 Jahren mehr als 5000. Von Alexander v. Humboldt könnten, wie bei Goethe in etwa 70 Jahren, hochgerechnet gar 50000 Briefe ausgegangen sein.[17] Wohl handelt es sich dabei

13 Elias Canetti: ›Aufzeichnungen 1942–1985‹. München/Wien 1993, S. 178 (ohne Kontext).

14 Davon sind etwa 20000 überliefert; mit schätzungsweise 3000 nur erschlossenen Schreiben könnte man wohl beim Abschluß der neuen Regestausgabe rechnen, davon gesichert bisher etwa 1800 (letzte Auskünfte von Elke Richter, GSA). Darüber hinaus hat Goethe viele eingegangene Briefe selber noch vernichtet. – Ungefähr 8000 dieser Schreiben sind an verschiedenen Stellen abgedruckt. Der gesamte Bestand wird verzeichnet in: Briefe an Goethe (Regesten) – bisher für die Jahre 1764–1819.

15 Davon sind etwa 14700 überliefert; mit schätzungsweise 5000 nur erschlossenen Schreiben könnte man wohl beim Abschluß der neuen Briefausgabe rechnen, davon gesichert bisher 825 (Auskünfte von Elke Richter). Darüber hinaus hat Goethe einige seiner Briefe noch selber vernichtet. – Zum Überwiegen der an ihn gerichteten Schreiben vgl. hier Exkurs I, S. 418.

16 Raabe in WA IV 53 verzeichnet 1439 Briefempfänger (S. 451–708 alphabetisch geordnet mit den Daten der an sie gerichteten Schreiben; S. 736 ff. höchst instruktiv auch »nach Beruf und Stand« zusammengestellt). Durch seither erschlossene Briefe kommen wenigstens 300 weitere hinzu (Auskunft von Elke Richter).

17 Dahinter stehen auch Literaten des 20. Jahrhunderts keineswegs zurück.

um Vertreter der schreibenden Zunft, aber ihre Briefe bilden die Spitze eines gewaltigen Eisbergs. Bereits für die Mitte des 19. Jahrhunderts stellte Heinrich v. Stephan, der spätere deutsche Generalpostmeister, fest: »In Großbritannien kommen im [Jahres-]Durchschnitt auf den Kopf der Bevölkerung 14 Briefe, in Frankreich, in Preußen und in den Vereinigten Staaten von Nordamerika 7, in Oesterreich 1⅓, in Rußland 0,3.«[18]

Gutenbergs seit der Mitte des 15. Jahrhunderts wirksame Erfindung eines raschen und billigen Buchdrucks mit Hilfe bleigegossener beweglicher Einzelbuchstaben hatte im frühen 16. Jahrhundert die Verbreitung der volkssprachlichen Lutherbibel und einer Fülle reformatorischer Flugschriften ermöglicht und die allgemeine Lesefähigkeit dadurch auf revolutionäre Weise befördert. Noch waren im 17. und frühen 18. Jahrhundert außer dem längst schon schriftkundigen geistlichen Stand, den Gelehrten und den Hofbeamten vor allem Angehörige des Adels und des gehobenen städtischen Bürgertums schreib- und lesefähig, Mittel- und Unterschichten nur sehr eingeschränkt. Dann aber führte, wiederum besonders in den protestantischen Regionen, eine neuerliche Frömmigkeitsbewegung auch im Handwerkerstand und in der bäuerlichen Bevölkerung nicht nur zu eigenem geistlichem Buchbesitz, sondern auch zu einer als heilsnotwendig verstandenen Mitteilung eigener geistlicher Erfahrungen.[19] Die Erweckungsschreiben und Seelsorgebriefe der Gründungsväter des Pietismus fanden weite Verbreitung, und über die Standesgrenzen hinweg teilten auch die Gleichgesinnten selber in zahllosen offenherzig vertrauten Briefen Offenbarungserlebnisse und göttliche Führungen mit, suchten sich weit über ihren jeweiligen Kirchsprengel hinaus damit wechselseitig zu ermahnen, zu bestätigen: zu

Rilke oder Hofmannsthal etwa haben wohl mehr als 10 000 Briefe geschrieben, länger lebend als sie: Thomas Mann wenigstens 25 000, Hesse gar 35 000.

18 Stephan 1859, S. 613.

19 Dazu Schrader 2004, insbesondere S. 93 f. und 99–102.

›erbauen‹.[20] Nach der Durchsetzung einer allgemeinen Schulpflicht erstreckte sich die Alphabetisierung Europas gegen Ende des 18. Jahrhunderts grob geschätzt bereits auf zwei Drittel der Männer und zunehmend auch auf Frauen.[21] 1821 vergewisserte Goethe seinen Verleger »der großen Leselust, die durch alle Stände geht und in den untersten nicht weniger lebhaft als in den obersten haus't«.[22]

Die vergleichsweise gebildeten Frauen des Landadels und wohlhabenden Bürgertums, die sich um Portokosten nicht kümmern mußten und über Mußestunden verfügten, beschäftigten sich mit privatem Briefschreiben eher ausgiebiger noch als ihre Männer.[23] Goethe hatte schon bei seinem Leipziger Lehrmeister Gellert gelernt, »daß die Frauenzimmer oft natürlichere Briefe schreiben, als die Mannspersonen. Die Empfindungen der Frauenzimmer sind zarter und lebhafter, als die unsrigen.«[24] 1780 bat er die Gräfin zu Stolberg, »Grüsen Sie die Brüder, schreiben mir wieder einmal von sich, und knüpfen Sie wenn Sie mögen den alten Faden wieder an, es ist ia dies [auch] sonst ein weiblich Geschäfft.«[25] Weniger liebenswürdig hat er zwei Jahre zuvor in seinem ›Lila‹-Spiel den Baron Steinthal gar sagen lassen: »Da gibts solche politische alte

20 Dazu Steinhausen 1889/91 (in der einzigen, noch immer förderlichen ›Geschichte des deutschen Briefes‹), S. 154–159. Näher eingehend auf die seelsorgerischen Schreiben geistlicher Autoritäten wie Spener, Francke oder Zinzendorf und die ›Tradition erbaulicher Briefausgaben‹ Mennecke-Haustein in: Der Umgang mit dem religiösen Buch… . Hg. v. H. E. Bödeker u. a. Göttingen 1991, S. 361–387.

21 Zum Vergleich: Für 2011 rechnete die Repräsentativ-Studie ›leo.-Level-One‹ der Universität Hamburg 14,5 % unserer erwerbsfähigen deutschsprechenden Bevölkerung zwischen 18 und 64 Jahren noch zu den ›funktionalen‹ Analphabeten, die auch kurze zusammenhängende Texte, also jedenfalls Briefe, weder lesen noch schreiben könnten.

22 An Cotta am 24.6.1821, ein fremdes Manuskript zum Druck vorschlagend (»nicht weniger lebhaft« heißt hinsichtlich der untersten Stände freilich nicht: gleichermaßen verbreitet).

23 Dazu Becker-Cantarino 1999, S. 130 ff. und Furger 2010, S. 157 ff.

24 Gellert 1751, S. 75 f. – Vgl. im Folgenden, S. 88–92.

25 Brief vom 3.6.1780.

Weiber, die weitläufige Korrespondenzen haben, und die immer etwas neues brauchen, woher es auch komme, daß das Porto doch nicht ganz vergeblich ausgegeben wird.«[26]

Abgesehen aber von bloßer Freude an plauderndem Briefgeschwätz, das eher ein »weiblich Geschäfft« sein mochte, und neben einem allgemeinen Neuigkeitsverlangen, das vom Zeitungswesen zunächst nur unzureichend gestillt wurde, war das Briefschreiben durch die Ausstrahlungen der pietistischen Frömmigkeitsbewegung in den säkularen Empfindsamkeitskult derart angeregt worden, daß Goethe aus dem Jahr 1772 berichten konnte: Im »vertrauten Briefwechsel« herrsche »eine so allgemeine Offenherzigkeit unter den Menschen, daß man mit keinem Einzelnen sprechen, oder an ihn schreiben konnte, ohne es zugleich als an mehrere gerichtet zu betrachten. Man spähte sein eigen Herz aus und das Herz der andern« – so »griff dieser sittliche und literarische Verkehr bald weiter um sich.«[27] In der Tat erschien es durchaus zulässig und war es weithin üblich geworden, jedenfalls ›ostensible‹ Briefe (wie sie Goethe häufig mit dieser Bezeichnung freigegeben hat) auch anderen Interessenten als dem eigentlichen Adressaten vorzulesen oder sie in Abschriften zu verbreiten. Was sich, durch solche Gewohnheiten noch befördert, im 18. Jahrhundert mit dem raumgreifenden Briefverkehr ausbildete, läßt sich zutreffender nicht charakterisieren als mit der modischen Metapher eines ›Netzwerks‹. In seiner Dichte und Reichweite hat das mit der Zeit eine außerordentliche politische Bedeutung gewonnen.

Um zeitgeschichtliche Ereignisse und politische Fragen geht es häufig in Goethes Briefen. Mehr noch gilt das für seine Gespräche unter vier Augen, für seine späteren autobiographischen

26 FA I 5, S. 41.

27 ›Dichtung und Wahrheit‹ III 13: FA I 14, S. 607. Näheres dazu hier im Exkurs I, S. 406 f. – Ablesbar wird diese Entwicklung dann an der von Schlawe 1969 vorgelegten Bibliographie deutscher Briefausgaben von 1815–1915. Er erfaßte 1360 selbstständige Publikationen und konstatierte (Bd I, S. XI): »Das 19. Jahrhundert ist die Blütezeit der Briefliteratur.«

Schriften dann, auf eher verschlüsselte Weise lebenslang ebenso für seine Dichtwerke. Zur Belebung auch des allgemeinen Briefverkehrs seiner Zeit durch die ›große‹ Geschichte hat er einen bemerkenswerten Bericht hinterlassen, der sich auf das Jahr 1792 bezieht. Als er damals genötigt war, Weimars Herzog beim Einmarsch der preußischen Truppen ins revolutionäre Frankreich zu begleiten, mußte seine Reisekutsche im letzten Ort vor der Grenze auf neue Postpferde warten. »Ich saß vor dem Fenster des Posthauses«, erzählte er 30 Jahre später, »unfern von der Stelle wo das Kästchen stand, in dessen Einschnitt man die [zu Lasten des Empfängers] unfrankierten Briefe zu werfen pflegt. Einen ähnlichen Zudrang hab' ich nie gesehn; zu hunderten wurden sie in die Ritze gesenkt« – von den zuvor aus Frankreich geflüchteten oder vertriebenen Anhängern und Nutznießern des absolutistischen Regimes nämlich, die auf Heimkehr hoffend dort Station machten. »Vor langer Weile, und aus Lust Geheimnisse zu entwikkeln oder zu supplieren, dacht' ich mir was in dieser Briefmenge wohl enthalten sein möchte? Da glaubt' ich denn eine Liebende zu spüren, die mit Leidenschaft und Schmerz die Qual des Entbehrens in solcher Trennung heftigst ausdrückte; einen Freund der von dem Freunde in der äußersten Not einiges Geld verlangte; ausgetriebene Frauen, mit Kindern und Dienstanhang, deren Kasse bis auf wenige Geldstücke zusammengeschmolzen war; feurige Anhänger der [emigrierten französischen] Prinzen, die das Beste hoffend sich einander Lust und Mut zusprachen; andere die schon das Unheil in der Ferne witterten und sich über den bevorstehenden Verlust ihrer Güter jammervoll beschwerten – und ich denke nicht ungeschickt geraten zu haben.«[28]

Mit seinen handfesten inhaltlichen Auswirkungen aufs Briefschreiben war das ein ungewöhnlicher Fall. Bei einem der späte-

28 ›Campagne in Frankreich‹: FA I 16, S. 391 f. – Goethe hat da nicht nur »geraten«, hatte vielmehr aus der Weimarer Bibliothek entliehen die Sammlung ›Original-Briefwechsel der Emigrirten, oder die Emigrirten nach ihrer eigenen Darstellung geschildert. Aus dem Französischen übersetzt‹. Frankfurt und Leipzig 1793.

ren weltpolitischen Ereignisse hat Goethe eher dessen atmosphärische Bedeutung bedacht und seine Auswirkungen auf die allgemeine Gestimmtheit der Briefschreiber vermerkt. Als am 22. April 1815 Napoleon von Elba her noch einmal nach Paris zurückgekehrt war,[29] während der restaurierende Wiener Kongreß schon die Neuordnung des europäischen Staatensystems festlegte, schrieb er an Knebel, durchaus nicht nur in eigener Sache: »Freylich ist die Einwirkung jeder großen politischen Atmosphären-Veränderung an jedem, selbst dem stillsten häuslichen Barometer zu spüren, und eine völlig veränderte Weltansicht waltet in jedem Gemüthe. Man weiß wahrlich nicht, woran man besser thut, ob sich über die Zustände aufzuklären, oder sich darüber zu verdüstern.«

Aufs große Ganze gesehen hatte der private briefliche Informations- und Meinungsaustausch über akute politische Vorgänge, zu Goethes eigener Zeit ohnehin durch staatliche Überwachung behindert,[30] gewiß keinen nennenswerten Einfluß auf die Zunahme des Briefverkehrs. Dessen eigentliche ›politische‹ Bedeutung folgte auch gar nicht den Vorsätzen des je einzelnen Briefschreibers, sondern ergab sich aus der absichtslosen Bewegung des Kollektivs. Mit dem im 18. und 19. Jahrhundert zunehmend dichteren kommunikativen Netzwerk des privat-persönlichen ›bürgerlichen‹ Briefwesens hat sich die schreib- und lesefähig werdende Bevölkerung über weite räumliche Distanzen hin zusammengeschlossen. Nicht zuletzt auf diese Weise ist das Bürgertum geschichtsmächtig geworden.

»Der Aufbruch der bürgerlichen Welt vollzog sich im Schutz der absolutistischen Ordnung von innen her«, erklärte Koselleck 1959. Soweit ein Mensch »als Untertan seiner politischen Gehorsamspflicht genügt, ist der Souverän an seinem Privatleben desinteressiert« gewesen, aber es bildete eben dieser »aus dem Staat ausgegrenzte moralische Innenraum, der dem Menschen als

29 In Goethes Tagebuch dazu nur knappe Notizen am 14., 28. und 29.3.1815.
30 Näheres hier im Exkurs I, S. 409–411.

›Menschen‹ vorbehalten blieb, einen Unruheherd, der dem absolutistischen System in ursprünglicher Weise eigentümlich war.« So habe das »politische Geheimnis der Aufklärung« gerade darin bestanden, »daß alle ihre Begriffe, der indirekten Gewaltnahme analog, nur unsichtbar politisch waren. In der politischen Anonymität der Vernunft, der Moral, der Natur usw. lag ihre politische Eigenart und Wirksamkeit. Unpolitisch zu sein ist ihr Politicum.« Aber: Dieser »Privatraum weitet[e] sich eigenmächtig zur Öffentlichkeit aus«.[31]

Kosellecks Untersuchungen konzentrierten sich auf England und vor allem auf Frankreich, und dem anwachsenden Briefverkehr der Untertanen schenkte er dabei keine Beachtung. Gleichermaßen dialektisch operierend, hat 1962 Habermas für seinen ›Strukturwandel der Öffentlichkeit‹ diese Überlegungen aufgenommen und sie ausdrücklich auch auf die Briefwechsel (und Briefromane) des 18. Jahrhunderts bezogen: »Briefe schreibend entfaltet sich das Individuum in seiner Subjektivität.« Wie auf andere Weise, mit Hilfe anderer sozialer Einrichtungen, habe sich also auch in den privaten Korrespondenzen »die Subjektivität kleinfamilial-intimer Herkunft mit sich über sich selbst verständigt.« Diese am Ende öffentlich-politisch wirksame, nurmehr »indirekte Gewaltnahme der zum Publikum versammelten Privatleute«, so wiederholte Habermas, verstand »sich aber nicht selbst als politisch«.[32]

Kosellecks Zusammenfassung lautete: »Der Aufbruch der bürgerlichen Intelligenz erfolgt aus dem privaten Innenraum, auf den der Staat seine Untertanen beschränkt hatte. Jeder Schritt nach außen ist ein Schritt ans Licht, ein Akt der Aufklärung. Die Aufklärung nimmt ihren Siegeszug im gleichen Maße als sie den privaten Innenraum zur Öffentlichkeit ausweitet. Ohne sich ihres privaten Charakters zu begeben, wird die Öffentlichkeit zum Forum der Gesellschaft, die den gesamten Staat durchsetzt. Schließ-

31 Koselleck 1992, S. 220 (Anm. 86), 30, 123, 44.
32 Habermas 1969, S. 61, 63, 123.

lich wird die Gesellschaft anpochen an den Türen der politischen Machthaber, um auch hier Öffentlichkeit zu fordern und Einlaß zu erheischen.«[33] Das zielte also auf die Herausbildung republikanisch-demokratischer Verfassungen. Als einer von unzähligen Briefschreibern und -lesern seiner Zeit war daran auch Goethe beteiligt – weder wissentlich, versteht sich, noch gar willentlich. Auf den hier gemeinten »privaten Innenraum« beschränkt, verfolgte er mit seinen Korrespondenzen ganz andere Absichten.

Für Anlässe und Absichten des Briefschreibens hat er eine Reihe allgemein gehaltener Komposita verwendet, die zugleich inhaltliche Bestimmungen geben und die dafür eingesetzten rhetorischen und stilistischen Mittel kenntlich machen: »Abschiedsbrief«, »Brandbrief«, »Dankbrief« oder »Danksagungsbrief«, »Einladungsbrief«, »Empfehlungsbrief«, »Erinnerungsbrief«, »Geburtstagsbrief«, »Glückwunschbrief«, »Gratulationsbrief«, »Klagebrief«, »Kondolenzbrief«, »Mahnbrief«, »Neujahrsbrief« oder »Trauerbrief«.[34] Neben solchen Gelegenheitsbezeichnungen ist bei ihm von einem »Freundesbrief« oder »Liebesbrief« die Rede. Begriffsbestimmend wird dabei das Verhältnis zum Adressaten, was wohl eine entsprechende Tonlage erwarten läßt, aber, sofern es nicht um bloße Freundschaftsbezeugungen und Liebeserklärungen geht, wenig über den eigentlichen Inhalt solcher Schreiben besagt. Grundsätzlich verfügt der Privatbrief doch über die Lizenz eines freien Themenwechsels, und er nutzt sie durchaus auch innerhalb ein und desselben Schreibens. »Erlaube mir diese wunderbar hin- und herspringende Manier«, schreibt Goethe in einem Brief an Zelter über eben diesen Brief, »es gibt sonst kein Gespräch und keine Unterhaltung; ich erlaube Dir desgl. ohne viel Besinnen. – Es gilt [hier] am Ende doch nur Vorwärts!«[35] Das ge-

33 a. a. O. S. 41.

34 Überwiegend finden sich diese Bezeichnungen (Datenbank WA) in Goethes Briefen selber verwendet, häufig im Tagebuch, gelegentlich auch in anderen Schriften oder Dichtungen.

35 Brief vom 6.11.1830.

rade unterscheidet den privaten Brief – der Möglichkeit nach – von allen anderen literarischen Gattungen. Einzig das ›Tagebuch‹ macht eine Ausnahme. Dessen Aufzeichnungen ließen sich in Goethes Fall nicht selten auch als wörtliche Passagen eines Briefes denken. Umgekehrt schreibt er an Augusta zu Stolberg, er habe »heut einen guten Nachmittag, der selten ist – mit Grosen, das noch seltner ist – Ich konnte zwey Fürstinnen in Einem Zimmer lieb u. werth haben.« Und dann heißt es darüber: »Will dir so ein tagbuch schreiben, ist das beste. Thu mir's auch so. ich hasse die Briefe und die Erörterungen, und die Meynungen.«[36]

Über den Wert oder Unwert der Briefe, die sich nun mehr und mehr bei ihm ansammelten, hat Goethe sich wiederholt geäußert, vor allem im Zusammenhang der Autodafés, mit denen er diese Bestände nachhaltig dezimierte. Da ging es um die Erinnerungslast oder die Erinnerungshilfe bislang aufbewahrter Korrespondenz für ihn selber, zunehmend mit dem Alter aber auch um Informationen und Vorstellungen, welche die Nachwelt aus dem brieflichen Nachlaß über seine eigene Person erhalten – oder besser nicht gewinnen sollte.

Wie schon im Frühjahr 1770 vor seinem Aufbruch aus Frankfurt zum Jura-Studium in Straßburg[37] hat Goethe im Sommer 1779 vor dem Antritt seiner zweiten Schweizreise Manuskripte vernichtet. Wieder handelte es sich da auch um frühe Briefe an ihn, und diesmal wurde das Autodafé auch begründet: »Zu Hause aufgeräumt meine Papiere durchgesehen und alle alten Schaalen verbrannt. Andre Zeiten andre Sorgen. Stiller Rückblick aufs Leben auf die Verworrenheit, Betriebsamkeit Wissbegierde der Jugend, wie sie überall herumschweift um etwas befriedigendes zu finden [...], wie in zeitverderbender Empfindung und Schat-

36 Brief vom 14.(–19.)9.1775.

37 ›Dichtung und Wahrheit‹ II 8 (FA I 14, S. 381): »wieder ein großes Haupt-Autodafé über meine Arbeiten«, bei dem ausdrücklich auch Briefe »dem Feuer übergeben« wurden. Eine vorangehende Verbrennung schon in Leipzig, auf dem Küchenherd seiner Wirtin (FA I 14, S. 282), galt wohl nur poetischen Versuchen.

ten Leidenschafft gar viel Tage verthan, wie wenig mir davon zu Nuz kommen und da die Hälfte nun des Lebens vorüber ist, wie nun kein Weeg zurückgelegt sondern vielmehr ich nur dastehe wie einer der sich aus dem Wasser rettet und den die Sonne anfängt wohlthätig abzutrocknen.«[38] Wie in dieser Lebenskrise hat er solche Korrespondenzen noch in seinen letzten Jahren als bedrükkende Erinnerungen bezeichnet, die der nach vorn blickende junge Mensch abschütteln mußte, um sich »aus dem Wasser« zu retten. Noch 1828 bedachte er eigene Schreiben an den Jugendfreund Horn auf ebendiese Weise: »Eigentlich waren es uralte, redlich aufgehobene Briefe, deren Anblick nicht erfreulich seyn konnte; hier lagen mir eigenhändige Blätter vor Augen, welche nur allzudeutlich ausdrückten, in welchen sittlich kümmerlichen Beschränktheiten man die schönsten Jugendjahre verlebt hatte. Die Briefe von Leipzig waren durchaus ohne Trost; ich habe sie alle dem Feuer überliefert; zwey von Straßburg heb ich auf, in denen man endlich ein freyeres Umherblicken und Aufathmen des jungen Menschen gewahr wird.«[39] Nur war er da ein alter Mann, blickte zurück, hatte sich über lang Vergangenes längst hinweggetröstet und hätte sich durch die bloße Beseitigung überkommener Lebenszeugnisse ohnehin nicht von solchen Erinnerungen befreien können. Daß er da eher schon an künftige Leser dachte, wird zunehmend deutlich.

Beim Aufbruch zu seiner dritten Reise in die Schweiz hatte er am 9. Juli 1797 im Tagebuch notiert: »Briefe verbrannt. Schöne grüne Farbe der Flamme wenn das Papier nahe am Drathgitter brennt.« In der ästhetischen Freude, der er sich bei diesem neuerlichen Autodafé überließ, bezeugt sich die Erleichterung, die er dabei empfand. Viel später, wohl 1823, hat er für seine autobio-

38 Tagebuch, 7.8.1779.

39 An Marianne v. Willemer, 3.1.1828. – Goethes Freund Riese hatte diese Briefe 1806 aus Horns Nachlaß ersteigert und sie bei seinem eigenen Tod 1827 an Marianne schicken lassen, die sie an Goethe zurückgab. Die beiden aus Straßburg, die er aufbewahrte, werden in Eckermanns Gesprächsaufzeichnung vom 11.4.1829 noch erwähnt, sind aber nicht überliefert.

graphischen ›Tag- und Jahreshefte‹ darüber geschrieben: »Vor meiner Abreise verbrenn ich alle an mich gesendeten Briefe seit 1772, aus entschiedener Abneigung gegen Publication des stillen Gangs freundschaftlicher Mittheilung.«[40] Da dachte er also an Veröffentlichungen aus seinem Nachlaß, an fremde Einsichtnahme in sein Archiv jedenfalls, und räumte beiseite, was man von ihm und über ihn nicht erfahren sollte. Auch sein früher Briefwechsel mit Christiane Vulpius/Goethe war davon wohl betroffen, vielleicht sogar die Briefe der Charlotte von Stein.[41] Solche Spurenverwischungen hielt er zu dieser Zeit aus mancherlei Gründen für ratsam. 1797 oder wenig früher hat er Briefe an seinen Schützling Krafft aus dem Verkehr gezogen;[42] 1799 ließ er sich mit gleicher Absicht Briefe an seinen Amtskollegen Voigt zurückgeben, mit dem zusammen er (als Kurator der Universität Jena) zuständig war für Fichtes Entlassung aus dem Lehramt.[43]

Frühere Gedanken aufnehmend, abgeklärter jetzt, in Maximen denkend, hat er dann 1830 (wohl wieder auf das Autodafé von 1797 bezogen) über das »Verbrennen aller seiner gesammelten Briefe bis 1786« dem Kanzler v. Müller erklärt, es »lerne ja doch niemand viel aus alten Briefen, man werde nicht klüger durch antecedents [: vorangegangene Lebensumstände]. Was gut in den Briefen gewesen, habe seine Wirkung schon auf den Empfänger und durch ihn auf die Welt schon vollendet; das übrige falle eben ab wie taube Nüsse und welke Blätter. Alles käme darauf an, ob Briefe [: daß sie, zu ihrer Zeit] aufregend, produktiv, belebend seien.«[44]

Rettung »aus dem Wasser« zum Trocknen in der Sonne, abgeworfene »alte Schaalen«, spurenverwischende »Abneigung gegen Publication«, abfallende »taube Nüsse und welke Blätter« – vieldeutig liest sich Goethes letzter Briefvernichtungskommentar

40 FA I 17, S. 60.
41 Vgl. hier Exkurs III, S. 480 (Anm. 100) und 475 (Anm. 92).
42 Dazu hier S. 130 f.
43 Vgl. Tümmler 1949–62 Bd 2, S. 21 und 171.
44 Biedermann/Herwig Bd 3.2, S. 570 f.

wenige Monate vor dem Tod mit seiner Wendung ins Redensartliche: »Correspondenz zu verbrennen angefangen. ›Frühere Fehler hindern spätere nicht.‹«[45]

Alles hier Zusammengestellte zeigt aber nur eine Seite der Medaille. »Briefe gehören unter die wichtigsten Denkmäler, die der einzelne Mensch hinterlassen kann«, hatte Goethe 1805 in seiner Winckelmann-Ausgabe statuiert. Also: »Halte künftighin meine Briefe hübsch in Ordnung und lass sie lieber heften wie ich mit den Deinigen auch thun werde, denn die Zeit vergeht und das wenige was uns übrig bleibt, wollen wir durch Ordnung, Bestimmtheit und Gewissheit in sich selbst vermehren«, ermahnte er Lavater schon am 6. März 1780 und folgte selber diesem Vorsatz, sich Rechenschaft zu geben über die vergangene Lebenszeit, schrieb am 21. November 1782 an Knebel: »Alle Briefe an mich seit 72, und viele Papiere iener Zeiten, lagen bey mir in Päcken ziemlich ordentlich gebunden, ich sondre sie ab und lasse sie heften. Welch ein Anblick! mir wirds doch manchmal heis dabey. Aber ich lasse nicht ab, ich will diese zehn Jahre vor mir liegen sehen wie ein langes durchwandertes Thal vom Hügel gesehn wird.« Von eben diesen Briefen »seit 1772« hat er später zwar angegeben, er habe sie »alle« verbrannt,[46] hatte das aber wohl bald bereut. In den ›Wahlverwandtschaften‹ (Aus Ottiliens Tagebuche) heißt es 1809: »Briefe hebt man auf, um sie nie wieder zu lesen; man zerstört sie zuletzt einmal aus Diskretion, und so verschwindet der schönste unmittelbarste Lebenshauch unwiederbringlich für uns und andre. Ich nehme mir vor, dieses Versäumnis wieder gut zu machen.«[47] Das galt für ihn selber. 1819 an Rochlitz: »Leider verbrannte ich 1797 eine zwanzigjährige geheftete Sammlung aller

45 Tagebuch, 1.10.1831. – Blumenberg 1999, S. 231 mißdeutet das (um die Flucht des alternden Goethe aus seiner Zeit zu dokumentieren) als »die Notiz, daß er nun auch die Spuren aller [!] Verbindung zu den Zeitgenossen zu tilgen beginnt«.

46 Vgl. oben bei Anm. 40.

47 FA I 8, S. 462.

eingegangener Briefe, die ich mir bei meinen biographischen Arbeiten sehnlichst zurückwünschte«.[48] Immer mehr dem Vorübergegangenen zugewandt und produktiv mit den überkommenen Zeugnissen der eigenen Lebensgeschichte befaßt, hat er 1826 in den Schriften ›Über Kunst und Altertum‹ verallgemeinernd vermerkt: »Das Vorzüglichste was wir durch Mittheilung älterer Briefe gewinnen ist: uns in einen früheren, vorübergegangenen, nicht wiederkehrenden Zustand unmittelbar versetzt zu sehen. Hier ist nicht Relation noch Erzählung, nicht schon durchgedachter und durchgemeinter Vortrag; wir gewinnen eine klare Anschauung jener Gegenwart, wir lassen auf uns einwirken wie von Person zu Person.«[49] Einen seiner Briefe an Charlotte von Stein, »ein uralt Blättchen, das ich nicht verbrennen konnte, als ich alle Papiere, auf Neapel und Sicilien bezüglich, dem Feuer widmete«, schenkte er 1818 dem Freunde Zelter und schrieb ihm dazu: Es »giebt einen Dämmerschein rückwärts und vorwärts. Ich gönne es dir! Bewahre es fromm.«[50] Die letzte seiner Äußerungen zum Aufbewahren alter Briefe schließlich ging erst wenige Wochen vor seinem Tod an Marianne von Willemer. Damit sie wieder zu ihr zurückgelangten, habe er »gewisse Blätter« zusammenpacken lassen, die »auf die schönsten Tage« seines Lebens hindeuteten: »Dergleichen Blätter geben uns das frohe Gefühl daß wir gelebt haben; dieß sind die schönsten Documente auf denen man ruhen darf.« Angeheftet die Verse

Vor die Augen meiner Lieben,
Zu den Fingern, die's geschrieben, –
Einst, mit heißestem Verlangen
So erwartet, wie empfangen –

48 Brief vom 4.4.1819. Zur Begründung heißt es in einem Entwurf dieses Schreibens: »aus Unmuth über den Mißbrauch den man von Briefen zu machen pflegte.« (WA IV 31, S. 339).

49 FA I 22, S. 190.

50 Schreiben vom 16.12.1818 (bezogen auf seinen Brief aus Palermo an Charlotte v. Stein, 18.4.1787).

Zu der Brust, der sie entquollen,
Diese Blätter wandern sollen;
Immer liebevoll bereit,
Zeugen allerschönster Zeit.[51]

Um die Eigenart solcher im »privaten Innenraum« gewechselten Briefe zu bestimmen und sie von anderen literarischen Gattungen zu unterscheiden, hat man von jeher eine ganze Reihe von Merkmalen angeführt.[52] Zu Goethes Zeit definierte 1775 Krünitz' ›Encyclopädie‹ den Brief als

> »eine kurze, wohlgesetzte, von allerhand Sachen handelnde Rede, die man einander unter einem Siegel schriftlich zuschicket, wenn man sonst nicht mit einander mündlich sprechen kann oder will.«[53]

In anderer Terminologie und mit näheren Ausführungen bestimmen diese Gesichtspunkte bis heute die brieftheoretische und kommunikationsbezogene Diskussion.[54] Aber je genauer man die einzelnen Aspekte bedenkt, desto weniger tauglich erscheinen sie für eine von anderen ›Textsorten‹ randscharf unterscheidende, exklusive Gattungsbestimmung. Unerläßlich für den Brief ist selbstverständlich das Merkmal »schriftlich«. Hingegen gibt seine »kurze, wohlgesetzte« Verfassung kein Alleinstellungsmerkmal ab. Die deutsche Bezeichnung als ›Brief‹ kommt vom lateinischen ›brevis‹ her, nur läßt sich sein Umfang keineswegs gattungsbestimmend auf ein bestimmtes Maximum festlegen. Und »wohlgesetzt«, also durchdacht, zweckdienlich, angemessen, dem Zeitgeschmack entsprechend schicklich formuliert[55] können auch andere literari-

51 Brief vom 10.2.1832. Die Verse schon auf den 3.3.1831 datiert.

52 Neuere Abhandlungen zur Gattungsbestimmung zusammenfassend: Nickisch 1991.

53 Krünitz, 6. Theil, Sp. 658 (im Artikel ›Brief‹).

54 Vorläufig zusammenfassend und mit entsprechenden Literaturangaben etwa Ebert 2001.

55 Krünitz erläutert a. a. O. Sp. 663: »daß die Art sich auszudrücken in Briefen

sche Texte sein. Daß Briefe nicht nur ganz allgemein »von allerhand Sachen« handeln, sondern ebenso jeder einzelne Brief die von Goethe beobachtete »hin- und herspringende Manier« erlaubt, ist zwar entschieden gattungscharakteristisch, bezeichnet aber keineswegs eine notwendige Eigenschaft.

Die weitere Angabe, man verschicke Briefe »unter einem Siegel«, entspricht dem zu Goethes Zeit üblichen Verfahren; das bis heute geltende Postgeheimnis kommt damit ins Spiel.[56] Da private briefliche Mitteilungen, sofern sie von der Post befördert werden, jedenfalls in verschlossenem Zustand abgehen, erfordert das eine Angabe, wer denn berechtigt sei, sie zu öffnen. Sie gehen also grundsätzlich an namentlich bestimmte Adressaten. Und Krünitz' knappe Feststellung, daß sie auf diese Weise »zugeschikket« würden, weist auf den grundlegenden Tatbestand, daß sie dabei zwischen dem Absender und ihrem Empfänger eine räumliche Entfernung überbrücken müssen. Sie kann gewiß so geringfügig sein, daß statt des umständlichen Schreibens eine mündliche Verständigung entschieden bequemer und rascher erfolgen könnte. Aber wenn der Urheber Gründe sieht, dennoch den schriftlichen Weg zu wählen,[57] stellt sein Schreiben selber die Distanz her, der alle Briefe sich verdanken – und die sie auf ihre Weise wiederum aufzuheben suchen.

Die den räumlichen Abstand überwindende briefliche »Wirkung in die Ferne«[58] ist notwendig verbunden mit einem zeitlichen Verzug. Während im direkten Gespräch das Gesprochene sogleich auch vernommen wird, werden Briefe allemal später empfangen und gelesen als geschrieben und abgesandt. Diese brieftypische Phasenverschiebung hat einen so weiten Spielraum,

doch immer etwas feierlicher und sorgfältiger ist, als in mündlichen Reden. [...] es giebt einen eigenen Briefton, der zwischen dem Ton der mündlichen Gespräche und dem Ton feierlicher Reden die Mittelstraße hält.«

56 Dazu hier Exkurs I, S. 408 f.

57 Ein Beispiel geben Goethes erste Briefe an Behrisch. Vgl. hier in der Fallstudie II, S. 81.

58 Darüber hier Exkurs I, S. 399 ff.

wie ihn die Grenzfälle einer ›Flaschenpost‹ mit unabsehbar langer Beförderungsdauer zu einem unbekannten Empfänger und etwa Goethes durch rasche Boten überbrachte Brief-Billette an die nachbarschaftlich wohnende Charlotte von Stein markieren. Dem trägt in aller Regel eine ausdrückliche oder doch vom Empfänger erschließbare Datierung Rechnung. Goethe an Krafft: »Ihren Brief vom 7 Dez [1778] erhalte heut Freytags d. 11 früh. Und zuerst zu Ihrer Beruhigung sie sollen…«.

Das Verhältnis zwischen Absender und Empfänger ist häufig bedacht worden. Schon die Gattungsbestimmung des Kirchenvaters Augustin besagte, daß es sich um einen Brief handle, wenn eingangs angegeben werde, wer da an wen schreibe (»habet quippe in capite, quis ad quem scribat«).[59] In späterer Zeit hieße das, es müssten am Anfang ein Adressat, am Ende der Absender benannt werden. Nur kommt ein Brief auch ohne Anrede und Unterschrift aus. Der informierte oder ermittelnde Empfänger selber wird notfalls beides ergänzen können, und selbst ein pseudonym verfaßtes oder anonym bleibendes Schreiben verstünde sich für ihn als Brief.

Auf den Absender bezogen: Auch wenn er seinen Text am Ende nicht mehr prüfend besieht und notfalls korrigierte (wie etwa Goethe seine diktierten Konzepte[60]), schon indem er das gerade zu Papier Gebrachte im Auge behält, um folgerichtig weiterzuschreiben, ist der Verfasser zugleich doch der erste Leser des eigenen Briefes. Und umgekehrt macht er dabei den Adressaten zum Mitverfasser seines Textes. So personbezogen, so bewußt und ausdrücklich, so folgenreich auch wie in keiner anderen literarischen Gattung wird dieser imaginierte Leser hier mitbedacht beim Schreiben.[61] Alles Geschriebene ist hier nicht allein an ihn

59 ›Retractio‹ zu ep. 54 an Iannarius: CSEL 36, S. 155,3 (Knöll).

60 Dazu hier Exkurs II, S. 425 f.

61 Lichtenberg, Sudelbuch H 79: »Die Briefe eines klugen Mannes enthalten immer den Charakter der Leute, an die er schreibt.« (Schriften und Briefe. Hg. v. Wolfgang Promies. Bd 2, München 1971, S. 189).

gerichtet, sondern richtet sich auch nach ihm, ist nicht nur für ihn, sondern zugleich schon durch ihn bestimmt. Er führt dem Schreibenden die Feder. Auch das steht hinter Krünitz' These vom »wohlgesetzten« Brief. Allemal berücksichtigt der den Informationsstand des Angeredeten, macht sich ihm inhaltlich verständlich, sucht sich in stilistischer und formaler Hinsicht für ihn akzeptabel zu halten. Auf seine Zuständigkeit rechnend, sein Interesse erwartend, seine Billigung oder Anteilnahme wünschend, entwirft er mit solchen Absichten ein Bild des Lesers, das der Realität keineswegs entsprechen muß. Er schreibt ihm eine Rolle vor, oder macht ihm jedenfalls ein Rollenangebot. Goethes Briefe an v. Buri und Behrisch geben Beispiele, an denen das im Folgenden näher untersucht und ins Grundsätzliche überführt wird.[62]

Schriftlich zugeschickt, so schließen Krünitz' Gattungsbestimmungen, werden Briefe, »wenn man sonst nicht mit einander mündlich sprechen kann oder will.« Damit rückt das Verhältnis von Brief und Gespräch in den Blick, das schon von der Antike her die theoretische Diskussion bestimmt hat.[63]

Wohl meinte Goethe, über Winckelmanns Briefe nachdenkend: »Lebhafte Personen stellen sich schon bei ihren Selbstgesprächen manchmal einen abwesenden Freund als gegenwärtig vor, dem sie ihre innersten Gesinnungen mitteilen, und so ist auch der Brief eine Art von S e l b s t gespräch. Denn oft wird ein Freund, an den man schreibt, mehr der Anlaß als der Gegenstand des Briefes. Was uns freut oder schmerzt, drückt oder beschäftigt, löst sich von dem Herzen los, und als dauernde Spuren eines Daseins, eines Zustandes sind solche Blätter für die Nachwelt immer wichtiger, je mehr dem Schreibenden nur der Augenblick vorschwebte, je weniger ihm eine Folgezeit in den Sinn kam. Die Winkelmannischen Briefe haben durchaus diesen wünschenswer-

62 Vgl. Fallstudie I, hier S. 65 f. und Fallstudie II, S. 98 f.
63 Dazu hier S. 89 f.

ten Charakter.«[64] Eines seiner eigenen späten Schreiben hat er dann selber als »den Monolog des wunderlich nachsinnenden Einsiedlers« bezeichnet.[65] Nur will und weiß der monologisierende Briefschreiber bei dieser »Art von Selbstgespräch« doch, daß einer ihn anhört. Wenn sich vom Herzen loslösen soll, was ihn »schmerzt, drückt oder beschäftigt«, nähert sich sein Schreiben dem nach Lossprechung, nach Absolution verlangenden ›Gespräch‹ einer Ohrenbeichte. Wie im Beichtstuhl ein unsichtbarer Geistlicher sollte nur dieser eine, verschwiegene Adressat das zuhörend lesen. »Lassen Sie um Gottes willen meine Briefe niemand sehen«, steht am 3. August 1775 unter einem von Goethes beichtenden Schreiben an Augusta zu Stolberg. Und als er 1796 seinem Lektor Schiller das letzte Buch von ›Wilhelm Meisters Lehrjahren‹ ankündigte, erklärte er dazu: »Lesen Sie das Manuscript erst mit freundschaftlichem Genuß und dann mit Prüfung und sprechen Sie mich los, wenn Sie können. [...] Meine ganze Zuversicht ruht auf Ihren Forderungen und Ihrer Absolution.« Erörtert er später Schillers Einwände und die eigenen Fehler oder »menschlichen Verkehrtheiten«, so heißt es in diesem Brief (nicht ohne ironische Untertöne): »Nach dieser allgemeinen Beichte will ich gern zur besondern übergehn«.[66]

Schreibt hingegen Goethe aus Weimar an Sartorius in Göttingen von einer »nur zu großen Pause unseres Briefgespräches« oder an Schultz in Berlin: »lassen Sie von Zeit zu Zeit uns in ein briefliches Gespräch treten«,[67] dann gelten diese Bezeichnungen ausdrücklich dem d i a l o g i s c h e n Aspekt der Korrespondenz – die also einer räumlichen Trennung der brieflichen ›Gesprächspart-

64 ›Winkelmann und sein Jahrhundert‹: FA I 19, hier S. 13 f.

65 An v. Beulwitz, 18.7.1828. – Das ist schon die Zeit einer Alterseinsamkeit, von der er an Zelter schreibt: »Lange leben heißt viele überleben [...]. Mir erscheint der zunächst mich berührende Personenkreis wie ein Convolut sibyllinischer Blätter, deren eins nach dem andern, von Lebensflammen aufgezehrt, in der Luft zerstiebt und dabey den überbleibenden von Augenblick zu Augenblick höhern Werth verleiht.« (Brief vom 19.3.1827).

66 Briefe vom 25.6. und 9.7.1796.

67 Briefe vom 26.9.1822 und 10.4.1823.

ner‹ Rechnung tragen muß. Verständigungen Auge in Auge oder im schriftlichen Mittel eines Briefes verfügen über bedenkenswert unterschiedliche außersprachliche Ausdrucksmittel für die wechselseitige Zuwendung, Aufmerksamkeit und Anteilnahme. Höflichkeitsbezeugungen etwa, die im direkten Gespräch durch Mimik und Gestik, auch durch Respektsabstand und Platznahme ausgedrückt werden können, vermitteln Briefe durch das Format und die Güte des Papiers, durch die Sorgfalt der Handschrift oder durch die noch zu Goethes standesbewußter Zeit bis ins Detail geregelten, unterschiedlich großen Respektsabstände insbesondere nach der Anrede und vor einer Unterschrift (was alles im Abdruck unerkennbar bleibt).[68] Auf vielerlei Weise können Briefe aber auch in ihrer sprachlichen Verfassung den Monolog, den jeder für sich doch abgibt, dialogisch lockern, ihn gesprächsartig halten und einen Brief*wechsel* hervorrufen oder in Gang halten: durch Fragen natürlich und antwortheischende Erkundigungen, durch vorweggenommene, fingierte Einwände des Adressaten oder durch ihre bloße Anregungskraft. So hat Goethe am 10. Juni 1822 an v. Reinhard geschrieben, er habe dessen letzten Brief »oft wieder gelesen, wie alle Ihre gehaltvollen Blätter, die immer wieder neue Gedanken aufregen und entwickeln.«

Jedenfalls muß ein Brief im »privaten Innenraum«, um als ›Brief‹ noch gelten zu können, außer seiner schriftlichen Verfassung und einer wie immer gearteten Adressierung weder eine bestimmte Länge einhalten, noch einen Absender kenntlich machen, noch datiert oder datierbar und irgend ›wohlgesetzt‹ sein (auch nicht kontrollierter als die rasch verhallende mündliche Mitteilung), noch muß er einen bestimmten Inhalt aufweisen oder immer gleich »von allerhand Sachen« handeln; er stellt im eigentlichen Sinn auch kein Gespräch (oder wenigstens dessen Halbteil) dar – und muß am Ende nicht einmal zugeschickt werden.[69] Beschaffenheiten, die einen Idealtypus beschreiben, sind

68 Beispielhaft dafür Adelung 1820, S. 16–19. Vgl. auch Fallstudie VI, S. 276.

69 Lichtenberg von einem Brief, den er »selbst überbringe«: »Man kan ihn auf

bei aller Häufigkeit doch nur Möglichkeiten und keine Notwendigkeiten. In Grenz- und Zweifelsfällen urteilt konventionsabhängig der Empfänger und entscheidet später ein Herausgeber, ob er einen schriftlichen Text (noch) als Brief verstehen will.

Von Krünitz nicht bedacht oder nicht mehr erwähnt, gehört zu den gattungstypischen Möglichkeiten des Briefes schließlich, daß sich jeder Briefschreiber in seinem Brief sogleich auch über dieses Schreiben äußern kann. Schon kommentierende Frage- und Ausrufezeichen können das übernehmen, und auf vielerlei Weise geschah und geschieht das mithilfe ausdrücklicher Bemerkungen über den noch zu schreibenden oder eben geschriebenen Text und dessen Rezeption durch den Adressaten. In Gestalt floskelhafter Entschuldigungen etwa bei besonders später, kurzer, vorläufiger Mitteilung oder Reaktion ist das bis heute ganz selbstverständlich geblieben. Beispiele derart selbstreferentieller, metatextueller Reflexionen in Goethes eigenen Briefen begegnen auch im Folgenden noch so häufig, daß dieser Hinweis genügen mag.[70]

Seit der schon zu seinen Lebzeiten erfolgten Veröffentlichung der Korrespondenz mit Schiller konnten auch Außenstehende Goethesche Briefe lesen. 1919 waren sie in der 50bändigen Weimarer Edition (WA IV) dann nahezu vollständig einsehbar. Durch deren publikumswirksam auswählende Derivatausgaben gewannen Briefe

jeder [Post-]Station aufmachen, ausstreichen, zu setzen auch wohl ganz unterdrücken, welches die Post Bedienten sonst nicht erlauben.« (Joost 1993, S. 293). – Zu Goethes nicht abgeschicktem Brief an Cotta hier S. 223 ff.

70 Vgl. etwa den potenzierten Fall im Brief vom 13.11.1767 an Behrisch: »Mein Brief hat eine hübsche Anlage zu einem Werckgen…« (dazu hier S. 114 ff. mit Anm. 63). – 115 ›Äußerungen Goethes über Brief und Briefschreiben‹ hat Mandelkow 1988, Bd IV, S. 486 ff. zusammengestellt. Davon stammen 77 aus seinen Briefen selber; viele haben den hier gemeinten selbstreferentiellen Charakter, bilden aber nur eine winzige Auswahl solcher Reflexionen. – Eingehend untersucht und klassifiziert hat briefliche Metatexte zum ersten Mal Joost 1993, S. 113–133, an dem dafür besonders aufschlußreichen Beispiel Lichtenbergs.

als biographische Dokumente, die das Zusammenspiel von Goethes Leben und Werk vor Augen führten und dazu beitrugen, dieses Leben selber als ein Kunstwerk anzusehen, das Interesse der bildungsbürgerlichen Leserschaft. Unter vornehmlich lebensgeschichtlichen Aspekten haben seither auch die Literaturwissenschaftler Goethes Korrespondenzen ausgewertet – hatte er selber doch 1804 eine Vorankündigung seiner Ausgabe unveröffentlichter Schreiben Winckelmanns im ›Intelligenzblatt der Jenaischen allgemeinen Literatur-Zeitung‹ eingeleitet mit dem geradezu als Anweisung wirkenden Satz: »Von bedeutenden Männern nachgelassene Briefe haben immer einen großen Reiz für die Nachwelt, sie sind gleichsam die einzelnen Belege der großen Lebensrechnung, wovon Taten und Schriften die vollen Hauptsummen vorstellen.«[71]

Selbst bei seinen eigenen Briefen gilt das freilich nicht immer. Einerseits haben viele von ihnen »großen Reiz« eher für Autographensammler und Reliquienverehrer oder für die Erforscher sehr kleiner Lebensrechnungen. Mehr wird man etwa dem Brief-Billett nicht zubilligen können, das er wohl Ende März 1775 an Johanna Fahlmer schickte: »Ich bitte Sie um eine Portion Haar wachsen machende Pomade und um das Rezept. G.« Andererseits finden sich unter seinen Briefen viele Belege auch der »großen Lebensrechnung«; dazu zählen die hier in den drei letzten Fallstudien erörterten späten Schreiben an Zelter, Moritz Seebeck und Wilhelm von Humboldt. Zu bedenken wäre da doch, ob sie nicht schon für sich selber volle Hauptsummen abgäben, also »Taten und Schriften« eigenen Ranges: Sprachwerke, die man auch um ihrer selbst willen lesen könnte. Das entzöge sie der gängigen Grobunterscheidung zwischen einer »der unbekannten Menge« dargebotenen Dichtung,[72] die man als zweckfrei, als autonom, als fiktionales Kunstgebilde verstand, und der von außerästhetischen Absichten bestimmten, wirklichkeitswahren und realitätsbezogen

71 FA I 18, S. 932.
72 ›Faust. Zueignung‹, Vers 21.

an einen bestimmten Empfänger adressierten Zweck- oder Gebrauchsliteratur der Briefe.

Nun ist offensichtlich, daß auch dichterische Werke realitätsgerichtete Zwecke verfolgen können (man denke nur an das Jesuitentheater oder an Paul Gerhardts Choräle, an Brecht'sche Stücke und Verse oder Wolf Biermanns Lieder), während sich umgekehrt Briefe schon äußerlich als Poemata darzustellen vermögen, indem sie die gewohnte Gebrauchsprosa aufgeben und selber Versform annehmen. Wenn der Leipziger Student Goethe 1765 an seinen Freund Riese in Frankfurt schreibt, stockt ihm dabei ein in Prosa gehaltener Satz – und geht dann ohne syntaktischen Bruch in Blankverse über: »Ich lebe hier, wie – wie – ich weiß selbst nicht recht wie. Doch so ohngefähr

So wie ein Vogel der auf einem Ast
Im schönsten Wald, sich, Freiheit ahtmend wiegt.
Der ungestört die sanfte Lust genießt.
Mit seinen Fittigen von Baum zu Baum.
Von Bußch zu Bußch sich singend hinzuschwingen

Genug stellt euch ein Vögelein, auf einem grünen Aestelein in allen seinen Freuden für, so leb ich. Heut hab ich angefange Collegia zu hören [...].«[73]

Ein späterer Brief an Riese umfaßt dann mehr Verse schon als Prosazeilen.[74] Und neben solchen Mischformen begegnen häufig auch durchgehend versifizierte Gedichtbriefe (die sich von den nur brieflich übersandten Gedichten deutlich unterscheiden).[75] Bereits die frühen Gelegenheitsgedichte für die Großeltern waren selber doch Briefe:

73 Brief vom 20./21.10.1765. Ich zähle insgesamt 38 solcher Fälle: 21 aus den Jahren 1765–96, weitere 17 dann wieder von 1813–28.

74 Brief vom 28.4.1766.

75 Ich zähle insgesamt 24 solcher Fälle: 20 aus den Jahren 1757–97, weitere 4 erst wieder von 1815–24.

> Erhabner GrosPapa!
> Ein neues Jahr erscheint,
> Drum muß ich meine Pflicht und Schuldigkeit entrichten,
> Die Ehrfurcht heist mich hier aus reinem Herzen dichten […]
> Erhabne GrosMama!
> Des Jahres erster Tag
> Erweckt in meiner Brust ein zärtliches Empfinden […].[76]

Mit der gleich in den Eingangsvers einbezogenen Briefanrede der Adressaten hat er später auch einen langen Gedichtbrief an die d'Orvilles versehen, hat dort überdies eine Briefschlußformel eingesetzt und als Absender dann unterschrieben:

> Lieber H. Dorwille liebe Frau
> Ich bitt euch nehmts nicht so genau;
> Ihr kennt nun doch einmal den alten Affen,
> […]
> Bin euch mit Leib und Seele nah
> Pliz! Plaz! So bin ich wieder da.
> Goethe.[77]

Da sind brieflicher und poetischer Text so wenig noch zu unterscheiden, wie etwa im Fall des Briefromans grundsätzlich unterschieden werden könnte zwischen wirklichen, echten und nurmehr erdachten, fingierten Briefen – die von Anfang an doch beide in dieser dichterischen Gattung Platz gefunden haben.[78] Über sein ›Fragment von Werthers Reisen‹, das ›Die Leiden des jungen Werthers‹ hatte vervollständigen sollen,[79] schrieb Goethe

76 FA I, S. 15 f. (freilich wird der Hauslehrer diesen Alexandrinern des Siebenjährigen beigestanden haben).

77 Schreiben vom 30.7.(?)1775. Ähnlich an Friederike Oeser am 6.11.1768 oder an Herder, etwa am 20.2.1776.

78 Dazu im Folgenden auch S. 118 f.

79 ›Dichtung und Wahrheit‹ IV 19: FA II 2, S. 815. Gedruckt 1808 als ›Briefe aus der Schweiz‹, 1. Abt. mit der Vorbemerkung: »unter Werthers Papieren gefunden«, der »vor seiner Bekanntschaft mit Lotten in der Schweiz gewesen« sein sollte. (WA I 19, S. 195).

an Merck, der »wichtigste Theil« sei »aus einzelnen im Moment geschriebenen Blättchen und Briefen [an Charlotte v. Stein] durch eine lebhafte Erinnerung komponirt. Wieland deklarirt es für ein Poem.« Der urteilte in der Tat, es gehöre »unter Göthens meisterhafte Dramata.«[80]

Wie dichterische Werke auch realitätsbezogene und wirklichkeitsgetreue Passagen enthalten können, so umgekehrt die ›echten‹ Briefe auch fingierte Darstellungen. Weit weniger der Falsifizierung ausgesetzt als öffentlich Mitgeteiltes, können sie nicht nur irren, sondern auch färben, können verschweigen und können frei erfinden.[81] Vier Jahre schon nach Goethes Tod gab Gervinus an dessen Beispiel über den Wert von Briefsammlungen »für die Literargeschichte« zu bedenken, daß Briefe doch allemal »die Natur des Fragmentarischen, des Leidenschaftlichen, Partheiischen und Subjectiven« an sich trügen und »die Dinge« also keineswegs in ihrer wirklichen, »wahren Gestalt« darstellten.[82]

So erscheint die Gattungsgrenze in vielfacher Hinsicht durchlässig. Doch hat man Briefe selten auch wie Dichtungen als Sprachkunstwerke wahrgenommen. »So viele Bücher über Goethe geschrieben worden sind, zu Untersuchungen über die Kunst seiner Prosa gibt es nur wenig Ansätze. Auch der Sprache seiner Briefe hat die Wissenschaft kaum ihre Aufmerksamkeit geschenkt.«[83] Ernst Beutler, der das 1951 in seiner Einführung zu Goethes Jugendbriefen vermerkte, hat dort an ausgewählten Passsagen beispielgebend auf den Kunstcharakter brieflicher Texte aufmerksam gemacht. Aber bei Ansätzen ist es geblieben.[84]

80 Briefe an Merck, 7.4.1780 und 14.1.1780 (FA II 2, S. 237).
81 Vgl. etwa Baasner 1999, S. 3 und grundsätzlich Rühling 2001, passim.
82 Gervinus 1836, S. 2.
83 Beutler 1951, S. 982 f.
84 Ausnahmen, jeweils auf einen späten Goethebrief gerichtet: Stenzel 1999 und Strohschneider 1999. Zunehmend finden sich stilistische Beobachtungen zu Goethes Briefen freilich in den Kommentaren neuerer Ausgaben; bemerkenswert etwa Horst Fleigs ›Die letzten Jahre. 1823–32‹: FA II 10 (37), S. 627–75 passim.

Die hier folgenden neun Fallstudien, die sich jeweils mit nur einem einzigen von Goethes nahezu 15 000 überlieferten Briefen befassen, suchen solche Ansätze zu erweitern. Gerade weil auch für das Briefwerk dieses Sprachmächtigen seine Klage zutrifft: »Das *Was* des Kunstwerks interessirt die Menschen mehr als das *Wie*«,[85] sind sie nicht primär biographisch interessiert. Angesichts der wechselseitigen Abhängigkeit von »Stoff« oder »Gehalt« und »Form«[86] behandeln sie die jeweiligen historischen, literarischen, lebensgeschichtlichen Umstände als kontextuelle Bedingungen eines Briefes, die in seinem Wortlaut aufgehoben, ihm selber eingeschrieben sind und also ihm selber abzulesen wären – wenn man nur hellsichtig und weitsichtig genug lesen könnte. Was hier als ein von außen heranbemühter Kommentar erscheint, ist eigentlich nichts anderes als eine ›immanente Interpretation‹. Sie braucht sich, was Formfragen angeht, nicht (mehr) um das zu bekümmern, was Goethe an Zelter als den ursprünglichen Leser seines Schreibens adressierte: »Wenn ich denken müßte, daß ein Freund, an den ich einen Brief dictire, über Wortgebrauch und Stellung, ja wohl gar über Interpunction, die ich dem Schreibenden überlasse, sich formalisire, so bin ich augenblicklich paralysirt und keine Freyheit kann statt finden.«[87] In Wahrheit hat er auf eine seinem Ausdruckswillen angemessene Interpunktion doch größten Wert gelegt, hat auch »Wortgebrauch und Stellung« bei der Korrektur seiner ins Konzept diktierten Briefe meist so sorgfältig bedacht, daß der Adressat sich kaum ›formalisieren‹ konnte (also nichts Befremdliches daran fand).

Einige der hier gebündelten und dafür überarbeiteten Fallstudien beruhen auf weit zurückliegenden Vorversuchen, die unabhängig voneinander für Vorlesungen oder nach mit Goethebriefen befaßten Oberseminarübungen entstanden sind und einem damals propagierten ›erweiterten Literaturbegriff‹ genügten.[88]

85 ›Sprüche in Prosa‹ 2.21.1: FA I 13, S. 138.

86 Vgl. ›Sprüche in Prosa‹ 1.177: FA I 13, S. 31.

87 Brief vom 18.1.1823.

88 Nachweise hier S. 511.

Durch spätere Gelegenheitsarbeiten ergänzt, ist das eine eher zufällige Auswahl, und bei der fallweisen Erörterung dieser sehr unterschiedlichen Texte entsteht wohl der Eindruck, sie könnten von ganz verschiedenen Verfassern herrühren. »Ich gleiche ziemlich einem *Camaeleon*«, schrieb Goethe schon 1764 an v. Buri, und noch 1830 bestaunte der Kanzler v. Müller in einem Gesprächsbericht »seine Proteus-Natur, sich in alle Formen zu verwandeln, mit allen zu spielen, die entgegengesetztesten Ansichten aufzufassen und gelten zu lassen«.[89]

Füllte man freilich die zeitlichen Lücken zwischen den wenigen hier behandelten Texten, so nähme sich das anders aus. Briefe an die jeweils gleichen Adressaten bilden in ihren Inhalten wie mit ihren Schreibweisen vergleichsweise homogene Gruppen; die Rolle des imaginierten Lesers als Mitautor macht sich da bemerkbar. Darüber hinaus aber ließen die allmählichen Verschiebungen der Interessen und Veränderungen des Schreibstils im Lauf von sieben Jahrzehnten sehr wohl eine personale Konstanz erkennen. Als der 20jährige Briefschreiber dem liebenswürdigen Mädchen Katharina Schönkopf voraussagte, sie würde einmal auch »Die Liebenswürdige Frau seyn«, hat er von sich doch erklärt: »Und ich, ich werde Goethe bleiben. Sie wissen was das heisst. Wenn ich meinen Nahmen nenne, nenne ich mich ganz«.[90] Keinen seiner Briefe hat er jemals anders unterschrieben als (auch) mit seinem Nachnamen.

Diesen Fallstudien schließen sich drei übergreifende Exkurse an. Der erste geht den ›Weimarer Postverhältnissen‹ nach und erörtert ihre Auswirkungen auf Goethes Korrespondenz. Der zweite befaßt sich nächst dem Schreibgerät seiner Zeit mit Goethes ›Diktierten Briefen‹ und richtet sich auf die Folgen dieses Verfahrens für die sprachliche Verfassung seiner Texte. Der dritte Exkurs endlich untersucht den Gebrauch der ›Anredepronomina‹ in sei-

89 Biedermann/Herwig Bd 3.2, S. 610.
90 Brief vom 23.1.1770.

nen Briefwechseln. Deren Musterung wurde, den Adressatengruppen entsprechend, weitgehend chronologisch geordnet. So ergibt sich hier ein Überblick über das Gesamtwerk des Briefschreibers Goethe, fast könnte man sagen: eine auf Sprachbefunde gegründete Lebensgeschichte – entschieden einseitiger, aber verläßlicher doch als manche Goethe-Biographien, die unkritisch hergebrachte Ausführungen weitergeben, ungesicherte Unterstellungen verbreiten oder sich mit sensationsfreudigen Verdächtigungen hervortun.

FALLSTUDIEN

Lesehilfen zur Zitierweise in diesem Buch

In den nachfolgenden Fallstudien werden der jeweils behandelte Brief und alle wiederholenden Zitate daraus nicht mit Anführungszeichen versehen, sondern allein durch *Kursivdruck* hervorgehoben. Hier folgt die Textwiedergabe dem handschriftlichen Original. Andere Goethe-Briefe werden nach der seit 2008 erscheinenden ›Historisch-kritischen Ausgabe‹ (GB, Bd 1–3 und 6–7) zitiert – oder, soweit dort noch nicht erfaßt, nach der alten Weimarer Ausgabe (WA IV). Entsprechendes gilt für Goethes Tagebuchnotizen (nach GT, Bd I–VII bzw. WA III).

Auf Auslassungsmarkierungen [...] am Beginn und am Ende unvollständig wiedergegebener Sätze wurde grundsätzlich verzichtet. Allein die Anführungsstriche »...« bezeichnen die Reichweite eines Zitats.

In den wörtlich angeführten Briefen und anderen älteren Texten begegnen neben den selbstverständlichen Abweichungen von heutiger Rechtschreibung auch grammatische Regelwidrigkeiten gegenüber dem damaligen Sprachgebrauch, orthographische Versehen und Nachlässigkeiten oder eigenwillige Zeichensetzungen. All das kann aussagekräftig sein und ist deshalb beibehalten worden – stillschweigend dort, wo es das Verständnis nicht beeinträchtigt. Mit den [sic!]-Vermerken, die zur Beteuerung philologischer Präzision in solchen Fällen gebräuchlich geworden sind und hier massenhaft eingesetzt werden müßten, sollte der Leser nicht unnötig belästigt werden. Er kann sich im Zweifelsfall auf eine korrekte Textwiedergabe verlassen.

Hinsichtlich der Interpunktion wäre daran zu erinnern, daß das Semikolon zu Goethes Zeit häufig noch im Sinn eines heutigen Doppelpunkts verwendet wurde: nicht als abgrenzend trennendes, sondern als überleitend ankündigendes Satzzeichen.

I

»ein kleiner, eingewickelter, seltsamer Knabe«

An Ludwig Ysenburg von Buri, 23. Mai 1764

Daß Kleidungsstücke für den Eigenbedarf wohlhabender Leute gleich im eigenen Hause angefertigt werden, von eigenem Personal, liegt durchaus nicht im Interesse des professionellen Handwerks. Bei industrieller Massenherstellung, abnehmender Zahl von Hausangestellten und deren schwindenden Schneiderkünsten ist das auch schon lange nicht mehr üblich. Im Jahr 1778 aber sahen die zünftigen Schneidermeister in Frankfurt am Main noch Grund genug, sich über schneidernde Hausbedienstete zu beschweren.

Sie schrieben in einer Eingabe an den Rat der Stadt,[1] man annonciere jetzt »fast in allen hiesigen Intelligenz-Blättern: ›Es wird ein Bedienter gesucht, seiner Proffession ein Schneider.‹ Zehen vor Einen melden sich – der Anständigste wird gewählt, arbeitet alsdann vor seinen Herrn, Frau, Kinder, Kutscher, Mamsell und Hofmeister nicht ausgenommen – die Verwandte der Herrschaft machen sich den geschickten Johann auch zu Nutz – der sonst ins Haus gearbeitet habende Schneider-Meister hingegen wird nicht mehr gefordert, ohne daß Er weiß warum, bis Er den Monsieur Johann mit gantzen Stücken Sammt, Seiden, Treßen, Catun beladen, in den Cram-Läden und in der Juden-Gaß ein- und auslaufen und Gros und Klein seiner verlornen Kundschafft neu geklei-

1 Eingabe vom 28. Oktober 1778. Stadtarchiv Frankfurt a. M., Signatur: Handwerker Ugb D 8 Nr 163/25.

Goethe
Ölgemälde von unbekannter Hand
entstanden wohl 1765, kurz vor dem Aufbruch nach Leipzig
(Freies Deutsches Hochstift Frankfurt a. M.)

det, sich aber auf einmal um ein schönes Theil seiner bürgerlichen Nahrung gesprengt siehet.«

Die Beschwerdeführenden meinten, es müsse »der Schneider von Laquay abgesondert werden«, wenn »feyerig gehende Gesellen« sich in den Bürgerhäusern als Bediente verdingten, und erbaten deshalb eine Magistratsverfügung, nach der jeder »Obgerügte Pursche« eidlich angeloben müßte, er wolle »weder vor seine noch andere Herrschafften und Angehörige, Kinder und Haußgenoßen und Gesinde, neue oder sonst beträchtliche Schneider-Arbeit verfertigen«, widrigenfalls er »zur Schantz-Arbeit verdammt oder gar aus der Stadt geschafft« werden solle. Der Antrag wurde durch Ratsbeschluß abgelehnt – vermutlich weil die meisten Ratsmitglieder selber doch Hausbediente als Schneider beschäftigten; ein seit langem eingerissenes »Unwesen« und der daraus »hervorquellende in die Länge unausstehliche Handwercks-Schaden« wurden damit sanktioniert.[2]

Als der sechzehnjährige Goethe im Herbst 1765 zum Studium in Leipzig eintraf, war er vom Elternhaus her »etwas wunderlich equipiert auf die Akademie gelangt.« Denn auch der Kaiserliche Rat, dem »nichts mehr Vergnügen machte, als zwei Fliegen mit Einer Klappe zu schlagen«, fand es »am vorteilhaftesten, Schneider zu Bedienten zu haben, welche die Stunden gut anwenden mußten, indem sie nicht allein ihre Livreien, sondern auch die Kleider für Vater und Kinder zu fertigen, nicht weniger alles Flickwerk zu besorgen hatten.« Weniger noch als den selbständig arbeitenden Meistern der Zunft und deren Gesellen mochte es diesen hauseigenen Schneiderburschen gegen die Standesehre gehen, wenn sie in ihrer Produktion auf modische Fassons und Accessoires verzichteten und sich den Wünschen des Hausherrn am Großen Hirschgraben fügten, der diesbezüglich »eine Vorliebe für gewissen alten Zuschnitt und Verzierungen trug«.[3]

2 Wie Anm. 1: Handwerker Ugb D 8 Nr 163/26.

3 ›Dichtung und Wahrheit‹ II 6 (FA I 14, S. 273 f.).

Im konservativen Frankfurt ging das noch an, im modisch-galanten Leipzig nicht mehr. Nicht erst in ›Auerbachs Keller‹ sagte man: »Es ist ein klein Paris, und bildet seine Leute« (›Faust‹, 2172). Der als »ein kleiner, eingewickelter, seltsamer Knabe« dort ankam – so hat Goethe zehn Jahre später sich selbst beschrieben[4] – wurde also rasch eines Besseren belehrt: »es währte nicht lange, so überzeugten mich meine Freundinnen, erst durch leichte Neckereien, dann durch vernünftige Vorstellungen, daß ich wie aus einer fremden Welt herein geschneit aussehe. So viel Verdruß ich auch hierüber empfand, sah ich doch Anfangs nicht, wie ich mir helfen sollte. Als aber Herr von *Masuren*, der so beliebte *poetische Dorfjunker*, einst auf dem [Leipziger] Theater in einer ähnlichen Kleidung auftrat, und mehr wegen seiner äußeren als inneren Abgeschmacktheit herzlich belacht wurde, faßte ich Mut und wagte, meine sämtliche Garderobe gegen eine neumodische, dem Ort gemäße, auf einmal umzutauschen«.[5]

In der rhetorischen und epistolographischen Theorie ist ein wirkungsbezogen-kunstgerechter Sprachgebrauch unter dem Aspekt der Angemessenheit (πρέπον, aptum/decorum) von altersher durch die Kleidermetapher veranschaulicht, also mit »Zuschnitt und Verzierungen« der Erzeugnisse des Schneiderhandwerks gleichgesetzt worden.[6] Wenn Justus-Georg Schottel 1663 noch »einem jeden seine anständige Kleidung / und wollautende gebürende Rede zugeeignet« sehen möchte,[7] wird als soziale Funktion dieser Sprach- und Kleiderordnung das weit ins 18. Jahrhundert hineinwirkende Bemühen um Sicherung der Ständegrenzen erkennbar. Wenn aber Kaspar Stieler 1680 erklärt, es gehe »mit der heutigen Redensart / wie mit den Kleidermoden / und wollen die alte Schweitzerhosen und spitzige Spanische Hüte nicht mehr

4 Brief an Charlotte v. Stein, 25.3.1776.

5 Wie Anm. 3 (S. 274 f.).

6 Dazu Fischer 1968, insbes. S. 188 u. 196 und Sinemus 1976.

7 Schottel 1663, S. 116.

gelten«,[8] dann ist, im Rahmen dieser Ständeordnung, für die Bestimmung des Angemessenen bereits der Aspekt des Modischen als Kriterium eines höfisch orientierten Sozialprestiges ins Spiel getreten. Ganz in gleicher Weise koppelt nun das Leipziger Lustspiel, bei dem der »Herr von *Masuren*« oben »auf dem Theater in einer ähnlichen Kleidung auftrat« wie der kleine Frankfurter unten im Zuschauerraum, den Sprach- und Kleidungsstil einer komischen Figur. Denn das altmodisch-abgeschmackte zeremonielle Betragen dieses Dorfjunkers, der in hoffnungsloser Konkurrenz mit einem zum Hofadel gehörigen Nebenbuhler um das Fräulein Henriette v. Altholz wirbt, bestimmt auch seinen Sprachgebrauch. Sie »habe im ganzen Hoffmanns Waldau [dem wegen seines Schwulstes in Verruf geratenen spätbarocken Dichter] so was schönes nicht gelesen«, erklärt die Baronin-Mutter, als eine vom Herrn von Masuren verfaßte gestelzte Versepistel vorgetragen wird, und – an Henriette gewendet: »Ich möchte wohl wissen, ob deine Poeten bey Hofe so was schönes ersinnen können.« Henriette darauf: »Nein gewiß, ihr Geschmack ist viel zu natürlich, als daß sie so sehr künsteln sollten.«[9]

Er habe bald empfinden müssen, heißt es in ›Dichtung und Wahrheit‹ über Goethes Leipziger Erfahrungen, »daß die Gesellschaft gar manches an mir auszusetzen hatte, und ich, nachdem ich mich ihrem Sinne gemäß gekleidet, ihr nun auch nach dem Munde reden sollte«.[10] Tatsächlich zeigen sich – b e v o r ihn Leipzig auf neue Weise sozialisiert – Kleidungsstil und Sprachgebrauch auch des »kleinen, eingewickelten, seltsamen Knaben«, die in Frankfurt hausgeschneiderte Garderobe nämlich und sein Frankfurter Briefstil, auf bemerkenswert gleiche Weise durch jene »Vorliebe für gewissen alten Zuschnitt und Verzierungen« bestimmt.

8 In Kindermann 1680, S. 125.

9 Luise Adelgunde Gottsched: Der Poetische Dorfjunker. Ein Lustspiel in fünf Aufzügen. Aus dem Französischen Des Herrn Destouches übersetzt. In: Die Deutsche Schaubühne. Hg. v. Johann Christoph Gottsched. Dritter Theil, Leipzig 1741 (Faksimiledruck 1972), S. 443 ff., hier S. 452.

10 Wie Anm. 3 (S. 278).

Den ersten in Prosa verfaßten Brief, der von ihm überliefert ist,[11] hat Goethe, vierzehnjährig, an den sechzehnjährigen Ludwig Ysenburg von Buri geschrieben, der damals auf dem Gut seines Vaters, dem zwischen Frankfurt und Offenbach gelegenen Neuhof, lebte und als ›Argon‹ einer 1759 begründeten ›Gesellschaft derer Arcadier zu Phylandria‹ vorstand. Ein kleines literarisches Kränzchen war das, zu dem sich ein paar junge Leute aus hessischem Adel und gehobenem Bürgertum zusammengefunden hatten.[12] Sie gaben sich Schäfernamen und führten bei ihren vierteljährlichen Zusammenkünften an wechselnden Orten Schäferspiele auf,[13] nahmen im übrigen aber pastorale Lizenzen und arkadische Freiheiten durchaus nicht in Anspruch, sondern gefielen sich in dem sehr förmlichen Zeremoniell eines tugendbeflissenen Geheimbundes (– »allein die Persohn muss das 13. Jahr erreicht haben und die gehörige tüchtigkeit haben«![14]). Goethes erster Brief war ein Gesuch um Aufnahme in diesen Kreis.

11 Voran gehen zwei Briefgedichte an die Großeltern Textor zu Neujahr 1757 und 1763 (FA I 1, S. 15 ff.).

12 Zur Geschichte dieser Gesellschaft: Künzel 1873, Dieterich 1902, Geiger 1903, Süss 1926. – Wichtigste Quelle: Die Akten der Gesellschaft (von ihrer Gründung 1759 bis zum 13.1.1765), die aus dem Nachlaß ihres späteren Vorstehers, des Landgrafen Ludw. Georg Carl v. Hessen-Darmstadt in das Archiv der Darmstädter Loge ›Johannes der Evangelist zur Eintracht‹ kamen und (entgegen der Angabe bei Fischer-Lamberg 1963–74, Bd 1, S. 448) dort nicht mehr vorhanden sind, sondern nach Mitteilung der Loge vermutlich bei ihrer Auflösung 1933 durch die Gestapo beschlagnahmt wurden, nach anderer Auskunft 1944 bei einem Bombenangriff verbrannten (GB I II, S. 6). Diese Aufzeichnungen und Briefe sind von Dieterich 1902 benutzt und teilweise publiziert worden; auf ihn gehen auch alle späteren Wiedergaben zurück. Ein Teil dieser Bestände freilich, die ›Acta der Arcadischen Gesellschaft zu Phylandria. Vom 1t Aprill biß ultimò Junji 1764‹, gelangten aus dem Landgräflichen Nachlaß in den Besitz der Universitätsbibliothek Leipzig (Signatur: Hirzel's Goethe-B. B.2; im folgenden abgekürzt: Acta) – darunter das Original des hier zur Rede stehenden Goethe-Briefes.

13 Einzelheiten bei Dieterich 1902, S. 49 f.

14 So in: ›Nöthiger Unterricht zum Gebrauch der gemeinen Glieder der Gesellschaft, aufgesetzet 1764‹. Bei Künzel 1873, S. 115.

Wohlgebohrner,
Insonders Hochzuehrender Herr,

Ew. Wohlgebhrn werden Sich wundern, wenn ein unbekannter sich unterstehet, bey Ihnen eine Bitte vorzubringen. Doch billig solten Sie mit allen Denjenigen, die ihre Verdienste kennen, nicht erstaunen. Da Sie wohl wissen können, daß ihre Eigenschafften selbst auch noch in fernern Ländern als wo ich wohne die Gemüther Ihnen eigen zu machen vermögend sind.

Sie sehen aus meiner Vorrede, daß ich zur Zeit, um nichts als ihre Bekanntschafft anhalte, biß Sie erfahren, ob ich werth bin, ihr Freund zu seyn, und in ihre Gesellschafft einzugehen.

Werden Sie über meine Künheit nicht unwillig, und verzeihen Sie ihr. Ich kann nicht anders, denn wenn ich auch länger schweigen und ihre grose Eigenschafften insgeheim verehren wolte, wie ich bißher gethan habe, so würde mir dieses die größte Betrübtnüß von der Welt erwecken. Keiner von meinen Freunden die Sie kennen, gönnt mir dieses unschätzbare Glück. Vielleicht ist auch ein kleiner Neid Schuld daran. Aber eben fällt mir die beste Ursache ein, Sie wollen keinen Menschen, der meinen Fehler hat in ihre Bekanntschafft bringen, damit Sie deswegen nicht zur Verantwortung gezogen werden. Ew. Wohlgebhrn werden wißen, daß wir unsere Mängel gar gern bedecken, wenn wir einen Zutritt zu einer Persohn, die wir verehren, zu erlangen suchen. Ich aber habe es mit dem Freyer im Raabener gemein, daß ich meine Fehler voraus sage. Ich weiß zwar, daß Ihnen die Zeit bey meinem Geschwätze sehr lang werden wird, doch was hilfts, eimal müßen Sie es erfahren, entweder vor, oder nach der Bekanntschafft. Einer meiner haupt Mängel, ist, daß ich etwas hefftig bin. Sie kennen ja die colerische Temperamente, hingegen vergißt niemand leichter eine Beleidigung als ich. Ferner bin ich sehr an das Befehlen gewohnt, doch wo ich nichts zu sagen habe, da kann ich es bleiben laßen. Ich will mich aber gerne unter ein Regiment begeben, wenn es so geführt wird, wie Mann es von ihren Einsichten erwarten kann. Gleich in dem Anfange meines Briefes, werden Sie meinen *dritten Fehler finden. Nemlich daß ich so bekannt an Ihnen schreibe, als wenn ich Sie schon Hundert Jahre kennete, aber was hilfts, diß ist eimal etwas, das ich mir nicht abgewöhnen kann. Ich hoffe Ihr Geist, der sich nicht an Kleinigkeiten, wie das Ceremoniel ist, bindet, wird mir es verzeihen, glauben Sie aber, daß ich niemals die schuldige Hochachtung außer Acht setze.*

Noch eins fällt mir ein, ich habe auch denjenigen Fehler mit dem vor angeführten Mann gemein, nemlich, daß ich sehr ungedultig bin, und nicht gerne lange in der Ungewißheit bleibe. Ich bitte Sie entscheiden Sie so geschwind als es mögl ist.

Dieses sind die haupt-Fehler. Ihr scharfsichtiges Auge wird noch Hundert kleine an mir bemercken, die mich aber dennoch, wie ich hoffe, nicht aus ihrer Gnade setzen sollen, sondern alles wird vor mich reden, und meine Fehler so wohl als mein Eifer werden Ihnen zeigen, daß ich bin und beständig bleiben werde

Meines Wohlgebohrnen und
Insonders Hochzuehrenden Herrn
aufrichtigst ergebener Diener
Joh. Wolfgang Goethe.

Franckfurth
d 23ten May
1764

P. S. Solten Sie wegen meines Alters besorget seyn, so sag ich Ihnen zur Beruhigung, daß ich ohngefehr die Jahre des Alexis *habe. Ich beschwere mich sehr über Ihn, daß Er mich bißher von einem Tag zum andern vertröstete, mich in ihre Bekanntschafft zu bringen. Belieben Sie wie ich hoffe und Sie inständigst darum ersuche, mich mit einem Rück=Schreiben zu beehren, so haben Sie die Gütigkeit, und setzen meinen vornahmen auf die* Addresse. *Ich wohne auf dem grosen Hirsch=Graben. Leben Sie wohl.*[15]

15 Die Textwiedergabe hält sich buchstaben- und zeichenadäquat an die Handschrift (wie Anm. 12: Acta Nr 9), läßt nur deren Zeilenfall außer acht, verdeutlicht die Gliederung des Briefes durch Einzug jeweils der Anfangszeile eines neuen Absatzes und setzt sich über die Zusammenschreibungen *nachder* und *michbißher* in Zeile 27 und 56 hinweg.
Ein Handschriftenvergleich mit dem nachfolgenden eigenhändigen Schrei-

Wenn Goethe sich später an den Unterricht erinnert, den er durch seinen nicht allein in Bekleidungsfragen von einer »Vorliebe für gewissen alten Zuschnitt und Verzierungen« bestimmten Vater und die von ihm bestellten Hauslehrer erhalten hat, schreibt er über diese frühe Frankfurter Zeit: »In rhetorischen Dingen, Chrieen und dergleichen tat es mir Niemand zuvor«.[16] Sein Brief an Buri macht die Probe aufs Exempel und gibt noch einmal dem alten Brief- und Redekunstlehrer Christian Weise recht, der achtzig Jahre zuvor ›Von der CHRIA‹, also der kunstgerecht-schematischen Gliederung eines Schriftstücks gemeint hatte, daß »auch junge Knaben capable sind die Artificia zu erkennen.«[17]

Freilich ist es nicht die Weisesche Chrie, die diesen Brief strukturiert, nicht deren ältere Dispositionsregeln vereinfachendes Schema, das außer dem ›Initial=‹ und ›Final=Complimente‹ nur noch ein ›Antecedens‹ und – durch eine ›Connexio‹ mit ihm verknüpft – ein ›Conseqvens‹ vorschreibt für den Brief.[18] In »rhetori-

ben Goethes an Ysenburg v. Buri vom 2.6.1764 (Acta Nr 15; Faksimiledruck in Düntzer 1880, S. 54/55) zeigt, daß dieser erste Brief zwar von ihm selber unterschrieben wurde, aber von fremder Hand ausgefertigt worden ist – nicht durch seinen Vater, seinen Schreiblehrer Thym oder einen Hauslehrer, von dem in ›Dichtung und Wahrheit‹ II 6 (FA I 14, S. 239 ff.) berichtet wird, daß er nach der Gretchen-Affäre, also (erst) im April/Mai 1764, dem Jungen als »Aufseher« beigegeben wurde: der Entwurf eines Briefes an J. C. Seekatz nämlich, den der Vater am 25.9.1763 diktiert hat (Frankfurter Goethe-Museum, HS Nr 2207), zeigt bereits die gleiche Handschrift wie Goethes erster Brief an Buri. So handelte es sich offenbar um den »schreibelustigen« Joh. David Clauer, der damals nach Diktat oder schriftlicher Vorlage Schreibarbeiten für Vater und Sohn erledigte, aber (»blödsinnig geworden«) an der Formulierung des Briefes wohl nicht beteiligt war (vgl. ›Dichtung und Wahrheit‹ I 4 und II 6: FA I 14, S. 156 ff. und 273). Ich notiere das, weil Goethes nachfolgendes Schreiben vom 2.6.1764 an Buri als d e s s e n möglichen Verdacht erörtert, daß er den zur Rede stehenden ersten Brief von einem »Hofmeister« hätte aufsetzen lassen.

16 ›Dichtung und Wahrheit‹ I 4 (FA I 14, S. 39).

17 Weise 1684, S. 58.

18 Weise 1691, S. 32 u. 36 f. – Dort S. 38 f.: »hierinne bestehet die gantze Kunst vom Brieff=schreiben« – »alle Gattungen die man sonst in so vielen mühsamen Capiteln lernen soll die können sich aus diesem eintzigen Principio mit diesen fünff Stücken auff einmahl lernen lassen.« Dazu Nickisch 1969, S. 103.

schen Dingen« reicht das Schreiben an Buri sehr viel weiter zurück in der großen Tradition einer Briefschreiblehre, die seit den um die Mitte des 11. Jahrhunderts von Alberich von Monte-Cassino ausgehenden Schriften zur ars dictandi[19] die Form als Mittel der Wirkung verstand. Zurückbezogen auf den ersten Absatz des Briefes, beginnt sein zweiter mit den Worten *Sie sehen aus meiner Vorrede, daß ...* . Und mit *Vorrede* (prooemium) fällt das Erkennungswort, durch das der Briefschreiber selbst seinen Text auf die alte dispositio-Lehre der Rhetorik bezieht, die seit Jahrhunderten auch die Epistolographie beherrschte.[20] Unschwer lassen sich deren partes hier ausmachen: es folgen einander salutatio (›Initial=Compliment‹), exordium/prooemium, propositio, narratio, argumentatio, conclusio (›Final=Compliment‹) und petitio. Regelsicher gehorcht Goethes Bewerbungsschreiben dem altüberkommenen Dispositionsschema, das die Briefsteller des Barockzeitalters trotz terminologischer Varianten, gewisser Verschiebungen und schwankender Zahl seiner Bestandteile doch mit formelhafter Verfestigung des Ganzen ins 18. Jahrhundert vermittelt hatten. Und in gleicher Weise eifert auch die Schreibart des kleinen Frankfurters deren Stilprinzipien nach[21]: Den schmeichelnden Lobeserhebungen für den Adressaten, die über das nurmehr Höfliche oder Respektvolle entschieden hinausgehen, und der Hyperbolik, welche die erhoffte persönliche Bekanntschaft mit dem solcherart Angeredeten als ein *unschätzbares Glück*, weiteren Verzicht auf sie gar als *die gröſste Betrübtnüß von der Welt* ausgibt, entsprechen die Devotion, mit der der Schreiber sich *unterstehet*, diese Bitte vorzubringen, und die steife Etikette der Anrede- wie der Briefschlußformel (›Insinuation‹/›Submission‹), in der dieser Vierzehnjährige gegenüber dem Sechzehnjährigen als seines *Wohlgebohrnen und Insonders Hochzuehrenden Herrn aufrichtigst ergebener Diener* posiert. Formvollendet wurde hier erst das Datum

19 Vgl. Rockinger 1863, S. 1 ff.
20 Vgl. Lausberg 1960, S. 147 ff., §§ 261–452.
21 Vgl. Nickisch 1969, S. 49–140.

platziert, das man bei Nahestehenden eher gleich über den Brief geschrieben hat.[22]

Das in »Zuschnitt und Verzierungen« solcherart nach dem Dispositionsschema und Devotionsstil der alten Briefsteller modellierte Schreiben erscheint freilich nicht erst dem Geschmack einer späteren Zeit ein wenig »wunderlich equipiert«. Schon 1764 war es nicht eben auf der Höhe der Zeit. Bereits dreizehn Jahre zuvor waren damals die großen Reformschriften des bürgerlichen Briefstils in Deutschland erschienen; auch in Goethes väterlicher Bibliothek standen Gellerts ›Praktische Abhandlung von dem guten Geschmacke in Briefen‹ von 1751 und Stockhausens im gleichen Jahr veröffentlichte ›Grundsätze wohleingerichteter Briefe‹ in ihrer 3. Auflage von 1756.[23] Über die aus dem 17. Jahrhundert überkommenen älteren Lehrbücher hieß es da bei Gellert: »Die Erfinder dieser Künste haben es unstreitig gut gemeynt; aber ihre gute Meynung, jungen Leuten das Briefschreiben zu erleichtern, hat vielleicht mehr Schaden angerichtet, als wenn sie die schlimmste Absicht gehabt hätten. Sie wollen uns, ehe wir denken können, gute Briefe schreiben lehren. Sie lehren uns daher die Sätze des Briefs nach einem Formulare abfassen, bald in der Gestalt einer Schlußrede, bald in einer ordentlichen, bald in einer umgekehrten Chrie, bald so, daß wir unsre Meynung in ein Antecedens, in eine Connexion und in ein Conseqvens einspannen müssen. Sie wollen uns, sage ich, auf diese Art bey Zeiten gute Briefe schreiben lehren, und sie machen, daß wir Zeit Lebens schlechte schreiben lernen, wenn wir uns einmal an diese Formulare gewöhnen. […] Ueberhaupt läßt sich von keinen Briefen weniger hoffen, als von denen, die der Geist des Ceremoniels und der Mode eingeführt […]. Es sind Geburten, denen man ihre Herkunft, denen man die Verstellung, die Schmeicheley, den Eigennutz, die Sklaverey, gemeiniglich ansieht. Es sind ausgedehnte, rostige, übertriebne Complimente.«

22 So Steinhausen 1891, S. 339.
23 Götting 1953, S. 41 u. 50.

Sehr genau hat Gellerts Kritik das Fundament dieses spätbarokken Zeremonialstils: seinen Ursprung aus dem Geist der feudalabsolutistischen Sozialhierarchie bezeichnet. Denn es sind die »Hof- und Staatsschreiben«, von denen der Leipziger Lehrer bürgerlicher Schreibart jetzt erklärt, es mache »der Respekt, den man zu beobachten hat, dergleichen Briefe schwer und steif. Man soll mit großen Herren nicht frey reden; und was ist alsdann möglicher, als daß man ängstlich spricht? Man soll demüthig und ehrerbietig sprechen; und wie leicht kann diese Sprache kriechend und sklavisch werden?«[24]

Schreibt der Enkel eines Frankfurter Stadtschultheißen und Sohn des Kaiserlichen Rates an Ludwig Ysenburg von Buri, Sohn eines vor gerade elf Jahren (unter Zuerkennung von vier Ahnen) in den Reichsadelsstand beförderten Verwaltungsbeamten, dann ist das Regulativ seines Briefstils freilich nicht in der sozialen Position von Schreiber und Empfänger vorgegeben. Vielmehr wird das ritualisierte Unterwerfungszeremoniell des im Umkreis von Hof und höfischer Kanzlei entwickelten Devotionalstils hier imitiert im Interesse der Absicht, die dieser Brief verfolgt. Der Bittsteller spielt die Untertanenrolle und bildet im »Zuschnitt« seines Briefes den subalternen Status ab, den als Mitglied der ›Gesellschaft zu Phylandria‹ gegenüber ihrem ›Argon‹ einzunehmen er sich hier ausdrücklich bereit erklärt: *Ich will mich aber gerne unter ein Regiment begeben, wenn es so geführt wird, wie Mann es von ihren Einsichten erwarten kann.* (Zeile 32 ff.)

Freilich scheint es, als schieße der Antragsteller dabei so weit über sein Ziel hinaus, daß die Glaubwürdigkeitsforderung der Rhetorik auf gefährliche Weise vernachlässigt wird. Der Briefschreiblehrer Stockhausen hatte schon 1756 gewarnt: »Bey Vernünftigen macht man sich dadurch verhaßt, wenn man durch eine grobe Schmeicheley ihre Bescheidenheit so sehr beleydiget«.[25] Unseren

24 Gellert 1751, S. 49 f., 84, 89.
25 Stockhausen 1756, S. 145.

Briefschreiber hat das offenbar wenig gekümmert. *Ich kann nicht anders*, erklärt er, *denn wenn ich auch länger schweigen und ihre grose Eigenschafften insgeheim verehren wolte, wie ich bißher gethan habe, so würde mir dieses die gröſte Betrübtnüß von der Welt erwecken.* (13 ff.) Sollte der Adressat solche Sätze als wahrhaftig und glaubwürdig hingenommen, ihre »Herkunft« und jene »Verstellung«, von der Gellert redete, nicht bemerkt haben? Mußte ihm, wenn da jemand aus dem benachbarten Frankfurt nach Neuhof schrieb, daß seine *Eigenschafften selbst auch noch in fernern Ländern als wo ich wohne die Gemüther Ihnen eigen zu machen vermögend sind* (6 ff.),[26] nicht gar der Verdacht kommen, daß dieser Bittsteller den Komplimentierstil zu parodieren beginne und unter der Hand sich lustig mache über »Zuschnitt und Verzierungen« einer Schreibart, die »der Geist des Ceremoniels« eingegeben?

Daß der junge Frankfurter sein auch in den nachfolgenden Briefen und Besuchen mit größtem Nachdruck betriebenes Aufnahmegesuch auf solche Weise absichtsvoll in Gefahr hätte bringen sollen, liegt außer aller Wahrscheinlichkeit. Indem er sein Verhalten abstellt auf das Ziel, in diese *Gesellschafft einzugehen* (11), führt er ein Rollenspiel vor, das seine Zweckdienlichkeit aus der Konvention bezieht und über dessen Erfolg die Frage entscheidet, ob der Darsteller eben diesen Part beherrscht.[27] »In rhetorischen Dingen, Chrien und dergleichen that es mir niemand zuvor«! Die zum Zeremoniell erstarrte Rhetorik zieht ihre Wirkung nicht mehr aus einer ursprünglichen Überzeugungskraft der kunstvoll geregelten Sprache selbst, sondern gewinnt sie allemal erst aus

26 Diese »etwas groteske Einleitung« des Briefes, »die uns rätselhaft anmutet«, sucht Dieterich 1902, S. 65 damit zu erklären, daß Goethe mit den *fernern Ländern* scherzhaft »auf Arcadien, die eingebildete Heimat der Gesellschaft angespielt« habe.

27 Anders als die Rolle des Schreibers sieht dabei immer die des Empfängers aus. Daß dem Adressaten hier ausdrücklich bescheinigt wird, er binde sich doch nicht *an Kleinigkeiten, wie das Ceremoniel ist* (38 f.), gehört zu den stehenden Regeln der Rollenverteilung im epistolographischen Unterwerfungsritual, ist also keineswegs als persönliche Charakterisierung des Adressaten zu verstehen.

zweiter Hand: aus dem überzeugenden Nachweis rhetorischer Kompetenz. Eben deshalb liefert der Schreiber hier nicht nur Sätze, die als prooemium gelten können, sondern schreibt zugleich, daß er eine Vorrede schreibe, und zeigt sein ›prooemium‹ vor – *Sie sehen aus meiner Vorrede, daß ich ...* . Leise Obertöne eines spielerisch-überlegenen Scherzes, die solche Zweckbestimmung des Bewerbungsschreibens übersteigen, wird man dieser rhetorischen Kompetenzprobe wohl abhören dürfen. Aber sie scheinen so vorsichtig dosiert, daß sie deren Absicht kaum schon gefährlich werden, vielmehr mit einer leisen Distanz des Bewerbers gegenüber den *Kleinigkeiten, wie das Ceremoniel ist* (38 f.), seine Einsicht eben in den Spielcharakter dieser Bittstellerrolle andeuten und die heitere Souveränität kenntlich machen, mit der er über das rhetorische Instrumentarium verfügt.

Freilich, hätten der ›Argon‹ und die hessischen Arkadier das rhetorische Zeremoniell dieser Rolle in gleicher Weise beurteilt wie Goethes Leipziger Freundinnen dann das Theaterkostüm des Herrn von Masuren und jenen »gewissen alten Zuschnitt und Verzierungen« seiner eigenen hausgeschneiderten Garderobe, dann hätte ein in dieser Art verfaßtes Gesuch um Aufnahme *in ihre Gesellschafft* gewiß schon als solches seinen Zweck verfehlt. Wie der Sprachgebrauch überhaupt als ein in hohem Grade maßgebendes Kriterium sozialer Zuordnung dient, unterliegt der adressierte Text, nicht zuletzt der Brief, einer Akzeptabilitätsprüfung durch den Adressaten, die den Sprecher oder Schreiber rigoros beim Wort nimmt, indem sie vom sprachlichen Verhalten zurückschließt auf die Person. Briefe sind – auf direkte oder indirekte Weise, in unbeabsichtigter oder geplanter Art, auf Wahrheit oder Täuschung angelegt – allemal auch Selbstdarstellungen des Schreibenden und tragen (in positiver oder negativer Hinsicht) der sozialen Kontrolle Rechnung, der er sie ausgesetzt weiß. Für Bewerbungstexte aller Art, die dem Adressaten zur Entscheidungsgrundlage dienen über die Aufnahme des Verfassers in einen sozialen Verband, gilt das sicher in hohem Maß. Sie verlangen bis heute eine Selbstdarstellung, welche die ausdrücklich formulierten oder stillschweigend geltenden Aufnahmebedingungen der fraglichen *Gesellschafft* erfüllt, die von ihr geforderten Zugehörigkeitsmerkmale aufweist, also den diese Gruppe konstituierenden Konventionen entspricht und sich ihren Normen konform zeigt. Indem sich der Schreibende als Bewerber, als Bittsteller solchem Rollenzwang unterwirft, nimmt er die soziale Kontrolle der Gruppe vorweg – in Form einer Regulierung, die zwar ohne Auftrag der *Gesellschafft* erfolgt, wohl aber, im eigenen Interesse, ihren Ansprüchen zu genügen sucht.

»Zuschnitt und Verzierungen« seines Briefes an Buri, das darf man unterstellen, hielt der Schreiber hinsichtlich des hier verfolgten Zwecks für angemessen, zumindest für verträglich mit dem internen Sprachverhalten eben der Gruppe, an die er Anschluß sucht mit diesem Brief. Wieviel Berechnung dabei im Spiel gewesen ist, inwieweit der Antragsteller im voraus unterrichtet war durch jene *Freunde*, die sein Brief erwähnt (16 ff.), wird kaum noch auszumachen sein. Und festzustellen, inwiefern Goethes Aufnahmegesuch dem gruppeninternen Sprachgebrauch dieser *Gesellschafft* entsprach, ist durch den Verlust des größten Teils der ›Phylandria‹-Akten mit den in ihnen enthaltenen, für eine vergleichende sozio-stilistische Untersuchung verwendbaren Briefen und Protokollen kaum noch möglich. Immerhin hat Süss 1926 noch in Kenntnis dieser verlorenen Papiere berichtet: »Sehr ausführlich ist festgelegt, wie in Schreiben an Mitglieder u. Vorgesetzte je nachdem sie Prinzen von hohem oder niederem Adel aus angesehenen Familien usw sind, die Anreden u Briefanschreiben gehalten sein müssen.« Eine derart entschieden auf die Protokollvorschriften der höfischen Kanzlei bezogene Sprachregelung des internen Briefverkehrs, »ausführlich« festgelegt, macht in der Tat wahrscheinlich, daß Goethes dem spätbarocken Formular entsprechend hyperbolisch-komplimentierender Devotionsstil durchaus die Tonlage getroffen hat, die dem ›Argon‹ angemessen schien.

Sehr deutlich zeigt das ein Brief, der in den noch erhaltenen

Acta vom gleichen Frühjahr sich findet.[28] Philippine Eswein, eine lustige und bei passender Gelegenheit ein bißchen vorlaut-aufmüpfige Cousine Buris (als ›Amarillis‹ der *Gesellschafft* zugehörig, ›Aufseherin der Classe des roten Bandes‹), hat ihn am 17. Juni 1764 an den ›Argon‹ geschrieben – mit Verbesserungsvorschlägen für die Verfassung ›derer Arcadier zu Phylandria‹. Aus einer vergleichsweise unprätentiösen Schreibart, die alle von ihr erhaltenen Schriften bestimmt (und Gellerts These bestätigt, »daß die Frauenzimmer oft natürlichere Briefe schreiben, als die Mannspersonen«[29]), fällt sie hier am Ende in eine bemerkenswert andere Tonlage:

»Es wird daher der Argon gebeten die Gesinnungen derer übrigen Mitglieder darüber einzuholen, und auf ein gesetzmäßige Art zu entscheiden. Gnädigster Erhörung sich getröstend Ewr. Hochfürstl. – Potz tausend was mache ich! Fast hätte ich vergessen, daß wir in Arcadien sind.

Wertester Argon dero ergebenste Amarillis.«

Da ist die ironische Absicht unübersehbar. Noch in ihrer übertriebenen Fassung aber macht diese Parodie die Vorlage kenntlich, die sie ins Lachhafte ziehen will: jenen höfisch-zeremoniellen Devotionsstil eben, den der Adressat dieses Briefes ganz offensichtlich erwartet hat. Mit keinem Wort ist der humorlose ›Argon‹ in seiner Antwort an ›Amarillis‹ darauf eingegangen;[30] stillschweigend hat er ihr bedeutet, daß ihm solch ein normverletzendes Sprachverhalten unpassend erscheine. Goethes rhetorischer Akzeptabilitätsnachweis hingegen wurde ausdrücklich gutgeheißen. Zu einer Zeit noch, als Buri aus ganz anderen Gründen schon entschlossen war, seinem Antrag keinesfalls stattzugeben, schrieb er einem Mitglied der Gruppe über diesen Bewerber: »Er will gern in unsre Gesellschaft kommen. Dieses ist sein ganzes Gesuch. Darum giebt sich derselbe so viele unsägliche Mühe. Ich kenne

28 Wie in Anm. 12, hier Acta Nr 29.

29 Gellert 1751, S. 75.

30 Brief vom 21.6.1764 (wie in Anm. 12: Acta Nr 30).

das Herrchen besser und zwar von sicheren Leuten. Er schrieb mir lezthin einmahl den artigsten Brief von der Welt in welchem er anhielt in die Gesellschaft zu kommen.«[31] »Zuschnitt und Verzierungen« seines Aufnahmegesuches jedenfalls haben die soziale Kontrolle durch den ›Argon‹ der ›Arcadischen Gesellschaft‹ passiert.

Daß sich der Bewerber dabei fremder Hilfe bedient hätte, darf man ausschließen.[32] Offensichtlich ist selbst dem Herrn von Buri solch ein Verdacht nicht gekommen. Wohl aber bringt der kleine Goethe ihn von sich aus zur Sprache und sucht ihn auf diese Weise von vornherein zu zerstreuen. In einem nachfassenden Brief vom 2. Juni an den zögerlichen ›Argon‹ nämlich konstruiert er geradewegs den Fall, daß irgendeiner der vielen »Dumm=Köpfe in unsrer Stadt« sich bemühe, »in Ihre Gesellschaft zu tretten. Er ersucht seinen Hofmeister, ihm einen Brief aufzusetzen, und zwar einen allerliebsten Brief. Dieser thuts, der iunge Herr unterschreibt sich. Dadurch bekommen Sie einen hohen Begriff von seiner Gelahrtheit, und nehmen ihn ohne Untersuchung auf, wenn Sie ihn beym Lichte betrachten, so finden Sie, daß Sie statt eines Gelehrten, Ihre Gesellschafft mit einem Rinds=Kopf vermehret haben. Das ist unverantwortlich! Es ist nun gar möglich daß ich auch ein solcher bin, Ihre Vorsichtigkeit ist also wohl angewandt.«

Nun zeigt das Entreebillett, das Goethe da vorlegte, neben der rhetorischen Seite noch eine zweite, im engeren Wortsinn literarisch geprägte. Der Vierzehnjährige, dessen dichterische Fingerübungen dem Schäferstück galten,[33] hatte im Elternhaus eines gleichaltrigen Bekannten, des als ›Alexis‹ zum ›Aufseher‹ der *Gesellschafft* in Frankfurt bestellten Carl Schweitzer, die Aufführung eines Singspiels erlebt und offenbar bei dieser Gelegenheit Nähe-

31 16.7.1764, an Johann André (bei Dieterich 1902, S. 61).

32 Vgl. hier Anm. 15.

33 Vgl. etwa Goethes Brief an die Schwester vom 12.10.1767 zu seinem nicht erhaltenen Schäferspiel ›Amine‹ aus der frühen Frankfurter Zeit (GB 1 I, S. 97).

res von den hessischen Arkadiern gehört.[34] Als literarischer Zirkel hat die *Gesellschafft* ihn interessiert, und mit dem Brief, durch den er um Aufnahme bittet in diesen Kreis, legt er zugleich einen eben darauf bezogenen Kompetenznachweis, eine Zugehörigkeitsprobe ab, stellt sich nämlich in der Rolle eines versierten Literaturkenners dar[35]: *Ew. Wohlgebhrn werden wißen, daß wir unsere Mängel gar gern bedecken, wenn wir einen Zutritt zu einer Persohn, die wir verehren, zu erlangen suchen. Ich aber habe es mit dem* Freyer im Raabener *gemein, daß ich meine Fehler voraus sage.* (21 ff.)

Gottlieb Wilhelm Rabeners ›Satiren‹ von 1752, unter denen sich die hier gemeinten ›Liebestractaten eines rechtschaffnen, aber eigensinnigen Freyers mit einem Frauenzimmer‹ finden, standen in ihrer dritten Auflage von 1757 in der Bibliothek des Vaters;[36] jetzt, 1764, lagen sie schon in achter Auflage vor. Der knappe Hinweis auf den *Freyer im Raabener* also sorgt für den Eindruck, daß der Schreiber auf überlegen-selbstverständliche Weise in der Gegenwartsliteratur bewandert sei, und sucht den Adressaten zu gewinnen, indem er Gleiches bei ihm voraussetzt. Unter Kennern genügt die Andeutung – die in diesem Falle freilich von erheblicher Reichweite ist. Denn nicht nur, daß er seinen Rabener

34 Vgl. Johann Andrés Brief an Buri vom 18.7.1764. Bei Dieterich 1902, S. 63.

35 Den gleichen Zweck verfolgt ein Besuch, den Goethe, um seine Aufnahme zu befördern, bei einem Mitglied der *Gesellschafft* in Offenbach macht. Am 18.7.1764 berichtet dieser Johann André (später ein berühmter Komponist, der auch Goethes ›Erwin und Elmire‹ vertonte) dem ›Argon‹: »Her Göthe ist vorige Woche ohngefähr ¼ Stunde bey mir gewesen [...] Er nannte sich, und sagte Herr Alexis wäre sein vertrauter Freund; so wie er dann auch meine Oprette bey demselben gesehen hätte. Er fing nun an das Stück zu loben – Kann ich Ihnen mit einer Schale Thee, oder mit einem Glase Wein aufwarten, unterbrach ich ihn, weil ich ihn zu jung für einen Kunstrichter hielt – ich bin Ihnen für alles gehorsamst verbunden, antwortete er mir [...] und fing darauf an von der Comödie zu sprechen, die wir bey Ihnen aufgeführt haben; er lobte sie sehr, Herr Alexis hätte sie ihm höchstens angerühmt; ich konnte ihm nicht gänzlich beyfallen. Von unserer Comödie kamen wir auf die Frankfurter Comödie und Opera, und das war unser ganzes Gespräch. Er hat mir also kein Wort von Gesellschaftsangelegenheiten gesagt.« (Dieterich 1902, S. 62).

36 Götting 1953, S. 52.

kennt, zeigt der Antragsteller da, sondern auch, daß er solche literarischen Kenntnisse in brillanter Manier zu nutzen versteht: Sein Brief verwendet die vorgegebene Figur als Modell der Selbstdarstellung und führt damit ein Verfahren vor, das dem rhetorischen »Zuschnitt« der Epistel nahtlos sich fügt. Als ›locus a simili‹ der ›argumentatio‹ (wie die Termini der Rhetorik dafür lauten) wird ein poetisches ›exemplum‹ eingebracht, das der Schreiber in Beziehung setzt zur ›causa‹ seines Briefes.[37]

Rabener nämlich hatte es in einer Vorbemerkung zu diesen ›Liebestractaten‹ als notwendig bezeichnet, »daß man Niemanden zu seinem vertrauten Freunde wähle, dessen Charakter, dessen Fehler und Tugenden man nicht vorher sorgfältig geprüft hat«, da doch, zumal wenn es ums Heiraten geht, »gemeiniglich von beiden Theilen alle Sorgfalt angewendet wird, einander zu hintergehen, und seine Fehler zu verbergen.«[38] Mit bemerkenswertem Geschick lenkt der dem Empfänger unbekannte, um seine Freundschaft werbende und Aufnahme in die *Gesellschafft* erbittende Schreiber unseres Briefes seine Eingangssätze in genau diese Spur. Er äußert die Vermutung, die gemeinsamen Freunde hätten sich seiner *Fehler* wegen gescheut, ihn mit dem Herrn von Buri bekannt zu machen, und läßt (das unverhohlene Zitat, das die Leihgabe kenntlich macht, durch abweichenden Wortgebrauch vermeidend) seine Darlegungen in die Rabenersche These münden: *Ew. Wohlgebhrn werden wißen, daß wir unsere Mängel gar gern bedecken, wenn wir einen Zutritt zu einer Persohn, die wir verehren, zu erlangen suchen.* Rabener nun hatte seinen »Mitbürgern« empfohlen, »ihre Liebesbriefe, statt der bisherigen Seufzer und Flammen, und verstellten Schmeicheleyen, so einzurichten, daß sie ein wahres und redliches Bekenntniß ihrer Fehler wären«, und ihnen als Beispiel dafür den »unregelmäßigen [unkonventionellen] Antrag« seines Freiers vorgelegt, der um ein Frauenzimmer wirbt, indem er ihm eingesteht, daß er allzu »offenherzig« und »sehr eigensinnig« sei, sich »nicht

37 Vgl. Lausberg 1960, S. 217 (§ 394) u. S. 228 f. (§§ 411, 413).

38 Rabener 1757, S. 234. Die nachfolgenden Zitate S. 235, 236, 238, 251.

hitzig widersprechen lassen« könne und die »Absicht habe, Herr im Hause zu seyn«, auch daß er »sehr ungeduldig liebe«. Auf Rabeners Empfehlung (›auctoritas‹) stützt und beruft sich die Selbstdarstellung des Goetheschen Briefes, und dem Vorbild (›exemplum‹) seines Freiers schließt sie so eng sich an, daß ihrer beider Fehlerkataloge nahezu identisch erscheinen. Nur in der Terminologie eigentlich und in der Abfolge entfernt sich die Kopie vom Original. Offenherzigkeit führt sie als *dritten Fehler* an (*Nemlich daß ich so bekannt an Ihnen schreibe, als wenn ich Sie schon Hundert Jahre kennete* (35 f.)). Dem Eigensinn des Freiers und seiner Unduldsamkeit gegen hitzigen Widerspruch entspricht der zuerst genannte Fehler (*daß ich etwas hefftig bin. Sie kennen ja die colerische Temperamente* (28 f.)). An zweiter Stelle erscheint die Parallele zum Wunsch des Brautwerbers, Herr im eigenen Hause zu sein (*Ferner bin ich sehr an das Befehlen gewohnt* (30 f.)). Der vierte Fehler schließlich wird hier wie dort mit fast den gleichen Worten und an gleicher Stelle als Nachtrag mitgeteilt. Rabeners Freier: »Ich habe neulich vergessen, Ihnen noch einen Fehler von mir zu sagen. Es ist dieser, daß ich sehr ungeduldig liebe, wenn ich liebe; und daß ich sehr unruhig bin, wenn ich in vierzehn Tagen die Erklärung noch nicht erhalten kann, die ich mir binnen acht Tagen ausgebeten. Haben Sie die Güte, melden sie mir Ihre Entschliessung.« Entsprechend Goethe an Buri: *Noch eins fällt mir ein, ich habe auch denjenigen Fehler mit dem vor angeführten Mann gemein, nemlich, daß ich sehr ungedultig bin, und nicht gerne lange in der Ungewißheit bleibe. Ich bitte Sie entscheiden Sie so geschwind als es mögl ist.* (41 ff.)

Sechsundzwanzig Jahre später (am 21. Oktober 1790) zeigt Goethes erster Brief an Christian Gottfried Körner noch einmal einen Reflex dieser Rabenerschen Satire: »Es ist gut sich gleich zu Anfang einer Bekanntschaft zu zeigen wie man ist, damit die Freunde gleich unverbesserliche Fehler nachsehen und verzeihen lernen. Nichts wird mir saurer als Briefe zu schreiben und mehr als einmal versäume ich darüber Pflicht und Schicklichkeit.« Da freilich bedarf diese Maxime keines Gewährsmannes mehr, ist von Rabeners ›Freyer‹ auch nicht mehr die Rede. Im Vergleich aber wird deutlich, was dessen Auftritt im Buri-Brief bewirkt: als Kronzeuge literarischer Kennerschaft ins Spiel gebracht, steht er der Glaubwürdigkeit des aus zweiter Hand hier Mitgeteilten gefährlich im Wege. Anders als Rabeners umworbenes Frauenzimmer, dem »die offenherzige Art, mit welcher Herr R... sich erklärt, besonders gefällt, und viel Gutes verspricht«,[39] mußten dem Herrn von Buri entschiedene Zweifel entstehen an der Aufrichtigkeit einer Selbstdarstellung, die so sichtlich als Formzitat, als Imitation eines literarischen Modells sich präsentiert. Das hatte der Schreiber absehen können. Zwar hat er seine als *Fehler* angeführten Charakterzüge auch in positiver Hinsicht kenntlich gemacht: er nennt sich *hefftig* und cholerisch – *hingegen vergißt niemand leichter eine Beleidigung als ich* (29 f.); selber ans *Befehlen gewohnt* – will er sich immerhin *gerne unter ein Regiment begeben, wenn es so geführt wird, wie Mann es von ihren Einsichten erwarten kann* (32 ff.); offenherzig zu schreiben, kann er sich zwar nicht *abgewöhnen*, aber – *Ich hoffe Ihr Geist, der sich nicht an Kleinigkeiten, wie das Ceremoniel ist, bindet, wird mir es verzeihen.* (37 ff.) Trotz solcher Kontrabalance kann er für sich selbst gerade nicht mehr in Anspruch nehmen, was bei Rabener die Tante des vom offenherzigen Freier umworbenen Mädchens sagen darf: »Alle die Fehler, die [dieser] Herr R... von sich selbst sagt, sind Tugenden« – »weil er sie gesteht.« Goethe hingegen, um den Nachweis literarischer Kennerschaft bemüht, gibt deutlich genug zu erkennen, daß er nurmehr Rabeners ›Freyer‹ imitiere. Schreibt er hier von seinen Fehlern: *alles wird vor mich reden* (47 f.), so gilt das offenbar nur, wenn dieser Fehlerkatalog nicht als Charakter-, sondern als Talentprobe, als literarisches Kabinettstück gewertet wird.[40]

39 Ebd. S. 239. Das nachfolgende Zitat S. 241.

40 Roethe 1932, S. 28 (auf »Bruchstücke einer großen Konfession« fixiert): »Aber auch hier schon lugt hinter dem gravitätischen Ernst des Vierzehnjährigen ein rührender Trieb zur Selbsterkenntnis, ja zum Selbstbekenntnis durch.« – Neuhaus 1952, S. 11, im Zusammenhang einer auf den »Kanzleistil« abgestellten, ausführlich-unergiebigen Auslassung über die Briefe an Buri (ohne das Rabener-Modell zu erkennen): »Nach diesem Anfang folgen

Das Rollenspiel seiner Talentprobe aber dient nun zugleich auf unmittelbare Weise dem Zweck des Briefes. In Rabeners ›Liebestractaten‹ nämlich ist auch die »Entschliessung« der Umworbenen mitgeteilt. Ihren Freundinnen, einem Onkel und einer Tante hat sie den Brief des Freiers geschickt und um ihren Rat gebeten. Der Onkel (»ein wenig gar zu sorgsam«) rät zu, weil das am Ende doch »eine gute Parthie« sei. Die Mädchen (»gar zu leichtsinnig«) schreiben entsetzt, sie dürfe diesen »alten Jesus Sirach nicht heirathen«, diesen »guten Schulrektor«, »so einen treuherzigen Beichtsohn«, jemanden, der »schon so früh anfängt, die Klauen sehen zu lassen.« Die Tante aber, die alle in diesem Werbungsbrief genannten Fehler als Tugenden versteht, empfiehlt: »Nimm ihn, Liebe Tochter, gieb ihm Dein Wort, so bald Du kannst.« Und das kluge Mädchen folgt ihrem Rat.[41] Die Entschließung des jungen Herrn von Buri steht aus. Doch in eben dem Maße, in dem das an ihn gerichtete Gesuch dem Brief des Freiers nachgebildet wird, gibt das Modell – unter Kennern – auch die angemessene Entscheidung vor. Das komplizierte Spiel zwischen literarischer Fiktion und praktischem Zweck, das der vierzehnjährige Bewerber zustande bringt, weist auch dem Umworbenen seine Rolle zu und legt ihm die rollenkonforme Antwort in den Mund – *alles wird vor mich reden.*

Drei Tage später hat der ›Argon‹ der ›Arcadischen Gesellschaft zu Phylandria‹ geantwortet.[42] Er schob die Entscheidung hinaus: Man würde »mirs auch sehr verdencken wenn ich Sie sogleich ohne weitere Untersuchung und Nachfrage zu einem Mitglied dieser Gesellschaft aufnehmen wollte. Ich binn eben so offenhertzig als Sie. Sie gestehen auch den geringsten ihrer Fehler, und ich bin eben so wenig ein Freund der Verstellung.« Über den

weitere Ausführungen, in denen Goethe bereitwillig alle Fehler bekennt, die er an sich selbst zu bemerken meint«!

41 Rabener 1757, S. 239, 244; 239, 245, 246, 249, 250; 241 f.

42 Brief vom 26.5.1764 (wie Anm. 12: Acta Nr 12; auch bei Dieterich 1902, S. 60).

Freyer im Raabener und das literarische Rollenspiel des Antragstellers fällt da kein Wort. Buri gibt sich ganz den Anschein, als habe er den heiklen Fehlerkatalog gelesen, ohne das Modell zu erkennen, nach dem er verfaßt ist. Daß er in Wahrheit sehr wohl verstanden hat, zeigt er wenig später auf indirekte Weise: »Ich mache mir ein großes Vergnügen daraus ihre Bekanntschaft, und wenn wir uns zusammen schicken, ihre Freundschaft zu erlangen. Ich bin aber eben so vorsichtig in der Wahl meiner Freunde als in der Aufnahme der Mitglieder in die Gesellschaft. Dencken sie was sie immer wollen von meiner Klugheit, die fast der Vorsichtigkeit, des H. von Abgrundes im Schlegel, gleichkommt; nennen sie sie unnütz, übertrieben, törigt mißtrauisch, oder wie es ihnen gefallen wird; glauben sie ich sey ein ungesitteter, unhöflicher Landjuncker, genug ich finde meine Behutsamkeit nötig. Wer einmahl betrogen ist laßt sich nicht gerne wieder fangen.« Buri, der sich damit auf Johann Elias Schlegels Lustspiel ›Der Geheimnißvolle‹ von 1747 bezieht, gibt durch die nur im Nebensatz angesagte, modellgetreue Wiederholung des in Goethes Bewerbung benutzten ›exemplum‹-Verfahrens zu erkennen, daß er dessen Selbstdarstellung sehr wohl als literarisch präformiert begriffen hat. Die Talentprobe scheint akzeptiert. Offensichtlich hat der Bewerbungsbrief auch in dieser Hinsicht sein Ziel erreicht. Für einen Augenblick geht es von gleich zu gleich, tauschen diese gebildeten jungen Herren in den Rollen des *Freyers im Raabener* und »des H. von Abgrundes im Schlegel« ein kleines Augurenlächeln.

Wort für Wort von der Absicht bestimmt, die der Briefschreiber hier gegenüber dem Adressaten verfolgt, gibt Goethes als Entreebillet in Buris ›Arcadische Gesellschaft‹ gedachtes Schreiben ein besonders deutlich ausgeprägtes Beispiel für die Mitbestimmung, welche der Empfänger allemal über die Verfassung eines an ihn adressierten Textes ausübt. »Die Briefe eines klugen Mannes«, hat Lichtenberg 1784/85 notiert, »enthalten immer den Charakter der Leute, an die er schreibt. Dieses kann in einem Roman in Briefen sehr schön gezeigt werden.«[43] Zu Winckelmanns Briefen bemerkte ganz ähnlich Goethe 1805, sie besäßen, »je nachdem sie an verschiedene Personen gerichtet sind, einen verschiedenen Charakter, welches immer der Fall ist, wenn ein geistreicher Briefsteller [: Briefschreiber] sich diejenigen vergegenwärtigt, zu denen er in die Entfernung spricht«.[44] Wie weit das führen kann, erläuterte in dieser Blütezeit der Briefkultur und des Nachdenkens über das Briefschreiben eine wiederum brieflich mitgeteilte Beobachtung Ludwig Tiecks von 1816: »So ist es mir auch immer interessant, Briefsammlungen zu lesen, auch Briefe zu sehn: der schärfste Mensch nimmt den Charakter dessen an, an den er schreibt. Sind alle Briefe in der Müllerschen, Heinsischen und Wielandschen Sammlung die an Gleim gerichtet sind, nicht fast immer, [Gleims eigenem »Charakter« entsprechend] wie von alten Weibern geschrieben? Die verschiednen Menschen verlaufen sich so, daß man Müller, Wieland, Heinsius u. a. kaum aus einander kennt, wenn sie an diesen Halberstädter schreiben. Haben Sie nicht an sich selbst erfahren, daß man so in seine Freunde hinein schreibt, sie sich vergegenwärtigt, oft mehr, als in der Gegenwart selbst, und nur darum gar zu leicht weich, nachgiebig, Thorheit befördernd wird, ihnen fast in ihrer Rolle forthelfend?«[45]

In aller Regel sind Briefe doch nicht nur auf dem Couvert adressiert, sondern zielen Wort für Wort auf einen bestimmten einzelnen (bekannten oder imaginierten) Empfänger. So bewußt, jedenfalls so ausdrücklich und ersichtlich wie in keiner anderen literarischen Gattung wird der intendierte Leser hier mitbedacht vom Schreibenden – selbstverständlich bei inhaltlichen Mitteilungen, aber nicht weniger in der Ausdrucksweise, in Wortwahl und Tonlage. Alles Geschriebene ist nicht nur an ihn gerichtet, sondern richtet sich nach ihm, ist nicht allein für ihn, sondern auch

43 Schriften und Briefe. Hg. v. Wolfgang Promies. Bd 2, München 1971, S. 189.

44 ›Winkelmann und sein Jahrhundert‹, Vorrede (FA I 19, S. 14).

45 Brief an Solger, 16.12.1816 (Tieck and Solger. The Complete Correspondence. Ed. by Percy Matenko. New York/Berlin 1933, p. 311).

durch ihn bestimmt. So führt er selber dem Schreibenden die Feder. Wie dieser Schreiber (mitlesend, was er zu Papier bringt) zugleich den ersten Leser des eigenen Briefes abgibt, schreibt auf solche Weise auch der Empfänger schon mit an dem Brief, den er erhalten soll. Er wäre, darf man sagen, geradezu als dessen Koautor zu begreifen. Das ist ein Grundgesetz der Epistolographie. Es gilt für alle Texte, die in den nachfolgenden Fallstudien erörtert werden; auch dort, wo das weniger offensichtlich wird oder weniger aufschlußreich erscheint als hier im Schreiben an Buri.[46]

Daß dieser Brief sein Ziel verfehlte und Goethes Bewerbung am Ende scheiterte, hat außerliterarische Gründe. Auf eine im Bezugstext des Schlegelschen Lustspiels vorgebildete Weise nämlich kam hier störend die Lebenswirklichkeit ins Spiel. Denn der heikle Doppelaspekt des literarisch präformierten, aber realitätsbezogen adressierten Rollenspiels bestimmt auch Buris Part: »Ich binn eben so offenhertzig als Sie« – das erscheint in diesem Licht durchaus ironisch. Schlegels ›Der Geheimnißvolle‹ nämlich, den er seinerseits und in eigener Sache ins Spiel bringt, ist eine Maskierungs- und Entlarvungskomödie, in der es um die verheimlichte Herkunft eines Brautwerbers und seine wahren Absichten geht. Dieser zu mißtrauischer Vorsicht und Geheimnistuerei neigende Graf hat den Namen eines Herrn von Abgrund angenommen, will nämlich unerkannt um ein Mädchen werben, das ihm durch väterliche Absprache zugedacht ist, von dem er aber um seiner selbst willen geliebt werden möchte. In seiner vermeintlichen Klugheit wird er freilich zur belachten Figur; nur die Intervention seines Vaters hilft ihm am Ende aus der Patsche und führt die Verlobung herbei. Das übersieht Buri keineswegs, wenn er die Rolle des Herrn von Abgrund sich selber zuschreibt. Der Bewer-

46 Solchen Überlegungen folgte im Erstdruck dieses Kapitels (vgl. hier S. 511: ›Soziale Kontrolle als Regulativ der Textverfassung‹, S. 238–241) eine jetzt ausgesparte Auseinandersetzung mit der von Hans Robert Jauß inaugurierten Theorie einer ›Rezeptionsästhetik‹ – bei Bedarf dort nachzulesen.

ber Goethe, gibt er zu, mag seine Vorsicht »unnütz, übertrieben, törigt mißtrauisch« finden. Doch auf die Gefahr hin, als »ungesitteter, unhöflicher Landjuncker« zu erscheinen: »ich finde meine Behutsamkeit nötig.« Und durch die Parallelaktion des Spiels, das er von Schlegel auf der Hinterbühne inszenieren läßt, sieht er sich in solcher Vorsicht bestätigt – von dem dort umworbenen Mädchen selbst: »Man wird öfters von Leuten hintergangen, die man viele Jahre gekannt hat«, erklärt sie in Schlegels Lustspiel, »wie sollte man mit Unbekannten sicher seyn können?« – »Man muß eben so viel Vertrauen gegen die Leute haben, die einem dienen können, als Mistrauen gegen die, die den Willen haben möchten, einem zu schaden.«[47]

Die in den Acta der *Gesellschafft* enthaltene Korrespondenz erweist, daß der ›Argon‹ v. Buri ganz im Sinne dieser Maximen handelte und durch die vertraulichen Informationen, die er einzog über den Antragsteller, sein Mißtrauen entschieden gerechtfertigt sah. Sehr genau bezeichnen seine späteren brieflichen Äußerungen gegen die mit diesem Fall befaßten Mitglieder den im Rollenspiel des Bewerbungsbriefes angelegten Widerspruch von rhetorischem Formular und literarischer Fiktion auf der einen Seite, von realer Existenz und sozialem Status auf der anderen: »Ich weis seine Worte sind mit einem Firniß verstrichen der gar zu leicht einnimmt. Er hat aber keine Eigenschaften die ein Mitglied haben muß. Kurz zu sagen er ist mir nicht tugendhaft genug und könnte die [gemeint: der] Gesellschaft, die nächstens in einer vollkommeneren und ansehnlicheren Gestalt erscheinen wird, mit einemmahl einen Stoß geben, der ihr der allergefährlichste und nachtheiligste seyn könnte«. Und: »wenn ich die Schädlichen Folgen betrachte, welche der Gesellschaft durch die Feindschaft dieses listigen Menschen zuwachsen können, so halt ich mich für genugsam entschuldigt wenn ich ihm der gerne Ränke macht gleichfalls mit Ränken begegne«.[48]

47 Johann Elias Schlegel: Werke II, 1773 (Faksimiledruck Frankfurt a. M. 1971), S. 262 u. 255.

48 16.7.1764, an Johann André (bei Dieterich 1902, S. 61); 20.7.1764, an Carl Schweitzer (Dieterich 1902, S. 62).

Tatsächlich hat der tugendstrenge Ysenburg von Buri in eben diesen Monaten die ›Arcadische Gesellschaft‹ unter der Hand (und offensichtlich ohne daß der Antragsteller in Frankfurt davon das Geringste hatte läuten hören) »einer vollkommeneren und ansehnlicheren Gestalt« entgegengeführt.[49] Von Schäferstücken und Theaterspielen, überhaupt von literarischen Interessen ist nicht die Rede mehr in den Acta des Frühjahrs 1764. Um neue Satzungen und Rituale geht es da, um Protokollfragen und Sitzordnungen, um Geheimnisse und Einweihungen. Mitglieder aus dem Hochadel, selbst aus dem regierenden Hause von Hessen-Darmstadt treten jetzt in die der Tugendförderung verschriebene Geheimgesellschaft ein, und das im Januar 1765 beschlossene ›Gesetz‹, das die Überführung der ›Phylandria‹ in eine Freimaurerloge einleitet, verfügt in seinem 6. Satz: »Fluchen, Zanken, Lügen, muthwillige Laster, Schmeicheley, Verrätherey, Sauffen u. dgl. sollen einem Arcadier abscheuliche Laster sein.«[50] Jener ›Alexis‹, den Goethes Brief erwähnt, ›Aufseher‹ der *Gesellschafft* in Frankfurt, hat deshalb »mit gröster Bestürtzung« reagiert, als er durch Buri von dessen Antrag erfuhr: »attagiren Sie sich nicht an Ihn um gottes Willen, Er ist schon mir lange angelegen Ihn anzunehmen, allein da es doch mein guter Freund ist, so gab [ich] Ihm seiner Laster wegen abschlägige Antwort«.[51] Über Wochen wird der unerwünschte Bewerber mit Ausflüchten hingehalten, und als er das Aufnahmeverfahren durch einen Besuch bei Johann André in Offenbach zu befördern versucht hat,[52] heißt es – wieder in einem Briefe des ›Alexis‹ (Carl Schweitzers) an Buri: »mir ist Angst und Bange denn wenn Herr André von bewuster Begebenheit [!] nichts weis so hat er ihn mit seinen hochtrabenden Reden so sehr eingenommen, daß es zum erstaunen ist«.[53] Wenig später hat der ›Argon‹ ihm das bestätigt: »so habe ich auch von noch anderen

49 Ausführlich beschrieben von Dieterich 1902, S. 51 f.

50 Bei Dieterich 1902, S. 51.

51 29.5.1764 (wie Anm. 12: Acta Nr 11; auch bei Dieterich 1902, S. 60).

52 Wie Anm. 34.

53 10.7.1764 (Dieterich 1902, S. 61).

Persohnen als Ihnen eben dasjenige erfahren was sie mir [»von bewuster Begebenheit«] bereits gesagt haben«, und hat Herrn André entsprechend informiert: »Ich erfuhr daß er der Ausschweifung und vielen anderen mir unangenehmen Fehlern, die ich aber nicht herzählen mag, sehr ergeben sey.«[54]

Der vierzehnjährige Goethe hatte in der Tat Zugehörigkeitsproben auch von sehr anderem, durchaus nicht neo-arkadischem Zuschnitt abgelegt und soziale Kontrollen noch ganz anderer Art passiert, als sie hier zur Rede standen. Er hatte sich in Frankfurt nachts auf den Straßen herumgetrieben, wahrscheinlich mit einer hübschen Kellnerin, soll gar mit den Vettern dieses Gretchens in den Wirtsgärten der Vorstadt gezecht haben und war dabei allen Ernstes in den Verdacht der Beihilfe zu den Unterschlagungen, Testaments- und Schuldscheinfälschungen einer Betrügerbande geraten.[55] Obgleich der Kaiserliche Rat die im April 1764 vom Magistrat angeordneten peinlichen Vernehmungen seines Jungen tunlich verdeckt zu halten suchte, hat der Frankfurter Stadtklatsch den Skandal dieser ›Gretchen-Affäre‹ offensichtlich bis zu den Ohren des ›Argon‹ getragen. »Herr Göthe schweigt ganz still«, schrieb der am 1. September, »und ich hoffe auch daß er sich weiter nicht melden wird. Sollte er aber doch so unverschämt seyn sich noch einmahl zu melden so habe ich mir bereits vorgenommen ihn nicht einmahl einer Antwort zu würdigen.«[56]

Er hat sich nicht mehr gemeldet. Im Jahr darauf ging er (»ein kleiner, eingewickelter, seltsamer Knabe«) zum Studium nach Leipzig und tauschte seine hergebrachte Frankfurter Garderobe »gegen eine neumodische, dem Ort gemäße«. Er hatte nach Ysenburg von Buris Urteil den »artigsten Brief von der Welt« geschrieben, ihn aber falsch adressiert, am falschen Ort ihn vorgewiesen.

54 20. und 16.7.1764 (Dieterich 1902, S. 62 u. 61).

55 Vgl. ›Dichtung und Wahrheit‹ I 26 (FA I 14, S. 229 ff.).

56 Buri an Carl Schweitzer, 1.9.1764 (bei Dieterich 1902, S. 62).

So sehr er in »Zuschnitt und Verzierungen« als Probestück rhetorischer Performanz und literarischer Kompetenz überzeugen mochte: in der Hand eines lasterhafter Ausschweifung ergebenen jungen Herrn war dieses auf die ›Arcadische Gesellschaft‹ ausgestellte Entreebillett entschieden ungeeignet, die Pforten einer sittenstrengen künftigen Loge zu öffnen und ihm Eintritt in deren Tugendbund zu verschaffen. »Auch ich in Arkadien!« – erst viele Jahre später hat er das schreiben können.[57] Und da war Hessen nicht mehr gemeint.

57 Motto zum Erstdruck der ›Italienischen Reise‹ (1816).

II

»*Mein Brief hat eine hübsche Anlage zu einem Werckgen*«

An Ernst Wolfgang Behrisch, 10.–13. November 1767

Obgleich es sein »sehnlichster Wunsch« war, Klassische Philologie und Geschichte in Göttingen zu studieren,[1] wurde er vom Vater zu einem Jurastudium nach Leipzig beordert. Doch hat der sechzehnjährige Goethe dort wahrhaftig noch mit dem Gedanken gespielt, sich nach der Heimkehr einmal als Direktor einer höheren Mädchenschule in Frankfurt zu betätigen. »On prend apresant tant des soins pour ammeliorer les ecoles, pourquoi ne penset on pas aux ecoles de filles. Qu'en pense tu?« heißt es am 14. März 1766 in einem seiner Briefe an die Schwester Cornelia. »J'ai eu la pensee, de devenir maitre d'une ecole du beau sexe apres mon retour en ma patrie. Ce ne seroit pas si mauvais, qu'on pense; toutefois je serois plus utile a ma patrie qu'en faisant l'avocat.« (: Man gibt sich jetzt so viel Mühe, die Schulen zu verbessern, warum denkt man nicht an Schulen für Mädchen? Was hältst Du davon? Ich habe schon daran gedacht, nach meiner Rückkehr in meine Heimat Lehrer für das schöne Geschlecht zu werden. Das wäre nicht so übel, wie man denkt; jedenfalls würde ich meiner Heimat nützlicher sein, als wenn ich den Advokaten machte.)[2]

1 So jedenfalls in ›Dichtung und Wahrheit‹ II 6 (FA I 14, S. 262–265).
2 Text GB 1 I, S. 39; Übersetzung GB 1 II, S. 73.

Grad als übe er sich schon ein in dieses nützlichere Amt, hat er von Leipzig her die fünfzehnjährige Schwester in Frankfurt Anfang Dezember 1765 wissen lassen: »ich muß dich auch lesen lernen«, und sie angewiesen, was sie sich zu diesem Zweck aus der väterlichen Büchersammlung heraussuchen oder vom Onkel Textor aus der Stadtbibliothek mitbringen lassen sollte. Keine Romane! »Diese verbiete ich dir hiermit völlig, den einzigen Grandison ausgenommen den du noch etlichemahl lesen kannst, aber nicht obenhin, sondern bedächtig.« Neben diesem mehrbändigen Briefroman Samuel Richardsons (›The History of Sir Charles Grandison‹ von 1753/54) führt seine Lektüreliste auch den Roman von Jeanne-Marie Leprince de Beaumont: »Die Briefe der Fr von Montier« an; »Die Lett.[res] de Md. Montague. gleichfalls«; »Ferner Epistole di Cicerone« in italienischer Übersetzung; »Frantzö[si]sch nim Les Lettres de Pline [Plinius' Briefe].« Und als Generalanweisung für diese Leseübungen verfügt der altkluge junge Gelehrte: »bey jedem auf die Sprache, die Sachen und die Wendungen womit die Sachen gesagt sind gesehen«![3]

Beim Lesen von Briefen auf die Schreibweise zu achten, nicht allein die Inhalte wichtig zu nehmen, sondern ebenso deren sprachliche Vermittlung, war selbstverständlich, solange man im Briefschreiben – wie in der Redefertigkeit und ähnlich in der Dichtkunst – noch Unterricht erhielt, auch Regelbücher und Sammlungen von Musterstücken dafür im Gebrauch waren. Was der Student seiner Schwester beibringen wollte durch Ratschläge für ihre Lektüre und durch stilkritische Anmerkungen zu den Briefen, die sie ihm nach Leipzig schrieb,[4] hatte er eben erst sel-

3 Der zitierte Brief, etwa vom 9. oder 10.12.1765, in: GB 1 I, S. 28 ff. – Vollständige Angaben zu dieser Lektüreliste: GB 1 II, S. 54 f.

4 Vgl. Goethe an Cornelia, 6.12.1765 (»Critick über deinen Brief«). Der Kritiker verfährt hier ganz nach dem Vorbild seines Leipziger Lehrers Gellert (von dem im Folgenden die Rede ist) – der nämlich die Übungsarbeiten, welche Goethe für das Praktikum bei ihm vorlegte, »genau durchsah, mit roter Dinte korrigierte und hie und da eine sittliche Anmerkung hinzufügte.« (›Dichtung und Wahrheit‹ II 6: FA I 14, S. 281) – Daß Goethe mit seinen kritischen Anmerkungen und Verbesserungsvorschlägen zu Cornelias

ber gelernt bei Christian Fürchtegott Gellert, dem Professor der Moral, Poesie und Beredsamkeit, dessen praktische Übungen in ›deutschen und lateinischen Ausarbeitungen zur Bildung des Verstandes und des Stils‹ er in seinem ersten Semester besuchte, dessen in den deutschen Bürgerhäusern weit verbreitete ›Briefe, nebst einer Praktischen Abhandlung von dem guten Geschmacke in Briefen‹ Cornelia aber auch in der väterlichen Bibliothek in Frankfurt finden konnte.[5]

Lehrbücher des Briefschreibens gibt es noch immer. Angesehene Gelehrte freilich und bedeutende Schriftsteller sind seit dem 19. Jahrhundert auf diesem Felde nicht mehr tätig. Unter den ein-

Briefen tatsächlich Gellertsche Kollegweisheit praktizierte, hat an einer Reihe von Parallelstellen zu Gellerts Briefsteller Heun 1930, S. 18 f. nachgewiesen. – Dazu in ›Dichtung und Wahrheit‹ II 8 (FA I 14, S. 381): »Mir war es lustig genug zu sehen, wie ich dasjenige was Gellert uns im Collegium überliefert oder geraten, sogleich wieder gegen meine Schwester gewendet, ohne einzusehen, daß sowohl im Leben als im Lesen etwas dem Jüngling gemäß sein könne, ohne sich für ein Frauenzimmer zu schicken«!

Auch steht hinter der Schwester allemal der Vater, von dem der Schreiber in Leipzig gewiß doch wußte, daß er diese Briefe mitlesen würde. Was Wolfgang der Cornelia beizubringen suchte, zeigte zugleich dem gestrengen Kaiserlichen Rat, welche epistolographischen Fortschritte der Junge selber damals machte. Die korrigierenden väterlichen Randnotizen, die Goethe später seinen alten Leipziger Briefen angefügt fand (gleichfalls mit roter Tinte), machen diese Doppeladressierung sichtbar: »Der Vater hatte meine Briefe sowohl an ihn als an meine Schwester […] mit Aufmerksamkeit korrigiert und sowohl Schreib- als Sprachfehler verbessert.« (›Dichtung und Wahrheit‹ II 8: FA I 14, S. 376 f.). – Vgl. dazu etwa die das Französische betreffenden Korrekturen in GB 1 II, S. 67 ff. zum Brief Nr 12.

Die psychoanalytische These von Eissler 1983, S. 83: Goethes stilistische Korrekturen zeigten im Sinn einer narzißtisch-inzestuösen Bindung an Cornelia unverkennbar die »Tendenz, die Schwester ganz und gar in Besitz zu nehmen«, überanstrengt die Tragfähigkeit dieser stilkritischen Ausstellungen denn doch wohl ein wenig.

5 Gellerts Briefsteller, dem 1742 in den ›Belustigungen des Verstandes und des Witzes‹ seine ›Gedanken von einem guten deutschen Briefe, an den Herrn F. H. v. W.‹ vorangegangen waren, stand dort in der 1. Auflage von 1751, gehörte bei der Versteigerung der Bibliothek 1794 freilich nicht mehr zu den Büchern, die Goethe selbst zu behalten wünschte (Götting 1953, S. 50).

schlägigen Schriften, die zu unserer Zeit im Buchhandel angeboten werden, finden sich neben Anleitungen für private Briefe vor allem solche für die offizielle Geschäfts- und Behördenkorrespondenz,[6] und diese Titel versprechen keinerlei literarische Geschmacksbildung, sind vielmehr auf funktionale Wirksamkeit bedacht (›Privatbriefe wirkungsvoll schreiben‹ – ›Geschäftsbriefe wirksam schreiben‹[7]). Sie indizieren die Teilhabe auch des Briefschreibers an der Warenwelt (›Sich selbst verkaufen – Erfolgreich bewerben‹[8]), und erheben zum Stilkriterium den kommerziellen Profit: ›Bessere Briefe, bessere Geschäfte‹.[9] Alles übrige fristet im Angebot der Lehrbücher das Nischendasein eines fast ins Lächerliche abgesunkenen Kulturgutes – ›Liebesbriefe für Anfänger‹.[10]

Solch eine Verkümmerung der ›Briefsteller‹ (bezeichnenderweise hat sich selbst diese seit dem 18. Jahrhundert gängige Gattungsbezeichnung aus unserem Sprachgebrauch verloren[11]) entspricht dem Tatbestand, daß der Brief selber das Ansehen einer durch Regelwerke und Beispieltexte normierten und stabilisierten literarischen Gattung verloren hat. Als Schüler Gellerts dachte der junge Goethe darüber noch anders. So liegt es nahe, die Leseregel, die er der Schwester für ihre Brieflektüren gab (»bey jedem auf die Sprache, die Sachen und die Wendungen womit die Sachen gesagt sind gesehen«!), versuchsweise auf seine eigenen Briefe anzuwenden und den Gegenstand einer Modell-Untersuchung aus eben der Zeit zu wählen, in der er selber auf solche Weise Cornelia lesen und schreiben lehrte.

6 Zahlenangaben (gestützt auf das ›Verzeichnis lieferbarer Bücher‹ und die Angaben im ›Barsortiment. Lagerkatalog‹ von 1975/77) bei Ermert 1979, S. 13.

7 Von Irmgard Wolter-Rosendorf, Wiesbaden o. J. – Von Hans Rutishauser, [2]München 1964.

8 Von Adolf Nielson, Minden o. J.

9 Von Alfred Schirmer, [5]Stuttgart 1956.

10 Von Fritz Ammer / B. Andreas, Zürich o. J.

11 Zur Begriffsgeschichte von ›Briefsteller‹: Nickisch 1969, S. 45 f.

Einige wenige der aus Goethes Leipziger Jahren erhaltenen Briefe sind an Frankfurter Jugendfreunde gerichtet.[12] Erheblich breiteren Raum nimmt die Korrespondenz mit der Schwester ein. Die größte Gruppe aber bilden zwanzig Schreiben an Ernst Wolfgang Behrisch.[13] Binnen anderthalb Jahren an den gleichen Leser adressiert (dessen Gegenbriefe nicht überliefert sind), bilden sie geradezu einen Zyklus, erzählen nämlich eine »Geschichte des Herzens«.[14] Von den Leiden des jungen Goethe berichten sie, der sich, siebzehnjährig, in die einundzwanzigjährige Leipziger Weinwirtstochter Anna Katharina Schönkopf verliebte[15] und sich, poetisch inspiriert, in den Launen eines Verliebten erprobte.[16]

Durch seinen späteren Schwager Schlosser war er im Frühjahr 1766 an den Mittagstisch gekommen, den die Schönkopfs neben ihrem Weinausschank auf dem Brühl unterhielten,[17] und bis ins

12 Drei an Johann Jacob Riese, zwei an Wilhelm Carl Ludwig Moors, einer an Augustin Trapp. Seine Leipziger Briefe an Johann Adam Horn hat der alte Goethe vernichtet; vgl. dazu seinen Brief vom 3.1.1828 an Marianne v. Willemer (dazu hier: Vorbemerkungen, S. 23).

13 Bei Behrischs Tod (1809) fiel das Konvolut dem Diener des Verstorbenen zu, der es seinem Schwager, dem Gärtner des Geheimen Rates v. Rode in Dessau vermachte. Durch Knebels Vermittlung hat Rode es 1818 Goethe zum Kauf angeboten: für vier Louisdor, die der Gärtner bekam, kehrten die Briefe ein halbes Jahrhundert nach ihrer Niederschrift auf diesem Wege in die Hand des Absenders zurück; aus seinem Nachlaß wurden sie 1886 durch Ludwig Geiger veröffentlicht (Goethe-Jb. Bd 7, S. 76 ff. und 142 ff.).

14 So am 20.11.1767 an Behrisch selber (»Mitlerweile etwas zur Geschichte des Herzens«).

15 Dazu (45 Jahre später) ›Dichtung und Wahrheit‹ II 7: FA I 14, S. 294 und 310 f. – Reichlich haltlos die wichtigtuerischen Spekulationen von Zittel 2007, S. 225, 227 u. ö., daß Goethe hier in einer »auffallend kurzen und fast emotionslosen Darstellung« die Bedeutung der Leipziger Liebesgeschichte herunterspiele, weil sonst »der Sesenheimer Geschichte [mit Friederike Brion] praktisch der Boden entzogen worden« wäre, und daß er überhaupt die im ›Werther‹ dargestellte »Raserei einer ungehemmten Liebesleidenschaft« in Wahrheit »zuerst sowie am intensivsten und gefährlichsten in seiner Liebe zu Annette [Schönkopf] erlebt« habe.

16 Dazu Goethes Brief an Cornelia vom 11.5.1767 (GB 1 I, S. 75). – Vgl. auch Boyle 1995, S. 92 und Butzlaff 2000, S. 41 ff.

17 Vgl. ›Dichtung und Wahrheit‹ II 7: FA I 14, S. 292 und 294.

Frühjahr 1768 ging seine Liebschaft mit der Tochter des Hauses; dann hat ›Käthchen‹, die zwei Jahre darauf den späteren Leipziger Vizebürgermeister Dr. Kanne ehelichte, sich behutsam zurückgezogen. In den vom Vater mitgelesenen Briefen an die Schwester in Frankfurt wird von alledem kaum etwas erwähnt, bleibt es bei einem unverfänglichen »La petite Schoenkopf merite, ne pas etre oubliée entre mes connoissances vivantes ...« (11. Mai 1767). Goethes Vertrauter und lebenskluger Mentor in diesen Liebes- und Eifersuchtshändeln war der elf Jahre ältere Hofmeister Behrisch, dem sein Eleve am 7. November 1767 schrieb: »Sieh' diese Seeligkeit habe ich dir zu dancken! Dir! Deinem Raht, deinen Anschlägen.«

Die ersten Briefe an ihn, vom Oktober 1766 noch, schildern etwa ein verliebtes Schäferstündchen mit dem als ›Annette‹ benannten Mädchen, spotten über Nebenbuhler und sind (wie im gehobenen Bürgertum noch bis ins 19. Jahrhundert gebräuchlich, wie sich's schon gar im sächsischen ›Klein-Paris‹ gehörte) in französischer Sprache abgefaßt. Anfang Oktober des folgenden Jahres aber schreibt er ihm zum erstenmal auf deutsch und deutet da gleich eingangs die Ursache dieses (endgültigen) Sprachwechsels an: »Ich muß dir etwas schriftlich sagen, weil ich mich für deinen Spott fürchte, wenn ich dir es mündlich sagen wollte. Du mußt es wissen. Ich will kurz seyn. Ich verlange deine Gedancken deinen Raht, du hast mehr Erfahrung als ich, und bey dieser Sache keine Leidenschaft.« Da hatte sich der Studiosus Peter Friedrich Ryden aus Reval bei den Schönkopfs eingemietet, ein neuer Bewerber um Käthchens Gunst, und wütende Eifersucht treibt den jugendlichen Liebhaber jetzt so weit über die Grenze, welche den wohltemperierten Gefühlsbereich des Rokoko einfriedet, daß das galante Idiom des Französischen seinem Mitteilungsbedürfnis und Ausdrucksverlangen nicht mehr genügt.

Es war ernst geworden. Das aber gerade deshalb, weil es wirklicher Ernst nicht werden konnte. Seinen Eifersuchtsrasereien durfte sich der junge Herr aus angesehenem Hause umso bedenkenloser hingeben, als kaum Gefahr bestand, von der auf die hinderlichen äußeren Umstände, den Altersunterschied und gesellschaftlichen Abstand wohlbedachten ›Annette‹ ernstlich erhört und etwa auf Dauer an sie gebunden zu werden. »Ich sage mir oft«, schreibt er am 7. November 1767 an Behrisch: »wenn sie nun deine wäre, und niemand als der Tod dir sie streitig machen, dir ihre Umarmung verwehren könnte? Sage dir was ich da fühle, was ich alles herumdencke – und wenn ich am Ende bin; so bitte ich Gott, sie mir nicht zu geben. Ist je ein Gebet erhört worden, so wirds dieses«. Es scheint da schon mitzuspielen, was an Goethes ›Geschichten des Herzens‹ lebenslang beteiligt war – »Warum denn mich!« wird Lotte dem jungen Werther sagen, »ich fürchte, es ist nur die Unmöglichkeit mich zu besizzen, die Ihnen diesen Wunsch so reizend macht.«[18]

Wenn Käthchen im Frühjahr 1768 ihre Verbindung löst, versiegen auch die Schreiben an Behrisch (der doch bis 1809 lebte). Goethes letztem, kurzem Brief an ihn vom Mai dieses Jahres geht am 26. April einer noch voraus, der das Mädchen, von dem da erzählt worden ist, und den Freund, für den das erzählt wurde, in den gleichen Satz rückt, ja mit dem gleichen Wort von ihnen spricht – »Siehe ich habe dich noch so lieb als ich dich hatte und [An]Netten noch so lieb als ich sie hatte, mehr noch beyde wenn ich die Wahrheit sagen soll […]. Es sind heute zwey Jahre daß ich ihr zum erstenmal sagte, daß ich sie liebte, Zwey Jahre Behrisch und noch.«

Den Höhepunkt dieser Brief-»Geschichte des Herzens« bildet eine Epistel, die Goethe am 10. November 1767 zu schreiben begonnen hat und an der er dann, fortsetzungsweise, bis zum 14. November weiterschreibt.[19] So beginnt er:

18 ›Die Leiden des jungen Werthers‹. 1. Fassung (1774): FA I 8, S. 220.

19 Die Textwiedergabe hält sich buchstaben- und zeichenadäquat an die Handschrift (GSA, Signatur: 29/85, I, Bl 23–29) – auch hinsichtlich der Unterstreichungen. Sie läßt nur deren Zeilenfall außer acht und verdeutlicht die Gliederung des Briefes durch Einzug jeweils der Anfangszeile eines neuen Absatzes. In zwei Fällen wurden die nicht obligatorischen Umlaut-Punkte hinzugefügt. Ausgelassen wird dabei ein hier belangloser, mit *Sonnabends*

Dienstags d 10 Octb. 67.
Es ist gut daß ich heute einen Brief von dir gekriegt habe. Sieh ich antworte auch gleich, ob du gleich dieses Blat erst Sonnabends kriegen sollst.

Ohne erst mit einer Anrede anzuklopfen und mit einer Eingangsformel näherzutreten, leisten diese Sätze, was sie besagen: antworten gleich. Ohne Umschweif setzen sie in die ausdrucksstarke Spitzenstellung, was der Schreibende empfindet: *Es ist gut.* Dem wird das Briefempfangen hier als Begründung, das eigene Briefschreiben als Folge nachgeordnet und unterstellt. Man sollte vermuten, daß erfreuliche Nachrichten dazu den Anlaß gaben. Aber Goethes Antwort nimmt hier und weiterhin keinerlei Bezug auf den Brief des Freundes.[20] Nicht dessen Inhalten gilt sein *Es ist gut*, sondern allein dem Brief als solchem, als dem Zeugnis freundschaftlich anteilnehmender Nähe. Nur in der Imagination freilich erfüllt sich dieses Verlangen nach Nähe. Weder im Raum noch in der Zeit sind die Teilnehmer an diesem virtuellen Zwiegespräch wirklich beieinander. Lesend erfährt der eine doch nur, daß der andere an anderem Ort und zu einer früheren Zeit schreibend sich ihm nahe fühlte, und antwortend stellt er eine Verbindung her, in die der entfernte andere wiederum erst später eintreten kann. So verdankt sich dieser Brief (leidenschaftlicher nach freundschaftlicher Nähe verlangend, als seine Eingangsworte schon zu erkennen geben) allererst der Distanz, die er doch zu überwinden sucht – als wolle er die Bedingung der eigenen Möglichkeit durch sich selber aufheben.

überschriebener, also am 14. November zu Papier gebrachter Nachtrag (Bl 30): Auf Behrischs vorangegangenen (nicht erhaltenen) Brief bezogen, behandelt er *Noch einige Punckte*, die mit Käthchen Schönkopf nichts mehr zu tun haben (vgl. GB 1 I, S. 117 f.).

20 Erst was er *Sonnabends* diesem Sammelbrief als Nachschrift anfügt, bezieht sich auf Behrischs vorangegangenes Schreiben, in dem der Freund nach gemeinsamen Bekannten gefragt und sich erkundigt hatte, ob er Goethes Klavier kaufen könne. Damit also ist der Briefeingang keineswegs zu erklären.

Freilich wäre die unvermittelte Selbstverständlichkeit von Goethes *Es ist gut* kaum denkbar, wenn dessen besondere Ursache nicht einer allgemeineren Zeitströmung folgte und entspräche, wenn sich der Briefschreiber nicht von vornherein in einem grundsätzlichen Einverständnis wüßte mit dem Briefempfänger und Leser, ja mit einem kollektiven Verlangen der bürgerlichen Gesellschaft überhaupt, in der sie beide leben. Briefe miteinander zu wechseln, persönliche, vertraute und freundschaftliche Korrespondenzen zu unterhalten, war in der Tat ein lebhaftes, geradezu leidenschaftliches Bedürfnis der Zeit (in der das Lesepublikum der ›Leiden des jungen Werthers‹ sich einübt und ausbildet). »Man spähte sein eigen Herz aus und das Herz der andern«, schrieb Goethe, als er sich 1813 dieser Epoche des empfindsamen Briefkultes erinnerte, »und bei der Gleichgültigkeit der Regierungen gegen eine solche Mitteilung, bei der durchgreifenden Schnelligkeit der Taxischen Posten, der Sicherheit des Siegels, dem leidlichen Porto, griff dieser sittliche und literarische Verkehr bald weiter um sich.«[21]

Die ersten sieben Briefe Goethes an Behrisch freilich waren auf die Post nicht angewiesen. Sie wurden noch innerhalb Leipzigs durch Botengänge befördert. Dabei war der Fußweg zwischen Goethes Quartier in einem Hofgebäude des Gasthauses ›Zur Feuerkugel‹ und dem ›Auerbachs Hof‹, wo Behrisch als Hofmeister des jungen Grafen v. Lindenau mit seinem Zögling wohnte, doch nur wenig mehr als 100 Meter lang. Weit bequemer hätte Goethe da mündlich berichten können, was zwischen ihm und ›Annette‹ vorgegangen war. Aber gegenüber dem zu Spötterei und ironischer Süffisanz neigenden Freund mochten ihm schriftliche Herzensergüsse leichter fallen als Geständnisse Auge in Auge. Denkbar auch, daß er von vornherein eine Literarisierung dieser »Geschichte des Herzens« im Sinn hatte.

21 ›Dichtung und Wahrheit‹ III 13 (FA I 14, S. 607). Dazu hier: S. 17 und Exkurs I, S. 406 f.

Später dann wurde der Postweg unumgänglich: Aus seinem Leipziger Hofmeisteramt entlassen,[22] war Behrisch nach Dessau gegangen, wohin der hilfsbereite Professor Gellert ihn als Erzieher des damals vierjährigen Franz v. Waldersee, eines ›natürlichen‹ Sohnes des regierenden Fürsten von Anhalt-Dessau, empfohlen hatte. So hat von Mitte Oktober bis Anfang Dezember 1767, vom achten bis zum fünfzehnten der Briefe an Behrisch der ›Posttag‹ ihre Korrespondenz bestimmt. Immer samstags und zu festgelegter Stunde nämlich beförderte die kursächsische reitende Post Briefe aus Leipzig nach Dessau; »daß du es nur weißt«, schreibt Goethe am 24. Oktober, »alle Sonnabends um 7; geht ein Brief an dich ab, wornach du dich zu richten hast.« Oder am Freitag, dem 4. Dezember: »Hören Sie nur Mosier Behrisch wenn Sie hinführo mich solange warten lassen, und mir hernach so ein miserables Briefgen schicken; so werde ich mich revangiren, und meine sonnabendliche Postreuter, besonders bey jetzigem Schneegestöbere spaarsamer ausschicken.« Von da an versiegt die regelmäßige Korrespondenz; zwei Briefe noch im Dezember 1767, drei bis zum Mai 1768, danach nichts mehr.

Zwei Fälle gibt es in dieser Reihe, bei denen sich der Schreiber ausdrücklich nicht an den »Brieftag«[23] hält. Am 2. November 1767 hatte er an Behrisch geschrieben: »Daß du vom Sonnabend keinen Brief empfingst, wird dich gewundert haben, ohne wichtige Ursachen unterlasse ich es gewiss nie«. Da hatte er sich von einem durchgehenden Pferd heruntergestürzt (was auch unser Brief in

22 Behrischs Bruder schrieb die Entlassung einer Ohrfeige zu, die der Hofmeister seinem Eleven zu einer Zeit gab, als dieser schon Uniform trug (Hosäus 1882, S. 502). Goethe dagegen macht in ›Dichtung und Wahrheit‹ II 7 (FA I 14, S. 332 f.) das Treiben der Behrisch-»Clique« für die Entlassung des Hofmeisters verantwortlich: den Hang der jungen Leute, sich über Professoren lustig zu machen, und »noch einen gewissen anderen Hang zu einigen Mädchen, welche besser waren als ihr Ruf; wodurch denn aber unser Ruf nicht gefördert werden konnte. Man hatte uns manchmal in ihrem Garten gesehen, und wir lenkten auch wohl unsern Spaziergang dahin, wenn der junge Graf dabei war.«

23 Brief an Behrisch, 20.11.1767 (zum ›Posttag‹ als ›Brieftag‹ hier S. 401).

Zeile 152 ff. noch einmal erwähnen wird), hatte »ein aufgestoßnes Kinn, eine zerschlagne Lippe, und ein geschellertes Auge« davongetragen und darüber den Posttag versäumt, holt den Sonnabendsbrief deshalb am Montag nach. Und dann der hier zur Rede stehende *Dienstags*-Brief vom 10. Oktober mit dem Eingangsvermerk: *ich antworte auch gleich, ob du gleich dieses Blat erst Sonnabends kriegen sollst.* Von den noch innerhalb Leipzigs beförderten, undatierten ersten Schreiben abgesehen, die ja gewiß schon am gleichen Tag überbracht und gelesen wurden, hat Goethe in seinen Briefen sorgfältig angegeben, wann sie geschrieben worden sind. Man achtet wohl auf das Datum, wenn der Schreiber von seinem Ergehen berichtet und der Empfänger nicht weiß, wie lange sein Brief unterwegs war. Hier aber und nur hier versieht sich Goethe, schreibt nämlich statt *Dienstags d 10* Nov. *67* fälschlich *Octb.*[24] Hier überdies, und in der vom Posttag bestimmten Brieffolge nur dieses eine Mal, beginnt er schon am Dienstag zu schreiben, ohne daß da ein ausgefallener Sonnabendsbrief nachzuholen war. So indiziert schon die Datierung eine andere Verfassung des Schreibenden, als der maßvolle Wortlaut des Briefanfangs und die gefaßte Syntax seiner beiden ersten Sätze eingestanden haben.

Abends um 7 Uhr.

Ha Behrisch das ist einer von den Augenblicken! Du bist weg, und das Papier ist nur eine kalte Zuflucht, gegen Deine Arme. O Gott, Gott. – Laß mich nur erst wieder zu mir kommen. Behrisch, verflucht sey die Liebe. O sähst du mich, sähst du den elenden wie er raßt, der nicht weiß gegen wen er rasen soll, du würdest jammern. Freund, Freund! Warum hab ich nur Einen?

24 Nicht im Oktober, wohl aber im November 1767 fiel der 10. Tag des Monats auf einen Dienstag. Wie sich überdies aus dem *Sonnabends*-Teil dieses Sammelbriefes ergibt, war er bereits nach Dessau adressiert, wohin Behrisch erst am 13. Okt. 1767 abreiste. Auch der spätere Hinweis (im nachfolgenden Brieftext Zeile 41 und 165 f.) auf eine Probe zur ›Minna von Barnhelm‹ spricht für den 10. Nov. (wie sich aus GB 1 I, S. 120, Zeile 7 ergibt, fand die Aufführung am 28. Nov. statt).

um 8 Uhr.

Mein Blut läuft stiller, ich werde ruhiger mit dir reden können. Ob vernünftig? das weiß Gott. Nein, nicht vernünftig. Wie könnte ein Toller vernünftig reden. Das bin ich. Ketten an diese Hände, da wüßte ich doch worein ich beissen sollte. Du hast viel mit mir ausgestanden, stehe noch das aus. Das Geschwätze, und wenn dir's Angst wird, dann bete, ich will Amen sagen, selbst kann ich nicht beten. Meine – Ha! Siehst du! Die ist's schon wieder. Könnte ich nur zu einer Ordnung kommen, oder käme Ordnung nur zu mir. Lieber, lieber.

Horn war da, ich hatte ihn herbestellt mir etwas vorzulesen, ich habe ihn abweisen lassen, er glaubt ich liege im Bette. Der muß mich nicht stören wenn ich mit Dir rede. Er ist ein guter Junge, aber wenn's auf's stören ankömmt, da ist er ein Meister drinne. – Tausend Sachen, und nicht die rechte. O Behrisch. Behrisch! Mein Kopf.

Ich habe mir eine Feder geschnitten um mich zu erholen. Laß sehen ob wir fortkommen. Meine Geliebte! Ah sie wird's ewig seyn. Sieh Behrisch in dem Augenblicke da sie mich rasen macht fühl ich's. Gott, Gott warum muß ich sie so lieben. Noch einmal angefangen. Annette macht – nein nicht macht. Stille, stille ich will dir alles in der Ordnung erzählen.

Etwas muß dem Schreibenden widerfahren sein nach der Niederschrift der Eingangssätze, bevor er da *Abends um 7 Uhr* von neuem beginnt: muß freigesetzt haben, was sich anfangs nur in der irrigen Datumszeile anzudeuten scheint. Denn ehe noch der nachholende Bericht im gefaßten Nacheinander (also *in der Ordnung*) erzählen kann, was inzwischen geschehen ist, manifestiert sich die Erschütterungskraft des Geschehenen im jähen Wechsel der Stillage. Sucht der Erschütterte sich selbst zu beschreiben – als einen Fiebernden später, jetzt als den Rasenden, den Tollen, der nach Ketten verlangt für seine Hände, damit er weiß, worein er beißen sollte, so gibt ihm die Leidenschaft der Empfindung hier schon Worte und Wendungen ein (oder: so setzt er bereits in dieser Vorübung Sprachmittel ein), wie sie wenige Jahre später seinen ersten Roman charakterisieren. Hier wie dort nehmen sie das, was der Schreibende beim Schreiben an sich selbst beobachtet, ins Geschriebene auf. Es werde schwer halten, schreibt Werther unter dem 16. Juni 1771 an seinen Freund Wilhelm, ihm »in der Ordnung zu erzählen, wie's zugegangen ist« bei seiner ersten Begegnung mit Lotte. Und in den Briefen vom 30. November und 1. Dezember dann berichtet er vom Schreiber ihres Vaters, seinem Leidensgenossen, die »unglükliche Leidenschaft zu ihr« habe ihn »rasend gemacht«: »ein ganz Jahr rasend, da hat er an Ketten im Tollhause gelegen.« *Mein Blut läuft stiller, ich werde ruhiger mit dir reden können,* heißt es hier im Brief an Behrisch, wenn *um 8 Uhr* die Stimmung des Schreibenden umgeschlagen ist; so wird Werther am 13. Mai an Wilhelm schreiben: »Wie oft lull ich mein empörendes Blut zur Ruhe, denn so ungleich, so unstet hast Du nichts gesehn als dieses Herz. Lieber!« Selbst die Störung durch den unerwünschten Besuch des Kommilitonen Horn und die ihm geschuldete, im Brief (22 ff.) notierte Unterbrechung der Niederschrift wird in den ›Leiden des jungen Werthers‹ wiederholt: »Ein unerträglicher Mensch hat mich unterbrochen. Meine Thränen sind getroknet. Ich bin zerstreut. Adieu Lieber.«[25]

Unterbrechung freilich und Zerstreuung ist schon die Selbstbeschreibung an sich. Mit ihr nimmt der Briefschreiber jenen Abstand von sich selber, der an der objektivierenden Umsetzung der eigenen ersten in die dritte Person zu ermessen ist: *O sähst du mich, sähst du den elenden wie er raßt,* und die sprachliche Leistung dieses Konditionalgefüges (9 ff.) zeigt an, daß er seiner selbst in

25 Alle ›Werther‹-Zitate nach der 1. Fassung (1774): FA I 8, S. 36, 190, 188, 16, 158. – Zu stilistischen und kompositorischen Parallelen zwischen den Briefen an Behrisch allgemein und Werthers Briefen vgl. auch Atkins 1949. Solche Entsprechungen setzen sich später fort. Vgl. etwa Goethe an Behrisch 124 (*Aber ich…*) und Werther an Wilhelm a. a. O. S. 182 (»Sie sieht…); Goethe 135 ff. (*Seh ich sie…*) und Werther S. 138 (»Gott segne…«); Goethe 142 ff. (*Sieh Behrisch…*) und Werther S. 176/178 (»Genug daß es…«) – eine Wendung, welche schon im Sprachgebrauch der älteren Generation geläufig war (Beispiele von Haller und Uz bei Herrmann 1904, S. 41).

gleichem Grade mächtig wird, wie er die hypotaktischen Konstruktionen meistert. Beschreibt er sich als einen Rasenden, so macht er zugleich auch deutlich, daß doch keineswegs mehr ein Rasender diese Beschreibung zustande bringt.

Aber nur von Fall zu Fall gelingt ihm ein so wohlgeordnetes Satzgefüge. Abrupte Interjektionen, die Doppelstöße der Geminatio, heftige parataktische Schübe fahren dazwischen, mit denen in Schrei und Fluch und Jammer ein vom Sturm der Affekte Überwältigter die Linderung der Mitteilung sucht. Hier, wo die Artikulationskraft zu versagen beginnt und die reflektierende Selbstbeschreibung aussetzt, kommt es zu einer unmittelbar überzeugenden Selbstdarstellung des Rasenden. Noch *um 8 Uhr,* wenn er, ruhiger geworden, das Geschehene in Worte zu fassen und *in der Ordnung* zu erzählen versucht, wirft sich ihm die jäh aufbrechende Gefühlsbewegung als Schreibhemmung in den Weg, läßt mit einem *Ha!,* dem Signal affektbedingter Artikulationsunfähigkeit, den kaum begonnenen Berichtssatz schon im ersten Anfang stecken oder reißt ihn in die entgegengesetzte Richtung. *Meine – Ha! Siehst du! Die ist's schon wieder.* (19) Und später (32 f.): *Annette macht – nein nicht macht. Stille, stille ich will dir alles in der Ordnung erzählen.* Auch diese durch grammatische Ellipsen syntaktisch realisierten Aposiopesen werden sich in den Werther-Briefen finden: »Und doch – ich will – Ha siehst du, das steht wie eine Scheidewand vor meiner Seelen«. Oder: »Ein andermal – Nein, nicht ein andermal, jetzt gleich will ich dir's erzählen.«[26] Was aber der Kontext des Briefromans ins Innige, schmelzend Zarte modulieren und einer Empfindungsfähigkeit unterstellen wird, die jeder Berührung zugänglich ist, das wirkt in der heftigen Leidenschaftssprache des Briefes an Behrisch als Ausdruck einer eruptiven Kraft, die in Goethes eigenen späteren Briefen nur selten und spurenweise noch sichtbar wird. Vollends im Vergleich mit dem, was die Zeitgenossen schreiben (vor dem Hintergrund etwa der empfindsamen Tändeleien des Gleimschen Freundeskreises, der

26 FA I 8, S. 184 und 36.

liebenswürdigen Belanglosigkeiten Gellertscher Plauderbriefe, der sachbezogenen Schreibweise der späten Aufklärer mit ihrer sehr verhaltenen emotionalen Resonanz, selbst jener Sprache des fühlenden Herzens, die Meta Mollers Liebesbriefe an Klopstock sprechen), erscheint dieser Brief als ein stilgeschichtlich einzigartiges Dokument.

»Ich wollte dass mir Ihre Tochter auch schrieb, wie und wenns ihr einkömmt« aus der »von wunderbaaren Verhältnissen gedrängten Seele«, heißt es am 17. August 1775 in einem Brief Goethes an die Karschin. Gerade so hat er hier selber an Behrisch geschrieben: die Spontaneität der gesprochenen Sprache nachbildend. Und auf der Nähe zur mündlichen Rede, zum vertrauten freien Gespräch beruht in der Tat die Eigenart dieses Textes. *Du bist weg, und das Papier ist nur eine kalte Zuflucht, gegen deine Arme* – der Schreibende selbst begreift den Brief als Ausdruck des Verlangens nach der Nähe des Freundes, als einen Ersatz für dessen lebendige Gegenwart (als »ein geflügeltes Pferd«[27]). Dem verdankt sich sein Versuch, in geschriebenen Worten den gesprochenen so nah als möglich zu kommen. Als sei er wahrhaftig in Behrischs Zimmer gestürzt, habe Zuflucht gesucht in den Armen des Teilnehmenden, atemlos, fassungslos, unfähig noch sich zu erklären, folgt sein *Laß mich nur erst wieder zu mir kommen.*

Ich »wollte Auerbachshof wäre nicht leer. Sonst war er ein Zufluchtsort«, hatte er acht Tage zuvor dem nach Dessau Abgereisten geschrieben. Konnte er früher dort mit ihm sprechen, muß dafür jetzt ein Brief herhalten. *Geschwätze* nennt ihn der Schreiber hier; *ich werde ruhiger mit dir reden können,* notiert er, und: *Wie könnte ein*

27 Am 15.10. 1770 schreibt er aus Straßburg an Friederike Brion: »soviel merck ich an einer gewissen innerlichen Unruhe, daß ich gerne bey Ihnen seyn mögte; und in dem Falle ist ein Stückgen Papier so ein wahrer Trost, so ein geflügeltes Pferd« (gemeint ist wohl nicht der griech. Pegasos als Sinnbild dichterischer Phantasie, sondern ein kunstvoll konstruiertes indisches Zauberpferd aus ›1001 Nacht‹: Jeden, der seinen Mechanismus zu bedienen versteht, trägt es sogleich an jeden gewünschten Ort).

Toller vernünftig reden; schließlich, über den unerwünschten, abgewiesenen Besucher: *Der muß mich nicht stören, wenn ich mit Dir rede.*

Es scheint, als käme diese Schreibweise unwillkürlich und jedenfalls ohne Reflexion auf den Gesprächscharakter des Briefes zustande. Doch hat der junge Leipziger Student, der Gellerts Stilübungen besuchte, sehr wohl gewußt, was er da unternahm. Im Dezember 1765 schon hatte er die Schwester in Frankfurt angewiesen: »Schreib deine Briefe auf ein gebrochenes Blat und ich will dir die Antwort und die Critick darneben schreiben. Aber lasse dir vom Vater nicht helfen. Das ist nichts. Ich will sehen wie du schreibst. Jetzo werde ich den Anfang machen. Mercke diß; schreibe nur wie du reden würdest, und so wirst du einen guten Brief schreiben.«[28] Ähnlich lautete die Grundregel der Gellertschen Brieflehre. »Das erste, was uns bey einem Briefe einfällt«, heißt es 1751 in seiner ›Praktischen Abhandlung von dem guten Geschmacke in Briefen‹,[29] »ist dieses, daß er die Stelle eines Gesprächs vertritt« – freilich wurde einschränkend hinzugesetzt, es könne »in einem Briefe nicht alles erlaubt seyn, was im Umgange erlaubt ist«; auch bei einer ungezwungen natürlichen Schreibart, wie er sie lehrte, sei der Brief doch nur »eine freye Nachahmung des guten Gesprächs.« Was sein naseweiser Studiosus sogleich als Merksatz an Cornelia weitergab, findet sich schon 1743 in einem Brief des 14jährigen Lessing an dessen Schwester Salome: »Schreibe wie Du redest, so schreibst Du schön.«[30] Gellert hat festgestellt und auf seine Weise befördert, keineswegs aber zum

28 Brief vom 6./7.12.1765 (GB 1 I, S. 25). – In ›Dichtung und Wahrheit‹ II 6 (FA I 14, S. 276) wird aus der Leipziger Lehrzeit berichtet: »Daneben hörte ich, man solle reden wie man schreibt und schreiben wie man spricht; da mir Reden und Schreiben ein für allemal zweierlei Dinge schienen, von denen jedes wohl seine eignen Rechte behaupten möchte.« Der erste Teil dieser Regel geht auf die dialektfreie Aussprache, der zweite entspricht den Anweisungen Gellerts – seinen kritischen Einwand hier hat Goethe 1812 formuliert.

29 Gellert 1751, S. 2 f. (vgl. hier Anm. 5).

30 Lessing Bd 11/1, S. 7.

erstenmal propagiert, was den Zeitgenossen vom »guten Geschmacke in Briefen« vorschweben mochte. Die von ihm und im gleichen Jahr ebenso von Stockhausen und Schaubert[31] empfohlene Nähe des Briefstils zum ungezwungenen Ausdruck mündlicher Rede entsprach einer damals zumindest in Ansätzen längst geübten Schreibweise, welche die Schemata der alten Briefsteller als ärgerliche Reglementierung des Gedankengangs, ihr schwerfälliges Formular als Zwangsjacke für das nach freier Mitteilung verlangende Gefühl empfand. Das hat Gellert wahrgenommen: »die Sprache des Herzens wollte sich in keine Chrie [mehr] zwingen lassen«, und daraus hat seine Brieflehre die Folgerungen gezogen: »Man bediene sich also keiner künstlichen Ordnung, keiner mühsamen Einrichtungen, sondern man überlasse sich der freywilligen Folge seiner Gedanken und setze sie nach einander hin, wie sie in uns entstehen: so wird der Bau, die Einrichtung, oder die Form eines Briefs natürlich seyn.«[32]

Die Vorstellung, daß der Brief gewissermaßen den Halbteil eines (dialogischen) Gesprächs abgebe, und die daraus resultierende Forderung, daß er mündlicher Rede nachgebildet werden solle, war in der Brieftheorie von jeher geläufig. Dem Artemon, der im 2. Jahrhundert v. Chr. Briefe des Aristoteles herausgegeben haben soll, wird die grundlegende Definition zugeschrieben: εἶναι γὰρ τὴν ἐπιστολὴν οἷον τὸ ἕτερον μέρος τοῦ διαλόγου.[33] In der antiken Epistolographie spielt diese Gesprächstheorie eine entscheidende Rolle. Die Humanisten nehmen sie auf, die Briefsteller des 17. und 18. Jahrhunderts geben sie weiter. Daß die barocken Lehrwerke dabei aus der theoretischen Einsicht in den Gesprächscharakter des Briefes keine stilistischen Konsequenzen für ihre Musterbriefe gezogen hätten, daß vielmehr (mit Gellert zu reden[34]) die Exempel hier oft die Regeln »bestrafen«, ist seit der

31 Stockhausen 1756 (zuerst 1751); Schaubert 1751.

32 Gellert 1751, S. 56 und 47 f.

33 Überliefert durch Demetrios: De elocutione § 223. (Démétrios. Du Style. Texte établi et traduit par Pierre Chiron. Paris 1993, S. 63).

34 Gellert 1742 (wie hier in Anm. 5), S. 182.

Mitte des 18. Jahrhunderts ein gängiges Urteil.[35] Tatsächlich verstand man unter der mündlichen Rede, nach der die Briefschreiber sich richten sollten, doch etwas sehr anderes als Gellert – nicht dessen kultivierte Plauderei nämlich, sondern die jedenfalls bei öffentlichen Anlässen geforderte zeremonielle Rede, welche dem sachlichen Anlaß, der Sprechsituation und insbesondere der gesellschaftlichen Stellung der Beteiligten angemessen war. Genau das meinte etwa Overheid, als er in seiner ›Teutschen Schreib-Kunst‹ von 1654 aus der Prämisse, ein Brief sei »gleichsam des abwesenden Rede« die Folgerung zog: »Derowegen so muß ein Brieff nicht anders geschrieben und gestellet werden / als es die mündliche Rede und Ehrerbietung zugeben / und der sachen Nothdurfft erfordert.«[36] Wenn der spätbarocke höfisch-galante Briefstil noch weit entfernt scheint von natürlicher Redeweise, dann hat das nicht in der Vernachlässigung des Gesprächsvorbildes seine Ursache, sondern im Charakter des zum Vorbild dienenden Gesprächs: »ein Brief muß nicht anders abgefasset seyn / als wie man in höflicher und galanter Conversation zu reden pfleget«, heißt es in Talanders Briefsteller aus dem Jahr 1700.[37]

Wenn sich nun, mit Gellert zu reden, eine »keiner künstlichen Ordnung, keiner mühsamen Einrichtungen« mehr bedürftige, ungezwungene Ausdrucksweise um die Mitte des 18. Jahrhunderts als allgemeine Regel für den privaten bürgerlichen Briefverkehr durchsetzt, ist dieser Stilwandel gleichermaßen Widerspiegelung und Bekräftigung eines Wandels der sozialen, ja der politischen Grundeinstellungen. Mit der in den Briefstellern jetzt gelehrten Abkehr von pomphaft überladener, mühsam gesuchter und devot umständlicher Schreibart hebt das selbstbewußt werdende, literarisch gebildete Bürgertum die Unterordnung unter den Curialstil der Kanzleien auf. Es verabschiedet die Orientierung am feudalen Zeremoniell und grenzt sich dabei mit seiner Abwehr des Geist-

35 Vgl. Steinhausen 1889/1891, Teil 1, S. 218 und 250 f.; Eiermann 1912, S. 6.; Heun 1930, S. 9.

36 Overheid 1657 (zuerst 1654), S. 90 f.

37 Talander 1716 (zuerst 1700), S. 242.

losen, Niedrigen, Platten, Schmutzigen und Unflätigen gegen die ungebildeten niederen Schichten ab. Die Geltung des ungezwungenen, aber wohlanständigen Briefstils schließlich, den Gellert propagiert und in seinen Musterbriefen vorführt: diese deutliche, zierliche, lebhafte, leichte und feine Ausdrucksweise, bezeichnet und umschreibt zugleich den Eigenbereich einer bürgerlichen Lebensform. Ganz deutlich werden die gesellschaftlichen Voraussetzungen dieser neuen Schreibweise in Gellerts Erörterung der »Briefe an große Herren«, die »der Geist des Ceremoniels und der Mode eingeführt«: »Ausser der Armuth des Innhalts in den Complimentbriefen, macht auch der Respekt, den man zu beobachten hat, dergleichen Briefe schwer und steif. Man soll mit großen Herren nicht frey reden; und was ist alsdann möglicher, als daß man ängstlich spricht? Man soll demüthig und ehrerbietig sprechen; und wie leicht kann diese Sprache kriechend und sklavisch werden? Man soll mit großer Behutsamkeit reden, und aus großer Behutsamkeit wird man oft kostbar und gezwungen. Die Regeln des Ceremoniels schränken die natürliche Art, zu denken, so sehr ein, daß man diese oft unterdrücken muß, wenn man jenes beobachten will.«[38]

Es läge eigentlich in der Konsequenz dieser Anleitung zum ›guten Geschmacke in Briefen‹, den Widerspruch zwischen der »natürlichen Schreibart« und den (auf einen respektvoll ehrerbietigen, unterwürfigen Umgang mit großen Herren eingeschworenen) »Regeln des Ceremoniels« auf umgekehrte Weise zu lösen – diese nämlich zu »unterdrücken«, um jene »beobachten« zu können. Aber der brave Gellert hätte nie daran gedacht, um des

38 Gellert 1751, S. 92, 84, 89. – 1783 erklärt Carl Philipp Moritz in seiner ›Anleitung zum Briefschreiben‹ (S. XV f.): »O der Deutschen, die ein eigenes Studium daraus machen, ihre kriechende Unterwürfigkeit gegen ihre Hochgebohrnen und Durchlauchtigen Tyrannen in ihren Titulaturen an den Tag zu legen; die ihre Kinder schon in der frühesten Jugend lehren, wie sie sich in den Briefen, die sie einmal schreiben werden, den Mächtigen und Großen zu Füßen werfen sollen, und die anstatt edler Freimüthigkeit, den Ton der kriechendsten Demuth, durch mit Fleiß dazu verfertigte Bücher, einzuführen suchen!«

Briefstils willen die Gesellschaftsordnung in Frage zu stellen. Seine wohlgesetzten Musterbriefe »bestrafen« die eigenen Regeln und verschütten den revolutionären Impuls seiner theoretischen Anweisungen. Sie realisieren seine Lehre von der gesprächsnahen »natürlichen Schreibart« nurmehr als einen in ungezwungener und gefälliger, lebhafter und leiser, schalkhafter und schicklicher Manier wohltemperierten Frauenzimmerbriefstil.[39] Aber wenn der Schüler Gellerts seinen Brief an Behrisch so schreibt, als sei er eben atemlos in das Zimmer des Freundes gestürzt, ohne mehr den zierlichen Rokokodegen an der Seite und den modischen Hut unterm Arm zu tragen, das elegant frisierte, gekräuselte Haar in wüster Unordnung: *Ha Behrisch* und *O Gott, Gott. – Laß mich nur erst wieder zu mir kommen. Behrisch, verflucht sey die Liebe,* dann wird man nicht nur Gellerts Lehre vom Redecharakter des Briefes als Voraussetzung dieser Schreibweise verstehen dürfen, sondern in der unerhörten, zügellosen Freiheit dieses Umgangs mit der Sprache etwas angelegt sehen, was (ablesbar am Brief) seiner Tendenz nach das Briefschreiben weit übergreift.

Ein Jahr später, am 1. Oktober 1768, hat der nach Frankfurt zurückgekehrte Goethe an die Schönkopfsche Familie in Leipzig geschrieben. Einen Besuch vertritt hier der Brief, und als Besuch wird er inszeniert. So gibt sich die briefliche Anrede ganz ausdrücklich als Gesprächseröffnung:

39 Sehr bezeichnend Gellerts eigenes Urteil (1751, S. 74 ff.): »Wer unter vielen Vorstellungen, durch die Hülfe einer zarten und glücklichen Empfindung die leichtesten, feinsten und nöthigsten wählen, und einen gewissen Wohlstand in ihrer Verbindung beobachten kann, der wird gewiß gute Briefe schreiben. Aus diesem Grunde kann man sich sagen, woher es kömmt, daß die Frauenzimmer oft natürlichere Briefe schreiben, als die Mannspersonen. Die Empfindungen der Frauenzimmer sind zarter und lebhafter, als die unsrigen.«

»Ihr Diener H. Schönkopf, wie befinden Sie sich Madame,
Guten Abend Mamsell, Petergen guten Abend.
NB. Sie müssen sich vorstellen daß ich zur kleinen Stubentühre hereinkomme. Sie H. Schönkopf sitzen auf dem Canapee am warmen Ofen, Madame in Ihrem Eckgen hinterm Schreibetisch, Peter liegt unterm Ofen, und wenn Käthgen auf meinem Platze am Fenster sitzt; so mag sie nur aufstehen, und dem Fremden Platz machen. Nun fange ich an zu discouriren.

Ich binn lange Aussen geblieben, nicht wahr?«

Damit setzt seine imaginierte wörtliche Rede ein. Gewiß zeigt sie, in den Briefstil übergehend, kräftigere Konturen und lebhafteres Kolorit als die blassen Abziehbildchen in Gellerts eigenen Musterbriefen, aber sie hält sich durchaus in den Grenzen dessen, was jener unter einem ›guten Geschmacke in Briefen‹ verstanden hat.[40] Die Ausbrüche des Briefes an Behrisch hingegen hätte Goethes Leipziger Lehrer keineswegs gebilligt. Hat er doch den Brief, der »die Stelle eines Gesprächs vertritt«, niemals einem Gespräch einfach gleichgesetzt. Was ihn unterscheidet von mündlicher Rede (»Man hat mehr Zeit, wenn man schreibt, als wenn man spricht«, und »Was geschrieben ist, wird genauer bemerkt, als was man bloß hört«), definiert ihn vielmehr als eine anspruchsvollere, überformte und verfeinerte »freye Nachahmung des guten Gesprächs«. Deshalb lautet Gellerts Regel: »Wer Briefe schön schreiben will, muß nicht so wohl schreiben, wie ein jeder im gemeinen Leben reden, sondern wie eine Person im Umgange ohne Zwang sprechen würde, welche die Wohlredenheit völlig in ihrer Gewalt hätte«.[41] Auf das Stilprinzip der Wohlredenheit aber, aus dem in Gellerts Brieflehre die Forderung einer Annäherung des Briefstils an die mündliche Rede ebenso folgt wie die Einschränkung einer solchen Annäherung: auf dieses Gellertsche Grundge-

40 Gellert 1751, S. 98: »So erzählen, daß man die Sache nicht allein versteht, sondern daß man glaubt, sie selbst zu sehen, und ein Zeuge davon zu seyn, das heißt lebhaft erzählen. Dieses geschieht durch die kleinen Gemälde, die man im Erzählen von den Umständen, oder Personen, entwirft«.

41 Gellert 1751, S. 3, 7, 3, 10.

setz ist der Brief an Behrisch nicht mehr verpflichtet. So weit hat der junge Goethe sich 1767 schon von der Autorität seines Lehrers gelöst,[42] und so sehr hat er dessen Lehre vom Gesprächscharakter der Briefe und der »natürlichen Schreibart« radikalisiert, daß die Exaltationen dieses Briefes sogar das noch übertreffen, was sich Gellert als ärgste Entgleisung vorzustellen vermochte: »so schmutzig, so gemein« zu schreiben, »als ob ein Brief die Freyheit hätte, einem unordentlichen Caffeegespräche völlig ähnlich zu seyn.«[43]

Am Sonntage, ging ich nach tische zu Docktor Hermann, und kehrte um drey zu S.[chönkopfs] *zurück. Sie* [Käthchen] *war zu Oberm.*[anns] *gegangen, ich wünschte mich zum erstenmale in meinem Leben hinüber, wußte aber kein Mittel, und entschloß mich zu Breitk.*[opfs] *zu gehen. Ich ging, und hatte oben* [in ihrem Haus] *keine Ruhe. kaum war ich eine Viertelstunde da, so sagt' ich der Mamsell* [Constanze B.], *ob sie nichts an Oberm. wegen der Minna* [von Barnhelm] *zu bestellen hätte. Sie sagte nein. Ich insistirte. Sie meynte ich könnte da bleiben; und ich, daß ich gehen wollte. Endlich, von meinen Bitten erzürnt schrieb sie ein Billiet, an Mams. Ob. gab mir's und ich flog hinunter. Wie vergnügt hoffte ich zu seyn. Weh ihr! Sie verdarb mir diese Lust. Ich kam Mams. O. erbrach das Billiet, es enthielt folgendes. "Was sind "die Manspersonen für seltsame Geschöpfe. Veränderlich, ohne zu "wissen warum. Kaum ist Hr. Goethe hier so giebt er mir schon "zu verstehen daß ihm Ihre Gesellschafft lieber ist als die meinige. "Er zwingt mich ihn etwas aufzutragen und wenn es auch nichts "wäre. So böse ich auch auf ihn deßwegen binn, so weiß ich ihm "doch Danck, daß er mir Gelegenheit giebt Ihnen zu sagen daß "ich beständig sey*

Die Ihrige.

42 Dazu Spriegel 1934, S. 3–16.

43 Gellert 1742 (wie hier in Anm. 5), S. 186.

Mamsell O. nach dem sie den Brief gelesen hatte, versicherte mir daß Sie Ihn nicht verstünde, mein Mädgen laß ihn, und anstatt daß sie [Käthchen] mich für mein Kommen belohnen, mir für meine Zärtlichkeit dancken sollte, begegnete sie mir mit solchem Kaltsinn daß es der O. so wohl, als ihrem Bruder mercklich werden mußte. Diese Aufführung die sie den ganzen Abend, und den ganzen Montag fortsetzte verursachte mir solches Aergerniß, daß ich Montags Abends in ein Fieber verfiel, das mich diese Nacht mit Frost und Hitze entsetzlich peinigte, und diesen ganzen Tag zu Hause bleiben hieß – Nun! O Behrisch verlange nicht daß ich es mit kaltem Blute erzähle. Gott. – diesen Abend schicke ich hinunter [in die Schönkopfsche Wirtschaft], *um mir etwas holen zu lassen. Meine Magd kommt und bringt mir die Nachricht, daß Sie mit Ihrer Mutter in der Commödie sey. Eben hatte das Fieber mich mit seinem Froste geschüttelt, und bey dieser Nachricht wird mein ganzes Blut zu Feuer! Ha! In der Comöedie! Zu der Zeit da sie weiß daß ihr Geliebter kranck ist. Gott. Das war arg; aber ich verzieh's ihr. Ich wuste nicht welch Stück es war. Wie? sollte sie mit denen in der Comödie seyn. Mit denen! Das schüttelte mich! Ich muß es wissen. – Ich kleide mich an, und renne wie ein toller nach der Comödie. Ich nehme ein Billiet auf die Gallerie. Ich bin oben. Ha! ein neuer Streich. Meine Augen sind schwach, und reichen nicht biß in die Logen. Ich dachte rasend zu werden, wollte nach hause laufen, mein Glas zu holen. Ein schlechter Kerl, der neben mir stand riß mich aus der Verwirrung, ich sah daß er zwey hatte, ich bat ihn auf das höflichste, mir ein's zu borgen, er taht's. Ich sah hinunter, und fand ihre Loge – Oh Behrisch –.*

Ich fand ihre Loge. Sie saß an der Ecke, neben ihr ein kleines Mädgen, Gott weiß wer, dann Peter [Käthchens Bruder], *dann die Mutter. – Nun aber! Hinter ihrem Stuhl Hr. Ryden* [Schönkopfs neuer Mieter]. *in einer sehr zärtlichen Stellung. Ha! Dencke mich! Dencke mich! auf der Gallerie! mit einem Fernglaß – das sehend! Verflucht! Oh Behrisch ich dachte mein Kopf spränge mir für Wuht. Mann spielte* [Lessings] *Miss Sara* [Sampson]. *Die Schulzen machte die Miss, aber ich konnte nichts sehen, nichts hören, meine Augen waren in der Loge, und mein Herz tanzte. Er* [Ryden] *lehnte sich bald hervor, daß das kleine Mädgen das neben ihr saß nichts sehen konnte. Bald trat er zurück, bald lehnte er sich über den Stuhl und sagte ihr was, ich knirschte die Zähne und sah zu. Es kamen mir tränen in die Augen, aber sie waren vom scharfen sehen, ich habe diesen ganzen Abend noch nicht weinen können. – Hernach dacht ich an dich, ich schwöre es dir, an Dich, und wollte nach Hause gehn, und dir schreiben, und da hielt mich der Anblick wieder, und ich blieb. Gott, Gott! Warum mußte ich sie in diesem Augenblicke entschuldigen. Ja das taht ich. Ich sah wie sie ihm ganz kalt begegnete, wie sie sich von ihm wegwendete, wie sie ihm kaum antwortete, wie sie von ihm importunirt* [belästigt] *schien. Das alles glaubte ich zu sehen. Ah mein Glas schmeichelte mir nicht so wie meine Seele, ich wünschte es zu sehen! O Gott und wenn ich's würcklich gesehen hätte, wäre Liebe zu mir nicht die letzte Ursache, der ich dieses zuschreiben sollte.*

Es schlägt neune, nun wird sie aus seyn, die verdammte Comöedie. Fluch auf sie. Weiter in meiner Erzälung. So saß ich eine Viertelstunde und sah nichts als was ich in den ersten fünf Minuten gesehen hatte. Auf einmal faßte mich das fieber mit seiner ganzen Stärcke, und ich dachte in dem Augenblicke zu sterben; ich gab mein Glaß an meinen Nachbaar, und lief, ging nicht aus dem Hause – und binn seit zwey Stunden bey dir. Kennst du einen unglücklicheren Menschen, bey solchem Vermögen, bey solchen Aussichten, bey solchen Vorzügen, als mich, so nenne mir ihn und ich will schweigen. Ich habe den ganzen Abend vergebens zu weinen gesucht, meine Zähne schlagen an einander, und wenn man knirscht, kann mann nicht weinen.

Wieder eine neue Feder. Wieder einige Augenblicke Ruhe. O mein Freund. Schon das dritte Blat. Ich könnte dir tausend schreiben, ohne müde zu werden. Ohne fertig zu werden. Welcher Elender hat sich je satt geklagt.

Aber ich liebe sie. Ich glaube ich träncke Gift von ihrer Hand.

Verzeih mir Freund. Ich schreibe warlich im Fieber, warrlich im Paroxismus. Doch laß mich schreiben. Besser ich lasse hier meine Wuht aus, als daß ich mich mit dem Kopf wider die Wand renne.

Ich habe eine Viertelstunde auf meinem Stuhle geschlafen. Ich binn würcklich sehr matt. Aber das Blatt muß diesen Abend noch voll werden. Ich habe noch viel zu sagen.

In der Vorrede zu seiner Edition von Winckelmanns Briefen hat Goethe 1805 erklärt: »Lebhafte Personen stellen sich schon bei ihren Selbstgesprächen manchmal einen abwesenden Freund als gegenwärtig vor, dem sie ihre innersten Gesinnungen mitteilen, und so ist auch der Brief eine Art von Selbstgespräch. Denn oft wird ein Freund, an den man schreibt, mehr der Anlaß als der Gegenstand des Briefes. Was uns freut oder schmerzt, drückt oder beschäftigt, löst sich von dem Herzen los, und als dauernde Spuren eines Daseins, eines Zustandes sind solche Blätter für die Nachwelt immer wichtiger, je mehr dem Schreibenden nur der Augenblick vorschwebte, je weniger ihm eine Folgezeit in den Sinn kam.«[44] Das gilt für den Brief an Behrisch, als sei es auf ihn gemünzt. Und sehr genau gibt der Text zu erkennen, in welcher Weise sich der Schreibende hier den »abwesenden Freund als gegenwärtig« vorstellt, welchen Part er ihm zuweist in diesem Gespräch. *Laß mich nur erst wieder zu mir kommen* (8) und: *ich werde ruhiger mit dir reden können. Ob vernünftig? das weiß Gott* (13 f.) und: *verlange nicht daß ich es mit kaltem Blute erzähle* (64 f.) – da wird im dialogisch konzipierten Wortlaut des Briefes selbst, der auf die imaginierten Einwürfe des als gegenwärtig vorgestellten Freundes reagiert, auch dessen Gegenstimme vernehmlich, die (vergeblich) zu Gelassenheit, Beruhigung und Mäßigung mahnt. »Dein Brief ist ein guter Brief«, wird es in Goethes Rückantwort am 20. November heißen, »ich habe Hornen [dem früheren Störenfried] einige Nutzanwendungen daraus vorgelesen, und er meynt, wenn ich immer dem was du gesagt, gefolgt hätte, und immer dem was

44 FA I 19, S. 15 f.

du schriebest folgte; so könnte ich einer von den glücklichsten Menschen werden. Ich fühle der Junge redet wahr und doch kann ich weder dir noch ihm folgen.« Freund Behrischs Rolle in diesen Briefen ist die des Freundes Wilhelm, an den Werther seine haltlosen Herzensergießungen richten wird.

Aber auch andere Züge des Lesers werden hier sichtbar. *O sähst du mich, sähst du den elenden wie er raßt* [...] *du würdest jammern.* (9 ff.): Ob der mit manchen Wassern gewaschene Behrisch (dessen Spott der eifersüchtige Liebhaber so sehr zu fürchten Anlaß hatte, daß er ihm vom Studiosus Ryden, dem neuen Mieter bei Schönkopfs, lieber nicht mündlich erzählen, sondern nur schriftlich Nachricht geben möchte[45]) – ob also dieser einigermaßen abgebrühte Adressat derart warmherzig mitfühlend reagierte, erscheint höchst fraglich. Und eben diese Fraglichkeit macht aufmerksam auf eine Grundeigenschaft, ein Gattungscharakteristikum von Briefen überhaupt.

Wie ein dichterischer Text nicht nur für Leser gedacht ist und wirkliche Leser dann finden mag, sondern eigenmächtig, sei es auf ganz ausdrückliche, sei es nur auf indirekte Weise, einen (›impliziten‹) Leser abbildet, mit dem der tatsächliche keineswegs einfach identisch ist, dessen erdichtete Rolle ihm vielmehr nur ein Identifikationsangebot macht – so beschreibt auch der Brief einen Leser, der vom tatsächlichen Empfänger grundsätzlich zu unterscheiden ist. Jeder Briefschreiber bildet sich auf je eigene Weise eine durchaus nicht immer wirklichkeitskonforme Vorstellung von seinem Leser, und der Text, der das vermittelt, macht dem wirklichen Briefempfänger ein keineswegs immer erfolgssicheres Rollenangebot. So führt unser Brief dem kauzigen Spötter in Dessau einen Behrisch vor, wie ihn der Schreiber sich wünscht, wie er ihn braucht – den mitleidend teilnehmenden Beichtfreund

45 Vgl. den Eingang des Briefes an Behrisch vom Anfang Oktober 1767: GB 1 I, S. 85.

und Seelenarzt,[46] der seinen Brief doch eigentlich erst ermöglicht. Denn »da geht keine Wollust über den Jammer der Liebe, wenn ein Freund unser Elend hört unsre Tränen sieht, und das was wir davon zu viel haben, gottgleich wegnimmt, und durch Mittleid unsre Wunde heilt«, hatte Goethe acht Tage zuvor an Behrisch geschrieben; »Aber kein Krancker kann durch eines unempfindlichen Artztes, grausames: es hat nicht viel zu sagen, mehr geängstigt werden, als ein Seelenkrancker durch einen gefühllosen Freund. [...] Wer einem kalten Herzen warmes Elend vertraut, ist ein Tohr, wie ein Liebhaber, der am Bache ins Schilf klagt, das ihn, statt ihn zu bedauern auszischt.«[47]

Wenn nun der jammernde Liebhaber einzig einem mitfühlenden Freunde sein Elend anvertrauen mag und im Brief an einen Gefühllosen sich nicht als »Seelenkrancker« zu erkennen geben will, dann gilt für den Schreiber offenbar Gleiches wie für den Leser. Es erscheint also keineswegs angemessen, mit Beutler über Goethes Jugendbriefe generell zu urteilen: »erst diese Briefe offenbaren den ganzen Menschen Goethe, denn hier ist die Aussage unmittelbar. Worte Fausts, Mephistos Worte, sind sie Überzeugung des Dichters oder nur Meinung der Figur im Drama? Das ist oft schwer zu entscheiden. Hier aber steht hinter jedem Satz der Schreiber als Bekenner. Was gesagt wird, gilt.«[48] Wie der Erzähler eines Romans mit dem wirklichen Autor durchaus nicht einfach identisch, sondern von ihm entworfen ist und geradezu ›gedichtet‹ wird als eine Rolle, in die er selber eintritt, so entwirft auf seine Weise auch der Brief einen Schreiber, der von der Person des Schreibenden grundsätzlich zu unterscheiden wäre. Vor allem doch durch die Rücksicht auf den Briefempfänger wird das Bild bestimmt, das der Schreibende von sich selbst dem Leser macht –

46 Im Brief an Behrisch vom 2.11.1767 heißt es: »Ich lebe nach deiner Vorschrifft so diät, als ein ängstlicher Junger Mensch auf Befehl seines Docktors, bey gewissen Vorfallenheiten. Seit dem verfluchten Abend, da wir Schnupftuchsdeserts hatten, habe ich keinen bei ihr zugebracht.«

47 GB 1 I, S. 106 f.

48 Beutler 1951, S. 951.

wird also die Rolle reguliert, die er sich zuschreibt und in der er als Schreiber, als ›briefliches Ich‹ eingeht in den Text seines Briefes. Eben deshalb konnte Goethe über Winckelmanns Briefe urteilen (und darf man gewiß auch von seinen eigenen Briefen sagen), sie hätten »je nachdem sie an verschiedene Personen gerichtet sind, einen verschiedenen Charakter, welches immer der Fall ist, wenn ein geistreicher Briefsteller sich diejenigen vergegenwärtigt, zu denen er in die Entfernung spricht«.[49] Über wahr oder unwahr fällt damit keine Entscheidung. Den Rollencharakter des Schreibers verkennen, heißt die Spielregeln des Briefes mißverstehen, der als ein soziales Phänomen teilhat am Verabredungscharakter alles Gesellschaftlichen.

Die einzige Frage, welche die ›Goetheforschung‹ an unserem Brief interessiert hat, ob es sich hier nämlich »um ›Literatur‹ handelt«[50] oder um ein Zeugnis unmittelbarer Erlebniswahrheit, verfehlt deshalb schon als Frage den eigentlichen Charakter des Briefes, den denn auch keine der darauf möglichen Antworten mehr zu erreichen vermag. *Ich habe eine Viertelstunde auf meinem Stuhle geschlafen* (128): Roethe bemerkte, daß der Schreiber »über dem eignen brieflich hingewühlten Leidenschaftsstammeln in gesunden Knabenschlaf fällt«.[51] Doch wecken seine Schriftzüge erhebliche Zweifel an dieser Diagnose.

Im Fortgang des Schreibens zeigt Goethes Handschrift deutliche Veränderungen; ihr Duktus folgt den inneren Bewegungen des Schreibenden und bestätigt so, was er von sich behauptet. Nach erregt ausgreifenden, wild gekurvten, mit heftigem Druck aufs Papier geschleuderten Federzügen heißt es beispielsweise: *Ich habe mir eine Feder geschnitten um mich zu erholen* (28) und später noch einmal: *Wieder eine neue Feder. Wieder einige Augenblicke Ruhe.* (120) An neueren Schreibtechniken gemessen hantierte der Briefschreiber da einigermaßen mühselig mit einem Gänsekiel, einem

49 FA I 19, S. 14.
50 So Meyer 1951, S. 72.
51 Roethe 1932, S. 32.

Federmesser, mit dem Tintenfaß und wohl auch noch mit einer Streusandbüchse zum Ablöschen der nur langsam trocknenden Eisengallus-Tinte. Vom hocherregten, sichtlich heftigen Schreibdruck war seine Feder schon nach kurzer Zeit abgenutzt. Mit dem Federmesser mußte dann aus einer der langen Federn eines Gänseflügels ein neuer Kiel zurechtgeschnitten oder der alte nachgeschnitten werden. Zwei seitliche Schnitte waren dafür nötig, ein Schrägschnitt außerdem von der künftigen Unterseite her und ein Spaltschnitt schließlich in der Mitte.[52] Allemal erforderte das eine ruhig gehaltene Hand, und zweifellos lenkte es den Briefschreiber hier für einige Zeit von seinen leidenschaftlich nacherlebenden Exaltationen ab. So zeigen die neuen Einsätze denn auch einen zarteren Strich und anfangs auch ein gefaßteres, klareres Schriftbild, beglaubigen also die zitierten Bemerkungen über neue Federschnitte.

Wenn der Schreibende hingegen erklärt, er habe eine *Viertelstunde* lang *geschlafen* (128), ist seiner Handschrift nicht die leiseste Spur einer Veränderung anzumerken – so wie Goethes Brief an Behrisch vom 16. Oktober 1767 mit den Worten endet: »Gute Nacht ich binn besoffen wie eine Bestie«, Morris nach Besichtigung des Originals aber vermerkt: »die Hs. zeigt davon keine Spuren.«[53] Auch seinem scharfsichtigen Freund dürfte kaum entgangen sein, dass der Schreiber offensichtlich weder dort sturzbetrunken war noch hier geschlafen hat, daß er sich mit diesen Behauptungen vielmehr ›in Szene setzt‹. Zu seinen Worten *Ha Behrisch das ist einer von den Augenblicken!* (6) hat Heinrich Meyer aburteilend vermerkt: »Das ist Literatur; denn Goethe hat normalerweise nicht ›Ha!‹ geschrien«. Später erklärt er gar: »Wenn es sich ums ›Leben‹ handelte, würde ein solcher Brief nicht abgesandt, da er ja durch die Tatsachen überholt war.«[54] Das aber heißt die strukturelle Wahrheit des Briefes, also seine

52 Zu dieser Technik Joost 1993, S. 69 (und Exkurs II, hier S. 423 f.).
53 Morris 1912, S. 28 (zu Nr 30).
54 Meyer 1951, S. 69 und 71.

›Dichtung und Wahrheit‹ übergreifende Gattungslizenz verkennen.

Jedes angemessene Verständnis eines Briefes beruht auf der Einsicht in den Rollencharakter des in ihm abgebildeten Lesers und Schreibers – wobei sich's versteht, daß die Rollenwahl, die Art, in der der Schreibende sich gibt und in der er seinen Leser imaginiert, ihrerseits Licht wirft auf den Verfasser des Briefes. Welch kompliziert verschachtelten Figuren- und Beziehungsreichtum dieses Rollenspiel ermöglicht, macht unser Brief besonders deutlich – insofern der Schreibende hier nicht allein jenes präsentische *Ich* darstellt, das als Briefschreiber tobt und rast oder sich neue Federn schneidet und für eine Viertelstunde in Schlaf zu fallen behauptet, sondern zugleich das imperfektische *Ich*, das *wie ein toller* ins Theater rennt, mit dem Opernglas auf der Galerie steht und mit den Zähnen knirscht, und (wie sich im Folgenden zeigt) ein futurisches *Ich* überdies, das allererst *morgen* agieren wird.

Wie werde ich diese Nacht zu bringen? dafür graut's mir. Was werde ich morgen tuhn? das weiß ich. Ich werde ruhig seyn biß ich ins Hauß [von Schönkopfs] *trete. Und da wird mein Herz zu pochen anfangen, und wenn ich sie gehen oder reden höre, wird es stärcker pochen, und nach tische werd' ich gehen. Seh ich sie etwa, da werden mir die Tränen in die Augen kommen, und werde dencken: Gott verzeih dir wie ich dir verzeihe, und schencke dir alle die Jahre, die du meinem Leben raubst; das werde ich dencken, sie ansehen, mich freuen daß ich halb und halb glauben kann daß sie mich liebt, und wieder gehen. So wird's seyn morgen, übermorgen, und immer fort.*

Sieh Behrisch, die Sara sah ich einmal mit ihr. Wie unterschieden von heute. Es waren [in dieser Lessing-Aufführung] *ebendieselben Scenen, eben die Acteurs, und ich konnte sie heute nicht ausstehn. Ha! alles Vergnügen liegt in uns. Wir sind unsre eigne Teufel, wir vertreiben uns aus unserm Paradiese.*

Ich habe wieder geschlafen, ich binn sehr matt. Wie wird's morgen seyn. Mein armer Kopf dreht sich. Morgen, will ich ausgehen,

> *und sie sehn. Vielleicht hat ihre ungerechte Kälte gegen mich nachgelassen. Hat sie's nicht so binn ich gewiss, einen gedoppelten Anfall von Fieber morgen abend zu kriegen. Es sey! Ich binn nicht mehr herr über mich. Was taht ich neulich als ich von meinem unbändigen Pferde weggerissen ward? Ich konnte es nicht einhalten, ich sah meinen Todt, wenigstens einen schröcklichen Fall vor Augen. Ich wagt' es, und stürzte mich herunter. Da hatte ich Herz. Ich binn vielleicht nicht der herzhafteste, binn nur gebohren in Gefahr herzhaft zu werden. Aber ich binn jetzt in Gefahr, und doch nicht herzhaft. Gott! Freund! weißt du was ich meyne? Gute Nacht. Mein Gehirn ist in Unordnung. O wäre die Sonne wieder da! Unzufriedenheit! Ich weiß warrlich nicht mehr was ich schreibe.*

Worauf denn ging da zuletzt die Frage: *weißt du was ich meyne?*, was sollte sie andeuten? Am nächsten Tag, *Mittwochs früh*, beginnt der nachfolgende Briefabschnitt mit den Worten: *Ich habe eine schröckliche Nacht gehabt,* und in den ›Leiden des jungen Werthers‹ findet sich eine Parallelstelle, die lautet: »Ich habe eine schrökliche Nacht gehabt, und ach eine wohlthätige Nacht, sie ist's, die meinen wankenden Entschluß befestiget, bestimmt hat: ich will sterben.«[55] Wie dort der Entschluß zum Selbstmord, so resultiert hier das Spiel mit diesem Gedanken keineswegs nur aus den Leidenserfahrungen, von denen der Briefschreiber berichtet. Sie liegt zugleich in der Konsequenz des Briefschreibens selbst. Mit seinem allerersten Brief schon verspricht Werther dem Freund: »ich will mich bessern, will nicht mehr das Bisgen Uebel, das das Schicksaal uns vorlegt, wiederkäuen, wie ich's immer gethan habe. Ich will das Gegenwärtige genießen, und das Vergangene soll mir vergangen seyn. Gewiß Du hast recht, Bester: der Schmerzen wären minder unter den Menschen, wenn sie nicht – Gott weis warum sie so gemacht sind – mit so viel Emsigkeit der Einbildungskraft sich beschäftigten, die Erinnerungen des vergangenen Uebels

55 FA I 8, S. 222/224.

Werther
Vielleicht von Johann David Schubert, um 1785. Pinsel dunkelgrau über Bleistift, aquarelliert (Freies Deutsches Hochstift Frankfurt a. M.)

zurückzurufen«.[56] Aber Werther ändert sich nicht. Wenn seine Liebesleiden beginnen, wird er tun, was er immer tat, wird das kaum vergangene Übel ständig zurückrufen in die vergegenwärtigende Erinnerung: wird »wiederkäuen« und der »Emsigkeit der Einbildungskraft« freien Lauf lassen – wird solche Briefe schreiben. Und wie er auf diese Weise die Nachempfindung seiner Leiden nährt, das Übel schärft, seine Wirkungen steigert, so ruft er sich briefschreibend auch die früheren Entzückungen zurück, hält sie fest, staut sie auf: »Gott! bin ich strafbar, daß ich auch jezt noch eine Seligkeit fühle, mir diese glühende Freuden mit voller Innigkeit zurük zu rufen, Lotte! Lotte« – bis die Schleusen brechen: »Mir wärs besser ich gienge.«[57] Festhaltend in der Gegenwart, was gestern geschah, setzt Werther die heilende Zeit außer Kraft und potenziert »mit voller Innigkeit« des glühenden Gefühls seine Leiden zu lebensbedrohender Übermacht. Das ist seine ›Krankheit zum Todte‹, und noch der Abschiedsbrief an Lotte offenbart diese Todesentelechie seines Schreibens. Ganz gelassen beginnt er da, »ohne romantische Ueberspannung«. Am Ende aber stehen die Worte: »Ich war ruhig da ich anfieng, und nun wein ich wie ein Kind, da mir all das so lebhaft um mich wird. –«[58] Weil er Briefe schreibt, solche Briefe, wird er im Selbstmord enden.

Auch unser Briefschreiber war (wieder) »ruhig«, als er am Dienstag *um 8 Uhr* mit seinem Bericht über die Sonntagsereignisse anfing (13: *Mein Blut läuft stiller, ich werde ruhiger mit dir reden können*). Daß er an diesem Sonntag nach dem Mittagessen zu Christian Gottfried Hermann, einem seiner Leipziger Tischgenossen gegangen, um drei Uhr zu den Schönkopfs zurückgekehrt sei, Käthchen aber im Hause des schräg gegenüber wohnenden Kaufmanns Obermann war, wo man damals eine Liebhaberaufführung der ›Minna von Barnhelm‹ einstudierte (Goethe in der Rolle des

56 Ebd. S. 10/12.

57 Ebd. S. 196.

58 Ebd. S. 224. – Vgl. zu diesen Überlegungen das ›Werther‹-Kapitel bei Stenzel 1970, insbes. S. 47–54.

Wachtmeisters Werner), daß er daraufhin in die Wohnung des Buch- und Musikalienhändlers Breitkopf gelaufen sei und dessen Tochter Constanze (welche das Fräulein von Barnhelm spielte) gebeten habe, sie möge ihm doch der ›Minna‹ wegen etwas auftragen und ihn damit zu Obermanns schicken – all das wird in einer *Ordnung* erzählt, mit deren korrekter Syntax der Schreibende seine Distanz von den zwei Tage zurückliegenden Vorgängen bewahrt. Aber wenig später schon ändert sich das. Wenn der Berichtende »all das [wieder] so lebhaft« nachempfindet, wird der Prosarhythmus heftiger. Die Unruhe, die den Besucher der Mamsell Breitkopf umtrieb, lebt wieder auf und bildet im Text sich ab. Hastige Kurzsätze stellen sich ein und bleiben dem, was beschrieben wird, mit sprunghaftem Hin und Her dicht auf der Spur –

oben keine Ruhe. kaum war ich eine Viertelstunde da, so sagt' ich der Mamsell, ob sie nichts an Oberm. wegen der Minna zu bestellen hätte. Sie sagte nein. Ich insistirte. Sie meynte ich könnte da bleiben, und ich, daß ich gehen wollte. Endlich, von meinen Bitten erzürnt schrieb sie ein Billiet an Mams. Ob. gab mir's und ich flog hinunter. (38 ff.)

Doch ist das nur ein Vorspiel. Der Wortlaut von Constanzes Billett wird mitgeteilt, und es scheint, als habe der Schreiber mit dieser Objektivierung die Chronistendistanz und die Herrschaft auch über die Hypotaxe zurückgewonnen – bis sein chronologischer Bericht den Dienstagabend erreicht. Durch seine Magd hatte der eben noch vom Fieberfrost Geschüttelte erfahren, *daß Sie mit Ihrer Mutter in der Commödie sey* [...] *bey dieser Nachricht wird mein ganzes Blut zu Feuer! Ha! In der Comoedie!* (67 ff.). Als habe er mit der reproduzierenden Niederschrift die ungeheuerliche Zumutung dieses Wortes überhaupt erst begriffen, greift er es jetzt aus dem syntaktischen Verband heraus, wiederholt es, markiert es mit einer wütenden Interjektion und stellt es dem mitfühlenden Leser so vor Augen: *Ha! In der Comoedie!*

Der Schreibende sah voraus, was geschehen würde, sobald sein Bericht diesen Punkt erreichte (*O Behrisch verlange nicht daß ich es mit kaltem Blute erzähle*). Wenn er jetzt im Präsens protokolliert (*bey dieser Nachricht wird mein ganzes Blut zu Feuer!*), dann schmilzt die Erregung, in die er sich schreibend hineintreibt, das Vergangene um ins ganz Gegenwärtige: *Ich muß es wissen. – Ich kleide mich an, und renne wie ein toller nach der Comödie. Ich nehme ein Billiet auf die Gallerie. Ich bin oben.* Dort braucht der Kurzsichtige ein Glas, um zu sehen, was in der Loge vorgeht. Am Widerstand der Sachverhalte, die mitzuteilen jetzt notwendig wird, kühlt sich sein Präsens wieder zum Berichtertempus ab: *Ich dachte – wollte – bat – sah hinunter – fand – Sie saß –* bis das Protokoll den kritischen Moment erreicht, die Resonanz des Gefühls sich erneut verstärkt und die Erregungskurve wieder heftig ansteigt: *Nun aber! Hinter ihrem Stuhl Hr. Ryden. in einer sehr zärtlichen Stellung. Ha!* Mit der Gleichzeitigkeitskonjunktion *Nun* tilgt der elliptische Satz von neuem die temporale Distanz. So ›stand‹ der Nebenbuhler, aber so ›steht‹ er auch. So sah ihn der Schreibende, so sieht er ihn noch und wieder und sieht sich selber ihn sehen. Gewiß ist das folgende *Dencke mich!* an den Leser gerichtet, an dessen Empathie der Schreibende appelliert, aber es bezeugt zugleich die Intensität seiner Selbstvergegenwärtigung. *Dencke mich! Dencke mich! auf der Gallerie! mit einem Fernglaß – das sehend!* Im Präsenspartizip wird das Vergangene festgehalten. So schäumt die Erregungswoge wieder auf. So kann der Zustand, in den die erinnernde Niederschrift den Schreibenden hineintreibt, dann seinerseits zu Protokoll genommen werden: *Ich schreibe warlich im Fieber, warrlich im Paroxismus* (125 f.) – wobei das insistierend wiederholte *warlich warrlich* ein nurmehr metaphorisches Verständnis abweist und der medizinische *Paroxismus*-Begriff die anfallartige äußerste Steigerung eines geradezu krankhaften Zustands markiert. Dieses *Fieber* bestimmt die Temperatur des Stils; dieser *Paroxismus* fällt in eins mit der Kulmination des Briefberichts.

Im Wechselspiel zwischen der Identifizierung des Schreibers mit dem Besucher des Komödienhauses (*Ich bin oben*) und der allererst zur Selbsteinschätzung befähigenden Distanzierung des Schreibenden von dem solcherart sich identifizierenden Schreiber (*Ich schreibe warlich im Fieber*) schärfen sich aneinander die gegenläufigen Tendenzen. Dem Paroxysmus des fassungslos an seine Erinnerungen Hingegebenen entspricht ein äußerster Grad abstandnehmenden Bewußtseins, das die von der Niederschrift aufgestachelte Wut der Affekte in der Niederschrift zugleich sich brechen sieht und selbst die Einsicht in diesen Vorgang noch einbringt in das dialektische Gefüge des Briefes: *laß mich schreiben. Besser ich lasse hier meine Wuht aus, als daß ich mich mit dem Kopf wider die Wand renne.* Doch beruht die kathartische Wirkung des Schreibens hier keineswegs nur darauf, daß die Leidenschaften des eifersüchtigen Liebhabers in seinem Brief an den Freund sich auszutoben vermögen. Die Niederschrift selbst, die sie weckt und steigert mit der erinnernden Wiederholung des früher Geschehenen und Gefühlten, setzt auch die Gegenkräfte frei, die ihrer Herr werden.

Wenn Goethe wenig später mit seinem Brief an Behrisch vom 27. November nur wenige Zeilen nach Dessau schickt, schreibt er erklärend: »Im Frieden werden die Zeitungen kleiner, wie nach der Messe die tohrzettel [: Verzeichnisse der neu Angekommenen am Stadttor], und wie meine Briefe nach einer ruhigen Woche.« Hier aber heißt es (121 f.): *Schon das dritte Blat. Ich könnte dir tausend schreiben, ohne müde zu werden. Ohne fertig zu werden.* Denn dem Affekt, der den Brief diktiert und den dieser Brief seinerseits zum *Paroxismus* treibt, zeigt der Brief sich (handwerklich) keineswegs gewachsen. Stürmischer greifen die Emotionen aus als die Schreibfeder auf dem Papier zu folgen vermag, und dieser schleppende Fortgang der Niederschrift hemmt den Rasenden, nötigt ihn zur Mäßigung. In gleicher Weise wirkt der Zwang zur Artikulation des Empfundenen, dem er schreibend sich unterstellt. Wie sehr es dem leidenschaftlichen Gefühl widersteht, in Worten festgehalten, in die Ordnung der Sätze eingeschränkt zu werden, zeigt sich dort, wo es sich dem Zugriff des Berichtenden entzieht und ausweicht ins sprachlose Zeichen: in die unartikulierte Interjektion, den Gedankenstrich der Aposiopese, die wilde Gebärde des stummen Ausrufungszeichens. Aber Behrisch soll den Jammer des Freundes teilen. Das eben zwingt ihn zum Bericht, zum immer neuen Versuch einer ordnenden, klärenden Darstellung jener Vorgänge, die allererst begreiflich und nachvollziehbar machen können, was er empfand und schreibend aufs neue empfindet.

An dieser bändigenden Kraft der Niederschrift sind auch die Unterbrechungen und Störungen beteiligt, die den Schreibakt begleiten, die dem Schreibenden Abstand von sich selbst ermöglichen und die er gleichsam als Gegengewichte einbringt in seinen Brief. So wird hier nicht nur erzählt, was im Komödienhaus geschah, sondern ebenso, was am Schreibtisch vor sich geht; so wird das Briefschreiben selbst zum Gegenstande des Briefes: *Sieh ich antworte – Ich habe mir eine Feder geschnitten um mich zu erholen. Laß sehen ob wir fortkommen – Noch einmal angefangen – O Behrisch verlange nicht daß ich es mit kaltem Blute erzähle – Weiter in meiner Erzälung – binn seit zwey Stunden bey dir – Wieder eine neue Feder. Wieder einige Augenblicke Ruhe – Schon das dritte Blat – Ich schreibe warlich im Fieber – Ich habe eine Viertelstunde auf meinem Stuhle geschlafen. Ich binn würcklich sehr matt. Aber das Blatt muß diesen Abend noch voll werden – Ich habe wieder geschlafen, ich binn sehr matt – Ich weiß warrlich nicht mehr was ich schreibe.*

Zu dieser Beschreibung des Schreibens zählen auch die Zeitangaben. Mit minutiöser Genauigkeit protokolliert der Brief die Stunden der Niederschrift, und was schon als bloße Vergegenwärtigung des Schreibvorgangs Distanz schafft vom beschriebenen Vorgang, vergegenwärtigt zugleich den tatsächlichen Zeitabstand, der zwischen beiden Vorgängen liegt. Am Sonntag also war Goethe mit dem Billett der Mamsell Breitkopf zu Obermanns gelaufen; *den ganzen Abend, und den ganzen Montag* hatte ›Annette‹ ihn daraufhin so kühl und abweisend behandelt, daß er (deswegen) *Montags Abends in ein Fieber verfiel,* welches ihn *diese Nacht mit Frost und Hitze entsetzlich peinigte, und diesen ganzen Tag* [Dienstag] *zu Hause bleiben hieß.* Da beginnt er am Spätnachmittag oder frühen Abend mit seinem Brief, schreibt die beiden Eingangssätze mit der Datierung *Dienstags d 10 Octb. 67.* Um 5 Uhr hat die Vorstellung von Lessings ›Miß Sara Sampson‹ angefangen. Gegen 6 Uhr, so läßt sich erschließen, hatte er die Nachricht erhalten, daß sein Mädchen ins Komödienhaus gegangen sei, war er ihr nachgelaufen und (*So saß ich eine Viertelstunde und sah nichts als was ich in den ersten fünf Minuten gesehen hatte* [...]. *und lief, ging nicht aus dem Hause*) war noch vor dem Ende der Aufführung in seine Wohnung zurückgekehrt:

Abends um 7 Uhr ist der zweite Briefabschnitt überschrieben. Wenige Zeilen nur bringt der Rasende zustande. Ruhiger geworden, setzt er dann *um 8 Uhr* die Niederschrift fort und beginnt den Bericht, der sich von den Sonntagserlebnissen her allmählich der Gegenwartszeit des am Dienstag Schreibenden nähert. Noch immer dauert die Vorstellung im Komödienhaus an, denn es gibt lange Pausen zwischen den Akten (da, weiß man, »schickte der Konditor des Hauses eine Schüssel mit Torte herum, von der das Stück zwei gute Groschen kostete, auch Schokolade, Limonade, Mandelmilch und dgl. Auch hielten sich vor der Tür des Theaters Obstweiber und Kerls mit Gebackenem auf«[59]). Mit der nächsten Zeitangabe, mit dem Glockenschlag, den er da notiert, fallen Erzählzeit und erzählte Zeit endlich zusammen: *Es schlägt neune, nun wird sie aus seyn, die verdammte Comöedie.* (108 f.) Einige wenige Sätze greifen noch einmal zurück (*Weiter in meiner Erzälung. So saß ich eine Viertelstunde* [...] *lief* dann aus dem Theater) und stellen (*binn seit zwey Stunden bey dir*) den Anschluß her an den Beginn des zweiten Abschnitts (*Abends um 7 Uhr*). Damit hat sein Bericht die Niederschriftszeit erreicht, von der aus er nun nicht mehr das Vergangene, sondern antizipierend das Künftige in die Schreibgegenwart zieht: *Was werde ich morgen tuhn? das weiß ich. Ich werde ... und werde dencken ... So wird's seyn morgen, übermorgen, und immer fort.* (131–141) In diesem kunstvoll verschränkten Zeitgerüst des Berichts vollzieht sich, wonach der Schreibende eingangs verlangte: *Könnte ich nur zu einer Ordnung kommen, oder käme Ordnung nur zu mir,* und was er wenig später sich vorgesetzt hat: *ich will dir alles*

59 Bode 1920, S. 237.

in der Ordnung erzählen. So wird der Brief zum Instrument eben des Selbstheilungsversuches, den er dokumentiert.

Mittwochs früh.

Ich habe eine schröckliche Nacht gehabt. Es träumte mir von der Sara. O Behrisch, ich bin etwas ruhiger, aber nicht viel. Ich werde sie heute sehen. Wir probieren unsre Minna bey Owerm. [Obermanns] *und sie wird drüben seyn. Ha, wenn sie fortführe sich kalt gegen mich zu stellen! Ich könnte sie strafen. Die schröcklichste Eifersucht sollte sie quälen. Doch nein, nein, das kann ich nicht.*

Abends um 8.

Gestern um diese Zeit, wie war das anders als jetzt. Ich habe meinen Brief wieder durchgelesen und wirrde ihn gewiß zerreissen, wenn ich mich schämen dürfte, vor dir in meiner eigentlichen Gestalt zu erscheinen. Dieses heftige Begehren, und dieses eben so heftige Verabscheun, dieses Rasen und diese Wollust werden dir den Jüngling kentlich machen, und du wirst ihn bedauern.

Gestern machte das mir die Welt zur Hölle, was sie mir heute zum Himmel macht – und wird so lange machen, biß es mir sie zu keinem von beyden mehr machen kann.

Sie war bey O. und wir waren eine viertelstunde allein. Mehr braucht es nicht um uns auszusöhnen. Umsonst sagt Schäckesp. [: Shakespeare] *Schwachheit dein Nahme ist Weib, eh würde man sie unter dem Bilde des Jünglings kennen. Sie sah ihr Unrecht ein, meine Kranckheit rührte sie und sie fiel mir um den Hals, und bat mich um Vergebung, ich vergab ihr alles. Was hätte ich zu vergeben, in Vergleich des was ich ihr in diesem Augenblicke vergeben haben würde.*

Ich hatte Stärcke genug ihr meine Narrheit mit der Comödie zu verbergen. Siehst du, sagte sie, wir waren gestern in der Comödie, du mußt darüber nicht böse seyn. Ich hatte mich ganz in die Ecke der Loge gerückt, und Lottchen neben mich gesetzt, daß er [Herr Ryden] *ja nicht neben mich kommen sollte. Er stand immer hinter meinem Stuhle, aber ich vermied so viel ich konnte mit ihm zu reden, ich plauderte mit meiner Nachbarinn in der nächsten Loge, und wäre gern bey ihr drüben gewesen. – O Behrisch, das alles, hatte ich mir gestern überredet, daß ich es gesehn hätte und nun sagte sie es mir. Sie! Um meinen Hals gehangen. Ein Augenblick Vergnügen ersetzt tausende voll Quaal, wer möchte sonst leben, mein Verdruß war vorbey, ein vergangnes Übel ist ein Gut. Die Erinnerung überstandner Schmerzen, ist Vergnügen. Und so ersetzt! mein ganzes Glück in meinen Armen. Die schöne Schaam, die sie ohngeachtet unsrer Vertraulichkeit so oft ergreift, daß die mächtige Liebe, sie wider das Geheiß der Vernunft in meine Arme wirft; die Augen die sich zu drücken so oft sich ihr Mund auf den meinigen drückt; das süße Lächeln in den kleinen Pausen unsrer Liebkosungen; die Röhte, die Schaam, Liebe, Wollust, Furcht, auf die Wangen treiben, dies zitternde Bemühen sich aus meinen Armen zu winden, das mir durch seine Schwäche zeigt, daß nichts als* **Furcht**, *sie je herausreissen würde. Behrisch, das ist eine Seeligkeit, um die man gern ein Fegfeuer aussteht. Gute Nacht, mein Kopf schwindelt mir wie gestern, nur von was anders. Mein Fieber ist heute ausgeblieben, so lang es so gutes Wetter bleibt wird es wohl nicht wieder kommen. Gute Nacht.*

Kürzer als der *Fegfeuer*-Text vom Dienstag ist dieser Mittwochsteil des Briefes gehalten, der von einer liebenden Versöhnung berichtet (»Im Frieden werden die Zeitungen kleiner«). Erklärt der Schreibende, der das früher Geschriebene *wieder durchgelesen* hat, er schäme sich nicht, vor dem Freund in seiner *eigentlichen Gestalt zu erscheinen*, dann meint das seine unverhüllte Selbstdarstellung in eben der Verfassung, in der er sich am Tag zuvor befand. Mit diesem Wechsel seiner *eigentlichen Gestalt* freilich gleicht er einer »Wetterfahne die sich dreht, immer dreht« (so hat er sich in einem Brief an Behrisch vom 2. November beschrieben). Und jetzt eben hat die Wetterfahne sich wieder gedreht. So weit ist der Abstand des am Mittwochmorgen Schreibenden vom Schreiber des Dienstagabendtextes, dessen leidenschaftliches *Begehren* und *Verabscheun,* dessen *Rasen* und dessen *Narrheit mit der Comödie* ihm beim Wiederlesen seines Textes entgegentritt, daß er jetzt über ihn schreibt und urteilt als über eine dritte Person.

Aber was er in fiebernder Wut und zähneknirschender Verzweiflung erreichte: der Durchbruch zu einer vom leidenschaftlichen Herzen kommenden und zum mitfühlenden Herzen gehenden Sprache, die ihn da in seiner *eigentlichen Gestalt* erscheinen läßt, das gelingt in der *Seeligkeit* nicht, noch nicht. Eine Versöhnungsszene im Rokokostil wird da vorgeführt – das Mädchen errötend im holden Widerstreit von Scham und Liebesverlangen, sanften Widerstand leistend, der doch beileibe nicht widerstehen will, und ein Liebhaber, der solche Reize auszukosten weiß, der mit anakreontischer Genußtaktik selbst die *Erinnerung überstandner Schmerzen* noch in sein *Vergnügen* einbezieht: *die Röhte, die Schaam, Liebe, Wollust, Furcht, auf die Wangen treiben, dies zitternde Bemühen sich aus meinen Armen zu winden, das mir durch seine Schwäche zeigt, daß nichts als* **Furcht**, *sie je herausreissen würde. Behrisch, das ist eine Seeligkeit, um die man gern ein Fegfeuer aussteht.* Selbst die Handschrift macht diesen Stilwandel sichtbar. Unter dem stürmischen Diktat des Affekts hatte der Schreibende seinen Dienstagsbrief mit heftigen Federzügen aufs Papier geworfen, ihn tatsächlich so hingestrudelt und gesudelt wie Werther das von seinen Briefen an Wilhelm behaupten wird.[60] Jetzt hat er Abstand und Ruhe genug, um das Wort **Furcht** (einen nicht mehr lesbaren ersten Ansatz korrigierend) hervorgehoben aufs Papier zu stricheln – mit eben der kalligraphischen Sorgfalt, die Behrisch 1767 mit seiner Abschrift des Buches ›Annette‹ der Leipziger Lyrik Goethes hatte angedeihen lassen.[61] In solch anakreontischer Manier rückt hier der Schreibende auch sich selbst, den liebend Nachgiebigen und Versöhnungsbereiten, mit dem *Bilde des Jünglings* von sich ab und stilisiert ihn durch das abgewandelte Hamlet-Zitat (182) zur Alle-

60 Werther: »Ich bin heute still, indem ich das hinschreibe; du siehst an meiner Hand, daß ich nicht so strudele und sudele wie sonst.« (so erst in der 2. Fassung von 1787: FA I 8, S. 165).

61 Vgl. dazu etwa FA I 1, S. 782.

gorie einer weichherzig liebenden *Schwachheit*[62]*:* vermittelnde Sentenzen, abgegriffene Redewendungen und klischeehafte Bilder lassen die stilistische Kontur seiner *eigentlichen Gestalt* verschwimmen.

Bevor dieser Brief am Posttag auf den Weg nach Dessau geht, *Sonnabends,* wird Goethe ihm noch *einige Punckte* hinzusetzen: Nachrichten über gemeinsame Bekannte, nach denen der Freund wohl gefragt hatte; das Einverständnis zum Verkauf seines Klaviers an Behrisch; Grüße schließlich von ›Annette‹. Dieses Postskript kann hier außer Betracht bleiben. Nicht so der Nachsatz vom vorangegangenen Tag:

> *Freytags um 11. Nachts.*
> *Mein Brief hat eine hübsche Anlage zu einem Werckgen, ich habe ihn wieder durchgelesen, und erschröcke vor mir selbst. Ich weiß nicht warum ich jetzt schreibe. Gute Nacht. Es war nur um dir Gute Nacht zu sagen.*

›Metatexte‹ in Form von Selbstbeschreibungen des Schreibenden, Rollenzuweisungen für den Leser, Darstellungen des Schreibvorgangs und Reflexionen über das Geschriebene durchziehen und charakterisieren diesen Brief vom Anfang an. Hier am Ende aber steigert sich das zur dritten Potenz, erreicht es eine neue Dimension. Mit der Bemerkung, es habe sein Brief doch *eine hübsche Anlage zu einem Werckgen,* nimmt der Schreibende wohl eine Reaktion des Adressaten vorweg (um sie auf solche Weise abzufangen?). Damit aber entläßt er ihn aus der Rolle des teilnehmend

62 Dazu Goethes anakreontisch-empfindsamer Brief vom 27.6.1770 an Anna Catharina Fabricius (?): »Sobald unser Herz weich ist, ist es schwach. Wenn es so ganz warm an seine Brust schlägt, und die Kehle wie zugeschnürt ist, und man thrähnen aus den Augen zu drücken sucht, und in einer unbegreiflichen Wonne dasitzt wenn sie fliessen O da sind wir so schwach dass uns Blumenketten fesseln, nicht weil sie durch irgend eine Zauber krafft starck sind, sondern weil wir zittern sie zu zerreissen.«

Mitfühlenden, des Beichtfreundes und Seelenarztes, die der vorangegangene Text ihm zuzuschreiben suchte. Den wirklichen Behrisch holt der Schreibende jetzt ins Spiel, schlägt sich auf seine Seite und schirmt sich ab gegen diesen Spötter, indem er mit dem leicht ironischen Unterton der Schlußbemerkung vorgibt, sich selbst zu distanzieren von dem, was er geschrieben hat.[63]

Auch aus der eigenen Rolle (der Doppelrolle dessen, der *wie ein toller nach der Comödie* rannte und das dann *warlich im Fieber, warrlich im Paroxismus* schreibend nacherlebte) hat er sich damit verabschiedet. Sich selber sieht er jetzt zu, wie er rast und Ketten an seine Hände wünscht, damit er wüßte, worein er beißen sollte, und wie er wenig später aus solchem *Fegfeuer* in eine *Seeligkeit* geraten ist, die ihm den Kopf schwindeln läßt *wie gestern, nur von was anders* (211 f.) – und schreibt, nachdem er das alles wieder durchgelesen hat: ich *erschröcke vor mir selbst.* Das steht nun im gleichen Satz wie die Worte von der hübschen *Anlage zu einem Werckgen.* Beim Wiederlesen seines Briefes, als dessen erster Leser also, sieht der Schreibende denn auch, wie das, was er erlitten hatte und schreibend von neuem erlitt, sich ihm – buchstäblich unter der Hand – in ein literarisches Gebilde verwandelt hat. Ein wenig erschreckend mag ihm da wohl wirklich bewußt geworden sein, was er später in den ›Venetianischen Epigrammen‹ heiteren Sinnes mitgeteilt hat (an den phrygischen König Midas erinnernd, dem alles, was er berührt, auch die hungrig ergriffene Speise, unter der Hand in Gold sich verwandelt):

Traurig, Midas, war dein Geschick! in bebenden Händen
Fühltest du, hungriger Greis, schwere verwandelte Kost.
Lustiger geht mirs auf ähnliche Weise, denn was ich berühre
Wird mir unter der Hand gleich ein behendes Gedicht.[64]

63 Dem entsprechen in der hier ausgesparten *Sonnabends*-Nachschrift die Sätze: *Lieber Gott was für ein Geschreibe. Ich hab's wieder durchgelesen, und glaube, daß es dich von jedem Fremden divertieren* [amüsieren] *würde, allein deinen Freund wirst du bedauern.*

64 FA I 1, S. 463.

Auch das Geschriebene stellt der Schreibende im Selbstkommentar dieser nachgetragenen *Freytags*-Sätze als ein von ihm selber Abgelöstes vor sich hin. Daß es *hübsche Anlage zu einem Werckgen* habe, meint nun gewiß nicht nur den Erzählinhalt des Briefes, sondern durchaus auch das *in der Ordnung* Erzählte, das in Sprache Geformte und auf solche Weise Objektivierte. Von seiner Leipziger Zeit hat Goethe später in ›Dichtung und Wahrheit‹ gesagt, es habe da »diejenige Richtung« begonnen, »von der ich mein ganzes Leben über nicht abweichen konnte, nämlich dasjenige was mich erfreute oder quälte, oder sonst beschäftigte, in ein Bild, ein Gedicht zu verwandeln und darüber mit mir selbst abzuschließen, um sowohl meine Begriffe von den äußeren Dingen zu berichtigen, als mich im Innern deshalb zu beruhigen. Die Gabe hierzu war wohl Niemand nötiger als mir, den seine Natur immerfort aus einem Extreme in das andere warf.«[65] Aber was er da von seiner frühen Lyrik sagte, gilt weit entschiedener noch von seinen an Behrisch adressierten Berichten und wird nirgendwo deutlicher als in dem hier erörterten Brief, mit dem der Schreibende selbst zum Bewußtsein der kathartischen Wirkung des Schreibens gelangt und solche Einsicht ihrerseits eingeht in den geschriebenen Text. Damit schlug er »diejenige Richtung« ein, die seine poetischen Produktionen dann verfolgten. Auch in diesem Sinne zeigt der Brief an Behrisch die *Anlage zu einem Werckgen.*

Als ein dichterisches Mittel hat Goethe den Brief ja von jeher verstanden und genutzt. Bevor er überhaupt im Mai und Juni 1764 seine ersten wirklichen Briefe schreibt, die ersten jedenfalls, die erhalten blieben, entwirft er schon einen Roman in Briefen. Das lag in der Luft. Die Briefromane Richardsons, mit dessen ›Grandison‹ der Leipziger Student dann die einzige Ausnahme von seinem Romanverbot für Cornelia machte, hatten seit den 40er Jahren das Interesse an der englischen Sprache in Deutschland merklich verstärkt, und der Kandidat Schade, bei dem der kleine Goethe

65 ›Dichtung und Wahrheit‹ II 7 (FA I 14, S. 309 f.).

1762/63 Englischunterricht erhielt, mag seinen Schüler auch in die Richardsonlektüre eingeführt haben.[66] Nachdem von diesem »Sprachmeister« die Rede gewesen, berichtet Goethe in ›Dichtung und Wahrheit‹, es sei ihm damals lästig geworden, die Gegenstände seiner vom Vater angeordneten und überwachten Sprachstudien »bald aus dieser bald aus jener Grammatik oder Beispielsammlung, bald aus diesem oder jenem Autor« zu nehmen und so habe er »einen Roman von sechs bis sieben Geschwistern« erfunden, »die von einander entfernt und in der Welt zerstreut sich wechselseitig Nachricht von ihren Zuständen und Empfindungen mitteilen.« Brieflich also berichtet der älteste Bruder »in gutem Deutsch« von einer Reise; die Schwester weiß derweil in einem empfindsamen »frauenzimmerlichen Styl« von ihren »häuslichen Verhältnissen« und »Herzensangelegenheiten« zu erzählen; ein anderer Bruder, der Theologie studiert, schreibt »förmliches Latein, dem er manchmal ein griechisches Postskript hinzufügt«; Englisch verwendet einer, der als Handlungsdiener in Hamburg angestellt ist, Französisch einer aus Marseille und Italienisch ein Musikus von unterwegs; das »Nestquackelchen« schließlich übt sich im Frankfurter Judendeutsch – wie schülerhaft auch immer: eine wahrhaft weltläufige Korrespondenz![67]

Was der Dreizehn- oder Vierzehnjährige mit den Fingerübungen dieses polyglotten Briefromans in Frankfurt begann, hat der Sechzehnjährige auf der Leipziger Universität in Professor Gellerts deutschsprachigen Stilübungen fortgesetzt: »meine Prose fand wenig Gnade vor seinen Augen: denn ich pflegte, nach meiner alten Weise, immer einen kleinen Roman zum Grunde zu legen, den ich in Briefen auszuführen liebte. Die Gegenstände waren leidenschaftlich, der Styl ging über die gewöhnliche Prose hinaus, und der Inhalt mochte freilich nicht sehr für eine tiefe Menschenkenntnis des Verfassers zeugen; und so war ich denn

66 Dazu Mentzel 1909, S. 263 ff., insbes. S. 272.
67 ›Dichtung und Wahrheit‹ I 4 (FA I 14, S. 137). – Vgl. dazu Beutler 1957, S. 10 f.

von unserem Lehrer sehr wenig begünstigt, ob er gleich meine Arbeiten, so gut als die der Andern, genau durchsah, mit roter Dinte korrigierte und hie und da eine sittliche Anmerkung hinzufügte.«[68]

Neunzehnjährig hat er, nach Frankfurt zurückgekehrt, auf einen Brief der Leipziger Freundin Friederike Oeser geantwortet: »Sie meynten, Poesie und Lügen wären nun Geschwister, und der Hr. Briefsteller [Goethe selbst, als Briefschreiber] könnte wohl ein sehr ehrlicher Mensch, aber auch ein starcker Poete seyn, der aus Vorurteil für das Clair obscür [die Darstellungsweise einer Helldunkel-Malerei], offt die Farben etwas stärcker, und die Schatten etwas schwärzer aufstriche, als es die Natur thut. Bon, Sie sollen recht haben, wo sie s haben.«[69] So, als »Briefsteller« und »starcker Poete« dazu, stellt 1770/71 der Zweiundzwanzigjährige sein sogenanntes Straßburger Konzeptheft zusammen, das auf einen Roman in Briefen zielte (oder auf eine in Briefe gefaßte Abhandlung über unterschiedliche Formen von Freundschaft und Liebe): ›Arianne an Wetty‹.[70] Drei wohl fiktive und zehn eindeutig authen-

68 ›Dichtung und Wahrheit‹ II 6 (FA I 14, S. 281). – Behrischs jüngerer Bruder Heinrich Wolfgang, der von 1760–66 gleichfalls in Leipzig studierte, berichtet in seiner Autobiographie: »Die Elaboratoria bei dem sel. Gellert nutzten wir am meisten. Es war uns Zuhörern erlaubt, unsere Briefe, Poesien und Aufsätze auf ein Katheder zu legen: er las sie in der nächsten Stunde ohne die Verfasser zu nennen und bemerkte, was die Stylistik betraf. Besondere Vorliebe hatte der gute Mann für Frauenzimmerbriefe und Alles, was den leichten Schwung jugendlicher Lebhaftigkeit und Ungezwungenheit hatte, war ihm unnachahmliches Original«. (Zitiert bei Hosäus 1882, S. 496).

69 Brief vom 13.2.1769. Goethe hatte ihr am 6.11.1768 ein Briefgedicht geschickt, eine gereimte Klageepistel (die als sein »böses Mädgen« auch Käthchen Schönkopf erwähnt). Friederikes Antwort, auf die er sich jetzt bezieht, ist nicht überliefert. – Daß Goethe hier nicht ein Lehrbuch des Briefschreibens, sondern den Verfasser eines Briefes als »Briefsteller« bezeichnet, folgt älterem Sprachgebrauch.

70 Mit dieser Überschrift drucken Fischer-Lamberg 1963–74 Bd 2, S. 23 ff., ebenso MA I.2, S. 192 ff. und FA I 8, S. 560 ff. zwei offenbar fiktive Briefe des Straßburger Konzepthefts (nur deren erster war so betitelt) und fügen sechs kurze Zitate aus ›Ariane an Wetty‹ hinzu, die freilich erst 1774 in Lavaters Tagebuch notiert wurden. – Dazu vermerkt Fischer-Lamberg 1959,

tische Briefe enthält dieses Konvolut. Aufgrund des Überlieferungszusammenhangs und der Handschriftenbefunde hat Elke Richter 2005 als wahrscheinlich erweisen können, daß all diese Texte als Entwürfe oder Materialien für das gleiche damals geplante Briefwerk anzusehen sind, die ›erdichteten‹ ebenso wie die ›echten‹, adressierten und abgesandten Briefe, die hier also als pseudo-fiktive ein zweites Mal verwendet werden sollten.[71] Dieser Briefroman kam nicht zustande. Aber als Lavater auf der gemeinsamen Lahn- und Rheinfahrt im Sommer 1774 in seinem Tagebuch vermerkte: »las von Goethe Ariane an Wetty» und sich einiges aus diesem nicht überlieferten Entwurf notierte, hatte der Vierundzwanzigjährige schon das Manuskript eines zweiten Briefromans bei sich, der dann zur Herbstmesse im Druck erschien. Lavater im Tagebuch: »las noch bis 2 Uhr den *Werther* aus! Schreckliche Geschichte – «.[72]

In diese Folge der Briefromane gehört, was Goethe an Behrisch schreibt. Zwischen den Stilübungen, mit denen der Schüler seine verlorengegangenen Frankfurter »Exercitienbücher« füllte,[73] der Leipziger Student dann vor Gellerts Augen »wenig Gnade« fand, und den Dichtwerken, deren erstes nur im Fragment überliefert ist, deren zweites dann den Weltruhm brachte, steht gleichsam das Gesellenstück, das Goethe eine »Geschichte des Herzens« nannte[74]: die autobiographische Erzählung seiner Briefe an Behrisch. Und

S. 11 (früheren Beboachtern zustimmend), »daß von den beiden uns erhaltenen Briefen deutliche Fäden zur Leipziger Zeit zurückgehen«, und daß der erste an Gespräche anschließe, »die Goethe mit Behrisch offenbar geführt hat«.

71 Zu den 10 ›echten‹ Briefen (die nur durch diese Straßburger Kladde überliefert sind: vgl. GB 1 I, S. 193 ff. = Nr 70–79) gehören außer dem Entwurf eines Kondolenzscheibens an Goethes Großmutter Textor (Febr. 1771) 9 Texte (alle 1770), von denen Richter 2005, S. 295 annimmt, daß Goethe sie von damals noch aufbewahrten Konzepten abgeschrieben oder eher wohl aus dem Gedächtnis rekonstruiert habe – Monate, nachdem sie abgeschickt worden waren (also kaum ganz wortgetreu). Vgl. auch GB 1 II, S. 320–322.

72 Biedermann/Herwig I, S. 102 (in Nr 176 und 177).

73 ›Dichtung und Wahrheit‹ I 4 (FA I 14, S. 138).

74 An Behrisch, 20.11.1767 (GB 1 I, S. 118).

nicht zuletzt ist es dieser Zusammenhang, der unserem Text seine *hübsche Anlage zu einem Werckgen* verleiht.[75]

Weit entschiedener und rücksichtsloser als die poetischen Werke des Leipziger Goethe haben seine Briefe an Behrisch der Empfindung zur Sprache verholfen. Beutler nannte die »leidenschaftlichen Briefergüsse«, die hier zur Rede standen, »gleichsam die ›Laune des Verliebten‹ in Prosa«.[76] Gerade das sind sie nicht. Wohl ist auch in diesem Schäferspiel von »Eifersucht« die Rede; erklärt der von ihr Befallene: »ich möchte rasend werden«; besagen die Regieanweisungen, er werfe »die Flöte auf die Erde, und zerreißt die Lieder[blätter]« oder »stampft mit dem Fuße, und zerbeißt die Stücke von den Liedern.«[77] Aber dergleichen bleibt hier bloße Behauptung oder Beschreibung, ohne daß es sich der Sprache selber mitteilte, sich in ihr bezeugte, durch sie glaubhaft machte. Während Käthchens eifersüchtiger Liebhaber hier noch im traditionellen Schäferkostüm des Rokokopoeten auftritt, erscheint er im Brief an Behrisch in seiner *eigentlichen Gestalt,* und deren Kleid zeigt schon den Zuschnitt des blauen Fracks mit gelber Weste, welchen der junge Werther tragen wird. Wo die Poesie in hergebrachten Formen verkrustet war, haben gar nicht selten außerdichterische Schreib- und Redeweisen der Dichtung frische

75 Die Redeweise: *So wird's seyn morgen, übermorgen, und immer fort* in Zeile 140 f., die Goethe später ähnlich auch im ›Werther‹-Roman und anderswo benutzt, versteht Jauß 1982, S. 622 ff. als Paraphrase eines Satzes aus Rousseaus ›Nouvelle Héloïse‹ (Œuvres complètes. Bibl. de Pléiade. Paris 1964, S. 610 f.: »... le lendemain, le surlendemain, et toute sa vie«). Anke Engelhart (›Zu Goethes Rezeption von Rousseaus ›Nouvelle Héloïse‹‹. Rheinfelden/Berlin 1997, S. 35 ff.) sieht den Brief an Behrisch auf Grund weiterer struktureller und stilistischer Anleihen »in seiner Gesamtheit dem Roman Rousseaus verpflichtet« – dessen frühe Lektüre Goethe freilich nirgendwo erwähnt hat. Daß er gar durch sie angeregt wurde, seine Leipziger Erlebnisse so zu literarisieren, daß dieser Behrisch-Brief eine den ›Werther‹ präludierende *Anlage zu einem Werckgen* zeigt, erscheint mir angesichts der vagen Anleihe-Indizien einigermaßen zweifelhaft.

76 Beutler 1951, S. 962 noch ohne diese im Nachdruck von 1957, S. 13 enthaltene Passage.

77 FA I 4, S. 17 ff. (Verse 389/501, 302, vor 399, in 402).

Impulse zugeführt. Während der junge Goethe im Drama und in der Lyrik auf den mächtigen Widerstand des Überkommenen und Eingebürgerten traf, setzte der Brief ihm keine Schranke, weil er ihn nicht mehr den Regeln der alten Schreibanweisungen unterwarf, sondern ihm in radikaler Konsequenz der Gellertschen Lehre die uneingeschränkte Freiheit mündlicher Rede zugestand.

Gustav Roethe fand es bemerkenswert, »wie sich die Darstellungskraft des jungen Goethe in diesen Briefen befreit. Er gibt sich dem kritischen Freunde gegenüber, dessen Urteil und Spott er scheut, auch stilistisch Mühe: so gewinnen diese ersten Bekenntnisse des Knaben schon eine Form, die dem kommenden Dichter der Liebe den Weg bahnt.«[78] Man könnte ja denken: Gerade weil er sich hier n i c h t »stilistisch Mühe« gibt, vielmehr alle Mühe verabschiedet, alle Rücksicht auf eine schicklich wohlredende Schreibweise fahren läßt, seinen Jammer und seine Wut ungehemmt aufs Papier sudelt und (scheint es) darin Linderung sucht, gerade deshalb gewinne dieser Brief seine *hübsche Anlage zu einem Werckgen.*

Irgendwann später hat sich Goethe einen Wortwechsel notiert, den ein als Synd.[ikus?] bezeichneter Leser und wohl sein Sekretär Philipp Seidel über ihn führten.[79] Von seinem Brief an Behrisch haben sie gewiß nicht gesprochen. Doch könnte man an ihn denken, wenn man sie so reden hört –

Synd.

Aber das Zeug ist doch zu toll was der Mensch zusammen geschrieben hat dabey bleib ich.

Ph.

Wissen Sie was er neulich zu einem sagte der ihn eben darüber constituirte

78 Roethe 1932, S. 32.

79 Fischer-Lamberg 1963–74: Bd 5, S. 378 und Anm. S. 493. – Philipp Seidel diente in den Jahren 1775–88 als Goethes Sekretär.

Sy

Wie denn?

Ph.

Mein Herr fragte er den sind sie nie betrunken gewesen! Eh nun sagte der andre ein ehrlicher Kerl hat immer so eine Nachrede aufm Rücken! – Gut sagt er, der Unterschied von mir zu ihnen ist der ihr Rausch ist ausgeschlafen; meiner Steht aufm Papiere

Aber wer weiß schon, ob hier nicht bereits hineinzuspielen beginnt, was dieser Sprachmeister am 15. Juni 1784 an Charlotte von Stein schreiben wird (über seine Arbeit an ›Wilhelm Meisters theatralischer Sendung‹): »am Style gekünstelt, damit er recht natürlich werde«.

III

»*aus der kompendiosen Reise apotheck des dienstfertigen Samariters*«

An Johann Friedrich Krafft, 11. Dezember 1778

Richard Alewyn, aus dem Exil nach Deutschland zurückgekehrt, hat es 1949 unvergeßlich gesagt: »Zwischen uns und Weimar liegt Buchenwald.«[1] Auch bei einer Zeitreise in Weimars Vergangen-

1 ›Goethe als Alibi?‹ (»der erweiterte Wortlaut der Einleitung zu einer Goethe-Vorlesung«). In: Hamburger Akadem. Rundschau 3 (1949), S. 685–687, hier S. 686. – Kaum zu glauben: In Deutschland hat man noch 1991 dem seiner jüdischen Abstammung wegen von Gundolfs Heidelberger Lehrstuhl vertriebenen, schließlich als Sprachlehrer am Queens College, N. Y. untergekommenen Emigranten Alewyn nicht nur ein »angenehmes gesichertes Leben in Amerika« bescheinigt, sondern überdies ein hinter der »Maske des hochmütigen Europäers« verborgenes »Unvermögen, deutsche Literaturwissenschaft gemäß seinen Vorstellungen amerikanischen Studenten zu vermitteln.« Selber einem antidemokratischen, autoritären Herrschaftssystem anhängend, habe er sich allererst nach seiner Rückkehr »mit großer Bereitschaft im Auftrag der Amerikaner für die Demokratisierung des deutschen Wissenschaftsbetriebs« engagiert: »In der Rolle des Praeceptor Germaniae nahm er das verirrte, verführte deutsche Volk in Zucht und machte deutlich, daß nur über das Eingeständnis der eigenen Schuld sich die Deutschen wieder ihrem größten Dichter, Goethe, nähern könnten. (›Zwischen uns und Weimar liegt Buchenwald.‹)«. So wahrhaftig Regina Weber: ›Zur Remigration des Germanisten Richard Alewyn‹. Abgedruckt wurde diese rufmörderische Ungeheuerlichkeit in: ›Die Emigration der Wissenschaften nach 1933. Disziplingeschichtliche Studien‹. Herausgegeben [und mit einem Dank für Förderungsgelder der Deutschen Forschungsgemeinschaft versehen] von Herbert A. Strauss, Klaus Fischer, Christhard Hoffmann, Alfons Söllner. München, London, New York, Paris 1991, S. 235–256 (hier S. 244/250).

heit muß man diese Ortsangaben bedenken. Ins ›Tiefurter Journal‹, eine nur in wenigen Exemplaren handschriftlich vervielfältigte interne Zeitschrift des Kreises um die Herzogin-Witwe Anna Amalia, gab Goethe 1783 eine Ode, die er später mit der Überschrift ›Das Göttliche‹ hat drucken lassen. Sie setzt ein mit den Versen

Edel sei der Mensch,
Hülfreich und gut!
Denn das allein
Unterscheidet ihn
Von allen Wesen,
Die wir kennen.

Über lange Zeit hin hat man diese Zeilen in Besinnungsaufsätzen, Erbauungsschriften und Festreden traktiert und ist in mißbräuchlichen Aneignungen darüber hinweggegangen, daß schon ihr zweites, imperativisch gehaltenes Wort (»Edel sei der Mensch«) nicht etwa einen Lobgesang aufkommen läßt, sondern ein mahnendes Gebot kenntlich macht – während im Modus der Tatsachenfeststellung später doch vom »Verbrecher« die Rede ist und vom »kahlen schuldigen Scheitel«.

Nicht anders steht es mit einem Gedicht, das Goethe 1827 dem Orest-Darsteller Georg Wilhelm Krüger in ein Geschenkexemplar seiner ›Iphigenie auf Tauris‹ schrieb. Allererst aufs Glauben und Hoffen gründete dessen zweite Zeile das, was dieses Schauspiel als seine utopische Wirklichkeit vor Augen stellen und verkünden sollte:

Was der Dichter diesem Bande
Glaubend, hoffend anvertraut,
Werd' im Kreise deutscher Lande
Durch des Künstlers Wirken laut.
So im Handlen, so im Sprechen
Liebevoll verkünd' es weit:

Alle menschliche Gebrechen
Sühnet reine Menschlichkeit.[2]

Auf unseren Bühnen haben die Vorstellungen eines edlen, hilfreich guten Menschen und einer »Alle menschliche Gebrechen« sühnenden reinen Menschlichkeit inzwischen ausgespielt. Wo die Postulate der Weimarer Humanitätsidee wenigstens den Leser noch erreichen, bewirken sie allenfalls wohl ein verlegenes »Gelächter oder eine schmerzliche Scham«.[3] Was »im Kreise deutscher Lande« verübt worden ist, hat überdies rückwirkende Kraft; weltfremd und wirklichkeitsblind erscheinen Goethes idealistische Humanitäts-Manifeste jetzt schon von Anbeginn. Urteilte der Dichter der ›Iphigenie‹ denn nicht selber, es sei »verflucht«, daß der König von Tauris in diesem Schauspiel rede, als ob kein Strumpfweber in Apolda hungerte?

Als der junge Kriegskommissar 1779 durch das Herzogtum ritt, mit der Auslesung von Rekruten befaßt und »dabei an der Iphigenia schreibend«,[4] hatte er am 4. März noch gehofft, »dass wenn ich d. 11ten oder 12ten nach Hause komme mein Stück fertig seyn soll.«[5] Tags darauf aber kam er nach Apolda und schrieb sich dort von den arbeitslosen oder geringverdienenden Strumpfwirkern auf: »Armer Anfang solcher Leute leben aus der Hand in Mund Der Vorleger [verschrieben? jedenfalls gleichbedeutend mit dem folgenden »Verleger«] hängt ihnen erst den [Web-]Stuhl auf, heurathen leicht. Sonst gaben die Verleger die gesponnene Wolle dem Fabrikanten [meint: dem Strumpfwirker!] ietzt muss sie der Fabrikant [selber] spinnen oder Spinnen lassen und das [volle] Gewicht an Strümpfen liefern. Verlust dabey an Abgang Schmuz und Fett denn die Strümpfe werden gewaschen. Kann sie der Fabrikant nicht selbst durch die seinen spinnen lassen wird er

2 FA I 2, S. 817.

3 Friedrich Nietzsche: ›Zarathustra's Vorrede‹ 3 (Krit. Gesamtausg. Hg. v. Giorgio Colli und Mazzino Montinari. Bd VI/1. 1968, S. 8).

4 Vgl. hier S. 204.

5 Brief an Charlotte v. Stein, 4. und 5.3.1779.

noch obendrein bestohlen Sonst wog man die Strümpfe überhaupt [: im ganzen] und ein Paar übertrug das andre [durch Gewichtsausgleich], iezzo werden sie einzeln gewogen und das schweerere Paar nicht vergütet vom leichtern Paar aber abgezogen.«[6] Damals schrieb er an Frau von Stein: »Hier will das Drama gar nicht fort, es ist verflucht, der König von Tauris soll reden als wenn kein Strumpfwürcker in Apolde hungerte.«[7] Er hat sich darüber hinweggesetzt und hat den König Thoas weiter so reden lassen, als ob diese ausgebeuteten Leute nicht hungern müßten. Auftreten konnte Apoldas Strumpfwirker ja unmöglich in seinem »gräcisirenden Schauspiel«.[8] Aber es gilt auch für sie, was Goethe von den in die Unterwelt verbannten Tantaliden der griechischen Mythologie sagte, die er »bemitleidete« und »meine Heiligen« nannte: Wortlos und unsichtbar blieben sie ihm »Glieder einer ungeheuren Opposition im Hintergrunde meiner Iphigenie«.[9]

Dieses Schauspiel, das er als »ganz verteufelt human« und als ein »Wagestück« bezeichnete,[10] diesen halsbrecherischen Versuch der Behauptung des Menschlichen gegen die barbarische Gewalt des Inhumanen hat man »als Festspiel einer Humanitätsreligion« dann »bis zum Überdruß gefeiert«,[11] und gegen solchen Überdruß läßt sich durch fortgesetzte Interpretationsbemühungen wohl wenig ausrichten.[12] Goethe selber hat sich freilich nicht als Heilsbringer

6 Notizen auf einem Foliobogen, eingelegt in Goethes Tagebuch zum 5./6.3.1779.
7 Brief vom 6.3.1779.
8 An Schiller, 19.1.1802.
9 ›Dichtung und Wahrheit‹ III 15 (FA I 14, S. 697).
10 Wie Anm. 8.
11 Henkel 1982, S. 88.
12 Bezeichnend dafür erscheint mir der Versuch von Jauß aus dem Jahr 1973, dessen Ausgangsüberlegung lautet: »Wenn es Goethes ›Iphigenie‹ nicht verdient, auf dem Friedhof so zeitloser wie vergangener Meisterwerke vergessen zu werden, muß eine neue Interpretation gerade in der Gegenwartsferne und Fremdheit dieses Werkes der Weimarer Klassik ihren Ansatz suchen.« (in: Jauß 1982, S. 704). Er erklärt, daß Goethe den mit der euripideischen Iphigenie vorgegebenen antiken Mythos benutze, »um vor seinem Hintergrund den Prozeß der Befreiung des Menschen aus Erbschuld oder naturhafter

und Weltverbesserer in Szene gesetzt (»ich bin der Mann nicht zwischen der Zeit zu sagen: steh auf und wandle«[13]). Am 14. Dezember 1778 schrieb er sich in sein Tagebuch: »Indem man unverbesserliche Übel an Menschen und Umständen verbessern will verliert man die Zeit und verdirbt noch mehr statt dass man diese Mängel annehmen sollte gleichsam als Grundstoff und nachher suchen diese zu kontrebalanciren. Das schönste Gefühl des Ideals wäre wenn man immer rein fühlte w a r u m man's nicht erreichen kann.«

Dieser aufs praktische Handeln gerichteten, kontrabalancierenden Maxime folgen die uns überlieferten einundzwanzig Briefe, welche Goethe zwischen November 1778 und September 1783 an ›Johann Friedrich Krafft‹ adressiert hat (wobei zu erinnern wäre, daß aus dem Februar 1779 der erste Hinweis auf seine Arbeit an der ›Iphigenie‹ stammt und Ende 1783 sein Gedicht ›Das Göttliche‹ mitgeteilt worden ist). Im Dezember 1778 wurde das vierte dieser wohl vorsichtshalber nicht diktierten, sondern immer eigenhändigen Schreiben verfaßt, das ich hier zu lesen gebe[14]:

Unmündigkeit einzuleiten.« (S. 725). Dann aber konstatiert er: »Mit der Umwandlung der gefürchteten in liebende Götter, des naturverfallenen, in Mythen verstrickten Menschen in den mündigen Stand seiner Humanität wird in Goethes ›Iphigenie‹ die vermittelnde Kraft selbst wieder zum Mythus – dem Mythus des reinen, erlösenden Weiblichen. Dieser neue Mythus hat entscheidend dazu beigetragen, daß Goethes im Ansatz aufklärerisch-humanitäres Drama seit dem 19. Jahrhundert mehr und mehr in den schönen Schein eines zeitlos wahren Klassizismus geraten ist.« (S. 728). Indem Jauß eben darin die Gründe zu erkennen meint, die »ihrer Aktualisierbarkeit eine unabdingbare Grenze setzen« dürften (S. 731), gibt er seine Ausgangsüberlegung auf. Angemessener wäre es wohl, dem Geltungsanspruch dieses Lehrstücks nicht mit der Behauptung auszuweichen, daß es durch die Erhebung einer weiblichen Idealfigur zum Wortführer seiner Humanität die Wirklichkeit verfehlt habe (also der Rezeptionsgeschichte recht zu geben!), sondern Goethes »Wagestück« als einen Widerspruch zur Wirklichkeit zu begreifen, der seine Schärfe (also seine »Aktualisierbarkeit«) allererst verlöre, wenn die Wirklichkeit mit diesem utopischen Gegenbild zur Deckung gelangte.

13 Brief an Krafft, 2.11.1778.

14 Textwiedergabe buchstaben- und zeichenadäquat nach der Handschrift (GSA, Signatur: 29/283). Dabei blieb der Zeilenfall unberücksichtigt, wurde

Ihren Brief vom 7 Dez erhalte heut Freytags d. 11 früh.

Und zuerst zu Ihrer Beruhigung sie sollen in nichts gezwungen seyn sie sollen die hundert Thaler haben wo Sie sich aufhalten nun aber hören Sie mich.

Ich weis dass dem Menschen seine Vorstellungen Würcklichkeiten sind, und obgleich das Bild das Sie sich von Jena machen falsch ist, so weis ich doch dass sich nichts weniger als solch eine hypochondrische Ängstlichkeit wegraisonniren lässt. Jena hielt ich aus viel Ursachen für den besten Aufenthalt für Sie. Die Akademie [: Universität] *und Stadt hat lang ihre alte Herrlichkeit und Wildheit verlohren, die Studenten sind nicht schlimmer wie überall und viele darunter recht hübsche Leute. Man ist das Auf und Abgehen so mancher Menschen gewohnt dass ein einzelner nicht merckwürdig* [auffällig] *ist. Es leben viele Leute kümmerlich daselbst dass Armuth kein Merckzeichen und Verachtung ist. Es ist doch immer eine Stadt wo das nothwendige eh zu haben ist, wer auf dem Lande im Winter kranck würde ohne Wartung wie elend wäre das. Ferner die Leute zu denen ich sie wies, sind gute Hausleute die auch um meintwillen Ihnen gut würden begegnet seyn. bey allem was Ihnen vorkommen konnte, war ich im Stand Ihnen durch diesen oder ienen zu helfen. Sodann sasen Sie gewiss fest. Ich konnte Ihnen bey Ihrer Einrichtung behülflich seyn, brauchte iezt nur für Wohnung und Tisch gut zu sagen, und erst nachher zu bezahlen. Ich hätte Ihnen auf Neujahr ein weniges gegeben, das übrige mit Credit gemacht. Sie wären mir näher gewesen. Jeden Marcktag* [: Markttag] *konnt ich Ihnen was schicken, manchmal an Wein, Vicktualien, Geräthe, das mich nicht mehr kostete, und Ihnen leidlicheres Leben machte, ich hätte Sie an meine Haushaltung näher anknüpfen können. Wie fatal ist die Communication mit Gera, nie kommt was zur rechten Zeit an und kostet Geld das niemand geniest. Sie wären vielleicht ein halb iahr in Jena ge-*

die authentische Gliederung des Briefes durch Einzug jeweils der Anfangszeile eines neuen Absatzes verdeutlicht und wurden Umlaut-Punkte über den Großbuchstaben ergänzt.

wesen ohne dass Sie iemand bemerckt hätte. Dies ist die Lage die mir Jena vor allem vorziehen lies, sie würden eben das thun wenn Sie das Verhältniss mit ungetrübten Augen sähen. Wie wärs wenn Sie eine Probe machten? Doch ich weis dass den Menschen von zitternder Nerve eine Mücke irren kan, und dass dagegen kein Reden hilft.

Überlegen Sie's, sie würden Sich s und mir erleichtern, ich verspreche dass Sie in Jena gut aufgehoben seyn sollen. Können Sie's aber nicht über sich gewinnen so bleiben Sie in Gera. Auf Neujahr sollen Sie 25 rh haben und so die vierteljahre iederzeit pränumerirt [: im voraus], *Ostern Johanni und Michäl. Anders kan ich meine Einrichtung nicht machen. Da es mir an meinem Plaz so leicht ist Geld zu haben, muss ich desto strenger in meiner Wirthschafft seyn. Auch das was ich Ihnen bisher gegeben habe, da es am Ende des Jahrs und ganz unerwartet kam, hat mir eine Lücke gemacht die ich wieder flicken muss. Schreiben Sie mir doch wie viels war? ich habe einen Posten nicht aufgeschrieben und finde einen Verstos in meiner Rechnung.*

Wenn Sie in Jena wären, könnt ich auch eher einigen Auftrag und vielleicht einiges Geschäffte Ihnen geben, Sie persönlich kennen lernen und so weiter.

Handeln Sie aber ganz nach Ihrem Herzen, und wenn meine Gründe nicht in Ihr Herz übergehn, Ihnen mit der Überzeugung nicht auch Ruhe und getrosten Muth in Jena versprechen, so bleiben Sie in Ihrer iezzigen Stille. Fangen Sie bald an Ihr Leben zu beschreiben und schicken mir's stückweise, und seyn Sie überzeugt dass mir alles recht ist was Sie beruhigen und zufrieden stellen kan, und dass ich Jena blos wählte, weil ich auf die bequemste und leichteste Art für mich, Ihnen das leidlichste Leben zu verschaffen hoffte.

G.

Wie in allen noch erhaltenen Schreiben Goethes an diesen Empfänger fehlt auch hier eine Anrede und überhaupt jede Namensnennung. Adressiert war der Brief nach Gera, an einen Mann, vom dem sieben Jahre später, also 1785, im Totenbuch des Amtes Jena beurkundet wurde:

» 23. Julius gestorben)
24. Julius beerdigt) Herr Johann Friedrich Krafft,

weder sein eigenthümlicher Geburtsort, noch übrige Lebens-Umstände, auch Ehrenstand, sind von ihm nicht bekannt gemacht worden; welcher seint ¼ Jahr von Weimar hieher gekommen, und für sich gelebet, starb schnell an einen Schlagfluß und wurde im Bette unvermuthet tod gefunden.«[15]

Selbst diese dürftigen Angaben zur Person sind noch falsch. Nicht aus Weimar war der Verstorbene nach Jena gekommen, sondern im März 1785 aus Ilmenau. Er hieß auch keineswegs Johann Friedrich Krafft. Überdies hat Julius Voigt, der seinen Lebensumständen nachzugehen suchte, irrtümlich angegeben: »Goethe kam auf die Kunde seines unerwarteten Todes sogleich von Weimar nach Jena geritten und trug Sorge, daß Krafft auf seine Kosten ein würdiges Begräbnis erhielt.«[16] Wohl findet sich in Goethes Ausgabenbüchern für Juli 1785 der Vermerk: »Ritt nach Jena wegen K. 2thlr 10g«.[17] Nur hielt er selber sich zu dieser Zeit in Karlsbad auf. Den Ritt nach Jena, wenige Tage nach Kraffts Tod, hat er weder selbst unternehmen, noch von Böhmen her verfügen können; er muß in Weimar wohl vorsorgliche Anweisungen hinterlassen haben. Sein Beauftragter aber, der mit dieser Angelegenheit vertraute Philipp Seidel, hätte da kaum mehr für ein »würdiges Begräbnis« sorgen können (der am 23. Juli Verstorbene war schon tags darauf beerdigt worden), und was ihm eigentlich anbefohlen war, konnte er offensichtlich nicht erreichen. Denn im August, bald nach sei-

15 Auszug aus dem Totenbuch Jg 1785, S. 455. In dieser Fassung beurkundet am 8.8.1975 durch die Ev.-Luth. Kirchgemeinde Jena (Abschrift im GSA, Akten-Signatur 62/5). – Bezogen auf die erste Fassung meines Versuchs über Goethes Brief an Krafft (→ hier S. 511) hat Diezel 1990 einige Angaben zur Überlieferung der Krafft betreffenden Quellen ergänzt oder berichtigt (wo notwendig, wurde das hier berücksichtigt).

16 Voigt 1912, S. 105.

17 Auskunft GSA; Signatur dieses Ausgabenbuches: 34/V, 6.

ner Rückkehr aus Karlsbad, schickte Goethe ihn noch einmal nach Jena, jetzt mit einem eigenhändigen Schreiben an den dortigen Amtmann: »Unter Ew Wohlgeb. Gerichtsbarkeit hat sich seit kurzem ein gewisser Krafft aufgehalten, der vor einiger Zeit gestorben ist. Seine Umstände waren mir allein bekannt und ich habe, besonders gegen sein Ende, ihm Unterhalt verschafft und zuletzt sein Begräbniss besorgen [meint: bezahlen] lassen. Ew Wohlgeb. ersuche ich daher die geringe Verlassenschafft des Verstorbnen, Überbringern dieses, meinem Sekretair Philipp Seidel, wenn solche vorher nach einer ihm gegebnen Instrucktion berichtigt worden, verabfolgen zu lassen.«[18] Diese Instruktion zur Überprüfung der Vollständigkeit von Kraffts Hinterlassenschaft richtete sich gewiß nicht auf sein weniges Bargeld, auf Wäsche, Kleidungsstücke und Gebrauchsgegenstände, welche das Übergabe-Protokoll vom 27. August 1795 dann aufzählt, sondern auf ein dort angeführtes »Convolut Briefschafften, und Scripturen, so auf Verlangen des H. Sekretaire Seidel in ein Paquet gebracht, und mit dem Fürstl. Amts-Siegel dreyfach versiegelt ihm übergeben wurde.«[19] Welche Schriftstücke aus diesem Nachlaß Goethe nicht in andere Hände gelangen lassen wollte und damals wieder an sich nahm, ist unbekannt. Jedenfalls waren seine eigenen Briefe an Krafft darunter.[20] Planmäßig hat er die Spuren verwischt.[21] Aus guten Gründen.

18 An Gottlieb Theodor Weber, 26.8.1785.

19 Goethe-Akte Nr 23 im GSA (›Das Ableben des Johann Friedrich Krafft‹, S. 5).

20 21 (von wenigstens 29) wurden damals offenbar Charlotte v. Stein anvertraut, befanden sich im Kochberger Familienarchiv, kamen 1925/26 ins GSA.

21 Zu den Zeugnissen, die Goethe vernichtete, gehören neben eigenen Briefen auch die meisten von Krafft (zur Überlieferung jetzt GB III 2 B, S. 792) und ebenso dessen autobiographische Aufzeichnungen (die bald zu verfassen und gleich *stückweise* zu schicken Goethe ihn am 11.12.1778 aufgefordert hatte). Anfang Januar 1794 brachte ein Brief seines Ministerkollegen v. Voigt »eine geheime Kommunikation ins Andenken« und fragte nach der »Biographie des seltsamen Krafft« (Tümmler 1949, S. 122). Goethe antwortete: »Hier folgen Kraftiana genug, ich wünsche nur daß Sie für die Mühe sie zu dechiffriren belohnt werden. Bey der Gelegenheit da ich diese Papiere suchte habe ich noch manches gefunden und theils verbrannt, theils aufgehoben um es

Wohl im Oktober 1778 hatte sich dieser Unbekannte hilfesuchend an Goethe gewandt, und sieben Jahre lang, bis zu Kraffts Tod, hat der ihm geholfen.[22] Er hat ihn mit Geld, mit Büchern,

durch Ihre Hände zum Vulcan gelangen zu lassen.« (WA IV 18, S. 14). Auch nach Goethes Autodafé vom Sommer 1797 blieben 7 unverfängliche Tätigkeitsberichte aus den Jahren 1779/80 erhalten (die Zustände in Ilmenau und die Lebensgeschichte des Herzogs Bernhard betreffend).

22 Bezeichnend für die Grundsätze der von Goethe geübten Hilfsbereitschaft ist die wohl autobiographische Passage in seiner (1821 veröffentlichten) Schrift ›Fromme Betrachtung über Leitung und Vorsehung‹: »Eigentlichen Bettlern, gebrechlichen, alten Leuten habe ich niemals gern gegeben; sie schienen mir einen Zustand besetzt, sich darein geschickt zu haben, und mir däuchte Anmaßung, die grenzenlose Noth mildern und mäßigen zu wollen. Einem Thätigen, im Augenblick Bedürftigen dagegen fortzuhelfen, habe ich es nie an Beysteuer mangeln lassen. Besonders waren mir die Handwerks-Pursche empfohlen« (FA I 21, S. 60). – An Charlotte v. Stein schrieb er am 14.9.1780 (nachdem er Krafft in Ilmenau getroffen hatte): »Man soll thun was man kan einzelne Menschen vom Untergang zu retten. Dann ist aber noch wenig gethan vom Elend zum Wohlstand sind unzählige Grade. Das Gute was man in der Welt thun kan ist ein Minimum pp.«
Dazu wenig informiert, aber recht klassenkämpferisch Mommsen 1948, S. 263 f.: »Goethe hat, so wird berichtet, unverschuldet in Not geratenen Familien geholfen, ohne daß sein Name genannt werden sollte. Aber er selbst beschränkte diese Hilfe im ganzen auf die Mittelschicht, und hat selbst einmal ausgesprochen, daß er den niederen Schichten nichts gegeben habe.« Dabei überschreite er »nie die Grenzen der Mildtätigkeit. Er hilft den einzelnen, ohne das soziale Elend als solches anzupacken.« – Immerhin schrieb Goethe (eigenhändig korrigierend) ins Konzept eines herzoglichen Reskripts vom 28.6.1777 an die Eisenacher Regierung, welche für die verschuldete und verelendete Ortschaft Melpers zuständig war: »Unser Wille ist, dass der armen Gemeinde aus dem Grund geholfen werde« (FA I 26, S. 17). Oder am 7.9.1780 an Charlotte v. Stein zum darniederliegenden Ilmenauer Bergbau: »Könnten wir nur auch bald den armen Maulwurfen von hier Beschäfftigung und Brod geben.« Hatte er öffentliche Mittel zu verwalten, achtete er freilich entschieden darauf, daß sie arbeitswilligen, tüchtigen und nützlichen Untertanen zugute kamen; für eine von solchen Kautelen unabhängige Behandlung der »eigenen, bürgerlich-aristokratischen Klasse« mag die »Unterstützung der beiden [verwaisten] Kadetten von Mandelsloh charakteristisch« sein (Bürgin 1933, S. 193 ff.), die sich doch erst »wie die Schweine« benahmen, dann »wie die Schafe, und es will nichts menschlichs aus den Knaben werden.« (Brief an Herder, 6.1.1786). Aber wo Goethe als Privatmann handelte, kann von Standesrücksichten kaum die Rede sein.

Zeitungen, Schreibmaterialien und Kleidungsstücken »aus der kompendiosen [: kleinen] Reise apotheck des dienstfertigen Samariters«[23] versorgt, hat ihm Unterkunft verschafft, ihn in Tätigkeit gehalten und die Beschämungen des Almosenempfangs gemildert, indem er ihm die Gewißheit gab, seinem Schutzpatron doch nützlich zu sein. Er ließ Peter im Baumgarten, einen anderen Schützling, von ihm unterrichten;[24] ließ ihn Aktenexzerpte machen zur Lebensgeschichte des Herzogs Bernhard von Sachsen-Coburg-Gotha, die ihn damals interessierte; verwendete ihn seit 1779 insbesondere als Beobachter der Verhältnisse in dem tief verschuldeten und verelendeten Bergbaustädtchen Ilmenau, der ihm über Vorgänge am Ort, Mißstände der Amtsverwaltung, Korruptionsfälle bei den Steuereinnehmern berichtete und Reformvorschläge machte.[25] An barem Geld gab er ihm vom Januar 1779 an jährlich 100 Reichstaler, dazu noch »einiges Taschengeld«.[26] Als dieser Hilfsbedürftige sich später einmal um das Befinden seines Nothelfers sorgte, bat Goethe ihn am 11. August 1780, er möge sich deswegen »beruhigen, denn wir halten durch keine Sorge einen Menschen unter den Lebendigen.« Damals hat er ihm sogar zugesichert: »Was Sie selbst betrifft, will ich Sie unter Diejenigen aufzeichnen, deren Versorgung ich nach meinem Tode meinen Freunden hinterlasse.« Mit seinem Brief vom 11. Januar 1781 verdoppelte er seine Zuwendungen dann auf 200 Taler. So

23 Erster Brief an Krafft, 2.11.1778 (zum barmherzigen Samariter: Lukas-Evangelium 10,30–37).

24 An Krafft, 17.1.1780: durch »Ihre Bemühungen mit Petern, leisten Sie mir einen wahren Dienst und vergelten mir reichlich alles was ich etwa für Sie gethan habe. Sein Sie wegen der Zukunft ohne Sorgen, es werden sich gewiß Gelegenheiten finden, wo Sie nützlich sein können«.

25 Dazu Voigt 1912, S. 108 ff. und Diezel 1990, S. 24 f. und 33–39. – Goethe in ›Tag- und Jahreshefte‹ 1794: »Er war mir sehr nützlich, da er mir in Bergwerks- und Steuersachen durch unmittelbare Anschauung, als gewandter obgleich hypochondrischer Geschäftsmann, mehreres überlieferte was ich selbst nicht hätte bis auf den Grad einsehen und mir zu eigen machen können.« (FA I 17, S. 35).

26 Brief an Krafft, 26.3.1779.

viel verdiente damals in Weimar etwa ein Chirurg, oder ein gutgestellter Kanzleidiener, Hofkutscher, Gendarmeriewachtmeister.[27] Goethes eigene Einkünfte aus seiner amtlichen Weimarer Tätigkeit betrugen nach Ausweis der Rechnungsbücher 1781 insgesamt 1429 Taler[28] – ein Siebentel davon ging an Krafft. »Sie sind mir nicht zur Last, vielmehr lehrt mich's wirthschafften«, hat er ihm am 23. November 1778 geschrieben; »ich vertändle viel von meinem Einkommen, das ich für den Nothleidenden spaaren könnte. Und glauben Sie denn dass Ihre Thränen und Ihr Seegen nichts sind? Der der hat darf nicht seegnen, er muss geben, aber wenn die Grosen und Reichen dieser Welt Güter und Rangzeichen austheilen, so hat das Schicksaal dem Elenden zum Gleichgewichte den Seegen gegeben, nach dem der Glückliche zu geizen nicht versteht.« Und er ließ die linke Hand nicht wissen, was die rechte tat.

In den ›Tag- und Jahresheften‹ notierte er später: »Ein wundersamer, durch verwickelte Schicksale nicht ohne seine Schuld verarmter Mann, hielt sich durch meine Unterstützung in Ilmenau unter fremdem Namen auf.«[29] Die Briefe, die Krafft ihm geschrieben hat, geben einen krankhaft empfindlichen und mißtrauischen, angstgejagten Menschen zu erkennen. Goethe: »Sie haben den Fehler der zu grosen Ängstlichkeit und daß Ihre immer geschäftige Immagination alles aneinander hängt, und überall Sturz und Fall und das Ende aller Dinge zu sehen gewohnt ist.«[30] Aber was für »verwickelte Schicksale« er hatte, welche Schuld er selber daran trug und was er deshalb befürchten mußte, weiß man nicht. Offenbar war er in höheren Verwaltungsämtern tätig gewesen, wohl in preußischen Staatsdiensten,[31] ein gereister, gebildeter,

27 Angaben von Eberhardt 1951, S. 24 f.

28 Voigt 1912, S. 376, Anm. 51. – Vgl. J. V. v. Bradish: Goethes Beamtenlaufbahn. New York 1937, S. 193 ff.

29 FA I 17, S. 35.

30 An Krafft, 10.2.1780 (berichtigte Schreibung in WA IV 7, S. 379).

31 In einem der Berichte, die Krafft 1779 über die Verhältnisse in Ilmenau für Goethe verfaßte, heißt es, er könne solche Informationen hier nur nach und nach gewinnen. Früher, »bey andren ländern«, sei ihm zu Hilfe gekommen die »Verbindung mit angesehenen Personen, meine ziemlich ansehnliche

vornehmlich in der Kameralwissenschaft erfahrener Mann, ausgewiesener Kenner auch des in dieser Zeit aufblühenden Lotteriewesens.[32] Goethe: »Sie sind mit tausendthalern nie zufriedner gewesen als jetzt mit den 200, weil Ihnen immer noch was zu wünschen übrig blieb, und Sie sich nie gewöhnt haben, Ihre Seele in den Gränzen der Nothwendigkeit zu halten.«[33] – Es muß einen erheblichen Skandal um ihn gegeben haben.

Skandalös war auch Goethes Verhalten in dieser Sache.[34] Am 11. November 1778, in seinem zweiten Brief an den Hilfesuchenden, schlug er vor, daß Krafft für den Winter nach Jena gehen möge: »Ich will mich umthun lassen nach einem Quartier Tisch u. s.w auf's genauste eingerichtet, für iemanden (will ich sagen) der mit einer geringen Pension die er zu Geniesen hat in der Stille leben will. Wenn das geschehn ist, schreib ich s Ihnen und Sie gehen hin, ziehen ein und ich schicke Tuch und Futter und Geld zu einem Rocke, den lassen Sie sich machen, und ich will dem

Aemter und Stellen die ich bekleidete, und da, wo ich nicht in Diensten war, mein Rang, der mir überall Zutrit und Bekandtschafft machte, und der starcke Aufwand, den ich machen konte.« (›2ter beytrag zur Ilmenauischen Geschichte‹, fol. 18. Manuskript im GSA, Signatur: Mahr, Nr 37). – Einiges Weitere jetzt in GB 3 II B, S. 788 ff.

32 Goethe an Krafft, 26.3.1779: »Ihre Schrifft über Lottos [nicht mehr zu ermitteln] ist recht sehr gut sie zeugt von Ihren guten Einsichten und Gesinnungen.« Aber: »in Lotterie Sachen ist wohl schweerlich bey uns zu hoffen.«

33 An Krafft, 31.1.1781 (berichtigte Schreibung in WA IV 7, S. 379). Kritischer noch, aber mit zwei Worten anklingend an den Eingangsvers seiner Ode ›Das Göttliche‹, Goethes Tagebuchnotiz vom 13.5.1780: »Wenn er ein Amt hätte würf er alles mit dem besten Vorsaz durcheinander, daher auch seine Schicksaale ich will ihn auch nicht verlassen, er nüzt mir doch, und ist würckl. ein edler Mensch. In der Nähe ists unangenehm so einen Nagewurm zu haben der, untätig einem immer vorjammert was nicht ist wie es seyn sollte.«

34 Bezogen auf die erste Fassung dieser Fallstudie (vgl. Anm. 15) rügt Diezel 1990, S. 25 »die folgenden Übertreibungen und unhistorischen Wertungen: ›Skandalöser‹ Rat Goethes an Krafft gegenüber der Universität Jena seine Vergangenheit zu verschweigen und einen ›leidlichen Roman‹ zu erfinden; planmäßige Spurenverwischung durch Goethe; Verfolgungswahn Kraffts«. Wie sich im Folgenden zeigen wird, gibt es keinen Grund, das zu korrigieren.

Recktor sagen lassen Sie wären mir empfohlen, wünschten auf der Ackademie in der Stille zu leben einige zeit, und möchten eingeschrieben seyn [Angehörige der Akademie = Universität unterstanden deren eigener Gerichtsbarkeit, waren damit der allgemeinen Justiz und Polizei entzogen]. Dann müssen Sie einen leidlichen Roman erfinden, allenfalls den Titel Sekretair behalten u. s. w. sich einschreiben lassen und dann fragt niemand mehr nach Ihnen, Kein Bürgemeister und Amtmann. Einen Rock von mir hab ich Ihnen drum nicht geschickt weil man den in Jena erkennen möchte. schreiben Sie mir erst über die Idee. und wofür Sie sich allenfalls ausgeben wollen.«

Einen »iugendlichen guten Willen, Muth und Leichtsinn« nannte er damals die »Ingredienzien des Wohlthuns«.[35] Der 29jährige Geheime Legationsrat mit Sitz und Stimme im Geheimen Consilium, das als Beratungsorgan des Landesherrn die oberste Regierungsbehörde des Herzogtums bildete – er versicherte einem ihm unbekannten, verarmten und »nicht ohne seine Schuld« verfolgten Mann in Gera, daß er sich nach einem Unterschlupf für ihn umsehen werde. Ja, er erteilte ihm Ratschläge, auf welche Weise er sich der polizeilichen Aufsicht entziehen, amtlicher Nachfrage entgehen, sich durch falsche Angaben aus der Schlinge ziehen könne. Die Grenzen der Legalität hat der Hilfreiche damit weit überschritten. »Ich weis im ganzen Umfang, was das heist; sich das Schicksaal eines Menschen mehr, zu den übrigen Lasten auf den Hals binden«, hat er auf dieses hochverfängliche Blatt geschrieben, »aber Sie sollen nicht zu Grunde gehen.«[36] Jetzt also –

Ihren Brief vom 7 Dez erhalte heut Freytags d. 11 früh.

Das Personalpronomen des Schreibers bleibt ausgespart in diesem Eingangssatz. Der Umgang mit amtlichen Schriftsätzen scheint abzufärben auf die eigene Schreibweise des jungen Legationsrats.

35 An Krafft, 23.11.1778.
36 An Krafft, 11.11.1778.

Auch die penible Zeitangabe, mit der er den Empfang des vorangegangenen Krafftschen Briefes bestätigt, entspricht wohl der bürokratischen Pedanterie, die seine Weimarer Amtsgeschäfte ihm abforderten. Kurz zuvor schon hatte er vermerkt: »Ihre Briefe sind sehr lang gelaufen. Schreiben Sie mir wenn dieser ankommt, ich schicke ihn Ab d 23 Nov 78«. Zu einer Zeit, in der Briefe das einzige Mittel der Kommunikation zwischen räumlich Entfernten bildeten und die Postverhältnisse ihre Laufzeit nicht immer absehen ließen, hatte man ein vielfach geäußertes Interesse daran, wann sie den Empfänger erreichten. Bei dieser heiklen Korrespondenz mochte noch die Sorge hinzukommen, es könnte ein Schreiben in unrechte Hände geraten. Vor allem aber läßt die Empfangsbestätigung *heut Freytags d. 11 früh* den Adressaten wissen, daß er auf der Stelle Antwort erhalte. So mag hier auch der Verzicht aufs Personalpronomen mehr sein als eine zeittypische Marotte. Selbst diese winzige Auslassung indiziert, wie eilig der Schreiber es hat: wie sehr er Rücksicht nimmt auf die Verfassung, in die der von Ängsten überfallene Briefempfänger geraten war. Gleich der Folgesatz verdeutlicht das –

> *Und zuerst zu Ihrer Beruhigung sie sollen in nichts gezwungen seyn sie sollen die hundert Thaler haben wo* [immer] *Sie sich aufhalten nun aber hören Sie mich.*

Schon wenn man das der Sache nach entbehrliche, aber rasch überleitende *Und* hier probeweise tilgte, ergäbe sich nach dem *ich*-los eiligen Eingangssatz eine leichte Verzögerung. Gliederte man den buchstäblich ohne Punkt und Komma zu Papier gebrachten Wortschwall gar durch korrekte Satzzeichen (die Goethe in aller Regel doch als Pausenzeichen verwendet hat), ergäben sich noch deutlichere Unterbrechungen. Schreibend also, als ob er eilig auf ihn einredete, bildet der Hilfsbereite mit seinem Briefeingang einen Adressaten ab, der offenbar nur zuzuhören vermag, wenn er zuallererst und möglichst schnell beruhigt worden ist. So hat der Briefempfänger selber es ihm vorgeschrieben.

Am 11. November hatte Goethe seinen Plan entwickelt, diesen hilfesuchenden Mann für den kommenden Winter in Jena unterzubringen: »schreiben Sie mir erst über die Idee« heißt es da, und »Scheuen Sie sich dort vor nichts.« Krafft antwortete wenige Tage später und hat diesem Vorschlag zunächst doch zugestimmt, hat jedenfalls keine Einwände erhoben oder Bedenken geltend gemacht.[37] Dann aber muß sein (nicht überlieferter) *Brief vom 7 Dez* einen plötzlichen Sinneswandel mitgeteilt, eine heftige, entsetzte Abwehr des Jena-Planes vorgebracht haben. Und sogleich schreibt der Nothelfer nun zurück und sucht den Angsterfüllten in seinem Verfolgungswahn zu beschwichtigen. Danach erst konnte ihm die Bitte möglich, die Forderung aussichtsreich erscheinen, auf die es doch ankam: *nun aber hören Sie mich* !

> *Ich weis dass dem Menschen seine Vorstellungen Würcklichkeiten sind, und obgleich das Bild das Sie sich von Jena machen falsch ist, so weis ich doch dass sich nichts weniger als solch eine hypochondrische Ängstlichkeit wegraisonniren lässt.*

Damit wird alles Weitere vorbereitet. Das Bild, das Krafft sich von Jena macht, soll berichtigt werden. Aber dieser Schreibende weiß sehr wohl, nicht nur wenn er dichtet, *dass dem Menschen seine Vorstellungen Würcklichkeiten sind.*[38] Indem er dem Entsetzten ausdrücklich zugute hält, daß man seine *hypochondrische Ängstlichkeit*

37 Goethe an Krafft, 23.11.1778: »Ihre Briefe vom 17 und 18 Nov [nicht überliefert] hab ich heute d. 23sten zusammen erhalten, und bin ihrem Innhalt insoweit [schon] zuvorgekommen, dass ich mich für iemanden der mir empfohlen sey, der in Jena eng und still unter dem Schutz der Akademie leben wolle, um das Genauste erkundigt habe. Bis die Antwort kommt, bleiben Sie ia in Gera ruhig«.

38 Zurückblickend auf diese späten 70er Jahre (über Plessing nachdenkend, den »äußerst hypochondrischen Selbstquäler«, der in mancher Hinsicht an Krafft erinnert), hat Goethe später geschrieben: »wie oft hatte ich erfahren müssen daß der Mensch den Wert einer klaren Wirklichkeit gegen ein trübes Phantom seiner düstern Einbildungskraft von sich ablehnt.« (FA I 21, S. 138 und 16, S. 540).

kaum werde *wegraisonniren* können, indem er diesem doch ganz auf seine Hilfe Angewiesenen also vom Zustimmungszwang entlastet, sucht er den, der unter dem Druck von Sachargumenten in Wahnvorstellungen zu flüchten droht, behutsam zur Vernunft zu überlisten.

> *Jena hielt ich aus viel Ursachen für den besten Aufenthalt für Sie. Die Akademie und Stadt hat lang ihre alte Herrlichkeit und Wildheit verlohren, die Studenten sind nicht schlimmer wie überall und viele darunter recht hübsche* [: sittsame] *Leute.*

In der Tat hatte Jena noch bis in die Mitte des 18. Jahrhunderts als Tummelplatz einer sittenlosen, duellwütigen und randalierlustigen Studentenschaft gegolten, waren Raufereien und wüste Tumulte auf den Straßen und in den Hörsälen dort an der Tagesordnung gewesen.[39] Aber die Bedeutung der Landsmannschaften, die an den turbulenten Verhältnissen wesentlichen Anteil hatten, war seither zurückgegangen. Nur selten gab es noch Duelle mit tödlichem Ausgang. Überhaupt kam das Degentragen aus der Mode. Auch im Schlafrock, mit Nachtmütze oder mit brennender Tabakspfeife im Kolleg zu erscheinen, war seit 1750 ausdrücklich verboten. Es herrschte also ein vergleichsweise bürgerlich-wohlgesittetes Benehmen vor, und viele junge Leute aus ärmeren Schichten oder von nur mäßigem Wohlstand kamen jetzt in das kleine Landstädtchen, weil das Studium hier erheblich billiger war als etwa im eleganten Leipzig oder vornehmen Göttingen.

Es ist unzweifelhaft richtig, was Goethe da äußert über die Verhältnisse an der Universität und in der Stadt. Erst Jahre später wurde es in Jena wieder so unruhig, wie Krafft jetzt angstvoll argwöhnen mochte. Aber dessen Brief *vom 7 Dez* gab offensichtlich zu verstehen, wie wenig in solchem Fall das bloße Argument bewirken konnte. Was Goethe zu erreichen hoffte mit seinem Antwortschreiben, überließ er deshalb nicht allein der Überzeugungs-

39 Zum Folgenden: Steinmetz 1958, insbesondere S. 211 ff., 226 ff., 309 ff.

Studentenunruhen in Jena
Im Juni/Juli 1792 sorgten studentische Proteste gegen ein Duellverbot und der Einsatz herzoglichen Militärs für Zustände, die eher Kraffts Befürchtungen als Goethes damaligen Beschwichtigungsversuchen entsprachen. – Kupferstich von Jacob Wilhelm Christian Roux (Stadtmuseum Jena)

kraft der Sache selbst. In den Dienst seiner Absichten stellte er die sprachliche Form: Einfache und bestimmte Wortfolgen; Parallelkonstruktionen und eindrückliche Wiederholungen; eine ausgewogen-ruhige, beruhigende Feststellungssyntax, die das so Gesagte als etwas zu verstehen gibt, auf das man sich verlassen könnte. Solcher Mittel hat sich die von Heilungsabsichten bestimmte suggestive Rede zu allen Zeiten bedient, schon mit den alten Merseburger Zaubersprüchen, noch in der Hypnosesprache heutiger Ärzte. Bei Goethes Bemühungen um Krafft fällt die entscheidende Rolle im Beschwichtigungs- und Umstimmungsversuch dieses Briefes jedoch den Tempora, den Modi, den Aktionsarten der Verben zu: Sie treten in den Dienst einer praktizierten Humanität. So lohnt sich hier die Mühe einer eingehenderen, textlinguistischen Betrachtung des grammatischen Instrumentariums.[40]

Unter den Tempusmarkierungen dieses Briefes erscheint das Präsens mit weitaus höchster Frequenz. Zum ersten Mal gleich in der Eingangszeile. An die Realzeit der Datumsangabe gebunden bildet es hier den Bezugspunkt aller nachfolgenden temporalen Angaben und reguliert so die Temporalstruktur des ganzen Textes. Dieses ›jetzt‹ der Niederschrift deckt sich mit dem Zeitpunkt, an dem der (sogleich antwortende) Schreiber Kraffts Brief bekommen hat. Also nicht: *Ihren Brief vom 7 Dez* ›erhielt ich‹, sondern: *erhalte heut Freytags d. 11 früh.* Von der nurmehr punktuellen Geltung dieses einen Präsens aber werden sich alle nachfolgenden Verwendungen des gleichen Tempusmorphems dann dadurch unterscheiden, daß sie ihren Aussagen eine präsentisch fortdauernde Geltung zuschreiben.

Um die Strategie des Goetheschen Tempusgebrauchs einsichtig

40 Hinsichtlich der Tempora und Modi werden im Folgenden sämtliche Verwendungsfälle innerhalb des vorliegenden Briefes angeführt (und jetzt durch Unterstreichungen markiert) – bis auf die eingeschobenen fünf Sätze der Zeilen 42–49 (*Anders kan … Rechnung.*), welche die Geldüberweisungen behandeln, ein gesondertes Temporalsystem bilden und im Zusammenhang der hier verfolgten Fragen außer Betracht bleiben können.

zu machen, gehe ich zunächst jedoch auf eine erste Gruppe der ihrer Frequenz nach an zweiter Stelle rangierenden Präterita ein: *Jena hielt ich | die Leute zu denen ich sie wies | die Lage die mir Jena vor allem vorziehen lies | dass ich Jena blos wählte, weil ich … hoffte*. Was so zur Sprache kommt, wird von allen präsentisch gefaßten Aussagen ausdrücklich unterschieden. Hier beschränkt das Präteritum die Geltung der Argumente auf einen (vom Schreibzeitpunkt her gesehen) definitiv vergangenen Zeitraum. *Jena hielt ich aus viel Ursachen für den besten Aufenthalt für Sie* – das ist vorbei! So soll die Tempusinformation dem Briefempfänger beibringen, daß er Jenas wegen jetzt und künftig keine Angst mehr haben müßte: das Präteritum dient als Beruhigungstempus.

Von diesen Präterita setzt das Präsens sich ab, indem es (anders jetzt als in der Eingangszeile) die von ihm bestimmten Erklärungen nicht mehr nur für den Schreibzeitpunkt gelten läßt, sondern ihre Gültigkeit mit durativen (immutativen) Verben auch auf den futurisch nachfolgenden Bereich der Zeitskala ausdehnt. Eine erste Gruppe bilden dabei die Sätze: *Ich weis dass dem Menschen seine Vorstellungen Würcklichkeiten sind | weis ich doch dass sich nichts weniger als solch eine hypochondrische Ängstlichkeit wegraisonniren lässt | ich weis dass den Menschen von zitternder Nerve eine Mücke irren kan, und dass dagegen kein Reden hilft | seyn Sie überzeugt dass mir alles recht ist was Sie beruhigen und zufriedenstellen kan.*

Diesen vom Schreiber-*Ich* ausgehenden Präsens-Sätzen entspricht ein ausdrücklich auf das *Sie* des Lesers bezogenes zweifaches Präsens des Modalverbs sollen + Infinitiv am Eingang des Briefes (*sie sollen in nichts gezwungen seyn sie sollen die hundert Thaler haben wo* [immer] *Sie sich aufhalten*), insofern dessen ingressiver Charakter der futurischen Reichweite der ersten Präsentia-Gruppe gleichkommt. Das ist die Form, die dem Empfänger des Briefes verspricht, worauf er nicht nur gegenwärtig, sondern auch für alle Zukunft vertrauen soll: das Präsens dient als Zusicherungstempus.

Von diesen Präsensverwendungen hebt sich nun eine zweite Präsentia-Gruppe ab, die im Argumentationsgang des Briefes eine andere Aufgabe übernimmt. Thematisch ist sie auf Jena bezogen. Sie wird in Zeile 6 eingeführt durch eine vorgezogene Präsens-Resultante (*obgleich das Bild das Sie sich von Jena machen falsch ist*) und durch ein resultatives Perfekt in Zeile 9–11 das den historischen Hintergrund erfaßt (*Die Akademie und Stadt hat lang ihre alte Herrlichkeit und Wildheit verlohren*), und bestimmt dann die sachbezogen feststellenden, zeitübergreifend gültigen *Es*-Sätze: *die Studenten sind* | *Man ist das Auf und Abgehen so mancher Menschen gewohnt dass ein einzelner nicht merckwürdig ist. Es leben viele Leute kümmerlich daselbst dass Armuth kein Merckzeichen und Verachtung ist* | *die Leute zu denen ich sie wies, sind* | *Wie fatal ist die Communication mit Gera, nie kommt was zur rechten Zeit an und kostet Geld das niemand geniest.* | *Dies ist die Lage* … .

Im nachhinein begründen diese Sätze den in Goethes am 11. November vorangegangenem Brief enthaltenen (nunmehr dem Präteritum übertragenen) Vorschlag, daß Krafft nach Jena gehen möge. Jetzt also: *Jena hielt ich aus viel Ursachen für den besten Aufenthalt für Sie.* Der Begründungszusammenhang dieser zweiten Präsentia-Gruppe mit der ersten Präterita-Gruppe wird vollends deutlich dort, wo das Jena-Präsens innerhalb des gleichen Satzes kombiniert ist mit einem Präteritum, welches den ursprünglichen Aufenthaltsvorschlag als erledigt ausgibt: *Dies ist die Lage die mir Jena vor allem vorziehen lies* (32 f.). Daß sich die Geltung der im Präsens notierten Feststellungssätze auf einen dem Schreib- und Lesezeitpunkt vorangegangenen Zeitraum zurückbeziehen läßt, bildet die Voraussetzung für ein solches Zusammenwirken beider Tempora. *Es leben viele Leute kümmerlich daselbst* – das galt bereits, als der Briefschreiber den Jena-Vorschlag machte, und eben weil alles in diesem Präsens Angeführte schon damals gültig war, *hielt* er Jena doch für den besten Aufenthaltsort.

Freilich läßt das Präsens die auf Jena gerichteten Aussagen auch noch für den Zeitraum gelten, in dem Goethes Brief geschrieben und von Krafft gelesen wird. Selbst vor den ins Zukünftige ausgreifenden Bereich der Zeitskala setzt es keine Geltungsschranke, unterstellt vielmehr, daß die Verhältnisse in Jena Goethes Beschreibungen auch weiterhin entsprechen würden. Diese Information des Tempusmorphems aber spielt im Argumentationsgefüge des Briefes eine bemerkenswerte Rolle. Nurmehr zu schreiben: *Dies war die Lage die mir Jena vor allem vorziehen lies,* hindern den Schreiber die dort noch immer bestehenden Verhältnisse. Und geradeheraus zu sagen: *Dies ist die Lage die mir Jena vor allem vorziehen* läßt, verbietet ihm Kraffts entsetzte Abwehr dieses Vorschlags. Wenn er hier nun mit dem Präsens ein Präteritum kombiniert (*ist* – *lies*), deutet der Konflikt ihrer Zeitreferenzen auf ein Problem, das festzuhalten sich lohnt.

Den ersten Beispielen des Vorschlags-Präteritums und den im ersten Drittel des Textes gehäuften Verwendungen des Jena-Präsens folgt eine Reihe von *Konjunktiven des Plusquamperfekts,* deren Funktion im Zusammenhang des durch die Präsens-Präteritum-Kombination bezeichneten Konflikts der Zeitreferenzen zu verstehen ist. Im Mittelfeld dominierend, bilden sie das Kernstück des Briefes. Zunächst (18 f.) ein Konditional II als Ersatzform des konjunktivischen Plusquamperfekts: *die Leute ... sind gute Hausleute die auch um meintwillen Ihnen gut würden begegnet seyn.* Dann (24–32): *Ich hätte Ihnen auf Neujahr ein weniges gegeben, das übrige mit Credit gemacht. Sie wären mir näher gewesen | ich hätte Sie an meine Haushaltung näher anknüpfen können | Sie wären vielleicht ein halb iahr in Jena gewesen ohne dass Sie iemand bemerckt hätte.* Mit den Präterita der ersten Verwendungsgruppe, also dem in die Zeilen 8–61 immer wieder eingebrachten Beschwichtigungs- und Beruhigungstempus, das den Jena-Vorschlag als erledigt darstellt, hat dieser Konjunktiv des Plusquamperfekts gemein, daß er die Geltung der von ihm bestimmten Aussagen aufs Vergangene, Abgetane bezieht. Deshalb ist ein solches Präteritum hier mit dem Konjunktiv Plusquamperfekt verträglich: *die Leute zu denen ich sie wies, sind gute Hausleute die ... Ihnen gut würden begegnet seyn* (im Sinn von ›begegnet wären‹). Anders aber als das Vorschlags-Präteritum, das seinen Aussagen für die Vergangenheit doch eine fraglose Gültigkeit zuschreibt, schränkt der Konjunktiv Plusquamperfekt diese Geltung ein. Er zeigt sie abhängig von einer Bedingung, die damals gar nicht erfüllt worden ist, von Kraffts Entscheidung nämlich für den vorgeschlagenen Aufenthaltsort Jena. Denn alle Konjunktive des Plusquamperfekts stehen hier im Rahmen eines übergreifenden Konditionalgefüges. Das wird zwar nicht durch einen bedingenden Gliedsatz oder andere sprachliche Mittel ausdrücklich kenntlich gemacht. Aber der Brief als ganzer liefert die Voraussetzung, unter der die im Plusquamperfekt gehaltenen Konjunktive allererst ihre spezifische Leistung im Argumentationsgang des Textes entwickeln: *Ich hätte … gegeben* | *Sie wären … gewesen* | *ich hätte Sie … näher anknüpfen können* – ›wenn Sie nach Jena gegangen wären‹.

Das Gefüge der Plusquamperfektkonjunktive ist dichter und seine Basis breiter, als die Tempusmorpheme obenhin erkennen lassen. Deshalb empfiehlt es sich, zunächst noch eine zweite Gruppe von Präterita ins Auge zu fassen, die bisher unerwähnt geblieben ist (20–28): *bey allem was Ihnen* [in Jena] *vorkommen konnte, war ich im Stand Ihnen durch diesen oder ienen zu helfen. Sodann sasen Sie gewiss fest. Ich konnte Ihnen bey Ihrer Einrichtung behülflich seyn, brauchte iezt nur für Wohnung und Tisch gut zu sagen, und erst nachher zu bezahlen.* | *Jeden Marcktag konnt ich Ihnen was schicken, … das mich nicht mehr kostete, und Ihnen leidlicheres Leben machte*. Läse man diese Sätze ohne Rücksicht auf den Kontext des Briefes und seinen Tempus-Gebrauch, so ergäben sie einen (wie gewohnt im erzählenden Präteritum vorgetragenen) konsistenten Bericht über das, was durch Kraffts Übersiedlung nach Jena eingetreten ist – geradeso als ob er dem Aufenthaltsvorschlag Goethes tatsächlich gefolgt wäre. Allererst doch der Kontext gibt dieses ›als ob‹ zu verstehen. Eingefaßt und gleichsam affiziert von den oben notierten Konjunktiven des Plusquamperfekts (*Ich hätte … gegeben* | *Sie wären … gewesen*), nehmen auch die Präterita dieser zweiten Gruppe (*Sodann sasen Sie gewiß fest. Ich konnte …*) deren konjunktivisch-irreale Einfärbung an. In solcher Hinsicht semantisch äquivalent, wären beide Mitteilungsformen hier gegeneinander austauschbar. Für: *Geräthe, das mich nicht mehr kostete, und Ihnen leidlicheres Leben machte, ich hätte Sie an meine Haushaltung näher anknüpfen können*, dürfte es also sinngleich auch heißen: *Geräthe, das mich nicht mehr* gekostet *und Ihnen leidlicheres Leben* gemacht hätte, *ich hätte Sie an meine Haushaltung näher anknüpfen können* – oder statt dessen ebensogut: *Geräthe, das mich nicht mehr kostete, und Ihnen leidlicheres Leben machte, ich* konnte *Sie an meine Haushaltung näher anknüpfen.*

Insoweit funktionsgleich mit den Präterita der zweiten Gruppe, aber ganz ausdrücklich nun, signalisiert der Konjunktiv Plusquamperfekt die eingeschränkte Gültigkeit des auf diese Weise Vorgetragenen.[41] *Ich hätte Ihnen auf Neujahr ein weniges gegeben, das übrige mit Credit gemacht. Sie wären mir näher gewesen | ich hätte Sie an meine Haushaltung näher anknüpfen können* – all das doch unter der jetzt gar nicht mehr gegebenen Voraussetzung, daß Krafft nach Jena gegangen wäre. Als Modus der Irrealität trägt der Vergangenheits-Konjunktiv hier dem Umstand Rechnung, daß der Angstgejagte nach Jena nicht gehen wollte und nicht gehen will. So steht er in einem argumentativen Verbund mit dem Beruhigungstempus der ersten Präterita-Gruppe, die diesen Vorschlag für abgetan erklärt (*Jena hielt ich ... für den besten Aufenthalt für Sie*) und dem Zusicherungstempus der ersten Präsens-Gruppe (*seyn Sie überzeugt, dass mir alles recht ist was Sie ... zufriedenstellen kan* – also: *sie sollen in nichts gezwungen seyn*). Aber das ist nur die eine Seite der Sache.

Andererseits nämlich und gegenläufig wird die unerfüllte Be-

41 In der ersten Fassung dieser Fallstudie (→ hier S. 511) habe ich mich hier auf Harald Weinrichs textlinguistische Grammatik (›Tempus. Besprochene und erzählte Welt‹) bezogen, mit der mir meine Beobachtungen zum Tempusgebrauch in Goethes Brief an Krafft auf interessante Weise kompatibel erschienen. Nachdem Weinrich seine dafür besonderes einschlägigen ›Anmerkungen zum Konjunktiv‹ in der damaligen 2. Aufl. des ›Tempus‹-Buches (Stuttgart 1971, S. 214 ff.) mit dessen 6. Aufl. (München 2001) getilgt hat, beschränke ich mich auf diesen Rückverweis.

dingung des übergreifenden Konditionalgefüges ›wenn Sie nach Jena gegangen wären‹ durch eben diese Konjunktive des Plusquamperfekts (kraft ihrer hypothetischen Valenz) im nachhinein und gleichsam probeweise noch einmal als erfüllte Bedingung vorgestellt. Vom Irrealis in den Potentialis übergehend, stehen sie dabei im argumentativen Verbund mit den Präterita der zweiten Gruppe (*Ich konnte … behülflich seyn*), insofern sie, als gängiges Erzähltempus genommen, so doch berichten, als wäre Krafft bereits nach Jena gegangen – und ebenso mit der zweiten Präsens-Gruppe (*Es leben viele Leute kümmerlich daselbst*), welche die Gründe für den Jena-Vorschlag als fortdauernd gültige darstellt, also im Argumentationsgang des Briefes das potentielle Vermögen der Konjunktive stützt. Weil nämlich die Leute dort gute Hausleute *sind*, deshalb *würden* sie Krafft auch *gut … begegnet seyn*, und weil die Lage so *ist*, wie beschrieben, hätte er sich dort aufhalten können, ohne daß ihn jemand *bemerckt hätte*. Derart doppelsinnig eingesetzt nimmt der Konjunktiv Plusquamperfekt jenen Konflikt der Zeitreferenzen des Präsens (zweite Gruppe) und des Präteritums (erste Gruppe) auf, die ich erörtert habe am Fall des Satzes *Dies ist die Lage die mir Jena vor allem vorziehen lies*. Solch semantische Ambivalenz des Konjunktivmorphems aber dient der Absicht, die Goethes Brief verfolgt, als das eigentlich entscheidende sprachliche Mittel. Sie allererst ermöglicht die jetzt folgenden Manöver.

Dem angsterfüllten Leser beteuernd, er wisse sehr wohl, *dass sich nichts weniger als solch eine hypochondrische Ängstlichkeit wegraisonniren lässt*, mußte der Briefschreiber alle Hoffnung, er könne den Hilfsbedürftigen noch bewegen dorthin zu gehen, wo ihm auf die *leichteste Art* auch *das leidlichste Leben zu verschaffen* wäre, aufs Räsonnement doch setzen. Ein Seelenarzt. Mit zarter List hat er da räsonniert und den Widerstrebenden behutsam zur Vernunft zu verführen gesucht. Im Schutz der präteritalen Zeitreferenz, die beruhigend versichert, daß der erschreckende Vorschlag aufgegeben sei, aber zugleich doch auf die präsentische Zeitreferenz gestützt, welche die guten Gründe für diesen Vorschlag als fortgesetzt gültig zu bedenken gibt, lockt der doppelstimmige Konjunktiv Plusquamperfekt noch einmal mit der ausgeschlagenen Möglichkeit (auch im Konditionalgefüge also schließt er eine spätere Verwirklichung hier nicht aus[42]).

Wenn der Schreiber seine Konjunktiv-Sätze mit der Erklärung beschließt: *Dies ist die Lage die mir Jena vor allem vorziehen lies* (32 f.), hätte er in der Konsequenz des bisher schonend Vorgetragenen eigentlich (resignierend) fortfahren müssen: *sie* hätten *eben das* gethan, *wenn Sie das Verhältniss mit ungetrübten Augen* hätten sehen können. Jetzt aber deckt er den potentialen Hintersinn seines Konditionalgefüges, die futurische Tendenz seiner Plusquamperfektkonjunktive auf – noch einmal überantwortet er damit die von Krafft abgewiesene, von ihm selber in Wahrheit keineswegs aufgegebene Möglichkeit eines Ortswechsels nach Jena der Entscheidung des Brieflesers. Er setzt einen Konditional und den Konjunktiv II und verschiebt damit den Geltungsgrad des bedingenden wie des bedingten Sachverhalts auf den Schreib- beziehungsweise Lesezeitpunkt seines Briefes und den ihm folgenden Bereich der Zeitskala: *sie würden eben das thun wenn Sie das Verhältniss mit ungetrübten Augen sähen.* Und gleich darauf riskiert er auch den letzten Schritt, gibt nicht allein die Rückendeckung preis, welche die präteritale Zeitreferenz des Konjunktivs Plusquamperfekt gewährte, sondern verläßt mit dem verdeckten Imperativ einer direkten Frage nun auch den Schonbezirk, in dem der vorangegangene Konditionalsatz noch verhielt. Jetzt, wahrhaftig – *Wie wärs wenn Sie eine Probe machten?* (34 f.)[43]

42 Insofern ist im Sinngefüge d i e s e s Textes die generalisierende Feststellung ungültig, mit der Flämig 1962, S. 11 das Plusquamperfekt im konjunktivischen Konditionalgefüge bedacht hat: »Die Zeitstufe der abgeschlossenen Vergangenheit schließt eine spätere Verwirklichung aus«.

43 Die übrigen Verwendungen des Konditionals bzw. Konjunktivs II entsprechen dem und lassen sich hier beiläufig anschließen: *sie würden Sich s und mir erleichtern* (38) | *Wenn Sie in Jena wären, könnt ich auch …* (50). Zuvor (16 ff.) ein Fall mit andersgerichteter Argumentationstendenz, einbezogen nämlich in die Jena-Präsentia und von dieser Ebene aus räsonnierend: *wer auf dem Lande im Winter kranck würde ohne Wartung wie elend wäre das.*

Sogleich aber, man sollte denken: rascher noch, als Krafft in seinem Verfolgungswahn zusammenschrecken kann, wird das alles wieder zurückgenommen in das Beschwichtigungstempus der ersten Präsens-Gruppe: *doch ich weis dass den Menschen von zitternder Nerve eine Mücke irren kan, und dass dagegen kein Reden hilft*. So schreibt er, der in dieser Sache doch allein durch gutes Zureden helfen kann. Im Sinn hat er ganz anderes. Indem er vorgibt, daß er es aufgebe, den Angsterfüllten durch Überredung zu nötigen, stellt er auch noch den Satz, der die Sache verloren gibt, in den Dienst seiner hilfreich behutsamen Verführungskunst. Nur weil auch er abzielt auf eine Verlockung zur *Probe*, kann der Anschlußsatz als widerspruchsfrei passieren: *Überlegen Sie's, sie würden Sich s und mir erleichtern, ich verspreche dass Sie in Jena gut aufgehoben seyn sollen.*

Es heißt im letzten Abschnitt seines Schreibens (53 ff.): *wenn meine Gründe nicht in Ihr Herz übergehn, Ihnen mit der Überzeugung nicht auch Ruhe und getrosten Muth in Jena versprechen, so bleiben Sie in Ihrer iezzigen Stille*. Eben das hat dieser Brief versucht: eine vernünftige Argumentation zum Besten des Angeredeten so behutsam, so wohlmeinend listig zu führen, daß sie ihn nicht hoffnungslos verschreckt, sondern ihm ins *Herz übergehn* und beruhigen und heilen könnte. An Johann Friedrich Krafft hat Goethe mehr gewendet als ein Siebentel seiner finanziellen Einkünfte in Weimar.

Der Imperativ, den der zuletzt notierte Satz enthält (*so bleiben Sie in Ihrer iezzigen Stille*), ist im Katalog der Verbformen dieses Textes das einzig noch unerwähnte Morphem. Er steht außerhalb des hier untersuchten Tempussystems, kann deshalb ohne Rücksicht auf den durch die Tempora bestimmten Argumentationsverlauf des Briefes verwendet werden und findet sich so am Eingang (4) wie gegen Ende des Textes (38 ff.). Bemerkenswert erscheint hier auch nur die Frage, wofür diese unverdeckten, handfest-direkten Aufforderungen oder Anweisungen eigentlich eingesetzt und in welcher Hinsicht sie etwa vermieden werden. Das ist rasch geklärt: *nun aber hören Sie mich | Überlegen Sie's | Können Sie's aber nicht über sich gewinnen so bleiben Sie in Gera. | Handeln Sie aber ganz nach Ihrem Herzen, und wenn meine Gründe nicht in Ihr Herz übergehn … so bleiben Sie in Ihrer iezzigen Stille. Fangen Sie bald an Ihr Leben zu beschreiben und schicken mir's stückweise, und seyn Sie überzeugt dass mir alles recht ist was Sie beruhigen und zufrieden stellen kan …* . Wenn es also darum geht, den tief Erschreckten, von Angst Überwältigten, in seine Wahnvorstellungen Gebannten zu beruhigen, ihn zu vernünftiger Überlegung anzuhalten und in Tätigkeit zu setzen, dann macht der Schreiber ohne Umstände vom Imperativ Gebrauch. Selbst dort, wo die Frage einer Entscheidung für oder gegen Jena noch einmal aufgeworfen und im Bedingungsteil des Konditionalsatzes eingeräumt wird, daß Krafft sich am Ende denn doch nicht würde überzeugt fühlen können von den Gründen, die für diesen Aufenthaltsort sprechen, setzt der Schreibende zweimal die imperativische Form und spricht dem Angeredeten damit eine Entscheidungsfreiheit zu, auf die allein die Hoffnung sich gründen kann, er werde Jena schließlich doch noch akzeptieren: *Können Sie's aber nicht über sich gewinnen so bleiben Sie in Gera | bleiben Sie in Ihrer iezzigen Stille.* Der andere Schritt hingegen, als vernünftig dargestellt und als noch immer möglich zu bedenken gegeben, wird nirgendwo anbefohlen. Auch da, wo sich der Schreibende am weitesten vorwagt, fängt er den Imperativ noch ab mit dem konditionalen Konjunktiv seines Fragesatzes: *Wie wärs wenn Sie eine Probe machten?* Vom ›Machen Sie *eine Probe*!‹ bleibt Krafft verschont.[44] Und geradeheraus von ihm zu verlangen, ihm einfach abzufordern, wozu Goethe doch

44 Bevor Krafft angstvoll zurückschreckte vor dem Jena-Plan, hatte Goethe in seinem Brief vom 11.11.1778 noch präskriptiv erklärt, er werde sich dort um ein Quartier kümmern – »auf's genauste eingerichtet, für iemanden (will ich sagen) der mit einer geringen Pension die er zu Geniesen hat in der Stille leben will. Wenn das geschehn ist, schreib ich s Ihnen und Sie gehen hin, ziehen ein …«. – Krafft blieb in Gera, ließ sich dann im Mai 1779 in Ilmenau nieder und ging schließlich im März 1785, also gut sechs Jahre nach seiner angstvollen Abwehr dieses Ortswechsels, doch noch nach Jena, starb dort schon im Juli des gleichen Jahres.

Grund genug hatte, wohl auch Macht genug gehabt hätte: ›Gehen Sie nach Jena!‹ – hat er sich untersagt. Er wußte, weshalb.

Wenige Wochen zuvor, in seinem allerersten Brief an den ins Elend Geratenen, hatte er dem um Hilfe Bittenden geschrieben: »In der Vorstellung die ich mir von Ihnen aus den Briefen mache, glaub ich mich nicht zu betrügen, und was mir am wehsten thut, ist dass ich einem Mann der so genügsam verlangt, weder Hülfe noch Hoffnung geben kan. Um diesen Teich den ein Engel nur selten bewegt harren hunderte, viele Jahre her, nur wenige können genesen, und ich bin der Mann nicht zwischen der Zeit zu sagen: steh auf und wandle.«[45]

Das zu verstehen, muß, wer weniger bibelfest ist als Schreiber und Leser vor zweihundert Jahren, nachlesen im Johannes-Evangelium (5,2–8): »Es ist aber zu Jerusalem bei dem Schaftor ein Teich, der heißt auf hebräisch Bethesda und hat fünf Hallen, in welchen lagen viele Kranke, Blinde, Lahme, Ausgezehrte, die warteten, wann sich das Wasser bewegte. Denn ein Engel des Herrn fuhr herab von Zeit zu Zeit in den Teich und bewegte das Wasser. Wer nun zuerst, nachdem das Wasser bewegt war, hineinstieg, der ward gesund, mit welcherlei Leiden er behaftet war. Es war aber daselbst ein Mensch, der lag schon achtunddreißig Jahre krank. Da Jesus den sah liegen und vernahm, daß er schon lange gelegen hatte, spricht er zu ihm: Willst du gesund werden? Der Kranke antwortete ihm: Herr, ich habe keinen Menschen, wenn das Wasser sich bewegt, der mich in den Teich bringe; wenn ich aber komme, so steigt ein anderer vor mir hinein. Jesus spricht zu ihm: Stehe auf, nimm dein Bett und gehe hin!«

Messianische Imperative hat dieser Briefschreiber sich nicht angemaßt. Den Niedergeschlagenen ließ er wissen: »ich bin der Mann nicht zwischen der Zeit zu sagen: steh auf und wandle.« Drei Tage nach dem Schreiben an Krafft notierte er sich, daß man »unverbesserliche Übel an Menschen und Umständen« hinneh-

45 An Krafft, 2.11.1778.

men solle »gleichsam als Grundstoff und nachher suchen diese zu kontrebalanciren«.[46] Daran hat er sich gehalten. Kontrabalancierend behalf er sich hier mit dem Medium seiner Plusquamperfektkonjunktive. Als »Tropfen Balsams aus der kompendiosen Reise apotheck des dienstfertigen Samariters«[47] machte er sie in diesem Brief zum Mittel einer praktizierten Humanität.

Auf seine Weise war das nicht weniger ein »Wagestück« als die »verteufelt humane« ›Iphigenie auf Tauris‹ mit dem schuldverstrickten, von Furien gejagten Orest, der (wie es von dem verfolgten Unbekannten im thüringischen Gera heißt) »überall Sturz und Fall und das Ende aller Dinge« sah.[48] In dem, was der Mensch dem Menschen sein sollte und was dieser Briefschreiber in seiner Ode als ›Das Göttliche‹ apostrophierte, hat er sich auf menschliche Weise hier selber versucht –

> Hülfreich und gut!
> Denn das allein
> Unterscheidet ihn …

46 Tagebuch 14.12.1778.

47 Brief an Krafft, 2.11.1778 (›kompendiös‹ hier: klein, für gängige Notfälle gedacht).

48 Brief an Krafft, 10.2.1780. – »Brüder Orests« hat Staiger 1957, S. 381 Krafft und Plessing genannt.

IV

»ein unangenehmes verhasstes und schaamvolles Geschäfft«

An den Herzog Carl August, 9. auf 10. Februar 1779

Von der Schlacht bei Jena und Auerstedt hat ein Großherzoglich Sächsischer Hauptmann und General-Adjutant berichtet: »Nachdem es endlich zwischen Frankreich und Preußen zum förmlichen Bruch gekommen und das Corps der Avantgarde der Königl Preuß. Armee, unter Anführung Sr. Königl. Hoheit des Großherzogs von S. Weimar bis über den Thüringer Wald vorgerückt war«, sei am 10. Oktober 1806 auch das heimische Scharfschützenbataillon von Erfurt über Weimar nach Auerstedt marschiert. Am 14. Oktober dann habe es »den ganzen Tag hindurch im Feuer gestanden« (von 26 Offizieren und 718 Unteroffizieren und Gemeinen kamen 296 zurück).[1]

So spiegelt sich das in Goethes Tagebuch: 10. Oktober »Starcker Truppenmarsch durch die Stadt und die Gegend. Bey der Herzoginn Mutter zu Tafel«. 14. Oktober »Früh Canonade bei Jena darauf Schlacht bey Kötschau Deroute [: wilde Flucht] der Preußen Abends um 5 Uhr flogen die Cannonenkugeln durch die Dächer um ½ 6 Einzug der Chasseurs [: leichte Reiterei der Franzosen]. 7 Uhr Brand Plünderung schrekliche Nacht.«

Auch was sich da vorher am 10. Oktober an der Tafel der Herzoginmutter abspielte, hat einer der Anwesenden überliefert: »als

1 Müller 1825, S. 4 (dort folgen detaillierte Zahlenangaben auch über die weiteren ungeheuren Weimarer Verluste in den Kriegszügen bis 1815).

alle andern begeistert waren und an nichts als an Kriegslieder dachten, sagte Wieland eines Abends bei der Herzogin Amalia: ›Warum schweigt nur unser Freund Goethe so still?‹ – da sagte Goethe: ›Ich habe auch ein Kriegslied gemacht!‹ – Man bat ihn schön, es zu lesen. Da hub er an und las sein Lied: ›Ich habe meine Sach' auf nichts gestellt!‹ – Was ihm Wieland noch zwei Jahre nachher übel nahm.«[2] Zur Schlacht fürs Vaterland begeisterte das auch wirklich nicht. Sechste Strophe:

Ich setzt' mein Sach auf Kampf und Krieg,
Juchhe!
Und uns gelang so mancher Sieg.
Juchhe!
Wir zogen in Feindes Land hinein,
Dem Freunde sollt's nicht viel besser sein,
Und ich verlor ein Bein.[3]

In unsere Soldatenliederbücher sind diese Verse nicht eingegangen. Ihrem Verfasser aber, seit 1776 Mitglied des dreiköpfigen Geheimen Consiliums, das die oberste Behörde Sachsen-Weimar-Eisenachs bildete – ausgerechnet ihm hatte der Herzog Carl August 1779 auch die Leitung seiner Kriegskommission überantwortet. Ganze sieben Jahre lang, bis zum Antritt der Italienreise, hat Goethe ihm in diesem Amt gedient und hat am Ende resignie-

2 Johannes Daniel Falk (Biedermann/Herwig Bd 2, S. 136). – An solch wehrkraftzersetzende Poesie dachte der preußische Minister Theodor v. Schön gewiß nicht, als er Ende April 1813 in Dresden den durchreisenden Goethe um ein Kriegslied bitten ließ. Der lehnte ab (wohl nicht nur, weil er »am guten Erfolg des bevorstehenden Kampfes« zweifelte) und erklärte, er wolle »lieber noch eine Szene zum Faust, als einen Kriegsgesang dichten.« (ebd. S. 800).

3 ›Vanitas! vanitatum vanitas!‹ (FA I 2, S. 87 f.). – Gegen Ende der deutschen Befreiungskriege, in seinem ›Kriegsglück‹-Gedicht vom 12./14.2.1814, ließ Goethe es bei gleicher Gelegenheit doch glimpflicher abgehen: »Nun endlich pfeift Musketen-Blei | Und trifft, wills Gott, das Bein, | Und nun ist alle Not vorbei, | Man schleppt uns gleich hinein« – ins Städtchen nämlich, wo sich »Auf weicher Betten Flaumen-Schoß« höchst liebevolle Pflegerinnen des Blessierten annehmen werden (FA I 2, S. 88 ff.).

rend, ja angeekelt erklärt, seinem regierenden Herrn sitze die Kriegslust doch »wie eine Art von Krätze« unter der Haut.[4] In diesen Funktionen (als Minister im Kabinett und Ressortchef des Kriegsministeriums könnte man sagen, wenn das für Weimars kleines Fürstentum nicht allzu anspruchsvoll klänge[5]) hat er das Schreiben an seinen Regenten verfaßt, um das es hier geht. Und diesmal gilt auch von einem seiner Briefe, was er später von den autobiographischen Aufzeichnungen seiner ›Tag- und Jahres-Hefte‹ erklärte: Sie streifen »an die Weltgeschichte, oder die Weltgeschichte wenn man so will streift an sie«.[6]

Mit dem amtlichen und politischen Charakter dieses Textes hängt zusammen, daß er aus sich selber weniger leicht verständlich wird als andere hier behandelte Briefe. Gegenüber dem späteren Leser hatte sein Adressat einen weiten Informationsvor-

4 So im Brief an Knebel vom 2.4.1785 über Carl August und dessen Bruder Constantin: »Die Kriegslust die wie eine Art von Krätze unsern Prinzen unter der Haut sitzt, fatigirt [: ermüdet] mich wie ein böser Traum, in dem man fort will und soll und einen die Füse versagen. Sie kommen mir wie solche Träumende vor, und mir ists als wenn ich mit ihnen träumte.« – In der Weimarer Ausgabe seiner Briefe wurde der nachfolgende Satz noch 1891 als »eine zur Veröffentlichung nicht geeignete Äusserung« unterdrückt: »Ekkelhafft ist mir aber des Pr. C. nachgeahmte Ruhmbegier. Er der nicht mehr moralische und physische Kräffte hat, als sich von einer Hure auf die Parade zu schleppen will von Krieg reden.« (vgl. WA IV 7, S. 301, zu Nr 2091). Für diese Krätze der Kriegslust blieb Goethe lebenslang unanfällig. In der ›Kriegskunst‹ aber wurde der verabschiedete Kriegskommissar dann als Zeitzeuge der Napoleonischen Kriege, als Begleiter und Berichterstatter der ›Campagne in Frankreich 1792‹, durch eine ganze Reihe kriegswissenschaftlicher Schriften auch in der eigenen Bibliothek und durch zahlreiche Begegnungen und Gespräche mit den Heerführern, Marschällen, Offizieren der europäischen Armeen ganz entschieden sachkundig (vgl. Goethe, Faust. Hg. v. Albrecht Schöne. [8]Frankfurt/M. 2017: Kommentar-Bd. S. 669–675 zur Szene ›Auf dem Vorgebirg‹).

5 Erst 1815, als das Geheime Consilium zum Staatsministerium umgebildet wurde, erhielten seine Mitglieder den Titel eines Staatsministers. Vorher wurden diese höchsten Beamten des Herzogtums zwar häufig als Minister bezeichnet (in einem Brief an Caroline Herder vom 11.5.1784 beispielsweise nannte Goethe sich selber so), eine offizielle Titulatur aber war das nicht.

6 Brief an den Staatsrat Schultz, 31.5.1825.

sprung. Deshalb verlangen die realgeschichtlichen Vorgänge, auf die Goethes Schreiben sich bezieht, eine vergleichsweise aufwendige Rekonstruktion (diesmal leider auch eine Vielzahl erklärender, richtigstellender oder ergänzender Anmerkungen, die hoffentlich interessant und förderlich genug erscheinen, um die Mühsal ihrer Lektüre wettzumachen).

Ende 1775 hatte der 18jährige Herzog den damals 26jährigen bürgerlichen Advokaten und Poeten nach Weimar geholt. Was sich der in Verwaltungs- und Regierungsgeschäften unerfahrene Seiteneinsteiger dort nach und nach aufhalsen ließ oder aus freien Stücken unternahm, hat Herder einige Jahre später in einem Brief an Hamann mit spitzer Feder notiert: »Er ist also jetzt Wirklicher Geheimer Rat, Kammerpräsident, Präsident des Kriegscollegii, Aufseher des Bauwesens bis zum Wegbau hinunter, dabei auch Directeur des Plaisirs, Hofpoet, Verfasser von schönen Festivitäten, Hofopern, Balletts, Redoutenaufzügen, Inskriptionen, Kunstwerken etc., Direktor der Zeichenakademie, in der er den Winter über Vorlesungen über die Osteologie [: Knochenkunde] gehalten, selbst überall der erste Akteur, Tänzer, kurz das fac totum des Weimarschen und, so Gott will, bald der maior domus sämtlicher Ernestinischer Häuser, bei denen er zur Anbetung umherzieht. Er ist baronisiert, und an seinem Geburtstage (wird sein der 28. August a. c.) wird die Standeserhebung erklärt werden.«[7]

Unempfänglich war Goethe dafür keineswegs. Nach der Verleihung des Geheimrat-Titels gestand er der Freundin Charlotte von Stein: »es kommt mir wunderbaar vor dass ich so wie im Traum, mit dem 30ten Jahre die höchste Ehrenstufe die ein Bürger in Teutschland erreichen kan, betrete.«[8] Alsbald »in alle Hof

7 Brief vom 11.7.1782 (Biedermann/Herwig Bd 1, S. 321). – »Ernestinischer Häuser« meint die thüringischen Kleinfürstentümer (über die »Comödie« der dortigen Audienzen: Brief an Charlotte v. Stein, 12.5.1782). »Standeserhebung« bezieht sich auf Goethes am 4.5.1782 vom Kaiser Joseph II. ausgestelltes Adelsdiplom (das ihn freilich nicht »baronisiert« hat).

8 Brief vom 7.9.1779.

und Politische Händel verwickelt«, hat er dem spöttisch-kritischen Merck entgegengehalten, seine Lage sei »vortheilhafft genug, und die Herzogthümer Weimar und Eisenach immer ein Schauplaz um zu versuchen wie einem die Weltrolle zu Gesichte stünde«.[9] Für eine weltliche Rolle mochte das gelten. Eine Weltrolle aber gab das Spiel auf dem thüringischen Schauplatz wahrhaftig nicht her. Für das aus getrennten Landesteilen zusammengestückelte Fürstentum galt jedenfalls Justus Mösers Bemerkung: »Die kleinen Staaten bestehen aus lauter Grenzen«,[10] und seiner Mutter in der ›Freien Reichsstadt‹ hat Goethe selber eingestanden, daß er sich in Weimar »in Stunden des Verdrußes« und »großer Beschweernißе« geradezu als einen »Leibeignen und Tagelöhner« seines Herzogs ansehe. Andrerseits liest man in diesem Brief vom 11. August 1781: »Merk und mehrere beurtheilen meinen Zustand ganz falsch, sie sehen das nur was ich aufopfre, und nicht was ich gewinne, und sie können nicht begreifen, daß ich täglich reicher werde, indem ich täglich so viel hingebe«. In Frankfurt würde er »gewiß zu Grunde gegangen seyn. Das Unverhältniß des engen und langsam bewegten bürgerlichen Kreyses, zu der Weite und Geschwindigkeit meines Wesens hätte mich rasend gemacht. Bey der lebhaften Einbildung und Ahndung menschlicher Dinge, wäre ich doch immer unbekannt mit der Welt, und in einer ewigen Kindheit geblieben, welche meist durch Eigendünkel, und alle verwandte Fehler, sich und andern unerträglich wird. Wie viel glüklicher war es, mich [in Weimar] in ein Verhältniß gesezt zu sehen, dem ich von keiner Seite gewachsen war, wo ich durch manche Fehler des Unbegrifs und der Übereilung mich und andere kennen zu lernen, Gelegenheit genug hatte, wo ich, mir selbst und dem Schicksaal überlaßen, durch so viele Prüfungen ging die vielen hundert Menschen nicht nöthig seyn mögen, deren ich aber zu meiner Ausbildung äußerst bedürftig war.« Wenig später an Knebel: Er danke Gott, daß er ihn in Weimar »in eine so

9 Brief vom 22.1.1776.
10 Sämtl. Werke. Hist.-krit. Ausgabe Bd 4, S. 301.

eng-weite Situation« versetzt habe, »wo die manigfaltigen Fasern meiner Existenz alle durchgebeizt werden können und müssen.«[11] Da ist er längst in alle Geschäfte auch der Kriegskommission verwickelt und hat – so steht es schon im Brief an Merck über die »Weltrolle« auf dem thüringischen Schauplatz – »das durchaus scheisige dieser zeitlichen Herrlichkeit zu erkennen« gelernt.

Das Personal der unmittelbar dem Herzog unterstellten Immediatkommission für die militärischen Angelegenheiten bestand aus einem Goethe nachgeordneten zweiten Kommissar (dem schlampigen und korrupten, dazu kriecherisch intriganten Kriegsrat von Volgstaedt, den er erst im Dezember 1781 loswurde),[12] weiter aus zwei Kanzleibeamten, einem Aushilfsschreiber und später noch einem Montierungs-Inspektor. Zuständig war diese kleine Behörde für alle Geschäfte der Militärverwaltung, für Etataufstellungen, Besoldungs- und Pensionsregelungen, Montierung und Armierung.[13] Mit Desertionsangelegenheiten (die für das Folgende wichtig werden[14]) hat ihr Leiter sich ebenso befaßt wie mit der zivilberuflichen Ausbildung von Soldatenkindern und der

11 Brief vom 3.2.1782.

12 Einläßlich Bürgin 1933, S. 124–134; dort auch die ungesicherte Angabe: »Adjutant Lieutenant v. Volgstedt: Wurde Kriegsrat und brachte es durch sein schlechtes Verhalten dahin, daß er als Kegeljunge bey einem Gastwirt starb«.

13 Einzelheiten bei Bürgin 1933, S. 134–158, 162–173. – Zu den Quellen: Eine ganze Reihe von Berichten der Kriegskommission an das Geh. Consilium blieben in dessen (von Bürgin ausgewerteten) Aktenbeständen erhalten. Hingegen wurden die bei der Kriegskommission selbst geführten Akten wohl schon im 19. Jahrhundert vernichtet; einige dieser Schriftstücke, vorwiegend Rechnungsanweisungen, die von Goethe und seinem zweiten Kommissar unterzeichnet waren, hat man 1957 bei Malerarbeiten in einem Weimarer Wohnhaus unter alten Tapetenschichten entdeckt (sie waren 1819 beim Hausbau als Makulatur auf die Lehmwände geklebt worden).

14 Nach Bürgin 1933, S. 154 »sind ungefähr 40 Berichte von Goethe über Desertionsfälle erhalten. In den meisten Fällen beantragte Goethe, daß das Vermögen nicht vom Staat eingezogen, sondern [regelwidrig] den [in Not geratenden] Angehörigen überlassen werde.«

Hinterbliebenenfürsorge.[15] Schließlich oblag ihm das leidige Geschäft der »Menschenglauberey«, wie er die Musterung neuer Rekruten nannte.[16] Das alles war mit vielen, mitunter geradezu absurd anmutenden Quisquilien verbunden. Der ›Die Leiden des jungen Werthers‹ binnen eines Monats hatte zu Papier bringen können, verbrachte sehr viel mehr Zeit jetzt mit der Regulierung von Offiziersschulden, mit der Qualitätsverbesserung des Kommißbrots für die Gemeinen oder mit Schreibereien um den strittigen Ersatz der Wildlederhose eines desertierten Husaren; sogar die abgetragenen Uniformen der ehemaligen Weimarer Landmiliz hat er »Stück für Stück genau durchsehen laßen«, sie »auch nachhero selbst in Augenschein genommen« und zur Entlastung der Kriegskasse verfügt, daß daraus Montierungen für den Alltagsgebrauch der Infanteristen zusammengeschneidert würden.[17] Denn angesichts der maroden Staatsfinanzen unterwarf er das aristokratische Spielfeld des Militärwesens strikter bürgerlicher Sparsamkeit.

Bei Carl Augusts Regierungsantritt 1775 bildeten noch etwa 1880 Mann, die weiterhin ihren zivilen Beschäftigungen nachgingen, eine nur an Sonn- und Feiertagsnachmittagen dürftig ausgebildete Landmiliz, deren Regimenter dann schon 1778 aufgelöst wurden.[18] An regulären Truppen unterhielt das Land damals außerdem etwa 532 Infanteristen (die Wachdienst hielten vor den Toren, Brücken, Schlössern und dem Zuchthaus), 38 Husaren (die im persönlichen Dienst des Herzogs standen, fürstliche Besucher eskortierten, aber auch »Streifpatrouillen gegen Gesindel,

15 Über eine von Goethe mit Hilfe seines Sekretärs Philipp Seidel eingerichtete Spinn- und Strickschule insbesondere für arme und verwaiste Soldatenkinder und den Ausbau ihrer durch aufklärerische, wahrhaft ›reformpädagogische‹ Bestrebungen hervorragenden Garnison-Schule findet man einiges Nähere bei Schleif 1965, S. 52 ff.

16 Brief an Charlotte v. Stein, 1.3.1779 (»Menschenglauberey« abgeleitet von klauben = auslesen im Sinne mühsam-kleinlichen Herauspolkens, nahe bei Wegnehmen, ja Stehlen und Rauben. – Vgl. DWb 11, Sp. 1020 ff.).

17 Bürgin 1933, S. 170 f.

18 Dazu Heyne 1869, S. 3–6 und Müller 1936, S. 39.

Zigeuner usw., Eilbotendienste zur schnellen Beförderung von Nachrichten, sogar Liebesbriefen, Hilfeleistungen bei Feuersbränden, Aufsicht bei Eisfesten usw.« übernahmen) und 10 Artilleristen (die bei feierlichen Gelegenheiten Kanonenschüsse abfeuerten, außerdem für das Zeughaus mit den Reservewaffen, alten Geschützen und Rüstungen zuständig waren).[19] Aber schon wenige Monate nach seinem Amtsantritt heißt es im Tagebuch des neuen Kriegskommissars: »Dunckler Plan der Red[uktion] des Mil[itärs].«[20] Das ließ sich freilich erst ins Werk setzen, nachdem Goethe 1782 auch für die herzogliche ›Kammer‹, die oberste Finanzbehörde des Landes, zuständig wurde und unter dem Druck der desolaten Haushaltslage entschiedene Kürzungen durchsetzen konnte. Die bis dahin schon von 67 893 auf 58 774 Reichstaler zurückgeführten Ausgaben seiner ›Kriegskasse‹ strich er 1784 auf rund 30 000 Reichstaler zusammen. Während die Husaren und Artilleristen vollzählig im Dienst verblieben, wurde die Infanterie dafür auf 248 Mann, also um mehr als die Hälfte reduziert.[21]

19 Diese Angaben über die von Jahr zu Jahr leicht schwankende Truppenstärke (bevor Goethe sie reduzierte) folgen der Zählung von Bürgin 1933, S. 174; Tätigkeitsbeschreibungen ebd. S. 169 (Infanterie), S. 113 (Husaren), S. 172 (Artillerie). – Für das Jahr 1775 gibt Müller 1825, S. 3 noch 850 Infanteristen, 40 Husaren, 14 Artilleristen an (überdies eine schon 1777 aufgelöste Eskadron Garde du Corps von 28 Mann).

20 Tagebuch, 17.6.1779. – Später soll Goethe das sogar zum eigentlichen Grund seiner Amtsübernahme erklärt haben: »In die Kriegs-Kommission trat ich bloß, um den Finanzen durch die Kriegs-Kasse aufzuhelfen, weil da am ersten Ersparnisse zu machen waren.« (Gesprächsbericht des Kanzlers v. Müller, 31.3.1824: Biedermann/Herwig Bd 3.1, S. 673).

21 Nach den Berechnungen von Bürgin 1933, S. 134–142 und 173–177 (mit Anmerkungen). – Die zur Verringerung der Truppenstärke erforderlichen Entlassungen hat Goethe auf entschieden ›sozialverträgliche‹ Weise geregelt. Am 7.7.1784 erklärte er: Um »das hiesige militaire auf einen ganz geringen Fusz zu reduciren«, dürfe man »die Leute nicht geradezu, ohne mit ihren Umständen bekannt zu seyn, dimittiren oder in Pension sezen«. Entlassen werden sollten also »blos ganz alte oder invalide Leute, die sich ohnedies nach der Ruhe sehnen möchten, oder aber ganz junge Leute, die entweder ein Handwerck gelernet, und somit ihr Brot anderweit verdienen, oder sich sonst von ihrer Hände Arbeit nähren könnten.« (von Bürgin aus den Akten

Auch mit seinen »paar Männchen«, wie Goethe sich später auszudrücken beliebte,[22] geriet das kleine Herzogtum ins Spiel der großen Mächte, als 1778 eine neuerliche militärische Auseinandersetzung zwischen Österreich und Preußen drohte: der sogenannte ›Bayerische Erbfolgekrieg‹.[23] In einem komplizierten Gewirr dynastischer Erbansprüche, unterschiedlicher reichs-, lehens- und landesrechtlicher Verfügungen, vorsorglicher Vereinbarungen und Hausverträge und wechselnder weitreichender Ländertauschpläne zielte die Politik der Wiener Hofburg seit langem auf eine Herrschaft über Bayern, um den Verlust Schlesiens wettzumachen, Habsburgs Position im Reich zu festigen und seinen Einfluß in Europa zu stärken. Mit dem Tod des kinderlosen wittelsbachischen Kurfürsten Max III. Joseph von Bayern am 30. Dezember 1777 rückte das in Greifnähe. Und um ein Faustpfand zu gewinnen, ließ Kaiser Joseph II., der risikofreudige junge Mitregent seiner sehr viel vorsichtiger gestimmten Mutter Maria Theresia, sogleich Truppen in Niederbayern und der Oberpfalz einmarschieren. Der alte Preußenkönig hingegen suchte diese Dominanz Österreichs über den süddeutschen Raum abzuwehren, stellte sich geradezu in der Rolle eines ›Gegenkaisers‹ als Verteidiger der Reichsverfassung und Verfechter reichsständischer Libertät dar und zeigte sich alsbald zum Krieg entschlossen. Das zog weite Kreise. Kurpfalz und das Herzogtum Zweibrücken waren der Wittelsbacher Erbfolge wegen und durch Gebietstauschprojekte ohnehin involviert in das österreichisch-preußische Gerangel. Die absehbaren Folgen der habsburgischen Expansionspolitik für die Machtbalance im Reich und ein europäisches Gleichgewicht berührten aber auch das mit Preußen verbündete Rußland und gingen ebenso gegen die Interessen des mit Österreich verbundenen

zitiert ebd. S. 183). Bei schwieriger Arbeitsbeschaffung konnte der Militärdienst offenbar eine durchaus willkommene Einkommensquelle abgeben.

22 Brief an Knebel, 23.12.1813.

23 Zu den nachfolgenden Angaben etwa: Preuß 1834, S. 87–118; Aretin 1967, Teil I, S. 110–130; Hammermayer 1988, S. 1208–1224 (Literatur zu ›Erbfolgestreit, Ländertauschprojekt und Deutscher Fürstenbund‹ ebd. S. 1211 f.).

Frankreich. Die deutschen Kleinstaaten schließlich hatten abermals zu befürchten, was sie aus dem Siebenjährigen Krieg schon kannten: Durchzüge und Einquartierungen fremder Truppen, deren Raubüberfälle und Verwüstungen und überdies, als nächstliegende Folge: Rekrutierungen ihrer eigenen Landeskinder durch die kriegerisch-rivalisierenden Großmächte.

Als in Weimar die ersten Vorschläge Preußens für gemeinsame Schritte zur Regelung der bayerischen Streitfrage eingingen, empfahl das Geheime Consilium dem Herzog am 18. März 1778 große »Vorsicht und Behutsamkeit« in solch bedrohlicher Situation: Man sollte sich auf mangelnde Informationen berufen und eine hinhaltende Antwort so verfassen, daß sie in Berlin keinesfalls schon als kriegswillig-hilfsbereite Zustimmung ausgelegt werden könne.[24] Ein Brief des Legationsrats Goethe vom gleichen Tag an Merck gibt zu verstehen, wie ernst man die politische Lage einschätzte: »unser Kahn«, schreibt er, werde »zwischen den Orlogschiffen gequetscht werden« (die Kampfgeschwader der beiden großen Mächte waren gemeint), und im April, wenn sich Kaiser und König bereits zu ihren Truppen begeben haben, heißt es in seinem Tagebuch: »erwachend Kriegsgefühl«. So unternimmt der Herzog Carl August im Mai eine rasch anberaumte informelle Informationsreise nach Berlin und Potsdam und läßt sich dabei vom Legationsrat Goethe begleiten.[25]

24 Gleichgerichtete Voten von Fritsch, Schnauß und Goethe (in: Goethes Amtliche Schriften I, S. 36 ff.). – Durch Handschreiben an den auf preußischer Seite zuständigen Diplomaten Graf v. Görtz erklärte Carl August am 19.4.1778, bei diesem Interessenkonflikt zwischen Preußen und Österreich müsse er »die Crise in der Stille abwarten«; da für ihn und die Seinen hier »nichts zu gewinnen wohl aber zu verlieren« sei, würde er »im Nothfalle irgend einer Partey nur ungerne folgen.« (FA I 26, S. 33).

25 In den Berliner Zeitungen ließ man die Ankunft des Herzogs als die eines Weimarer Kammerjunkers v. Ahlefeldt melden (Pniower 1925, S. 20) – gewiß nicht aus Geheimhaltungsgründen, sondern um protokollarische Zwänge zu umgehen. Auf der Hinreise traf man in Leipzig mit dem regierenden Fürsten Leopold III. Friedrich Franz von Anhalt-Dessau zusammen, der angesichts drohender Kriegsgefahr auf Distanz zu Preußen bedacht war. Goethes Tagebuch verzeichnet für den 11.5.1778: »Vorschlag mit ihm zu

In dessen Reisetagebuch finden sich die Militaria nur mit knappen Stichworten notiert[26]: 15. Mai »Potsd. um 10. Exerzierstall« (Ankunft also in Potsdam 10 Uhr morgens: Besichtigung der großen Exerzierhalle, des sogenannten ›Langen Stalls‹). – 17. Mai »Zu Tafel Pr.[inz] Heinrich« (in Berlin jetzt: zu Tisch beim Bruder des Königs, der selber schon vom schlesischen Hauptquartier aus agiert).[27] – 18. Mai »Arsenal« (das Zeughaus, also das Waffenlager des preußischen Militärs wird inspiziert). – 19. Mai »Maneuvre« (vermutlich auf dem Exerzierplatz der Berliner Garnison beim alten Brandenburger Tor). – 22. Mai (wieder in Potsdam) »Altes

gehn. Kurzgefasster Entschluss. bey Tisch zugesagt.« Das meinte zunächst eine gemeinsame Reise nach Dessau (so daß Goethe den Garten von Wörlitz wiedersehen konnte. Brief an Charlotte v. Stein, 14. Mai: »sehr gerührt wie die Götter dem Fürsten erlaubt haben einen Traum um sich herum zu schaffen [...] das ganze hat die reinste Lieblichkeit«). Aber nach einer Tagebuchnotiz Goethes erschien der Fürst dann am 21. Mai auch in Potsdam, und ebenso erwähnt Graf Lehndorff (vgl. hier Anm. 29) seine Anwesenheit in diesen Tagen.
So hat Katharina Mommsen (im Jb. 2007 der Dt. Akademie f. Sprache u. Dichtung S. 39 ff. und ähnlich in anderen Publikationen) erklärt, »dass Franz von Dessau der eigentliche Initiator der legendären einzigen Reise Goethes nach Potsdam und Berlin im Mai 1778 war, und dass deren geheimes Ziel darin bestand, Carl August von seiner Kriegslust abzubringen.« Dazu »führte der Dessauer Fürst ihm in Wörlitz ein friedlicheres Betätigungsfeld vor Augen: die Schaffung wunderbarer Parkanlagen« und »arrangierte es, dass man mit Prinz Heinrich, dem prominenten Haupt der antifritzischen Frondeurs, zusammentraf, an dessen Tafelrunde die Politik des Königs heftig kritisiert wurde.« So »durfte Goethe den Erfolg der heimlichen Mission buchen, mit Hilfe des Dessauer Fürsten Carl Augusts näheren Anschluss an Preußen und Involvierung in militärische Abenteuer verhindert zu haben«. – Leider hält keine dieser Behauptungen einer kritischen Überprüfung stand.

26 Was Goethe nach Ausweis des Tagebuchs darüber hinaus in Potsdam und Berlin besichtigt hat, wen er dort besuchte und wem er begegnete, rekonstruiert Pniower 1925. Dazu auch die Erläuterungen in GT 1 II, S. 458–461 und mit einigen Berichtigungen Detemple 2001.

27 Dazu im Brief an Merck vom 5.8.1778: »hab über den grosen Menschen seine eigne Lumpenhunde raisonniren hören« (meint die kritisch-abfällig über den Preußenkönig sich äußernden Offiziere des Prinzen Heinrich, der damals eher auf Verhandlungen mit Österreich setzte als sein kriegsbereiter Bruder).

Schloss Parade«, »Garnison kirche. Gewehrfabr.[ik]« (die Rüstungsindustrie also). – 27. Mai »Maneuvre« (das schon auf der Rückreise, bei Aken an der Elbe).[28] So wortkarg, wie diese Tagebuchnotizen anmuten, so zugeknöpft hat sich der Begleiter des militärfreudigen Herzogs auch selber aufgeführt im Kreis der preußischen Heerführer und ihrer Offiziere.[29]

Sehr anders verhielt er sich in den ausführlichen und offenherzigen Berichtsbriefen, die damals für Charlotte von Stein verfaßt worden sind.[30] Ihr hat er anvertraut, was ihn eigentlich interessierte, ja faszinierte auf dieser Erkundungsreise. Am 14. Mai aus Wörlitz, wenn Potsdam und Berlin noch vor ihm liegen: »Und nun bald in der Pracht der königlichen Städte im Lärm der Welt und der Kriegsrüstungen. [...] ich scheine dem Ziele dramati-

28 Darüber an Merck, 5.8.1778: »Maneuvres – und die Gestalten der Generale die ich hab halb duzzend weis bey Tisch gegenüber gehabt, machen mich auch bey dem iezzigen Kriege gegenwärtiger.«

29 Graf Lehndorff über das Diner bei Prinz Heinrich am 17.5.1778: »Dieser Herr Goethe ist bei der Tafel mein Nachbar. Ich tue mein Möglichstes, um ihn zum Sprechen zu bringen, aber er ist sehr lakonisch«, nachgerade »unerträglich hochmütig« (Biedermann/Herwig Bd 1, S. 253). Der selber schreibt an Merck (5.8.1778), er habe »in Preußischen Staaten kein laut Wort hervorgebracht das sie nicht könnten drucken lassen. Dafür ich gelegentlich als stolz pp ausgeschrien bin.« – So auch Luise Karsch, Brief an Gleim vom 27.5.1778: »Er ist eines Tages bei einem Baron auf'm Konzert gewesen, und da hat ihm die ganze Versammlung sehr stolz gefunden, weil er nicht Bükkerling und Handkuß verteilte.« (Biedermann/Herwig Bd 1, S. 254; vgl. ebd. S. 256 Gleim). Härter Georg Forster am 23.4.1779 an Friedr. Heinr. Jacobi, nach langem Aufenthalt in Berlin: »Was Wunder also daß Göthe dort so sehr, so allgemein misfallen hat, und seiner Seits auch mit der verdorbenen Brut so unzufrieden gewesen ist.« (Akad.-Ausg. Bd 13, S. 200).

30 Was Goethe seit dem 17. Mai an sie geschrieben hatte, behielt er bei sich, bis es auf der Rückreise von Anhalt-Dessau aus (einem Brief an seinen Sekretär Seidel beigelegt) durch einen vorausreitenden Boten oder doch durch die Kaiserliche Reichspost befördert werden konnte (»Dessau Sonntag d. 24. Endlich kann ich Ihnen die Zettelgen schicken«). So waren sie jedenfalls der preußischen Briefspionage entzogen, deretwegen er wohl auch sein Kürzel für ›Fridericus Rex‹ erst auf sicherem Boden eingefügt hat. (Zur staatlichen Postüberwachung vgl. hier S. 409–411).

schen Wesens immer näher zu kommen, da mich s nun immer näher angeht, wie die Grosen mit den Menschen, und die Götter mit den Grosen spielen.«[31] Am 17. Mai dann aus Berlin: »Es ist ein schön Gefühl an der Quelle des Kriegs zu sizzen in dem Augenblick da sie überzusprudeln droht. Und die Pracht der Königstadt, und Leben und Ordnung und Überfluss, das nichts wäre ohne die tausend und tausend Menschen bereit für sie geopfert zu werden. Menschen Pfer[d]e Wagen, Geschüz, Zurüstungen, es wimmelt von allem.« Keineswegs erwachende Kriegsbegeisterung überkommt ihn da (»ie gröser die Welt desto garstiger wird die Farce«, heißt es wenig später im gleichen Brief: »keine Zote und Eseley der Hanswurstiaden ist so eckelhafft als das Wesen der Grosen Mittlern und Kleinen durch einander«).

Das Spiel der Großen mit den Kleinen und der Götter mit den Großen beobachtend, meinte er, »dem Ziele dramatischen Wesens immer näher zu kommen«, und in der Tat studierte er das Räderwerk des Welttheaters, das sich da vor seinen Augen bewegte, mit dem Abstand haltenden, kalten Blick und den Intentionen eines Dramatikers. Seine Begeisterung, sein »schön Gefühl an der Quelle des Kriegs zu sizzen in dem Augenblick da sie überzusprudeln droht«, galt der Einsicht in die strukturellen Mechanismen dieses Geschehens. Das Gleichnis einer großen Turmuhr setzte er dafür ein, deren unsichtbare Walze die Musik macht und die kreisenden Spielfiguren antreibt. Mit den Initialen  hat er sie bezeichnet und meinte damit den schon im Feldlager befindlichen, abwesenden Beweger Fridericus Rex. Also heißt es hier im Brief an die Freundin: »Wenn ich [später] nur gut erzählen kan

31 Entsprechend in einem Brief an Charlotte vom 3.3.1785: »Ich habe es offt gesagt und werde es noch offt wiederholen die Causa finalis [hier: eigentlicher Sinn und Zweck] der Welt und Menschenhändel ist die Dramatische Dichtkunst. Denn das Zeug ist sonst absolut zu nichts zu brauchen. Die Conferenz von gestern Abend ist mir wieder eine der besten Scenen werth.« (Vermutlich ging es da in Gegenwart des Herzogs v. Gotha und des preußischen Gesandten um den inzwischen von Friedrich II. dominierten ›Fürstenbund‹).

von dem grosen Uhrwerck das sich vor einem treibt, von der Bewegung der Puppen kan man auf die verborgenen Räder besonders auf die grose alte Walze  gezeichnet [: signiert] mit tausend Stiften schliesen die diese Melodieen eine nach der andern hervorbringt.« Verrätselnd fügt er am 19. Mai hinzu: »Aber den Werth, den wieder dieses Abenteuer für mich für uns alle hat, nenn ich nicht mit Nahmen. – «.[32]

32 Wiedemann 2000, S. 14 f. hat den »Werth«, den das Abenteuer Berlin für Goethe (ja: »für uns alle«) hatte, als reinen »Symbolwert« definiert: als »kontrastive Bestätigung des Wunschbilds Weimar durch das Schreckbild Berlin«, als »die Entscheidung für die Idylle gegen die Geschichte und für die Natur gegen die Stadt«, schließlich »für den Musenhof gegen den politischen Hof« – unter »Verdrängungszwang gegenüber einer echten, vielleicht der einzig echten Alternative in seiner Lebensplanung«.
Ohne Bezug auf den oben zitierten Brief an Charlotte v. Stein meinte Herre 1935, S. 38, weniger symbolisch gestimmt: »Es hätte nahe gelegen, daß Goethes Verehrung für Friedrich in einem großen dichterischen Werk Ausdruck suchte. Im Gegensatz zu Schiller, der sich auf Anregung seines Freundes Körner mehrere Jahre lang mit dem Plane seines Fridericus-Epos beschäftigte, um ihn dann schließlich doch aufzugeben, hat Goethe trotz aller Bewunderung niemals daran gedacht, sich zum Herold des großen Königs zu machen. […] niemals wäre er imstande gewesen, ihm für die Welt ein Denkmal zu setzen, das seine Taten in Jamben und Trochäen verherrlichte.« – Das wohl nicht. Aber wenn sich Goethe 35 Jahre später über Friedrich äußert (»den man wohl mit Recht groß genannt hat« – an Zelter, 13.11.1829) und über die auf ein bedeutendes Sujet angewiesene »Nationaldichtung«, sind seine Worte bedenkenswert nah bei dem, was er auf seiner Berlinreise über »die grose alte Walze « geschrieben hatte und darüber, »wie die Grosen mit den Menschen, und die Götter mit den Grosen spielen.« Da heißt es nämlich in ›Dichtung und Wahrheit‹ (FA I 14, S. 306 ff.): »Könige sind darzustellen in Krieg und Gefahr, wo sie eben dadurch als die Ersten erscheinen, weil sie das Schicksal des Allerletzten bestimmen und teilen, und dadurch viel interessanter werden als die Götter selbst, die, wenn sie Schicksale bestimmt haben, sich der Teilnahme derselben entziehen. In diesem Sinne muß jede Nation, wenn sie für irgend etwas gelten will, eine Epopee besitzen, wozu nicht gerade die Form des epischen Gedichts nötig ist.« Diesem Anspruch genügten Gleims oder Ramlers hier von ihm erwähnte Lieder, auf andere Weise auch Lessings ›Minna von Barnhelm‹ gewiß nicht. – Dachte er 1778 nicht doch an eine dramatische Dichtung, in der Friedrich II. die hier angedeutete Rolle spielte?

Am 1. Juni kehrten der Herzog und sein Legationsrat nach Weimar zurück (Goethe hat Berlin nie wieder betreten), und am 5. Juli setzte »die grose alte Walze « ihre Puppen in Bewegung: Preußische und sächsische Verbände rückten in Nordböhmen ein. In einem Manöverkrieg ohne Entscheidungsschlacht lieferten sie sich freilich nur kleinere Scharmützel mit den Österreichern, zogen sich hungernd schon im Oktober in schlesische und sächsische Winterquartiere zurück und suchten ihre durch die Ruhr, vor allem aber durch massenhafte Desertionen dezimierten Regimenter für einen Feldzug im kommenden Frühjahr wieder aufzufüllen.[33] Mit den benachbarten Herzogtümern sollte ebendafür auch Sachsen-Weimar-Eisenach in reichsständische Pflicht genommen werden – wie das schon im Siebenjährigen Krieg geschehen war.[34]

33 Nach unsicheren Angaben (Sikora 1996, S. 69 f. und 86) sollen von den etwa 165 000 Mann starken preußisch-sächsischen Truppen beim Rückzug aus Böhmen 30 000 an Krankheiten gestorben sein oder aber die mit dem Galgen bedrohte Fahnenflucht gewagt haben, in den Winterquartieren noch einmal 18 000 Mann (das wären dann 29,1 %).

34 Damals sollte die in Weimar vormundschaftlich regierende Herzogin Anna Amalia sogar beide Parteien bedienen. Sie mußte nämlich ihr reichsfürstliches Kontingentsbataillon gegen Preußen marschieren lassen und zugleich doch preußische Werbung in ihren Ländern hinnehmen (die auf 150 Mann zielte: Bode 1909, S. 96 ff.). Am 4.4.1761 erließ die Regierung Weimar dann ein bemerkenswertes Zirkulardekret: Es sei bekannt, daß »sich die junge Mannschafft hiesiger Lande, wegen der Königl.Preuß. Werbung, theils noch auswärts, theils aber in den Wäldern versteckt aufhalte, und mit Verabsäumung der so nöthigen Feld-Arbeit sich selbsten Kranckheiten und anderer üblen Folgen aussetzen.« Jetzt aber wäre, da die preußischen Kürassiere die Forderung nach Stellung von Rekruten »theils selbsten realisiret, theils aber um dieser Noth ein Ende zu verschaffen, die noch fehlende Mannschafft [durch eigene Aushebungen Weimars] beygebracht, abgegeben und von gedachten Cuirassiers aus hiesigen Landen fortgeschafft worden, die Ursache der Furcht vor die junge Mannschafft gehoben, und haben selbige weiter nicht nöthig, sich mit Versäumniß der Feld- und Hauß-Arbeit annoch auswärts und versteckt zu halten, welches also nachverzeichnete Fürstl. OberVormundschafftl. BeAmte, Adeliche Gerichte und StadtRäthe sämtlichen Unterthanen schleunig zur Nachricht bekannt zu machen haben.« (Thüring. Hauptstaatsarchiv Weimar: Gesetze B 2066). – Ende 1762

So wurde am 5. Dezember 1778 beim Geheimrat v. Fritsch, dem ranghöchsten Mitglied des Geheimen Consiliums und (damals noch) leitenden Kriegskommissar, ein Leutnant v. Rheinbaben als Emissär des kommandierenden preußischen Generals v. Moellendorff vorstellig, um »theils einige Recruten, theils die Erlaubniß, in den hiesigen Landen zu werben sich zu erbitten.«[35]

forderte Friedrich II. »sogar 400 Rekruten von Sachsen-Weimar. Davon sind zunächst 135 an den Kapitain v. Syburg geliefert worden [wieder selbst ausgehoben also und überstellt]. Als man weitere 100 bereit hatte, wollte er sie nicht nehmen, sondern forderte statt dessen Geld. Auf eine Beschwerde der Herzogin verfügte der König, daß die Rekruten anzunehmen seien, den Rest erließ er ihr.« (Mentz 1936, S. 142).

35 Aktenvermerk v. Fritschs vom 5.12.1778 in einem Faszikel der dem Geh. Consilium zugeordneten Kanzlei: ›Geheime Canzley-Acta, Die Königl. Preußische Werb-Angelegenheit de Annis 1778 et 1779 betr.‹ (Thüring. Hauptstaatsarchiv Weimar, Signatur H Krieg und Frieden Nr 1556, hier Bl. 1r). – Meine folgende Darstellung der Vorgänge vom 5.12.1778 bis 9.2.1779 beruht auf diesen Akten. Zum ersten Mal herangezogen, weitgehend korrekt wiedergegeben und interpretiert hat sie 1956 Hans Tümmler (jetzt: Tümmler 1964, S. 59–65). – Dem verstorbenen Weimarer Archivar Gerhard Schmid habe ich (neben vielem anderem) für Nachhilfe bei der Handschriftenentzifferung dieser Akten zu danken.
Mit seinem oben zitierten ersten Aktenvermerk über das preußische Ersuchen (»theils einige Recruten, theils die Erlaubniß, in den hiesigen Landen zu werben«) hat v. Fritsch die mündlich vorgetragene Forderung bemerkenswert unscharf referiert. Für weitere Verhandlungen mochte es dem politisch erfahrenen und diplomatisch versierten Geheimrat wichtig erscheinen, ob da beides verlangt wurde: eine Überstellung von Rekruten an das preußische Militär, welche die Weimarer Behörden dafür selber auszuwählen hatten, und außerdem eigene preußische Soldatenwerbungen auf herzoglichem Territorium (die grundsätzlich der Genehmigung des betroffenen Landesherren bedurfte; vgl. Sikora 1996, S. 223) – o d e r aber: ob da bald das eine, bald das andere zur Rede stand und damit ein ›entweder / oder‹ sich eröffnete. Tatsächlich wird im nachfolgenden Schriftverkehr der Kontrahenten von preußischer Seite beides geltend gemacht; am 15.1. 1779 schreibt der General dem Geheimrat, daß sein König doch »nicht einmahl um [in weimarischen Dienst stehende] Truppen, sondern lediglich um einige Recrouten und [!] der freyen Werbung in dero Landen, den Herrn Hertzog ansuchten« (›Geheime Canzley-Acta‹, Bl. 14r). Der Geheimrat hingegen hat das ›sowohl / als auch‹ ebenso vermieden wie ein beide Aktionen umfassendes ›und‹. In einem Schreiben an den General vom 5.12.1778 erwähnt er zu-

Der Geheimrat antwortete noch am gleichen Tag mit einem entschieden abwehrenden Schreiben an den General, machte Weimars »Mangel an diensttauglicher junger Mannschafft« geltend und verwies auf absehbare gleichgerichtete Forderungen der kaiserlich-österreichischen Gegenseite, falls man preußische Werbungen zuließe.[36] Aber Ende Dezember mußte ein zweiter Emissär, der Leutnant v. Montenon, »mit einem ähnlichen Antrag« abgewiesen werden.[37] In dieser zunehmend bedrohlichen Lage übertrug der Herzog am 5. Januar 1779 die Leitung der Kriegskommission vom Geheimrat v. Fritsch auf den Legationsrat Goethe.[38] Jetzt überschlugen sich die Ereignisse. Noch im Januar wurden von einfallenden Husarentrupps »unter vorge-

nächst allein die geforderte »Erlaubniß, in den hiesigen Herzogl. Landen eine Werbung zum Dienste Ihro Königl. Maj^t. von Preußen anzulegen«, und verweigerte sich dem »als einer absoluten Unmöglichkeit« (ebd. Bl. 2r/v: Konzept). Wenn aber am 23.1.1779 der Emissär v. Rheinbaben erneut vorstellig wird und das Schreiben seines Generals vom 15.1. überbringt, in dem ausdrücklich von »einige[n] Recrouten, und [!] der freyen Werbung« die Rede ist, transformiert der ausgefuchste Weimarer Diplomat in einem umfangreichen Aktenvermerk die kopulative zur disjunktiven Konjunktion: Rheinbaben »wiederholte, zuFolge neuerlich erhaltener Ordres [Moellendorffs], den vorhin gethanen Antrag, wegen abzugebender einiger Recruten oder [!] zu gestattender Werbung in den hiesigen Landen« (ebd. Bl. 12r). So hat er (entsprechend wohl auch in seinen mündlichen Verhandlungen mit dem Emissär) das preußische ›sowohl / als auch‹ über sein anfänglich hinhaltend-doppeldeutiges »theils / theils« ins ›entweder / oder‹ überführt – hat damit für Weimar eine von den Preußen offenbar hingenommene Alternative eröffnet und später im Geh. Consilium die Auslieferung selbst angeworbener Rekruten als »das kleinste« doch »von zweyen Übeln« bezeichnen können (Protokoll der Sitzung vom 9.2.1779 in: Goethes Amtliche Schriften I, S. 47, Zeile 9).

36 Konzept dieses Schreibens vom 5.12.1779 in: ›Geheime Canzley-Acta‹ (wie Anm. 35), Bl. 2r f.

37 Aktenvermerk v. Fritschs 26.12.1778: ebd. Bl. 1v.

38 Eine ausdrückliche Begründung dafür finde ich nicht überliefert. Die menschliche Nähe und das Vertrauensverhältnis zu Goethe war dem Herzog in dieser Situation offenbar wichtiger als die Amtserfahrung v. Fritschs, der 1799 rückblickend unterstellte, daß Carl August selber die Kriegskommission zu dirigieren wünschte, sein Günstling »nur pro forma den Vorsitzenden vorstellen« sollte (dazu Hahn 1953, S. 78).

spiegelter Aufsuchung angebl.[r] Preuß. Deserteurs« weimarische junge Leute entführt.[39] Gleichzeitig ging ein Schreiben v. Moellendorffs ein: Der König sei »unendlich befrembdet«, er glaube, daß man seine Bitte dem Herzog »nicht recht vorgetragen« habe, und bestehe darauf, dieses »Ersuchen einiger Recrouten auf das freundschaftlichste, aber inständigste, nochmahlen zu wiederhohlen«. Für den Fall fortgesetzter Weigerung Weimars habe er Befehle erhalten, deren Ausführung ihn »beyder Länder Nachtheil« voraussehen ließen.[40] Unter dieser kaum verhüllten Androhung eigenmächtiger Aushebungen durch das preußische Militär[41] wandte sich Carl August jetzt unmittelbar an den Preußenkönig, berichtete ihm von den gewaltsamen Übergriffen

39 Insertbericht der Regierung Weimar in: ›Geheime Canzley-Acta‹ (wie Anm. 35), Bl. 3r. Dort folgen weitere Berichte über diese Vorgänge, auch über eigene Proteste und Rückgabeforderungen. – Dabei hatte es mit der preußischen Suche nach fahnenflüchtigen Soldaten zumindest teilweise seine Richtigkeit. Ein Zirkulardekret der Weimarer Regierung (ebd. Bl. 69r) verfügte am 15.2.1779 gewiß nicht grundlos, »daß denen hiesigen Unterthanen die Beherbergung oder Versteckung der Kayserlich Königlichen und Königlichen Preussischen Deserteurs bey Zuchthaus Strafe, untersagt werden solle«.

40 v. Moellendorffs am 23.1.1779 eingegangenes Schreiben an v. Fritsch vom 15.1. in: ›Geheime Canzley-Acta‹ (wie Anm. 35), Bl. 14r-15r. – Durch den wieder zurückgehenden Überbringer v. Rheinbaben antwortete v. Fritsch am 26.1. (ebd. Bl. 33r), der Herzog werde sich jetzt an den preußischen König selber wenden. Den General bat er deshalb, von »allen ferneren Maßreguln« abzusehen und an seine gewalttätigen Husaren »die gemeßensten Befehle wegen zu haltender guter Maneszucht ergehen zu laßen.« – Moellendorffs Antwort vom 3.2. ging in Weimar erst am 12.2. ein (also nachdem Goethe seinen hier zur Rede stehenden Brief vom 9./10.2. an Carl August verfaßt hatte): Da sich der Herzog »wegen denen Recruten Lieferungen« jetzt unmittelbar an den König wende, habe er verfügt, »daß alle Gewalthätigkeiten bey diesen WerbungsGeschäfte, und die dadurch flißende Excesse gäntzlich unterbleiben sollen.« (Bl. 44r).

41 In einem Aktenvermerk v. Fritschs vom 23.1.1779 (›Geheime Canzley-Acta‹, wie Anm. 35, Bl. 12r/v) heißt es, daß »man Preuß.[er] Seits bey fernerer Verweigerung mit Aushebung u. Anwerbung einiger Recruten vorschreiten zu wollen schiene«: die Entführung herzoglicher Untertanen im Amt Großen Rudstädt zeige bereits, »daß man die verlangte Werbung in den hiesigen Landen allenfallß mit Gewalt durchzusetzen« beabsichtige.

und bat seinen Großonkel nachdrücklich, von Werbungen im Herzogtum gänzlich abzusehen.[42]

Friedrichs Antwortschreiben aus dem schlesischen Hauptquartier vom 2. Februar 1779 ging am 7. Februar in Weimar ein. Auch wenn es nicht geradezu »auf diplomatisch höfliche Androhung der Okkupation hinauslief«,[43] bestand der König doch mit knochenharter Konzilianz auf Preußens Forderung und erinnerte den jungen Herrn Cousin daran, wie dessen Vorfahren unter ähnlichen Umständen durchaus nicht gezögert hätten, sich dem Unwillen Österreichs auszusetzen, das Deutschlands Freiheiten jetzt noch weit gefährlicher bedrohe (»où ils n'ont pas balancé d'exposer leurs Etats et même leurs personnes au ressentiment de la même maison qui menace aujourd'hui les libertés de l'Allemagne d'un danger bien plus grand que dans ce temps-là«). Im Interesse des Reiches führe er diesen Abwehrkrieg, und das Wenigste, was die kleinstaatlichen Reichsstände zu seiner Unterstützung tun könnten, wäre doch, sich preußischen Werbungen in ihren Ländern nicht zu widersetzen (»ne pas s'opposer aux enrôlements à faire dans leurs pays«). Also hoffe er, Carl August werde der unschuldig-freundschaftlichen Bitte folgen, welche der General v. Moellendorff in seinem Namen vorgetragen habe, und sich mit ihm darüber verständigen, wie das auf eine für Weimar nicht nachteilige Weise geschehen solle (»arranger avec lui sur les moyens de l'exécuter d'une manière qui ne Vous soit point préjudiciable«).[44]

42 Goethes Tagebuch 14.–25.1.1779 über diese Vorgänge: »Beunruhigt das Amt Grosen Rudst[ädt – wenige Stunden von Weimar entfernt] durch die Preußen, Wiederkunft Reinbabens, fatale Propositionen [: Vorschläge]«. Und: »Den Courier an den Konig. in dessen Erwartung Frist.« (Das durch v. Fritsch entworfene, französisch gefaßte, durch Kurier nach Breslau überbrachte herzogliche Handschreiben an Friedrich d. Gr. vom 25.1.1779, das allenfalls noch eine Galgenfrist einbringen konnte, ist abgedruckt bei Tümmler 1954, S. 57 f.).

43 So Boyle 1995, Bd 1, S. 350.

44 Abdruck des französischen Wortlauts bei Tümmler 1964, S. 63 f. Original jetzt im Thüring. Hauptstaatsarchiv Weimar: ›Geheime Canzley-Acta‹ (wie Anm. 35), Bl. 45r–46v.

Nach eiligen Vorbesprechungen der Berater trat am Morgen des 9. Februar in Gegenwart des Herzogs das Geheime Consilium zusammen. Da lag das königliche Handschreiben vor ihnen. Da hat der Legationsrat es gewiß doch selber angesehen und das Papier zur Hand genommen, auf dem Friedrich seine von einem Schreiber ausgefertigte Entgegnung mit »Federic« unterzeichnet hatte. Wie sollte er die an der Materialität dieses Briefes haftende Aura da nicht wahrgenommen haben? (26 Jahre später beginnt er Handschriften zu sammeln, bringt es auf nahezu 2000 Autographen, besitzt drei auch von Friedrich dem Großen, zwei mit dessen eigenhändiger Unterschrift – »so werden mir vorzügliche Menschen durch ihre Handschrift auf magische Weise vergegenwärtigt.«).[45]

Noch im Dezember des Vorjahres hatte Goethe über die Verhandlungen des Geheimen Consiliums gestöhnt: »leidig Gefühl der Adiaphorie [: Belanglosigkeit] so vieler wichtig seyn sollender Sachen.«[46] Diesmal galt das nicht. So bedeutsam erschienen die Agenda, daß gegen die Regel sogar ein ausführliches »besonderes Protocoll« der Beratung angefertigt wurde.[47] Darin hielt man fest, daß der Geheimrat v. Fritsch »nach einer wörtlichen Übersetzung ins Deutsche« zusammenfassend referiert habe, es bestehe der König mit diesem Schreiben »auf der Gestattung der freyen Werbung« durch preußisches Militär in den herzoglichen Territorien – »oder [!] auf der freywilligen Abgabe einer Anzahl von Recruten«. Es wurde nicht eingewandt, wird jedenfalls nicht vermerkt, daß Friedrichs Brief doch allein auf preußischen Werbungen bestand und die durch v. Fritsch ihm unterstellte Alternative einer Auslie-

45 Brief an Jacobi, 10.5.1812. – Zu Goethes Autographensammlung: Schrekkenbach 1961 (Nr 1286–88) und hier (›Vorbemerkungen‹) S. 11 f.

46 Tagebuch 9.12.1778.

47 Üblich waren nur knappgefaßte ›Resolutions-Registranden‹, welche die Kollegialbeschlüsse ohne persönliche Zuordnung festhielten (dazu Flach in: Goethes Amtliche Schriften I, S. LII f.). Hingegen enthält das Protokoll der Sitzung vom 9.2.1779 (ebd. S. 46–52) neben drei zusammenfassenden Passagen (: ›Geheimdes Consilium‹), bei denen der jeweilige Sprecher nicht kenntlich wird, auch 7 persönlich zugeschriebene Äußerungen: 1 x v. Fritsch, 1 x Schnauß, 1 x Goethe, 4 x Serenissimus.

ferung selbst ausgehobener Landeskinder gar nicht erwähnte. Aber die Frage, ob man ihm »auf die eine oder die andere Weise stattgebe oder nicht«, sahen die Berater »mit so unendlich viel Bedencklichkeiten verknüpft«, daß sie nacheinander und mit durchaus unterschiedlichen Akzenten dem Souverän »alle die unangenehme Folgen« vorzustellen suchten, die so oder so »wahrscheinlicher Weise entstehen dürften« – um einen endgültigen Entschluß dann selbstverständlich »HöchstIhro eigener Einsicht zu überlaßen«. Eine solche Entscheidung wurde vertagt. Der ohnehin zögerliche Souverän könne sich ja »noch biß morgen Zeit zur weitern Überlegung nehmen«.

In dieser Sache hat Goethe seinen hier zur Rede stehenden Brief an den Herzog geschrieben. Carl August selber mag den Kriegskommissar gebeten haben, ihm die gegeneinander abzuwägenden Handlungsoptionen und deren Konsequenzen noch einmal schriftlich darzustellen: übersichtlicher und folgerichtiger, als es bei der mehrstimmigen Debatte im Geheimen Consilium geschehen, also nachzulesen war im Protokoll. Eher noch könnte Goethe selber das vorgeschlagen haben. Was er dem jungen Herrn am nächsten Tag zu lesen und zu bedenken gibt, beschränkt sich jedenfalls nicht darauf, die im Consilium »von den einzelnen Mitgliedern vorgebrachten Gesichtspunkte noch einmal zusammenzufassen«.[48] Er ordnet und vereinheitlicht sie, übergeht dabei manches, ergänzt es oder widerspricht ihm ausdrücklich, setzt auch durchaus andere Akzente und bringt neue Überlegungen ein. Überdies enthält sein Schreiben kritische Andeutungen über das Verhalten des regierenden jungen Herrn, wie sie im Geheimen Consilium nicht gut vorgebracht werden konnten.

Dessen Besprechung vom 9. Februar mag gegen Mittag zu Ende gegangen sein. Schon um 10 Uhr am nächsten Morgen

48 So doch Flach 2003, S. 367 (ähnlich Haussherr 1949, S. 311 u. 313; Tümmler 1976, S. 28 u. ö.; Sengle 1993, S. 32). Schon Tümmler 1964, S. 72 und wieder Schubart-Fikentscher 1977, S. 19 haben gegenüber den Ausführungen des Protokolls keine neuen und ursprünglich eigenen Gesichtspunkte in Goethes Schreiben erkennen wollen.

wollte man wieder zusammentreten.[49] Da mußte der Herzog Goethes umfängliches Memorandum bereits studiert haben, wenn es seinen Zweck erfüllen sollte. Gleichgültig, ob der Kriegskommissar erst noch das Protokoll der vorangegangenen Debatte abgewartet und dessen 12½ halbspaltig beschriebene Folio-Seiten durchgesehen hat, oder ob er sich nur an seine Erinnerungen und etwa an eigene Notizen während der Sitzung hielt – viel Zeit blieb ihm nicht, er mag noch über Nacht daran gearbeitet haben.

Aber was morgens auf dem Papier stand und in der Sache eigentlich nur ein kleines Weimarer Sandkastenspiel abgibt, war zu einem meisterlichen Lehrstück strategischen Denkens geraten. Es diente nicht allein einer Fürstenerziehung im Zeitalter des aufgeklärten Absolutismus, sondern gibt anhand dieses akuten Falles ein Paradebeispiel politischer Beratung überhaupt. So gründlich durchdacht und auf den Punkt genau formuliert, von solcher Stringenz nicht nur seiner kritischen Darstellung der Ausgangslage, sondern auch der vorausgreifenden Gedankenzüge, wie sich das gewiß nicht aus dem Stegreif aufs Papier bringen ließ. Nur wenige geringfügige Schreibversehen (›Sofortkorrekturen‹) zeigt der 7seitige, in gleichmäßig-sorgfältiger Handschrift gehaltene Text. Entwürfe oder Vornotizen in solch hochbrisanter Angelegenheit werden vernichtet worden sein, sind jedenfalls nicht überliefert. Überhaupt kam dieses Schreiben nicht in den amtlichen Geschäftsgang, ging nicht in die betreffenden Akten des Geheimen Consiliums ein, wird nirgends auch nur erwähnt. Es gelangte wohl allein zur Kenntnis des Herzogs und wurde von ihm unter Goethes Privatbriefen aufbewahrt.[50] Unmittelbar mit dessen Amtsgeschäften zusammenhängend, dabei aber durchaus persönlich und vertraulich gehalten, wäre es quellenkundlich also zwischen den strikt amtlichen Schrift-

49 Über die wöchentlich ein- oder zweimal in Weimars Rotem Schloß stattfindenden ordentlichen Sitzungen des Geh. Consiliums hat Flach vermerkt, daß sie »immer vormittags abgehalten wurden und, um 10 Uhr beginnend, von verschieden langer Dauer waren.« (Goethes Amtliche Schriften I, S. XLVIII).

50 Vgl. Tümmler 1964, S. 71 f.

stücken Goethes und seinen im engeren Wortsinn privaten Briefen einzuordnen und bezeichnet den fließenden Übergang zwischen diesen Textarten.[51] *Gnädigster Herr* lautet denn auch die Anrede, die sich ihrerseits in mittlerer Tonlage zwischen vertraut-persönlichen und amtlich-förmlichen Eröffnungen hält[52] (dem würde am Ende, vielleicht nach der ›Courtoisie‹ einer knappen Schlußformel, die briefliche Namensunterschrift entsprechen, zumindest das Signum G oder JWG, mit dem Goethe amtliche Schriften abzeichnete. Merkwürdigerweise fehlt dergleichen hier ganz).[53]

51 Im Schriftverkehr der Behörden dieser Zeit rechnet man zu den eigentlich ›amtlichen Schriftsätzen‹ (die sich auch in Goethes Fall dem Kanzleistil anpassen) auch die von Amts wegen verfaßten, aber in brieflichen Formen gehaltenen ›Privatschreiben‹ und unterscheidet davon persönliche ›Briefe‹, die neben amtlichen Angelegenheiten in der Regel auch private Mitteilungen enthalten (dazu grundlegend Schmid 1988, S. 1–7).
Flach (Goethes Amtliche Schriften I, S. XXV) konstatiert: Durch ungenügende »Klärung des Begriffes der amtlichen Schriften Goethes und ihre deutliche Sonderung von seinen persönlichen Äußerungen« sei (insbesondere in WA IV und den davon abhängigen Ausgaben) eine ganze Reihe amtlicher Texte »unter Goethes Briefen veröffentlicht worden, die in diesem Zusammenhang niemals zutreffend beurteilt werden können«. So führt er unter den Beispielen für unrichtig und mißverständlich plazierte Texte auch das hier zur Rede stehende ›Privatschreiben‹ an und bezeichnet als ›Votum‹, was ich hier, in weniger strengem Sprachgebrauch, als ›Brief‹ zu den literarischen Werken Goethes stelle. – Zur Textsortenmischung in der Briefabteilung der WA vgl. auch den Hinweis von Schmid 2008, S. 164 ff., daß dadurch manche der »in reiner Amtssprache gehaltenen, von anderen Amtspersonen vorgefertigten Texte unmittelbar dem Autor Goethe zugerechnet werden« könnten. – Die neue Briefausgabe (GB) behandelt Goethes in Wahrnehmung von Amtsgeschäften verfaßte Texte als Briefe, sofern sie auch persönliche Mitteilungen enthalten; andernfalls teilt sie diejenigen »in der Briefabteilung der WA edierten amtlichen Schriftstücke, die seit einem Jahrhundert zum gedruckten Bestand der Goethe-Briefe zählen«, in separaten Anhängen mit.

52 Wo private Briefe an den Herzog in Goethes früher Weimarer Zeit überhaupt nominale Anreden verwenden, lauten sie etwa »lieber gnädger Herr« (23./24.12.1775) oder nur »Lieber Herre« (25.3.1776). In amtliche Schreiben hat er die vollständigen Titulaturen eingesetzt (zuerst belegt am 25.4.1779, abgedruckt in GB 3I, S. 436 f.). – Dazu hier S. 504 ff.

53 Soweit ich sehe, ist nirgendwo sonst in Goethes Briefen bei gegebener Anrede die Unterschrift ausgelassen – die hier auch noch auf der vollständig beschriebenen letzten (siebenten) Seite oder deren freier Rückseite hätte

Wohl richtet der Kriegskommissar diese Denkschrift an seinen regierenden Herrn, bei dem jetzt die Entscheidung liegt. Als dessen Ratgeber aber denkt er hier gegen den Preußenkönig selber an (der wohl fast zur gleichen Zeit in Breslau wieder mit seiner 1780 gedruckten Schrift ›De la littérature allemande‹ befaßt war und auf diesem anderen Spielfeld gegen den Protagonisten der jungen deutschen Literaturkohorte anging, dessen ›Götz von Berlichingen‹ er als eine von Shakespeare angeregte »imitation détestable de ces mauvaises pièces angloises« abgefertigt hat).[54] So schreibt Goethe denn[55]:

Gnädigster Herr,

Nach der Antwort des Königs in Preusen Maj. worinn derselbe solche Gründe hinzulegen glaubt, die Ew Durchl. [aucht: den Herzog] *bewegen sollen, ihm die verlangte Werbung in Ihren Landen zu gestatten, und es als gewiss anzunehmen scheint, dass man sich mit dem General Möllendorf besprechen und eine Auskunft* [: Vereinbarung] *zu treffen wissen werde, bleibt nach aller Überzeugung nichts übrig, als dass man eine baldige und feste Entschliesung fasse, welchen Theil man ergreiffen* [: wofür man

untergebracht werden können. Daß es (bei zwei gefalzt ineinandergelegten Bogen) auf gesondert eingefügtem und später entferntem Beiblatt einen dann mit der Unterschrift versehenen, etwa besonders vertraulichen Zusatz gegeben hat, ist nicht völlig auszuschließen, aber doch sehr unwahrscheinlich. Mag sein, daß der Brief (wegen der unmittelbar bevorstehenden Sitzung des Geh. Consiliums) in großer Eile dem Herzog zugestellt werden mußte und die Unterschrift darüber versäumt wurde.

54 In der Ausgabe von Christoph Gutknecht und Peter Kerner, Hamburg 1969, S. 9 und 141 f.

55 Um das Verständnis des Textes zu erleichtern, füge ich [in eckigen Klammern] einige Ergänzungen, Worterklärungen und Sacherläuterungen hier gleich an Ort und Stelle ein. Im übrigen folgt die Textwiedergabe buchstaben- und zeichenadäquat der Handschrift (Thüring. Hauptstaatsarchiv Weimar, Signatur: Großherzogl. Hausarchiv A XIX 42, Bl. 6–9). Dabei sind gewohnheitsmäßig ausgelassene Umlautstriche ergänzt worden, blieb der Zeilenfall des Originals außer acht, wurde aber die Gliederung des Schreibens durch Einzug jeweils der Anfangszeile eines neuen Absatzes verdeutlicht.

sich grundsätzlich entscheiden] *und wie man sich auf ein oder die andre Weise betragen wolle? Man hat vorläufig* [: vor einer solchen Entscheidung] *am besten zu seyn geglaubt wenn man beyde unangenehme Seiten gegenwärtiger Lage, natürlich* [: sachgemäß] *gegen einander stellte, das zwiefache Benehmen* [: Vorgehen] *wovon man eins zu wählen hat ohnübertrieben hinlegte, und die Folgen eines ieden überdächte, so weit man sie mit einem zwar uneingenommnen* [: unvoreingenommen], *aber freilich immer beschränckten Geiste vorauszusehen im Stande ist.*

Gesezt also man fügt sich dem Begehren des Königs, so kan es entweder geschehen wenn man [: dadurch, daß man] *ihm die Werbung erlaubt, oder mit dem General Möllendorf auf eine gewisse Anzahl abzugebender Mannschafft übereinkommt, und auch diese entweder durch die Preusen ausnehmen lässt oder sie selbst ausnimmt und sie ihnen überliefert.*

Erwählt man das erste, so werden diese gefährliche Leute sich festsetzen, und überall Wurzel fassen, sie werden auf alle Weise die beste iunge Mannschafft an sich zu ziehen suchen, sie werden mit List und heimlicher Gewalt eine grose Anzahl wegnehmen, sie werdens an nichts fehlen lassen selbst die [bereits in unserem eigenen Militärdienst stehenden] *Soldaten Ew Durchl. untreu zu machen.*

Will man mit dem General Möllendorf auf eine gewisse Anzahl übereinkommen, und ihnen etwa selbst überlassen die iunge Mannschafft nach gewissen zu fertigenden Verzeichnissen aus den Aemtern [: unseren Verwaltungsbezirken] *auszuheben, so kan man nicht versichert seyn dass es dabey bleiben wird. Ein und der andre der es merckt wird austreten* [: sich davonmachen], *sie werden statt dessen nach andern greifen, es werden Händel entstehen, und sie werden davon Anlas nehmen, was man* [hinsichtlich der Anzahl abzugebender Mannschaft] *mit ihnen ausgemacht hat zu überschreiten.*

Will man endlich sich entschliessen eine Auswahl selbst zu machen und ihnen die Leute auszuliefern; so ist darinn wohl fürs ganze das geringste übel aber doch bleibt auch dieses, ein unange-

nehmes verhasstes und schaamvolles Geschäfft. Und wahrscheinlich ist man mit allem diesem doch nicht am Ende des Verdrusses. Diese mit Gewalt in fremde Hände gegebne Leute, werden in kurzem desertiren, und in ihr Vaterland zurückkehren, die Preusen werden sie wieder fordern, im Fall sie fehlen, austreten oder sich verbergen, an ihrer Stelle andre wegnehmen. Diese Plage wird mit iedem Herbste wiederkommen. Wie sie sich gewiss auch nicht begnügen werden, wenn man ihnen einmal [: daß man ihnen nur dieses eine Mal] *Mannschafft stellt, mit iedem Frühiahr werden sie diese Anforderungen erneuen.*

Dagegen wird man von [Österreichisch-]*kayserlicher Seite diesen Schritt den man so sehr wider willen gethan gewiss übel aufnehmen. Man wird sie niemals überreden* [: davon überzeugen] *können dass man so nothgedrungen, und so ungern eine solche Entschliesung ergriffen hat. Der alte Verdacht den man gegen die sächsischen Häuser hegt, dass sie wenig Neigung für das Oestreichische haben, wird wieder rege werden, und es wird dem kayserlichen Hofe an Gelegenheit nicht fehlen, dem fürstlichen Haus* [Sachsen-Weimar-Eisenach] *manches unangenehme fühlen zu lassen. Das nächste was zu befürchten steht, ist dass sie gleichfalls Werbung in den fürstl. Landen einzulegen verlangen, so dass man von beyden Seiten wird gedrängt seyn und die oben hererzählte Verdrüsslichkeiten doppelt, ia dreyfach auszustehen haben wird, weil dieser Theil* [: die österreichische Seite] *alsdenn wohl nicht mit Schoonung verfahren mag, die man doch immer von den Preussen wenn man mit ihnen übereinkommen wollte, zu hoffen hätte.*

Will man nun um diesem Übel auszuweichen die andre Seite ergreifen, und des Königs Gründen womit er seinen Antrag unterstüzzt kein Gehör geben, so würde man folgende Maasregeln zu ergreifen haben.

Gegenwärtig kan man stille seyn und abwarten, was der Gen. Möllendorf entweder schrifftlich oder durch einen Offizier hierher gelangen lässt, da er auf das lezte an ihn erlassne Schreiben [vom 26. Januar durch v. Fritsch; vgl. hier Anm. 40] *noch eine*

Antwort schuldig ist. Nach den neusten Nachrichten befindet er sich mit seinem Chor [: Truppenverband] *wieder in Böhmen, der Leutnant Reinbaben* [über den man mit ihm in Verbindung steht] *ist abgegangen und der Leutnant Monteton* [der andere Verbindungsoffizier zu den preußischen Truppen] *trifft wohl vor Ende des Monats nicht wieder ein; dadurch scheint man eine kleine Frist zu gewinnen, die man ia wohl zu nuzzen hat.*

Zuerst wird man an Hanover, Maynz Gotha, [und] *die übrigen Sächsischen Höfe schreiben, und ihnen vorlegen, dass es Ew. Durchl. bey gegenwärtigen Umständen, Pflicht, Gesinnung und Wunsch sey, Ihre Lande und Unterthanen vor den Beschweerden des benachbaarten Kriegs auf das möglichste zu schüzzen, und an denen öffentlichen* [: sie alle betreffenden staatlichen] *Angelegenheiten keinen Theil als gesammt* [: gemeinsam] *mit den übrigen Ständen des Reichs zu nehmen, Sie* [: Carl August] *seyen es gewiss dass an iedem Hofe eben solche Gesinnungen herschten, und um desto mehr sey es zu bedauern, dass ohnerachtet dieser innerlichen Übereinstimmung man sich bisher nach einem gemeinschafftlichen Plan zu handeln noch nicht habe verstehen können, Durchl. seyen iezzo durch einen* [: den zur Rede stehenden] *Vorgang bewogen mehr als iemals ein näheres Band mit den übrigen Fürsten zu wünschen und eine neue Überlegung der so nothwendigen Vereinigung unter sich zu veranlassen, da man preusischer Seits die Werbung in Ihren Landen neuerdings verlangt habe. So wenig Sie im Falle* [: imstande] *seyen diese Fordrung wenn sie durchgesezzt werden wollte mit Nachdruck abzuweisen, so sehr wünschten Sie durch eine Verbindung mit wohlgesinnten Mitständen* [Reichsständen], *deren Länder diesen, oder ähnlichen Unannehmlichkeiten ausgesezt seyen, solchen Zumutungen sich standhafft widersezzen zu können.*

Dieser Schritt kann auf ieden Fall sogleich gethan werden, man mag sich in der Haupt-Sache [: der Rekrutenforderung Preußens] *entschliesen zu was man will, und er wird immer eine gute, wenn auch nicht hinreichende Würckung haben. Zu wünschen wär es dass andre glückliche Umstände zusammen träfen die Fürsten des Reichs aus ihrer Untätigkeit zu wecken, und sehr glücklich wär es wenn man durch die Noth gedrungen von hier aus zu einer geschwinderen Vereinigung beygetragen hätte.*

Doch wird man mit der Entschliesung in der Hauptsache nicht auf die Antworten zu warten haben, weil man leider menschlicher Weise den Inhalt der eben nicht entscheidend seyn wird voraus sehen kann.

Bleibt man also dabey sich dem Könige widersezzen zu wollen, so muss man sich vorbereiten, ehster Tage [: nächstens] *einen Werbeoffizier mit einem Commando, angemeldet oder unangemeldet erscheinen zu sehen, will man ihm alsdenn und dem Generale der ihn abschickt die Antwort geben: dass man ohnerachtet der königlichen Erklärung die Werbung nicht gestatten werde, und von dem Offizier verlangen dass er sich aus den fürstl. Landen wegbegebe, so wird man zum Voraus wohl zu überlegen und sich zu entschliesen haben, ob man im Weigerungs Fall ihn arretiren und aus dem Land bringen, und wie weit man mit der Gewalt wenn er sich widersezzen sollte gehen wolle. Solche Dinge die zwar schweer vorherzubestimmen sind, müssen doch, weil sie vorausgesehen werden können, wohl überlegt werden, weil die augenblicklichen* [: kurzsichtig-spontanen] *Entschlüsse in solchen Gelegenheiten, selten die Folgen zu Rathe ziehen.*

Ist man also entschlossen, sich von dem ersten schwächeren Abgeschickten [: dem Werbeoffizier mit seinem Commando-Trupp] *auf diese Weise zu befreyen, so entsteht die neue Frage was man thun will, oder vielmehr thun muss wenn sie mit verstärckter Gewalt wiederkommen.*

Zwar lässt sich mit einiger Wahrscheinlichkeit vermuthen, dass die Preusen selbst es zu einem öffentlichen unangenehmen Ausbruch [: zu offenen Kampfhandlungen] *nicht werden kommen lassen, und wenn sie Standhafftigkeit sehen, sich begnügen in der Stille zu necken* [: uns zu sticheln, zu plagen], *und hier und da einigen Abbruch zu thun* [: Schaden zuzufügen]. *Doch kan es auch seyn dass der König durch den gegenwärtigen Mangel an Leuten* [in seinem dezimierten Heer] *gedrängt, über die Achtung hinausgeht, die er gern zu seinem eignen Vorteil für die* [kleineren Reichs-]*Fürsten bezeigte. Da er wohl weis dass theils alle diese Sachen wenn sie zur Sprache kommen sich beschönigen lassen, theils auch dass solche Beschwerden unter dem Lärm des Kriegs, und unter den übrigen weit wichtigern, mehrere Theilnehmer angehenden Vorfällen, sich verlieren.*

Wäre dieses, so würde er seinen hinaus geschafften Werber mit verstärckter Macht wieder hereinführen, man würde Truppen gleichsam auf Exekution [: zur Durchsetzung der Rekrutierungen] *hier und da einquartieren, die alsdenn auf Unkosten des Landes unterhalten werden müssten. Bey der Unordnung die solch ein Trupp verursacht, und unter seinem Schuzze würden alle Übel der Werbung sich gehäuft ausbreiten, und die Rache die dazu käme, würde alle Mäsigung aufheben, und alle Übereinkunft abweisen. Sie würden alsdenn mit offenbaarer Gewalt, brauchbaare, verheurathete* [daher eigentlich freigestellte], *angesessene* [: ansässige] *Leute mit wegnehmen, man würde den Unterthan vor Prellereyen und Bevortheilungen* [: betrügerischen Übervorteilungen] *nicht schüzzen können.*

Was alsdenn übrig bliebe, wäre, sich an den Reichstag zu wenden, woher man sich aber bey gegenwärtigen Umständen nur eine leere Theilnehmung zu versehen hätte, indess man durch die [dort vorgebrachten] *dringenden und bittren Beschweerden das gute Verhältniss zum königl. Preusischen Hause leicht gestört haben könnte.*

Mit Kanzleifloskeln und kurialen Präliminarien hält dieses Schreiben sich nicht auf. Eine knappe Anrede nur, dann geht es sogleich zur Sache: *Nach der Antwort des Königs* (die in einem Nebensatz rasch resümiert wird) bleibe *nach aller Überzeugung nichts übrig, als dass man eine baldige und feste Entschliesung fasse.* Wie das Protokoll der vorausgegangenen Consiliums-Sitzung erkennen läßt, war das keineswegs die anfängliche Vorstellung aller Berater gewesen, sondern eine von Goethe vertretene Ansicht[56]: *nach aller* m e i n e r *Überzeugung* hieß das also (in höfisch-korrekter Redeweise wird das Personal- und Possessivpronomen der eigenen Person hier durchweg vermieden). Und ganz entschieden richtet sich das gegen Carl Augusts eigenes, hinhaltend zögerliches Verhalten in solch eilbedürftig-bedrohlicher Lage – hatte er doch im Consilium die dem Fürsten gebotene Reserve aufgegeben, sich nämlich darüber ausgelassen, wie schwer es für ihn sei, überhaupt »einen Entschluß in der Sache zu faßen«, und dann erklärt (aufgrund einer fragwürdigen Nachricht, »daß die preußische Truppen in Sachsen schon wieder aus den Winter-Quartieren aufgebrochen wären und die heurige Campagne bereits ihren Anfang genommen habe«), man könne ja »vor der Hand stille sitzen und abwarten, ob von der preußischen Seite neue Anträge geschehen würden. Vielleicht bleibe man für dieses Jahr damit verschont.«[57]

Trotz des Zeitdrucks freilich konstatiert der zweite Satz dieses Briefeingangs: Bevor man sich so oder so entschiede, müßte *man beyde unangenehme Seiten gegenwärtiger Lage* doch *natürlich gegen einander* stellen, sie also in ein sachlich abwägendes Kalkül ziehen und sich dann ohne emotionale Übertreibungen die eigenen Optionen vor Augen führen, also Weimars Handlungsspielräume

56 Als erster hatte er da zu bedenken gegeben: »Die Sache sey allerdings von der größten Wichtigkeit und die Nothwendigkeit, einen Entschluß in selbiger zu faßen, äußerst dringend.« So formulierte er wohl auch selber (oder bewirkte er jedenfalls) das nachfolgende, abschließende Kollegial-Votum: Man »könne auf Seiten des Geheimden Consilii nicht umhin, auf die Beschleunigung des von Serenissimo in der Haupt-Sache zu faßenden Entschlußes dringend anzutragen« – sei doch zu befürchten, daß der General v. Moellendorff sonst sehr rasch ohne Genehmigung exzessiv-gewaltsame Aushebungen vornehmen würde, während man sich jetzt mit dem »Opfer« von Zugeständnissen noch »von der gantzen Sache hätte loßkaufen können.« (Protokoll, wie Anm. 47, S. 49, 20 ff. und 51, 19–32). Auch auf eine *feste*, also definitive *Entschliesung* hatte Goethe hier schon gedrängt: So oder so müsse der Herzog sehr genau bestimmen, »was für Mittel und Wege« er »gebrauchen und einschlagen« wolle, dann aber »den einmahl festgesetzten Plan standhaft verfolgen« (ebd. S. 49, 42 ff.).

57 Protokoll, wie Anm. 47, S. 50, 29 ff.

ausloten. Daß das schonend unbestimmte *man* hier abermals die Person des Herzogs meinte und von ihm selber durchaus auch so verstanden werden mußte, zeigt eine acht Tage zuvor verfaßte, auffallend rücksichtslose Bemerkung in Goethes Tagebuch. Am 1. Februar notierte er da, was er nach einer Sitzung des Geheimen Consiliums, bei der die preußischen Rekrutenforderungen bereits erörtert worden waren, seinem Fürsten vorgehalten hat – zweifellos doch unter vier Augen: »nach Tisch einige Erklärung über: zu viel reden, fallen lassen [: nicht entschlossen zu Ende führen], sich vergeben [: dem eigenen Ansehen schaden], seine Ausdrücke mässigen, Sachen in der Hizze zur sprache bringen die nicht geredt werden sollten.«

So kulminiert die Präambel des Briefes in der Verhaltensmaxime: Vor einer schwerwiegenden, weitreichenden politischen Entscheidung, wie sie hier zur Rede steht, sei es *am besten* doch, *wenn man* (– zu lesen: wäre es unabdingbar notwendig, d a ß Carl August) hinsichtlich der möglichen, also zur Wahl stehenden Schritte *die Folgen eines ieden überdächte, so weit man sie mit einem zwar uneingenommenen, aber freilich immer beschränckten Geiste vorauszusehen im Stande ist.*[58] Der allgemeine Lehrsatz vom Folgenbedenken, den Goethe seinem 21jährigen Zögling hier einschärft, formuliert zugleich das Programm des auf den praktischen Fall gerichteten nachstehenden Textes. Er gibt sehr wohl Entscheidungshilfen, aber keineswegs doch Handlungsanweisungen oder auch nur Verhaltensvorschläge. Nicht w a s der Herzog zu be-

58 Nachdrücklich hatte schon v. Fritsch in der vorangegangenen Consiliums-Besprechung diese Forderung erhoben: Die herzoglichen Berater hätten jetzt »alle die unangenehme Folgen, welche daraus auf allen Seiten, es sey nun, daß man dem königlich preußischen Antrag auf eine oder die andere Weise stattgebe oder nicht, wahrscheinlicher Weise entstehen dürften, bemercklich zu machen, sodann aber HöchstIhro eigener Einsicht zu überlaßen, zu was für einem Entschluß Sie Sich zu determiniren für das Rathsamste erachten wollten.« (Protokoll, wie Anm. 47, S. 46, Z. 38 ff. Ähnlich wieder S. 48, Z. 1 ff. und 13 ff.). – Für sich schreibt Goethe am 7.8.1779 im Kontext einer bemerkenswert selbstkritischen Reflexion ins Tagebuch: Gott »gebe uns klare Begriffe von den Folgen der Dinge.«

schließen habe, trägt ihm sein Ratgeber hier vor, sondern *wie* er zu einer Entscheidung kommen sollte. Auch als Kriegskommissar hält er sich gegenüber der beschließenden Gewalt des aufgeklärt-absolutistisch regierenden Fürsten an die Befugnisse des Geheimen Consiliums: eines in allen gewichtigen und nicht nach bestehendem Recht zu regelnden Angelegenheiten nurmehr deliberierenden Gremiums, dessen Voten sich im Vorfeld des eigentlichen politischen Handelns bewegten – wie, bis heute, jede verfassungskonforme Politikberatung, die nicht aus dem Kreis der selbst Entscheidungsbefugten kommt.[59]

Eine *baldige und feste Entschliesung* also verlangt das Schreiben Friedrichs des Großen. Es setzt den Herzog unter Zugzwang. Damit ist das Gedankenspiel eröffnet, mit dem Goethe jetzt Schritt für Schritt entwickelt, wie der Weimarer Regent sich *auf ein oder die andre Weise betragen* könnte, dabei alle denkbaren Alternativen durchgeht und die jeweils absehbaren oder vermutlichen Folgen möglicher Entscheidungen vor Augen stellt. Ich erläutere zunächst diesen Spielverlauf und stelle ihn außerdem, der besseren Übersicht wegen, in Anlehnung an Darstellungsweisen der Entscheidungstheorie in zwei Spielbäumen vor Augen. Sie bilden in ›extensiver Form‹, also chronologischer Folge, die gedachten Züge dieses endlichen strategischen Zweipersonen-›Nullsummenspiels‹ ab, bei dem Ⓟreußen ein Maximum des Nutzens, Ⓦeimar ein Minimum an Schaden erstrebt. Mit ihren ›Knoten‹ markieren beide Modelle die Entscheidungen des jeweiligen Akteurs. Sie führen entweder (→ Spielbaum I) aufgrund der eigenen

59 Über die institutionelle Einrichtung der Herzoglichen Behörden und die Geschäfte des seit 1756 bestehenden Geh. Consiliums, seine Arbeitsweise, personelle Zusammensetzung und Goethes Beteiligung informiert Flach in: Goethes Amtliche Schriften I, S. XXVII–XCVII. – Zur Umgestaltung politischer »Beratungsgremien der Alten Welt« in die beschließenden Organe späterer, gewaltenteilender Verfassungen und zur Problematik von ›Rat und Beratung im modernen Staat‹ vgl. man die verfassungsgeschichtlich-politologischen Überlegungen von Hennis 2000, S. 172–176.

Spielbaum I

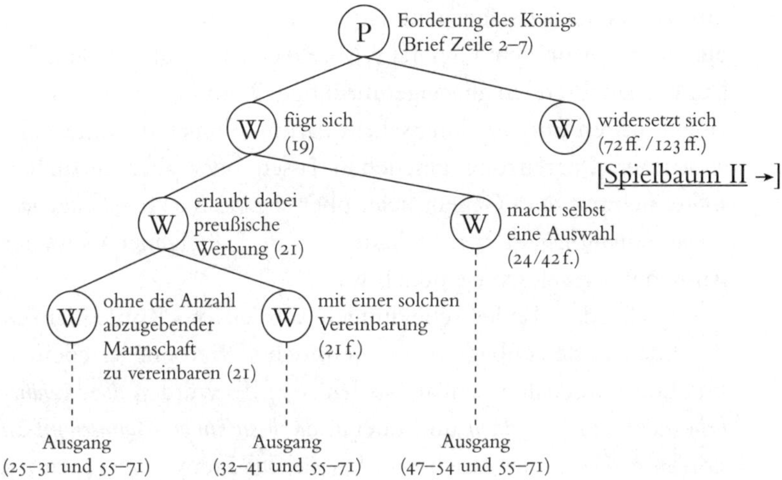

Vorentscheidung sogleich eine weitere, hier durch ›Äste‹ bezeichnete Alternative herauf. Oder sie erfolgen (→ Spielbaum II auf S. 193) nach vorangegangenem Zug des Gegners und in jeweils vollständig informierter Abhängigkeit von dessen Aktion und stellen ihn vor die nächste, in gleicher Weise durch ›Äste‹ bezeichnete Entscheidungsalternative.[60] In beiden Spielbäumen weisen gestrichelte senkrechte Linien auf die mit Wahrscheinlichkeitsabschätzungen versehenen Ausgänge der zu Ende geführten ›Partien‹; im zweiten Spielbaum bezeichnen solche schräggeführten Strichel-›Äste‹ die durch das vorzeitigere Aufgeben eines Akteurs beendeten Auseinandersetzungen (= ›Endknoten‹).

Die erste, durch den königlichen Eröffnungszug aufgenötigte Entscheidung Weimars betrifft die grundsätzliche Frage, ob man Preußens Soldatenforderung nachgeben oder doch versuchen solle, sich ihr zu verweigern. *Gesezt also man fügt sich dem Begeh-*

60 Zur Erläuterung der hier verwendeten Terminologie vgl. etwa Christian Rieck: Spieltheorie. Eine Einführung. 6Eschborn 2008.

ren des Königs (→ Spielbaum I), so müßte Weimar als nächstes entscheiden, ob es entweder eine preußische Werbung im Herzogtum zulassen oder selber eine Aushebung vornehmen wolle, um diese Leute dann dem General v. Moellendorff zu überstellen. Erlaubte man Preußen die eigenmächtige Werbung, ginge es mit einem dritten Entscheidungsschritt darum, ob man das ohne zahlenmäßige Begrenzung geschehen lassen oder aber versuchen sollte, sich mit dem Gegenspieler über *eine gewisse Anzahl abzugebender Mannschafft* zu verständigen (was im Fall eigener Weimarer Aushebungen selbstverständlich wäre).

Für alle drei Endentscheidungen werden die Konsequenzen durchdacht. Bei unbegrenzter preußischer Werbung erscheinen sie ohne Vorbehalt absehbar (Zeilen 25–31): Es würden *diese gefährliche Leute sich festsetzen* und überall *die beste iunge Mannschafft an sich zu ziehen suchen*; auch würden sie das Freiwilligkeitsprinzip solcher Söldneranwerbungen *mit List und heimlicher Gewalt* durchbrechen[61] und auf diese Weise *eine grose Anzahl wegnehmen*, würden mit allen Mitteln selbst die im Weimarer Militär dienenden *Soldaten* abzuwerben versuchen.

Bei einem Zugeständnis, das den Preußen erlaubte, eine begrenzte *Anzahl abzugebender Mannschafft* selber auszuheben (32–41), steht die Folgenabschätzung des Ratgebers unter dem in seiner Präambel formulierten Vorbehalt: *Man könne nicht versichert seyn dass es dabey bleiben wird.* Da es in den Krieg ginge, wären Fluchtversuche abzusehen. Man würde *nach andern greifen*, und so würden *Händel entstehen*, welche man zum Anlaß nähme, die vereinbarte Zahl anzuwerbender Söldnersoldaten *zu überschreiten.*

Was also, wenn man sich entschlösse (42 ff.), die Preußen gar

61 Eine rechtmäßige Indienstnahme bedurfte der vertraglichen Zustimmung des Angeworbenen in Form einer ›Kapitulation‹, mit der die jeweiligen Bedingungen vereinbart wurden. Vom ›Handgeld‹ abgesehen, wurden dabei in der Praxis häufig betrügerische Versprechungen gemacht und Verpflichtungen in betrunkenem Zustand herbeigeführt; besonders bei Straftätern und Landstreichern ging man durchaus auch gewaltsam vor (dazu etwa Papke 1979, S. 210 und Sikora 1996, S. 216 f., 222–227, 232 f.).

nicht erst ins Land zu lassen, vielmehr *eine Auswahl selbst zu machen und ihnen die Leute auszuliefern*? Weil Goethe wohl nicht damit rechnete, daß sich eine genügend große Anzahl von Landeskindern freiwillig zu diesem Kriegsdienst bereitfinden könnte, hatte er schon in der vorangegangenen Consiliums-Besprechung klipp und klar erklärt, der Herzog müsse determinieren, »wie sodann die erforderliche Leute zusammenzubringen und biß zu deren Ablieferung zu verwahren seyen.«[62] Jetzt nennt er, falls man der preußischen Forderung nachgeben wollte, eine solche Regelung *wohl fürs ganze das geringste übel*[63] (und was *fürs ganze* meint, verdeutlicht in verantwortungsethischer Hinsicht Zeile 90 ff.: Es sei des Herzogs *Pflicht, Gesinnung und Wunsch*, seine *Lande und Unterthanen vor den Beschweerden des benachbaarten Kriegs auf das möglichste zu schüzzen*). Hier aber, nur hier, bedenkt der Ratgeber nicht allein *uneingenommen* die *Folgen*, sondern trägt, höchst eingenommen, eine gesinnungsethische Bewertung vor – in eigener Sache nämlich. Kein geringes Übel sei das, vielmehr nur *das* [vergleichsweise noch] *geringste* und jedenfalls ein *unangenehmes verhasstes und schaamvolles Geschäfft*. Denn eben dafür wäre am Ende die Kriegskommission zuständig: Goethes eigenes Geschäft würde das sein. Und auch bei ausdrücklichem Wahrscheinlichkeitsvorbehalt scheinen die Konsequenzen verheerend (47–54): *Diese mit Gewalt in fremde Hände gegebne Leute werden in kurzem desertiren*, die Preußen würden *an ihrer Stelle andre wegnehmen. Diese Plage wird mit iedem Herbste wiederkommen*. Hätte man sich auf diese Weise einmal gefügt, würde Preußen (eine längere

62 Sitzungsprotokoll (wie Anm. 47), S. 49.

63 Damit fügt sich Goethe den Voten seiner Kollegen im Geh. Consilium. Fritsch: Gegenüber preußischer Werbung sei eine eigene Aushebung »von zweyen Übeln dasjenige, welches das kleinste zu seyn scheine« (Protokoll, wie Anm. 47, S. 47, Z. 9 f. – Vgl. dazu Anm. 35). – Schnauß: »so scheine es am besten gethan zu seyn, wenn man von zweyen Übeln das geringste und kleinste wählte und eine mäßige Anzahl von entbehrlichen Leuten […] aussuchte und selbige, um deren Austreten zu verhindern, sogleich festsetzte, um sodann deren Ablieferung an die preußische Truppen zu bewürcken.« (ebd. S. 48, Z. 39 ff.).

Kriegsdauer vorausgesetzt) die gleiche Forderung *mit iedem Früh-iar* aufs neue geltend machen.[64]

Für alle drei bisher durchdeklinierten Spielarten eines grundsätzlichen Nachgiebigkeitsentschlusses gilt endlich die Abschätzung der *Folgen* auf seiten der zweiten kriegführenden Macht (55–71). Goethe ruft ein altes Mißtrauen des österreichischen Kaiserhofes *gegen die sächsischen Häuser* in Erinnerung[65] und deutet die Gefahren an, die von der nahen kaiserlichen Garnison der Festung Petersberg über Erfurt ausgehen könnten: *Das nächste was zu befürchten steht, ist dass sie gleichfalls Werbung in den fürstl Landen einzulegen verlangen,*[66] *so dass man von beyden Seiten wird gedrängt seyn und die oben hererzählte Verdrüsslichkeiten doppelt ia dreyfach auszustehen haben wird* – weil Österreich *wohl nicht mit Schoonung verfahren mag, die man doch immer von den Preussen wenn man mit ihnen übereinkommen wollte, zu hoffen hätte.*[67]

64 Dennoch ist das Urteil von Schubart-Fikentscher 1977, S. 19 nicht zu halten: »Schärfer, und damit über seine Mitarbeiter [?] hinausgehend, wandte er sich gegen den Vorschlag die Soldaten auszuwählen und abzuliefern, damit die eigene Landeshoheit zum Schein gewahrt werde. […] Das gesamte Schreiben ist auf die Haltung eingestimmt.«
Gleichermaßen abwegig erscheint das entgegengesetzte, wiederholt vorgebrachte Urteil, Goethe habe dem Herzog hier eine von Weimar selbst veranstaltete Rekrutenauslese geradezu angeraten (vgl. Anm. 83).

65 Einschränkend vermerkt MA 2.2, S. 944: »In der dauernden Auseinandersetzung zwischen Österreich und Preußen im 18. Jahrhundert nahm das Königreich Sachsen die Partei Österreichs, nicht so jedoch die thüringischen Herzogtümer.«

66 In der vorangegangenen Consiliumssitzung hatte v. Fritsch ausdrücklich erklärt, daß Österreich »die freye Werbung für seine Truppen oder eine freywillige Recruten-Abgabe ebenfalß verlangen werde« (Protokoll, wie Anm. 47, S. 47, 26 ff.). Gewiß hat Goethe diese Alternative hier mitgemeint.

67 Umgekehrt hatte v. Fritsch im Geh. Consilium geurteilt, daß man »nach der jetzigen Lage« und »dermahligen Position der oesterreichischen und preußischen Truppen […] von dem Ressentiment des Königlich Preußischen Hofs mehr zu befürchten habe als von dem Ressentiment des Kayserlichen.« (Protokoll, wie Anm. 47, S. 48, 8 ff.).

Was nun, wenn der Regent, *um diesem Übel auszuweichen die andre Seite ergreifen, und des Königs Gründen womit er seinen Antrag unterstüzzt* k e i n *Gehör geben* wollte? (72 ff.) Da eine förmliche Antwort des für die Rekrutenwerbung zuständigen Generals v. Moellendorff noch ausstehe, könne man zunächst einfach *stille seyn und abwarten.* So wäre *eine kleine Frist zu gewinnen, die man ia wohl zu nuzzen hat* – für einen Versuch nämlich, von Weimar aus die in gleicher Weise durch preußische Soldatenforderungen bedrängten Reichsstände zu einem gemeinsamen Widerstand zu mobilisieren. Den wesentlichen Inhalt solcher jedenfalls eilbedürftigen Schreiben des Herzogs *an Hanover, Maynz Gotha,* [und] *die übrigen Sächsischen Höfe* hat Goethe hier sogleich entworfen. Und eben diese Passage hat ein lebhaftes Historikerinteresse auf seinen Brief gelenkt, nachdem Ottokar Lorenz 1893 behauptet hatte, Goethe sei hier »auf einen Gedanken gekommen, der von der außerordentlichsten Tragweite geworden ist«: Es könne ja »kein Zweifel darüber sein, daß man es in dem Rathschlag unsers Dichters mit nichts Geringerem, als mit der eigentlichen Ursprungsidee des [sechs Jahre später gebildeten sogenannten] Fürstenbundes zu thun hat und es ist sehr merkwürdig, daß einer der letzten Versuche, der alternden Verfassung des Reichs neues Leben einzuflößen, jedenfalls von Goethe aufs Eifrigste unterstützt und befürwortet, wenn nicht ausgegangen ist.«[68]

Nun war dieser vermeintliche »Rathschlag unsers Dichters« schon bei der vorangehenden Consiliums-Sitzung vorgebracht worden, aber auch dort wohl kaum von Goethe selbst. Der machte, während Carl August sogleich doch zustimmte, bereits die gleichen Bedenken geltend, die sein Brief jetzt wiederholt,[69]

68 Lorenz 1893, S. 59. – Alsbald widersprechend Paul Bailleu: Karl August, Goethe und der Fürstenbund. In: Histor. Zeitschrift 73 (1894), S. 14–32 und Düntzer 1895.

69 Das Sitzungsprotokoll referiert zunächst als gemeinsames Votum der Berater, also ohne Angabe des Wortführers: Falls der Herzog dem König nicht nachgeben wolle, sei es wohl der »beste und sicherste Ausweg«, wenn man »durch eine mit andern neutralen, sowohl protestantischen als catholischen, Höfen

und dessen Formulierungen geben zu erkennen, daß die ›Fürstenbund‹-Debatte im Geheimen Consilium auf politischen Planspielen beruhte, die schon früher aufgekommen sein müssen.[70] Auch haben sich die Absichten eines solchen Abwehrbundes der kleineren Herrschaften gegen Preußen und Österreich im späteren ›Fürstenbund‹ keineswegs erfüllt. Der 1785 durch Friedrich II. selbst herbeigeführte und bestimmte Dreikönigsbund Preußens, Hannovers und Sachsens, dem dann auch Sachsen-Weimar-Eisenach und andere kleinere Fürstentümer beitraten, entsprach

zu treffende Verbindung während des jetzigen Kriegs gleichsam einen Parti mitoyen [: eine mittlere Partei] formirte, welcher sich dahin vereinigte, die Zudringlichkeiten und Bedrückungen der [beiden] Krieg führenden Mächte durch dargegen gemeinschaftlich zu nehmende Maas-Reguln von sich abzuhalten.« (wie Anm. 47, S. 50, Z. 20–27) – Daraufhin der Herzog: Man habe ja Zeit, »einen Versuch zu machen, ob ein gemeinschaftliches Concert zur Sicherstellung gegen die Kriegs-Belästigungen zu Stande zu bringen seyn möchte.« (S. 51, Z. 7–9) – Dagegen aber, wieder als gemeinsames Votum der Berater protokolliert: Dadurch »allein dürfte der Haupt-Sache [nämlich der Entscheidung über die Rekrutenforderung des Königs] vor der Hand schwerlich gerathen werden können.« Es sei »auf die Beschleunigung des von Serenissimo in der Haupt-Sache zu faßenden Entschlußes dringend anzutragen.« Inzwischen wolle man »die zu Pflegung der Communication mit den übrigen Fürstlich Sächsischen Häußern und mit dem Chur-Braunschweigischen Ministerio nöthige Expeditiones fertigen« – was die Ausfertigung entsprechender Schriftstücke meint. (S. 51, Zeilen 11 f., 30 ff. und 41 ff.) Das deckt sich vollständig mit den entsprechenden Passagen in Goethes Brief: auch schon im Geh. Consilium wird diese Ansicht von ihm vertreten worden sein. (Zu Recht also stellt Tümmler 1964, S. 67 fest, daß man gar nicht wisse, von wem der »wichtige und in die Zukunft weisende Gedanke« eines ›Fürstenbundes‹ vorgebracht wurde – erklärt aber S. 72 trotzdem für denkbar, daß Goethe »es war, der als erster diesen weittragenden Gedanken während der Sitzung des Geheimen Rates in das Gespräch warf«).

70 Zeile 98 ff. in Goethes Schreiben besagt, daß man sich *bisher nach einem gemeinschafftlichen Plan zu handeln noch nicht habe verstehen können* [...] *mehr als iemals* sei das jetzt doch *zu wünschen* und sei *eine neue Überlegung der so nothwendigen Vereinigung unter sich zu veranlassen*. Insofern irrte auch Sengle 1993, S. 31, als er (bezogen auf die hier in Anm. 69 zitierte Passage des Protokolls S. 50, Z. 20–27 und ohne Goethe zu erwähnen) erklärte: »Man darf in dieser Erkenntnis die Geburt der Fürstenbund-Idee erblicken.« (Ähnlich schon Haussherr 1949, S. 313).

ganz und gar preußischen Interessen, richtete sich also allein gegen den kaiserlich-österreichischen Einfluß im Reich.[71] In Goethes Denkschrift jedenfalls endet diese eingeschobene, wohl nur der vorangegangenen Diskussion im Geheimen Consilium geschuldete Passage (88–122) mit der Versicherung, daß die zur Kooperation mahnenden Schreiben an die betroffenen *übrigen Fürsten* zwar *immer eine gute, wenn auch nicht hinreichende Würckung* haben würden. Weimar brauche ihre Antworten gar nicht erst abzuwarten, *weil man leider menschlicher Weise den Inhalt der eben nicht entscheidend seyn wird voraus sehen kann* (womit er recht behielt).[72]

71 Zu diesem ›Fürstenbund‹ etwa Aretin 1967, Teil I, S. 162–240 und Hammermayer 1988, S. 1220–1224. Über Carl Augusts Rolle dabei: Tümmler 1954, S. 2–49 passim.
Im Jahr nach seinem Brief an den Herzog hat Goethe ›Die Vögel. Nach dem Aristophanes‹ verfaßt und in einer politischen Camouflage am Ende dieses Lustspiels unverkennbar auf die Möglichkeit gemeinsamer Behauptung der kleinen Reichsstände gegenüber den Großmächten Preußen und Österreich angespielt. Im Norden, heißt es da (FA 5, S. 247–251), »neigen sich alle Völker« vor dem Bild eines mächtigen Adlers: »Schwarz, die Krone auf dem Haupt, sperrt er seinen Schnabel aus einander, streckt eine rote Zunge heraus, und zeigt ein Paar immer bereitwillige Krallen.« Nach diesem preußischen Wappentier wird auch das kaiserlich-österreichische vorgestellt: »Und was soll ich von dem zweiköpfigen sagen? – « Für die kleinen Vögel aber, welche die Luft bewohnen, dieses »mittelweltische Reich« zwischen den Menschen unten und den Göttern ganz oben, skizziert der Schriftsteller Treufreund (dessen Part Goethe auf dem Ettersberger Liebhabertheater 1780 selber übernahm) seinen »großen Plan«, sich »mit vereinten Kräften« dort zu behaupten: »Wählt ein Dutzend oder wie viel ihr wollt, aus euern Mitteln, die das große Werk mit gesamten Kräften unternehmen«! (Den Bezug der Wappentiere auf Preußen und Österreich bemerkt andeutend Haussherr 1949, S. 316. Eingehender dazu dann Dieter Borchmeyer im Kommentar zu Goethes Lustspiel: FA 5, S. 1087 ff. – jetzt ausdrücklich bezogen auf Goethes Brief und die ihm auch hier unterstellte »Idee eines Fürstenbunds«).

72 In der nachfolgenden Sitzung des Geh. Consiliums am 10.2.1779 (zusammenfassendes Protokoll: Goethes Amtliche Schriften I, S. 56 f.) wurden von den geplanten Schreiben nur die nach Hannover und Gotha auf den Weg gebracht (erst nach deren Beantwortung sollten die nach Mainz und an die *übrigen Sächsischen Höfe* abgehen). Am 23.2. lagen die hinhaltend-windelweichen Antworten vor (vgl. Flach 2003, 380 f.), und Weimars antipreußische ›Fürstenbund‹-Pläne versandeten.

So nimmt sein Brief das unterbrochene Planspiel wieder auf und imaginiert jetzt (123–170) die möglichen Schritte beider Akteure, falls der Herzog – mit seiner ersten, grundsätzlichen Entscheidung nach dem preußischen Eröffnungszug – Friedrichs Soldatenforderung nicht nachgeben, sondern sich *dem Könige widersezzen* wollte (→ Spielbaum II).

In diesem Fall, schreibt er, müßte man darauf gefaßt sein, also sich darauf *vorbereiten*, daß ein *Werbeoffizier mit einem Commando-*Trupp erschiene, um eigenmächtig tätig zu werden auf herzoglichem Territorium. Sicher sei das keineswegs. Goethes Formulierung läßt Raum für die nicht weiter ausgeführte Möglichkeit, daß die Preußen sich fügen könnten (erster ›Endknoten‹ rechts). Würden sie ihren *Werbeoffizier* jedoch in den Weimarer Herrschaftsbereich beordern, stünde Carl August vor der Frage, ob man verlangen sollte, *dass er sich aus den fürstl. Landen wegbegebe* – was die Alternative einschließt, den bisherigen Widerstand aufzugeben und ihn gewähren zu lassen (zweiter ›Endknoten‹ links). Verwiese man diesen Werbetrupp aus dem Land, könnte Preußen entweder seinerseits nachgeben, also auf Weimarer Rekruten verzichten (zweiter ›Endknoten‹ rechts), oder aber der Ausweisung keine Folge leisten. In solchem *Weigerungs Fall* hätte der Herzog, falls er nicht endgültig kapitulieren wollte (letzter ›Endknoten‹ links), *zu überlegen und sich zu entschliesen*, ob man den Werbeoffizier durch eigene Soldaten *arretiren und aus dem Land bringen, und wie weit man mit der Gewalt wenn er sich widersezzen sollte gehen wolle*. Das jedoch wäre Weimars letzter Zug. Denn wenn die Preußen auch jetzt nicht ablassen sollten von ihrer Soldatenforderung (letzter ›Endknoten‹ rechts), würden sie ihre militärische Überlegenheit ausspielen: *so entsteht die neue Frage was man thun will, oder vielmehr thun muss wenn sie mit verstärckter Gewalt wiederkommen*. Im Klartext freilich besagt dieser Satz, daß es dann gar keine *neue Frage* gäbe, keinen Handlungsspielraum nämlich, keine weitere Entscheidungsalternative mehr. Gegenüber Weimar mit seinen »paar Männchen« käme alle politische Macht jetzt aus den preußischen Gewehrläufen.

Spielbaum II

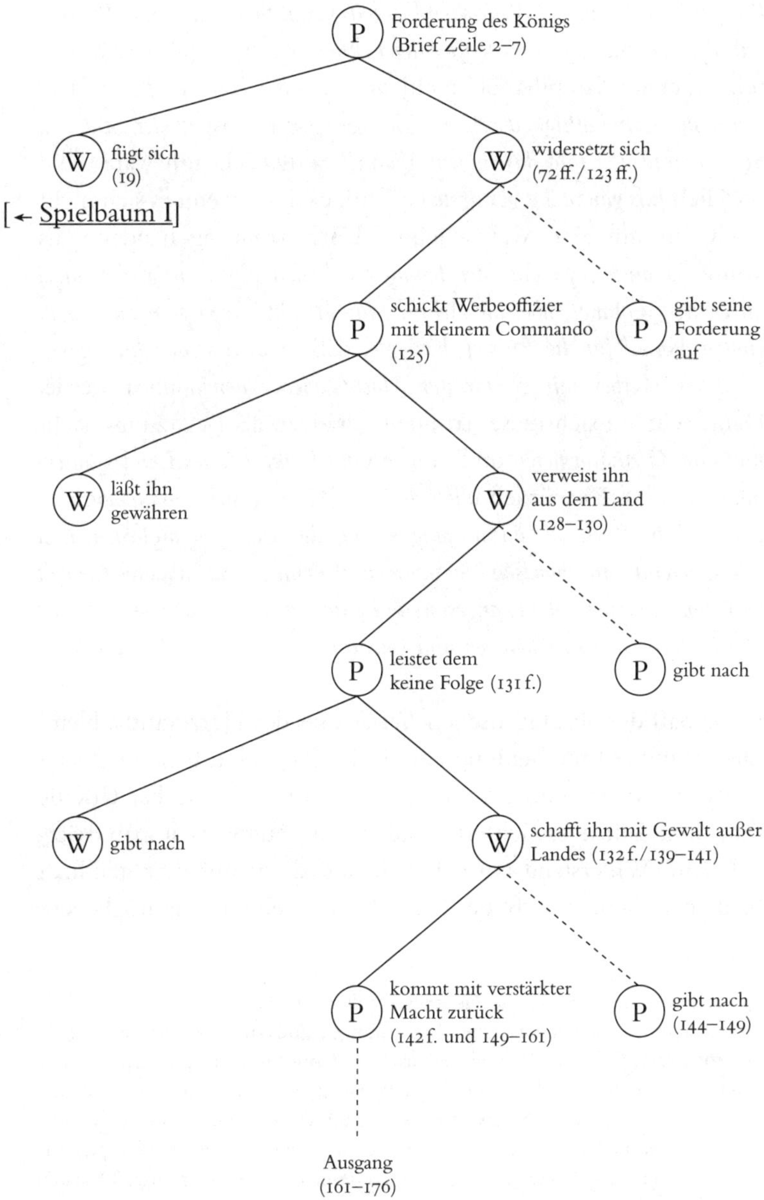

Nur bleibt in Goethes Abschätzung (144–170) offen, wie sich der König in diesem äußersten Fall tatsächlich verhalten würde: *Zwar lässt sich mit einiger Wahrscheinlichkeit vermuthen, dass die Preusen selbst es zu einem öffentlichen unangenehmen Ausbruch* [also zu direkten, offenen Kampfhandlungen] *nicht werden kommen lassen, und wenn sie Standhafftigkeit sehen, sich begnügen* [, uns] *in der Stille zu necken, und hier und da einigen Abbruch zu thun.* Damit wäre wohl wirklich *fürs ganze das geringste übel* aufgezeigt – wenn es sich nicht doch nur um eine Wahrscheinlichkeitsvermutung handelte. Es könne ja *auch seyn dass der König durch den gegenwärtigen Mangel an Leuten gedrängt, über die Achtung hinausgeht, die er gern zu seinem eignen Vorteil für die Fürsten bezeigte,* daß er also *seinen hinaus geschafften Werber mit verstärckter Macht wieder hereinführen* werde. Dann würden sich diese Truppen geradezu als Besatzungsmacht *hier und da einquartieren* und müßten *auf Unkosten des Landes unterhalten werden.* Es würden *alle Übel der Werbung sich gehäuft ausbreiten, und die Rache die dazu käme, würde alle Mäsigung aufheben, und alle Übereinkunft abweisen. Sie würden alsdenn mit offenbaarer Gewalt brauchbare, verheurathete, angesessene Leute mit wegnehmen, man würde den Unterthan vor Prellereyen und Bevortheilungen nicht schüzzen können.*

Gemäß der absolutistischen Verfassung des Herzogtums bleibt die politische Entscheidungsgewalt des Regenten hier bis zuletzt gewahrt. Nicht einmal in Gestalt einer Empfehlung hat Goethe ihm diese Bürde erleichtert.[73] Sollte Carl August sich grundsätzlich zum Widerstand entschließen und darin unbeirrt standhaft bleiben wollen, schreibt der Politikberater seinem letztmöglichem

73 Wie alle Interpreten, die Goethes Denkschrift einen bestimmten Verhaltensratschlag abzulesen suchen (vgl. Anm. 64 und 83), verkennt auch Sengle 1993, S. 32 f. die den Befugnissen des Geh. Consiliums entsprechende Intention des Briefes und verfehlt ihren Wortlaut, wenn er behauptet: »Goethe weiß, daß sich Carl August dem König im Vertrauen auf seine Verwandtschaft *widersezzen* will, und so spielt er dem jungen Fürsten ein Planspiel unter dieser Voraussetzung vor. […] eben deshalb legt er dem jungen Fürsten nahe, das zu tun, was seinen geringen Kräften entspricht.«

Zug sehr wohl die Chance eines vergleichsweise glimpflichen Ausgangs zu – aber zugleich doch das Risiko einer vollständigen Katastrophe für das kleine Herzogtum. Nichts mehr bliebe dann als eine resignierende, das Verhältnis zu Preußen unnötig belastende Beschwerde vor dem *Reichstag* (171–176), von dem man sich *bey gegenwärtigen Umständen nur eine leere Teilnehmung zu versehen hätte.*[74] Weimar wäre damit am Ende aller Optionen.

Indem dieser Brief die virtuellen Züge und Gegenzüge der politisch-militärischen Auseinandersetzung imaginiert, sie *gegen einander* stellt und die jeweils absehbaren *Folgen* überdenkt, gleichen seine Operationen den antizipierenden Kalkulationen eines Schachspielers. Goethe selbst hat die Politik einmal als »das Schachspiel dieser Erde« bezeichnet,[75] und als am 25. Januar das abwehrende Schreiben des Herzogs an den übermächtig im Vorteil stehenden Preußenkönig eine Galgenfrist verschaffte für die Weimarer Entscheidung,[76] notierte er im Tagebuch: »Zwischen zwey übeln, im wehrlosen zustand. Wir haben noch einige Steine zu ziehen dann sind wir m a t t.«

Das grammatische Instrumentarium, das solche Gedankengänge ermöglicht und zur Sprache bringt, ist ein jedenfalls in seiner Konsequenz höchst ungewöhnlicher Tempus- und Modusgebrauch.[77] Die wechselseitig voneinander abhängigen Entschei-

74 Den gleichen Vorbehalt gegenüber der (vom Herzog selbst vorgebrachten) Ultima ratio einer Reichstagsbeschwerde gab es bereits in der Sitzung des Geh. Consiliums am 9.2.1779 (Protokoll, wie Anm. 47, S. 50). Als gemeinsames Votum der Ratgeber protokolliert, dürfte das auch dort schon von Goethe eingewandt worden sein.

75 Brief vom 28.10.1784 an Carl August (der nach Pfalz-Zweibrücken gereist war, um dessen Herzog für den Fürstenbund von 1785 zu gewinnen): »obgleich das Schachspiel dieser Erde nicht genau zu kalkuliren ist, und ein fehlerhaffter Zug manchmal Vortheil bringt, so […] ist mir dann aber doch ietzo sehr lieb daß Sie die Reise machen, Menschen und Verhältnisse selbst sehn und in der Folge entweder sich zurückeziehn, oder aus eigner Erfahrung, Trieb und Überzeugung handlen.«

76 Vgl. Anm. 42.

77 Einen gleichartigen Fall finde ich unter Goethes Briefen nur in seinem (jetzt

dungen Preußens und Weimars stellen sich in Konditionalgefügen dar. Ausgelöst also durch die preußische Eröffnung, geht allemal ein bedingender Teilsatz dem bedingten Satz voraus. Abkürzend rekapituliert: *Gesezt man fügt sich dem Begehren des Königs – so kan …* | *Erwählt man das erste* (Erlaubnis freier Werbung der Preußen) – *so werden …* | *Will man auf eine gewisse Anzahl übereinkommen – so kan man,* und *sie werden …* | *Will man sich endlich entschliessen eine Auswahl selbst zu machen – so ist,* und *die Preusen werden …* . Fügt man sich aber so oder so – *wird man von kayserlicher Seite diesen Schritt übel aufnehmen …* . Alternativ dann für Weimars ersten Gegenzug: *Will man des Königs Gründen kein Gehör geben – so würde man …* | *Bleibt man dabey sich dem Könige widersezzen zu wollen, so muss man …* | *will man* den Werbeoffizier außer Landes weisen – *so wird man …* | *Ist man* auch noch *entschlossen,* ihn gewaltsam über die Grenze zu schaffen – *so entsteht die neue Frage was man thun will …* | *Wäre dieses* (daß die Preußen *mit verstärckter Macht* wiederkämen) – dann *würden …* | *Was alsdenn übrig bliebe, wäre …* .

auf innenpolitische Vorgänge gerichteten) gutachtlich-amtlichen Schreiben an Carl August vom 5.10.1816. Die von Lorenz Oken herausgegebene Jenaer Zeitschrift ›Isis‹ nutzte damals die im Weimarer Großherzogtum gesetzlich garantierte Pressefreiheit zu massiver Kritik auch an dessen neuer landständischer Verfassung, und in diesem Fall gab der reaktionär unwillige alte Goethe sogar eine ausdrückliche (von seinem Regenten freilich nicht befolgte) Empfehlung: Es solle »das Blatt sogleich verboten werden«, »da die Folgen des Zauderns und Schwankens auf alle Fälle peinlich sind« und »eine weise und kräftige Dictatur sich einem solchen Unwesen entgegen stellen müsse, um dasselbe so lange zurückzudrängen, bis eine gesetzliche Censur wieder hergestellt ist.« Dafür werden zuvor die unterschiedlichen Verhaltensoptionen gegenüber der Zeitschrift und ihrem Herausgeber durchgespielt und ausdrücklich die »vorschwebenden möglichen Folgen gedachter Schritte« erwogen – mit Hilfe ebender konditionalen Konstruktionen und disjunktiven Konjunktionen, des hypothetischen Konjunktivs und der prognostischen Tempora, die Goethes außenpolitische Denkschrift charakterisieren: »Gesetzt aber, er betrüg sich … will man alsdann?« | »Wenn er … so wird er« | »hat er aber … so bändige man«. | »Entweder der Herausgeber fährt auf die bisherige Weise fort … Oder er« | »es wäre gar wohl möglich, daß … würde«.

Nur in wenigen Fällen verwendet der Briefschreiber dabei ausdrücklich das in den Konjunktiv gesetzte Futur. Aber auch seinen im Indikativ des Präsens gehaltenen, auf *baldige Entschliesung* ausgerichteten Bedingungssätzen (*Erwählt man* | *Will man* | *Bleibt man* –) gibt der Kontext eine futurische Bedeutung und überdies den gleichen konjunktivischen Geltungsvorbehalt, welcher den im Indikativ eines prognostischen Futurums gehaltenen bedingten Teilsätzen dieser Konditionalkonstruktionen zukommt (– *so wird man,* und *die Preusen werden*). Dabei markieren eingesetzte oder unterstellte disjunktive Konjunktionen (*entweder – oder*) die beiderseitigen Entscheidungsalternativen. Modalverben schließlich, Modaladverbien oder modale Wendungen (*was zu befürchten steht,* oder was man *zu hoffen hätte* | *Zwar lässt sich mit einiger Wahrscheinlichkeit vermuthen – Doch kan es auch seyn dass*) bestimmen den mutmaßlichen Sicherheitsgrad der *Folgen eines ieden* Vorgehens, *so weit man sie* gemäß der Briefpräambel *mit einem zwar uneingenommnen, aber freilich immer beschränckten Geiste vorauszusehen im Stande ist.*

Indem sich, mit solch angemessener Vorsicht, das strategische Gedankenspiel des Politikberaters im konditionalen, futurisch-prognostischen Sprachspiel seines Briefes abbildet, sitzt der Ausdruck hier dem Gedanken wie angegossen. Auf eine im indikativischen Präsens gehaltene, realistische Bestimmung *gegenwärtiger Lage* gegründet, erheben sich die konjunktivischen Wahrscheinlichkeitsabschätzungen des Folgenbedenkers in den Potentialis: von dem, was ist, kraft einer freien Vorstellungsart und im Medium einer kontrollierten Phantasie zu dem, was sein könnte. Dergleichen hat dieser bei seinen Rekrutenauslesungen an der ›Iphigenie‹ oder am ›Egmont‹ schreibende Kriegskommissar später geradezu als seine »politische Poesie« bezeichnet.[78]

78 Zum russisch-österreichischen Türkenkrieg schrieb Goethe am 17.11.1787 aus Rom an seinen Herzog: »Und nun noch ein politisch Wort, ob ich gleich nur das allgemeinste der Welthändel sehen kann. Ich lese fleisig die Zeitungen und [...] so kann man mit einer freyen Vorstellungs Art die Lage der Sache ziemlich übersehen.« Er meinte da, Joseph II. werde den »Absich-

Die kam gar nicht zur Sprache, als das Geheime Consilium seine am 9. Februar begonnene Beratung tags darauf wieder aufnahm. Natürlich wurde Goethes Brief an den Herzog im Sitzungsprotokoll nicht erwähnt. Aber auch sein Drängen auf eine *baldige und feste Entschliesung* blieb unbeachtet. Offenbar fand man die Lage schon weit weniger bedrohlich als am Vortage, hielt eine generelle Entscheidung jedenfalls nicht für dringlich. Denn der badische Minister v. Edelsheim hatte soeben mitgeteilt, daß es bei diplomatischen Verhandlungen zur Beilegung des preußisch-österreichischen Konflikts inzwischen nurmehr um eine strittige Kleinigkeit ginge; so könne sich das wohl bis in den April hinziehen, aber darum »wird man keinen Krieg führen.«[79] Wenn die Preußen jetzt dennoch eigenmächtige Werbungen vornehmen sollten, wollte der Herzog das vorläufig hinnehmen und nur massive Ausschreitungen zu verhindern suchen.[80] Auch dazu kam es nicht mehr. Nach zähen Verhandlungen wurde am 13. Mai 1779 in Teschen ein von Frankreich und Rußland vermittelter und garantierter Friedensvertrag unterzeichnet, der Österreichs territoriale Ansprüche auf das Inn-Viertel beschränkte, also Bayerns Integrität erhielt und Preußen dafür die (spätere) Inkorporation von Ansbach-Bayreuth zugestand. Allein diesem Interessenausgleich zwischen den Großmächten und kei-

ten Catharinens auf Constantinopel pp« nur zustimmen können, wenn »auch einem Nachgebohrnen seines Hauses der besitz von Italien versichert sey«, und ließ hinsichtlich solcher österreichischen Gebietsgewinne seinen Konjunktiven freien Lauf: »Soviel ist gewiß daß der Kirchenstaat und beyde Sicilien ohne Schwerdtstreich wie Holland wegzunehmen wären. Man legte sich mit ein Paar Linienschiffen in den Golf von Neapel und bäte sich zwey Thore von Rom aus [die für den Einmarsch geöffnet würden]; so wäre die Sache gethan.« – Drei Wochen danach dann (am 8.12.1787): »In meinem letzten Briefe habe ich eine politische Poesie gewagt, die Sie mir verzeihen werden, doch scheinen die neusten Operationen der Cabinette, meine Sorge, wo nicht in ihrer ganzen Ausdehnung, doch in ihrer Richtung zu rechtfertigen.«

79 Schreiben vom 8.2.1779 (Hausarchiv A XIX Nr 32, Bl. 11). Erst 1957 entdeckt von Flach (vgl. jetzt Flach 2003, S. 367 f., Anm. 49 und S. 403, Nr 99).

80 Protokoll (wie Anm. 72) S. 57, Zeile 21 ff.

neswegs einer politischen Weitsicht des zögerlich agierenden Herzogs war es zu danken, daß der kleine Weimarer »Kahn« nicht, wie Goethe fürchten mußte, »zwischen den Orlogschiffen gequetscht« worden ist.[81] Aber daß der preußisch-österreichische Krieg auf diese Weise beigelegt werden könnte, beide Parteien deshalb auf Rekrutenforderungen verzichten würden und man selber sich also am besten wirklich nur abwartend verhielte, war am 9. Februar in Weimar noch so wenig abzusehen, daß es sich dem Potentialis entzog und in Goethes Gedankenspiel gar nicht erst erwogen wurde. Sein Brief ging praktisch ins Leere, blieb in politischer Hinsicht ohne Folgen, hat »an die Weltgeschichte« wirklich nur gestreift. Auch was er als Lehrstück für den jungen Regenten bewirkt haben mag, entzieht sich späterer Einsicht.[82] So beruht seine Bedeutung allein auf ihm selbst als literarischem Gebilde.

Die realgeschichtlichen Vorgänge freilich, die dem zugrunde lagen, kamen am 10. Februar keineswegs schon zu einem Ende. So blieb es nicht bei der ›politischen Poesie‹ nur dieses Goetheschen Briefes.

Der Kriegskommissar hatte geschrieben, falls sich Carl August den Preußen nicht widersetzen, sondern ihrer Forderung nachgeben wollte, würde es wohl *das geringste übel* sein, *eine Auswahl selbst zu machen und ihnen die Leute auszuliefern*. Das verstand sich im Kontext seines Briefes also keineswegs als definitive Empfehlung. Aber da Goethe selber wenig später, vom 26. Februar an, tatsächlich Rekrutenauslesungen vornahm, hat man aus dieser zeitlichen Nähe auf einen ursächlichen Zusammenhang geschlossen und vermutet oder für wahrscheinlich erklärt, schließlich schlankweg behauptet, unter seiner Aufsicht wären damals Weimarer Landes-

81 Wie oben im Brief an Merck, 18.3.1778.

82 Immerhin bekam Goethes Mutter am 11.6.1781 von dem kritisch beobachtenden Merck zu hören: »Die Hauptsache hat Er zu stande gebracht – der Herzog ist nun wie Er sein soll, das andre Dreckwesen – kan ein anderer thun, dazu ist Goethe zu gut u.s.w.« (Mandelkow 1988, Bd I, S. 707).

kinder für den Krieg gegen Österreich ausgehoben und ausgeliefert, ja verkauft worden an Preußen.[83]

83 Diese These hat, zunächst nur vermutend, Lorenz 1893, S. 61 aufgebracht (abgewehrt von Düntzer 1895, S. 26), dann behauptend Schöll/Wahle 1899, S. 531. Entschiedener noch erklärte Borchmeyer 1988 (in FA I 5, S. 1007 f.), Goethe habe den Herzog mit seinem Brief davon überzeugt, »daß es besser sei, den Preußen freiwillig Truppen zu stellen, als es auf eine gewaltsame preußische Rekrutenaushebung in Sachsen-Weimar ankommen zu lassen«, und habe dann »persönlich die Oberaufsicht über die Rekrutenwerbung« übernommen. Ebenso Maisak 1996, S. 99. Vorsichtiger Haussherr 1949, S. 314: »Die junge Mannschaft, die in Goethes Beisein ausgehoben wurde, sollte dem eigenen Fürsten dienen. Aber die Preußen brauchten ihre Forderungen nur energischer zu wiederholen, dann arbeitete Goethe landauf, landab für einen fremden Herrn.« So vermerkt auch Boyle 1995, S. 350 Goethes »Anwerbung von Rekruten für Weimars eigene kleine Armee – vielleicht mit dem Hintergedanken, sie Preußen zur Beschwichtigung anzudienen.«
Solche Unterstellungen fügen sich paßgerecht an die von Daniel Wilson 1999, S. 59 aufgebrachte spektakuläre Behauptung, Goethe selber habe sich mit seinen beiden Kollegen im Geh. Consilium »an der Entscheidung beteiligt, weimarische Untertanen gegen ihren Willen nach Amerika [nämlich in den hannoverisch-englischen Militärdienst zum Kampf gegen die Unabhängigkeitsbestrebungen der nordamerikanischen Kolonien] und später auch nach Preußen zu verkaufen.« Tatsächlich hat Carl August (entgegen einem Vorschlag des Grafen zu Schaumburg-Lippe, eigene Soldaten in englische Dienste zu überstellen) am 3.12.1777 ausdrücklich erklärt, er könne sich »überhaupt zu der Abgabe einiger Truppen in fremden Dienst und Sold, um verschiedener Ursachen willen, nicht entschließen« (Wilson selbst, S. 50). Lediglich für ausländische und gerichtlich überführte Landstreicher, die ohne Pässe ins Herzogtum gekommen wären, verfügte sein von den Mitgliedern des Geh. Consiliums, also auch von Goethe abgezeichnetes Reskript am 26.9.1776, daß sie einem preußischen Werber übergeben werden sollten (Wilson, S. 52), der dafür wohl jeweils fünf Taler Subsidien an die Landeskasse entrichtete. Für Weimarer Landeskinder galt das nur, wenn es sich um Zuchthäusler handelte, die erklärtermaßen lieber in fremden Militärdienst gehen wollten als daheim ihre Strafen abzusitzen. Zwei solche Vorgänge aus dem Jahr 1777 sind durch Verhörprotokolle belegt. Da erklärt sich einer der Betroffenen »gar wohl zufrieden wenn er in fremde Kriegs-Dienste aufgenommen würde, wenn er auch gleich nach America sollte transportiret werden.« Über den anderen verfügte der Herzog, daß er »wider seinen Willen zum Soldaten-Stand nicht genöthiget werden, sondern seine Sitz-Zeit im Zuchthauß aushalten solle« (Thüring. Hauptstaatsarchiv Weimar: B 36569 Bl. 5^{r}. Dazu Wilson S. 53–55). Bei insgesamt noch fünf weiteren Straffälligen,

So war es keineswegs. Für Weimars eigenes Militär erfolgte eine ›Aushebung‹, also die tatsächliche Einstellung der zuvor gemusterten, dabei tauglich befundenen und gemäß dem jeweiligen Truppenbedarf schließlich ausgewählten jungen Leute, ohnehin nicht durch die Kriegskommission, sondern durch die zuständigen Unterobrigkeiten. Allein mit den vorangehenden ›Auslesungen‹ hatte Goethe zu tun: also mit Untersuchungen und Befragungen der dafür jahrgangsweise einbestellten Musterungspflichtigen.[84] Die wurden turnusmäßig alle drei Jahre vorgenommen.[85] Vor dem Amtsantritt des neuen Kriegskommissars war das zuletzt 1776 geschehen. So standen die nächsten regulären Auslesungen in ebendiesem Frühjahr 1779 an,[86] und außer dem chronologischen

die 1778 und 1780 in preußische Dienste kamen (ebd. S. 53 und 58 f.), muß man daher annehmen, daß das gleichfalls mit ihrem ausdrücklichen Einverständnis geschah. – Ständig mit bloßen Vermutungen operierend, erscheint Wilsons oben zitiertes effekthascherisches Resümee haltlos überzogen (vgl. dazu Schings, Goethe-Jb. 116 (1999), S. 424 ff. und Ventzke 2004, S. 409–420).

84 Dem entspricht Goethes unterscheidender Wortgebrauch. Wenn im Brief an den Herzog vom 9./10.2.1779 von ›ausheben‹ die Rede ist (35), meint das die Indienstnahme von Landeskindern durch das preußische Militär (entsprechend: *ausnehmen* ebd. 23). Das eigene Geschäft hingegen bezeichnet er regelmäßig als »Auslesung« oder »Auslesen« (Tagebuch 26.2.–17.3.1779; Briefe vom 20.2. und 2.3.1779, 26.2.1782, 15.5.1787; ebenso Goethes Amtliche Schriften I, S. 62), gleichbedeutend aber einmal auch als »Ausnehmung« (Brief 6.3.1779). – Wo man diese Unterscheidung vernachlässigt, also ›Aushebungen‹ angibt, während es um ›Auslesungen‹ ging (außer Schöll/Wahle 1899, S. 531 auch Bürgin 1933, S. 161 oder Vogl 1999, S. 195/198 ff., ebenso Goethe-Wörterbuch bei ›Auslesung‹), läßt das erhebliche Mißverständnisse zu.

85 Ohne Nachweis vermerkt von Düntzer 1895, S. 26; Vogl 1999, S. 196; Flach 2003, S. 369. Bestätigt durch das hier bei Anm. 87 zitierte Zirkular vom 26.1.1779. – Grundsätzliches zu den Weimarer ›Auslesungen‹ und ›Aushebungen‹ bei Müller 1936, S. 21 ff. und 48 ff.; Papke 1979, S. 212; Vogl 1999, S. 195.

86 Die auf 1779 folgenden Rekrutenauslesungen fielen also in den März 1782 (beschrieben von Bürgin 1933, S. 160 f. und Vogl 1999, S. 201 f.; von Goethe selber nur in einem Brief an Knebel vom 26.2.1782 erwähnt). Auf die nächste, 1785 fällige Auslesung wurde verzichtet, weil man nach Goethes Reduktion des Militärs keine neuen Rekruten benötigte (Bürgin 1933, S. 161

Sachverhalt deutet nichts darauf hin, daß sie diesmal einer Aushebung von Soldaten für Preußens Krieg gegen Österreich hätten dienen sollen. Vielmehr waren am 5. Dezember durch v. Fritschs Schreiben an den General v. Moellendorff alle Rekrutenforderungen abgewiesen worden, und noch am 25. Januar hatte sich der Herzog mit seinem Brief an den König den zustimmungspflichtigen preußischen Werbungen auf Weimarer Territorium ausdrücklich widersetzt. Gleich danach dann und unabhängig davon wurden am 26. Januar die herzoglichen Ämter durch ein Zirkular der Kriegskommission angewiesen, für die anstehende eigene Auslesung »ein richtiges Verzeichniß derer Unterthanen« einzureichen, »welche seit 1776 das 16te Jahr und drüber erreicht haben«.[87] Am 13. Februar 1779 schließlich ergeht durch ein Zirkular der Kriegskommissare Goethe und v. Volgstaedt die Anweisung, »nunmehro dieienige junge Mannschaft, welche die Unter Obrigkeiten in denen eingesendeten Verzeichnißen namhaft angegeben haben«, einzubestellen, um sie »zum Dienst bey denen [versteht sich: Weimarischen!] Guarnisonen auslesen zu können.«[88]

Daß diese am 26. Februar beginnenden Auslesungen (nach heutigem Sprachgebrauch also: Musterungen) mit den preußischen Forderungen zusammenhingen, wird vollends ausgeschlossen durch ein Votum Goethes vom 21. Februar. Da ging es um die »Menschen-Rauberey«, die dem Lande drohen könnte, wenn im Frühjahr die in Weimars Nähe stehenden preußischen Truppen ins Feld rücken würden. Schriftlich (im Umlaufverfahren) riet das

und Vogl 1999, S. 202). – Freilich schrieb der Kriegskommissar am 13.4.1780 an Charlotte v. Stein auch, er sei »wieder auf der Musterung«, und seine entsprechende Tagebuchnotiz vom 15.4.1780 (»War 4 Tage Musterung«) wird in GT I 2, S. 517 als »Rekrutenaushebung« kommentiert. »Musterung« aber, aufs Militär bezogen, meint bei Goethe eine Inspektion bereits bestehender Verbände (1784 in FA I 26, S. 247; 1824 in FA I 22, S. 84/87). So wird man auch die hier zitierten Angaben vom April 1780 zu verstehen haben.

87 Faksimile des von Goethe und v. Volgstaedt unterzeichneten Rundschreibens bei Vogl 1999, S. 199 (Abb. 6).

88 Thüring. Hauptstaatsarchiv Weimar: Eisenacher Archiv, Militärsachen Nr 143, Bl. 27.

Geheime Consilium dem Herzog, seine Untertanen und durchreisende fremde Handelsleute dadurch vor Übergriffen zu schützen, daß er eigene Husaren und Infanteristen in die gefährdeten Gegenden beorderte. Zustimmend votierte Goethe, man müsse auch diese Schutztrupps selber vor Entführungen durch die Preußen sichern, und fügte hinzu: »Nicht weniger wird es nothwendig seyn die [jetzt bevorstehende] vorzunehmende Auslesung, und die dazu zusammenbeorderte Leute auf ihren Weegen sicher zu stellen.«[89] Selbst der »Hintergedanke« einer möglichen späteren Überstellung dieser jetzt auszulesenden Rekruten in das kriegführende Preußenheer ist damit unverträglich.

Vielmehr schien es noch am 20. Februar, als würde Goethe gerade wegen des preußischen Begehrens die anstehende Auslesung gar nicht wahrnehmen können. Offenbar mit Rücksicht auf die bedrohlich angespannte politische Lage hatte Carl August ihm befohlen, in Weimar zu bleiben.[90] Fünf Tage später jedoch lag im Geheimen Consilium ein Bericht des Weimarer Gesandten am Kaiserhof vor: In Wien werde »ganz zuverläßig« kolportiert, daß sich der französische Botschafter schon zur Abreise bereithalte, um mit dem russischen Bevollmächtigten »Friedens Preliminarien zu unterzeichnen«, sobald die erwartete Zustimmung der preußischen Seite eintreffe.[91] So konnte Weimar an diesem 25. Februar

89 Goethes Amtliche Schriften I, S. 62.

90 Goethe an v. Fritsch, 20.2.1779: »Da ich den ohnzielsezlichen Vorschlag wegen der Auslesung Serenissimo vorlegte, haben dieselben mich hierzubleiben befehligt. Sie [der Herzog] wollen hoffen dass V. [v. Volgstaedt, der offenbar für Goethe einspringen sollte] in iezziger Crise sich der Gnade die Sie für ihn tragen nicht ganz unwürdig machen werde, haben mir auch aufgetragen ihn deswegen zu verwarnen.«

91 Angaben über diese Sitzung bei Flach 2003, S. 371/381. Es lag ein Bericht des Gesandten Isenflamm vom 13.2.1779 vor (Thüring. Hauptstaatsarchiv Weimar: Bestand C Nr 129, Bl. 151–152), der die bereits am 10.2. eingegangene Entwarnung durch den badischen Minister v. Edelsheim bestätigte (vgl. hier bei Anm. 79). Freilich fährt Isenflamm fort, es sei auch zu vernehmen, daß »von neuem ein trübes Gewölke aufziehen will, welches die Friedens Hoffnung wieder entfernen dürfte. Nie hat man sich in einer größern ungewißheit befunden.«

die Großwetterlage mit nachlassender Sorge betrachten. Tags darauf also begab sich Goethe an die »Auslesung der iungen Mannschafft«.[92] Am 26. und 27. Februar überwachte er sie in Weimar, vom 1. März an dann in Jena, Dornburg, Apolda, Buttstädt, Allstädt und Ilmenau, und kam am 21. März zurück (der Schimmel aus dem herzoglichen Marstall, auf dem der Kriegskommissar dazu durchs Land ritt, hatte den Namen ›Poesie‹).[93]

Am 8. März hat Knebel ihn bei diesen Geschäften besucht, fand ihn im Rathaus von Buttstädt »am Tische sitzen, die Rekruten um ihn her und er selbst dabei an der Iphigenia schreibend.«[94] Am

Vor allem wohl die Zusage russischer Militärhilfe für Preußen ließ den Wiener Hof endgültig einlenken. »Der König [Friedrich II.], welcher diese Botschaft den 4. März in Silberberg empfing, stellte die Feindseligkeiten für Böhmen schon den 7., für Oberschlesien und Mähren den 8., für Sachsen und für Böhmen den 10. ein und legte die zusammengedrängten, von Seuchen geplagten Truppen in geräumigere Quartiere«. – Da habe dieser Krieg ihn bereits »29 Millionen Thaler und 20.000 Mann gekostet« (Preuß 1834, S. 108 u. 115).

92 Tagebuch, 26.2.1779. – Wie ernst man die preußische Bedrohung doch noch nahm, zeigt ein gedrucktes ›Publicandum‹ der Regierung Weimar vom 26.2.1779, das öffentlich angeschlagen und von den Kanzeln verlesen werden mußte: In den »jetzigen kriegerischen Zeitumständen« sei bei allen Zusammenkünften, »besonders aber in Gasthöfen und Schenken, alles Schwatzen und Urtheilen über den gegenwärtigen Krieg, und was darauf nur einigen Bezug haben kann, als von Werbung, und ob der oder jener neuerlich oder in vorigen Zeiten in den oder jenen Kriegsdiensten gestanden, und daraus desertiret sey«, ausnahmslos zu unterlassen. Wer dem zuwiderhandle oder Übertretungen nicht anzeige, sei sogleich in das Weimarer Zuchthaus zu verbringen. (›Geheime Canzley-Acta‹ – wie Anm. 35, Bl. 105 r).

93 Vogl 1999, S. 194. – Am 5.3.1779 schrieb der Reiter an Charlotte v. Stein, »dass sich der Schimmel gut hält, bis aufs scheuen«; am 14.9.1780 aber, über die Doppelnatur von Amtsschimmel und Musenroß: »ich sizze auf meinem Klepper und reite meine pflichtmäsige Station ab, auf einmal kriegt die Mähre unter mir eine herrliche Gestalt, unbezwingliche Lust und Flügel und geht mit mir davon.«

94 Diese Angabe, die sich zweifellos auf den 8.3.1779 bezieht, hat Knebels Stiefsohn Carl Wilhelm irrtümlich unter Goethes Brief an Carl Ludwig v. Knebel vom 26.2.1782 geschrieben, mit dem der Kriegskommissar seinem Freund die turnusgemäß drei Jahre später abgehaltene nächste Musterung ankündigte (»Das alberne Geschäft der Auslesung iunger Leute zum Mili-

Rekrutenauslesung im Buttstädter Rathaus
Goethesche Handzeichnung, Feder mit schwarzer Tusche, grau laviert, über Bleistift. (Goethe-Nationalmuseum Weimar)
Zur Raumwiedergabe hier Anm. 123.

tare, sezt mich in die Nothwendigkeit nächstens vier Wochen im Lande herum zu reiten.«); 1782 war er auch gar nicht mehr mit der ›Iphigenie‹, sondern mit seinem ›Egmont‹ beschäftigt. – Knebels Besuch am 8.3.1779 in Buttstädt erwähnen auch Goethes Briefe vom gleichen Tag an Charlotte v. Stein und den Herzog (dem schreibt er über seine Arbeit an der Prosa-›Iphigenie‹: Ich »koche an meinem Töchtergen«; am 15.5.1787 dann an Seidel: »Den ersten Entwurf schrieb ich unter dem Rekrouten Auslesen«).

gleichen Tag und gleichen Ort hat Goethe einen Brief an seinen Herzog verfaßt: »Indess die Pursche gemessen und besichtigt werden will ich Ihnen ein Paar Worte schreiben.« Auf ebendiese Szene mag die umseitig wiedergegebene Zeichnung zurückgehen, die er an seinem Aufsehertisch vermutlich nicht schon fertiggestellt, aber hier doch skizziert oder jedenfalls konzipiert haben wird (immerhin hat er seinen Zeichenkasten häufig auch auf Reisen mitgenommen).

Goethes zeichnerisches Werk ist mit etwa 2700 Blättern überliefert. Landschaftsbilder sind das vor allem. Menschen darzustellen, hat er schon aufgegeben, als er sich während der Italienreise um sein »kleines Zeichentalentchen« bemühte; im Rückblick hat er solche früheren, meist als Bewegungsskizzen angelegten Versuche denn auch nur beiläufig und geringschätzig erwähnt.[95] Unter diesen wenigen Figurendarstellungen ist seine ›Rekrutenauslesung‹ ein einzigartiger Fall. Ebenso wirklichkeitsgetreu anmutend wie kunstvoll komponiert, erscheint sie als zeichnerische Momentaufnahme einer vielgestaltig dramatischen Szene, in der die Mimik und Gestik der Figuren anschaulich macht, was sie denken und empfinden, ja was sie murmeln, knurren, sprechen oder schreien mögen. Im »prägnantesten Augenblick« erfaßt sie nicht nur, was jeder der Beteiligten gegenwärtig unternimmt oder an sich geschehen lassen muß, sondern gibt zugleich zu verstehen, wie er sich kurz zuvor verhalten hat, und was wenig später mit ihm vor sich gehen mag.[96] So bedarf sie einer eingehenderen Betrachtung,

95 Brief an den Herzog Carl August, 11.8.1787 und ›Dichtung und Wahrheit‹ IV 20 : FA I 14, S. 836 f.

96 Lessing, ›Laokoon‹ XVI: »Die Malerei kann in ihren coexistierenden [der Gleichzeitigkeit im Raum unterworfenen] Compositionen nur einen einzigen Augenblick der Handlung nutzen, und muß daher den prägnantesten wählen, aus welchem das Vorhergehende und Folgende am begreiflichsten wird.«
Bemerkenswert gültig für die nachstehenden Betrachtungen Ivan Nagel: Gemälde und Drama. Giotto Masaccio Leonardo. Frankfurt/M. 2009, S. 232 f.: »Der *›realistische‹ Blick* des Malers auf die Gegenstände behauptet

die sich nicht zufriedengibt mit der summierend ungenauen Aufzählung etwa von »gut gewachsenen und frisch vermählten Drükkebergern und den flehentlichen Bitten dienstwilliger Krüppel und Arbeitsloser (die er alle auf einer seiner wenigen satirischen Zeichnungen festhielt)«.[97]

Vorn links im Bild also eine große Trommel, an der ein Offiziersdegen lehnt[98]: die damals weithin bekannte ›Werbetrommel‹, von deren Bespannung sich die Redensart herleitete, daß

der Dienstwillige ›aufs Kalbsfell schwöre‹ oder ›dem Kalbfell folge‹ (nur wurde sie zu Goethes musternder ›Auslesung‹ wahrscheinlich gar nicht mitgeführt – vgl. hier S. 219).

Daneben am Boden ein junger Bursche, der sich die Schuhe auszieht, um als nächster barfuß unter die Meßlatte zu treten (oder sie wieder anzieht, weil er das gerade hinter sich hat).[99]

seine Identität mit dem *›realen‹ Augenblick*, da der *Blick des Betrachters* auf sie fällt«; die »perspektivische, figural belebte Bildbühne füllt sich mit *Sprache* der Körper, Gesten, Blicke. In deren beobachteten oder künstlichen Zeichen springen die Affekte der dargestellten auf den betrachtenden Menschen über.«

97 Boyle 1995, S. 351.

98 Um fortgesetzte Mißverständnisse auszuschließen, notiere ich anmerkungsweise einige der zahlreichen Fehldeutungen dieser Zeichnung. Hier spricht Bürgin 1933, S. 159 von »Emblemen des Soldatenstandes, Trommel und Gewehr«. Jürgen Kloosterhuis hat mich (brieflich) darüber belehrt, daß es sich dabei um eine gerade Blankwaffe handelt, also um einen Offiziersdegen, in der Scheide und mit dem Wehrgehenk. Unteroffiziere und Mannschaften hingegen trugen den Pallasch, eine leicht gekrümmte Blankwaffe, wie der Soldat, der rechts im Bild die Meßlatte handhabt. Der vorn abgelegte Degen also gehört offensichtlich dem Offizier in der Bildmitte hinten, der nach erfolgreicher Musterungsprozedur einen Dienstwilligen hinausgeleitet.

99 Irrig Bürgin 1933, S. 159: Er »betrachtet seine vom Laufen wunden Füße – die typische Krankheit des Soldaten«, oder Vulpius 1990, S. 23 (gleich sechsfach fehlerhaft): »Vor dem Stehpult des Kommissars hockt ein Musketier, der Trommel und Gewehr abgestellt hat, um sich die Blasen an seinen Füßen zu betrachten.« – Korrekt hingegen Maisak 1996, S. 99.

Rechts vorn dann eine jammernde Frauensperson, die sich zuvor an den (außerhalb des Bildfeldes befindlichen) Kriegskommissar gewendet haben mag, um den Schuhauszieher freizubitten, auf den wohl ihre ausgestreckte Hand noch zeigt.[100] Jetzt wird sie von einem Soldaten barsch hinausgewiesen durch das große Rundportal des Ausgangs.

Im Schattendunkel erkennt man dort einen Mann mit ältlichen Gesichtszügen, der beide Hände auf seinen Krückstock stützt: tiefer stehend auf (oder neben) einer hier zu denkenden Außentreppe.[101] Er mag darauf warten, mit welchem Ergebnis sein Sohn da untersucht und befragt werden wird, oder ob man ihn selber zu Auskünften über die familiären Verhältnisse aufruft. Denn außer den wirtschaftlich nutzbringenden Handwerksmeistern, Kaufleuten und ihren Lehrburschen, außer Personen in fürstlichem Dienst oder öffentlichen Ämtern sollten nicht nur »Gymnasiasten und Schüler, wenn deren Aufführung gut und regelmäßig ist«, vom Solda-

100 Ruland 1895, S. 9 (8) hat sie als die Ehefrau eines Soldaten mißverstanden (dazu hier Anm. 122). Ebenso wieder Bürgin 1933, S. 159. – Nach einem gedruckten Reskript Carl Augusts ›An die Regierung zu Weimar‹ vom 7.1.1795 sollten für ein ihm abgefordertes reichsständisches Truppenkontingent ohnehin nur »unbeweibte Leute« ausgehoben werden. (Thüring. Hauptstaatsarchiv Weimar: Gesetze B 2085, Bl. 1v). Das könnte auch bei den Auslesungen von 1779 schon üblich gewesen sein, galt aber nach Heyne 1869, S. 21 seit dem 27.1.1795 nicht mehr für »beweibte junge Männer, deren Eheweiber sich ohne deren Beihülfe ernähren können«, wenn ihre Freistellung »dem dasigen gemeinen Besten nicht besonders nützlich erachtet wird«.

101 Ruland 1895, S. 9 (8) erklärt, daß »ein gebückter ›Krüppel‹ vergnügt die Treppe heraufkommt«, während Kloosterhuis 2004, S. 130/134 hier einen der sogenannten ›Anbringer‹ vermutet, welche die Werbekommandos gegen Geldprämien über brauchbare Leute informierten. Nur geht es in diesem Fall um musterungspflichtige Landeskinder, die anhand von Registern der herzoglichen Ämter jahrgangsweise einbestellt wurden, also nicht erst ausgespäht werden mußten.

tendienst freigestellt bleiben, sondern immer auch einer unter mehreren Söhnen und ebenso ein Einzelkind, das fürs väterliche Gewerbe unentbehrlich war.[102] Wie dergleichen bei den Befragungen zur Sprache kommen mochte, zeigt eine in Goethes Nachlaß befindliche, in diesem Zusammenhang nie zur Kenntnis genommene eigenhändige Aufzeichnung des Kriegskommissars mit der Überschrift ›Revision 1780‹.[103] Da ging es freilich nicht mehr um eine Rekrutenauslesung, sondern wohl um eine Truppeninspektion, bei der einige bereits im Militärdienst stehende Soldaten nachträglich freizukommen suchten. Was sie an Gründen vorbrachten und wie sie abgefertigt wurden von dem nachgeordneten Kriegsrat v. Volgstaedt, der die Verhandlung führte (und im Jahr darauf entlassen wurde), scheint Goethe wörtlich protokolliert zu haben. Es ist unerfindlich, zu welchem Zweck das geschah. Aber was er sich dabei gedacht haben mag, bedarf hier keiner Erläuterung mehr –

V.[olgstaedt:]	Wenn du bis [17]91 dienst[104] kommst du in deinen besten Jahren nach haus.
Sold.[at:]	Das ist gar zu lang.
V	Einem Unterthan muss die Zeit nicht lang werden.
	—
Sold.	Ich hab zu Hause einen alten Vater der sich nicht helfen kan.
V	Das thut ihm nichts.
	—
Sold	Ich mögte gerne weg

102 Solche Regeln finden sich später fixiert in Carl Augusts Reskript vom 7.1.1795 (wie Anm. 100, Bl. 2r). Entsprechend Heyne 1869, S. 20 f.

103 GSA: 25/XXXIV, 13, 20 (auch in WA I 38, S. 496: als Nr 40 unter die ›Späne‹ der ›Lesarten‹ versteckt).

104 Damit wäre eine Dienstzeit von (noch) 11 Jahren bezeichnet; die fünftletzte Zeile des hier zitierten Textes gäbe dann 8 Jahre an. Dem Truppenbedarf entsprechend hat die Kriegskommission das seit 1768 in unterschiedlicher Weise geregelt (vgl. Hahn 1953, S. 35). Müller 1825, S. 12 gibt für 1823 eine Verlängerung von zuvor nur 4 Jahren auf 6 Jahre an.

V	Das glaub ich.
	—
Sold.	Mein Vater muss viel Steuern geben
V	Desto besser, so seyd ihr reich.
	—
Volg	Habt ihr was anzubringen?
S.	O ja, ich –
V	So geht nur hin.
	—
S	Ich bin ein Becker und verlerne meine Profession.
V.	Wenn ihr [17]88 los kommt könnt ihr noch viel in eurem Leben backen
	—
S.	Ich hab einen Bruder der ganz krumme Füse [: Beine] hat.
V.	So habt ihr sie doch nicht.

Auf Goethes Zeichnung möchte einer der Musterungspflichtigen offenbar schon bei der Auslesung davonkommen. Barfüßig steht er unter der Meßlatte, und der Soldat, der dieses Instrument handhabt, greift ihm unters Kinn, weil der Bursche sich wohl ein wenig zu ducken versucht, sich also kleiner machen möchte. Für Weimars Soldaten wurde ein Mindestmaß von umgerechnet gut 1,67 m vorausgesetzt,[105] und Großgewachsene waren besonders begehrte Rekrutierungsobjekte. »Kein sonderlich Vergnügen ist bey der Ausnehmung, da die Krüpels gerne dienten und die schönen Leute meist Ehehafften [: rechtsgültige Freistellungsgründe] haben wollen«, schreibt Goethe am 6. März 1779 aus Apolda an Charlotte v. Stein; »Doch ist ein Trost, mein Flü-

105 Jedenfalls galt das nach dem Reskript Carl Augusts vom 7.1.1795 (wie hier Anm. 100, Bl. 1v): »dem Maaß nach nicht unter 5 Fuß 4 Zoll«.

gelmann von allen (11 Zoll 1 Strich) kommt mit Vergnügen und sein Vater giebt den Seegen dazu.«[106]

Gegenüber, an ein Möbelstück gelehnt und mit zurückgewendetem Blick die Meßlattenprozedur verfolgend, hält sich ein Unteroffizier bereit, die Größenangabe, die man ihm von dort zurufen wird, in seine Liste einzutragen.[107]

Im Hintergrund schließlich wird ein zuvor gemusterter Junge durch die offene Tür in einen Nachbarraum geleitet. Noch ganz ohne Rücksicht auf militärische Rangabstände legt ihm der Offizier, dem der an die Werbetrommel gelehnte Degen gehören sollte, mit ein wenig hinterhältig anmutendem Lächeln den Arm um die Schulter.[108] Musterungspflichtig waren zwar alle jungen Männer, und für die tauglich befundenen bestand eine aus der Pflicht zur Landesverteidigung abgeleitete allgemeine Militärdienstpflicht.[109]

106 Für Goethes Angabe gelten die Rheinländischen Maßeinheiten; dabei wird eine Grundgröße von 5 Fuß vorausgesetzt. Sein »Flügelmann« (der als Größter am rechten Flügel einer angetretenen Truppe postierte Soldat) mißt also etwa 1,86 m. – Das bekannte Interesse an ›Langen Kerls‹ zielte keineswegs nur auf eine eindrucksvolle äußere Erscheinung der Truppe, sondern hatte auch waffentechnisch-praktische Gründe: Bei den langläufigen Vorderladergewehren brauchten die Musketiere zu schnellem Nachladen, also für eine rasche Schußfolge, möglichst lange Armspannweiten (dazu Kloosterhuis 2004, S. 132 f.).

107 Bürgin 1933, S. 159: »am Tisch lehnt der Offizier«; Maisak 1996, S. 99: »Am Fenster notiert ein Schreiber mit Dreispitz die Ergebnisse«. Ein Offizier aber übernahm das zweifellos nicht, ein Soldat auf jeden Fall. Hier könnte es sich um den Unteroffizier Johann Christian Venus handeln, den Goethes Tagebuch am 7.3.1779 beim Ritt nach Buttstädt erwähnt. Den Musketieren zugehörig, hatte der einen Dreispitz zu tragen.

108 Auch von ihm kennt man den Namen: Auf dieser ›Auslesungs‹-Reise wurde der Kriegskommissar vom Weimarer Artilleriehauptmann Jean Antoine Joseph de Castrop begleitet, den Goethes Brief an Seidel vom 7.3. und wieder sein Tagebuch für den 9.3.1779 benennt.

109 Vgl. Sikora 1998, S. 94. – Eine ›Allgemeine Wehrpflicht‹ gab es in Sachsen-

Doch sollten sie »zuerst gefragt werden, wer von ihnen freiwillig dienen wolle; dafern sich auf diese Weise aber nicht genug Mannschaften fänden, dann sollte unter ihnen das Loos entscheiden.«[110] Dieser hier hat wohl aus freien Stücken aufs Kalbsfell schwören wollen.

Wie auf einem kleinen Theater spielt sich das ab, nach dem »Augenzeugenprinzip« organisiert,[111] wiedergegeben also aus der Sicht des Kriegskommissars an seinem Aufsichtstisch (der selber ebenso ausgespart bleibt, aber ebenso auszumachen ist wie bei einem Lichtbild der Apparat des Fotografen).[112] Um an die grammatische Analyse des Goetheschen Briefes zu erinnern: Ganz realistisch fügt sich hier auf Goethes Bildbühne alles bisher Erwähnte als Bestandsaufnahme *gegenwärtiger Lage* zu einem gleichsam im dramatischen Indikativ des Präsens gehaltenen Szenarium. Über der Tür im Hintergrund aber erscheint eine Schrift, die gewiß in

Weimar erst seit 1867, als das Großherzogtum dem Norddeutschen Bund beitrat und die eigene Wehrhoheit damit verlor.

110 So Heyne 1869, S. 20 f. (entsprechend auch Carl Augusts Reskript vom 7.1.1795 – wie hier Anm. 100, Bl. IV f.). Wer aus den oben erwähnten Gründen vom Militärdienst freigestellt war, nahm an diesen Auslosungen nicht teil.

111 So formuliert Ernst H. Gombrich: Die Kunst, Bilder zum Sprechen zu bringen. Stuttgart 1993, S. 64. Ausgeführt hat er die Grundzüge solch illusionistischer Wiedergabe in: Kunst und Illusion. Zur Psychologie der bildlichen Darstellung. Stuttgart/Zürich 1978, S. 141–172 (: ›Gedanken über die griechische Revolution‹).

112 Sehr genau das hier Folgende bezeichnend, notiert Wim Wenders: »Ein Photo ist immer ein doppeltes Bild: Es zeigt seinen Gegenstand und – mehr oder minder sichtbar, ›dahinter‹ […] das Bild des Photographierenden im Moment der Aufnahme. […] Dabei sind nicht seine Gesichtszüge festgehalten, sondern seine HALTUNG, seine Einstellung zu dem, was da vor ihm lag.« (Einmal. Bilder und Geschichten. ²München 2005, S. 7/9).

keinem Musterungslokal zu lesen war: THOR DES RUHMS. Darüber ein Lorbeerkranz in frühklassizistischer Manier, in den dieser *Folgen*-Bedenker wahrhaftig einen kleinen Galgen stellt, mitsamt der Vorrichtung zum Hochziehen eines Delinquenten und dem haargenau über'm Hals des frisch Rekrutierten empfangsbereit herunterbaumelnden Galgenstrick: dem also zugedacht, der dieses THOR durchschreiten würde: mit dem Bleistift und der Tuschfeder das Konditionalgefüge des Briefes und sein prognostisches Futur imaginierend – ein gezeichneter Konjunktiv.

Diese Triade (über der Ausgangstür die *inscriptio*, vom Lorbeer umkränzt die Galgen-*pictura*, in die zeichnerische Wiedergabe eines szenisch-figuralen Wirklichkeitsgeschehens transformiert die *subscriptio*) wiederholt – bei aller Verschiebung der Darstellungs- und Deutungsfunktion zwischen den drei Komponenten – noch einmal das Grundmuster des ›klassischen‹, dreiteiligen Emblems, das die Sinnbildkunst des 16. und 17. Jahrhunderts modelliert und vorgegeben hat.[113]

Dabei folgt die Komposition dieser Zeichnung einer höchst eigenwilligen, geradezu geometrisch exakt ausgeführten Formidee: Der Galgen zu Häupten des in den Militärdienst tretenden Jungen und des ihn geleitenden Offiziers, mittig aufgerichtet über dem THOR DES RUHMS, bildet die Spitze eines hier eingefügten gleichschenkligen Dreiecks, das die ganze Szene bedeutungsmächtig umgreift und keine der beteiligten Personen dabei freigibt:

113 Zur ›Einführung in die Emblematik‹ vgl. Albrecht Schöne: Emblematik und Drama im Zeitalter des Barock. ³1993, S. 16–63. Oder auch: Emblemata. Handbuch zur Sinnbildkunst des XVI. und XVII. Jahrhunderts. Hg. v. Arthur Henkel u. Albrecht Schöne. Stuttgart 1967 u. ö. (hier: Vorbemerkungen).

Sein linker Schenkel führt von der die Musterung ankündigenden Trommel in der Richtung des dort abgelegten Degens zu dem registrierenden Schreiber und weist hinauf zum Todeszeichen über der Tür. Der rechte Schenkel dieses Dreiecks folgt den Köpfen der gegenüber postierten Akteure, führt so vom Alten unten im Dunkel der Außentreppe über die jammernde Frau und den Soldaten, der sie hinauskommandiert, zum Burschen in der Meßvorrichtung (die dem leitmotivischen Todeszeichen oben so formgetreu entspricht, als wäre er hier schon zur Hinrichtung angetreten!) und endet wieder beim Lorbeerkranz, unter dessen drohendem Inbild das alles sich abspielt.[114]

Der senkrechte Einzelpfahl mit einem im Winkel abgestützten Querbalken, den Goethe hier zeichnet, hieß im Sprachgebrauch

114 Diesen Galgen fanden die zahlreichen kunstgeschichtlichen und literarhistorischen Arbeiten über Goethe als Zeichner und die Kommentare zu dieser Zeichnung nicht erwähnenswert, oder sie teilten nur Belanglosigkeiten dazu mit. Immerhin entdeckte Kunigk 1951, S. 1142: »Der Meßapparat verwandelt sich im Bild über der Tür in den Galgen.«

seiner Zeit Kniegalgen, Schnellgalgen oder: ›Soldatengalgen‹ – weil daran »nur allein die Ausreisser unter den Soldaten gehenket werden«.[115] Für den Deserteur galt in der Tat, daß »in Kriegs Zeiten seine Strafe gemeiniglich der Strang« war.[116] In Weimar hat die für den achtjährigen Erbprinzen Carl August vormundschaftlich regierende junge Herzogin Anna Amalia noch 1776, also selbst nach den Siebenjährigen Kriegs-Zeiten verfügt, »daß derjenige, so hinfüro aus den hiesigen Militar Diensten meineydiger weise entweichen wird auf den WiederBetretungsFall, ohne allen Pardon am Leben gestrafet u. hierunter nach der Strenge der Kriegs Rechte gegen einen solchen Deserteur verfahren werden solle.«[117] Im preußischen Heer, das eine große Zahl ausländischer Söldner umfaßte, spielte die Fahnenflucht von jeher eine bedeutende Rolle, und jetzt im Bayerischen Erbfolgekrieg kam es geradewegs zu Massendesertionen; auf preußisch-sächsischer Seite soll damals nahezu ein Drittel der Mannschaft an Krankheiten gestorben sein oder aber die mit dem Galgen bedrohte Flucht unternommen

115 Adelung 1774–1786, 4. Theil, Sp. 508. So auch Krünitz, Theil 15 (1778), Sp. 672 oder Paul Horn: Die deutsche Soldatensprache. Gießen 1899, S. 125.

116 Krünitz, Theil 52 (1790), S. 388 im Artikel über ›Kriegs- oder militarische Verbrechen und Strafen‹ – wo es weiter heißt: »in Friedens-Zeiten aber, nach Verschiedenheit der Umstände, eine schimpfliche Cassation, Spießruthenlaufen, Degradation; zuweilen auch, besonders wenn ein Soldat zu wiederhohlten Mahlen desertirt ist, oder auch Andere dazu verführt, oder Gewalt gebraucht hat, der Strang.« – Konnte man Deserteure nicht aufgreifen, wurde vertretungsweise wenigstens ihr Name in Blech geschlagen und abschreckungsdienlich am Galgen angenagelt oder aufgehängt, bei flüchtigen Offizieren häufig sogar deren Bildnis (dazu Sikora 1996, S. 142 f. Vgl. auch DWb 4, Sp. 1173 ›Galgenbrief‹).

117 Dekret vom 11.3.1766 (Thüring. Hauptstaatsarchiv Weimar: Militärsachen B 39360, Bl. 6). Der Bericht des Befehlshabers der Weimarischen Truppen, auf den die Herzogin sich bezieht, ist nicht überliefert. Schon am 25.5.1763 hatte dieser Generalmajor v. Burgsdorf gemeldet, daß »das schändliche Laster der desertion wiederum einreisen will« und sechs Infanteristen »mit gesamter Montour böslicher Weise davon gelaufen sind«, worauf Anna Amalia antwortete, die verordnete Strafe vollstrecken zu lassen, sei sie »nicht ungeneigt« (ebd. Bl. 1–2 und 5).

haben.[118] So war die oben erwähnte Suche preußischer Husaren nach entwichenen Soldaten auf Weimarer Gebiet gewiß kein bloßer Vorwand,[119] und der Kriegskommissar Goethe, von dem etwa 40 eigene Berichte über Desertionsfälle überliefert sind,[120] hat in seinem folgenbedenkenden Brief vom 9./10. Februar an Carl August aus vielfacher eigener Erfahrung prognostiziert: selbstausgehobene und an Preußen überstellte, also *mit Gewalt in fremde Hände gegebne Leute, werden in kurzem desertiren, und in ihr Vaterland zurückkehren* (47 f.). Er wusste, was sie damit riskierten. Eben Friedrichs Soldatenforderung ließ ihn hier wohl den Galgen assoziieren, während das eigene Musterungsgeschäft eigentlich keinen Anlaß gab, bereits an Fahnenflucht zu denken – so aber bildlich mit den gleichen Adjektiven versehen wurde, die sein Brief wortwörtlich eingesetzt hat: unangenehm, verhaßt und schamvoll.

Was die Augenzeugen-Zeichnung unter dieses emblematisch-allegorische Menetekel stellt, erscheint auf geradezu dokumentierende Weise wirklichkeitsnah. »Alle meine Gedichte sind Gelegenheitsgedichte«, sagte Goethe am 18. September 1821 zu Eckermann und hätte das gleiche von seinen zeichnerischen Versuchen erklären können: »sie sind durch die Wirklichkeit angeregt und haben darin Grund und Boden.«[121] So hat man diese Gelegenheitszeichnung gewiß zu Recht auf die Musterungen im Frühjahr 1779 zurückgeführt.[122]

118 Vgl. Anm. 33.

119 Vgl. Anm. 39 (auch Anm. 92).

120 Vgl. hier Anm. 14.

121 Vgl. hier S. 262 ff. zu Goethes Gelegenheitspoesie. – »Was er zeichnete, läßt sich auf wirklich beobachtete Situationen zurückführen«, erklärt Hecht 1982, S. 80 grundsätzlich zu Goethes Figurenskizzen.

122 Daß sie erst drei Jahre später bei Goethes zweiten und letzten Auslesungen vom März/April 1782 entstand, die eher schon ein Routinegeschäft waren und ihm weit weniger nachgingen, ist nach Ausweis der Briefe und Tagebücher höchst unwahrscheinlich. Doch beruht die gängige Datierung des Bildes auf den 6.3.1779, an dem er dieses Geschäft in Apolda überwachte,

Am 8. März schreibt er seinem Herzog aus dem Buttstädter Rathaus, daß vor ihm »die Pursche gemessen und besichtigt« werden, und skizziert dieses Treiben mit dem Zeichenstift.[123] Doch

auf bloßen Mißverständnissen des Dargestellten. Ruland 1895, S. 9 (8) meinte nämlich, »mit voller Sicherheit die Zeichnung in die Apoldaer Tage vom 5. und 6. März 1779 einreihen« zu können, weil Goethe von dieser (freilich nur am 6. März vorgenommenen) Auslesung am gleichen Tag der Frau v. Stein geschrieben hat, daß »die Krüpels gerne dienten und die schönen Leute meist Ehehafften haben wollen.« Genau das sah Ruland hier abgebildet: »Die ›Ehehafte‹ reclamirt vergeblich den ›schönen‹ Burschen, der eben gemessen wird, während ein gebückter ›Krüppel‹ vergnügt die Treppe heraufkommt«. Nur meint der juristische Terminus ›Ehehaften‹ rechtsgültige Gründe (hier für die Freistellung vom Militärdienst), bezeichnet also keinesfalls eine jammernde Ehefrau. Auch ist die Gestalt rechts unten im Dunkel des Eingangsportals gewiß nicht als dienstwillig vergnügter Krüppel anzusehen, der die Treppe heraufkäme. – Rulands unrichtige Datierung ist übernommen und festgeschrieben worden von Drost 1932, S. 28; Bürgin 1933, S. 158; Vogl 1999 u. a. Auch im Corpus der Goethe-Zeichnungen Bd 1, S. 107 heißt es 1958 irreführend: »Die Datierung durch Briefe vom 1. und 6.3.1779 (WA IV 4, 12; 18) gesichert.« Ebenso wieder Hecht 1982, S. 236. – Maisak 1996, S. 99 gibt keine Datierung, aber doch den korrekten Hinweis: »Ein Brief an den Herzog vom 8. März 1779, geschrieben in Buttstädt ›auf dem Rathhause‹, illustriert die Situation, welche Goethes *Rekrutenaushebung* zugrunde liegt« (wie sich zeigen wird, hieße es richtiger wohl: Die von Goethe gezeichnete Situation »illustriert« diese Briefstelle, sie hingegen kommentiert das Bild).

123 Trotz der bislang nicht näher untersuchten Veränderungen, die das Rathaus von Buttstädt seit dem 18. Jahrhundert erfahren hat, läßt sich die Raumwiedergabe auf Goethes Zeichnung verifizieren. Nach den allgemeinen baulichen Verhältnissen könnte seine Rekrutenauslesung nur im Nordflügel stattgefunden haben. Dort führt von einer Amtsstube (Knebel fand den Kriegskommissar am 8.3.1779 »am Tische sitzen, die Rekruten um ihn her«) eine Tür (im Hintergrund der Zeichnung) nach wie vor in einen Nachbarraum, und vom offenen Rundportal (rechte Bildseite) geht noch heute eine alte Steintreppe ins Freie. Freilich befindet sich zwischen diesem Ausgang und der innen aufgestellten Meßlatte der Zeichnung nachweislich seit dem 16. Jahrhundert ein rechteckiges Fenster. Aber im Original des Goetheschen Bildes gibt die schwache, nicht mehr mit Tinte nachgezogene Bleistift-Vorzeichnung auch das noch deutlich zu erkennen (der dort zurückgezogene Vorhang in der hinteren rechten Ecke der Amtsstube mag dieses Fenster und ebenso vielleicht den offenen Türbogen bedarfsweise verhüllt haben). – Diese Angaben verdanke ich den sachverständigen und freundlichen Aus-

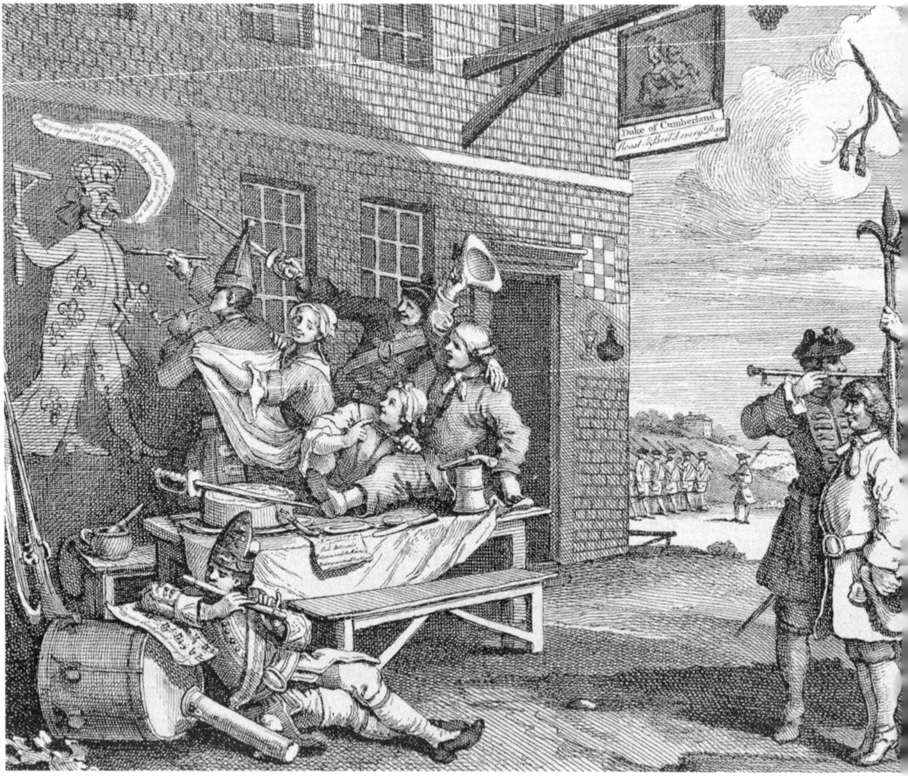

Englisches Militär
Radierung von William Hogarth, 1756
(Kunstsammlung Staats- und Universitätsbibliothek Göttingen)

hält sich sein Bild keineswegs realitätsgetreu nur an das, was er dort und damals tatsächlich hat beobachten können. Vielmehr kommt bei Goethes Inszenierung der Weimarischen ›Rekru-

künften des Architekten Gerhard Schade (Rittmannsperger & Partner in Erfurt), der für die Sanierung des Buttstädter Rathauses zuständig ist.
Damit aber ist nicht nur das Buttstädter Rathaus identifiziert und also die Datierung der Zeichnung (bzw. ihres skizzierenden Entwurfs) auf den 8.3.1779 gesichert. Es wird eben dadurch auch der unmittelbare Zusammenhang seiner Zeichnung mit dem Brief erwiesen, den Goethe am gleichen Tag seinem Herzog geschrieben hat.

tenauslesung‹ eine weit verbreitete Darstellung englischen Militärs von William Hogarth aus dem Jahr 1756 ins Spiel.[124] Auf dessen (hier wiedergegebener) Radierung zum Österreichischen Erbfolgekrieg sieht man, gleichfalls vorn links, nur umgekippt liegend, Goethes Werbetrommel und rechts außen seinen jungen Burschen unter der Meßlatte (der hier liebend gern Soldat werden möchte, sich nämlich auf die Fußspitzen stellt, um an Körpergröße zuzulegen). Es kann wohl kein Zweifel daran bestehen, daß Goethe dieses Blatt kannte und nutzte. Vermessen wurden die Rekruten selbstverständlich auch in Buttstädt. Aber daß die gleiche Prozedur dort in nahezu identischer Stellung der Beteiligten vor Augen stand, ist kaum denkbar. Überdies läßt Hogarth einen seiner kampfesfreudigen Grenadiere ein Bild des gegnerischen Franzosenkönigs an die Wand des Wirtshauses malen: mit seiner rechten Hand erhebt Ludwig XV. da als Zepter einen kleinen Kniegalgen und droht in seiner Sprechblase, er wolle große Armeen schicken und alle englischen Feinde aufhängen lassen. In seitenverkehrter Ansicht, überhaupt weniger deutlich zugeordnet als in Goethes Komposition, verweist der Galgen auch hier auf das gleichgeformte Meßgerät (die Balken des Wirtshausschildes und das Gestell der Sitzbank wiederholen diese Korrespondenz). Offensichtlich hat diese in Goethes Bildgedächtnis gespeicherte Motivik der Hogarth-Radierung den Buttstädter Augenschein überformt. Wohl geht von seinem Soldatengalgen eine ungleich andere Botschaft aus als vom Galgenzepter des Königs auf dem

124 The Invasion, Pl. 2: England. Erläutert in: Hogarth's Graphic Works … compiled and with a commentary by Ronald Paulson. Vol. 1. New Haven and London 1965, S. 236 f. (203). In Goethes Sammlung oder der des Herzogs hat dieses Blatt sich offenbar nicht befunden: das Goethe-Nationalmuseum besitzt es erst als Neuzugang von 1973. – Entsprechungen zwischen beiden Darstellungen hat bereits Petra Maisak 1996 (S. 99) bemerkt: »Eine satirische Radierung Hogarths von 1756, die die ruhmreiche englische Armee aufs Korn nimmt, zeigt links ebenfalls eine Trommel und rechts die Vermessung eines Freiwilligen. Doch selbst wenn Goethe dieses Blatt gekannt haben sollte, bestimmt reales Erleben die Gestaltung seiner Zeichnung.« (Den Galgen freilich ließ sie dabei außer acht).

englischen Spottbild. Aber als ikonographischer Einfall verdankt er sich gewiß dieser Vorgabe.

Im Buttstädter Rathaus »am Tische sitzend, die Rekruten um ihn her«,[125] hat der Zeichner an diesem 8. März 1779 in einem Brief an seinen Herzog erklärt: »Indess die Pursche gemessen und besichtigt werden will ich Ihnen ein Paar Worte schreiben. Es kommt mir närrisch vor da ich sonst in der Welt alles einzeln zu nehmen und zu besehen pflege, [daß] ich nun nach der Phisiognomick des Reinischen Strichmaases alle Junge Pursche des Lands klassifizire.« Auf die Meßlatte vor ihm geht das, nach deren einheitlicher Rheinländischer Skala er die jungen Leute hier gerade so einstufen und hinsichtlich ihrer Tauglichkeit bewerten läßt, wie die zeitgenössische Physiognomik aufgrund körperlicher Befunde menschliche Charaktereigenschaften, Fähigkeiten und Eignungen festlegen wollte. Aberwitzig will ihm das erscheinen, der er doch – dichtend wie zeichnend – »sonst in der Welt alles einzeln zu nehmen und zu besehen pflege«, es also in seinem eigentlichen, seinem individuellen Wert zu erfassen und darzustellen suche.

Was er, Aufsicht führend über diese gleichmacherische Klassifizierung, hier von jedem einzelnen hören konnte oder zu sehen bekam und an Körpersprache, Mimik und Gestik eingebracht hat in seine Zeichnung, geht weit hinaus über das, was der registrierende Unteroffizier vor ihm in seine Liste eintragen kann. So hat er weitergeschrieben: »Doch muss ich sagen dass nichts vortheilhaffter ist als in solchem Zeuge zu kramen, von oben herein [aus der Distanz des Landesherrn oder seines Geheimen Consiliums in Weimars Rotem Schloß] sieht man alles falsch, und die Dinge gehn so menschlich dass man um was zu nuzzen sich nicht genug im menschlichen Gesichtskreis halten kan.« Genau diesen Briefsatz illustriert die »in solchem Zeuge« kramende Zeichnung. Und umgekehrt kommentiert ebendieser Satz die ganz »im menschlichen Gesichtskreis« gehaltene Zeichnung.

125 Knebel (hier bei Anm. 94).

Wie in seinem großen Denkschreiben für Carl August hat Goethe mit seinem Bild der Rekrutenauslesung keinen Zweifel daran gelassen, daß es da um *ein unangenehmes verhasstes und schaamvolles Geschäfft* ging, um »das durchaus scheisige dieser zeitlichen Herrlichkeit«. Aber an den Freund Knebel schrieb er in diesen ersten Weimarer Jahren über seine politischen Amtsgeschäfte und die dahinter merklich zurücktretenden poetischen Arbeiten: »Wie ich mir [zuvor in Frankfurt] in meinem Väterlichen Hause nicht einfallen lies die Erscheinungen der Geister und die iuristische Praxin zu verbinden eben so getrennt laß ich iezt den Geheimderath und mein andres selbst, ohne das ein Geh.R. sehr gut bestehen kann. Nur im innersten meiner Plane und Vorsäze, und Unternehmungen bleib ich mir geheimnißvoll selbst getreu und knüpfe so wieder mein gesellschafftliches, politisches, moralisches und poetisches Leben in einen verborgenen Knoten zusammen. Sapienti sat.«[126]

In seiner Zeichnung wird diese Verknotung sichtbar. Lesbar erscheint sie in der Denkschrift seines Briefes. Und spürbar bleibt sie noch in dem, was der mittlerweile außer Dienst gestellte Kriegskommissar elf Jahre später seinem von der Krätze der Kriegslust befallenen Oberbefehlshaber angeraten hat: »Vollenden Sie Ihre Geschäfte glücklich und bringen uns die Bestätigung des lieben Friedens mit. Denn da eigentlich der Zweck des Kriegs nur der Friede seyn kann; so geziemt es einem Krieger gar wohl wenn er ohne Krieg Friede machen und erhalten kann.«[127] Das könnte man ihm nachsprechen, über die Zeiten hin.

126 Brief vom 21.11.1782.

127 Brief vom 6.2.1790 an den Herzog in Berlin, als es dort um neuerliche Konflikte zwischen Preußen und Österreich/Rußland ging.

V

»die gemeinsten Klatschereyen«

An Johann Friedrich Cotta, 24. Dezember 1806

»Die Buchhändler sind alle des Teufels, für sie muß es eine eigne Hölle geben.« An einem milden Maiabend des Jahres 1829, in Weimars schönem Parkgarten, im vertrauten Freundesgespräch mit seinem Gehilfen Riemer und dem Kanzler v. Müller hat der alte Goethe auf diese Weise die Leute verwünscht, die seine Schriften druckten und vertrieben.[1] Dabei ging es nicht mehr um die immensen Autorenhonorare, die dieser selbstbewußt zähe Verhandler in seinen späten Jahren vom »Packzeug« der Verleger verlangte (»dem ich immer größern Haß widme und gelobe«![2]). Auch nicht um den Ärger dieses eigenwilligen Zeichensetzers über die Verlags-Revisoren, wenn sie in die Druckvorlagen seiner Texte »hinein zu corrigiren und interpungiren« suchten und sie vor allem mit ihrer »Anhäufung der Commaten« durch eine »falsche Interpunction« entstellten.[3] Der Tübinger Verlagsbuchhändler Cotta, der die seit 1827 erscheinende Gesamtausgabe ›letzter Hand‹ besorgte, hat Goethes Kollektivfluch ausgelöst, weil es dem ungeduldigen alten Mann damit allzu zögerlich voranging. Aber sein Zornesausbruch über diesen letzten und bedeutendsten sei-

1 Biedermann/Herwig Bd 3.2, S. 420.

2 An Schiller, 19.3.1802.

3 Goethe an Cotta, 25.11.1805 und 2.12.1815 (dazu Kuhn 1979/1983, Bd 1, S. 283). – Grundsätzlich zu Goethes Interpunktion: Goethe, Faust. Hg. v. Albrecht Schöne. [8]Frankfurt/M. 2017: Kommentar-Bd. S. 107–115.

ner Geschäftspartner hatte tiefere Beweggründe und kam von weiter her. Neu aufflammend ging er doch wohl auf Ereignisse des Jahres 1806 zurück, die Goethe nie ganz verwunden hat.

Nach und neben Einzeldrucken durch verschiedene Verleger war eine erste rechtmäßige Ausgabe seiner ›Schriften‹ 1787–90 in 8 Bänden bei Göschen in Leipzig erschienen. Als zweite Sammelausgabe hatte Unger in Berlin 1792–1800 ›Göthe's Neue Schriften‹ in 7 Bänden verlegt. Noch durch Schiller vermittelt, wurde dann im August 1805 mit Cotta der Vertrag für eine dritte, jetzt 12bändige Gesamtausgabe abgeschlossen, die 1806–10 in 13 Bänden erschien (ergänzt um die gesondert honorierten ›Wahlverwandtschaften‹). Für die nur bis 1814 zugestandenen Verlagsrechte, die überdies noch immer durch rasche, billigere Raubdrucke oder durch Nachdrucke gefährdet waren, hatte sich der Autor mit einem exzeptionell hohen Honorar »zufrieden« erklärt;[4] auf seine damaligen Weimarer ›Minister‹-Einkünfte bezogen, entsprachen diese 10 000 Taler etwa fünf Jahresgehältern. Er hielt sich durchaus an die Maxime, die der Kanzler v. Müller aus dem Jahr 1825 von ihm überliefert hat: »Geschäfte müssen abstrakt, *nicht menschlich* mit Neigung oder Abneigung, Leidenschaft, Gunst p. behandelt werden, dann setzt man mehr und schneller durch. Lakonisch, imperativ, prägnant.«[5]

Schon seit September 1805 waren Druckvorlagen für diese Ausgabe an den Verlag gegangen. Dann brach am 14./15. Oktober 1806 mit den Schlachten bei Jena und Auerstedt über das an Preußens und Kursachsens Seite getretene kleine Herzogtum, über die Stadt Weimar, auch über Goethes eigenes Haus und seine weitere

4 Brief an Cotta, 12.8.1805. – Allgemein zu Goethes Honoraren und Cottas Kalkulationen: Kuhn 1979/1983, Bd 3/1, S. 16–19.

5 Biedermann/Herwig Bd 3.2, S. 9 f. – Ausführlich über Goethe und Cotta: Unseld 1993, S. 341–370, dann auch Klauß 2009, S. 122–128, zuletzt Fischer 2014, passim (das im Folgenden zur Rede stehende Konzept des Goethebriefs an seinen Verleger freilich wird in dieser großen, grundlegenden Cotta-Biographie nur mit einem Halbsatz auf S. 284 erwähnt).

Familie eine Katastrophe herein, die ihn tief besorgt machen mußte um die Sicherung der noch ungedruckten Schriften, ihn wohl gar um seine persönliche materielle Existenz fürchten ließ.[6] Beides mochte ihn bestimmen, den Fortgang dieser Werkausgabe geradewegs hastig voranzutreiben und den Verleger entsprechend anzuspornen. Am 20. Oktober schrieb er Cotta: »Meine größte Sorge in diesen schrecklichen Stunden war für meine Papiere und sie war nicht ohne Grund; denn in andern Häusern haben die Plünderer besonders Papiere durcheinander geworfen, zerstreut und verderbt. Sie schienen Geld und Kostbarkeiten dazwischen zu vermuthen. In den ersten ruhigen Stunden erhalten Sie das Fragment [des Schauspiels] Elpenor zur ersten Lieferung.« Vier Tage später: »Ich werde nach dieser überstandenen Epoche um desto mehr eilen, meine Manuscripte in Druck zu bringen. Die Tage des Zauderns sind vorbey, die bequemen Stunden, in denen wir uns mit Hoffnung schmeichelten, unsre Versuche zu vollenden, und was wir nur entworfen hatten, auszuführen.« Am 26. Dezember bekam auch Zelter zu lesen: »von der Zeit an schick' ich zum Drucke fort, was nur gehn will.«

Inzwischen aber war etwas geschehen, was das persönliche Verhältnis des Autors zu seinem Verleger anging. Zwischen Ende Oktober und Mitte Dezember 1806 hatte die ›Kaiserl.östreichische und Königl.bairische privilegirte Allgemeine Zeitung‹ vier Korrespondentenberichte über die Vorgänge in Weimar gedruckt,

6 Goethes amtliche Weimarer Bezüge wurden nach Ausweis der Besoldungsquittungen auch in diesen Monaten regelmäßig und ungeschmälert ausgezahlt (GSA, Signatur 34/XVIII, 1, 4 Bl. 2; XIX, 1, 1 Bl. 2; XIX, 1, 2 Bl. 2). Immerhin erklärte er im nachhinein, am 9.12.1806, seinem Verleger Cotta: »Ihr gefälliges Anerbieten einiges Geldvorschusses rührt mich um so mehr, als ich gern gestehe, daß ich in den schlimmsten Augenblicken mich Ihrer freundschaftlichen Gesinnungen erinnert und im Fall der Noth auf Ihre Bereitwilligkeit gehofft habe. Gegenwärtig geht es noch so ganz erträglich mit mir und den Meinigen, so daß ich auch noch eine Zeit lang hinzuhalten denke, obgleich unter solchen Umständen, wie Sie wohl wissen, Einquartierung, Contribution, Requisition, Beyhülfen u. s. w. Keller, Boden und Beutel ziemlich leer machen.«

die diesen ohnehin höchst skeptischen, zu abfälligen Urteilen neigenden Kritiker des zeitgenössischen deutschen Journalwesens zunehmend irritierten.[7] Die damals in Ulm erscheinende Allgemeine Zeitung, die sich dazu hergab, war in der ersten Hälfte des 19. Jahrhunderts eines der angesehensten deutschen Tagesblätter, das einzige von entschieden überregionaler Bedeutung. Und sie gehörte ausgerechnet Cotta: wurde von ihm verlegt. So ließen ihre weit verbreiteten Mitteilungen das »abstrakt, *nicht menschlich*« zu behandelnde Geschäft zwischen ihnen mit einer höchst menschlichen »Abneigung« und »Leidenschaft« Goethes kollidieren.

Am 24. Dezember diktierte er dem vertrauten Riemer einen Wutbrief nach Tübingen, der ganz und gar nicht weihnachtlich gestimmt war. Was ihn in Rage versetzte, wurde dabei so dargelegt, oder wenigstens so angedeutet, daß der Adressat (der dieses Schreiben nie zu lesen bekam) es sehr genau hätte verstehen können. Für den heutigen Leser, der über Cottas Informationen nicht verfügt, soll dem später nachgeholfen werden. Ich führe zunächst den vollständigen Brieftext an, füge aber, neben einigen Verdeutlichungen des Wortgebrauchs, an Ort und Stelle auch Hinweise ein, die das grammatisch-syntaktische Verständnis erleichtern.[8] Denn im Unterschied zu anderen Briefen macht die Lektüre dieses Diktats doch einige Mühe. Dabei sind die nicht selten unvollständigen oder verfahrenen, mitunter geradezu aus den Fugen ge-

7 Über Goethes Verhältnis zur Presse etwa Koschwitz 2002. – Die 1816 im Weimarer Großherzogtum grundgesetzlich eingeführte, fortschrittlich-liberale Pressefreiheit fand in dem zunehmend konservativ gestimmten Staatsminister denn auch einen entschiedenen Gegner. – Sehr anders freilich lauteten dann seine späten Urteile über italienische, französische und englische Journale. 1828: »Diese [hier die britischen] Zeitschriften, wie sie sich nach und nach ein größeres Publicum gewinnen, werden zu einer gehofften allgemeinen Weltliteratur auf das wirksamste beytragen« (FA I 22, S. 491). Oder an Carlyle, am 8.8.1828: »Wie durch Schnellposten und Dampfschiffe rücken auch durch Tages-, Wochen- und Monatsschriften die Nationen mehr an einander.«

8 Im übrigen hält sich die folgende Textwiedergabe buchstaben- und zeichenadäquat an Riemers Niederschrift (GSA, Signatur 29/139 II, Bl. 6–8), läßt nur den Zeilenfall dieses Konzepts außer acht.

ratenden Satzkonstruktionen höchst aufschlußreich, also beachtenswert: sie bringen die Erregung des *Beleidigten und Verletzten* unmittelbar zur Sprache.[9]

In Hoffnung daß meine Sendung vom 8 December bey Ihnen glücklich angekommen seyn wird schreib' ich gegenwärtiges und leider zum erstenmal an Sie mit einer unangenehmen Empfindung. Dabey mache ich mir Vorwürfe, daß ich früher über einiges unangenehme hingegangen bin, und sage das Gegenwärtige mit dem innersten Gefühl unsres guten Verhältnisses, und gerade um dieses Verhältnisses willen, weil es selbst darunter gewiß leiden würde, wenn das Wesen so fortginge.

Die Zeiten waren sehr dringend [: bedrängend, niederdrükkend] *und doch ließ sich beynah bemerken, daß, nachdem* [die Zeitung] *der Freymüthige im Herren seelig entschlafen war, der böse Geist der dort gegen Weimar waltete, sich geschwind nach Ulm zog, und daß, anstatt daß man unser Unglück respectiert hätte, von dorther sich allerley Albernheiten verbreitete*[n].

Ich bin nicht vornehm genug, daß meine häuslichen Verhältnisse einen Zeitungsartikel verdienten, soll aber was davon erwähnt werden, so glaube ich, daß mein Vaterland mir schuldig ist, die Schritte die ich thue ernsthaft zu nehmen: denn ich habe ein ernstes Leben geführt und führ' es noch. Ich habe [zunächst] *über das Blatt* [: Cottas ›Allgemeine Zeitung‹] *geschwiegen, weil diese Dinge leicht an mir vorüber gehen.*

Man hat gedruckt, daß Napoleon der Herzoginn Mutter die Visite gemacht habe, die zu der Zeit nicht in Weimar war; man hat von unserer regirenden Herzoginn eine unmögliche Absurdität gedruckt, daß sie den todten Prinzen Louis gekränzt habe, und ich sehe daß [inzwischen] *ein Wiederruf dieser Elendigkeit ist veranlaßt worden. Nun* [aber] *finde ich in Nr. 352 einen Brief aus*

9 Solche Irritationen im syntaktischen Gefüge an den »äußersten Siedepunkten des Sprechvorgangs« vermerkt schon Jürgen Schmidt: Goethes Briefstil in den Jahren 1805–1814. Masch.schriftl. Dissertation Hamburg 1957, S. 31 und 33 f.

Weimar, wo die [: dem die] *von einem Zeitungsredacteur niemals verantwortliche Note vor*[an]*steht,* [»]*aus einem von dem Verf. nicht zum Druck bestimmten Briefe.*[«]

Wer ist denn also der Redacteur Ihrer Ulmer Zeitung, der wenn er Briefe erhält, die nicht zum Druck bestimmt sind, [die vielmehr nur an ihn gehen,] *damit er ungefähr wisse, wie's in der Welt zugeht, der nicht soviel Sinn, Gefühl und Geschmack hat, zu wissen, was denn eigentlich davon und wie es allenfalls zu drucken ist.*

Die niederträchtige Art, wie darinne Vulpius und Falk behandelt werden, tritt zwar nicht ganz aus dem Ton der allgemeinen Zeitung, wie sie zuletzt war; aber sie zeigt sich nun völlig, in dem was sie werden will. Ist es ein Gegenstand einer Zeitung [, mitzuteilen] *wie Individuen das sie betreffende Unglück aufnehmen? Und ist es die Zeit einen geplünderten als Autor anzugreifen? Wollen wir, mein Bester, die Critik die den Rinaldo Rinaldini* [: Vulpius' Roman] *verdammt, aufrufen?, wo bleiben, daß ich's gerade heraus sage diejenigen* [positiv urteilenden] *Artikel, die dem Buchhändler am besten fruchten? Und Falk mag seyn wie er will, so hat* [doch] *seine Resolution als ein ganz unabhängiger Mensch* [: als die eines ganz unabhängigen Menschen], *bey den französischen Instanzen sich als Dollmetscher thätig zu zeigen, der Stadt und dem Lande viel genutzt, und gereicht ihm bey denen, die die Sache innig kennen, zur Ehre. Ekelhaft ist es daher, wenn die gemeinsten Klatschereyen, die wir in Weimar aus guten Gesellschaften ablehnen* [: fernhalten], *uns aus dem Brennspiegel einer Zeitung von Ulm her zurückgeworfen werden. Das Übel ist groß und unersetzlich genug, das wir leiden, und es wäre schlimm, daß wir es durch unsre eigne Niederträchtigkeit noch verdienten.*

Wir wollen uns also nur zunächst an die persönlichen Folgen halten. Ich bitte Sie inständigst mir die [Allgemeine] *Zeitung vom neuen Jahr an nicht mehr zu schicken: denn es ist mir abscheulich, etwas von Ihrem guten Willen zu erhalten was mich oder meine Umgebung verletzt und beleidigt. Zweytens folgt dar-*

aus, daß es mir und meinen Nächsten ganz unmöglich wird, an Ihrer neuen Tagesschrift [: Cottas geplantem ›Morgenblatt für gebildete Stände‹] *auf irgend eine Weise Theil zu nehmen: denn es ist hier nicht von Weimar die Rede* [: geht da gar nicht um Weimar], *das steht oder fällt im allgemeinen Unglück; wenn es aber so fortgehn soll wie bisher in andern dergleichen Blättern, daß der Mißwollende ein breites Feld hat, das im Allgemeinen zu entstellen, was im besondern Schonung verdient und daß man hernach den Beleidigten und Verletzten auch wieder ein Plätzchen einräumte, um* [durch den honorarfreien Abdruck ihrer Entgegnung] *eine Spalte gratis zu haben, und durch die Klatscherey und Nichtigkeit endlich doch einen Jahrgang zusammenbrächte; so würde ich das, was mich ganz allein glücklich macht aufgeben müssen,* [selbst] *wenn ich nur wüßte daß* [einzig] *ihr Morgenblatt in der Welt wäre. Wenn sie in Hubers Briefen abdrucken lassen, was er über mich gesagt hat, so ist das alles Dankes werth: denn es macht ihn und mich historisch; es sind* [: geht dort um] *vergangene Erscheinungen und vergangene Empfindungen, die dem der übrig bleibt oder denen die übrig bleiben, belehrend und erfreulich sind.*

Wenn sich Ihr Redacteur aber in einer politischen Zeitung soweit vergißt, daß er Privatnachrichten einführt, die alsdann durch Zeitungen [übernommen werden], *die sich selbst viel zu viel ehren, als daß sie mit solchen Klatschereyen anfangen sollten, wenn sie* [: derartige Nachrichten] *aber einmal gedruckt sind, eine Art von Recht haben, sie weiter zu verbreiten; so muß man sagen, daß Deutschland von einer innern Fäulniß weit schlimmer angegriffen ist, als* [jetzt durch Napoleon] *von einer äußern Gewalt, von der man doch wenigstens einsieht was sie will und was sie kann.*

Ich bin verdrießlich über mich selbst, nicht daß ich das jetzt sage, sondern, daß ich Sie nicht früher aufmerksam gemacht habe.

Man weiß sehr gut, daß der Friede, wie das stehende Wasser, solches Ungeziefer hervorbringt, wenn es aber im Kriege erscheint, dann ist es erst recht ekelhaft.

> *Ich muß nur eilen diesen Brief zusammenzufalten und fortzuschicken: denn vielleicht hätte ich morgen Bedenken, und schwiege zu diesen Avanien* [: beleidigenden Unverschämtheiten] *wie zu andern. Aber unser Verhältniß ist mir zu lieb. Hätte ich das* [hier zur Sprache Gebrachte] *nicht vom Herzen, so könnte ein Krebsschaden daraus werden. Ich würde Ihnen anrechnen, was sie vielleicht nicht verschulden; ich würde Ihnen anrechnen, daß sie einen kleinen bisher leuchtenden Punct Deutschlands, der doch auch Ihre Freunde und Genossen, Herdern, Schillern und mich beherbergt hat,* [nun gerade so,] *wie es früh Nebenbuhler thaten, und wie es jetzt, ohne unser Gebet das Unglück thun wird, mit zu trüben, zu verfinstern und zu vernichten suchen. Daß was zwischen uns bürgerlich ausgesprochen wäre,* [: Das in Verlagsangelegenheiten zwischen uns rechtsverbindlich Vereinbarte] *würde bleiben; aber das Gemüthliche* [: das Vertrauensvolle der inneren Einstellung zueinander] *was ich am meisten schätze, würde sehr bald absterben, sehr bald sag' ich: denn das Gemüthliche stirbt nicht in Graden ab, sondern gleich.*
>
> *Ich bin alt genug, um mir dieser Folgen deutlich bewußt zu seyn. Thun Sie also was an Ihnen ist. Ich verlange von den Blättern die Sie herausgeben nicht mehr Schicklichkeit, als andre, die sich zu schätzen wissen, auch beobachten* [: wahren]*; und so mag das, was ich in ruhigern Zeiten mit ruhigerm Sinne vielleicht anders gesagt hätte, zu Ihnen gelangen und das Beste für unser gutes Verhältniß, woran mir allein gelegen ist, wirken.*

Gleich Goethes Eingangssatz benennt die beiden gegensätzlichen Interessen, die das ganze Diktat bestimmen. *In Hoffnung daß meine Sendung vom 8 December* [mit weiteren Druckvorlagen für den dringend erwünschten Fortgang der Werkausgabe] *bey Ihnen glücklich angekommen sein wird schreib' ich gegenwärtiges und* [schreibe dabei] *leider zum erstenmal an Sie mit einer unangenehmen Empfindung.* Er mache sich *Vorwürfe*, heißt es im zweiten Satz, daß er *früher über einiges unangenehme hingegangen* sei. Gemeint sind offenbar die drei ersten Artikel in Cottas Journal vom Oktober und November, die er wortlos hingenommen hatte.[10] Jetzt aber schreibe er – *mit dem innersten Gefühl unsres guten Verhältnisses, und gerade um dieses Verhältnisses willen, weil es selbst darunter gewiß leiden würde, wenn es* mit Cottas Zeitung *so fortginge.* Schon beim Diktat hat Goethe an dieser Stelle korrigieren lassen. Er sage, hieß es zunächst, *das Gegenwärtige mit dem innersten Gefühl unsres gegenwärtig guten Verhältnisses.* Das ließ sich sehr wohl als: *unsres gegenwärtig* noch *guten Verhältnisses* lesen, also als leise Drohung verstehen und wurde offensichtlich *gerade um dieses Verhältnisses willen* gleich wieder zurückgenommen. Trotz aller Entrüstung blieb es hier noch bei einer sehr bedachten Interessenabwägung.

Derart abgesichert greift Goethe mit dem zweiten Absatz schärfer zu. Durch die Artikel der Cottaschen Zeitung sehe er sich an das Journal ›Der Freimüthige‹ erinnert, das kürzlich *im Herren seelig entschlafen* sei. Im Klartext: nach dem Zusammenbruch Preußens, unter Napoleons *Herren*schaft, konnte dieses patriotische Berliner Morgenblatt nicht mehr erscheinen. Unter Beteiligung des gleichen Carl August Böttiger, der jetzt als hochbezahlter Korrespondent an Cottas Allgemeiner Zeitung mitwirkte, waren dort mehrfach unfreundliche, ja hämische Mitteilungen über Goethe erschienen. Am 12. April 1803 beispielsweise, als Nachricht aus Österreich deklariert: »Herr von Göthe hat durch einen sehr anmaßenden Tadel über eine Sache, die er bekanntlich nur halb versteht, den berühmten Mahler Füger hier in Wien hart angegriffen.« Nach längerer Darlegung unbegründeter, niemals wirklich nachweisender Goethescher Vorwürfe hieß es da: »Dies allgemeine Absprechen, welches eine Rechtfertigung

10 Nicht gemeint, allenfalls noch nachwirkend war dabei wohl ein eingehender Bericht der gleichen Zeitung vom 29.10.1801 (Nr 302, S. 1199 ff.: ›Artistische Preisausstellung in Weimar‹) über eine Veranstaltung der ›Weimarischen Kunstfreunde‹. Der zeigt sich im ganzen doch entschieden beifälliger, auch gegenüber Goethe persönlich, als etwa der Kommentar von Kuhn 1979/1983, Bd 3/1, S. 164 f. annehmen läßt.

unmöglich macht, ist einmal ganz wieder in der hochfahrenden Manier, die wir leider an Hrn. von G. gewohnt sind.«[11]

Daran erinnernd, erklärt der Betroffene noch einigermaßen behutsam, es ließe sich doch *beynah bemerken*, daß *der böse Geist der dort gegen Weimar waltete, sich geschwind nach Ulm zog* (zu Cottas Allgemeiner Zeitung also), und daß nun *von dorther sich allerley Albernheiten verbreitete*[n].

Auch in Goethes Sprachgebrauch stehen *Albernheiten* nur für mancherlei Dummheiten, für unrichtiges, närrisches Gerede etwa. Später wird er den gleichen Tatbestand mit ganz anderen Vokabeln bedenken. Hier hat er offenbar schon das Nächstfolgende im Sinn und dämpft so die Stimme. Denn was er gleich darauf nur sehr verhalten vorbringt, betrifft den am 24. November erschienenen zweiten Zeitungsartikel über Weimarer Vorgänge, der nun ihn selber anging, und den er wohl deshalb mit wenigen Worten abzutun suchte. Er blieb besonnen genug, um seinen Brief nicht als überempfindliche Reaktion auf eine persönliche Kränkung erscheinen zu lassen. Wie sehr dieser Artikel ihn doch *verletzt und beleidigt* haben muß, machen die Vorgänge begreiflich, auf die er sich hier andeutend bezieht.

Noch am Abend des 10. Oktober 1806 hatte Goethe im Kreis um die Herzogin-Witwe Anna Amalia sein Soldatenlied vorgetragen (»Ich setzt' mein Sach auf Kampf und Krieg, Juchhe!«), gewiß nicht nur zu Wielands patriotischer Entrüstung.[12] Vier Tage später wurden die Preußen und ihre Verbündeten bei Jena und Auerstedt vernichtend geschlagen. Für diesen 14. Oktober steht in Goethes Tagebuch: »Früh Canonade bey Jena darauf Schlacht bey Kötschau Deroute [: wilde Flucht] der Preußen Abends um 5 Uhr flogen die Canonenkugeln durch die Dächer um ½6 Einzug der Chasseurs [: leichte Reiterei der Franzosen]. 7 Uhr Brand Plünderung schreckliche Nacht. Erhaltung unseres Hauses durch Stand-

11 ›Der Freimüthige oder Ernst und Scherz. Ein Unterhaltungsblatt‹, Nr 58 vom 12.4.1803, S. 230 f.

12 Vgl. hier S. 154.

haftigkeit und Glück.« – In der Nähe des Schlosses brach Feuer aus. Zahllose verletzte Soldaten schleppten sich hilfesuchend in die kleine Stadt. Sterbende schaffte man herein. Die Leichen, so berichtet die Augenzeugin Johanna Schopenhauer in Briefen an ihren Sohn, lagen »hoch auf einander gethürmt Tage lang auf der offenen Straße. Von diesen Gräueln des Kriegs hat man nur einen Begriff, wenn man sie, wie ich, in der Nähe sieht. Ich könnte Dir Dinge erzählen, wofür Dir das Haar emporsträuben würde«.[13] Drei Tage lang brach die losgelassene französische Soldateska gewaltsam in die Häuser ein und plünderte, mißhandelte, verwüstete.

Was dabei im Haus am Frauenplan geschah, hat am verläßlichsten wohl Riemer berichtet.[14] Zwar habe am 15. Oktober der Marschall Ney bei Goethe Quartier bezogen, und fortan sei für dessen Schutz gesorgt worden. In der Nacht zuvor aber hätten sich zwei bewaffnete Franzosen dort Zugang erzwungen, wären von dem auch im Nachtrock respektheischend auftretenden Hausherrn selber besänftigt worden, hätten sich betrunken und im Vorderhaus schlafen gelegt – : »ich erfuhr [morgens] in der Unterredung mit den übrigen Hausgenossen: daß, während ich die beiden Maraudeurs in den Betten glaubte, sie dem Hausherren auf das Zimmer gerückt wären und sein Leben bedroht hätten. Da habe seine Frau einen der mit ins Haus Geflüchteten zu Hülfe gerufen, dieser habe G. von den Wüthenden befreit, sie hinausgejagt, die Thüren seines Zimmers und Vorgemachs verschlossen und verriegelt. G. selbst ließ sich nie etwas davon merken«.

Er war damals keineswegs nur um sein persönliches Wohl und

13 Heinrich Luden/Johanna Schopenhauer: Die Schlacht von Jena und die Plünderung Weimars im Oktober 1806. Hg. v. Klaus v. See und Helena Lissa Wiessner. Heidelberg 2006 (hier S. 105, im Brief gleich vom 19.10.1806).

14 ›Mittheilungen über Goethe‹ von 1841: Grumach Bd VI, S. 150–54. Dazu Seibt 2008, S. 20 ff. (bei Grumach S. 154–170 auch weitere Berichte über die Weimarer Vorgänge um Goethe im Oktober 1806 mit unterschiedlichen Angaben und Behauptungen).

Wehe besorgt, kümmerte sich ebenso um Weimars öffentliche und politische Zustände. Und doch verweigerte er sich der Bitte, zusammen mit den Geheimräten Voigt und Wolzogen (die dem Geheimen Consilium, also der höchsten Regierungsinstanz des Landes, angehörten) bei einer Audienz im Weimarer Schloß den dort residierenden Franzosenkaiser um Beendigung der fortgesetzten Plünderungen zu ersuchen und ihn für einen eigenstaatlichen Fortbestand des Herzogtums zu gewinnen; am 16. Oktober schickte er ein mit Bleistift beschriebenes Blatt an Voigt: »In dem schrecklichen Augenblicke ergreift mich mein altes Übel. Entschuldigen Sie mein Außenbleiben. Ich weiß kaum, ob ich das Billet fortbringe. G.«[15] Tags darauf jedoch teilte er dem Oberkonsistorialrat Günther, Weimars Hofprediger, mit: »Dieser Tage und Nächte ist ein alter Vorsatz bey mir zur Reife gekommen; ich will meine kleine Freundinn, die so viel an mir gethan und und auch diese Stunden der Prüfung mit mir durchlebte völlig und bürgerlich anerkennen, als die Meine.«[16] Wie ausdrücklich von ihm gewünscht, fand diese Trauung »sobald möglich«, nämlich schon zwei Tage später, und nur »in der Sakristey der StadtKirche« statt. Er hat, schreibt Gustav Seibt, den Zusammenhang dieses Schrittes mit den Vorgängen vom 14./15. Oktober »in der denkbar knappsten, aber auch denkbar nachdrücklichsten Form dokumentiert: ›Unsre Trauringe werden vom 14. Octbr. datirt‹, teilte er dem Freund Knebel am Tag nach der Trauung mit. So trug Goethe das Datum der Schlacht von Jena und Auerstedt sein Leben lang am Finger.«[17]

15 Goethes Tagebuchnotizen für diesen Tag zeigen ihn vielfältig beschäftigt und keineswegs erkrankt. Das hindernde »Übel« bestand wohl eher darin, daß er seinen flüchtigen Herzog, der als preußischer General gedient hatte und erst Anfang Januar 1807 nach Weimar zurückkehrte, gegen die eigene Überzeugung vor Napoleon hätte verteidigen müssen (vgl. Seibt 2008, S. 27–31).

16 Brief vom 17.10.1806.

17 Seibt 2008, S. 32 f.

Nach alldem bekam er vier Wochen später zu lesen, was der *nach Ulm* gezogene *böse Geist* durch Cottas Zeitung in ganz Deutschland verbreitete:

»Weimar, 6 Nov. Göthe ließ sich unter dem Kanonendonner der Schlacht mit seiner vieljährigen Haushälterin, Dlle. Vulpius, trauen, und so zog sie allein einen Treffer, während viele tausend Nieten fielen. Nur der Ununterrichtete kan darüber lächeln. Es war sehr brav von Göthe, der nichts auf gewöhnlichem Wege thut. [...] Göthe hatte die Marschälle Lannes und Augereau, und dann den [französischen Diplomaten und] Kunstfreund Denon zu Gästen.«[18]

An Cotta hat er dazu nur einen einzigen, ruhig gehaltenen, wohlgeordneten Satz diktiert. Doch die wenigen Worte am Ende der Konditional-Junktion (*soll aber... so glaube ich, daß*) haben das Gewicht einer Aufrechnung und Gegenrechnung, die seine ganze Existenz umfaßt: *Ich bin nicht vornehm genug* [: so hochstehend nicht in dieser ständisch geordneten Gesellschaft], *daß meine häuslichen Verhältnisse einen Zeitungsartikel verdienten, soll aber was davon erwähnt werden, so glaube ich, daß mein Vaterland mir schuldig ist, die Schritte die ich thue ernsthaft zu nehmen: denn ich habe ein ernstes Leben geführt und führ' es noch.* Seine Schritte *ernsthaft* zu nehmen, hieß: hämische Witzeleien verdienten sie nicht; und ein *ernstes* Leben meint hier: verantwortlich in Gedanken, Worten und Werken – angeredet: *mein Vaterland* !

Mehr nicht. Nur die Erklärung noch, er habe zu diesem November-Artikel *geschwiegen, weil diese Dinge leicht an mir vorüber gehen.* Das traf gewiß nicht zu. Und nachtragend argwöhnisch war er hier sehr wohl. Freilich hat er nie in Erfahrung bringen können, wie ein solcher Bericht in die Cottasche Zeitung gekommen war. Doch gehört dieses hinterhältige Ränkespiel so sehr zur Sache, daß es hier skizziert werden muß.

Als der Zeitungsartikel über die *häuslichen Verhältnisse* Goethes

18 Allgemeine Zeitung vom 24.11.1806, Nr 328, S. 1311.

erschienen war, erkundigte sich Cotta, der sein in Ulm erscheinendes Blatt ja keineswegs selber redigierte, sogleich bei Charlotte v. Schiller in Weimar: »Ist es wahr, daß Göthe sich mit Mlle Vulpius trauen ließ, gerade beim Einmarsch der Franzosen? – Der Schlag hat mich fast gerührt, als ich dise infame Anzeige in der Allg Zeitg las, die aus einer unbegreiflichen etourderie [: Unbedachtsamkeit] des Redacteurs aufgenommen wurde – Entweder ist sie von Boettiger eingesandt, oder von einem Freund der Mlle V., der gerne realisirt hätte, was noch nicht stattfand«.[19] Cotta konnte sich denken, daß Goethe diese »infame Anzeige« inzwischen kannte, und könnte es darauf angelegt haben, daß Schillers Witwe seine Äußerungen an ihn weitergab. Ganz aufrichtig war er dabei ohnehin nicht. Selbstverständlich wußte er, daß für Berichte aus Weimar Carl August Böttiger zuständig war, der früher dort als Gymnasialdirektor amtierte und jetzt von Dresden her seine Allgemeine Zeitung mit Nachrichten belieferte; die recht abwegig begründete Verdächtigung eines Freundes der Christiane Vulpius läßt sich wohl nur als Ablenkungsversuch zum Schutze Böttigers verstehen. »Aber, Aber, wer hat Ihnen die Anecdote von Göthe's Heirath mit Mlle Vulpius mitgeteilt!«, schrieb der Verleger wenige Tage später an Böttiger selbst.[20] Der hatte aus Goethes eigenem engsten Umkreis, von dem Jenaer Kunst- und Literarhistoriker Carl Ludwig Fernow,[21] einen am 26. Oktober verfaßten ausführlichen Bericht über die jüngsten Ereignisse in Weimar erhalten, dessen letzte Sätze ihm die Vorlage für seinen Zeitungsartikel lieferten: »Göthe hat sich in diesen bedenklichen Zeiten mit seiner alten Freundin förmlich trauen lassen, u. die bisherige

19 Brief vom 1.12.1806 (bei Kuhn 1979/1983, Bd 3/1, S. 227).

20 Brief vom 15.12.1806. Handschrift SLUB Dresden, Signatur Mscr. Dresd.h.37, Bd 27 (4°), Nr 136 (falsch datiert auf den 13.12. bei Kuhn 1979/1983, Bd 3/1, S. 229).

21 Aus Rom kommend 1803 Professor in Jena, seit 1804 Bibliothekar der Herzogin Anna Amalia, verkehrte Fernow häufig in Goethes Haus, der sich fürsorglich für ihn verwandte (vgl. etwa Biedermann/Herwig Bd 1, S. 992 und 997; Bd 2, S. 10 und 146f. = Bericht vom 19.10.1806!).

Demoiselle Vulpius ist jezt Frau Geheimeräthin. Sie ist also wahrscheinlich die einzige, die in dieser allgemeinen Noth ihren Schnitt gemacht hat.«[22] Fernows taktlose Worte hat Böttiger in die oben angeführte, hämisch verschärfte Fassung gebracht, die Cottas Journal dann verbreitete. Damit vertrug sich keineswegs, was er am 26. Dezember auf die Nachfrage des Verlegers entgegnete: Die »Nachricht von Göthes Verheirathung ist durchaus wider mein Wollen in die Alg. Zeitung gekommen.« Er habe sie für den verantwortlichen Redakteur Stegmann ausdrücklich »mit rother Dinte eingeklammert«.[23] – Der Urheber Fernow seinerseits verständigte sich mit Böttiger am 6. November noch ganz wohlgemut darüber, daß »die erste Taube, die ich nach überstandenem Gewitter zu Ihnen ausfliegen lassen« (mit seiner Nachricht auch über Goethes Heirat), doch »glücklich an Ort u. Stelle gelangt« sei,[24] und schickte gleich neue Botschaften (jetzt auch über Vulpius und Falk). Da war ihm der Wortlaut von Böttigers erst am 24. November veröffentlichter Zeitungsfassung noch nicht bekannt. Aber sobald er später von Goethes entrüstetem Schreiben an Cotta erfuhr, zeigte er sich erfolgreich darum besorgt, daß seine eigene Beteiligung unentdeckt blieb (dem Zeitverlauf entsprechend werden die späteren Vorgänge am Ende dieser Fallstudie erwähnt).

Nachdem in Goethes Briefdiktat vorläufig abgetan war, was ihn und Christiane selber betraf, kamen die drei anderen Zeitungsartikel zur Sprache (Zeile 22 ff.). Mit zwei knappen anaphorischen Hammerschlägen (*Man hat gedruckt – man hat… gedruckt*) werden

22 Brief vom 26.10.1806 im Stadtarchiv Hannover, Signatur Autogr. Nr 494.

23 Brief im Cotta-Archiv des Deutschen Literaturarchivs Marbach. Was Böttiger dem Redakteur schickte (und wirklich einklammerte?), blieb nicht erhalten.

24 Für die in früheren Drucken mehrfach entstellt wiedergegebenen und falsch datierten Mitteilungen Fernows an Böttiger (nahezu korrekt erst in Fernow 2013) wurden – auch im Folgenden – die in der SLUB Dresden liegenden Handschriften herangezogen. Signatur hier: Mscr.Dresd.h.37, Bd 9 (8°), Nr 31.

jetzt die Berichte über Weimars Herzoginnen markiert. Am 26. Oktober schon hatte die Allgemeine Zeitung behauptet: »Se. Majestät der Kaiser von Frankreich machten gleich nach Ihrem Einzuge in Weimar der verwittweten Frau Herzogin, welche allein in der Stadt geblieben war, einen Besuch.«[25] Tatsächlich hatte Anna Amalia Weimar bereits verlassen, als Napoleon am 15. Oktober für drei Tage das herzogliche Schloß bezog. Am 26. November dann hieß es in Cottas Journal unter Berufung auf ein »Schreiben aus Saalfeld«, wo der preußische Kriegsheld Louis Ferdinand gefallen war: »Der Leichnam des Prinzen Louis von Preussen liegt noch in einem Gewölbe der hiesigen Pfarrkirche. Er ist balsamirt, doch zeigen sich an demselben bereits Spuren der Verwesung. Die edle Herzogin von Weimar hat einen Lorbeerkranz um seine Schläfe gewunden.«[26] Doch wurde das als »neulich in der Allg. Zeit. enthaltene Erzählung« am 13. Dezember dort ausdrücklich »für irrig erklärt. Die Frau Herzogin habe Weimar keine Stunde verlassen.«[27] Goethes Briefkonzept vermerkt denn auch diesen *Wiederruf* (26).

Die Falschmeldung über die Mutter des Weimarer Herzogs und preußischen Generals hat er nicht kommentiert. Anders die über Carl Augusts Gemahlin. Maßgebend war beidemal seine Einschätzung der politischen Großwetterlage. Denn gegen eine Visite Napoleons bei der Herzoginwitwe Anna Amalia hätte er kaum etwas einzuwenden gehabt. Eine glorifizierende Bekränzung des gefallenen Preußenprinzen hingegen, deretwegen Cottas vaterländisch orientiertes Blatt Louise ausdrücklich als die »edle Herzogin« bezeichnete, wäre unvereinbar gewesen mit dem, was Napoleon und Frankreich gegenüber ihm selber jetzt ratsam erschien. Wenn er diese Unterstellung nicht allein eine *unmögliche Absurdität*, sondern geradewegs eine *Elendigkeit* nannte, kaschierte er ein eigentlich politisches Urteil als moralisches Verdikt –

25 Nr 299, S. 1195.
26 Allgemeine Zeitung Nr 330, S. 1318.
27 Ebd. Nr 347, S. 1387.

mochte freilich beim Diktat auch schon den vierten, zuletzt erschienenen Zeitungsartikel im Sinn haben, auf den dieses Wort wahrhaftig zutraf. Der hatte seinen Brief an Cotta doch allererst ausgelöst:

Nun finde ich in Nr. 352 einen Brief aus Weimar, wo die von einem Zeitungsredacteur niemals verantwortliche Note vorsteht, aus einem von dem Verf. nicht zum Druck bestimmten Briefe. (27 ff.) Dieser mißglückende, nahezu unverständliche Eingangssatz zeigt die zunehmende Erregung des Sprechenden. Goethe wird die Ausgabe der Allgemeinen Zeitung vom 18. Dezember zur Hand gehabt haben. Jedenfalls diktierte er wortgetreu, was deren längerem, auf den 16. November datierten Bericht als Quellenangabe voranstand: »(Aus einem von dem Verfasser nicht zum Druk bestimmten Briefe.)« Nur war nicht diese *Note* selber eine *niemals verantwortliche* oder niemals zu verantwortende; unverantwortlich handelte vielmehr der zuständige Redakteur mit dem wegen der voranstehenden *Note* niemals verantwortbaren Abdruck einer solchen Nachricht.[28]

Wieder hatte Goethes Hausfreund sie geliefert. Sein acht Seiten langes zweites Berichtsschreiben an Böttiger vom 6. November über die Weimarer Schreckenstage (ohne jeden Hinweis darauf, daß es »nicht zum Druk bestimmt« sei) enthielt eine Passage, die sich zunächst auf Goethes Schwager Christian August Vulpius, dann auf den Weimarer Schriftsteller und Pädagogen Johannes Daniel Falk bezog. Fernow also hatte geschrieben: »Unserm fameusen Romanfabrikanten Vulpius ist es auch scharf ans Leben, ja sogar ans Nothzüchtigen, gegangen, letzteres ist, wie sich versteht, nicht auf ihn, sondern auf seine Frau zu beziehen. Aber wenn es schrecklich ist, dergleichen zu erleben, so ist es eine Wonne, ihn [selber] die Scene erzälen zu hören; ich habe diesen Genuß schon einigemale gehabt. In jenen Momenten ist die

28 Daß der Redakteur Stegmann diese Anweisung ausdrücklich mitteilte, obwohl er sie nicht befolgte, mochte als Rückversicherung gegenüber dem Urheber gemeint sein, ließe sich aber auch als absichtsvolle Reizverstärkung für den Zeitungsleser verstehen.

Gebärmutter seines Geistes, aus der [anspielend jetzt auf Vulpius' weit verbreiteten, umfangreichen Räuber-Roman ›Rinaldo Rinaldini‹:] schon soviele Räuber und Ungeheuer hervorgegangen sind, gewiß aufs neue zu einem Dutzend ähnlicher Schöpfungen geschwängert worden, die in den nächsten [Buch-] Messen wahrscheinlich wie junge Ferkel herumgrunzen werden.« – Wenig später dann: »Falk macht seit etwa 14 Tagen den Tlumatsch [: Dolmetsch] bei dem hier angestellten französischen Kommandanten, deren wir schon seit dem 14ten Oct. vier verschiedene gehabt haben. Sein Elysium u. Tartarus [: Falks nationalbewußt franzosenfeindliche Zeitschrift von 1806] wird wahrscheinlich nun nicht weiter die Welt mit seiner Gegenwart behelligen, u. ich denke das ist nicht der größte Schaden den der Krieg über Deutschland gebracht hat.«[29]

In beiden Fällen hat Böttiger nur noch geringfügige redaktionelle Änderungen vorgenommen. Über Falk also berichtete die Allgemeine Zeitung: »F... macht den Galoppin [: Ordonanzoffizier] bei den Stadtkommandanten« (statt »den Tlumatsch«) und: »Seine neueste Monatsschrift wird dadurch wahrscheinlich ins Stoken gerathen« (statt »Sein Elysium u. Tartarus...«). Auch die weit bösartigere Passage über seinen Schwager Vulpius bekam Goethe in nahezu dem gleichen Wortlaut zu lesen, mit dem Fernow sie geliefert hatte: »Unserm famösen Romanfabrikanten V..s ist es auch scharf ans Leben, und seiner Frau ans Nothzüchtigen gegangen; aber wenn es traurig ist, dergleichen zu erleben, so ist es eine Wonne, ihn die Scene erzählen zu hören. In jenen Momenten ist die Gebärmutter seines Geistes, aus der schon so viele Räuber und Ungeheuer hervorgiengen, gewiß aufs neue zu einem Duzend ähnlicher Schöpfungen geschwän-

29 Entsprechend Anm. 24, Signatur Mscr.Dresd.h.37, Bd 9 (8°), Nr 31, Bl. 7. – In einem Schreiben an Voigt etwa vom 17.10.1806 (in WA IV irrig datiert auf den 13.10.1807) ersuchte Goethe das Weimarer Geh.Consilium, »daß Falken verboten werde, sein Elysium und Tartarus fortzusetzen, bei Strafe, gleich eingesteckt zu werden. Die Übel sind groß, so ein Narr kann sie noch vermehren. Nichts vom Vergangnen! G.«

gert worden, die in den nächsten Messen wie junge Ferkel herumgrunzen werden.«[30]

Die Formulierung, daß es der Frau von Goethes Schwager »ans Nothzüchtigen gegangen« sei, läßt offen, ob ihr das nur drohte oder tatsächlich angetan wurde.[31] Jedenfalls ermöglichte sie die nun wahrhaft *niederträchtige Art*, in der Fernow eine Vergewaltigung dieser Helene Vulpius, von der man ihren eigenen Mann mit Wonne habe erzählen hören, in metaphorischem Sinn als dessen eigene Schwängerung bezeichnete und bereits die daraus hervorgehenden literarischen Ferkel prognostizierte.

Was Goethe hier entgegnete, versteht sich ohne Kommentar. *Ekelhaft* nennt er diese *Klatschereyen* und bezieht sie am Ende zurück auf das große *Übel*, das damals über Weimar gekommen war. Wieder mißlingt dem Zornigen hier sein schließender Satz (54–57): *unersetzlich genug* war ja nicht, wie diktiert, dieses Übel selber, sondern der dadurch angerichtete Schaden, und daß *unsre eigne Niederträchtigkeit*, nämlich die in Cottas Zeitung verübte, ein solches Übel verdiente, kollidiert mit der zeitlich logischen Abfolge, ergab sich erst im Nachhinein.

30 Allgemeine Zeitung vom 18.12.1806, Nr 352, S. 1408. – Derart hämisch heißt es in diesem langen, sonst durchaus bedauernden Bericht über die Weimarer Schrecknisse nur noch an einer einzigen anderen Stelle: »Viele verloren fast Alles, Andere nur wenig […]. Die hiesigen Juden kamen besonders gut weg, denn der Herr war mit ihnen!« (a. a. O. S. 1407 – wieder von Fernow vorgegeben: wie Anm. 29, Bl. 6).

31 Der von diesem Zeitungsartikel selber betroffene Falk paraphrasierte die Stelle so, daß Vulpius' Frau »am 14ten Oktober [lediglich] Gefahr gelaufen [sei] genothzüchtiget zu werden, in Gegenwart ihres Mannes, der die Nothzüchtigungen so gut in seinen Werken zu beschreiben« wisse (Brief an Cotta vom 3.8.1807: Deutsches Literaturarchiv Marbach). Vulpius' eigene briefliche Unglücksberichte meldeten zwar: »Viele Weiber u Mädchen sind --- Sie können sich den Jammer nicht denken.« Aber von seiner eigenen Familie heißt es nur, daß sie »gemißhandelt, beraubt, unendlich unglücklich gemacht« wurde, und als »das schmerzlichste für mich« bezeichnete er dabei doch, daß die Plünderer ihn bettelarm gemacht hätten (An Cotta, 10.11. und 20.10.1806. In: Christian August Vulpius. Eine Korrespondenz zur Kulturgeschichte der Goethezeit. Hg. v. Andreas Meier. Bd 1, Berlin/New York 2003, S. 125 u. 123 f.).

Wir wollen uns also nur zunächst an die persönlichen Folgen halten: jetzt wird nicht mehr das bisherige Verhalten verurteilt und ein künftig anderes angemahnt. Es werden die ersten Sanktionen verhängt. Die Allgemeine Zeitung, so bittet Goethe *inständigst*, solle ihm künftig nicht mehr zugestellt werden, und gar die von Cotta erbetene Mitwirkung an einer geplanten *neuen Tagesschrift*, seinem ›Morgenblatt für gebildete Stände‹, wird mit ausführlich mißlauniger Begründung als *ganz unmöglich* abgewiesen.[32]

Doch muß dem aufgebracht Diktierenden, als er sich selber hier *verletzt und beleidigt* nannte, erneut in den Sinn gekommen sein, daß sein Brief als überzogene Reaktion auf eine persönliche Kränkung erscheinen könnte. Unvermittelt führt er jetzt ins Feld, was Cotta kurz zuvor *in Hubers Briefen* aus den Jahren 1783–92 über ihn hatte *abdrucken lassen*. Das waren keineswegs nur bewundernde Äußerungen. Immerhin hieß es da über Goethe: »Dieser Mensch wird mir mit jedem Augenblick unbegreiflicher.« Oder: »Ich habe den Faust gelesen [Fragment-Druck von 1790]. Es ist ein tolles unbefriedigendes Gemengsel, aber freilich voll von Schönheiten, die ganz einzig sind.« Und: »An Begeisterung für ein höheres Ziel glaube ich in Göthe nicht mehr, sondern an das Studium [Stadium?] einer gewissen weisen Sinnlichkeit, deren Ideal er vorzüglich in Italien zusammen gebraut haben mag, und in welche denn mannigfaltige, und, gegen seinen ehemaligen Geist, oberflächliche Beschäftigungen mit wissenschaftlichen und

32 Cotta hatte ihm am 15.8.1806 geschrieben: »Mit Neujahr denke ich für Süddeutschland ein ähnliches Institut *wie der Freimüthige* zu begründen: dörfte ich mir nicht schmeicheln, daß Sie thätigen Antheil daran nemen würden?« (auch hat er eine solche Bitte im Oktober und noch am 19. Dezember wiederholt: Kuhn 1979/1983, Bd 1, S. 138, 141, 147 f.). Daß es sich bei diesem ›Morgenblatt‹ um »ein ähnliches Institut« handeln solle, wie ausgerechnet jener ›Freimüthige‹, dessen *bösen Geist* gegen Weimar Goethes Briefkonzept eingangs beklagt, konnte ihn gewiß nicht zur Mitwirkung locken. Nur war er keineswegs standhaft genug, die hier verkündete Sanktion auch zu vollstrecken: Bereits ab Anfang März 1807 erschienen in der *neuen Tagesschrift* seines Verlegers sieben Beiträge Goethes oder seiner *Nächsten* (eruiert von Kuhn 1979/1983, Bd 3/1, S. 233).

anderen vorhandnen Gegenständen mit einschlagen. Vielleicht hat er Recht, vielleicht auch nicht.«[33] Dazu erklärt der Betroffene jetzt, es sei das *alles Dankes werth: denn es macht ihn* [Huber] *und mich historisch; es sind* [: es geht in seinen Briefen – vor etwa anderthalb Jahrzehnten verfaßt – um] *vergangene Erscheinungen und vergangene Empfindungen, die dem der übrig bleibt oder denen die übrig bleiben, belehrend und erfreulich sind.*

Sehr anders versteht und bewertet der Diktierende die Mitteilungen, die durch Cottas Journal über ihn und Christiane und über seinen Schwager und dessen Frau *eingeführt* wurden und durch andere Zeitungen nun weiter verbreitet werden könnten (83 ff.). Erstens handele es sich um *Privatnachrichten*, zweitens gehe es hier keineswegs um Vergangenes. Angesichts der preußisch-weimarischen Niederlage jetzt im Oktober und ihrer politischen Folgen müsse man zu *solchen Klatschereyen* sagen, *daß Deutschland von einer innern Fäulniß weit schlimmer angegriffen ist, als von einer äußern Gewalt.* Nach dem Erlöschen des hinfälligen römisch-deutschen Kaisertums und der Errichtung des französisch dominierten Rheinbundes (dem sich nur wenige Tage vor diesem Diktat auch Sachsen-Weimar-Eisenach angeschlossen hatte) sehe man bei Napoleons Gewaltherrschaft doch wenigstens ein, *was sie will und was sie kann.*[34] So absehbar erschien ihm das im nachhinein, daß er seinen Selbstvorwurf am Eingang des Briefes hier wiederholte: *verdrießlich* sei er darüber, daß er den Zeitungsverleger darauf *nicht früher aufmerksam gemacht habe.* Und so mutet er ihm die schlie-

33 Hubers Briefe an einen Freund. In: Ludwig Ferdinand Huber. Sämmtl. Werke Bd 1, Tübingen 1806 (hier S. 345, 388 und 443 f.). – Dazu Goethe auch an Knebel, 3.1.1807: »Daß er mit mir weder als Schriftsteller noch als Mensch fertig werden kann, nehme ich ihm gar nicht übel. Er zeigt übrigens durchaus guten Willen gegen mein Wesen und Treiben.«

34 Dazu hochinformativ Seibt 2008, S. 39–86 (: ›Goethe – ‚Der Rheinbund-deutsche'‹) und Gerhard Müller: ›‚eine wunderbare Aussicht zur Vereinigung deutscher und französischer Vorstellungsarten'. Goethe und Weimar im Rheinbund‹. In: Europa in Weimars Visionen eines Kontinents. Hg. v. Hellmut Th. Seemann. Göttingen 2008, S. 256–278.

ßende Maxime zu, die das ins Allgemeingültige hebt: *Man weiß sehr gut, daß der Friede, wie das stehende Wasser, solches Ungeziefer hervorbringt, wenn es aber im Kriege erscheint, dann ist es erst recht ekelhaft.*

Nirgendwo in Goethes Texten finden sich Äußerungen von derart schneidender Schärfe in solcher Häufung wie in diesem Wutbrief, nicht in seinen ›Xenien‹ von 1796 und ebensowenig in dem gegen Newtons ›Optik‹ angehenden ›Polemischen Teil‹ seiner Farbenlehre, den er eben jetzt im Dezember 1806 so »stark auf dem Amboß« hatte, daß er sich in eine »leidenschaftliche Gemüthsbewegung«[35] versetzt fand. Hier, auf dem Höhepunkt seiner gemütsbewegten Verwünschungen, läßt sich die metaphorisch-personifizierende Wendung vom ekelhaften *Ungeziefer* auch kaum mehr (nur) auf die zur Rede stehenden *Klatschereyen* des Cottaschen Journals beziehen. Eher sind es jetzt die daran beteiligten Personen selber, auf die dieses Donnerwort niedergeht: die Korrespondenten, die solche Berichte verfassen, die Redakteure, die sie abdrucken, und am Ende trifft es gar den Zeitungsverleger selbst.

Hier hat der Diktierende das zweckdienlich gute persönliche Verhältnis zu Cotta entschieden in Frage gestellt, hier lenkt er deshalb wieder ein: *vielleicht hätte ich morgen Bedenken und schwiege zu diesen Avanien.* Und wieder, wie in seinen Eingangszeilen: gerade weil dieses Verhältnis ihm *lieb* sei, bringe er die Sache so zur Sprache. Mit einem Fremdwort, das nirgendwo sonst in seinem schriftlichen Wortschatz erscheint, bezeichnet er abkühlend und distanznehmend als *Avanien,*[36] was zuvor doch weit direkter benannt wurde, und hält im Konjunktiv, in einem drohenden Potentialis freilich, was er *vom Herzen* haben möchte: Es *k ö n n t e ein Krebsschaden daraus werden*, und: *Ich w ü r d e Ihnen anrechnen, was Sie*

35 An Knebel, 13.12.1806. Dazu Tagebuchnotizen 15.–30.12.1806.

36 Ausführlich erläutert bei Krünitz 2. Theil (1773), S. 641 als ein »in der Levante und in allen Staaten des Großsultans sehr gebräuchliches Wort, die Beschwerungen, Erpressungen, Plackereien, Gewaltthätigkeiten u. d. gl. dadurch auszudrücken, welche die christlichen Kaufleute von den türkischen Zollbedienten und auch Bassen erfahren und auszustehen haben«.

vielleicht nicht verschulden; ich w ü r d e Ihnen anrechnen, daß sie einen kleinen bisher leuchtenden Punct Deutschlands, der doch auch Ihre Freunde und Genossen, Herdern, Schillern und mich beherbergt hat [...], *zu trüben, zu verfinstern und zu vernichten s u c h e n.* Zwar *w ü r d e bleiben,* also weiterhin gelten, was hinsichtlich der Ausgabe seiner Werke vereinbart wurde, aber es *würde sehr bald absterben,* was er hier *das Gemüthliche* nennt, das Vertrauensvolle ihrer persönlichen Einstellung zueinander – *denn das Gemüthliche stirbt nicht in Graden ab, sondern gleich.*

Der knapp resümierende letzte Absatz gipfelt in dem, was Goethe nach alledem von seinem Verleger verlangt. Nach vielen langen, in sich verschachtelten Sätzen, die sich hin und her winden zwischen der wütenden Entrüstung des *Beleidigten und Verletzten* und seiner bedachtsamen Sorge doch um ein geschäftlich *gutes Verhältniß,* spricht der Diktierende da in resolut kargem Befehlston. Nicht einmal ein Ausrufezeichen erhalten und brauchen diese wenigen, fast leise anmutenden Kommandoworte. Eher noch verstärkt der Verzicht darauf ihre imperativische Kraft – *Thun Sie also was an Ihnen ist.*

Ich muß nur eilen diesen Brief zusammenzufalten und fortzuschicken: denn vielleicht hätte ich morgen Bedenken, und schwiege zu diesen Avanien wie zu andern. Was er so diktiert hatte am 24. Dezember, ist tags darauf eingetreten. Er ließ das Konzept nicht einmal mehr ins Reine schreiben. Was er seinem Verleger stattdessen mitteilte, genügte den Regeln, die er 1825 dem Kanzler v. Müller im Gespräch über die zweckmäßige Erledigung geschäftlicher Angelegenheiten vorgetragen hat: »keine Vorwürfe über Vergangnes, nun doch nicht zu Änderndes. Jeder Tag bestehe für sich; wie könnte man leben, wenn man nicht jeden Abend sich und andern ein Absolutorium erteilte?«[37] Ohne Konzept jetzt, gleich eigenhändig auch und so konziliant, daß man es vergleichsweise windelweich nennen möchte, hat er da geschrieben:

37 Biedermann/Herwig Bd 3.2, S. 10 (vgl. oben S. 224 mit Anm. 5).

Johann Friedrich Cotta Frhr. v. Cottendorf
Gedenk-Lithographie von unbekannter Hand, 1833. Vorlage von Karl Jakob Theodor Leybold, nicht datiert (Klassik Stiftung Weimar)

W. den 25. Dec. 1806

Gestern dicktirte ich einen langen Brief an Sie, werthester H. Cotta, den ich aber zurückhalte weil es nicht gut ist über unangenehme Dinge weitläufig zu seyn. Nur mit Wenigem will ich Sie aufmercksam machen, wie seit einiger Zeit, in Ihrer allgemeinen Zeitung, Weimar, seine Verhältnisse, seine fürstl. Personen, seine

Privatleute, sehr unschicklich und unanständig behandelt werden. Davon mag 352 [: die Allgemeine Zeitung vom 18.12.1806 mit dem Artikel über Vulpius und Falk] *ein Zeugniß ablegen. Halten Sie das Gute was wir zusammen noch vorhaben für bedeutend, fühlen Sie die Schönheit unsres Verhältnisses in seinem ganzen Umfang; so machen Sie diesen unwürdigen Redereyen ein Ende, die sehr bald ein wechselseitiges Vertrauen zerstören müßten. Nicht weiter!* G[38]

Was hier ausgespart blieb gegenüber dem tags zuvor diktierten Briefkonzept, hat Goethe freilich noch einmal in einem Gespräch erwähnt, das er am 2. Januar 1807 in nach wie vor arglosem Vertrauen ausgerechnet mit dem Urheber der beiden bösartigsten Zeitungsartikel führte. Dieser hinterhältige Fernow wiederum berichtete daraufhin seinem Kompagnon Böttiger, daß der »von jeher über die Neuigkeitskrämereien der Journale« Klagende ihm mitgeteilt hätte, er habe wegen der »Indiskrezionen« der Allgemeinen Zeitung »auch sehr ernstlich an Cotta geschrieben«.[39] Was Goethe nach Fernows Wiedergabe darüber sagte, entspricht weitgehend dem nicht mehr ausgefertigten Konzept. Ob er selber das versehentlich (oder absichtsvoll?) außer acht ließ, oder ob Fer-

38 Textwiedergabe buchstaben- und zeichenadäquat nach der Handschrift (Cotta-Archiv des Deutschen Literaturarchivs Marbach, Signatur: Goethe, Briefe 86). – Dem vorletzten Satz gibt das überleitend verwendete Semikolon konditionale Bedeutung: ›Wenn Sie…, *so machen Sie*…‹.

39 Schreiben vom 7.1.1807. In früheren Drucken entstellend abgedruckt, vollständig und korrekt jetzt in: Fernow 2013. Ich habe auch hier die Handschrift herangezogen (entsprechend Anm. 24, Signatur Mscr.Dresd.h.37, Bd 9 (8°), Nr 33). Das dort wiedergegebene Gespräch (Fernow: »Am Abend desselben Tages, wo ich meinen letzten Brief […] an Sie absandte«) hat entsprechend dem Datum dieses vorangehenden Schreibens (a. a. O. Nr 35) am 2.1.1807 stattgefunden, keineswegs (wie Biedermann/Herwig Bd 2, S. 162 irreführend angibt und FA II 6 (33), S. 868 wiederholt) schon am 30.11.1806, also bevor der Zeitungsartikel über Vulpius und Falk überhaupt erschienen war und Goethe seinen Brief an Cotta diktiert hatte. Diese für das Textverständnis maßgebliche Datierungsfrage wird auch bei Kuhn 1979/1983, Bd 3/1, S. 229 übersehen.

now ihn mißverstanden hat, ist nicht auszumachen. Jedenfalls referierte Goethe da, was Cotta gar nicht zu lesen bekam: erwähnte den Berliner ›Freimüthigen‹, dessen Frivolitäten man jetzt »von Ulm aus erdulden« müsse, und führte an, was nur das Konzept (105 ff.) über Weimar besagte als *einen kleinen bisher leuchtenden Punct Deutschlands, der doch auch ihre* [: Cottas] *Freunde und Genossen, Herdern, Schillern und mich beherbergt hat,* und nun in Gefahr geriete, getrübt, verfinstert, vernichtet zu werden. Nur bezog er das in diesem Gespräch, anders als im Konzept, ausdrücklich auf die politischen Verhältnisse. Die Cottaschen Zeitungsberichte, erklärte er, möchten doch dazu beitragen, »daß die Franzosen die einzige Achtung die sie jezt noch für die Deutschen haben könten, die Achtung für unsere Kultur und für unser geistiges Streben, wovon sie jezt als Augenzeugen genauer u. besser als je unterrichtet werden können, verlieren müßten. [...] Besonders müsse Weimar u. diejenigen in W. welche zum Theil dazu beigetragen haben, auch selbst in den Augen der Fr.[anzosen] unsere Litteratur Achtungswürdig zu machen, jezt mit gebürender Rücksicht behandelt werden, um so mehr da der K.[aiser] Napoleon selbst auf W.[eimar] aufmerksam geworden sei, so daß er den hiesigen Regierungsrath Müller in einer Unterredung gefragt hat, ob denn Weimar auch in Deutschland wegen seiner höheren Bildung in demselben Ansehen stehe, wie bei den französischen Gelehrten?«

Am Ende heißt es in Fernows Gesprächsbericht: »Es kann sein, daß G., der wohl weiß, daß ich mit Ihnen in freundschaftlichen Verhältnissen stehe, mir das Obige absichtlich gesagt hat, u. wäre das auch nicht der Fall, so halte ich es für meine Pflicht, es Ihnen mitzutheilen, da die Sache so wichtig ist, wie irgend eine in der Welt.« In Wahrheit kann Goethe diese Weitergabe seiner Äußerungen an den ihm verhaßten Böttiger wohl nicht einmal für möglich gehalten haben.

Bleibt mitzuteilen, was die drei für die Zeitungs-*Avanien* zuständigen Personen unternahmen, nachdem Goethes Ersatzbrief den

Verleger erreicht hatte und Fernows Gesprächsbericht vom 7. Januar bei Böttiger eingegangen war.

Cotta in Tübingen antwortete auf Goethes kurzes Schreiben vom 25. Dezember am 9. Januar, nichts von allem, was ihm seine Zeitung sonst schon eingetragen habe, hätte ihn »so tief geschmerzt und beunruhigt, als jene toll unbescheidne Nachrichten über Weimar – und zu disem Schmerzen und Beunruhigung kommt nun eine innige Betrübniß, veranlaßt durch Ihren Brief.« Bedürfe es »einer Vertheidigung meiner Seite, so würde mich die seit jenen Vorfällen geführte Korrespondenz hinlänglich rechtfertigen[40]: nur das muß ich bemerken, daß nicht die Korrespondenten oder Einsender jener Nachrichten, sondern der Red.[akteur Stegmann in Ulm] die Hauptschuld trägt, denn die vorzüglich kränkenden Notizen waren in Parenthes bemerkt, als nicht fürs Publikum bestimmt«. Auf beiden Schultern tragend, gab er Fernows und Böttigers Namen freilich nicht preis.[41] Um ein beiderseitig *gutes Verhältniß* bemüht, erklärte Goethe sich am 23. Januar 1807 damit zufrieden, zeigte sich nur mehr am ungestörten Fortgang der Werkausgabe interessiert und wünschte »von Herzen wohl zu leben«. Dabei ist es geblieben. Auch noch die seit 1827 erscheinende ›Vollständige Ausgabe letzter Hand‹ konnte Cotta verlegen. Ärgernisse und Zerwürfnisse zwischen ihnen hat es freilich weiterhin gegeben[42] – noch 1829 wurde Goethes Verdammungsurteil über die Buchhändler durch eben den Verleger ausgelöst, an den er 23 Jahre zuvor seinen Wutbrief diktiert hatte.

Fernow in Weimar, Goethes Hausfreund und Protegé, schrieb bereits am 2. Januar 1807 an Böttiger: »Die bewußte Indiscrezion von der Sie mir melden, und die auf unser beider Rechnung von einem dritten [: Stegmann] begangen worden ist mir hier allerdings schon zu Ohren, aber nicht zu Gesicht gekommen [...]. Ich

40 Das meinte also Cottas Schreiben an Charlotte v. Schiller vom 1.12. und seine Erkundigung bei Böttiger vom 15.12.1806 (hier S. 236 bei Anm. 19 und 20).

41 Cottas Brief an Goethe bei Kuhn 1979/1983, Bd 1, S. 149 f.

42 Dazu für die Jahre 1825/26: Fischer 2014, S. 669 ff. und 724 ff.

habe mir indessen nicht soviel daraus gemacht, […] hatte es n. [: nicht] für die öffentliche Bekanntmachung und für den Druck bestimmt […]. Auf mich hat, soviel ich weiß bisher niemand gerathen, und ich spreche natürlicher Weise mißbilligend darüber, wie ich auch wirklich davon denke.«[43] Mit Recht besorgt, faßte er am 18. Januar nach und bezog sich dabei auf seinen vorangehenden Bericht an Böttiger über das Gespräch mit Goethe: Der habe doch »in aufgebrachtem Muthe an Cotta einen fulminirenden Brief geschrieben, um wo möglich dem Schreiber desselben hier in W.[eimar – ihm selber also] auf die Spur zu kommen. Nehmen Sie Ihre Maßregeln danach, sonst könnte aus dem albernen Spaße ein dummer Ernst werden.«[44] So blieb seine Urheberschaft für Goethe verborgen; der verdächtigte vielmehr den Hallenser Professor Gruber – bis ihm der doppelzüngige Fernow selber dessen Unschuld versicherte (ohne etwa ein eigenes Geständnis abzulegen).[45]

Böttiger in Dresden schließlich, nachdem er Fernows Gesprächsbericht erhalten hatte, wandte sich am 17. Januar direkt an Cotta: Er wisse von einem Brief Goethes an ihn und von dessen »Indignation über einige in die Algem. Zeitung eingeflossene Artikel«. Um selber entsprechende »Maßregeln ergreifen« zu können, verlange er dringend, ihm »aufrichtigst« zu melden, ob der Verleger dem Erzürnten etwa den Namen des Einsenders mitgeteilt habe. »Thaten Sie es, so war es freilich nicht Recht, zumal da dieß durchaus nicht zum Abdruck bestimmt war, was [der Redakteur] Freund Stegmann dennoch abdrucken ließ, und der Ein-

43 Entsprechend Anm. 24, Signatur Mscr.Dresd.h.37, Bd 9 (8°), Nr 35. – Das Kürzel »n.« ist nicht eindeutig zu entziffern; gemeint war zweifellos »nicht«.

44 Wie Anm. 43, Nr 36.

45 Gruber an Böttiger, 20.7.1810: »Seit er [Goethe] mir auf Zuflüstern von Vulpius die Niederträchtigkeit zutrauen konnte, dass ich die Nachricht von seiner Verheiratung in die Zeitung gesendet habe, bin ich nicht wieder zu ihm gekommen, denn bei dem Minister hatte ich nichts zu suchen, und Goethen hätte ich, ungeachtet ihn Fernow von meiner Unschuld überzeugt hatte, doch wohl nicht wieder gefunden.« (Biedermann/Herwig Bd 2, S. 368).

sender eigentlich die Schuld nicht tragen kann.« Auf Böttigers wiederholte Nachfrage vom 23. Januar[46] versicherte ihm der Verleger, daß er »den Einsender nicht genannt«, seinen Namen also verschwiegen habe.[47] Dabei ist es geblieben. Erst am 25. März 1832, nachdem er von Goethes Tod erfahren hatte, mochte Böttiger seine Machenschaft eingestehen: »Nach der Schlacht bei Jena schrieb mir Fernow manches zur Mittheilung. Darin stand, daß G. sich während des Kanonendonners der Schlacht bei Jena bereden ließ, die Vulpia sich antrauen zu lassen. Ich beging die Indiscretion, jene Briefe auch an diese Stelle [: Cottas Allgemeine Zeitung] zum Abdruck einzusenden. Es mochte wohl ein geheimer Mißmuth in mir schlummern. Denn Goethe vertrieb mich aus Weimar.«[48]

Vom Sommer 1806 hat Ernst Moritz Arndt überliefert, was er »eine hübsche Böttiger-Goethe-Anekdote« aus Karlsbad nannte. Nach einem Spaziergang dort berichtete Goethe, er habe von fern jemanden gesehen, der ihn ordentlich erschreckte: »ich glaubte den leibhaftigen Böttiger erblickt zu haben.« Alsbald darüber belehrt, daß der sich tatsächlich in Karlsbad aufhalte und er »wirklich den Leibhaftigen gesehen« habe, »rief Goethe aus, wie einer, der von einem Schrecken wieder aufatmet: ›Gottlob! gottlob! daß Gott nicht ein zweites solches A....gesicht geschaffen hat.‹«[49] Wäre er über das Ränkespiel um die *gemeinsten Klatschereyen* der Allgemeinen Zeitung zulänglich informiert gewesen, hätte er im Konzept seines Briefes an Cotta den Korrespondenten Böttiger gewiß mit einer eigenen *Avanie* bedacht, ihn wohl auch hier als ein solches Arschgesicht vorgeführt.[50]

46 Beide Schreiben im Cotta-Archiv des Deutschen Literaturarchivs in Marbach.

47 Cotta an Böttiger, 26.1.1807 (entsprechend Anm. 24, Signatur Mscr. Dresd.h.37, Bd 28 (4°), Nr 2).

48 Böttiger an Rochlitz: Goethe-Jb. Bd 18 (1879), S. 157.

49 Biedermann/Herwig Bd 2, S. 76 f.

50 Das von Goethe schriftlich nie benützte und schon von Arndt nur mit Anstandspünktchen bezeichnete Wort hier unverkürzt wiederzugeben, hat durch ihr Vorbild die 8jährige Antonia Schöne angeregt, der ich für diese Ermutigung danke.

VI

»*vor deines Kaysers Throne, Oder vor der Vielgeliebten*«

An Michael Franz Graf von Althann, 23. Januar 1811

Am 19. Mai 1810 gegen 16 Uhr hörte man in Karlsbad vom Stadtturm her ein Trompetensignal, das die Ankunft Sr. Exzellenz, des Herzoglich-Sächsischen Wirklichen Geheimrats Johann Wolfgang von Goethe meldete.[1] Aus Jena kommend, stieg er hier nach viertägiger Kutschwagenfahrt am Markt im Haus zu den ›Drei Mohren‹ ab – begleitet von dem Weimarer Gymnasialprofessor Riemer als seinem Sekretär und von einem Diener.[2]

Er kam da schon zum siebenten Mal. Und insgesamt hat er

1 Stöhr 1810, S. 23: »Der Stadtthurmer begrüßet den ankommenden Gast alsobald drey Mahl mit einem Trompetenstückchen wofür man der Frau desselben, die Glück zur Kur zu wünschen kommt, ein beliebiges Geld gibt.« – Goethe selbst (an Carl August, 27.6.1811): Es »werden immer neue Gäste angemeldet und antrompetet.«

2 Was Goethes Bedienstete (damals der ›Carl‹ genannte Johann David Eisfeld) während dieser Kuraufenthalte eigentlich zu tun hatten – abgesehen etwa vom »Pochen« (Abhämmern) und Schleppen der Steine bei seinen mineralogischen Exkursionen – gehört zu den Selbstverständlichkeiten, die selten überliefert werden. Eine bemerkenswerte Ausnahme bildet Goethes Notiz von seiner Kur in Wiesbaden 1815 über »Carls [jetzt Carl Wilhelm Stadelmanns] Krankheit, worüber ich in Mismuth und Unthätigkeit verfiel, indem ich zugleich einen Diener, Rechner und Schreiber vermißte.« Aber: »die Übel sind nicht ohne Vortheil geblieben; denn ich habe gelernt daß man bey meiner Taille, mit Rheumatismus in der Schulter doch noch, wenn's Noth thut, enge seidne Strümpfe selbst anziehen kann.« (an die Gräfin v. Fritsch, 17./18.7.1815).

zwischen 1785 und 1823 sechzehnmal die dem österreichisch-ungarischen Kaiserreich zugehörigen böhmischen Bäder aufgesucht, um mit Trink- und Badekuren rheumatische Gelenkbeschwerden und durch Steinleiden hervorgerufene Nierenkoliken zu heilen. Nach Karlsbad ging er allermeist, gelegentlich nach Teplitz, auch nach Marienbad oder Franzensbad. Sein »Sommerleben« nannte er das einmal.[3] Es erstreckte sich, zusammengerechnet, über mehr als zweidreiviertel Jahre – zählt man seine sechs innerdeutschen Badereisen zwischen 1801 und 1816 nach Pyrmont, Bad Lauchstädt, Bad Berka, Wiesbaden und Bad Tennstädt noch hinzu: über nahezu dreieinhalb Jahre seines Lebens. Frei von den höfisch-gesellschaftlichen Verpflichtungen und seinen Amtsgeschäften in Weimar oder Jena, nutzte er diese Zeiten zum Lesen und Schreiben, zu ausgedehnten geologischen und mineralogischen Studien,[4] besonders in den frühen Jahren auch zum Zeichnen, in den späteren zu meteorologischen Beobachtungen und Aufzeichnungen. Und wenn ihm der Sinn danach stand, wenn ihn die Kurgäste interessierten, die er dort antreffen oder wiedersehen konnte, war das überdies ein sehr geselliges Sommerleben. Man machte gemeinsame Spaziergänge, unternahm Kutschfahrten in die nähere Umgebung und besuchte sich wechselseitig in den Quartieren. Sogar ein den leichten Musen verpflichtetes Theater hatte im Sommer geöffnet (»Trauerspiele werden niemahl oder selten gegeben« – wohl um den Frohsinn der Kurgäste nicht

3 An Marianne v. Eybenberg, 16.1.1809.

4 An v. Schreibers, 23.5.1820: »Die Geologie der hiesigen Umgebung beschäftigt mich schon mehrere Jahre: denn da die Ärzte sagen, man solle weder lesen noch schreiben und zuletzt auch nicht einmal denken; so möchte denn doch wohl das ruhige Anschauen der Natur unterhaltend und erquicklich bleiben. Hier sind es nun vor allem Felsen und Gestein, was unsre Aufmerksamkeit an sich zieht«.
So haben Goethes Exkursionen in und um Karlsbad, Eger, Teplitz, Marienbad die von ihm betriebenen Gesteinssammlungen in Weimar und Jena bereichert und eine Vielzahl mineralogischer und geologischer Schriften hervorgerufen – vgl. FA I 25, S. 335–508 oder (unübersichtlich) in LA I 1 und 2, I 8, I 11.

zu beeinträchtigen[5]). Im übrigen versammelte man sich zu Konzerten, Bällen, Tisch- und Billardspielen im ›Böhmischen Saal‹ oder ›Sächsischen Saal‹, wo auch gemeinsam gespeist werden konnte und »zu allen Zeiten des Tages Caffee, Thee, Chokolade, andere Getränke, Eis, Zuckerwaaren« angeboten wurden.[6] Was die Badekur anging, hatten »gemeine Leute«, also einfache, minderbemittelte Kranke »ein unendgeltliches Bad für Männer, Weiber und Unreine, auch ein reinliches Dampf- oder Schwitzbad. Für Judenfrauen eine sogenannte Judentauche im Mühlbadhause«.[7] Dorthin ging der Geheimrat gewiß nicht; die ansehnlicheren Häuser besaßen eigene Badeeinrichtungen und ließen das heiße Mineralwasser dafür herantragen. Die Trinkkur hingegen spielte sich in aller Regel gesellig und öffentlich ab. Man traf sich dazu an einem der sieben Karlsbader Brunnen, trank auf einer Wandelbahn im Freien »aus porzellanenen Bechern, deren einer etwa zwey Kaffeetassen hält«, und zwar nach ärztlicher Verordnung

5 Zitat: Stöhr 1810, S. 59f. – Am 28.7.1806 hatte Goethe aus Karlsbad an Christiane geschrieben: »Vorgestern bin ich auch in der Comödie gewesen und werde wohl nicht wieder hineingehen. Selbst diejenigen Schauspieler, die noch einige Gestalt und Stimme haben, zeigen sich fratzenhaft, affectirt und comödiantisch. Ich kann wohl sagen, daß ich in dem ganzen Stück nicht einen einzigen wahren Ton gehört habe. Die Weiber sind vollends ganz abscheulich.«

6 Stöhr 1810, S. 61. – Über diese »beiden Kaffee- und Ballhäuser, das Sächsische und das Böhmische« berichtet Campe 1806, S. 187f., was für das Folgende bemerkenswert ist: »Des ersten hat der hohe Adel, des andern der Bürgerstand sich bemächtiget; denn leider! ist man auch hier, wie in manchem andern Bade, noch unverständig genug, eine ziemlich scharfe Grenzlinie zwischen beiden Ständen an einem Orte zu ziehen, wo die bürgerlichen Verhältnisse gar nicht in Betracht kommen sollten. Doch muß ich zur Ehre vieler Adeligen hinzufügen, daß man die Gesellschaft in und vor dem Böhmischen Kaffeehause gewöhnlich sehr vermischt findet, weil ein großer, vielleicht der größte Theil der Adeligen so viel guten Sinn mit hierher zu bringen pflegt, daß er lieber in vermischter Gesellschaft sich entweilen und vergnügen, als in den beschränkten Kreisen seines Gleichen sich langweilen mag.«

7 Stöhr 1810, S. 46 (»Judentauche« meint offenbar die Mikwe: das rituelle jüdische Reinigungsbad vornehmlich für Frauen, bei dem es aufs Untertauchen ankommt).

»3, 4 bis 15 Becher [also bis zu 30 Tassen] mit Lust und unter Lachen. Es hat nichts zu bedeuten, wenn man beym ersten oder zweyten Mahle Trinken etwa brechen muß«.[8] Er hoffe »recht ausgespült« wieder zu ihr zu kommen, schrieb der Kurgast Goethe am 15. Juli 1795 an Christiane.[9]

»Früh um 5 Uhr aufgestanden«, notiert er jetzt am Tag nach seiner Ankunft im Tagebuch, »an allen Brunnen getrunken.« Am 23. Mai: »Teils neue Bekanntschaften gemacht, die alten fortgesetzt.« Tags darauf an den Weimarer Herzog: »Noch sind nicht viele Fremden hier, etwa 40.« Aber nur einen Monat später, am 27. Juni an Kirms: »Jetzt ist es so voll hier, daß kein Quartier mehr zu finden ist, und jeder zufrieden seyn kann, der fest sitzt.« Im Verlauf der Hochsaison mögen in dem 430 Häuser umfassenden Städtchen nacheinander nahezu tausend Kurgäste Unterkunft gefunden haben.[10] Die hier »ihr Heil an den warmen Quellen« suchten, waren nach Goethes eigenen Worten »wie vor Alters aus allerley Nationen, aus allen Ständen und Religionen gemischt«.[11] Was sie nach Karlsbad zog, was auch auf den Geheimrat aus dem kleinen Herzogtum Sachsen-Weimar eine mächtige Anziehungskraft ausübte, war nicht zuletzt der europäische Hochadel, der

8 Stöhr 1810, S. 42 und 43 f. – Ebd. S. 43: »Vor 30 Jahren trank man täglich 30 bis 40 Becher« (also bis zu 80 Tassen)!

9 Kleiner ›kulturgeschichtlicher‹ Exkurs: Unter ›dieses weit berühmten Gesundheitsortes Denkwürdigkeiten für Kurgäste, Nichtkurgäste und Karlsbader selbst‹ führt Stöhr 1810, S. 31–35 u. 45 die reihenweise gleich an der Wandelbahn gelegenen »Commoditäten« oder »Abtritte« an. »Jeder ist numerirt, jeder hat seinen besonderen Schlüssel«, nur gibt es davon »noch bei weitem nicht genug für die Menschenmenge«. Also: »Das Allernothwendigste an den Brunnen ist ein eigener Schlüssel zu einem dortigen Abtritte, sonst muß man sich an Bekannte oder an die Eigenthümer naher Häuser wenden.« – Gewiß hatte der Geheimrat doch einen eigenen Schlüssel.

10 Auf Juni/Juli konzentrierte sich hier die Hochsaison (vgl. Riemers Notiz vom 28.5.1810 in Biedermann/Herwig Bd 2, S. 540). Insgesamt erfassen die Badelisten für das Jahr 1810 1255 Gäste ohne deren begleitende Dienerschaft (Stöhr 1822, S. 185 ff.) – mehr als je zuvor. Frühere Höchststände 1804: 910; 1806: 841; dagegen 1809 »kriegerischer Umstände wegen« nur 113 Gäste (Stöhr 1810, S. 257 ff.).

11 An v. Voigt, 12.7.1806.

sich hier seit langem zu einem sommerlichen Stelldichein versammelte.[12] »Der Kur wegen« kamen 1810 »Ihre Kaiserliche Hoheit die Fr. Erzherzogin Theresia mit ihrem Gemahle, Prinzen Anton, Königl. Sächsische Hoheit, und dessen Prinzessin Schwester Maria Anna und Nichte Prinzessin Amalia. Die Königl. Prinzen von Preußen Heinrich und August, 33 andere herzogliche und fürstliche, 118 gräfliche und 74 freyherrliche Partheyen« (meint hier ganze Familiengruppen). – An der Spitze dieser Liste aber stand diesmal ein Allerhöchster Gast: »Ihre Majestät die Kaiserin von Oesterreich Maria Ludovika.«[13]

Sie kam am 6. Juni und bezog das nur wenige Schritte von den ›Drei Mohren‹ entfernte Haus zum ›Weißen Löwen‹. Goethe an Carl August: »Gegen 2 Uhr fuhr sie unter Läutung der Glocken und Abfeuerung von Böllern in Carlsbad ein. Das Gedränge von der Brücke bis auf den Markt war sehr groß. Die Schützen-Compagnie umgab den Wagen, und die Obrigkeiten standen zu ihrem Empfang bereit. Vier und zwanzig weißgekleidete, mit Kränzen gezierte Mädchen machten Spalier im Hause und auf der Treppe, und überreichten ein Gedicht.«[14] Genauer noch wurde der Österreichische Kaiser informiert. Ein sogleich am Ankunftstag verfaßter Bericht an die Polizei- und Zensur-Hofstelle meldete nach Wien: »Im Hauße bis zum Eintrittszimmer des ersten Stockes bestreuten weis gekleidete mit Eichenlaube gezierte junge Mädchen

12 Als Goethe am 25.5.1810 »Stöhrs Büchlein vom Carlsbade« las (Tagebuchnotiz), fand er dort unter den »vorzüglichen Personen, die seit 1569 in Karlsbad der Kur wegen waren«, Kaiser und Könige, Fürsten, Kardinäle und Erzbischöfe aufgezählt. Mit ihnen oder zu ihnen kamen zahlreiche Minister, hohe Diplomaten, Beamte und Offiziere, vereinzelt auch Künstler und Gelehrte. Unter Stöhrs Rubrik »Einige andere merkwürdigere Personen als Kurbrauchende oder blos Durchreisende« sah er für 1763/64 verzeichnet »Rabener, der Satyrer« und »Gellert«, seinen alten Leipziger Briefschreiblehrer; 1786 »der Theologe Herder«, 1790 »der Theaterdirektor Kozebue«; 1799 auch sich selber: »die Gelehrten Göthe, Tiedge, Kapp, Campe« (Stöhr 1810, S. 257 ff. und 263).

13 Stöhr 1822, S. 189 f.

14 Briefliche ›Fortsetzung der Nachrichten von Carlsbad. Abgesendet Sonntag den 10. Juny 1810.‹

unter dem ununterbrochenen Vivatruffen des Volkes die Stuffen der Treppe und vor dem Eintrittszimmer übergab auf weis atlassenen Küßen [: Kissen] das eine Mädchen Ihrer Majestät einen Blumenstrauß, das andere das hier Eurer Exzellenz ehrfurchtsvoll [zu] überreichende von dem bekannten Dichter Göthe verfaßte Gelegenheitsgedicht.«[15]

Die Gattungsangabe des Informanten ist bemerkenswert korrekt.[16] Unter der Überschrift ›Der Kaiserin Ankunft Den 6. Juni 1810‹ redet Goethes binnen zwei Tagen fertiggestelltes Auftrags-Poem (sechs Strophen mit jeweils neun kunstvoll gereimten vierhebigen Trochäenzeilen) sogar die Karlsbader Mädchen an, die der Majestät diese Dichtergabe überreichen durften:

Kinder, eilt Sie anzuschauen,
Blickt mit Wonne, mit Vertrauen,
Zu der Herrlichen empor!
Sie, die Tausenden gehöret,
Sie erwählt euch, Sie ist euer!
Ihr umgebt Sie unverwehret;
Gnädig gönnt Sie dieser Feier
Mutterblicke hoch und mild.
Dränget euch ihr jungen Scharen!
Dem der früh solch Glück erfahren,

15 Payer v. Thurn 1913, S. 22. – Die an eine ungenannte Exzellenz des Wiener Hofes adressierte, vom Kreishauptmann v. Weyhrother verfaßte Meldung gehört nach Angabe des Herausgebers P. v. Th. unter die »bisher ungedruckten Berichte [auch anderer Informanten], welche einen intimen Einblick in das Badeleben von Karlsbad, Teplitz und Marienbad zur Zeit von Goethes Anwesenheit in den Jahren 1810, 1812 und 1822 gewähren«. Sie »stammen zum größten Teile aus dem Archiv der k.k.Polizei- und Zensur-Hofstelle, dessen Benützung zum vorliegenden Zwecke« ihm (hundert Jahre später) »auf das entgegenkommendste gestattet worden« sei (ebd. S. 20).

16 Der Begriff wurde 1746 durch Gottsched eingeführt. – Grundlegend zur Geschichte und Poetik dieser Gattung: Segebrecht 1977, der S. 287–328 ›Goethes Theorie und Praxis des Gelegenheitsgedichts‹, dabei auch seine ›Karlsbader Gedichte‹, eingehend behandelt.

Wächst an Glanz, von Jahr zu Jahren,
Der Erinn'rung Himmelsbild.

Drei weitere, immer in wenigen Tagen verfaßte Gelegenheitsgedichte sollten diesem ersten noch folgen.[17] Zunächst ein Sonett auf ›Der Kaiserin Becher Den 10. Juni 1810‹, aus dem sie das Karlsbader Mineralwasser kostete:

Den Lippen, denen Huld und Gunst entquellen,
Von denen Freundlichkeit und Frohsinn wirken,
Hast du, beglückt Gefäß! dich nähern dürfen.[18]

Dann, in Stanzen gefaßt, ›Der Kaiserin Platz Den 19. Juni 1810‹ auf die von ihr besuchte und künftig nach ihr benannte Ruhestätte eines schattigen Tals vor der Stadt[19]:

So spreche nun die Nympfe dieser Kühle
Zu jedem still empfindenden Gemüte
Von ihrer Anmut, Heiterkeit und Güte.

Schließlich, wieder wie das Ankunfts-Gedicht in vierhebigen Trochäen, jetzt aber auf ganze sieben zehnzeilige Strophen gebracht (Maria Ludovica selber hatte ihn diesmal um ein Gedicht gebeten[20]) ›Der Kaiserin Abschied Den 22. Juni 1810‹, wo es heißt:

17 Alle vier Gedichte von 1810 in FA I 2, S. 430–434.

18 Zu den hier zitierten harmlosen Versen erklärt Siebenschein 1962, S. 259 f. (im Interesse seiner Spekulationen über ein Liebesverhältnis zwischen Goethe und Ludovika): Hier »ist es ausdrücklich der Mann [vom »Dichter« war zuvor die Rede], der die Frau anspricht und seine Kunst, Ehrerbietung mit aufglühender Leidenschaft zu mischen, in vollem Glanz erstrahlen läßt«.

19 Die Kaiserin schrieb darüber an ihren Gemahl: »Gestern gaben mir die Einwohner ein kleines Fest, sie bestimmten ein angenehmes Plätzchen, was ferner meinen Namen tragen wird […], und der berühmte Verfasser Goethe machte eine anspielende Poesie.« (Guglia 1894, S. 115).

20 Goethe an Christiane, 27.6.1810: Die Kaiserin selber erteilte »mir den Auftrag, den Carlsbadern in ihrem Namen zu sagen, wie ungern sie von hier weggehe, wie sehr sie sich hier gefallen habe, und wie lebhaft sie wiederzukehren wünsche.«

Sie zu missen, welch ein Schmerz! –
Tröstet euch! auch Sie empfindet,
Und die Muse soll' euch sagen:
Denn die Muse darf es wagen,
Die das Inn're wohl ergründet,
Auch zu blicken Ihr in's Herz.

In drei durch Anführungsstriche markierten Strophen folgt dann tatsächlich, was Goethe seine ins Herz der Kaiserin blickende Muse als Maria Ludovicas eigene Worte den Bürgern Karlsbads verkünden ließ. Dritte Strophe:

»Keine Blumen soll man streuen,
Da ich mit Bedauern scheide.
Geh, o Muse! sag den Treuen,
Daß ich selbst mit ihnen leide:
Schnell war mir die [Abschieds]Stunde da.
Laßt verstummen alle Lieder;
Doch auf euren Lippen schwebet
Jener Wunsch, der mich belebet.
Wenn ihr lispelt: Kehre wieder!
Habt ihr gleich mein offnes Ja.«[21]

Mit alledem gehorchte Goethe der Forderung seines eigenen (späteren) Xenions:

Willst du dich als Dichter beweisen,
So mußt du nicht Helden noch Hirten preisen;

21 Dazu Stöhr 1822, S. 217: »Am 21. Juni, als am Vorabend der Abreise Ihr. Maj., war ganz Karlsbad wie am 6. [Juni bei einer Illumination damals zur Ankunft der Kaiserin] beleuchtet. Diesmal aber standen unter dem Dreykreutzberge die herzlichen Worte in Flammen: ›Lebe wohl und kehre wieder!‹ Ihre Majestät sagten: ›Mein Herz setzt das Wörtchen Ja hinzu.‹« (entspr. Payer v. Thurn 1913, S. 26/28). – Insofern also irrt Segebrecht 1977, S. 305, der es als »kleinen Betrug« bezeichnet, daß hier, »genau genommen, des Autors Wunsch die Kaiserin wiederzusehen, zum Ausdruck gebracht wurde, nicht das eigene Versprechen der Kaiserin, tatsächlich wiederzukehren.«

Hier ist Rhodus! Tanze du Wicht
Und der Gelegenheit schaff' ein Gedicht![22]

Denn nicht infolge der beschriebenen Gelegenheiten entstanden seine Karlsbader Gedichte, sondern für diese Gelegenheiten, zu diesen Anlässen wurden sie im voraus verfaßt: Ihrer Feier hatten sie zu dienen, und der Erinnerung an diese festlichen Ereignisse sollten sie Dauer verleihen.

Freilich, wenn »Der Erinn'rung Himmelsbild« nicht wunschgemäß »Wächst an Glanz, von Jahr zu Jahren«, wenn vielmehr das Interesse daran mit der Zeit sich verliert, wirkt das auf diese anlaßbezogene Gelegenheitsdichtung zurück: stellt sie selber auf die Probe.[23] Und so kunstfertig sich Goethes Verse auf und für die Kaiserin in handwerklich-formaler Hinsicht darstellen, so wenig können sie sich mit der Panegyrik ihres (anlaßbedingt und wirkungsdienlich) konventionellen Vokabulars, mit ihren gattungskonformen Gedankengängen, dekorativen Bilderfolgen und hyperbolischen Huldigungsadressen aus eigener Kraft behaupten. Rezeptionsgeschichtlich kam ihnen natürlich das Ansehen des Verfassers zu Hilfe, und wie sehr das Urteil über diese Gedichte dadurch bestimmt wurde, verdeutlichen die überschwenglichen Elogen, mit denen man sie später bedacht hat.[24] Wüßte man nicht, von wem sie herrühren, hätte man sie gewiß schon

22 FA I 2, S. 640 (Zeile 2 richtet sich gegen die wirklichkeitsferne Heldenepik und Schäferpoesie, Zeile 3 folgt dem sprichwörtlich gebrauchten Gebot einer Äsop-Fabel: ›Hic Rhodus, hic salta!‹).

23 Segebrecht 1977, S. 303 f. erklärt: Davon, »daß sich die Bedeutung des Gedichts aus der Bedeutung der Gelegenheit ergibt«, sei »bei Goethe nicht die Rede.« Das gilt keineswegs für Goethes Einschätzung der zur Rede stehenden Poeme selbst, sondern allein für seine poetologischen Verlautbarungen zur Gelegenheitsdichtung, die im Folgenden erörtert werden.

24 Siebenschein 1957/58 schwadroniert S. 364 über das Ankunfts-Gedicht: »Die 2., 3. und 4. Strophe sind nicht bloß das Gewaltigste, was Goethe zur Verherrlichung Karlsbads und seines heilkräftigen Sprudels gedichtet hat, nicht bloß mit das Vollendetste seiner landschaftsgestaltenden Lyrik, sondern zugleich auch eine der kostbarsten Perlen in der Kette der die Naturkräfte lyrisch dramatisierenden Dichtungen.«

zur Zeit ihrer Entstehung nicht sonderlich beachtet, wären sie inzwischen längst vergessen.

Gelegenheitsdichtung in diesem herkömmlichen Sinn von Casualpoesie hatte Goethe schon immer verfaßt; auch weiterhin wird er sich dafür nicht zu schade sein.[25] Aber seine Karlsbader Verse von 1810 nahm er ganz ausnehmend wichtig. Im Tagebuch (31. Mai bis 7. Juli) wurde ihre Entstehung und Verbreitung sorgfältig protokolliert. Das Ankunftsgedicht, am 3. Juni im großen Folio-Format gedruckt und so am 6. Juni auf einem weißen Atlaskissen dargeboten, hat er schon am Tag zuvor nach Weimar geschickt. Brief an Christiane: »Es liegen ein Dutzend Exemplare eines Gedichts bey, der Kaiserinn bey ihrer Ankunft von der Carlsbader Jugend überreicht. Besorge, daß etwa 4 nach Hof, 3 in die Stadt, 3 nach Jena kommen und ein paar behalte für dich.« Von allen vier Texten ließ er Abschriften herstellen, dann zum Verschicken gleich auch eine Oktav- sowie eine Quart-Ausgabe.

Ähnlich behandelte er auch drei weitere Gelegenheitsgedichte vom Karlsbader Sommer des übernächsten Jahres: Huldigungsverse wiederum auf die österreichische Kaiserin, außerdem auf ihren Gemahl Franz I. und ihre mit Napoleon vermählte Stieftochter, die französische Kaiserin Maria Louise.[26] Nach vorange-

25 Stockhorst 2002, S. 1 und 296 zählt insgesamt rund 200 Gelegenheitsdichtungen verschiedener Gattung, davon etwa 70 für den Weimarer Hof, unter denen sich 47 Gedichte finden.

26 Alle drei Gedichte von 1812 in FA I 2, S. 434–441. – Die damals zu einem kaiserlichen Familientreffen in Karlsbad erwartete Maria Ludovica freilich ging stattdessen nach Teplitz. Dorthin schickte Goethe eine Abschrift der ihr gewidmeten Verse (vgl. Payer v. Thurn 1913, S 33; auch Tagebuch 4. und 5.7.1812), die erst 1816 mit dem ganzen Zyklus im Druck erschienen. Seine Gedichte auf ihren Gemahl und ihre Stieftochter hingegen wurden vorab schon im Juli 1812 gedruckt. – Wirklich bedeutend erscheinen allein die Verse auf Frankreichs Kaiserin: Am 8./9.6. entstanden, richten sie in großen Bildformeln einen beschwörenden Friedensappell direkt an Napoleon (dessen Grande Armée doch am 24.6. den Krieg gegen Rußland eröffnete). Dazu eingehend Seibt 2008, S. 183 ff. (»große Politik in Versen«).

henden Abschriften und Einzeldrucken wurden sie mit den vier Poemen vom Sommer 1810 zu einem Zyklus ›Im Namen der Bürgerschaft von Carlsbad‹ verbunden und seit 1816 auch in die Gesamtausgaben der Goetheschen Werke aufgenommen.

Eine angesehene Gattung ist solche Gelegenheitsdichtung schon damals nicht mehr gewesen. Aus dem Neulateinischen in den europäisch nationalsprachlichen Gebrauch übernommen (bei Gelegenheit beispielsweise von Geburten, Taufen und Hochzeiten, Sterbefällen und Leichenbegängnissen), hatte sie nicht nur im herrscherlich-höfischen Bereich, sondern längst auch im bürgerlichen Heldenleben Fuß gefaßt (hier etwa bei Amtsantritten, Beförderungen, Drucklegungen gelehrter und poetischer Werke oder bei der Rückkehr von Bildungsreisen – wie dort bei Inthronisationen, Siegesfeiern, Friedensschlüssen oder eben bei fürstlichen Einzügen und Visiten). Sogleich in repräsentativen Einzeldrucken festgehalten, hatten solche massenhaft hergestellten Auftragsdichtungen und oft genug dilettantischen Pflichtübungen schon um die Wende vom 17. zum 18. Jahrhundert den inflationären Höhepunkt ihrer Verbreitung erreicht.

Der im 18. und 19. Jahrhundert noch zunehmende Mißkredit, der die zur Trivialliteratur abgesunkene Gattung als solche betraf, mußte auch Goethes Karlsbader Gelegenheitspoesie in Mitleidenschaft ziehen. Aber es lag ihm so viel an diesen Gedichten, daß er sich damals (und wohl nicht zuletzt ihretwegen) hochengagiert um eine allgemeine Rehabilitierung der Casuallyrik bemühte. Während der Kuraufenthalte von 1810 und 1812, bei denen seine sieben Kaiserlichen Gedichte entstanden, arbeitete er an ›Dichtung und Wahrheit‹, und im Zweiten Teil dieser Autobiographie, fertiggestellt nach der Rückkehr aus Böhmen im Oktober 1812, hat er erklärt: »Das Gelegenheitsgedicht, die erste und echteste aller Dichtarten, ward verächtlich auf einen Grad, daß die Nation noch jetzt nicht zu einem Begriff des hohen Wertes desselben gelangen kann«.[27] Daß die casualpoetische Massenware zu Recht

27 ›Dichtung und Wahrheit‹ II 10 (FA I 14, S. 433).

verächtlich geworden war, hat er dabei unmöglich übersehen können. Aber er bestand darauf, daß diese Dichtart einen hohen Kunstwert besitzen könne, und nahm für seine eigenen Bemühungen zweifellos in Anspruch, was er an dem spätbarocken Poeten Johann Christian Günther rühmte: eine »große Leichtigkeit, in Gelegenheitsdichtungen alle Zustände durchs Gefühl zu erhöhen und mit passenden Gesinnungen, Bildern, historischen und fabelhaften Überlieferungen zu schmücken.«[28]

Davon hat er auch nach Karlsbad nicht mehr abgelassen. Während er 1812 neben dem Gelegenheitspoem immerhin noch Gedichte gelten ließ, »welche man die selbstständigen zu nennen pflegt«,[29] schrieb er am 14. Oktober 1821 an Zelter, daß überhaupt nur »die Unwissenden«, die am Gelegenheitsgedicht noch immer mißgünstig herumnörgeln, »sich einbilden, es gäbe ein unabhängiges Gedicht«. Und am 18. September 1821 dann zu Eckermann: Gedichte müßten allemal »Gelegenheitsgedichte sein, das heißt, die Wirklichkeit muß die Veranlassung und den Stoff dazu hergeben. Allgemein und poetisch wird ein spezieller Fall eben dadurch, daß ihn der *Dichter* behandelt. Alle meine Gedichte sind Gelegenheitsgedichte, sie sind durch die Wirklichkeit angeregt und haben darin Grund und Boden. Von Gedichten, aus der Luft gegriffen, halte ich nichts.«[30]

28 ›Dichtung und Wahrheit‹ II 7 (FA I 14, S. 290).

29 An v. Reinhard, 20.9.1812 (ausdrücklich von seinen Karlsbader Gedichten unterschieden).

30 Goethes wohl nicht nur zeitlich unmittelbar mit seinen Karlsbader Poemen von 1810/12 zusammenhängenden Versuch einer Rehabilitierung der Gelegenheitsdichtung hat Segebrecht 1977, S. 315 als »apologetisch« bezeichnet und von einer »programmatischen Phase« in den zwanziger Jahren unterschieden. Diese späteren Äußerungen und ihren weitgefaßten Begriff vom Gelegenheitsgedicht kommentiert er (nachdenkenswert) als Goethes Versuch, »die endgültige Zweiteilung der Lyrik in einen angeblich kunstlosen, aber lebensvoll-wirksamen Zweckbereich und in einen zwar als kunstvoll bezeichneten, aber lebensfern-wirkungslosen Autonomiebereich zu verhindern, um so die Einheit der Lyrik als Kunst zu erhalten, ihr konkrete gesellschaftliche Funktionen zu sichern und damit die Poesie von einer ihr drohenden Selbstisolierung zu bewahren.« (a. a. O. S. 326).

Diese Radikalisierung seines Karlsbader Versuchs einer Gattungsaufwertung machte keinen Unterschied zwischen dem für eine bestimmte Gelegenheit im voraus verfaßten ›Casualcarmen‹, das diesem Anlaß so verhaftet bleibt, wie es ihm dienstbar war, und einem ›Erlebnisgedicht‹, das, wie auch immer »durch die Wirklichkeit angeregt«, seinen Anlaß hinter sich läßt. Da wurde also grundsätzlich nicht mehr unterschieden zwischen den Versen auf ›Der Kaiserin Ankunft‹, ihren ›Becher‹, ihren ›Platz‹, ihren ›Abschied‹ und etwa ›Wandrers Nachtlied‹, das er abends an die Wand einer Thüringer Jagdhütte geschrieben hatte, als man über den Baumwipfeln kaum einen Windhauch mehr verspürte und keinen Vogel mehr singen hörte im Wald.

Zu den vier Gelegenheitsdichtungen vom Sommer 1810 hat Friedrich Sengle bemerkt: »Goethe fühlte sich offenbar durch diese Gedichte unter die Fürsten und Grafen aufgenommen.«[31] Abwegiger geht es kaum. Schon seit er als junger Frankfurter Bürgersohn, unerachtet seines frühen Dichterruhms, im herzoglichen Weimar an die Marschalltafel gewiesen wurde, also keineswegs an der Hoftafel speisen durfte, kannte Goethe das symbolische Ritual der Standesunterschiede, die seine Zeit ihm vorgab. In höherem Alter jetzt, weltklug und ordnungsliebend, hat er solche Distanzen zweifellos geschätzt, sie verteidigt, sie jedenfalls ohne gleichmacherische Auflehnung und grenzüberschreitende Anbiederung respektiert. Die panegyrischen Gelegenheitsgedichte, welche er der Maria Ludovica widmete und wie Briefe, wie Briefgedichte an sie adressierte oder ihr überreichen ließ, der Aufwand, den er damit betrieb, die gattungstheoretische Erhöhung schließlich, die er ihnen zuteil werden ließ – das alles war ursächlich verbunden mit dem hochfürstlichen Rang der Person, um die es da ging, und markierte dabei, ehrerbietig Abstand haltend, sehr wohl auch den ständischen Status dessen, der das für sie und an sie schrieb.

31 Sengle 1993, S. 279.

Maria Ludovica
Miniatur von Jean-Baptiste Isabey, um 1800. Deckfarben auf Elfenbein (Goethe-Museum Düsseldorf)

Noch am Ankunftstag wird er ihr vorgestellt. Und wieder hält Goethes Briefbericht an den Weimarer Herzog die eigene Person merklich verdeckt: »Gegen Abend begab sich die Kaiserinn zu Fuß in den sächsischen Saal, wo sie sich die sämmtlichen Anwesenden präsentiren ließ und durchaus sehr freundlich und gnädig war, auch zurückblieb, als die sächsischen Herrschaften früher, zu ihrer gewöhnlichen Stunde, sich entfernten.«[32] Wieder geht sogleich eine genauere ›Gehorsamste Meldung‹ (man ist versucht zu sagen: ein Spitzelbericht, der sich erstaunliche Untertöne erlaubt) an die Wiener Polizei- und Zensur-Hofstelle und informiert den Kaiser darüber, daß seine Gemahlin »noch gestern Abend [also kaum daß sie in Karlsbad eingetroffen war] die im sächsischen Saale versammelte Gesellschaft der hier anwesenden Fremden [...] mit Höchst Ihrer Gegenwart zu beglücken« wußte. Und dann: »Ihre Majestät geruheten auch den anwesenden Dichter Göthe Ihrer gnädigen Aufmerksamkeit zu würdigen, und durch Ihre geistvolle Huld zur höchsten Bewunderung zu verleiten.«[33] Die Kaiserin wurde sehr genau überwacht.[34] Das kann ihr kaum entgangen, sollte auch ihm bewußt geworden sein und wird beide wohl zu einiger Vorsicht veranlaßt haben.

Maria Ludovica aus dem Hause Habsburg, in Italien geboren und erzogen, französisch gebildet, seit 1808 vermählt mit ihrem weit

32 Wie Anm. 14.

33 Payer v. Thurn 1913, S. 21 (mit dem Vermerk: »Dieser Bericht wird vom Vizepräsidenten der Polizeihofstelle Hager am 13. Juni dem Kaiser vorgelegt, der ihn unter dem 12. Juli zu Laxenburg mit den Worten resolviert: Ich nehme diese Darstellung der Meiner Gemahlin erwiesenen Aufmerksamkeit zur erfreulichen Wissenschaft«!). Als Informant war diesmal der Polizeycommissär Joseph v. Hoch tätig, der selber Goethes Gedicht auf die Ankunft der Kaiserin veranlaßt hatte und dem Nichtsahnenden mehrfach nahe kam (Tagebuch 24.5., 31.5., 25.7.1810). – Sehr bezeichnend für den Spitzelcharakter dieser Informanten ist die wörtliche Wiedergabe aufgefangener Äußerungen (etwa bei Payer v. Thurn 1913, S. 21 in einer Meldung aus Teplitz vom 27.5.1810). Vgl. auch ebd. S. 36 v. Hochs detaillierte Schilderung einer Teplitzer Szene vom 5.8.1812 zwischen der Kaiserin, Goethe und dem Weimarer Herzog, welcher »mehrmals erklärt hat: Er würde mit Vergnügen für diese göttliche Frau sein Leben wagen.« Nahezu infam dann ein Marienbader Polizeibericht vom 30.6.1822, der Goethes Umgang mit Ulrike v. Levetzow ausspioniert und sich dabei auf die »verunglückte Heirath seiner ehemaligen, unter dem Namen Madame Vulpius bekannten Wirthschafterin« bezieht (ebd. S. 38. Diese Berichte auch bei Biedermann/Herwig: Bd 2, S. 541 u. 733, Bd 3/1, S. 372 f.).

34 Dazu abwiegelnd Guglia 1894, S. 115.

älteren Cousin, dem bauernschlauen Einfaltspinsel Kaiser Franz I. von Österreich als dessen dritte Gemahlin, war damals 22 Jahre alt. Sie ist wohl wirklich so anmutig-schön gewesen, wie das Miniatur-Porträt sie zeigt. Zart, kränkelnd auch an einem Lungenleiden, aber ungemein lebenslustig und jedenfalls der strengen Hofetikette nach Kräften abgeneigt. »Sie trinkt Eselsmilch«, schreibt Goethe seinem Herzog, »weil man ihre Brust für angegriffen hält, und scherzt oft über ihre Milchgeschwister.«[35] So nannte man Kinder unterschiedlicher Herkunft, die aus der gleichen Ammenbrust tranken. Daß aber die Majestät junge Esel als ihre Milchgeschwister bezeichnete – das und nicht nur das hätte am Wiener Hof, wo man schon an lautem Lachen der Kaiserin Anstoß nahm,[36] doch einiges Entsetzen ausgelöst.

»Ja durch Neigung mir verbunden
Fühlt sich jeder aufgeheitert;

– sagt sie in Goethes ›Abschied‹-Gedicht (vielmehr: souffliert ihr dort die Muse, die »das Inn're wohl ergründet«) –

Auch mir ist das Herz erweitert,
Und die Freiheit dieser Stunden
Wird mir unvergeßlich sein.«[37]

Goethe, damals 61 Jahre alt: »eine hohe, schöne Gestalt, die sich sehr gerade hält«, schreibt Johanna Schopenhauer, »sehr sorgfältig gekleidet, immer schwarz oder dunkelblau, die Haare recht geschmackvoll frisiert und gepudert, wie es seinem Alter ziemt und ein gar prächtiges Gesicht mit zwei klaren braunen Augen, die mild

35 Wie Anm. 14.

36 Vgl. Sauer 1902, S. XXVI.

37 Äußeres Zeichen für »die Freiheit dieser Stunden« ist die von der Kaiserin gewünschte oder doch gutgeheißene Kleiderordnung: Damit niemand geniert sei, gehen die Hofleute »in Stiefeln, welches eine große Erleichterung für die Curgäste macht, welche Abends den Saal besuchen.« (Goethe an Carl August, wie Anm. 14; am 12.6.1810 ebenso an Christiane und ähnlich an Knebel). Als feinere, hoffähige Fußbekleidung hätte man statt der Stiefel ein elegantes Schuhwerk zu tragen.

Goethe
Ölbild von Gerhard v. Kügelgen, 1810 (Goethe-Museum Düsseldorf)

und durchdringend zugleich sind«[38] – so ist er 1810 von Kügelgen gemalt worden.[39] Auch ein männlicher Besucher in Weimar be-

38 Am 28.11.1806 an ihren Sohn: Biedermann/Herwig Bd 2, S. 160 f.

39 Anders als einige spätere Porträts, die eine eingesunkene Oberlippe zeigen, gibt Kügelgens Gemälde freilich nicht zu erkennen, daß Goethe bereits einen oder zwei der oberen Schneidezähne verloren hat, wenn er 1810 der Kaiserin begegnet (vgl. Biedermann/Herwig Bd 2, S. 412, auf den 11.1.1809 be-

richtet zu dieser Zeit: »Seine ehmalige Korpulenz hat er verloren, und seine Figur ist jetzt im vollkommensten Ebenmaß und von höchster Schönheit [...], er spricht leise, aber mit einem herrlichen Organ, und weder zu schnell noch zu langsam, und wie kommt er in die Stube, wie steht und geht er! – Er ist ein geborner König der Welt.«[40] Eine solche Souveränität freilich haben kühlere Beobachter ihm damals nicht attestiert. Im Kreis des hohen preußischen Militäradels sah ihn 1806 der junge Offizier v. d. Marwitz geradezu »beflissen« den Höfling und Minister hervorkehren: Er »verstand die Würde seines Ranges, wenngleich nicht den natürlichen freien Anstand eines vornehmen Mannes, sich anzueignen.«[41] Ähnlich 1807 aus Karlsbad der Graf von Reinhard: »Seine Manieren sind nicht ganz elegant«, und »wenn er bloß höflich sein will, fällt er in etwas Affektuöses, das ihn nicht kleidet, weil es erkünstelt ist, aber ich habe ihn schon sich erwärmen gesehen und aus der inneren Fülle kochen hören, und so erkenne ich den Löwen an der Kralle.«[42] Davon mag wohl auch die Kaiserin etwas wahrgenommen haben, als sie am Abend ihres Ankunftstages geruhte, ihn »Ihrer gnädigen Aufmerksamkeit zu würdigen, und durch Ihre geistvolle Huld zur höchsten Bewunderung zu verleiten.«

zogen). Eigene Äußerungen von ihm über Zahnverluste sind nicht überliefert. In seiner Novelle ›Der Mann von fünfzig Jahren‹ aber, mit der er sich nach Maria Ludovicas Abreise befaßte, hat er geschrieben: »Dem Major war vor kurzem ein Vorderzahn ausgefallen und er fürchtete den zweiten zu verlieren. An eine künstlich scheinbare Wiederherstellung war bei seinen Gesinnungen nicht zu denken, und mit diesem Mangel um eine junge Geliebte zu werben, fing an ihm ganz erniedrigend zu scheinen« (FA I 10, S. 487. – Tagebuch Karlsbad 9.7.1810: »An den Wanderjahren. Den Mann von 50 Jahren durchgegangen.« Im Manuskript, das ihm dabei vorlag, war die 1807 begonnene Erzählung noch nicht bis zu der zitierten Stelle geführt). – Im höheren Alter dann weitgehend zahnlos, trug Goethe aus ästhetischen Gründen zeitweise die mit Draht eingebundenen künstlichen Zähne einer Oberkieferprothese (dazu Werner Neuhauser in: Zahnärztliche Mitteilungen 16/1982 und 96/2006).

40 Graf Baudissin (ohne Goethes merkliche Kurzbeinigkeit zu beachten) an seine Schwester, 1.6.1809: Biedermann/Herwig Bd 2, S. 442.

41 Biedermann/Herwig Bd 2, S. 132.

42 Ebd. S. 229.

Der Weimarer Geheimrat selbst ließ sich derart Überschwengliches nicht anmerken, weder in Gesprächen, von denen man weiß, noch in seinen Briefen aus dieser Zeit. Er wußte, was österreichische »Post und Polizeimeister nicht zu wissen brauchen«,[43] war zweifellos informiert über die ›Polizeilogen‹, die den Briefverkehr auf Kaiserlichen Postrouten ausforschten. Offenbar absichtsvoll lassen selbst seine Tagebuchvermerke häufig nicht erkennen, ob »Abends im Saal« oder »im Concert« oder bei einem »Ball« für ihn allein oder doch für sie beide galt.[44] Überhaupt nur ein einziges Mal, am 7. Juni, wird ausdrücklich angegeben: »mit der Kaiserin gesprochen«. Dabei weiß er seinem Herzog doch zu berichten, daß sie »über die mannigfaltigsten Gegenstände, über menschliche Verhältnisse, Länder, Städte, Gegenden, Bücher« spricht, »durchaus ein eigenes Verhältniß« dazu ausdrückt und »eigene Ansichten« äußert.[45]

Maria Ludovica war da ein wenig offenherziger. Nur vertraulich-gesprächsweise, versteht sich. Caroline von Humboldt schrieb später aus Wien: »Die Kaiserin hat mir mehrmalen von dem Glück gesprochen, das Ihre Bekanntschaft, teurer Goethe, ihr gewährt habe.«[46] Zuvor schon der Weimarer Herzog (der nach ihrem Karlsbader Aufenthalt im nahen Teplitz mit ihr zusammentraf und so nachdrücklich wie vergeblich versuchte, auch Goethe dorthin

43 Brief an Marianne v. Eybenberg in Wien, 10.12.1810: »Manches andere, was mir noch einfällt verspare ich bis zum nächsten. Was übrigens Post und Polizeimeister nicht zu wissen brauchen versteht sich von selbst.« (Zur habsburgischen Briefspionage hier Anm. 100 und allgemeiner S. 409 ff.).

44 Daß sie beispielsweise am 17.6. auf einem Ball, am 18. im Sächsischen Saal einander begegneten, wird nur ersichtlich, wenn man die Angaben im Polizei-Bericht (Payer v. Thurn 1913, S. 23) und in Goethes Tagebuch zusammenhält. Ja, während ein eigenes Notizblatt Goethes mit der Überschrift ›Anwesenheit der Kaiserinn‹ vermerkt: »den 11. [6.1810] war sie Abends im Conzert« (bei Sauer 1902, S. XXIX), heißt es darüber im Tagebuch, nurmehr auf ihn selbst bezogen: »Abends im Concert.«

45 Wie Anm. 14.

46 Brief an Goethe, 22.1.1812. Biedermann/Herwig Bd 2, S. 542. – Am 23.2.1811 schrieb sie an Schlosser: »die Kaiserin hat ihn schon im vorigen Sommer sehr dringend nach Wien eingeladen« (ebd. S. 541).

zu kommandieren, wo er sie doch hätte wiedersehen können): »Sie sagte mir viel Schönes auf deine Rechnung.«[47] Von daheim hörte er's noch deutlicher. Zwei Tage vor seiner Abreise nach Böhmen hatte Riemer notiert: »Zu Knebel, wo Goethe und seine Frau. Eifersüchtiges Weinen derselben. Deshalb bald nach Hause.«[48] Jetzt schreibt ihm seine Frau, gewiß nicht sonderlich amüsiert: »Prinz Bernhard [von Sachsen-Weimar] hat allerwegen erzählt, daß die Kaiserin zu ihm gesagt hätte, er sollte Dir sagen: daß Du doch recht oft mit ihr sprechen möchtest, weil sie sich so gern mit Dir unterhielt'.«[49] Goethe beschwichtigt sie mit dem Satz: »Von Äugelchen [das ist ihrer beider Codewort für einen ›liebäugelnden‹ Flirt] hat sich noch gar nichts gefunden.« Auffallend unvermittelt folgt dann freilich: »Die Gegenwart der Kayserinn wird für mich nicht ohne Folgen seyn, man hat mir vertraut daß Sie mir eine Artigkeit erzeigen werde die mich um so mehr freuen müsse weil sie sich selbst etwas ausgedacht. Du sagst niemand davon, denn so etwas muß man abwarten. Es kann gar manches dazwischen kommen das die besten Absichten der Großen hindert.«[50]

In der Tat kam manches dazwischen. Goethes brieflich übersandtes Gedicht ›Der Kaiserin Abschied‹ war von ihrem Kammerherrn Fürst Lichnowsky an den Oberhofmeister Graf von Althann übergeben und von diesem der Majestät vorgelegt worden. Ende Juni hatte Lichnowsky dann an Goethe geschrieben, er habe »aus dem Munde Sr Mtät selbst Ihre Bewunderung« vernommen: Sie

47 Wahl 1971: 13.7.1810. – Die Kaiserin traf am 14.7. in Teplitz ein. Am 20.7. wird Goethe durch seinen Herzog heftig angegangen: »Komm her!« und »Laß mich nur balde deine Ankunft wissen, damit ich dich einlogiren kann.« Der wehrt am 22.7. mit der Begründung ab, daß sich »nach langem Gutbefinden wieder ein alter [Nierenkolik?-]Anfall gemeldet« und er »einen kleinen Rückschritt im Wohlbefinden gemacht habe«. So kommt er nach Teplitz erst am 6.8.1810, wenn die Kaiserin abgereist ist.

48 Biedermann/Herwig Bd 2, S. 534.

49 Gräf 1916, 19.6.1810.

50 An Christiane, 3.7.1810.

gedenke, ihm »einen kleinen Beweiß ihres Dankes und Ihrer Zufriedenheit zuzuschicken, der Ihnen um so schäzbarer sein wird, als die Idee davon von Sr Mtät selbst herkommt. Dieß unter uns«.[51] Ende August teilte er mit, es sei eine Dose für ihn angefertigt worden; auf dem Deckel befinde sich »eine Lyra mit einem Lorbeer Kranz, beides in Brillanten« (anspielend also auf die Dichtkunst des Empfängers); sie wäre aber »so schlecht ausgefallen«, daß die Kaiserin eine andere bestellt habe. Anfang Dezember schreibt er, auch diese zweite sei zurückgewiesen worden; eine dritte Ausfertigung, diesmal nur nach einer »gewöhnlichen Idee« mit einem »historischen émail« und mit Diamanten versehen, werde jetzt über den Österreichischen Gesandten Graf Zichy auf den Weg gebracht, und das sie begleitende französisch-förmliche Handschreiben des Oberhofmeisters Althann vom 1. Dezember lege er seinem Brief an Goethe schon bei. Ende Dezember aber: Auch diese dritte Ausfertigung entspreche den Vorstellungen der Kaiserin nicht; er erhalte nun »eine andere weit hübschere mit dem voll ausgeschriebenen Namenszuge ihres Taufnahmens«.

Das war also alles andere als »das übliche höfische Geschenk der Kaiserin für seine vier Maria Ludovica-Gedichte«,[52] und Goethes Briefe geben zu erkennen, was daran ihm kostbarer gewesen ist als das Gold und die Brillanten. Wenn er Maria Ludovicas Antwort am 18. Februar 1811 endlich in Händen hält, schreibt er tags darauf dem Fürsten Lichnowsky: »ein so kostbares schönes und mit allem was uns werth seyn muß, dem verehrten Namen in allen Buchstaben geschmücktes Geschenck, dieses ist mehr als die kühnste Erwartung sich hätte dürfen träumen lassen.« Und Zelter, dem vertrauten Freund in Berlin, nur ihm, wird anvertraut, daß diese goldne Dose »mit einem brillantenen Kranz und dem darin nach allen Buchstaben ausgedruckten Namen L u i s e« versehen sei.[53]

51 Sauer 1902, S. 3. Die im folgenden angeführten Schreiben Lichnowskys ebd. S. 9–15. – Der Begleitbrief des Oberhofmeisters Graf v. Althann ebd. S. 22.

52 Sengle 1993, S. 285.

53 An Zelter, 28.2.1811 (keine andere Erwähnung in Goethes Briefen).

Nicht auf Papier gebracht, sondern der Golddose eingraviert, war das die einzige schriftliche Mitteilung, welche Maria Ludovica Beatrix Antonia Josepha Johanna von Österreich-Este je in Goethes Hand gegeben hat: Ihr einziger ›Brief‹ an ihn – dem Hofjuwelier diktiert. Nur der bloße eine Vorname stand da zu lesen, und zwar ihr Taufname, ihr Mädchenname – nicht in der latinisierten Form ›Ludovica‹ (wie sie seit ihrer Heirat mit dem Kaiser Franz offiziell benannt wurde), nicht in der italienischen Fassung ›Luigia‹, auch nicht in französischer Schreibung (wie sie doch die Briefe an ihren Gemahl signierte[54]), sondern in seiner deutschen Form: »Luise«. Vertrauter konnte sie sich dem Geheimrat aus Weimar gewiß nicht erzeigen.

In der Tat hat das für Goethe mehr besagt und anderes bedeutet, als möglicherweise ein in den Schranken des höfischen Protokolls gehaltenes huldreiches Dankesschreiben der Majestät. Während der Kriegstumulte von 1813 hat er die goldene Dose vergraben und der ihm vertrauten Hofdame der Kaiserin später geschrieben: »Die hoch und heilig gehaltenen Namenszüge blickten mich in diesen Stunden der Verwirrung, wie glückbringende Sterne, freundlich an, als ich sie statt aller übrigen Schätze zu flüchten und zu retten suchte«. Ihren »theuren Namen« nennt er Luises Inschrift oder Unterschrift da – und nimmt korrigierend zurück, was er im Konzept doch ungeschützt diktiert hatte: ihren »geliebten Namen«.[55]

Wie die goldene Dose selber war also auch das erwähnte Be-

54 Auskunft des Österreichischen Staatsarchivs, 3.5.2006: »Von den Dutzenden vorhandenen Schreiben dieser Zeit [meint 1810/11; für 1812 liegen keine an ihren Gemahl gerichteten Briefe vor] ist etwa die Hälfte mit ›Louise m.p.‹ signiert [mp.-Schnörkel für manu propria = eigenhändig] ein ebenso großer Teil ist gänzlich ohne Unterschrift geblieben. Ein einziges Mal war die Unterschrift in der Form ›Maria Ludowika, Kaiserin von Österreich‹ anzutreffen.«

55 An Josephine Gräfin O'Donell, 30.10.1813 (das diktierte Konzept mit der eigenhändigen Korrektur in WA IV 24, S. 331). Am 8.2.1814 dann berichtet Goethe ihr, daß er begonnen habe, seine »vergangenes Jahr zweymal geflüchteten und vergrabenen Kunstschätze und sonstige Prätiosa wieder auszuscharren«, und ihm jetzt »also auch jener Name in Sternenzügen auf's neue geschenkt wird.«

gleitschreiben des von der Kaiserin mündlich damit beauftragten Oberhofmeisters nicht etwa auf direktem Weg, sondern protokollgemäß durch den Kammerherrn Fürst Lichnowsky nach Weimar übermittelt worden. Schon bevor die endlich von der Urheberin gebilligte vierte Ausfertigung der Golddose selber eintraf, nahm Goethe seine Erwiderung vor. In einer bemerkenswerten Inszenierung führt er sie auf der gleichen höfischen Stufenleiter aufwärts zum kaiserlichen Thron, über die Luises Mitteilung abwärts zu ihm nach Weimar gelangt war. Er verfaßt also seinerseits einen Brief zunächst an den Kammerherrn und gibt in dessen Hände »das beyliegende Schreiben an des Herrn Grafen von Althan Excellenz.« Darin wiederum ersucht er diesen Oberhofmeister, vor der Kaiserin seinen *dankbaren Empfindungen die schicklichen Worte zu leihen* – das heißt: sie durch mündlichen Vortrag und in angemessener Formulierung der Majestät nahezubringen.[56] Das war zweifellos anders gemeint als gesagt. Formsicher markierte der Geheimrat auf diese Weise, daß die Ranghöhe der eigentlichen Adressatin auf direktem Wege für ihn unerreichbar war – und konnte dabei doch sicher sein, daß »Luise« selber lesen oder daß man ihr jedenfalls wörtlich vortragen würde, was er, nun zweifach gefiltert, zu Händen des übermittelnden Hofbeamten für s i e doch geschrieben hatte.

Auffällig und erklärungsbedürftig erscheint es, daß ein solches Schreiben nicht in das Österreichische Haus-, Hof- und Staats-

56 So hatte Goethe am 14.10.1808 nach der Verleihung des Ordens der Ehrenlegion durch Napoleon an dessen Minister-Staatssekretär Maret geschrieben: »Elle voudra se faire Interprete vis a vis de Sa Majesté des sentiments que je suis incapable d'articuler«. Entsprechend bittet er 1813 den Fürsten Metternich, der möge seinen Dank für die Verleihung des Leopoldordens durch Kaiser Franz I. »an die Stufen des Thrones« gelangen lassen (nur Konzept: WA IV 24, S. 332. Ähnlich Goethes Briefe an Metternich vom 4.8.1815 und in anderer Sache vom 17.9.1825). Ebenso an den Landgrafen v. Hessen-Darmstadt betr. den König der Niederlande, 23.10.1823 oder an Graf v. Eyben betr. den König von Dänemark, 8.7.1825. – Richtet Goethe am 14.4.1829 einen Dankesbrief einmal direkt an König Ludwig I. von Bayern, stellt er sich als einen (fingierten) Besucher dar, der über die Treppen zu dessen römischem Wohnsitz heraufsteigt, um sich außerhalb des höfischen Protokolls dort »dankbar persönlich darzustellen.«

archiv gelangte und auch im Gräflich Althannschen Familienarchiv nicht aufbewahrt wird.[57] So hält sich die hier folgende Textwiedergabe buchstaben- und zeichenadäquat nur an das von Goethe archivierte Konzept.[58] Unterstellt man, daß bei der Reinschrift keine Änderungen mehr vorgenommen wurden,[59] sollte deren Wortlaut hier vorgegeben sein – bis auf die Datierung,[60] die förmliche Anrede des Oberhofmeisters und die seiner Position angemessene Briefschlußformel mit der Unterschrift des Verfassers. Was bedeutsam abweicht, ist jedoch deren äußere Aufmachung, die nach den ständischen Regeln der Zeit mit der Qualität des Schreibpapiers und der Tinte, ebenso mit dem Format und der Faltung der Briefblätter dem Rang des Empfängers Rechnung zu tragen hatte, überdies durch unterschiedlich große ›Zurückhaltung‹ des Zeilenbeginns besonders vom linken Rand der Seite wie durch unterschiedlich große ›Respektsabstände‹ zwischen Anrede und Textbeginn, Briefschluß und Unterschrift den Status des Absenders im Verhältnis zu dem des Adressaten abbilden sollte.[61]

57 Mitteilung des Direktors HR Prof. Dr. Leopold Auer vom 10.9.2004 aus Wien bzw. Auskunft aus Zwentendorf/Niederösterreich vom 20.11.2004.

58 GSA, Bestand: 29 Goethe Ausgegangene Briefe, Signatur 29/5, Bl. 9–10. (Irrig auf Anfang Dezember 1810 datiert und ungenau wiedergegeben in WA IV 21, S. 429 ff.; einige Berichtigungen dann in WA IV 22, S. 411 f.).

59 Allgemein zum Verhältnis von Konzept und Reinschrift (›behändigter Ausfertigung‹) hier S. 425 ff.

60 Sie ergibt sich aus Goethes Tagebuch-Notiz vom 23.1.1811: »An den Grafen Althan | eingeschlossen [also beigelegt dem »nach Wien« abgehenden Schreiben] an den Fürst Lichnowsky«.

61 Dazu grundsätzlich Beetz 1990, S. 200 ff. – Zum ›Respektsabstand‹ verfügten die gängigen Titular- und Etikette-Bücher etwa: »Wenn du an hohe Standespersonen schreibest, so laß zwischen ihrem Titel und dem Anfang des Briefs einen nach ihrem Stande und Hoheit eingerichteten leeren Raum« (für einen Briefschreiber »mittelmässigen Standes« beispielsweise sei dabei »die Helfte der Blattseite« schicklich). Insofern die Titularien eine hohe Standesperson bezeichnen, mit dem Brieftext hingegen der Absender selbst ins Spiel tritt, entspricht das dem Abstand, welcher bei persönlichen Begegnungen einzuhalten wäre: »Wenn du mit vornehmen Herren redest, so […] tritt ihnen nicht zu nahe, sondern laß wenigstens einen Schritt Raum zwischen dir und ihnen.« (Anonymus 1754, S. 225 und 77 f.).

Anders aber als die ins Reine geschriebene Ausfertigung (das in diesem Fall also unbekannte sogenannte Mundum) bildet der Entwurf die Entstehungsgeschichte des Textes ab, verdeutlicht mit seinen korrigierenden Eingriffen die Intentionen des endgültigen Wortlauts und gibt zu erkennen, welches Gewicht Goethe diesem Schreiben zugemessen hat. Nach Diktat von Riemer zu Papier gebracht, dann wiederholt durchgesehen, zeigt das Konzept neben eindeutigen Schreibfehlerberichtigungen (Sofortkorrekturen) zwanzig Eingriffe, die von größeren Änderungen bis zu winzigen stilistischen Operationen gehen.[62] Buchstäblich jedes Wort wurde da auf die Goldwaage gelegt, jede Wortstellung sorgsam bedacht. Und mehr noch: das Konzept gibt zu erkennen, daß 1831, also 20 Jahre nach Absendung des Briefes, in diesem einzig in Weimar verbliebenen Beleg eine Reihe mittlerweile verwischter Bleistiftkorrekturen wieder deutlich lesbar gemacht worden sind – von Eckermanns Hand, aber zweifellos doch auf Goethes Geheiß.[63]

62 Unvollständig und mehrfach mit irrigen Zuschreibungen (Goethe eigenhändig statt Riemer oder statt Eckermann) in WA IV 21, S. 484; ergänzt (nicht vollständig) und berichtigt in WA IV 22, S. 411 ff.

63 Sieben der in WA IV 21, S. 484 noch als ›eigenhändig Goethe‹ bezeichneten Eintragungen wurden dann in WA IV 22, S. 411 Eckermann zugewiesen, der freilich erst 1823 nach Weimar kam, also 1810/11 an der Durchsicht des Konzepts nicht beteiligt sein konnte. Am 10. und 14.1.1831 aber heißt es in Goethes Tagebuch: »Mittags Dr. Eckermann. Weitere Verabredung wegen der Correspondenz« und »Mittag Dr. Eckermann. Die Redaction der Briefconcepte betreffend.« Auch enthält das Weimarer Faszikel ›Abgesendete Briefe 1810‹ (Signatur 29/5) ein auf den 10.1.1831 datiertes Blatt mit Eckermannschen »Notizen über dieses Heft« (zum fraglichen Konzept dort: »fehlet das Datum, auch der Ort wohin der Brief gesendet«). Entsprechend wird in WA IV 22, S. 402 vermerkt, daß Eckermann »1831 Goethes Concepthefte [mit den Briefen der Jahre 1807–1811/12] im Gedanken an eine Veröffentlichung der wichtigeren Briefe durchzusehen begann« und »zu manchen Nachhilfen und Eingriffen veranlasst« worden sei. Drei seiner Eingriffe in das Konzept des Schreibens an Althann erneuern frühere, ausgewischte Bleistiftkorrekturen, die 1831 offenbar nicht mehr gut zu lesen waren (vermerkt in WA IV 22, S. 411 bei 430,20 sowie 431,1 u. 3). Das könnte auch für weitere Bleistifteintragungen gelten, bei denen eine verwischte Vorgabe nicht mehr erkennbar ist.

Daß ihm nach so langer Zeit noch am genauen Wortlaut dieses Textes gelegen war und er offenbar an die Möglichkeit einer postumen Veröffentlichung dachte, erklärt sich gewiß nicht mit der Person und dem Rang des Oberhofmeisters, der da als Mittelsmann diente, sondern durch die eigentliche Adressatin dieses Briefes: die Kaiserin selbst.

Die Empfindungen, welche Ew. Excellenz höchst erfreuliches Schreiben bey mir erregt, auch nur einigermaßen auszudrücken, finde ich mich nicht im Stande. Nur soviel sey mir erlaubt in Erwiederung desselben zu äußern. Als bey der Anwesenheit unsrer allverehrten und allgeliebten Monarchinn in Carlsbad mir die Veranlassung ward, im Namen eines ganzen Volks Allerhöchst Dieselbe anzureden; erschien mir dieses als das größte Glück, indem ich zugleich meinen eigenen Gesinnungen Ausdruck und Sprache geben durfte. Wenn nun diese schwachen Zeugnisse der wahrsten Gefühle gnädigst bemerkt und huldvoll aufgenommen worden; so war dieses schon eine Belohnung, deren Eindruck durch das ganze Leben dauern muß. Erfahre ich nun aber gegenwärtig, daß jene hochverehrte, ja angebethete Fürstinn unter den mannigfaltigsten und bedeutendsten Umgebungen sich der für so Viele glücklichen Tage und auch meiner erinnert, und mich dessen durch Ew. Excellenz höchst verehrliche Worte sowohl als durch ein kostbares Geschenk versichern will; so übertrifft dieß alles, was ich nur jemals erwarten, was ich nur immer hoffen durfte. Diese herrliche Gabe leuchtet unter allem was ich irgend besitze, am schönsten hervor, und erhöht jene Freude, welche schon die Einsicht in so hohe Eigenschaften gewährt, noch als huldreiches Merkzeichen, daß die damit so reichlich Begabte auch derer gedenken mag, welche nicht aufhören können, sich ihrer Vollkommenheiten zu erinnern. Ew. Excellenz haben gewiß die Gnade meinen dankbaren Empfindungen die schicklichen Worte zu leihen; worum ich, mit so größerer Zuversicht bitte, als die Offenheit und das Zutrauen, womit Ew Excellenz mich in Carlsbad beehrt, mir unvergeßlich bleibt; und neben der Ehrfurcht, welche mir Ihre hohe Würde ge-

biethet, noch der Neigung und Anhänglichkeit, die wir sonst nur für unseres Gleichen empfinden, vollkommen Raum läßt.

Durchlaucht der Herzog, mein gnädigster Herr, war höchst erfreut über das an ihn gerichtete Andenken, und erwiedert es mit aufrichtiger Herzlichkeit; wie ich denn nicht übertreibe, wenn ich Ew. Excellenz versichre, daß die Unterhaltung über dasjenige, was diesem würdigen Fürsten in Teplitz erfreuliches begegnet, die angenehmsten und heitersten Augenblicke eines täglichen Gesprächs macht. Mein höchster Wunsch wäre, der Allverehrten Monarchinn mich irgendwo zu Füßen zu legen, und mich persönlich von dem Wohlbefinden eines von so vielen Tausenden erflehten Lebens zu überzeugen; zugleich auch Ew. Excellenz diejenige Dankbarkeit zu widerhohlen, welche mich unausgesetzt beschäftigt.

Wenig später nur wird Goethe sich lustig machen über die »innere Adels- und Hofnatur« seines italienischen Zeitgenossen Vittorio Graf Alfieri: Eher merkwürdig doch als genießbar erscheine dessen Schreibweise, »vollkommen gräflich« nämlich, »d. h. stockaristokratisch«, und »wie eingefleischt ihm jene Formen waren«, habe sich gezeigt, als Alfieri sich selber einen (auch noch selbstgestifteten) Halsbandorden verlieh.[64] 1816 wird er über die herkömmlichen »Bilder« dieser Hofsprache urteilen, daß sie, »sich selbst überbietend, endlich zu Schwulst aufgelaufen und zu Phrasen geworden, nothwendig ein Lächeln erregen.«[65] Eben solcher Formen und sprachlichen Bilder aber bedient sich sein eigener Brief an den kaiserlichen Oberhofmeister. Wie sich Goethes amtliche und geschäftliche Schriftsätze in Weimar alsbald dem gängigen Kanzleistil angepaßt haben, so fügten sich seine floskel- und phrasenreichen Schreiben an hoch- und höchststehende Personen dem Ritual einer höfischen Zeremonialsprache, um dessen pein-

64 Brief an Zelter, 3.12.1812.

65 Brief an die Großherzogin Louise, 17.7.1816. Näheres dazu hier S. 508 f.

lich-genaue Befolgung er bis in seine späten Jahre bemüht blieb.[66] Dabei wehte der Wind des Zeitgeistes längst auch in andere Richtungen. Schon 1783 las man etwa in Carl Philipp Moritz' ›Anleitung zum Briefschreiben‹ das bürgerlich-liberale Verdikt über die »Deutschen, die ein eigenes Studium daraus machen, ihre kriechende Unterwürfigkeit gegen ihre Hochgebohrnen und Durchlauchtigen Tyrannen in ihren Titulaturen an den Tag zu legen; die ihre Kinder schon in der frühesten Jugend lehren, wie sie sich in den Briefen, die sie einmal schreiben werden, den Mächtigen und Großen zu Füßen werfen sollen«.[67] Und nun hier in Goethes Brief (Zeile 37 f.) – auch noch in den absoluten Superlativ des Verlangens erhoben und mit der offenen Ortsangabe *irgendwo* versehen, die fast schon ins Komische abzugleiten scheint: *Mein höchster Wunsch wäre, der Allverehrten Monarchinn mich irgendwo zu Füßen zu legen.*

35 Jahre zuvor endete einer seiner Briefe an Charlotte von Stein mit der Liebeserklärung: »Ich liege zu deinen Füssen«.[68] Später hat Goethe diese Worte als eine ganz ins Formelhafte verblaßte Wendung allein auf fürstliche Personen bezogen. Was er in sol-

66 In den frühen Weimarer Jahren schreibt er an Charlotte v. Stein, es habe das förmlich-korrekte Verhalten »Reiz genug« für ihn, weil er »alles als Übung behandle«, wenn er in den thüringischen Herzogshäusern die höfische »Comödie zu spielen« suche (12.5.1782). Bittet Lavater ihn damals für einen »General Koch« um eine Abschrift seiner ›Iphigenie‹, so erfragt er allererst dessen genaueren Titel und hinsichtlich der korrekten Anrede auch, »ob er die Exzellenz hat pp daß man mit einem solchen Fremden in Curialibus nicht anstose.« (26.11.1781). – In seinen späten Jahren noch erkundigt er sich, wenn ihm das Goldene Kreuz der französischen Ehrenlegion verliehen wird, bei dem befreundeten Diplomaten Graf v. Reinhard: »Was für Titulatur und Courtoisie bedient man sich in einem Schreiben an den Ordens-Canzlar Herzog von Tarent«? (28.9.1818). An einen der Weimarer Bibliotheksbeamten schreibt er am 8.7.1829: »Ich wünschte irgend eine französische Grammatik, oder sonstiges Werck, worin die Abstufung der Titulaturen in Briefen, die Courtoisieen pp enthalten wären.« (Ähnlich Goethes Erkundigungen bei Müller, 19.10.1823; v. Beust, 19.8.1825; v. Leonhardi, 17.10.1825; Schweitzer, [28.]11.1825).

67 Moritz 1783, S. XV f.

68 Brief vom 23.2.1776 (wo es gleich weiter heißt: »ich küsse deine Hände«).

chen Fällen ›zu Füßen legte‹, waren allermeist jedoch eigene oder fremde Schriftwerke und Geschenke, in stärker metaphorischem Sprachgebrauch auch seine Danksagungen. Nur in seltenen Fällen ließ er dem hochstehenden Dritten durch einen vermittelnden Adressaten seine eigene Person zu Füßen legen. Allemal aber wurde die Redewendung dann performatorisch verwendet, wird die körperliche Handlung also nurmehr sprachlich vollzogen und durch die Schreibhandlung gleichsam abgegolten. Ein einziges Mal, im Brief hier an den Oberhofmeister und auf Maria Ludovica bezogen, hat Goethe dieser ritualisierten höfischen Devotionsformel eine leicht überlesbare, dabei doch ganz ungewöhnliche Bedeutung gegeben, indem er sie als seinen höchsten Wunsch wieder zurückübersetzte in den leiblich-realen Akt.

Unser Wort ›höflich‹ ist abgeleitet von ›höfisch‹ und ›hofgemäß‹. Höfisch-höfliche Umgangsformen dienten zu Goethes Zeit einem formalisierten Rollenspiel, und der hofgemäß devote Sprachgebrauch folgte dem Code eines zeremoniellen Rituals.[69] Nur ließ das die Wahrheitsfrage der Außenstehenden nicht verstummen. Im Kontext der Hofkritik war dieses konventionelle Komplimentierwesen von jeher dem Verdacht heuchlerischer Übertreibung und Verstellung, also dem Vorwurf der ›Dissimulatio‹ ausgesetzt, und man reagierte darauf mit gleichermaßen konventionellen Wahrhaftigkeitsbeteuerungen (deren Schwundstufe der bis heute gebräuchliche Briefschluß eines ›aufrichtig ergebenen‹ Unterzeichners bilden mag). Dem entsprechen in Goethes Brief die Versicherungen seiner *eigenen Gesinnungen* und *wahrsten Gefühle, aufrichtiger Herzlichkeit* auch und die ausdrückliche Erklärung, daß er *nicht übertreibe*. Seine wahrhaftig *dankbaren Empfindungen* also teilt er mit, und mit diesem den Heucheleiverdacht abwehrenden Beteuerungswort eröffnet er sogar seinen Brief – dessen Eingangssatz sich überhaupt als ein Notenschlüssel verstehen läßt, welcher die Tonlage alles Folgenden angibt:

Die Empfindungen, welche Ew. Excellenz höchst erfreuliches Schrei-

69 Dazu Beetz 1990, S. 22 ff., auch Schmid 2001, S. 40 f.

ben bey mir erregt, auch nur einigermaßen auszudrücken, finde ich mich nicht im Stande. Schon die Wortfolge ist hier keineswegs willkürlich und bedeutungslos. In Spitzenstellung also, als Aufrichtigkeitsbeteuerung: *Die Empfindungen.* Danach zunächst die förmlich titulierende Benennung des Adressaten. Protokollgerecht erst n a c h dessen *Excellenz* das Personalpronomen *ich*, mit dem das schreibende Subjekt so weit hinter dem Angeredeten zurücktritt, wie die Satzbauregeln es nur irgend zulassen.[70] Dabei wird Althanns *erfreuliches Schreiben* mit einem superlativischen Verstärkungsadverb versehen: Eben w e i l es die dem *huldreichen Merkzeichen* der Luisen-Dose und dessen ›Schreiberin‹ geltenden Empfindungen *erregt*, ist es ein *höchst* erfreuliches. Dem beschließenden Unsagbarkeitstopos (diese Empfindungen *auch nur einigermaßen auszudrücken, finde ich mich nicht im Stande*) folgt mit dem zweiten Satz die Bitte, solche *wahrsten Gefühle* wenigstens andeutend ausdrücken zu dürfen: *Nur so viel sey mir erlaubt in Erwiederung desselben zu äußern.*

Wie absichtsreich das formuliert worden ist, zeigt der Briefentwurf. »Es sey mir erlaubt nur soviel zu erwiedern« hatte Goethe zunächst diktiert und diese einfache Verbalfassung dann korrigiert und gravitätisch substantiviert. Dem gleichen Stilwillen folgt das Funktionsverbgefüge der nachstehenden Sätze:

Als bey der Anwesenheit der Monarchin *mir die Veranlassung ward* (4 ff.) und: *indem ich zugleich meinen eigenen Gesinnungen Ausdruck und Sprache geben durfte* (7 ff.). Was in solch umständlicher Versteifung als Marotte anmuten mag, ist eine sprachliche Inszenierung doch, welche der vom Substantiv übernommenen Hauptinformation Nachdruck verleiht, den beschriebenen Vorgängen ein vermehrtes Gewicht zumißt und ihre Bedeutung erhöht.

Solche Erhöhungen und superlativischen Potenzierungen bestimmen durchweg *Ausdruck und Sprache*, in denen der Briefschreiber seine *Gesinnungen* äußert. Über die Gelegenheitsgedichte, deren Zyklus Goethe unter dem einigermaßen korrekten

70 Erst recht werden später die Erwähnungen der Monarchin selbst dem Personalpronomen des Schreibenden vorangestellt: Zeile 4 ff. und 37 f.

Sammeltitel ›Im Namen der Bürger von Carlsbad‹ hat drucken lassen, heißt es jetzt, daß er die Kaiserin da *im Namen eines ganzen Volks* habe anreden dürfen (6). Daß sie diese Verse jedenfalls *gnädigst bemerkt und huldvoll aufgenommen* habe, wird als ein *Eindruck* bezeichnet, welcher *durch das ganze Leben dauern muß.* (10 ff.) Schon als Versicherung, daß sie sich seiner erinnere, übertreffe ihr Geschenk der goldenen Dose »alle meine Erwartungen und die kühnsten Hoffnungen« – so hat Goethe zunächst diktiert, aber auch das noch steigerungsbedürftig befunden und korrigiert: Es *übertrifft dieß alles, was ich nur jemals erwarten, was ich nur immer hoffen durfte.* (17 f.) Wie sehr er bemüht war, die Sprache dieses Briefes auf der denkbar höchsten Tonlage zu halten, zeigt noch einmal solch ein potenzierender Eingriff gegen Ende seines Schreibens. Da war, wiederum auf die Kaiserin bezogen, im Konzept zunächst noch vom *Wohlbefinden eines von so vielen Tausenden erbethenen Lebens* die Rede. Selbst das genügte ihm nicht: korrigierend überhöht er es noch zum *Wohlbefinden eines von so vielen Tausenden erflehten Lebens* (39 f.).

Doch wird der durchgehend superlativische Duktus sorgfältig abgestuft. Wo es nur um den Oberhofmeister geht und um dessen Begleitbrief zu Maria Ludovicas *huldreichem Merkzeichen*, begnügt sich Goethe noch mit den Wendungen *Ew. Excellenz höchst erfreuliches Schreiben* (1 f.) und *Ew. Excellenz höchst verehrliche Worte* (15 f.). Wenn er sich aber auf die Majestät selber bezieht, wählt er eine Ausdrucksweise, die er selber als den »Hypersuperlativ« bezeichnet hat,[71] hält sich dabei selbstverständlich an die Majuskelpflicht, die konventionelle Großschreibung solcher Demonstrativpronomina, und schreibt also: *Allerhöchst Dieselbe* (6 f.). Statt dessen das Personalpronomen der 3. Person Singularis, das einfache kleine ›sie‹ zu verwenden, hätte gegen eine Grundregel höfisch-höflicher Umgangsformen verstoßen[72] und wäre, von Hand eines

71 An v. Beust, 19.8.1825.

72 Vgl. etwa im ›Brief‹-Artikel von Krünitz, Theil 6, 1775, Sp. 676 ff. Zu den Anreden einer Kaiserin im 18./19. Jhd.: Kucharska 2000, S. 47 ff.

gebildeten Schreibers, einem nahezu revolutionär-gleichmacherischen Affront gleichgekommen. *Allerhöchst Dieselbe* – in den der Kaiserin zugewiesenen *All*-Wörtern dieses Briefes klingen die altherkömmlichen Epitheta Gottes als des (monotheistisch) Allerhöchsten oder Allmächtigen, Allgegenwärtigen, Allwirkenden, Allgütigen nach, die im sakralisierend-absolutistischen Sprachgebrauch auf die (monarchistisch) weltlichen Herrscher übertragen worden sind.[73] Freilich, wenn hier nicht mehr nur von *unsrer allverehrten*, sondern auch *allgeliebten Monarchinn* die Rede geht (5),[74] wenn Maria Ludovica dann gar als *angebethete Fürstinn* bezeichnet wird (13), geht es deutlich über das hinaus, was der hochhöfische Courtoisie-Katalog gebot.

Die Empfindungen, welche Ew. Excellenz höchst erfreuliches Schreiben bey mir erregt, auch nur einigermaßen auszudrücken, finde ich mich nicht im Stande. Anders als der Eingangssatz behauptet, wäre dieser Wortgewaltige gewiß ›imstande‹ gewesen, seine *wahrsten Gefühle* mitzuteilen, seinen *eigenen Gesinnungen Ausdruck und Sprache* zu geben. In dem ›Stande‹ aber, der das allenfalls zugelassen hätte, war er der Kaiserin gegenüber keineswegs. Einmal nur hat er sich ohne Rücksicht auf die Etikette geäußert. »Eine solche Erscheinung gegen das Ende seiner Tage zu erleben«, schrieb er am 13. August 1812 an den freundschaftlich vertrauten Grafen von Reinhard über Maria Ludovica, das sei, »als wenn man bey Sonnenaufgang stürbe und sich noch recht mit inneren und äußeren Sinnen überzeugte, daß die Natur ewig productiv, bis in's Innerste göttlich, lebendig, ihren Typen getreu und keinem Alter unter-

73 Zu Goethes Verwendungen: Goethe Wörterbuch Bd 1, Sp. 348 ff.

74 Dem zunächst diktierten Wortlaut »unsrer allverehrten geliebten Monarchinn« wurde bei der Durchsicht des Entwurfs *und all* [*geliebten*] noch eingefügt. – ›Allgeliebt‹ hat Goethe außer Maria Ludovica (hier und im Brief an v. Lämel, 6.8.1812) nur einmal noch, auf verdeckte Weise, Ulrike v. Levetzow genannt, um deren Hand er im August 1823 durch seinen Herzog soll angehalten haben (Marienbader ›Elegie‹, FA I 2, S. 460: »In Gegenwart des allgeliebten Wesens«).

worfen ist.« In solch einem privaten Brief glaubte er wohl sich deutlicher aussprechen zu dürfen als in seinem »an die Stufen des Thrones« adressierten Schreiben. Aber selbst hier hatte das höchst unerwünschte Folgen. Reinhard, Diplomat in hohen Ämtern, hielt Goethes »begeistertes Lob der österreichischen Kaiserin« nicht unter Verschluß. Über zwei Mittelsmänner kam es ihr selbst vor Augen. Mündlich reagierte sie »mit einer Aeußerung der Bescheidenheit über die Erkennung solcher Verdienste, wie sie nur dem höchsten ziemt«.[75] Über Goethe aber verfügte sie durch ein Schreiben ihrer Hofdame: Sie wünsche für alle Zukunft »die Gewisheit zu haben, auch in keiner Ihrer Wercke unter welchen Vorwand es immer sein möge, genannt oder errathen zu werden«.[76]

Als dem Weimarer Herzog beim Wiener Kongreß die großherzogliche Würde verliehen worden war, schrieb Goethe ihm am 22. April 1815, daß durch solch »gebührendes Beywort [...] die Hof- und Canzleysprache uns nunmehr erlaubt dasjenige als ein Anerkanntes auszusprechen, was sonst bey aller Wahrheit als Schmeicheley hätte erscheinen können.« Die superlativisch etikettierte Hof- und Kanzleisprache seines Briefes an den kaiserlichen Oberhofmeister erscheint, wortwörtlich genommen, »bey aller Wahrheit« in der Tat als Schmeichelei. Goethes Courtoisieformeln haben die Wahrheit zugleich verdeckt und offenbart. Dieser Meister unserer Sprache war ein Meister auch der Camouflage.

Das zeigen hier zumal seine offensichtlichen Verstöße gegen die epistolographische Konvention. Jedenfalls in förmlichen Briefen sollte das Personalpronomen ›ich‹ tunlichst zurückhaltend ver-

75 Über diesen Vorgang berichtete eingehend v. Reinhards Brief an Goethe vom 7.11.1812, aus dem hier zitiert wird (Briefwechsel zwischen Goethe und Reinhard in den Jahren 1807 bis 1823. Stuttgart/Tübingen 1850, S. 135). Goethe antwortete ihm einigermaßen ungehalten am 14.11.1812: »Was ich Ihnen jedesmal schreibe ist eigentlich nur zwischen uns beyden«, und: »Von der Kaiserinn von Östreich habe ich mir abgewöhnt zu reden.«

76 Gräfin O'Donell an Goethe, 4.1.1813 (bei Sauer 1902, S. 44; auch in WA IV 23, S. 490).

wendet, beim Eingangssatz sogar völlig unterdrückt werden. Keineswegs nur bei gleich- oder höherstehenden Adressaten hielt sich der ältere Goethe in zahllosen Fällen an diese Regel und nahm dabei wenig Rücksicht auf die Verständlichkeit seiner Sätze. Mitten im Text schon schreibt er beispielsweise am 23. Oktober 1823 dem Landgrafen von Hessen-Darmstadt: »Indem nun Ew. Hochfürstlichen Durchl. mein verpflichtetes Anerkennen gnädigster Einwirckung schuldigst darlege und Ihro des [niederländischen] Königs verehrtester Majestät unmittelbar, allerunterthänigst zu dancken mich nicht erkühne; so erbitt von Höchstdenenselben mir die Gnade allerhöchsten Ortes die tiefgefühlteste Dancksagung geneigtest auszusprechen.« Im Brief an Althann aber erscheint das bedeckungspflichtige *ich* des Schreibers unverhüllt schon im Eingangssatz, tritt im Folgenden noch weitere achtmal auf und wird überdies vom jeweils sechsmal verwendeten *mir* und *mich* begleitet. Zweifellos hat dieser Hofmann genau gewußt, was er da unternahm. So nachdrücklich wie regelwidrig brachte er damit die eigene Person ins Spiel. Und eben deren *wahrste Gefühle* gegenüber ›Luise‹ bezeichnet dann eine (dem ersten Verstoß gegen das briefliche Zeremoniell korrespondierende) zweite Regelwidrigkeit. In Zeile 28 ff. nämlich gedenkt Goethe gegenüber dem Oberhofmeister *neben der Ehrfurcht, welche mir Ihre hohe Würde gebiethet, noch der Neigung und Anhänglichkeit, die wir sonst nur für unseres Gleichen empfinden.* Regelgerecht hätte er schreiben müssen: ›Ew. Excellenz‹ *hohe Würde*. So hat er, ohne Wiederholungsscheu, in allen sechs entsprechenden Fällen auch geschrieben – weil man sich bei hohen Standespersonen auch »in dem Brief[text] selbsten des an ihre Würde gebundenen besonderen Titels, anstatt des Pronominis personalis« zu bedienen hatte.[77] Hier schreibt er: *Ihre hohe Würde,* und hat diesen Regelverstoß auch bei seiner Durchsicht des Konzepts nicht beseitigt. Sollte es sich auch um eine Fehlleistung handeln, so fordert sie doch eine psychoanalytisch-dekonstruktivistische Lesart heraus. *I h r e hohe Würde* macht diese

77 Anonymus 1754, S. 229.

ganze Passage doppelt beziehbar – gegen ihre eindeutige syntaktische Bindung an den Adressaten und Mittelsmann nämlich auch (und eigentlich) auf Maria Ludovica: auf eine *Neigung und Anhänglichkeit* gegenüber der Kaiserin selbst, die geradeheraus mitzuteilen hier nicht möglich war.

Einen amtlichen Brief vom 5. Juli 1781 an den Freiherrn von Fritsch, seinen Kollegen im Geheimen Consilium, schloß Goethe mit der Bitte: »Legen mich Ew. Exzell. Serenissimo [dem Herzog] zu Füssen«. Am gleichen Tag aber endete sein privat-persönliches Schreiben an Carl August selbst mit den Worten: »Leben Sie wohl. behalten Sie mich lieb.« – Hier also: *Mein höchster Wunsch wäre, der Allverehrten Monarchinn mich irgendwo zu Füßen zu legen.* Gewiß war *Allerhöchst Dieselbe* mit dem hochhöfischen Curialstil vertraut genug, um diesem Brief auch unausgesprochene Botschaften abzulesen, im Gesagten Ungesagtes wahrzunehmen. So fand sie die eigentlich *wahrsten Gefühle* hier wohl weniger verdeckt, als ihr zu Hofe genehm sein konnte. Denn gewiß hat der ihr eng vertraute Graf Althann Goethes Schreiben nicht nur (wie protokollgemäß erbeten) durch seine eigenen *schicklichen Worte* vor dem kaiserlichen Thron referiert, sondern es der Majestät selber vorgelegt. Und so wenig er, der den Rang des Absenders einzuschätzen wußte, diesen Brief etwa eigenmächtig hätte vernichten können, so sehr hat Maria Ludovica doch daran liegen müssen, daß er aus dem Verkehr gezogen wurde.

Noch ein zweites, letztes Mal kamen die beiden im Sommer 1812 zusammen, vom 14. Juli bis zum 11. August. Als man die Kaiserin damals in Teplitz erwartete, schrieb der Weimarer Herzog an Goethe: »Vermuthlich wird der mächtige Magnet dich auch hin ziehn«. Und dann: »Niemand wie Graf und Gräfin Althan und Graf Odonel [mit seiner Gattin, Maria Ludovicas Hofdame] begleiten sie […] Die Kayserinn scheint sehr zu wünschen, daß du her kömst«.[78] Diesmal kam er und ließ die mit ihm nach Karlsbad

78 Briefe vom 29.6. und 8.7.1812 (bei Wahl 1971).

gereiste Christiane dort zurück. Diesmal mußte oder wollte Luise offenbar auch wenig Rücksicht auf Polizeispitzel mehr nehmen.[79] »Die Kayserinn sehe ich täglich«, schreibt er am 2. August an Christiane, bei Kutschfahrten, Spaziergängen oder an der geselligen Tafel, aber auch »bey ihr selbst«. Und: »Ich lese täglich vor« – aus Calderon oder Schiller, vor allem aber aus größeren eigenen Dichtwerken (›Pandora‹, ›Tasso‹, ›Iphigenie‹, ›Hermann und Dorothea‹) und eigene Gedichte außerdem (›Wirkung in die Ferne‹[80], ›Amyntas‹, ›Euphrosyne‹, ›Das Wiedersehen‹, ›Alexis und Dora‹, ›Der neue Pausanias‹, ›Die Metamorphose der Pflanzen‹).[81] Da gab es überall verfängliche Passagen, aber diesmal gingen wohl keine Berichte oder gar Textproben an den Wiener Hof.

Ein kleines Gelegenheits-Dramolett haben die Kaiserin und der Dichter damals sogar gemeinsam verfaßt.[82] Zwei Liebende, zwischen denen es kriselt, sollen da erproben, wer von ihnen es ohne den anderen schwerer aushält und daraufhin »den ersten Schritt zum Wiedersehn« unternimmt. Während dieser Trennung betrachtet Leonore »eine Brieftasche mit Eduards Chiffre« und drückt sie an ihr Herz mit den Worten: »Ja, hier ist das Pfand deiner Liebe, hier dein Name«![83] Das mag – spiegelverkehrt – an das *Merkzeichen* der goldenen Dose mit dem »geliebten Namen« erinnern.

Gegen den überlieferten Wortlaut des Stückes kolportierte

79 Bei Payer v. Thurn 1913 gibt es aus dieser Zeit, Goethe betreffend, nur zwei vergleichsweise unverfängliche Polizeiberichte: a. a. O. S. 36.

80 Am 1.8.1812 hat er dieses Gedicht (FA I 2 S. 132 f.) vorgelesen – Tagebuch: »Zur Kayserinn. Erst im Garten dann im Saale. Wirckung in die Ferne.« Am 9.8.1812 aber gelten die gleichen Worte ihr selbst: »Mittags für mich. Wirckung in die Ferne.« (Dazu hier S. 397 f.).

81 Angaben in Goethes Tagebuch und seinen Briefen aus dieser Zeit. Dazu Guglia 1894, S. 145 ff. und Sauer 1902, S. XLII ff.

82 Goethe an Christiane, 1.8.1812: »Sie hat ein klein Theaterstück in diesen Tagen geschrieben, das ich ein wenig zurecht gerückt habe. Es soll gespielt werden die nächste Woche. Hievon sagst du niemanden.« (Diese Aufführung im kleinsten Kreis, an der sich nicht nur Goethe selbst, sondern wohl auch die Kaiserin beteiligen sollte, kam freilich nicht zustande).

83 ›Die Wette‹: WA I 9, S. 147 ff.; hier S. 152, 165, 167.

Charlotte von Schiller, es sei darum gegangen, »welche der beiden Geschlechter das Recht hätte, zuerst die Liebe zu gestehen.«[84] Offensichtlich wollte sie auf das Verhältnis zwischen der Kaiserin und Goethe selber anspielen, und tatsächlich hat man später behauptet, genau das sei deren eigene, »auch unter vier Augen« erörterte Frage gewesen.[85] Geradewegs im Stil der heutigen Boulevardpresse wurde fabuliert, daß »Goethes Herz im Sommer 1812 sich für Maria Ludovica in Weißglut verzehrte« – »Wobey es verhältnismäßig nebensächlich bleibt, wie weit die Liebesleute von Teplitz – denn das waren sie – ihren Gefühlen die Zügel haben schießen lassen oder sich im Äußersten Entsagungen aufzuerlegen für richtig fanden.«[86] – »Wir sind emsig nachzuspüren«, hat Goethe später solche »Anecdotenjäger«, Sensationsmacher und Klatschbasen verkünden lassen. Selbst in vertraulichen Äußerungen verstand er sich allenfalls zu der Mitteilung, daß er bemüht sei, sein »Gleichgewicht« wieder herzustellen; kein Wort darüber, weshalb er es verloren hätte.[87] Und als sie 1816 starb, an ihrer Lun-

84 An die Prinzessin Caroline von Mecklenburg-Schwerin, 30.8.1812 (Biedermann/Herwig Bd 2, S. 733).

85 Siebenschein 1957/58, S. 370. Er unterstellt zu diesem Zweck, daß es neben dem überlieferten Goethe-Text der ›Wette‹ eine zweite, von der Kaiserin verfaßte und verschollene Fassung gegeben habe, in der es nicht um eine Versöhnung zwischen den Liebesleuten gegangen sei, sondern um das »auf Goethe und Maria Ludovica persönlich bezughabende Thema des ersten Liebesgeständnisses« (ebd. S. 371).

86 Siebenschein 1957/58, S. 369 und 373. – Goethes Erwähnung der »Allgeliebten und Allverehrten Kayserinn« in seinem Brief an v. Lämel (6.8.1812), welche die Worte seines Briefes an Althann wiederholt, gibt Siebenschein allen Ernstes als »ganz elementar hervorbrechenden Geständnisanfall« eines »außer Rand und Band« Geratenen aus (a. a. O. S. 374).

87 Briefe vom 14.8.1812 an Caroline v. Wohlzogen und Charlotte v. Schiller oder an Knebel. Am gleichen Tag erwähnt er (Brief an v. Voigt) seinen schlechten »Gesundheitszustand« und (an Meyer) sein Bedürfnis, sich »physisch wieder herzustellen«. In der Tat litt er wieder an Nierenkoliken. – Deutlicher wird er gelegentlich in den Briefen an die Gräfin O'Donell, die seine Mitteilungen an die Kaiserin weitergibt. Dabei bleibt verdeckt, was er am 1.6.1813 meint, wenn er seinen »schönsten, heißesten Wunsch erfüllt« sieht: Eine Zuschrift der Hofdame vom 27.4.1813, auf die er sich hier be-

genkrankheit, kinderlos: Ihr Tod »versetzte mich in einen Zustand, dessen Nachgefühl mich niemals wieder verlassen hat«; kein Wort über diesen Zustand und dieses Nachgefühl selbst.[88] So wenig nur, so viel doch.

Diese Zurückhaltung hatte Maria Ludovica ihm ja auch eingeschärft. Nach der oben erwähnten Indiskretion ließ sie ihm am 4. Januar 1813 durch ihre Hofdame mitteilen: »In mehreren Gesprächen welche auf den Töplitzer sejour zurück führen, gaben mir unsere gnädigste Gebieterin sehr deutlich zu erkennen, daß Sie zwar an Ihrer Bescheidenheit keinen Augenblick zweifle, vielmehr vollkommen überzeugt sei, Sie würden von allen was Sie dort gehört und gelesen keinen Gebrauch machen; doch wünscht sie die Gewisheit zu haben, auch in keiner Ihrer Wercke unter welchen Vorwand es immer sein möge, genannt oder errathen zu werden; und obschon mir nicht bekannt, ob Sie ein Vornehmen dieser Art wircklich im Sinne führen, so scheint mir nicht überflüßig, Ihnen diese hohe und bestimmte Willens Meinung mitzutheilen, da es nicht allein möglich sondern selbst natürlich wäre, den bewundrungswürdigen Geistes und Herzens-Eigenschaften, einer Frau (welche Sie so glücklich waren öfter und näher zu sehen) huldigen zu wollen.«[89]

zieht, hat er offenbar (weisungsgemäß?) vernichtet. Am 24.7.1813 (an O'Donell) erwähnt er noch einmal diese »kleinen Blättchen vom 27. April«, meint sie wohl auch am 27.6.1813 (an Christiane) mit dem »himmlischen Brief« aus Wien.

88 Tag und Jahreshefte, 7.4.1816, veröffentlicht erst 1830: FA I 17, S. 275. – Ebenso verhalten an Cotta (3.6.1816), »daß mein poetisches Talent darüber verstummt. Vielleicht erlaubt mir die Zeit mich deshalb auszusprechen.«

89 Bei Sauer 1902, S. 44. – Vielleicht dachte Goethe damals daran, in seiner Autobiographie über die Begegnung mit der Kaiserin zu berichten. Jedenfalls hat er am 22.1.1813 der Hofdame geantwortet: »Da aber Ihr letztes vertrauliches Schreiben, ahndungsvoll, schon eine abschlägige Antwort auf ein noch nicht angebrachtes Gesuch enthält, so ergebe ich mich um so mehr darein und verschließe, auf diesen himmlischen Fingerzeig, meine Gesinnungen und Vorhaben in einem stillen treuergebenen Herzen, wo sie auf jede Art zu wuchern nicht ermangeln werden. Bekennend oder schweigend immer derselbe Goethe.«

Daran glaubte er sich offenbar auch noch zu halten, als er 1815 (noch zu Lebzeiten der Kaiserin) ein Gedicht verfaßte, das 1819 (drei Jahre nach ihrem Tod) in seinem ›West-östlichen Divan‹ veröffentlicht wurde und dort unter der Überschrift ›Geheimstes‹ das ›Buch der Liebe‹ beschließt.[90] Seine beiden Eingangsstrophen sind in Anführungsstriche gesetzt. Sie zitieren also fremde Stimmen, denen der Angeredete dann entgegnet:

›Wir sind emsig nachzuspüren,
Wir, die Anecdotenjäger,
Wer dein Liebchen sey und ob du
Nicht auch habest viele Schwäger. [meint: konkurrierende Mitbewerber]

Denn daß du verliebt bist sehn wir,
Mögen es dir gerne gönnen;
Doch daß Liebchen so dich liebe
Werden wir nicht glauben können.‹

Darauf die Entgegnung des Angeredeten:

Ungehindert, liebe Herren,
Sucht sie auf, nur hört das Eine:
Ihr erschrecket wenn sie dasteht,
Ist sie fort, ihr koost dem Scheine. [etwa: redet schmeichelnd von dem Glanz, den ihre Erscheinung zurückläßt]

90 J. W. Goethe: West-östlicher Divan. Neue, völlig revidierte Ausg. Hg. v. Hendrik Birus. Frankfurt a. M. 2010, S. 41 f. Kommentiert ebd. S. 1053–1060. – Die zunächst vorgesehene Überschrift des Gedichts lautete: ›Offenbar Geheimniss‹ (ebd. S. 455, Nr 70); Goethes im Februar 1816, also noch immer zu Lebzeiten der Kaiserin veröffentlichte Ankündigung des ›West-östlichen Divan‹ besagte: »Das *Buch der Liebe*, heiße Leidenschaft zu einem verborgenen, unbekannten Gegenstand ausdrückend. Manche dieser Gedichte verläugnen die Sinnlichkeit nicht, manche aber können, nach orientalischer Weise, auch geistig gedeutet werden.« (ebd. S. 549 f.)

Wißt ihr wie *Schehâb-eddin*
Sich auf *Arafat* entmantelt,
Niemand haltet ihr für thörig
Der in seinem Sinne handelt. [: Wenn ihr wißt (wüßtet), so haltet (hieltet) ihr … . – In einem von Goethes orientalischen Quellenwerken wurde diesem Scheich bei der Pilgerreise nach Mekka eröffnet, es sei von ihm die Rede gewesen vor dem Gegenstand seiner Liebe (vor Allah nämlich), und zum Zeichen der Dankbarkeit solle er seine Kleider ablegen[91]]

Wenn vor deines Kaysers Throne,
Oder vor der Vielgeliebten
Je dein Name wird gesprochen
Sey es dir zum höchsten Lohne.
Darum war's der höchste Jammer
Als einst *Medschnun* sterbend wollte
Daß vor *Leila* seinen Namen
Man forthin nicht nennen sollte. [In Analogie-Antithese zur vorangehenden Strophe nehmen diese Klageverse eine islamische Erzählung auf, in welcher der von Leila getrennte sterbende Beduinendichter Medschnun nicht mehr wollte, daß sein Name noch genannt werde vor der Geliebten[92]]

»Wenn vor deines Kaysers Throne, Oder vor der Vielgeliebten« – ihr Geheimnis konnten diese Verse nur wahren, solange man ihr »Oder« als disjunktive Konjunktion verstand und nicht etwa als gleichsetzend-identifizierende Angabe, welche (wie in Goethes Brief an den Oberhofmeister die Redeweise von der *allgeliebten Monarchinn*) die Vielgeliebte selber auf dem Kaiser-

91 Darüber zuerst Wurm 1834, S. 106 ff. Näheres jetzt in Birus' Kommentar (wie Anm. 90), S. 1056 ff.

92 Zuerst Wurm 1834, S. 111. Näheres dann bei Mommsen 1988, S. 532 f. und in Birus' Kommentar (wie Anm. 90), S. 1059 f.

thron zu erkennen gibt.[93] Zwar hieß es zuvor, fast schon verräterisch: »Ihr erschrecket wenn sie dasteht«.[94] Aber der einzige, der damals wohl begreifen konnte, um wen es sich handelte, war der Weimarer Herzog. 1815 hatte er an Goethe geschrieben, »die Kayserinn hat mir aufgetragen, dir viel schönes von ihr zu sagen«,[95] und darauf zur Antwort bekommen: »Im Orient, wo ich mich jetzt [bei der Arbeit am ›West-östlichen Divan‹] gewöhnlich aufhalte wird es schon für das höchste Glück geachtet, wenn von irgend einem demüthigen Knecht, vor dem Angesichte der Herrinn gesprochen wird und Sie es auch nur geschehen läßt. Zu wie vielen Kniebeugungen würde derjenige hingerissen werden, deßen Sie selbst erwähnte! Möchte ich doch allerhöchsten Ortes nur manchmal nahmenweise erscheinen dürfen!«[96] 1878 hat Heinrich Düntzer anhand dieser Briefstelle die »Vielgeliebte« ausgemacht;[97] seither weiß man, was man nicht sollte erraten dürfen.

Daß er vor dem kaiserlichen Thron »nur manchmal nahmenweise erscheinen« dürfe, daß dort von ihm gesprochen werde, daß also Luise seiner gedenken möge, hat Goethe in seinen Briefen an die Hofdame O'Donell immer wieder erbeten und erhofft. Vor allem Carl Augusts an ihn gerichtete Schreiben haben ihm das auch

93 In diesem Sinn gleichsetzend, lautet eine auf die drei letzten Strophen des Gedichts zu beziehende Arbeitsnotiz Goethes (wohl von Ende Januar 1815): »Eines [ist es] | Vor Gott | Dem Kaiser | Der Liebsten gedacht werden« (wie Anm. 90, S. 662).

94 Anklingend an Goethes Brief an Christiane, schon vom 19.7.1812: »Man kann sich kaum einen Begriff von ihren [Maria Ludovicas] Vorzügen machen. Ihr werdet über gewisse Dinge die ich zu erzählen habe erstaunen, beynahe erschrecken.« (erster Hinweis auf diese Entsprechung bei Sauer 1902, S. LXIII).

95 Wahl 1971, 16.1.1815.

96 An Carl August, 29.1.1815.

97 Düntzer 1878, S. 257: »Die Geliebte ist nicht die Wahrheit, wie von Loeper meint [›Divan‹-Kommentar 1872, S. 56], sondern die höchste Herrin, die Kaiserin, natürlich im Sinne reinster Verehrung, in ähnlicher Weise wie der Dichter auch die Herzogin Luise liebte.«

immer wieder versichert.[98] Wenn der aus Rußland flüchtende Napoleon am 15. Dezember 1812 bei Nacht durch Weimar fährt und seinem dort residierenden Gesandten Grüße an Goethe aufträgt, schreibt ihm der Herzog am nächsten Tag: »Weißt du denn schon, daß [dieser] St. Aignan beauftragt ist, dir vom Kayser der Nacht schöne Grüße zu bringen? So wirst du von Himmel und Hölle beliebäugelt.«[99] Von wem sich die himmlisch liebäugelnden Grüße herschrieben, unterlag da keinem Zweifel.

In Goethes Brief an Althann, der darum bittet, seinem Dank für Luises *huldreiches Merkzeichen* ihres Gedenkens *die schicklichen Worte zu leihen*, vor dem Thron also seinen Namen zu nennen, heißt es: Wenn die *angebethete Fürstinn* sich seiner *erinnert* und ihm das durch ihr Geschenk versichere, so übertreffe dies *alles, was ich nur jemals erwarten, was ich nur immer hoffen durfte.* (17 f.) Eben das wiederholen Goethes ›Divan‹-Verse, indem sie »zum höchsten Lohne« des Liebenden erklären, daß sein Name ausgesprochen wird vor dem Thron der Vielgeliebten. Auf unterschiedliche Weise verhüllend, besagen das Gedicht und der Brief da ein Gleiches. Für beide gilt, was im ›West-östlichen Divan‹ Hatem dem Schenken erklärt:

Erst sich im Geheimniss wiegen,
Dann verplaudern früh und spat,
Dichter ist umsonst verschwiegen,
Dichten selbst ist schon Verrath.

98 Vgl. Goethes Briefe an die Gräfin O'Donell vom 28.8.1812, 24.7.1813, 5.8.1813, 8.2.1814 und an Goethe die Briefe seines Herzogs vom 13.7.1810, 8.7.1812, 11.8.1812, 16.1.1815 sowie ein Schreiben der Gräfin v. Fritsch (aus Wien) vom 27.6.1815. – Die Kaiserin selbst hat fast in jedem ihrer 12 erhaltenen, französisch geschriebenen Briefe der Jahre 1812/13 an Carl August Goethe erwähnt und Grüße an ihn ausrichten lassen (zitiert bei Sauer 1902, S. XLVII–LIV).

99 Wahl 1971, 16.12.1812 (gerade am 9.12. hatte der Herzog einen Brief der Kaiserin an Goethe weitergegeben, in dem sie ›beliebäugelnd‹ seiner gedachte).

Von beiden Texten dieses ›Briefwechsels‹ sind die Originale nicht mehr auffindbar. Was Goethes an Graf Althann adressiertes, der Kaiserin zugedachtes Schreiben angeht, so hat Maria Ludovica offenbar selbst dafür gesorgt, daß es nicht aufbewahrt wurde, jedenfalls nicht ins Hofarchiv gelangte und für argwöhnische Zugangsberechtigte dort einsichtig werden konnte.[100]

Aber auch von ihrem ›Brief‹ weiß man nur berichtsweise. Nach Goethes Tod befand sich die goldene Dose mit den »hoch und heilig gehaltenen Namenszügen« nicht mehr unter den hinterlassenen und sorgsam katalogisierten Preziosen.[101] Wäre sie ihm entwendet worden, nachdem er sie in den Kriegswirren vergraben und vor Plünderern gerettet hatte, gäbe es darüber gewiß eine Nachricht. Daß er selber sich von ihr getrennt, sie je in andere Hände gegeben hätte, erscheint ganz ausgeschlossen. So bleibt eigentlich nur die Möglichkeit, daß er einem Nahestehenden, Vertrauenswürdigen aufgetragen hat, sie ihm als Grabbeigabe zu belassen und darüber zu schweigen – von der Sitte persönlicher Beigaben in etruskischen Gräbern wird dieser italienkundige Verehrer der Antike allemal gewußt haben. Dann müßte Maria Ludovicas *huldreiches Merkzeichen* wohl in die Hände der Grabräuber gefallen sein, die seinen Sarkophag in der Weimarer Fürstengruft aufbrachen.[102] Beweisbar ist das nicht. Aber denken ließe sich's schon, daß er Luises Brief hat bei sich behalten wollen.

100 Direkt an sie gerichtete, durch die Thurn- und Taxis'sche Reichspost beförderte Schreiben wurden von der allen Briefverkehr überwachenden Wiener ›Postloge‹ in die ›Geheime Ziffernkanzlei‹ geleitet und kamen abschriftlich dem Kaiser vor Augen – wie auch ihre eigenen, der Staatskanzlei zur Weiterbeförderung übergebenen Schreiben zum gleichen Zweck diese Institution passieren mußten: Österreichs Briefspionage machte selbst vor der Kaiserin nicht halt (dazu Mayr 1935, S. 25). – Allgemeiner: hier S. 409 ff.

101 ›Specification derer Pretiosen und Kostbarkeiten Goethe's welche, Dienstag den 23n Octbr 1832, von dem Vormund der von Goethe'schen Enkel, Herrn Hof-Advocat Büttner, allhier, Unterzeichnetem in seine Custodie übergeben worden sind.‹ (Goethe-Museum Düsseldorf: Signatur KK 1285).

102 Dazu Albrecht Schöne: Schillers Schädel. ³München 2005, S. 34 und Anm. 71.

VII

»Regenbogen auf schwarzgrauem Grunde«

An Karl Friedrich Zelter, 10. Juli 1828

Goethes Fürst und Freund Carl August, Großherzog zu Sachsen-Weimar-Eisenach, fand am 14. Juni 1828 den Tod. Auf der Reise zu einer Kur im böhmischen Teplitz hatte er nach einem Zwischenaufenthalt in Berlin an diesem Tage Graditz erreicht, wo der schwerleibige Siebzigjährige sich zur Mittagstafel setzte. Schon »nach den ersten paar Löffeln Suppe«, so heißt es im Bericht des Reisebegleiters Major von Germar, »klagten Se.K.H. [: Seine Königliche Hoheit] über Reiz zum Erbrechen und genossen nichts mehr außer ein paar Gläser Bier, wobey ich die Bemerkung äußerte, daß dies Getränk ohnmöglich der Gesundheit zuträglich seyn könnte, worauf mir jedoch S. K. H. erwiederten, daß dies nichts schaden würde, u. das Bier ganz den Geschmack des weimarischen Schloß-Bieres habe.« Am Nachmittag wurden im Königlich Preußischen Hauptgestüt die Pferde besichtigt. »Nach dem Haus zurück gekommen (7 Uhr Abends) setzten Sich S. K. H. abermals jedoch etwas erschöpft auf das Sofa und es entfuhr Höchst Ihnen der nie gehörte und mir durch das innerste Mark dringende Ausruf ›Ach das Gott erbarm!‹ in demselben Augenblick aber verlangten S. K. H. eine Cigarre, luden die Officiere ein, sich niederzusetzen und unterhielten sich mit Höchst Ihnen über militärische Gegenstände, besonders mit dem Ingenieur-Hauptmann von Studnitz über die Bataille von Torgau.« Nach einer Stunde legte Carl August »das Rohr der zu Ende gerauchten

Cigarre auf den Tisch«, stieg die Treppe zu seinem Zimmer herauf und brach, vom Schlag getroffen, dort zusammen – »Höchst Er hatte vollendet!«[1]

Als der Kammerlakei mit der Todesnachricht, die Nacht hindurch reitend, am 15. Juni Weimar erreichte, saß man in Goethes Haus am Frauenplan zu Tisch. Eine Trachtengruppe erfreute die Mittagsgäste mit Zithermusik, Tänzen und Gesängen. Eckermann berichtet: »Die Lieder und das Gejodel der heitern Tiroler behagte uns jungen Leuten; Fräulein Ulrike [von Pogwisch] und mir gefiel besonders der ›Strauß‹ und ›Du, du liegst mir im Herzen‹, wovon wir uns den Text ausbaten. Goethe selbst erschien keineswegs so entzückt als wir andern.« Er stand im neunundsiebzigsten Lebensjahr. 53 Jahre waren vergangen, seit der damals achtzehnjährige Herzog ihn an seinen Hof geholt, 40 Jahre seitdem der aus Italien zurückkehrende Goethe ihm geschrieben hatte: »laßen Sie mich an Ihrer Seite das ganze Maas meiner Existenz ausfüllen«.[2] An diesem 15. Juni 1828 vermerkt er im Tagebuch: »Mittag Weller und Frau, Töpfer und Eckermann; die Tyroler sangen bey Tische. Die Nachricht von dem Tode des Großherzogs störte das Fest.«

Von preußischen Generälen bis zur Grenze des Großherzogtums eskortiert, von wechselnden Husaren-Eskadronen und einer Kürassier-Schwadron geleitet, wurde die »Hohe Leiche« am 21. Juni unter Glockengeläut und gedämpftem Trommelschlag durch das Trauerspalier der Weimarer Bürgerschaft ins Römische Haus über-

1 Zitiert nach dem auf den 2.7.1828 datierten handschriftlichen Bericht des Majors Friedrich v. Germar (20 nicht numerierte Seiten; Zitate dort S. 15, 16f., 17, 19. Handschrift im Goethe-Museum Düsseldorf, Signatur: K.K. 5821). – Goethes Tagebuch vermerkt am 26.6.1828: »Major von Germar das traurige Ereigniß im Einzelnen referirend«, am 4.7.: »Major von Germar, die Umstände des Hinscheidens unseres gnädigsten Herrn in einem Aufsatze vorlegend, welchen ich durchlas.«

2 An Carl August, 17.3.1788.

führt.[3] Während dort fünfzehn Tage lang am Sarg die Ehrenwachen wechselten, zu deren erster Goethes Sohn August gehörte, wurde er selber im Auftrag des Bayerischen Königs porträtiert. »Wir müssen eilen«, sagte Goethe zu dessen Hofmaler Stieler, »wir müssen eilen, das Gesicht zu bekommen. Der Großherzog ist weggegangen und nicht mehr wiedergekommen. Wer verbürgt einem, ob man morgen erwacht.«[4] Der Tote wurde »nach vollendeter Einbalsamierung« in der Nacht zum 7. Juli in der Weimarer Hofkirche aufgebahrt, wo »die feyerliche Parade-Ausstellung des Großherzogl. Leichnams Vormittags von 10 bis Nachmittags 2 Uhr« stattfand. Aber an diesem Tag, frühmorgens schon, verließ der Staatsminister von Goethe die Stadt. Tagebuch: »Um 6 Uhr in Dornburg angekommen. Vollkommen heiterer Himmel«.

Drei Tage später geht ein langer Brief an Zelter nach Berlin – die Antwort, die der alte Goethe auf den Tod seines fürstlichen Freundes gab. Seine des eigenen Todes gewisse Antwort. Eine der großen Antworten auf die menschliche Sterblichkeit.

Ich gebe sein Schreiben hier abschnittsweise zu lesen.[5]

3 Die Angaben über das Trauergeleit, die Aufbahrung und Beisetzung entnehme ich deren auf den 12.7.1828 datierter einläßlicher handschriftlicher ›Beschreibung‹ durch den Geh. Kanzleisekretär Ernst Müller (50 nicht numerierte Seiten, ursprünglich für das Großherzogliche Regierungsblatt bestimmt; die nachfolgenden Zitate dort S. 5 und 23. Handschrift im Goethe-Museum Düsseldorf, Signatur: K.K. 5819). – Dazu auch Wahl 1927/28, S. 75 ff.

4 Biedermann/Herwig Bd 3.2, S. 317. – In den Gesprächen zwischen Maler und Modell spielte bei diesen Sitzungen Goethes im Folgenden herangezogene ›Farbenlehre‹ eine bedeutende Rolle (vgl. ebd. S. 317 und 320 f.).

5 Textwiedergabe buchstaben- und zeichenadäquat (unter Beibehaltung auch der Schreibversehen in Zeilen 42 und 44) nach der mit einem Trauerrand versehenen Reinschrift: 5 Seiten von Hand des Schreibers John, noch mit nachträglichen Eingriffen Goethes (vgl. WA IV 44, S. 423), dann eigenhändig unterschrieben. GSA, Archiv-Nr 564, I, 7. – Dieses Mundum folgt einem Konzept (ebd., Archiv-Nr 42), das dem gleichen Schreiber diktiert und seinerseits schon ändernd oder ergänzend durchgesehen worden war (vgl. WA IV 44, S. 423 f.).

> *Dornburg d. 10. Jul. 1828*
>
> *Bey dem schmerzlichsten Zustand des Innern mußte ich wenigstens meine äußern Sinne schonen und ich begab mich nach Dornburg um jenen düstern Functionen zu entgehen wodurch man, wie billig und schicklich, der Menge symbolisch darstellt was sie im Augenblick verloren hat, und was sie diesmal gewiß auch in jedem Sinne mitempfindet.*

Wohl hatte er für seine Reise nach Dornburg die Billigung des Erbgroßherzogs eingeholt. Aber wie man darüber gedacht und unter der Hand gesprochen haben mag, deuten die vorsichtig-spitzen Worte an, die Karoline Jagemann damals an den Großherzog von Mecklenburg-Strelitz schrieb: »Goethe hat so seine eigene Weise in mancher Hinsicht. Bei dieser Gelegenheit hat er sich von Anfang eingeschlossen, ist dann wieder erschienen und hat verboten, die Sache zu erwähnen. Hat seine Sitzungen bei dem Maler Stieler, den der König von Bayern hierher schickte, um ihn zu malen, fortgesetzt und ist nun nach Dornburg gegangen, wo er noch eine Weile bleiben wird. Ich glaube wohl, daß er sehr ergriffen ist, aber wie Eure Königliche Hoheit sich den Eindruck des Verlustes denken, von der Art scheint er nicht zu sein.«[6] Eigentlich war es unglaublich, was er sich da leistete. Nur, »seine eigene Weise« war das immer gewesen. Auch seinen Romanen ist sie abzulesen. Nach Werthers Selbstmord heißt es: »Der Alte folgte der Leiche und die Söhne, Albert vermocht's nicht. Man fürchtete für Lottens Leben«; nach Mignons Tod sagt der Arzt zu Wilhelm Meister: »Halten Sie sich von diesem traurigen Gegenstande entfernt«; nach dem Ende der Ottilie steht in den ›Wahlverwandtschaften‹: »Eduard wagte sich nicht wieder zu der Abgeschiedenen.«[7]

6 Jagemann 1926, Bd 2, S. 539. – »Wie hält sich denn Goethe?« hatte der Mecklenburger Großherzog bei ihr angefragt: »Ich zittere für den Eindruck, den dieser Schlag auf ihn gemacht hat, und wage noch nicht, an ihn zu schreiben.« (ebd. S. 536).

7 ›Die Leiden des jungen Werthers‹: FA I 8, S. 267. – ›Wilhelm Meisters Lehrjahre‹: FA I 9, S. 926. – ›Die Wahlverwandtschaften‹: FA I 8, S. 527.

Zu einer Zeit, in der die Menschen beim Tod ihrer Angehörigen und Freunde in aller Regel noch zugegen waren und die Agonie miterlebten, selbstverständlich den Leichnam sahen, an der Bestattung teilnahmen und später die Gräber besuchten, ist Goethe sein Leben lang den Sterbelagern ferngeblieben, hat sich dem Anblick der Toten entzogen, Begräbnisfeiern gemieden, Grabstätten nie besucht und ist den Leidtragenden ausgewichen. Mit Ortswechsel oder eigener Erkrankung reagierte er auf das Ende gerade der ihm Nahestehenden. Tagebuch 6. Juni 1816: »Meine Frau um 12 Nachts ins Leichenhaus. Ich den ganzen Tag im Bett.« Und Charlotte von Stein hatte verfügt, daß nicht einmal ihr Sarg an seinem Haus vorbeigetragen werden sollte.[8] Sie kannte ihn.

1825 oder 1826 sprach Goethe mit Ernst Förster über das Bild ›Klosterhof im Schnee‹ des Berliner Malers Karl Friedrich Lessing. Da trug ein Zug von Mönchen eine schwarzbehangene Bahre in ein verfallenes Kloster, und in schrecklich-großartigem Greisenstarrsinn erklärte der Alte, daß das »ja lauter Negationen des Lebens« seien. »Zuerst also die erstorbene Natur, Winterlandschaft; den Winter statuire ich nicht [: lasse ich nicht zu, will ich nicht wahrhaben]; dann Mönche, Flüchtlinge aus dem Leben, lebendig Begrabene; Mönche statuire ich nicht; dann ein Kloster, zwar ein verfallenes, allein Klöster statuire ich nicht; und nun zuletzt, nun vollends noch ein Toter, eine Leiche; den Tod aber statuire ich nicht.«[9] Mögen die Psychiater hinter solcher Todesneurose Zwangserinnerungen und Verfolgungsbilder vermuten, die aus traumatischen Erlebnissen seiner frühen Kindheit stammen[10] – die Gewalt des Abwehrtriebes, dem er da folgte, resultierte doch wohl weniger aus dem, was hinter ihm lag, als aus dem, was allererst vor ihm stand und aus den Aufzeichnungen des Großherzoglichen Hofrats und Leibarztes Dr. Carl Vogel vom 20. März 1832 dann ersichtlich wird: »Fürchterlichste Angst und Unruhe trieben

8 Vgl. Düntzer 1874, Bd 2, S. 519.
9 Biedermann/Herwig Bd 3.2, S. 289.
10 Vgl. etwa Schmidt 1968, S. 80 ff.

den seit langem nur in gemessenster Haltung sich zu bewegen gewohnten, hochbejahrten Greis mit jagender Hast […]. Die Gesichtszüge waren verzerrt, das Antlitz aschgrau, die Augen tief in ihre livide Höhlen gesunken, matt, trübe; der Blick drückte die gräßlichste Todesangst aus. Der ganze eiskalte Körper triefte von Schweiß […]. Mühsam einzeln ausgestoßene Worte gaben die Besorgniß zu erkennen, es möchte wieder ein Lungenblutsturz auf dem Wege seyn.«[11]

Das war zwei Tage vor seinem Tod. Früher hat er sich nicht erlaubt, die eigene Todesangst zu offenbaren. Der unvermittelte Eingangssatz des Dornburger Briefes, gut drei Jahre vor dem eigenen Ende verfaßt, bewegt sich mit der syntaktischen Contenance seiner taktsicher ausgewogenen Wortfolge in eben jener gemessensten Haltung, welche der Arzt bei der körperlichen Bewegung des Hochbejahrten beobachtete. Wie der Briefschreiber hier die Satzglieder zur antithetischen Symmetrie bringt und die weit ausgreifende Hypotaxe bewältigt, so läßt er bei der Wortwahl dieser Selbstdarstellung keine Überstürzung zu, nötigt sich zu gefaßtem, ja gemächlichem Gang (*ich begab mich nach Dornburg*) und dämpft die Affekte, setzt die Formel vom *schmerzlichsten Zustand des Innern* ein, die diesem Falle angemessene, welche den eigenen Schmerz zugleich bezeichnet und verbirgt.[12] Das Präteritum regiert diesen

11 Vogel 1904, S. 16.

12 Formelhaft ins Unpersönliche zurückgenommen ist der ganze Briefeingang. Was Goethe im ersten Abschnitt schreibt, steht gleichlautend in seinem Brief vom Abend des gleichen Tages an den Hofrat Soret, der auch noch eine weitere Passage des Schreibens an Zelter referierend wiedergibt. Kein auf den Partner des Briefdialogs abgestimmtes ›Gespräch‹ wird hier geführt, nicht einmal an Soret oder an Zelter schreibt der Alte eigentlich, sondern zu deren Händen deponiert er diesen Monolog (damals war die postume Publikation der Korrespondenz mit Zelter bereits beschlossen: beide wußten, daß sie zugleich schon für einen großen späteren Leserkreis schrieben). Ein dem hier zur Rede stehenden Brief vom 10. Juli passagenweise gleichfalls nahestehendes Schreiben vom 18. Juli 1828, das er zur Unterrichtung der Großherzoglichen Familie an den Kammerherrn v. Beulwitz adressiert, macht deutlich, daß ihm dieser Charakter seiner Briefe sehr wohl bewußt war. Da nämlich fragt er am Ende, ob es denn schicklich sei, einen solchen

Eingangssatz: ich *mußte* und *ich begab mich*. Vergangenes wird so berichtet. Aber die sprachliche Form, in der er das bewältigt, gehört der Gegenwart des Briefschreibers an. Auf *Dornburg d. 10. Jul. 1828* datiert, zeigt ihn das Psychogramm des Briefeingangs »in gemessenster Haltung«. Erst der Fortgang dieses analytischen Textes gibt zu erkennen, wie er ein solches Gleichgewicht erreichte.

Sehr genau kannte Goethe die *düstern Functionen* der pompösen Trauerhandlung, die ihm da in Weimar vor die *äußern Sinne* getreten wären.[13] Der einbalsamierte Leichnam, in Generalsuniform gekleidet, mit einem hermelinverbrämten rotsamtenen Fürstenmantel bedeckt, öffentlich aufgebahrt auf dem weißen Atlaskissen des Paradebetts; über ihm ein schwarzer Thronhimmel mit silbergestickten Wappen, Kronen und Sternen; neben ihm zwölf Kandelaber mit Kerzen, sechzehn Postamente mit Ordensinsignien, »Krone, Zepter u. Reichsapfel, Generalshute, Degen u. Kommandostabe« und »mit Figuren, die eine die Muse der Geschichte darstellend u. die Großthaten Carl Augusts auf eine Tafel eingrabend mit der Inschrift: ›Groß Sein Wirken‹, die andere die Fama darstellend, des Verewigten Ruhm preisend u. sein Andenken segnend mit der Inschrift: ›Ewig Sein Ruhm‹«; dazu eine »herzförmige Kapsel von feinem Silber zur Aufbewahrung des Herzens des höchstseeligen Großherzogs Carl August Königl. Hoheit, von

»Monolog des wunderlich nachsinnenden Einsiedlers zu einer Epoche darzubringen, wo Hof und Land sich in lebendigster Theilnahme bewegen.«

13 Tagebuch 19.6.1828: »Abends Oberbaudirector Coudray, den intentionirten Katafalk vorzeigend. Herr Canzler von Müller, das Nächste besprechend.« – 25.6.1828: »Hofmarschall von Spiegel, die Acten auf die vorseyende Trauerhandlung einhändigend. Ich las solche zur Hälfte durch.« – Die folgenden Angaben und Zitate entnehme ich der ›Beschreibung‹ des Kanzleisekretärs Müller (wie Anm. 3) und einer detaillierten ›Rechnung über den Aufwand auf die Einholung, die Aufbewahrung, feierliche Ausstellung und Beisetzung der irdischen Reste des in Gott ruhenden Großherzogs Carl August Königl. Hoheit, und sonstige in Bezug auf diesen Trauerfall vorgekommenen außerordentlichen Ausgaben‹ (43 nicht numerierte Seiten. Goethe-Museum Düsseldorf: Signatur K.K. 5818). – Dazu auch Wahl 1927/28.

Gewicht 56 Loth«. – Am 9. Juli dann die feierliche Überführung von der Hofkirche zur Begräbniskapelle. Der von Zelter komponierte ›Zwischengesang‹ aus Goethes Logenfeier-Gedicht eröffnet die Beisetzungszeremonie in der Fürstengruft. Achtstimmiger Chor:

> Laßt fahren hin das allzu Flüchtige!
> Ihr sucht bei ihm vergebens Rat ...[14]

Dem setzt er sich nicht aus. *Bey dem schmerzlichsten Zustand des Innern*, schreibt er, *mußte ich wenigstens meine äußern Sinne schonen.*

Ein Oppositionsverhältnis freilich von Innerem und Äußerem hat Goethe immer als höchst bedenkliche Gleichgewichtsstörung verstanden. »Die Nacht scheint tiefer tief hereinzudringen, | Allein im Innern leuchtet helles Licht«[15] – das ist in Wahrheit ja ein tief ironischer Vers, schauerliches Mißverständnis des greisen, von Blindheit geschlagenen Faust, der beim großen Landgewinnungswerk das Geklirr der Spaten zu hören glaubt, wenn ihm die Lemuren doch schon das Grab schaufeln. »Das Auge«, heißt es in Goethes ›Farbenlehre‹, bildet sich »am Lichte fürs Licht, damit das innere Licht dem äußeren entgegentrete.«[16] Wollte der aus Weimar Flüchtende die äußeren Sinne auch nur *schonen*, so hat, was ihm statt jener *düstern Functionen* in Dornburg vor Augen trat, tatsächlich doch ins Innere gewirkt, hat Innen und Außen heilend geeinigt und ihn ins Gleichgewicht gesetzt.[17] Der zweite Briefabschnitt, im Präsens gehalten, Dornburger Gegenwart schildernd, ist ein verschlüsselter Heilungsbericht:

8 *Ich weis nicht ob Dornburg Dir bekannt ist; es ist ein Städtchen auf der Höhe im Saalthale unter Jena, vor welchem eine*

14 Vollständiger Text: FA I 2, S. 486 f.

15 ›Faust‹ II, 11499 f.

16 ›Zur Farbenlehre‹. Didaktischer Teil, Einleitung: FA I 23/I, S. 24.

17 Vgl. die auf den Tod des Großherzogs bezogenen Briefpassagen vom 17.6.1828 an Soret: »wir stellen uns hier in's Gleiche wie nur möglich«; vom 20.6.1828 an Vogel: ich »halte mich möglichst im Gleichgewicht«; vom 6.7.1828 an Boisserée: »ein jeder leidet auf seine Weise, und jeder sucht sich nach Art und Verhältniß zu fassen und herzustellen.«

Die Dornburger Schlösser

Kupferstich von Jacob Wilhelm Christian Roux. Goethe entnahm ihn Schwabes ›Historisch-antiquarischen Nachrichten von der ehemaligen kaiserl. Pfalzstadt Dornburg‹ (Weimar 1825), schickte ihn an Zelter und schrieb dazu am 26.7.1828, daß er »doch mehr als alle Beschreibung einen schnellen Begriff« von den Örtlichkeiten gebe. Er diktiere diesen Brief »hinter den letzten, in's Unsichtbare verschwindenden Fenstern des kleinen Schlößchens am letzten Felsende linker Hand«.

Reihe von Schlößern und Schlößchen gerade am Absturz des Kalkflötzgebirges zu den verschiedensten Zeiten erbaut ist; anmuthige Gärten ziehen sich an Lusthäusern her; ich bewohne das alte neuaufgeputzte Schlößchen am südlichsten Ende. Die Aussicht ist herrlich und fröhlich, die Blumen blühen in den wohlunterhaltenen Gärten, die Traubengeländer sind reichlich behangen und unter meinem Fenster, seh ich einen wohlgediehenen Wein-

berg, den der Verblichene auf dem ödesten Abhang noch vor drey Jahren anlegen ließ und an dessen Ergrünung er sich die letzten Pfingsttage noch zu erfreuen die Lust hatte. Von den anderen Seiten sind die Rosenlauben bis zum Feenhaften geschmückt und die Malven, und was nicht alles, blühend und bunt und mir erscheint das alles in erhöhteren Farben wie der Regenbogen auf schwarzgrauem Grunde.

Fünf Tage später hat Zelter für Goethes »liebes Schreiben aus Dornburg vom 10. dieses [Monats]« gedankt: »Die Beschreibung Deines Aufenthaltes in Dornburg ist so anziehend daß ich mich gleich aufmachen möchte Dich daselbst aufzusuchen wenn ich nicht eben von mehren Seiten festgehalten wäre.«[18] Nein, der Gute hatte nicht verstanden, daß dies mehr war als die anziehende Beschreibung eines Aufenthalts in erfreulicher Gegend und anderes im Sinn hatte als die Verse, die ein Jahrhundert später Gottfried Benn verfaßte:

›Jena vor uns im lieblichen Tale‹
schrieb meine Mutter von einer Tour
auf einer Karte vom Ufer der Saale,
sie war in Kösen im Sommer zur Kur.[19]

Nachdenkend über die Werke der Kunst in ihrem Verhältnis zur Naturwahrheit, hat Goethe von einem vollkommenen Kunstwerk gesagt: »indem die zerstreuten Gegenstände in eins gefaßt, und selbst die gemeinsten in ihrer Bedeutung und Würde aufgenommen werden, so ist es über die Natur. [...] Davon hat der gemeine Liebhaber keinen Begriff, er behandelt ein Kunstwerk wie einen Gegenstand, den er auf dem Markte antrifft, aber der wahre Liebhaber sieht nicht nur die Wahrheit des nachgeahmten, sondern auch die Vorzüge des ausgewählten, das Geistreiche der Zusam-

18 MA Bd 20.2, S. 1133.

19 Gottfried Benn: Sämtliche Werke. In Verbindung mit Ilse Benn hg. v. Gerhard Schuster. Bd 1, Stuttgart 1986, S. 119.

menstellung, das Überirdische der kleinen Kunstwelt, er fühlt, daß er […] sich aus seinem zerstreuten Leben sammeln, mit dem Kunstwerke wohnen, es wiederholt anschauen, und sich selbst dadurch eine höhere Existenz geben müsse.«[20] Läßt man solche Bestimmungen versuchsweise als Leseanweisung auch für das Kunstwerk dieses Briefes gelten, achtet man also darauf, was aus der Fülle tatsächlicher Sinneseindrücke hier ausgewählt und zusammengestellt wird (*Gärten* und *Blumen*, *Traubengeländer* und *Weinberg*, *Rosenlauben* und *Malven*), bedenkt man schließlich, wie diese »zerstreuten Gegenstände in eins gefaßt und selbst die gemeinsten [: gewöhnlichsten] in ihrer Bedeutung und Würde aufgenommen werden«, dann gewinnen die letzten Worte dieses Briefabschnitts, die *das alles* auf den Nenner der *erhöhteren Farben* bringen, eine überraschende Aufschlußkraft.

Zweimal werden hier ausdrücklich Farben benannt. Von der *Ergrünung* des Weinbergs ist die Rede (Zeile 18); von allem, was da blüht in den Gärten, heißt es gleich darauf dann *bunt* (21). Über die Farbe aber hat Goethe in seinem 1810 erschienenen naturwissenschaftlichen Hauptwerk gesagt, daß sie »auf den Sinn des Auges, dem sie vorzüglich zugeeignet ist, und durch dessen Vermittelung, auf das Gemüt, in ihren allgemeinsten elementaren Erscheinungen, ohne Bezug auf Beschaffenheit oder Form eines Materials, an dessen Oberfläche wir sie gewahr werden, […] eine entschiedene und bedeutende Wirkung hervorbringe, die sich unmittelbar an das sittliche anschließt.« ›Sinnlich-sittliche Wirkung der Farbe‹ lautet seine berühmte Formel für einen solchen Einfluß optischer Wahrnehmung auf die innere Verfassung des Betrachters.[21] Und in welcher Weise damals in Dornburg der Sinneseindruck der ausdrücklich vermerkten Farbverbindung von Grün und Bunt einwirkte auf den *schmerzlichsten Zustand des Innern*, daran läßt der Briefschreiber keinen Zweifel: *herrlich und*

20 ›Über Wahrheit und Wahrscheinlichkeit der Kunstwerke‹: FA I 18, S. 506.
21 ›Zur Farbenlehre‹. Didaktischer Teil § 758: FA I 23/I, S. 247.

fröhlich nennt er die Aussicht auf den *wohlgediehenen Weinberg*, auf die *wohlunterhaltenen Gärten*. Dessen Grün, deren Bunt vor Augen, geschieht ihm jetzt tatsächlich, was seine zwei Jahre früher entstandenen Verse besagten:

Wenn am Tag Zenit und Ferne
Blau in's Ungemess'ne fließt,
Nachts die Überwucht der Sterne
Himmlische Gewölbe schließt,
So am G r ü n e n , so am B u n t e n
Kräftigt sich ein reiner Sinn,
Und das Oben, wie das Unten
Bringt dem edlen Geist Gewinn.[22]

Die Farbenvielfalt des Bunten, die der Dornburger Brief vor Augen stellt, schließt auch das Rot, das Purpurrot ein, »diese höchste aller Farbenerscheinungen«,[23] die im Zenit des Goetheschen Farbenkreises steht.[24] »Rosen und besonders Malven«, so heißt es ausdrücklich in der ›Farbenlehre‹, »gehen einen großen Teil des Farbenkreises durch, vom Weißen ins Gelbe, sodann durch das Rotgelbe in den Purpur, und von da in das Dunkelste, was der Purpur, indem er sich dem Blauen nähert, ergreifen kann.«[25] Und nun tatsächlich im Dornburger Brief: *die Rosenlauben* und *die Malven* (20 f.)! Mit ihnen tritt der Purpur in die Erscheinung, fügt sich zum Grün des Weinbergs das Rosen- und Malvenrot ins tiefsinnig-hochbedeutsame Spiel der Farben.

Das hat wenig zu tun mit jenen konventionellen Allegorie-Klischees, die etwa das Grün als die Farbe der Hoffnung, Rot als die der Liebe ausgeben. Als etwas »Zufälliges und Willkürliches« hat

22 FA I 2, S. 690. Entsprechend in ›Chinesisch-Deutsche Jahres- und Tageszeiten‹ III (FA I 2, S. 695 f.): »ein reines Grün« + »bunt geblümt« = »Wunscherfüllung, Sonnenfeier | Wolkenteilung bring' uns Glück«!

23 ›Zur Farbenlehre‹. Didaktischer Teil § 794: FA I 23/I, S. 255.

24 Ebd. § 524: FA I 23/I, S. 181 (»Purpurzenit«).

25 Ebd. § 624: FA I 23/I, S. 206.

Goethe dergleichen abgewehrt[26] und seine eigene Farbensymbolik als ›Sinnlich-sittliche Wirkung der Farbe‹ ganz entschieden auf die empirischen Beobachtungen und Versuche gegründet, mit denen er jahrzehntelang dem Farbenwesen nachgegangen ist. Den drei reinen Farben Gelb, Blau und Rot (aus denen die anderen durch Mischung sich ergeben) hat er im Schema seines aus den sechs prismatischen Farben zusammengestellten Farbenkreises nach dem Polaritätsprinzip Violett, Orange, Grün als Gegenfarben zugeordnet.[27] Jeweils Gelb und Violett (Blaurot) aber, Blau und Orange (Gelbrot), Rot (Purpur) und Grün kompensieren sich wechselseitig, ergänzen sich nämlich (im Farbenmischapparat additiv zusammengegeben) zu Weiß und verhalten sich in diesem Sinne komplementär zueinander.[28] Bei seinen Untersuchungen der Reaktionen des menschlichen Auges auf den Farbeindruck sah Goethe diese komplementären Gegenfarben wechselseitig einander hervorrufen, auf sukzessive wie auf simultane Weise: »Malt sich auf einem Teile der Netzhaut ein farbiges Bild, so findet sich der übrige Teil sogleich in einer Disposition, die bemerkten korrespondierenden Farben hervorzubringen. [...] Ob man gleich mit allen Farben diese Versuche anstellen kann, so sind doch besonders dazu Grün und Purpur zu empfehlen, weil diese Farben einander auffallend hervorrufen. Auch im Leben begegnen uns diese Fälle häufig. Blickt ein grünes Papier durch gestreif-

26 Ebd. § 917 (FA I 23/I, S. 283): »Bei diesem [allegorischen Gebrauch] ist mehr Zufälliges und Willkürliches, ja man kann sagen etwas Konventionelles, indem uns erst der Sinn des Zeichens überliefert werden muß, ehe wir wissen, was es bedeuten soll, wie es sich z. B. mit der grünen Farbe verhält, die man der Hoffnung zugeteilt hat.«

27 Vgl. dazu die 1798 mit Schiller gezeichneten Skizzen (Faksimile in FA I 23/2, Tafel 38 und in LA II 3, Tafel VIII; Transkription LA I 3, S. 386); unter den illuminierten Kupfertafeln zur Farbenlehre von 1810 dann Tafel I, Figur 1 u. 2 (Faksimile in FA I 23/I, Abb. I, Figur 1 u. 2 und in LA I 7, S. 45); weiterhin Ruprecht Matthaeis Rekonstruktion des Farbenkreises in LA II 4, Tafel I (ebd. S. 268 ff. seine Erläuterungen zum Farbenkreis).

28 Dazu Schöne 1987, S. 98 ff. – Vgl. auch den Abschnitt ›Komplementare Farben‹ in Goethes Aufsatz ›Physiologe Farben‹ von 1822 (FA I 25, S. 744).

ten oder geblümten Musselin hindurch, so werden die Streifen oder Blumen rötlich erscheinen. Durch grüne Schaltern [: Fensterläden] ein graues Haus gesehen, erscheint gleichfalls rötlich. Die Purpurfarbe an dem bewegten Meer ist auch eine geforderte Farbe. Der beleuchtete Teil der Wellen erscheint grün in seiner eigenen Farbe, und der beschattete in der entgegengesetzten purpurnen. Die verschiedene Richtung der Wellen gegen das Auge bringt eben die Wirkung hervor.«[29]

Wenn im Zweiten Teil des ›Faust‹ (Vers 6006 ff.) Mephisto dem Kaiser eben diesen Wasserfarbenzauber hypnotisierend zuspricht, dann redet er gerade so, als referiere er aus Goethes Beiträgen zur Optik:

> Wirf dich ins Meer wo es am wildsten tobt,
> Und kaum betrittst du perlenreichen Grund
> So bildet wallend sich ein herrlich Rund;
> Siehst auf und ab lichtgrüne schwanke Wellen,
> Mit Purpursaum, zu schönster Wohnung schwellen,
> Um dich den Mittelpunkt.

Der Magier Mephisto kennt den § 78 des Didaktischen Teils der ›Farbenlehre‹: »Wenn Taucher sich unter dem Meere befinden und das Sonnenlicht in ihre Glocke scheint, so ist alles Beleuchtete, was sie umgibt, purpurfarbig (wovon künftig die Ursache anzugeben ist); die Schatten dagegen sehen grün aus.«[30] Er weiß, daß die kaiserliche Netzhaut, vom Grün des Meeres affiziert, aus sich selbst die Purpurfarbe des Wellenkamms hervorbringen muß, kennt nämlich auch den § 805 der ›Farbenlehre‹, wo es heißt: »Wenn das Auge die Farbe erblickt, so wird es gleich in Tätigkeit gesetzt, und es ist seiner Natur gemäß, auf der Stelle eine andre, so unbewußt als notwendig, hervorzubringen, welche mit der gegebenen die Totalität des ganzen Farbenkreises enthält.«[31]

29 ›Zur Farbenlehre‹. Didaktischer Teil §§ 56 und 57: FA I 23/I, S. 48 f.
30 FA I 23/I, S. 56.
31 FA I 23/I, S. 257.

Dieser Lehrsatz birgt den Schlüssel zum Verständnis des Dornburgbriefes. Das Auge, dessen Retina Goethe bei der Beschreibung von »physiologischen Phänomenen« als »thätig wirkend und gegenwirkend« sich vorstellte,[32] verlangt und bildet zum Grün auch des Weinbergs das komplementäre Rot. Tätigkeit wird ihm zugesprochen, ausdrücklich. Und auf *Thätigkeit* eben (26) zielt dieser ganze Brief: sie bildet hier das Komplementärphänomen zur Todeserfahrung.

Zusammen mit dem gegebenen, fordernden Grün also stellt in Goethes ›Farbenlehre‹ ein gefordertes, vom Betrachter selbst hervorgebrachtes Rot das Farbenganze her. »Das Auge«, erklärt er, »verlangt dabei ganz eigentlich Totalität und schließt in sich selbst den Farbenkreis ab« – weil nämlich, im Fall unseres Farbenpaares, Grün in sich selber schon Blau und Gelb, Rot schon Orange und Violett vereinigt.[33] Eine solche »Totalität« aber führt im Geltungsbereich dieser Goetheschen Harmonielehre von den einander fordernden Farben einen Ausgleich herbei, der die Unterwerfung unter das Vorgegebene aufhebt und den Betrachter in Freiheit setzt. Auch der »Totalitäts«-Begriff gewinnt damit ›Sinnlich-sittliche‹ Reichweite. »Wurden wir vorher bei dem Beschauen einzelner Farben gewissermaßen pathologisch affiziert« und »zu einzelnen Empfindungen fortgerissen«, heißt es in der ›Farbenlehre‹, »so führt uns das Bedürfnis nach Totalität, welches unserem Organ eingeboren ist, aus dieser Beschränkung heraus; es setzt sich selbst in Freiheit, indem es den Gegensatz des ihm aufgedrungenen Einzelnen und somit eine befriedigende Ganzheit hervorbringt.« Und: »So einfach also diese eigentlich harmonischen Gegensätze sind, welche uns in dem engen Kreise [des Farbenwesens] gegeben werden, so wichtig ist der Wink, daß uns die Natur durch Totalität zur Freiheit heraufzuheben angelegt ist«.[34]

Es liegt nahe, daraus den Schluß zu ziehen auf Goethes Dorn-

32 Materialien zur Farbenlehre: LA II 4, S. 26.

33 ›Zur Farbenlehre‹. Didaktischer Teil § 60: FA I 23/I, S. 50.

34 Ebd. §§ 812 und 813: FA I 23/I, S. 258 f.

burger Brief, wo zu der ihm aufgedrungenen einzelnen Empfindung, die jenen *schmerzlichsten Zustand des Innern* bedingte, nun *herrlich und fröhlich* (14) der Gegensatz hervorgebracht wird, der »zur Freiheit« heraufhebt. Tatsächlich hat Goethe selbst diesen Schluß gezogen, Jahrzehnte vor dem Dornburger Aufenthalt schon, als er zum § 812 seiner ›Farbenlehre‹ in einer der Handschriften notierte: »In dieser Höhe der physiologischen Erscheinung ist fürwahr ein sittliches Gleichnis nicht am unrechten Orte. Der weise Mann wird im Trauerhause Heiterkeit und im Haus der Freude Ernst einzuführen suchen und auch so eine sittliche Totalität und Lebensgenuß bewirken.«[35]

»Purpur fordert Grün und umgekehrt«, erklärte der Farbenlehrer;[36] ein vom Grün gefordertes komplementäres Purpurrot, lehrte er, bringt das nach Totalität verlangende Auge des Betrachters aus eigenem Vermögen hervor. Aber: in Dornburg, dem Goethe in einem anderen Brief aus diesen Tagen »die Anmuth eines wahrhaften Lustortes« zuschrieb[37] – anspielend auf den Topos des Locus amoenus, zu dem doch immer schon die grüne Aue gehört, häufig die purpurfarbene Rose, nicht selten die rötliche Traube – in dieser Dornburger Landschaft tritt zum ergrünten Weinberg *von den andern Seiten* nun tatsächlich auch das Purpurrot der *Rosenlauben* und *Malven*. Und: *mir erscheint das alles in erhöhteren Farben*. Solch intensiverer Farbeindruck läßt sich sehr wohl aus dem bloßen optischen Kontrast verstehen (wie die erhöhte Leuchtkraft vom *Regenbogen auf schwarzgrauem Grunde*). Aber die Bezeichnung *erhöhtere Farben* ist geradezu ein Fachwort der Goetheschen ›Farbenlehre‹ – auf den besonderen Fall bezogen, wo die subjektive, vom Auge selbst hervorgebrachte Komplementärfarbe zugleich als objektive äußere Erscheinung begegnet.[38] Also: »Wie die geforderten Farben, da wo sie nicht sind, neben und nach der fordernden leicht erscheinen; so werden sie

35 FA I 23/I, S. 1178 f. (Kommentar zu 259, 6 f.).

36 ›Zur Farbenlehre‹. Didaktischer Teil § 810: FA I 23/I, S. 258.

37 An Friedrich August v. Beulwitz, 18.7.1828.

38 Vgl. ›Zur Farbenlehre‹. Didaktischer Teil § 760: FA I 23/I, S. 247 f.

erhöht, da wo sie sind. In einem Hofe, der mit grauen Kalksteinen gepflastert und mit Gras durchwachsen war, erschien das Gras von einer unendlich schönen Grüne, als Abendwolken einen rötlichen kaum bemerklichen Schein auf das Pflaster warfen.«[39] So zeigen in Goethes Dornburger Brief die *erhöhteren Farben* an, daß – mit den Worten der ›Farbenlehre‹ – »die Farbentotalität von außen dem Auge als Objekt gebracht« wird und dem Betrachter, dem Bewohner dieses Locus amoenus, »die Summe seiner eignen Tätigkeit als Realität entgegen kommt.«[40]

Damit aber treten Inneres und Äußeres in ein vollkommenes Gleichgewicht. In dem auf die *Gärten* und den *Weinberg*, die *Rosenlauben* und *Malven* gerichteten Auge »spiegelt sich von außen die Welt, von innen der Mensch«,[41] und Goethe, der wenig später aus Dornburg schreibt, daß er sich hier mit dem ihm »gleichsam dämonisch angewiesenen Aufenthalt auf eine wunderbare Weise in einem wünschenswerthen Zustand befinde«,[42] erfährt an sich selbst, was er in seinen ›Sprüchen in Prosa‹ erklärte: daß »da draußen, wie ihr es immer heißen möget, eine Natur liegt, die ja und amen zu allem sagt was ihr in euch gefunden habt.«[43] Nicht nur durch die »Wahrheit des nachgeahmten«, sondern zugleich durch »die Vorzüge des ausgewählten, das Geistreiche der Zusammen-

39 Ebd. § 59: FA I 23/I, S. 49 f. – Ein bemerkenswertes Zeugnis für das Interesse, das Goethe eben in diesen Dornburger Tagen wieder dem Rot und Grün als *erhöhteren Farben* zuwandte, findet sich in einem Besuchsbericht Friedrich Johannes Frommanns vom 2.8.1828. Er notiert, was Goethe damals von seinem 40 Jahre zurückliegenden Aufenthalt in Rom erzählte: »Die strebenden Geister, die damals dort versammelt waren, Angelika Kauffmann, Reiffenstein, der Löw Eltern, das Konzert mit diesen auf dem Kapitol bei Rezzonico mit der Aussicht auf das Campo vaccino, wo die untergehende Sonne die Steine all des ungeheuern Gemäuers rot, die Bäume nur noch grüner, die Ferne dunkelblau gemalt hätte. Das deutete er alles nur so an.« (Biedermann/Herwig Bd 3.2, S. 325).

40 ›Zur Farbenlehre‹. Didaktischer Teil § 808: FA I 23/I, S. 258.

41 Entwürfe zur Einleitung in die Farbenlehre: LA I 3, S. 437.

42 An Soret, 1.8.1828.

43 Aus dem Nachlaß: FA I 13, S. 389 (6.29.17.).

stellung« bestimmt,[44] ist das Kunstwerk seiner Dornburgschilderung – als praktizierte ›Farbenlehre‹ – zugleich die Darstellung einer wunderbaren Heilung, geradewegs ein Vorklang der Grablegungsszene im Zweiten Teil des ›Faust‹ (Vers 11706 ff.), wo der ›Chor der Engel, Rosen streuend‹ vom Dornburger Farbwunder singt:

> Frühling entsprieße,
> Purpur und Grün;
> Tragt Paradiese
> Dem Ruhenden hin.

So stellt der Briefschreiber ans Ende dieses Abschnitts das Sinnbild des Regenbogens, den Gott nach dem Schrecken der Sintflut in die Wolken gesetzt hat als Zeichen seines Bundes mit allem, was lebt auf der Erde – und auf dem nach den Leiden des Krieges die griechische Götterbotin Iris friedebringend zur Erde herabstieg[45]: *mir erscheint das alles in erhöhteren Farben wie der Regenbogen auf schwarzgrauem Grunde.*

Goethes Tagebuch vermerkt für den 7. Juli 1828, den Tag seiner Ankunft in Dornburg: »heiterer Himmel«. Für den 8. Juli: »Ganz reiner Himmel«. Ein »von Südwest herankommendes Wetter« aber und »Regen, der mehrere Stunden dauerte« erst für den 12. Juli. Als er am 10. Juli an Zelter schrieb, war über Dornburg

44 FA I 18, S. 506 (wie oben bei Anm. 20).

45 Dazu 1791 im 1. Stück der Goetheschen ›Beiträge zur Optik‹, § 7: »Es verbreitet ein Gewitter über die Gegend einen traurigen Schleier, die Sonne bescheint ihn, und es bildet sich in diesem Augenblick ein Kreis der angenehmsten und lebhaftesten Farben. Diese Erscheinung ist so wunderbar erfreulich an sich selbst und so tröstlich in dem Augenblicke, daß jugendlich empfindende Völker eine niedersteigende Botschaft der Gottheit, ein Zeichen des geschlossenen Friedensbundes zwischen Göttern und Menschen darin zu erkennen glaubten.« (FA I 23/2, S. 17). – Im Konzept eines Briefes an Cotta vom 7.2.1814: Dieses »Phänomen verbindet ganz eigentlich im sittlich und sinnlichen Sinne den Himmel mit der Erde; und wer möchte leben, ohne sich an einer so herrlichen Vermittlung zu erfreuen?« (WA IV 24, S. 353). Vgl. auch die späten Verse ›Regenbogen über den Hügeln einer anmutigen Landschaft‹ (FA I 2, S. 691 f.).

also kein Regenbogen sichtbar geworden; er stand allein vor dem inneren Auge. Aber am 14. Juli dann notierte der alte Wetterbeobachter in einem Brief an seinen Sohn: »Heute wechselnde Wolkenzüge, Streifregen und besonders ein leichter Tropfenguß, der, kurz vor Sonnenuntergang, mir einen doppelten Regenbogen bis nah an's alte Schlößchen und in den Weinbergen aufstehend heranbrachte, in einer Vollkommenheit, wie ihn Theorie und Praxis nur wünschen kann.«[46] Und er fügte hinzu, was der Adressat gewiß nicht verstehen konnte: »Die Natur widerspricht ihren Freunden zu keiner Zeit.« – Übersetzt in den Klartext der ›Farbenlehre‹: Mit diesem Regenbogen kam ihm »die Summe seiner eignen Tätigkeit als Realität entgegen«.[47] Das war das »ja und amen« der Natur.[48]

Goethes Dornburgschilderung findet das sprachliche Substrat ihres Zentralgedankens im Partizip des Perfekts. Dessen Temporalbezüge regulieren die spirituelle Tiefenstruktur dieser Sätze.[49] Eine Reihe von Schlössern, heißt es, ist hier *erbaut*, die Traubengelän-

46 Von da an immer aufs Neue: am 18.7.1828 an Ulrike v. Pogwisch: »bunte Himmelsbogen lebhaft farbig bis an das Schloß heran, wodurch also ein Einsiedler auf das beste sich unterhalten könnte«; Tagebuch 27.7.1828: »Bey Sonnenuntergang nach unten zu sich abrundender Regenbogen«; am 9.8.1828 an Zelter: »Von solchen Abwechselungen könnte ich viel erzählen, besonders von ruhmwürdigen, durch einen dunkelgrauen Streif getrennten, sich unten zu einem sich abschließenden reinen Kreis, versteht sich bey Sonnenuntergang, hinneigenden Regenbogen. Rufe wo möglich aus diesen Worten das herrliche Bild in der Einbildungskraft hervor«; Tagebuch 31.8.: »Gegen Abend die vollständigsten Regenbogen«. – So wurde der Regenbogen tatsächlich zur meteorologischen Signatur dieser ganzen Dornburger Zeit.

47 Wie Anm. 40.

48 Wie Anm. 43.

49 Die nachfolgenden Überlegungen zu den Perfektpartizipien im Zusammenhang mit Carl Augusts fortwirkender Tätigkeit und Goethes Überzeugung von einer durch Tätigkeit erwirkten Fortdauer über den Tod hinaus (1967 zum ersten Mal versuchsweise von mir vorgetragen) finden sich inzwischen sinngemäß bei Johannes Anderegg: Leseübungen. Kritischer Umgang mit Texten des 18. bis 20. Jahrhunderts. Göttingen 1970, S. 106 f.

der sind reichlich *behangen*, die Rosenlauben *geschmückt*; das *neuaufgeputzte* Schlößchen nennt der Briefschreiber, die *wohlunterhaltenen* Gärten und den *wohlgediehenen* Weinberg. All diese prädikativen oder attributiven Perfektpartizipien bezeichnen Tatbestände, welche in der Gegenwart des Schreibenden existieren, sich aber herleiten aus der Vergangenheit. Resultate früherer Geschehnisse oder Tätigkeiten stellen sie dar. Und wer da tätig war, wessen Wirksamkeit zu danken ist, was jetzt gegenwärtig vor Augen steht, besagt der dritte Briefabschnitt:

> *Seit funfzig Jahren hab' ich an dieser Stätte mich mehrmals mit Ihm des Lebens gefreut und ich könnte diesmal an keinem Orte verweilen wo seine Thätigkeit auffallender anmuthig vor die Sinne tritt.*

»Die Farben sind Taten des Lichts, Taten und Leiden«, lautet Goethes berühmter Lehrsatz im Vorwort zur ›Farbenlehre‹; nur was das Licht auf diese Weise bewirke und was von ihm ausgehe, vermittele »Aufschlüsse über das Licht«.[50] Denn: »die Natur des Lichts [selber] wird wohl nie ein Sterblicher aussprechen; und sollte er es können, so würde er von Niemanden, so wenig wie das Licht, verstanden werden.«[51] In der Unbegreiflichkeit und Unaussprechbarkeit Gottes, der sich allein in seinen Schöpfungstaten offenbare, hat diese Vorstellung ihr theologisches Fundament.[52]

Daß menschliche Augen das Wesen des Lichts also nur am »farbigen Abglanz« zu begreifen,[53] an seinen Taten zu ermessen vermögen, wird im Vorwort zur ›Farbenlehre‹ von generalisierenden Überlegungen gestützt: »Denn eigentlich unternehmen wir umsonst, das Wesen eines Dinges auszudrücken. Wirkungen werden

50 FA I 23/I, S. 12.

51 An Karl Friedrich Graf v. Reinhard, 7.10.1810.

52 Dazu Schöne 1987, insbesondere Kap. IX: ›Die reine Lehre‹.

53 ›Faust‹ II, 4715–4727: »So bleibe denn die Sonne mir im Rücken! [… :] Am farbigen Abglanz haben wir das Leben.«

wir gewahr, und eine vollständige Geschichte dieser Wirkungen umfaßte wohl allenfalls das Wesen jenes Dinges. Vergebens bemühen wir uns, den Charakter eines Menschen zu schildern; man stelle dagegen seine Handlungen, seine Taten zusammen, und ein Bild des Charakters wird uns entgegentreten.«[54]

Der Bitte, mitzuwirken an einem Nachruf auf Carl August, hatte Goethe sich verweigert. Tagebuch 19. Juni 1828: »Billet an Herrn Canzler, ablehnend jede Theilnahme an einem Nekrolog.«[55] Jetzt aber, mit den Perfektpartizipien des Dornburger Briefes, trägt er auf seine Weise bei zum Nekrolog des Großherzogs. Er entwirft »ein Bild des Charakters« und macht auf indirekte Weise etwas von seinem »Wesen« sichtbar, indem er seine »Handlungen« beschreibt, seine Dornburger Schöpfungen schildert – so wie er das Licht durch seine »Taten« kenntlich zu machen suchte in der ›Farbenlehre‹:

> *Das Ältere erhalten und aufgeschmückt, das Neuerworbene (eben das Schlößchen das ich bewohne, ehemals ein Privat Eigenthum)*[56] *mäßig und schicklich eingerichtet, durch anmuthige Berggänge und Terrassen mit den frühern Schloßgärtchen verbunden, für eine zahlreiche Hofhaltung, wenn sie keine übertriebene Forderungen macht, geräumig und genügend, und was der Gärtner ohne Pedanterie und Ängstlichkeit zu leisten verpflichtet ist, alles vollkommen, Anlage wie Flor.*

Ein Gegenbild ist das zu den heillosen Kontinuitätsbrüchen im ›Wahlverwandtschaften‹-Roman, wo man das neue »Lustgebäude«

54 FA I 23/I, S. 12.

55 Näher begründend Goethes Brief an den Kanzler v. Müller vom 19.6.1828.

56 Die im Konzept dieses Briefes noch nicht verwendete Klammer um die Angabe zum *Schlößchen* hat Goethe erst in der Reinschrift nachgetragen (wie der vom Schreiberduktus abweichende, kräftig-breite Federstrich und ein ursprünglich statt der Klammer gesetztes, jetzt überflüssiges Komma nach *Neuerworbene* zeigt). Sehr deutlich wird dadurch die Absicht, den speziellen Fall und privaten Aspekt zurücktreten zu lassen hinter dem prinzipiell Gültigen, das der Satzbeginn sentenziös formuliert.

nicht mehr an die Anlagen des alten Schlosses und Dorfes anbindet und die Gräber planiert, um Klee zu säen auf dem Kirchhof.[57] Das Ältere *erhalten und aufgeschmückt*, das Neuerworbene *mäßig und schicklich eingerichtet* und *mit den frühern Schloßgärten* verbunden: viermal auch hier das Perfektpartizip, welches das gegenwärtig Bestehende mit dem früher Getanen *verbunden* zeigt und damit zugleich den futurischen Aspekt eröffnet.[58] So erscheinen diese Partizipialkonstruktionen geradezu als grammatische Signatur eines politischen Reformkonservativismus, welcher den revolutionären Sprung ins Zukünftige ebenso ausschließt wie den reaktionären Sprung ins Vergangene, weil beidemal das Bestehende übersprungen und die geschichtliche Kontinuität zerstört würde.[59] Aufs früher Wohlgetane gegründet, weist im Altersdenken Goethes derart Gegenwärtiges über sich hinaus.

57 Vgl. FA I 8, S. 318 f., 325 f. und 395. – Dazu Benjamin 1974, S. 132: »Keine bündigere Lösung vom Herkommen ist denkbar, als die von den Gräbern der Ahnen vollzogene, die im Sinne nicht nur des Mythos sondern der Religion den Boden unter den Füßen der Lebenden gründen.«

58 Sehr deutlich wird diese Funktion des Perfektpartizips vor dem Hintergrund einer im Präteritum gehaltenen Darstellung der gleichen Tatbestände bei Wahl 1923, S. 14: »Carl August wandte Gärten und Weinbergen noch in seinen letzten Lebensjahren besondere Teilnahme zu, zumal nachdem ihm die Erwerbung des sogenannten Stohmannschen Schlößchens an der Südecke des Bergfelsens geglückt war (1824). Durch diesen Zuwachs war er in der Lage, die Gärten einheitlich zu gestalten, und noch in den Pfingsttagen vor seinem Tode konnte er sich des Gelingens seiner Pläne herzlich freuen.«

59 Vgl. Borchmeyer 1977, insbesondere S. 250–282. Dort S. 275: »Das Gleichgewicht zwischen Traditionalismus und progressiver Rationalität ist notwendig sehr labil, so daß die Waage des konservativen Weltbildes je nach der Konstellation der Umstände einmal mehr zu dem einen, ein andermal mehr zu dem anderen Extrem neigen wird. Auch in Goethes Äußerungen zu den politischen und intellektuellen Erscheinungen seiner Zeit ist diese Labilität immer wieder zu spüren. [...] Was jedoch in allen Schwankungen seines Urteils niemals zweifelhaft wird, ist seine Ablehnung jeder Tendenz, die geschichtliche Kontinuität zu durchbrechen, sei es in der Form der Totalrevolution, sei es in der Form der Reaktion: für das Vergangene tritt er nur ein, soweit es fortwirkend in das Bestehende hineinreicht, für das Zukünftige nur, soweit es an das Bestehende anknüpft.«

Dann ist Vergangenheit beständig,
Das Künftige voraus lebendig

heißt es im ›Vermächtnis‹-Gedicht von 1829.[60] Hier im Brief an Zelter:

Und wie es ist wird es bestehen da die jüngere Herrschaft das Gefühl des Guten und Schicklichen dieser Zustände gleichfalls in sich trägt und es mehrere Jahre bey längerem und kürzerem Aufenthalt bewährt hat. Dies ist denn doch auch ein angenehmes Gefühl daß ein Scheidender den Hinterbliebenen irgend einen Faden in die Hand giebt, woran ferner fortzuschreiten wär.

Was ihm in Dornburg als ein das Leben des Einzelnen überdauerndes Fortwirken des Wohlgetanen vor Augen stand, nannte der Alte in diesen Tagen eine »Tröstung« – »welche nicht aus Belehrung und Gründen hervorging; hier sprach vielmehr der Gegenstand selbst das alles aus was ein bekümmertes Gemüth so gern vernehmen mag: die vernünftige Welt sey von Geschlecht zu Geschlecht auf ein folgereiches Thun entschieden angewiesen.«[61] Eine »vernünftige Welt« aber (von der dieser Zeitgenosse der großen Revolution in Frankreich als ein »Freund von Altgesetzlichen«[62] sagte: »Feststehend sind die Einrichtungen, zeitgemäß die Verbesserungen; so war es vor, so wird es nach seyn«), eine derart »vernünftige Welt« schien ihm »als ein großes unsterbliches Individuum zu betrachten«.[63]

Als Sinnbild einer solchen Welt hat er Dornburg verstanden. Den *düstern Functionen* entgangen, mit denen man in Weimar *der*

60 FA I 2, S. 686.
61 An Friedrich August v. Beulwitz, 18.7.1828.
62 Auf Zelter gemünzt (Brief vom 26.8.1828), galt das doch ebenso für ihn selber.
63 An v. Beulwitz, 18.7.1828. Goethe setzt den zur Rede stehenden Satz in Anführungszeichen und deklariert ihn als »das hohe Wort eines Weisen«. Tatsächlich stammt er, bei aller Nähe zu Vorstellungen Hegels oder Fichtes, wohl von ihm selber (vgl. FA II 11 (38), S. 592, zu 18, 25).

Menge symbolisch darstellt was sie im Augenblick verloren hat (5 f.), schreibt er jetzt:

> *Und so will ich denn an diesen mir verliehenen Symbol halten und verweilen.*

»Wenn das Auge die Farbe erblickt, so wird es gleich in Tätigkeit gesetzt, und es ist seiner Natur gemäß, auf der Stelle eine andre, so unbewußt als notwendig, hervorzubringen, welche mit der gegebenen die Totalität des ganzen Farbenkreises enthält.«[64] In dieser »Gesetzlichkeit« der Netzhautreaktion auf den Farbeindruck sah Goethe eine »produktive Forderung«.[65] Als »thätig wirkend und gegenwirkend«[66] hat er nicht nur das natürliche Verhalten des menschlichen Auges aufgefaßt; darin sah er zugleich die Bestimmung des Menschen. An dem ihm mit Dornburg *verliehenen Symbol halten und verweilen*, heißt deshalb, eben dieser produktiven Forderung genügen, also auf die hier gegenwärtige Wirksamkeit des Toten mit eigner Tätigkeit reagieren.

> *Damit Du aber wissest wie Dein Freund, auf einen luftigen Schloß, von wo er ein hübsches Thal, mit flachen Wiesen, steigenden Äckern und einer, bis an die unzugänglichen steilen Waldränder sich erstreckenden Vegetation übersieht, wie er daselbst diese langen Tage, von Sonnen-Aufgang bis Sonnen-Untergang, zubringt, will ich Dir vertrauen: daß ich schon seit einiger Zeit vom Auslande her die Naturwissenschaften wieder aufzunehmen angeregt bin. Das liebe Deutschland hat etwas ganz eigentlich Wunderliches in seiner Art; ich habe redlich aufgepaßt ob bey denen, nun seit drey Jahren eingeleiteten und durchgeführten naturwissenschaftlichen Zusammenkünften, mich auch nur etwas berühre, anrühre, anrege, mich, der ich seit funfzig Jahren leiden-*

64 Wie Anm. 31.
65 ›Zur Farbenlehre‹. Didaktischer Teil § 58: FA I 23/I, S. 49.
66 Wie Anm. 32.

schaftlich den Naturbetrachtungen ergeben bin; es ist mir aber, außer gewissen Einzelnheiten, die mir aber eigentlich doch auch nur Kenntniß gaben, nichts zu Theil geworden, keine neue Forderung ist an mich gelangt, keine neue Gabe ward mir angeboten; ich mußte daher die Interessen zum Kapital schlagen und will nun sehen wie das Summa Summarum im Auslande fruchtet. Verschweige das löblich, denn ich erinnere mich so eben daß bey Euch die Wissenschaft sich abermals in großer Breite versammelt.

Tatsächlich ist, was hier zur Sprache kommt, nur ein schmaler Ausschnitt jener »Totalität des ganzen Farbenkreises«, welche die Tätigkeit des alten Goethe in diesen zehn Dornburger Wochen umfaßt. Deren Spannweite und Intensität grenzen ans Unvorstellbare.[67] Nicht weniger als 140 Besucher führt das Tagebuch an, die aus Weimar und Jena, aus Berlin und Paris, selbst aus England, Finnland, Rußland, Amerika kommen; »fast täglich sechs bis zehn Personen zum Mittagstisch«, notiert der Dornburger Hofgärtner Sckell.[68] Dazu eine ausgedehnte Korrespondenz; nahezu 100 Briefe werden dem Schreiber John diktiert, die ihre endgültige Fassung häufig erst anhand eines sorgfältig durchgesehenen schriftlichen Konzepts erhalten. Dazu ein immenses Lektürepensum: Niebuhrs ›Römische Geschichte‹, Rizos-Nerulós' ›Histoire moderne de la Grèce‹, Werke zur Geschichte Thüringens und Dornburgs, der Eidgenossen und der ostindischen Missionsanstalten; Handersons ›History of ancient and modern Wines‹ und Knechts ›Verbesserter praktischer Weinbau‹; die naturkundlichen Werke des Joachim Jungius aus dem 17. Jahrhundert, neue Arbeiten über Gold- und Platinvorkommen im Ural und zur Pflanzengeographie, Voigts Botanik-Lehrbuch, De Candolles ›Théorie élémentaire de la Botanique‹ und seine ›Organographie végétale‹; an literarischen Neuerscheinungen Prosper Mérimées ›Jacquerie‹, Walter Scotts ›St. Valentin's Day‹, Byrons ›Heaven and Earth‹, Castellis ›Ge-

67 Vgl. Geiger 1881 und Wahl 1923, S. 32–38.
68 Sckell 1864, S. 24.

dichte in niederösterreichischer Mundart‹; eine neue Dante-Übersetzung; noch einmal die eigene ›Italienische Reise‹, dazu die von Heinrich Döring verfaßte erste Goethe-Biographie.[69]

Auch hier verhält der Unermüdliche sich »thätig wirkend und gegenwirkend«, so daß »die geforderten Farben, da wo sie nicht sind, neben und nach der fordernden leicht erscheinen«: Über das Gelesene werden Gespräche geführt, Erkundigungen eingezogen, Überlegungen und Versuche angestellt, Notizen gesammelt, Aufsätze entworfen. So führen etwa Knechts neue Vorschläge für die Kultur der Rebstöcke zu ausgedehnten Untersuchungen draußen in den Weinbergen, zu Zeichnungen von Sproßabschnitten der Weinrebe[70] und Entwürfen für einen Aufsatz über den Weinbau.[71] So regt ihn das Studium von De Candolles ›Organographie végétale‹ dazu an, ein Kapitel dieses Werkes zu übersetzen – für Frédéric Sorets (1831 erscheinende) deutsch-französische Ausgabe der ›Metamorphose der Pflanzen‹, mit der Goethe sich in dieser Dornburger Zeit befaßt und an deren Nachträgen er damals gearbeitet hat.[72] Dieses Unternehmen ist gemeint, wenn er hier an Zelter schreibt, er sei *schon seit einiger Zeit vom Auslande her die Naturwissenschaften wieder aufzunehmen angeregt* worden; er müsse die *Interessen* [: die Zinsen, also die eigenen Nachträge] *zum Kapital* [seiner alten ›Metamorphose‹-Schrift] *schlagen* und sehen, wie das *im Auslande fruchtet.* Und die damit verbundene Klage über *das liebe Deutschland*, wo seine *Naturbetrachtungen* wenig Echo fanden, gibt zu erkennen, wie nachdrücklich er das an den »fordernden« und »geforderten Farben« dargestellte Prinzip von ›challenge and response‹ als Bedingung fortwirkender Tätigkeit auch auf die Wissenschaft bezog. Daß ihn *etwas berühre, anrühre, anrege*, hatte er von den durch Lorenz Oken ins Leben gerufenen Jahreskongres-

69 Angaben zur Lektüre in Goethes Tagebüchern, hier nicht einmal vollständig angeführt.

70 Vgl. LA I 10, Tafeln XVIII–XXI.

71 FA I 24, S. 1165.

72 ›Wirkung dieser Schrift und weitere Entfaltung der darin vorgetragenen Idee‹. Vgl. FA I 24, S. 753–775 und 1162–1165.

sen der deutschen Naturforscher und Ärzte gehofft; was er hier beklagt und vom eben zusammentretenden Berliner Naturforschertag dieses Jahres wiederum für sich befürchtet, ist eben dies: daß da nur neue *Kenntniß* an ihn gelange, nicht aber *neue Forderung*.[73]

»Setzte sämmtliche Betrachtungen und Arbeiten des Morgens fort. Ging tiefer in die Sachen ein. Ward diktirt und mundirt«, heißt es am 31. August im Tagebuch. Oder am 1. September: »Das Bisherige überdenkend. Das Angekommene beschauend, anderes vorbereitend bracht' ich den Abend zu«. So verbringt der Alte diese ganze Dornburger Zeit. Farbenlehre, Botanik, Geologie und Mineralogie, Meteorologie, Geschichte und Dichtkunst – »Auch mache ich wieder Gedichte, die nicht schlecht sind«, sagt er zu Eckermann,[74] und in der Tat zählen die in Dornburg entstandenen Verse ›Dem aufgehenden Vollmonde‹ oder ›Früh, wenn Thal, Gebirg und Garten‹ zu seinen herrlichsten Altersdichtungen.[75] Ein ungeheurer Produktivitätsschub hat ihn erfaßt: »aller Enthusiasmus [so empfand, so nannte er das bei Schillers Tod] den die Verzweiflung bey einem großen Verlust in uns aufregt«.[76]

»Also sitz ich hier auf dieser Felsenburg,« schrieb der Rastlose am 18. August an Knebel, »von der aufgehenden Sonne geweckt, mit der scheidenden gleichfalls Ruhe suchend, den Tag über in grän-

73 Immerhin haben Alexander v. Humboldt und Carl Friedrich Philipp v. Martius damals in ihren Berliner Vorträgen die Bedeutung der naturwissenschaftlichen Arbeiten Goethes durchaus anerkannt (vgl. Steiner 1895, S. 52 ff.).

74 Bei einem von Eckermanns Besuchen in Dornburg (der das unter dem 15.6.1828 vermerkt).

75 Hier gilt gewiß, daß ihm die Melancholie zur »Triebfeder seiner poetischen Tätigkeit« wird (vgl. Höfer 1997, S. 89) – wie das die 1815 gedruckten Verse der Sammlung ›Sprichwörtlich‹ (FA I 2, S. 395) mit dem im Dornburger Brief wiederkehrenden Regenbogen-Gleichnis besagen: »Zart Gedicht, wie Regenbogen, | Wird nur auf dunklen Grund gezogen; | Darum behagt dem Dichtergenie | Das Element der Melancholie.«

76 Tag- und Jahres-Hefte 1805: FA I 17, S. 142.

zenloser, fast lächerlicher Thätigkeit. Es sähe prahlerisch aus herzurechnen, wieviel Alphabete ich gelesen und wieviel Buch Papier ich verdictirt habe.« Gewiß, »die Dinge machen mir alle Spaß«, das sagt er auch.[77] Aber der hektische, nahezu zwanghafte Charakter solch »gränzenloser, fast lächerlicher Thätigkeit« deutet darauf hin, daß eine stärkere Kraft ihn umtreibt als bloße Arbeitsfreude. In vergleichbarer Lage hat er einmal an Boisserée geschrieben, er habe beim Tod seiner Frau erfahren, was solche Tätigkeiten, ernste wie vergnügliche, »dem armen, schwereren, leichtersauflichen Menschen für willkommene Schwimmwämser sind«.[78] In Dornburg geht es um mehr als Arbeitstherapie und Selbstheilung. Was ihn dort in eine atemlose Tätigkeit treibt, ist seine Todesangst. »Der Großherzog ist weggegangen und nicht mehr wiedergekommen. Wer verbürgt einem, ob man morgen erwacht.«[79]

Gegen das, was vor Augen steht an den Sterbebetten und bei den *düstern Functionen* der Trauerhandlungen, was zu denken, anzuerkennen, hinzunehmen, er sich außerstande sah (»den Tod aber statuire ich nicht«!),[80] setzte der alte Goethe seine »Überzeugung, daß unser Geist ein Wesen ist ganz unzerstörbarer Natur; es ist ein fortwirkendes von Ewigkeit zu Ewigkeit. Es ist der Sonne ähnlich, die bloß unsern irdischen Augen unterzugehen scheint, die aber eigentlich nie untergeht, sondern unaufhörlich fortleuchtet.«[81] Das kommt von weit her.[82] Im 3. Jahrhundert bei den Neuplatonikern, bei Plotin entwickelt, gewinnen solche Palinge-

77 Brief an Zelter, 9.8.1828.

78 Brief vom 24.6.1816.

79 Vgl. oben Anm. 4.

80 Vgl. oben Anm. 9.

81 Eckermann, 2.5.1824. Freilich sagte er nach diesem Gesprächsbericht »unser Geist«, und eine von Eckermann unter dem 1.9.1829 überlieferte Goethesche Äußerung läßt vermuten, daß damit doch nicht jedermanns Geist gemeint war: »Ich zweifle nicht an unserer Fortdauer, denn die Natur kann die Entelechie nicht entbehren. Aber wir sind nicht auf gleiche Weise unsterblich, und um sich künftig als große Entelechie zu manifestieren, muß man auch eine sein.«

82 Vgl. zum Folgenden etwa Koch 1932, insbes. S. 188–313.

nesievorstellungen bei Wieland, bei Herder vor allem und dann für den alten Goethe neue Bedeutung. Ohne Zweifel beruht dieses Wiedergeburtsdenken bei ihm auf eben dem Prinzip der Metamorphose, dem er in der Dornburger Zeit von neuem nachgeht. Schon 1813 soll er im Gespräch mit Falk erklärt haben, er sehe seine Überzeugung von einer Fortdauer über den Tod hinaus beglaubigt durch die Naturbeobachtung: »Es ist immer nur dieselbe Metamorphose oder Verwandlungsfähigkeit der Natur, die aus dem Blatte eine Blume, eine Rose, aus dem Ei eine Raupe und aus der Raupe einen Schmetterling heraufführt.«[83] Aber so bedeutsam dem von der Einheit einer auch den Menschen umgreifenden Gott-Natur Überzeugten solche Analogien erscheinen mochten: die Gewißheit eines personhaften Fortlebens über den Tod hinaus konnten Rose und Schmetterling gewiß nicht liefern. Und mehr als Symbolwert hat Goethe auch der christlichen Auferstehungsverheißung nicht zubilligen können. »Der Mensch soll an Unsterblichkeit glauben,« sagte er dann am 4. Februar 1829 zu Eckermann, »er hat dazu ein Recht, es ist seiner Natur gemäß, und er darf auf religiöse Zusagen bauen; wenn aber der Philosoph den Beweis für die Unsterblichkeit unserer Seele aus einer Legende hernehmen will, so ist das sehr schwach und will nicht viel heißen.« Und dann der ungeheure Satz: »Die Überzeugung unserer Fortdauer entspringt mir aus dem Begriff der Tätigkeit; denn wenn ich bis an mein Ende rastlos wirke, so ist die Natur verpflichtet, mir eine andere Form des Daseins anzuweisen, wenn die jetzige meinem Geist nicht ferner auszuhalten vermag.«[84]

83 Biedermann/Herwig Bd 2, S. 772.

84 In der unterdrückten Passage eines Briefes an Zelter (3.1.1832) hat sich Goethe sogar eine ›chemische‹ Realisierung des durch unaufhörliche Tätigkeit der Natur abgenötigten Fortlebens nach dem Tod erdacht – das freilich selbst als närrisch und abstrus bezeichnet. Anspielend auf die Selbstverbrennung des alten indischen Weisen Calanus notierte er da: »Ich habe unzählige Webereyen und Strickereyen, Bauereyen und Pflanzereyen unternommen, die mir immerfort, unter der Hand, zur Hand wachsen, daß ich gar keine Zeit habe mich zu verbrennen, vielmehr in größter Thätigkeit abwarte, bis dieser wunderliche Organismus sich in sich selbst verkohlt oder auch wohl durch

Wenn er von seinem *luftigen Schloß* aus die Dornburger Landschaft *übersieht*, die grünen Weinberge vor Augen hat und das komplementäre Rot der Rosen und Malven, mit dem ihm »die Summe seiner eigenen Tätigkeit als Realität entgegen kommt«, als ein »Wink« der Natur, »thätig wirkend und gegenwirkend« sich »durch Totalität zur Freiheit heraufzuheben« – dann folgt er der »produktiven Forderung dieser Gesetzlichkeit«. Gegen den Tod seines Großherzogs und gegen alle Todesangst setzt er da die komplementäre Farbe des unaufhörlich tätigen Lebens: einen *Regenbogen auf schwarzgrauem Grunde.*

Lesbar wird das in Goethes Brief an Zelter erst, wenn man auf diesem Palimpsest unter den Sätzen, die da den Fortgang aus Weimar melden, Dornburg beschreiben und berichten von dem, was ihn beschäftigt, die Paragraphen der ›Farbenlehre‹ entziffert. Dann freilich zeigt sich alles, was da zur Sprache kommt, auf diese eine fundamentale Denkfigur bezogen. Dann gewinnt, wovon da obenhin die Rede ist, eine unabsehbare Reichweite, rührt an die letzten Dinge. Dann antworten der Palingenesie-Beschwörung des Todverfallenen (»wenn ich bis an mein Ende rastlos wirke, so ist die Natur verpflichtet, mir eine andere Form des Daseins anzuweisen, wenn die jetzige meinem Geist nicht ferner auszuhalten vermag«) auch noch die Verse am Ende der ›Faust‹-Dichtung (Vers 11936 f.), die eben dies doch besagen – mit Engelzungen:

›Wer immer strebend sich bemüht,
Den können wir erlösen.‹

Die Argumentation, mit deren Hilfe Goethe angesichts des Todes sich des Lebens zu vergewissern suchte, beruht auf sehr eigenwilligen Vorstellungen. Daß eine rastlose menschliche Tätigkeit die Natur zur Erhaltung der personalen Entelechie über den Tod hinaus geradezu ›verpflichten‹ könne, werden wenige ihm nachsprechen wollen. Freilich hat er darauf auch niemanden einzuschwö-

einen andern chemischen Proceß sich umbildet und wo möglich thätiger vergeistet.« (WA IV 49, S. 397).

ren gesucht. Er hat ein unerhörtes Beispiel gegeben für die Umsetzung von Todeserfahrung in Handlungsenergie. Und im übrigen mag gelten, was er am 1. November 1829 an Zelter schrieb – bezogen auf den damals in Heidelberg versammelten Kongreß der deutschen Naturwissenschaftler und Ärzte: »Von den dreyhundert Naturforschern, wie sie zusammengekommen, ist keiner der nur die mindeste Annäherung zu meiner Sinnes-Art hätte, und das mag ganz gut seyn. Annäherungen bringen Irrungen hervor. Wenn man der Nachwelt etwas Brauchbares hinterlassen will, so müssen es Confessionen seyn, man muß sich als Individuum hinstellen wie man's denkt, wie man's meint, und die Folgenden mögen sich heraussuchen was ihnen gemäß ist und was im Allgemeinen gültig seyn mag.«

Nicht frei von Resignation und nicht ohne Hoffnung weist er damit die Folgenden über die »Beschränkung« auch des von ihm selber »aufgedrungenen Einzelnen« hinaus, um sie »zur Freiheit heraufzuheben«.[85] Auch das noch umfaßt die den Dornburgbrief beschließende Formel, diese ganz konventionelle Wendung, die er zum Inbegriff des hier Mitgeteilten weitet – und am Ende beglaubigt mit dem eigenhändigen *G*, welches den vom Schreiber John zu Papier gebrachten Text besiegelt:

Allem Guten befohlen.
G

85 ›Zur Farbenlehre‹. Didaktischer Teil §§ 812 und 813: FA I 23/I, S. 259.

VIII

»die Gemeinschaft der Heiligen, zu der wir uns bekennen«

An Moritz Seebeck, 3. Januar 1832

Eine der Formen, in denen sogar der handgeschriebene Brief in aller Regel bis heute überdauert, ist das auf einen Todesfall bezogene Kondolenzschreiben. Ein Goethesches Beispiel dafür will ich hier zu lesen geben – wenige Monate vor dem eigenen Tod des Briefschreibers verfaßt und an den Sohn des Verstorbenen, einen jungen Lehrer am Berliner Joachimsthaler Gymnasium namens Carl Julius Moritz Seebeck gerichtet. Eine Art Pflichtübung also. Ein Text jedenfalls, der auf den ersten Blick kaum noch Interesse wecken dürfte bei späteren Lesern.[1]

Auf Ihr sehr werthes Schreiben, mein Theuerster, habe wahrhaftest zu erwiedern: daß das frühzeitige Scheiden Ihres trefflichen Vaters für mich ein großer persönlicher Verlust sey. Ich denke mir gar zu gern die wackern Männer, welche gleichzeitig bestrebt sind,

1 Die nachfolgende Textwiedergabe hält sich buchstaben- und zeichenadäquat an die vom Schreiber John ausgefertigte Reinschrift (Goethe-Museum Düsseldorf, Signatur: NW 1074/1968), übernimmt auch deren Einzug jeweils der Anfangszeile eines neuen Absatzes, läßt nur den Zeilenfall außer acht. – Der Weimarer Ausgabe war diese Handschrift unbekannt; ebenso ungenau wie ihr Text (WA IV 49, S. 190 f.) sind die vorausgegangenen (ebd. S. 401 angeführten) Drucke und ein Erstdruck in der Münchner Allg. Zeitung vom 7.7.1885 (Nr 186, Beilage S. 396 f.), auch alle der WA folgenden Wiedergaben und noch FA II 11 (38), S. 502 f. von 1993 (mit modernisierter Orthographie).

Kenntnisse zu vermehren und Einsichten zu erweitern, in voller Thätigkeit.

Wenn zwischen entfernten Freunden sich erst ein Schweigen einschleicht, sodann ein Verstummen erfolgt und daraus, ohne Grund und Noth, sich eine Mißstimmung erzeugt; so müssen wir darin leider eine Art von Unbehülflichkeit entdecken, die, in wohlwollenden guten Characteren sich hervorthun kann und die wir, wie andere Fehler, zu überwinden und zu beseitigen mit Bewußtseyn trachten sollten. Ich habe, in meinem bewegten und gedrängten Leben, mich einer solchen Versäumniß öfters schuldig gemacht und will, auch in dem gegenwärtigen Fall, den Vorwurf nicht ganz von mir ablehnen. Soviel aber kann ich versichern, daß ich es für den zu früh Dahingegangenen weder als Freund an Neigung, noch als Forscher an Theilnahme und Bewunderung je habe fehlen lassen, ja daß ich oft irgend etwas mir Wichtiges zur Anfrage zu bringen gedachte, wodurch denn auf einmal alle bösen Geister des Mißtrauens wären verscheucht gewesen.

Doch hat das vorüberrauschende Leben unter andern Wunderlichkeiten auch diese, daß wir, in Thätigkeit so bestrebsam, auf Genuß so begierig, gar selten die angebotenen Einzelnheiten des Augenblicks zu schätzen und festzuhalten wissen.

Und so bleibt denn im höchsten Alter uns die Pflicht noch übrig, das Menschliche, das uns nie verläßt, wenigstens in seinen Eigenheiten anzuerkennen und uns durch Reflexion über die Mängel zu beruhigen, deren Zurechnung nicht ganz abzuwenden ist.

Mich Ihnen und Ihren theuren Angehörigen zu geneigtem Wohlwollen bestens empfehlend.

Weimar | *ergebenst*
den 3. Januar | *JWv Goethe*
1832

Was hier eingekapselt ist in die wenigen Worte der Beteuerung, daß der Briefschreiber es *für den zu früh Dahingegangenen weder als Freund an Neigung, noch als Forscher an Theilnahme und Bewunderung je habe fehlen lassen*, und oft bei ihm etwas *Wichtiges zur Anfrage zu bringen gedachte* (Zeile 17 ff.), umschreibt ganze achtundzwanzig Jahre einer für den Naturforscher Goethe hochbedeutsamen Bekanntschaft, Zusammenarbeit und Freundschaft, einer tiefen Enttäuschung, Kränkung und Entfremdung am Ende.

Thomas Johann Seebeck, 1770 in Reval geboren, als Schüler Blumenbachs und Lichtenbergs 1802 an der Göttinger Universität zum Doktor der Medizin promoviert und danach zunächst in Jena ansässig, wird in Goethes Tagebuch zum erstenmal am 3. Dezember 1803 erwähnt – in der Namensliste von Gästen, die er zu einer Abendgesellschaft einlud. Der junge Mediziner hatte sich der Physik zugewandt, und ihre gemeinsamen Interessen im Bereich der Optik führten in den nächsten Jahren zu gemeinschaftlichen Experimenten und einem regen, freundschaftlich-wechselseitigen Austausch von Plänen, Beobachtungen und Einsichten. Das wurde in Briefen und bei Besuchen fortgesetzt, als Seebeck seit 1810 in Bayreuth, seit 1812 in Nürnberg lebte und arbeitete. In ein ergänzendes Quartheft, das 1810 zusammen mit seinem Werk ›Zur Farbenlehre‹ erschien, nahm Goethe eine Abhandlung auf, »die Wirkung farbiger Beleuchtung betreffend, in welcher Herr Doktor Seebeck zu Jena aus seinem unschätzbaren Vorrat chromatischer Erfahrungen das Zuverlässigste und Bewährteste zusammen gestellt hat.« Einführend bezeichnete Goethe diesen Forschungsbericht als ein Beispiel dafür, »wie durch Verbindung von Übereinstimmenden, in gleichem Sinne Fortarbeitenden das hie und da [nur] Skizzen- und Lückenhafte unseres [eigenen] Entwurfs ausgeführt und ergänzt werden könne, um die Farbenlehre einer gewünschten Vollständigkeit und endlichem Abschluß immer näher zu bringen.«[2]

Tatsächlich gelang Seebeck schon wenig später – bei Wiederholungen und Erweiterungen Malus'scher Polarisationsexperimente – die Entdeckung von Interferenzerscheinungen des pola-

2 In: ›Anzeige und Übersicht des Goetheschen Werkes zur Farbenlehre‹ (FA I 23/I, S. 1057 f. – Seebecks Abhandlung ebd. S. 994–1009).

risierten Lichts in doppelbrechenden Kristallen, die er als ›entoptische‹ Farbphänomene bezeichnete (1812 sandte er einen dafür dienlichen Polarisationsapparat nach Weimar). Erzeugt wurde das polarisierte Licht bei Seebecks Versuchen und dann bei Goethes eigenen Experimenten durch Reflexion an einem in geeignetem Winkel geneigten Schwarzspiegel. Trifft das Licht auf einen zweiten, gleichen Schwarzspiegel, wird es absorbiert (also nicht mehr reflektiert), sobald die Reflexionsebene des zweiten Spiegels senkrecht zu der des ersten gerichtet ist. Bringt man nun zwischen diese beiden Spiegel einen doppelt brechenden Körper (etwa Kalkspat oder Bergkristall oder einen zuvor erhitzten, dann rasch wieder abgekühlten Glaskörper), so zeigen sich die ›entoptischen‹ Interferenzphänomene beim Blick in den zweiten Spiegel: ein schwarzes oder weißes Kreuz und farbige, Pfauenaugen gleichende Figuren.[3] – Mit drei beschreibenden Strophen seines Gedichts ›Entoptische Farben‹ hat Goethe dieses Experiment sogar in Versen gefeiert[4]:

Spiegel hüben, Spiegel drüben,
Doppelstellung, auserlesen;
Und dazwischen ruht im Trüben
Als Kristall das Erdewesen.

Dieses zeigt, wenn jene blicken,
Allerschönste Farbenspiele,
Dämmerlicht das beide schicken
Offenbart sich dem Gefühle.

3 Bei diesen schon auf Goethes nachfolgende Verse bezogenen Angaben habe ich für Horst Zehes sachkundigen Ratschlag zu danken. – Neuere Arbeiten zu den entoptischen Farben: Zehe 2004 und Nickol 2010.

4 Mit Erläuterungen: Schöne 1987, S. 218 ff. (technische Richtigstellungen dazu bei Nickol 2010, S. 156 ff.). – Das 6strophige Gedicht, ›An Julien‹ v. Egloffstein gerichtet, wurde im Mai 1817 in deren ›Denkbuch‹ geschrieben.

Goethes entoptisches Gestell
Nachbau von Rupprecht Matthaei: Goethe-Nationalmuseum Düsseldorf
(zwischen den beiden Schwarzspiegeln das Objekttischchen mit dem lichtbrechenden Glaskörper)

Schwarz wie Kreuze wirst du sehen,
Pfauenaugen kann man finden;
Tag und Abendlicht vergehen
Bis zusammen beide schwinden.

Als Anweisung zum Bau des einigermaßen komplizierten Gerätes und für eine Wiederholung des Versuchs taugt diese Beschreibung kaum.[5] Aber mit dem Ende der 3. Zeile (»im Trüben«!) gibt sie zu erkennen, weshalb Goethe Seebecks Beobachtungen begeistert aufgenommen und seine Experimente vielfach wiederholt oder variiert hat. Noch am 22. März 1816 schrieb er dem Freund, daß seit Wochen »der entoptische Apparat nicht von meinem Fenstertische kommt, auch alle Freunde und Fremde in die Spiegel sehen müssen« – »Es ist die schönste Entdeckung, die seit langer Zeit gemacht worden, ja diesem Phänomen ist kein anderes optisches zu vergleichen.« Sein Überschwang hatte bedenkenswerte Gründe.

Gegen Newtons »Irrlehre«, daß das Sonnenlicht durchs Prisma in ein kontinuierliches Spektrum unterschiedlicher Farben (also in Bestandteile mit unterschiedlicher Wellenlänge) zerlegt wird, hatte Goethe sein durch keinerlei fachwissenschaftlich-physikalische Anfechtungen mehr beirrbares Glaubensbekenntnis gesetzt, daß das »reine, sich immer selbst gleiche Licht« sich keineswegs »aus so widersprechenden Theilen« zusammensetze, also in sich selber teilbar sei, spaltbar oder brechbar, sondern daß es allererst »durch äußere Bedingungen in den Fall gesetzt wird, ohne die mindeste Veränderung seiner selbst, jene bekannten [Farben-] Erscheinungen hervor zu bringen«[6] – etwa wenn das Prisma eine

5 Es lohnt sich, die zitierten Verse mit Goethes Brief an Leopold Dorotheus v. Henning vom 16.5.1822 zu vergleichen. Für die öffentlichen Vorlesungen dieses jungen Berliner Philosophen über seine Farbenlehre und für ein dazu eingerichtetes Experimentierzimmer im Universitätsgebäude schickte er ihm ein entoptisches Gestell und führte in dem genannten Beischreiben dessen Einzelteile an, erläuterte Einrichtung und Gebrauch.

6 Brief vom 7.3.1801 an Johann Wilhelm Ritter (der durch seine Experimente

helle Fläche gegen einen angrenzenden dunklen Rand verschiebt oder dem Licht mit Rauch, Dunst, Wasser, Glas etc. ein trübes Medium entgegensteht. »Die Farben«, so lautet denn seine zentrale dogmatische Formel, »sind Taten des Lichts, Taten und Leiden.«[7]

Tatsächlich standen Goethes jahrzehntelange naturwissenschaftliche Bemühungen um die Optik im Dienst einer ›Farbentheologie‹,[8] wie sie zu Wort kommt in den gebetshaften Anrufungen seines Distichons

Licht und Farbe

Wohne du ewiglich Eines dort bei dem ewiglich Einen,
Farbe, du wechselnde, komm freundlich zum Menschen herab.

»Ich erkannte das Licht in seiner Reinheit und Wahrheit«, hat er nach Eckermanns Gesprächsbericht vom 4. Januar 1824 gesagt, »und ich hielt es meines Amtes, dafür zu streiten.« Bei diesen Auseinandersetzungen um die physikalische Beschaffenheit von Licht und Farbe stand hinter der verbohrten Rechthaberei des Außenseiters, hinter seinem theologisch grundierten wütenden Kampf gegen Newton und die auf dessen gotteslästerliche Lichtspaltungslehre gegründete »herrschende Kirche« der Physiker[9] die quälende Vorahnung eines naturwissenschaftlich-technisch-industriellen Zeitalters, das sich der Natur nurmehr in mathematischen Abstraktionen und kausalen Mechanismen zu bemächtigen sucht und ihre »sinnlich-sittliche« Wahrheit aus den Augen verliert.[10] Es sei »das größte Unheil der neuern Physik«, urteilte er in einem Brief an Zelter vom 22. Juni 1808, »daß man die Experimente gleichsam vom Menschen abgesondert hat, und blos in

mit spektralem Licht Goethes These einer symmetrischen Polarität im Farbenspektrum bestätigt und Newton »wahrhaft gestürzt« sah).

7 Vorwort ›Zur Farbenlehre‹ von 1810 (FA I 23/I, S. 12).

8 Dazu Schöne 1987 (zum nachfolgenden Distichon dort S. 182 f.).

9 An Zelter, 1.2.1831.

10 ›Sinnlich-sittliche Wirkung der Farbe‹ lautet die Überschrift der 6. Abt. im ›Entwurf einer Farbenlehre‹ (FA I 23/I, S. 247).

dem was künstliche Instrumente zeigen die Natur erkenne, ja was sie leisten kann dadurch beschränken und beweisen will.«

So hat er mit unbeirrbarem Selbstbewußtsein am 2. Mai 1824 gegenüber Eckermann geäußert, was ihm doch bei keinem seiner anderen Werke in den Sinn gekommen ist: Mit der ›Farbenlehre‹ sei es ihm vergönnt, »Epoche in der Welt zu machen«.[11] Durch die Mehrheit der professionellen Naturwissenschaftler und ihre Sozietäten sah er sich verkannt, schmählich abgewiesen, mißachtet und geradezu verketzert. Da soll er denn (nach Eckermanns Bericht vom 30. Dezember 1823) im vollen »Gefühl der Superiorität« erklärt haben, daß er »unter Millionen der Einzige sei, der in diesem großen Natur-Gegenstand allein das Rechte wisse«. – Unter den wirklich fachkundigen Gelehrten seiner Zeit fand er nach Ritter (→ Anm. 6) vor allem in Thomas Seebeck einen Gleichgesinnten, einen zustimmenden Bundesgenossen.

Für das 1817 erscheinende 1. Heft seiner Zeitschrift ›Zur Naturwissenschaft überhaupt‹ erbat er sich von diesem Parteigänger einen Aufsatz über die ›Geschichte der entoptischen Farben‹. Dort stimmte Seebeck der Goetheschen »Lehre vom Trüben, als dem allerzartesten und reinsten Materiellen«[12] wortwörtlich zu – erklärte nämlich, daß die von ihm beobachteten entoptischen »Farbensäume an den Rändern der dunkeln Teile, oder wo ein Helleres an ein Trübes grenzt, entstehen«.[13] So nahm der Farbenlehrer diese Entdeckung als triumphale Bestätigung seiner Zentralthese über die physikalischen Farben, sah sie geradezu »als das

11 Unglaublich auch der begründende Kontext: »Um Epoche in der Welt zu machen, sagte er bei dieser Gelegenheit, dazu gehören bekanntlich zwei Dinge; erstens, daß man ein guter Kopf sei, und zweitens, daß man eine große Erbschaft tue. *Napoleon* erbte die französische Revolution, *Friedrich der Große* den schlesischen Krieg, *Luther* die Finsternis der Pfaffen, und *mir* ist der Irrtum der Newtonischen Lehre zu Teil geworden. Die gegenwärtige Generation hat zwar keine Ahnung, was hierin von mir geleistet worden; doch künftige Zeiten werden gestehen, daß mir keineswegs eine schlechte Erbschaft zugefallen.«

12 Tag- und Jahres-Hefte 1806 (FA I 17, S. 187).

13 Seebeck: Geschichte der entoptischen Farben (FA I 25, S. 664–680, hier 666).

Tüpfchen aufs i an, wodurch das ganze Wort klar wird«,[14] und ließ am 1. Oktober 1820 den mit optischen Studien befaßten Staatsrat Schultz wissen: »Die physischen Farben erhalten auch durch das Entoptische eine unglaubliche Vollendung. Es ist, als wenn sich nach diesem Schlußstein das Gewölbe erst recht setzen wollte. Freylich [fügte er damals noch hinzu], daß ich gar niemand neben mir habe, der an diesen Sachen eigentlich gründlichen Antheil nimmt, läßt mich öfter zaudern und stocken, als es bei lebendigem [: persönlich-direktem] Umgange [mit Gleichgesinnten] geschehen würde, doch wollen wir den Glauben nicht verlieren, da es an Muth nicht fehlt.«

In der Tat nahm damals auch Seebeck schon keinen gründlichen Anteil mehr an diesen Sachen. 1816 vom Institut Royal de France mit einem Preis für die Entdeckung der entoptischen Farben ausgezeichnet, war er 1818 als ordentliches Mitglied der Physikalischen Klasse in die Königliche Akademie der Wissenschaften zu Berlin berufen worden: in den innersten, einflußreichsten Kreis derer, die sich den Goetheschen Vorstellungen verschlossen. Es versteht sich, welche hochgespannten Erwartungen der isolierte Außenseiter in Weimar damit verbinden mußte. Wenn Seebeck ihn jetzt in Jena besuche, schrieb er am 15. Juni 1819 an Schultz, werde er es »ihm zur Pflicht machen, sobald er in Berlin wirklich scientifischen Fuß gefaßt hat, einen Apparat bei der Akademie anzulegen, durch welchen sämmtliche Versuche wenigstens dargestellt werden können. Nehmen Sie sich der physiologischen an, Seebeck der physischen, so wird sich ja wohl auch ein Chemiker finden, der vorurtheilsfrei hier eingriffe. Döbereiner in der neuesten Ausgabe seines chemischen Lehrbuchs deutet schon dahin.«[15] Diese Hoffnungen wurden tief enttäuscht.

14 14.1.1817 an Seebeck. – Die gleiche Wendung vom »Tüpfchen auf's i« in Goethes Briefen an Knebel vom 7.11.1816 (ähnlich schon am 1.5.1816) und wieder an v. Reinhard vom 16.11.1818.

15 Seebecks für den Juli 1819 geplanter Besuch in Jena kam nicht zustande. – Zum letztenmal haben die beiden sich 13 Jahre vor Seebecks Tod an fünf Tagen im Juni 1818 gesehen (darüber nur karge Notizen in Goethes Tage-

Auch in Berlin hat Seebeck durchaus nicht bestritten oder verschwiegen, daß er mit den Zentralthesen der Goetheschen Farbenlehre nach wie vor einig ging. »Seine Ansichten über Licht und Farben«, sagte der Physiker Poggendorf noch am 4. Juli 1839, in einer späten Gedächtnisrede auf den Verstorbenen vor den Mitgliedern der Akademie, »sind nicht die herrschenden, – man könnte sagen, häufig im geraden Widerspruch mit ihnen. In der Farbenlehre stand er [vielmehr] auf Göthe's Seite, und behauptete wie dieser die Einfachheit [: Unteilbarkeit] des weißen Lichts«.[16] Aber nach Weimar drangen eher gegenteilige Nachrichten, und jedenfalls hat Seebeck Goethes Ansichten über das Farbenwesen in Berlin keineswegs durchzusetzen gewußt; vielmehr hat er sich sehr bald anderen Arbeitsbereichen zugewandt, der Elektrizitätslehre und dem Magnetismus vor allem, wo ihm 1822 die große Entdeckung der Thermo-Elektrizität gelang.

Auch dabei aber hatte Goethe in eigener Sache weitreichende Hoffnungen auf Seebecks Forschungen gesetzt. Von Anfang an betrachtete er das Farbenwesen doch keineswegs als ein isoliertes Feld der Naturkunde. Schon in seinem ›Entwurf einer Farbenlehre‹ von 1810 werden deren ›Nachbarliche Verhältnisse‹ skizziert[17]: zur Philosophie und Mathematik nämlich, zur Färbetechnik, zur Naturgeschichte und allgemeinen Physik, selbst zur Tonlehre – von der er am 19. Juli 1810 an Sartorius wahrhaftig geschrieben hat, mit Zelters musikverständiger Hilfe könne es wohl gelingen, »sie unmittelbar mit dem übrigen Physischen und auch mit der Farbenlehre zusammenzuknüpfen. Wenn ein paar große Formeln glücken, so muß das alles Eins werden, alles aus Einem entspringen und zu Einem zurückkehren.«

Am 26. Dezember 1812 dann teilt er dem Chemiker Döbereiner mit: »Aus Italien hat uns ein Herr Morecchini Hoffnungen

buch; 17.6.1818: Gespräch »Über beschränkten Zustand der physikalischen Wissenschaften, besonders der Farbenlehre«).

16 Johann Christian Poggendorff in: Abhandlungen der Königl. Akademie d. Wissenschaften zu Berlin: Aus dem Jahre 1839. Berlin 1841, hier S. XXXVI.

17 FA I 23/I, S. 232–244.

gemacht, Farben und Magnetismus in Rapport zu setzen. Herr Dr. Seebeck hat zwar kein Zutrauen dazu, allein mir ist an der Sache so unendlich viel gelegen, daß ich ihr die Zeit her immer nachgehe.«[18] Wenige Tage später, am 15. Januar 1813, an Seebeck selbst: »Der Hoffnung, den Magnetismus an die elektrisch-chemischen und folglich auch an die Farbenwirkungen anzuschließen, kann ich nicht ganz entsagen« – und geradezu beschwörend: »Wenden Sie doch ja Ihre Aufmerksamkeit von diesem Puncte nicht weg. Nach meiner Überzeugung wär die ganze Naturforschung für immer geborgen, wenn dieß gelänge.« Gewaltige Worte. Und dahinter ein atemberaubend kühner Gedanke – geradewegs auf eine ›Weltformel‹ gerichtet. Thomas Seebeck war solide genug, sich auf so etwas nicht mehr einzulassen.

Mit seiner Übersiedlung in die Hauptstadt stockte die Korrespondenz. Von den Briefen, die sie seit 1806 einander geschrieben

18 Was ihm wieder solche »Hoffnungen gemacht« hatte, war ein Aufsatz von Morichini, der eine Magnetisierung von Eisendrähten durch den violetten Lichtstrahl behauptete (Sopra la forza magnetizzante del lembo estremo del raggio violetto. Letta a'll Academia dei Lincei li 16. Settembre 1812. – Später in: Domenico Morichini, Raccolta degli scritti editi ed inediti. Vol. II, Rom 1852, S. 3–11). – Ähnlich wie hier an Döbereiner schreibt Goethe am 20.1.1813 auch an Knebel (der ihm das ›Journal für Chemie und Physik‹ mit einer deutschen Übersetzung dieser Abhandlung zugeschickt hatte). Dort wird deutlich, wie sich seine universalistischen Spekulationen auf das Polaritätsdenken gründeten: »Ich leugne nicht, daß die Verbindung des Erd- und Eisenmagnetismus mit den übrigen Polaritäten der physisch-chemischen Natur, welche bisher noch nicht hat glücken wollen, ein wissenschaftliches Ereigniß wäre, welches ich zu erleben wünsche, da ich an der Möglichkeit gar nicht zweifle. Am allererfreulichsten müßte es für mich seyn, wenn eben jener Magnetismus unmittelbar mit der Farbe in Rapport gesetzt werden könnte. Ich habe auch auf Veranlassung der italiänischen Nachricht einige Versuche gemacht, die aber ohne Resultate geblieben sind.« Auch hier heißt es sogleich: »Ich wünsche, daß sich Seebeck dafür interessiert« – der ihm doch schon am 13.12.1812 geschrieben hatte, daß Morichinis Beobachtungen einer experimentellen Überpüfung keineswegs standhielten: »Auf solche Entdeckungen ist nicht viel zu geben, wenn sie nicht von Personen angestellt werden, die mit dem Magnetismus wohl vertraut und sehr aufmerksam sind; es könnten sonst die gröbsten Täuschungen vorkommen.«

haben, sind insgesamt 94 überliefert.[19] Aber nur vier noch wurden in den frühen 20er Jahren gewechselt. Am 7. Oktober 1820 schickte Goethe das 3. Heft ›Zur Naturwissenschaft überhaupt‹ mit dem eigenen Aufsatz ›Entoptische Farben‹ nach Berlin und bat in seinem Begleitbrief, Seebeck möge ihm doch seine »Gedanken vielleicht eröffnen und Winke geben, was noch zu thun seyn möchte« auf diesem Feld. Mit anderem beschäftigt, hat der säumige Bundesgenosse darauf offenbar gar nicht geantwortet, sich vielmehr erst im nächsten Jahr wieder gemeldet und dann vor allem von seinen elektro-magnetischen Arbeiten berichtet.[20] Darauf hat wiederum Goethe nicht reagiert. Nur an Zelter schreibt er am 13. März 1822 nach Berlin: »Wenn du Freund Seebeck siehst, so entschuldige mich auf's beste, daß ich nicht geschrieben. Eine briefliche Wirkung in die Ferne wird mir beynahe unmöglich«. Möglich wär's ihm schon gewesen. Briefschreibend wirkte er damals sehr wohl in die Berliner Ferne, auch ging es da wieder um das Farbenwesen. Aber sein Adressat, sein neuer »chromatischer Gehilfe«[21], war jetzt der junge Philosoph Leopold Dorotheus von Henning. Am 6. September 1822 berichtete Goethe an Boisserée: »Meine Farbenlehre, die bisher an dem Altar der Physik wie ein todter Knotenstock gestanden, fängt an zu grünen und Zweige zu treiben; in guten Boden gepflanzt, wird er auch Wurzel schlagen. In Berlin hat sie der Minister von Altenstein dergestalt begünstigt, daß er ein Zimmer im Akademiegebäude einräumen und die nöthige Summe zum Apparat auszahlen ließ. Doctor v. Henning, ein Schüler Hegels, hat in diesem Sommer öffentliche Vorlesun-

19 53 Briefe Goethes an Seebeck (darunter die vom 18.10.1806 und 22.7.1816, die gleichlautend auch an andere Empfänger gingen, und ein nicht abgeschickter vom 13.4.1813); 41 Briefe von Seebeck an Goethe (nicht mitgezählt der hier in Anm. 20 erwähnte, wohl aber ein Schreiben vom 16.7.1811, das – als ›amtlich‹ eingestuft – in den Regesten der ›Briefe an Goethe‹ nicht angeführt wird: GSA, Signatur Goethe Akten 30/365a, Bl. 32–33).

20 Dieses Seebecksche Schreiben vom 7.4.1821 ist nicht überliefert, wird aber erwähnt in seinem letzten Brief an Goethe vom 25.7.1821 (vgl. auch WA IV 34, S. 194 und 197).

21 Auf v. Henning bezogen in Goethes Brief an Zelter, 16.9.1822.

gen darüber gehalten. Die Einleitung dazu ist gedruckt, ich sende sie nächstens und würde sie für wohl gerathen erklären, wäre sie auch nicht in dem Grade zu meinen Gunsten geschrieben. Eigentlich aber darf ich sagen, daß ich wohl verdiene, nach dreyßigjährigem Schweigen zu der niederträchtigsten Behandlung, die ich von meinen Zeitgenossen erduldete, endlich durch eine frische, hochgebildete Jugend zu Ehren zu gelangen. Im Alter hofft man auf geistreiche, herzliche Zustimmung, des vagen Beyfalls ist man längst müde.«[22] Seebeck, der über v. Hennings Veranstaltungen zweifellos unterrichtet war, blieb dabei wohl gänzlich ausgeschaltet. Das könnte erklären, weshalb sein Sohn nach dem Tod des Vaters erklären wird, es habe der »Gekränkte« fortan »keinen Schritt zur Versöhnung« mehr getan. Am 16. April 1823, nach einer schweren Erkrankung, schreibt Goethe ihm noch ein letztesmal, »die unterbrochene Mittheilung« beklagend und um einige antwortende Zeilen bittend. Vergeblich. – Neun Jahre später, am 25. Dezember 1831, heißt es in Goethes Tagebuch: »Ein Schreiben vom jungen Seebeck, des Vaters Tod verkündend, kam an.«

In eine zeremonielle Partizipialkonstruktion gehüllt und erhoben, deckt dieser lakonische Vermerk wohl eine Erschütterung, wie sie der alte Goethe zu verbergen sich anhielt. Denn das Schreiben vom 20. Dezember 1831, mit dem der damals 26jährige Moritz Seebeck dem 82jährigen Staatsminister den Tod seines Vaters mitteilte, gehört, indem es eine kühne, ja herzbewegende Aufrichtigkeit ungemein taktvoll in eben den Grenzen des schonend Angemessenen hielt, welche der Briefempfänger längst schon für eigene wie für fremde Mitteilungen schätzte, zu den außerordentlichsten Briefen, die Goethe in seinem Leben erhalten hat.[23]

Zehn Tage nach dem Tode Thomas Seebecks beruft hier der

22 Dazu hier Anmerkung 5. – WA IV 49, S. 321: »v. Henning las im S. S. 1831 zum zehnten Male über die Farbenlehre, worüber er [an Goethe] Bericht erstattet.«

23 Abdruck: Mandelkow 1988, Bd 2, S. 595–597.

Sohn mit dem ersten Satz seines Schreibens die alte »Herzlichkeit und Innigkeit«, in welcher sein Vater »sich aller jener Zeichen freundschaftlicher Gesinnung fortwährend und noch in seinen letzten Tagen vor seinem Ende erinnert hat«. Um ihretwillen sieht er sich mit diesem Schreiben »im Sinne des Verewigten« handeln. »War in den letzten Jahren die Reinheit des freundschaftlichen Verhältnisses getrübt worden«, schreibt er, »so empfand es mein Vater im innersten Gemüte schmerzlich; tat er gleichwohl keinen Schritt zur Versöhnung, so hat dies allein seinen Grund darin, daß, wie er überall und immer nur edel dachte und fühlte, er sich niemals entschließen konnte, etwas zu tun, was auch nur einen Anschein des Unwürdigen tragen konnte. Der Gekränkte, wenn er zuerst spricht, bittet. – « Und dann, das Verhältnis zwischen Goethe und seinem Vater bestimmend: »die Bewunderung, welche einen festern Grund als den einer persönlichen Neigung hatte, blieb unverändert. Ew. Excellenz Schriften jedes Inhalts kamen nicht von seinem Tische, sie waren seine liebste Lektüre; oft sprach er aus: ›Unter allen lebenden Naturforschern ist Goethe der g r ö ß t e, der e i n z i g e, der weiß, worauf es ankommt!‹; oft äußerte er: ›Von allen unsern Dichtern hat keiner der Menschen Wesen so tief erfaßt als Goethe!‹; oft sagte er: ›Goethe versteht die Natur, weil er den Menschen kennt, und er versteht den Menschen, weil er die Natur kennt!‹ Ich wiederhole diese Worte, nicht um in des Toten Namen zu tun, was der Lebende verschmähte, sondern weil ich erkenne, wie sehr sie meinen Vater ehren, und glaube, daß vorzugsweise in dieser Beziehung sie auch Ew. Excellenz von Wert sind.«

Mit einer Schilderung von Thomas Seebecks Krankheit und Tod schließt dieser Brief. Und was ihm da berichtet wurde, hat Goethe tief berühren müssen. Denn vom Dunklen, vom Hellen und vom Licht ist die Rede am Ende, von der Klarheit und vom nicht mehr Getrübten: Die Worte der Farbenlehre, ihrer beider Farbenlehre, kamen von dem toten Freunde her noch einmal zu ihm; die Worte, die auch in der ›Faust‹-Dichtung standen, im ›Prolog im Himmel‹ und in der letzten, der ›Bergschluchten‹-

Szene des jetzt eingesiegelten Manuskripts der Tragödie[24] – »Am 10. dieses [Monats] früh um 9 Uhr starb er; als er sein Ende nahe fühlte, ließ er sich von den Seinigen aus dem dunkeln Schlafzimmer in das helle Wohnzimmer führen [...]; noch einmal öffnete er die Augen, sah nach dem Tageslicht und starb. Licht in jedem Sinn des Wortes war bis zum letzten Atemzug das Bedürfnis und die Freude seines Geistes. Der Anblick des Todten war erhebend, ein unaussprechlicher Ausdruck von Klarheit und Hoheit lag in seinen Zügen, die Würde, der Adel seines Wesens war ungetrübt sichtbar.«

Am 25. Dezember 1831 also hatte Goethe im Tagebuch vermerkt: »Ein Schreiben vom jungen Seebeck, des Vaters Tod verkündend, kam an.« Unter dem 26. Dezember findet sich die Angabe: »Briefconcepte«. 27. Dezember: »Concepte durchgesehen und andere dictirt«, später noch: »Setzte Betrachtungen über die nächst abzulassenden Briefe fort. Abends Professor Riemer. Gingen verschiedene Concepte durch«. 29. Dezember: »Briefconcepte«. 30. Dezember: »Abends Hofrath Riemer. Gingen die neusten Concepte durch.« 31. Dezember: »Concepte«. 1. Januar 1832: »Die verschiedenen auszufertigenden Concepte durchgesehen und überlegt.« Unter dem 4. Januar endlich wird die Absendung der Reinschrift notiert: »An Herrn Dr. Seebeck, dahin« (nach Berlin). Von fünf kurzen geschäftlichen Mitteilungen abgesehen, sind in diesen Dezember- und Januartagen insgesamt fünf Briefe konzipiert und expediert worden. Mit welch großer Sorgfalt Goethe dabei vor allem das Kondolenzschreiben an den Sohn des verstorbenen Freundes behandelt hat, zeigt dessen Entwurf[25]: seine acht Sätze enthalten nicht weniger als fünfzehn ändernde Eingriffe von Goethes und Riemers Hand.[26] Diese Bemühungen des Schreibers

24 ›Faust‹, Verse 309 und 12074.

25 GSA, Bestand 29: Goethe Ausgegangene Briefe, Signatur 29/53, Bl. 2–3. Nach dieser Handschrift des Konzepts werden die im folgenden erwähnten korrigierenden Eingriffe zitiert.

26 Verzeichnet in WA IV 49, S. 401 (mit geringfügigen Fehllesungen).

verlangen und verdienten wohl eine entsprechende Aufmerksamkeit auch des Lesers. Schritt für Schritt jetzt:

> *Auf Ihr sehr werthes Schreiben, mein Theuerster, habe wahrhaftest zu erwiedern: daß das frühzeitige Scheiden Ihres trefflichen Vaters für mich ein großer persönlicher Verlust sey. Ich denke mir gar zu gern die wackern Männer, welche gleichzeitig bestrebt sind, Kenntnisse zu vermehren und Einsichten zu erweitern, in voller Thätigkeit.*

Dem formelhaften Kanzleistil gemäß, welchen der ältere Goethe in vielen Briefen annimmt, setzt er vor sein Schreiben einen umständlichen Geheimratsschnörkel, welcher der Sache nach ganz überflüssig erscheint. Wie häufig in seiner Alterskorrespondenz vermeidet er dabei, was weithin als Verstoß gegen die epistolographische Etikette verstanden wurde, eliminiert nämlich das Personalpronomen ›ich‹ am Briefeingang und läßt die eigene Person auf diese Weise zurücktreten: *habe wahrhaftest zu erwiedern*. Auf Moritz Seebecks Mitteilung erwidernd, daß der Tod seines Vaters *ein großer persönlicher Verlust* für ihn sei, setzt er damit auch keineswegs unvermittelt ein. In seiner Vorbemerkung (mit der sich geradewegs das Prooemium der Dispositio-Lehre in den alten ›Briefstellern‹ zurückmeldet[27]) erklärt er allererst, daß er jetzt erwidere, ja: daß er, anstandshalber und *wahrhaftest* zugleich, das Folgende zu erwidern *habe*. Was sich so auf der Textoberfläche abspielt, signalisiert einen fundamentalen Perspektivenwechsel. Mit distanzhaltendem Blick sieht der alte Mann über das Erdetreiben hin, nimmt Abstand auch von der eigenen Person, fast als beginne er schon Abschied zu nehmen von sich selber. Er erwidert – und stellt zugleich sich selbst als den Erwidernden dar; er schreibt – über sich selbst als den Schreibenden und praktiziert auf diese Weise, was er kurz zuvor in einem Brief an Wilhelm von Humboldt vom 1. Dezember 1831 analytisch reflektiert, indem er dem

27 Vgl. oben (Brief an v. Buri), S. 52.

Freunde »in altem Zutrauen« gesteht, »daß in meinen hohen Jahren mir alles mehr und mehr historisch wird: ob etwas in der vergangenen Zeit, in fernen Reichen oder mir ganz nah räumlich im Augenblicke vorgeht, ist ganz eins, ja ich erscheine mir selbst immer mehr und mehr geschichtlich«.

Dem entspricht der Konjunktiv, den Goethe ans Ende seines ersten Satzes stellt: *daß das frühzeitige Scheiden Ihres trefflichen Vaters für mich ein großer persönlicher Verlust sey.* Walter Benjamin, der diesen Brief als einzigen Goetheschen in seine fünfundzwanzig Texte enthaltende Briefsammlung ›Deutsche Menschen‹ von 1936 aufnahm, hat das scharfsichtig kommentiert: »Sprachlich wäre der Indikativ mindestens ebenso möglich; der Konjunktiv an dieser Stelle verrät, daß das den Schreibenden beherrschende Gefühl von sich aus nicht den Weg zur Schrift, zum Ausdruck mehr verlangt, daß Goethe als Kanzlist des eigenen Innern es verlautbart.«[28] In der Tat nimmt dieser Konjunktiv den Indikativ dessen, was hier empfunden wird, gleichsam »historisch«, indem er das, was gesagt wird, schon als Gesagtes referiert. Zugleich aber bringt er es in die Form des üblicher- und angebrachterweise zu Sagenden, welche das ›Ich‹ übersteigt, und gibt diesen Worten etwas eigenartig Vermitteltes. Sie kommen noch von »ganz nah« und muten doch schon an wie von weit her. Mit dem allerersten Satz, einem hochkomprimierten ›Vorwort‹, ist die Tonart alles Folgenden bestimmt.

Den Eindruck versteifter Förmlichkeit und konventioneller Umständlichkeit empfängt bei diesem Briefeingang nicht erst das Stilgefühl eines späteren Lesers. Auch die Zeitgenossen des alten Goethe mußten das so empfinden, und nicht zuletzt der Autor der ›Werther‹-Briefe selbst hatte ihr Sprachempfinden sensibilisiert gegenüber einem umständlich-trockenen, leblosen Kanzlei-

28 Benjamin 1962, hier S. 92 f. (ebd. auch alle folgenden Benjamin-Zitate; seine Kommentare werden vollständig angeführt). – Vgl. dazu in den Vorbemerkungen S. 9 f. mit Anm. 3.

stil, wie er dem empfindsamen Werther aufgenötigt wird durch seinen bürokratisch korrekten Vorgesetzten – »Wenn man seinen Period nicht nach der hergebrachten Melodie heraborgelt, so versteht er gar nichts drinne. Das ist ein Leiden mit so einem Menschen zu thun zu haben.«[29] Solch ein Heraborgeln nach hergebrachter Melodie ist bei diesem Briefbeginn nicht zu verkennen. Ein *werthes* Schreiben, ein *frühzeitiges* Scheiden vom *trefflichen* Vater, ein *großer* Verlust, die *wackern* Männer, in *voller* Tätigkeit: von zwei Fällen abgesehen, in denen das Verb die Aufgabe solcher Beiwörter übernimmt (Kenntnisse zu *vermehren* und Einsichten zu *erweitern*), wird hier an nahezu jedes geeignete Substantiv ein landläufig mit ihm verbundenes Adjektiv gekoppelt. Alle Welt redete im Kondolenzbrief doch von großem Verlust und frühzeitigem Scheiden, rechnete einen trefflichen Vater zu den wackeren Männern, verwendete die gleichen abgenutzten Formeln. Mit seinen konformistischen Adjektiven fügt sich der Briefeingang solchen Konventionen des sozialen Verhaltens.

Freilich hat Goethe in einem geradezu als »Beichte« bezeichneten Brief an Schiller vom 9. Juli 1796 erklärt, daß es seiner »innersten Natur« entspreche, die eigene Existenz, die eigenen Handlungen und Schriften »den Menschen aus den Augen zu rücken«: »So werde ich immer gerne incognito reisen, das geringere Kleid vor dem bessern wählen, und, in der Unterredung mit fremden oder Halbbekannten den unbedeutendern Gegenstand oder doch den weniger bedeutenden Ausdruck vorziehen [...] und mich so, ich möchte sagen, zwischen mich selbst und zwischen meine eigene Erscheinung stellen.« Wie die vornehmkühle Zurückhaltung und steife Förmlichkeit, mit welcher der alternde Staatsminister in Weimar viele seiner Besucher befremdete, sind auch die konformistischen Adjektive unseres Briefeingangs eine solche Form von abwehrendem Inkognito, dienen sie einer dem Altersstil habituell gewordenen Distanzierung des Sprechenden und Schreibenden – die mit Angleichung operiert.

29 ›Die Leiden des jungen Werthers‹ (1. Fassg., 1774): FA I 8, S. 128.

So verdächtigt sich das abgenutzte Wort als nahezu unglaubwürdig.

Vor sein erstes Adjektiv setzt der Schreiber freilich ein kleines Intensitäts-Adverb: *Auf Ihr s e h r werthes Schreiben, mein Theuerster,* und gibt der konventionellen Wendung damit einen leise erfrischenden Akzent von nicht ganz Üblichem: einen behutsamen Nachdruck, der die Staubschicht von dieser Formel ablösen und sie als Zeugnis des jetzt und hier wieder wahrhaft Empfundenen beglaubigen möchte. Das könnte eine Lesehilfe sein, welche auch das nachstehende Adjektiv und alle folgenden als ebenso üblich und gängig wie angemessen und aufrichtig, als althergebracht und zugleich *wahrhaftest*-wahr zu verstehen gibt. »Das alte Wahre fass' es an«[30] – dieser Goetheschen Altersmaxime gemäß tritt hier im Alten das Wahre zutage und versöhnt sich die »Spezifikation« mit den »Genera«.[31] Denn immer ist ein Schreiben wie das von Moritz Seebeck erhaltene doch ein *werthes* und ist einer wie Thomas Seebeck ein *trefflicher* Mann, sein Tod ein *großer* Verlust.

›Trefflich‹, dies alte wahre Wort trägt in Goethes Sprachgebrauch größeres Gewicht, als die gängige Verwendung ihm gab. Es steht in der Nachbarschaft von vortrefflich, vorzüglich, bedeutend – auch, wie unser Briefeingang zu erkennen gibt, in der Nähe von tätig und tüchtig. Solche Worte haben eine zugleich ausgliedernde und einordnende Bedeutung. Sie bezeichnen den Verstorbenen weder als einen einzigartigen Einzelnen, noch lassen sie ihn unterscheidungslos im Kollektiv aufgehen. Vielmehr erscheint er (als e i n e r der *wackern Männer*, der trefflichen, tätigen, tüchtigen) einer Minorität zugehörig – einer kleinen, oder gar der »kleinsten Schar« zugesellt.[32] »Wie es die Welt jetzt treibt«, hatte Goethe wenig früher an Zelter geschrieben, »muß man sich

30 Goethe: ›Vermächtnis‹ (1829): FA I 2, S. 685, 9.

31 Riemer notierte am 4.4.1814: »Merkwürdige Äußerung Goethes über sich selbst, bei Gelegenheit des [Wilhelm] *Meister*. ›Daß nur die Jugend die Varietät und Spezifikation, das Alter aber die Genera, ja die Familias habe.‹« (Biedermann/Herwig Bd 2, S. 892).

32 Wie Anm. 30, S. 686, 36.

immer und immerfort sagen und wiederholen: daß es tüchtige Menschen gegeben hat und geben wird, und solchen muß man ein schriftlich gutes Wort gönnen, aussprechen und auf dem Papier hinterlassen. Das ist die Gemeinschaft der Heiligen, zu der wir uns bekennen. Mit den Lippen mag ich nur selten ein wahres, grund-gemeyntes Wort aussprechen; gewöhnlich hören die Menschen etwas Anderes, als was ich sage, und das mag denn auch gut seyn.«[33]

»Gemeinschaft der Heiligen« – das greift hoch, ist dem Apostolischen Glaubensbekenntnis entlehnt, von dessen drittem Artikel es in ›Wilhelm Meisters Wanderjahren‹ heißt, er lehre »eine begeisterte Gemeinschaft der Heiligen, welches heißt: der im höchsten Grad Guten und Weisen.«[34] Einer von ihnen, die, gleichzeitig bestrebt, einander bestärken und befestigen, ist aus dieser Gemeinschaft geschieden. Goethe schreibt, das sei für ihn *ein großer persönlicher Verlust*, und seine Worte, bedeutungsbeschwert bis an die Grenze ihrer Tragfähigkeit, geben zugleich sein eigenes Bekenntnis zu der Gemeinschaft, aus der Seebeck fortging. Diese Wendung zur Minorität kehrt sich ab von der Majorität seiner Zeitgenossen, welche der Alte, bald mit heiterer Distanz vom Erdetreiben, bald bänglich betroffen, bald mit skeptischer und ironischer Resignation und bald mit zynischer Verbitterung in einem charakterlos schwankenden, wirren, anarchischen Treiben begriffen sah. »Nichts ist widerwärtiger als die Majorität«, erklärte er geradewegs, »denn sie besteht aus wenigen kräftigen Vorgängern, aus Schelmen die sich accomodiren, aus Schwachen die sich assimiliren, und der Masse, die nachtrollt, ohne nur im mindesten zu wissen was sie will«[35] –

33 Brief vom 18.6.1831.

34 FA I 10, S. 423. – Einmal schon hatte Goethe diese Formel des Apostolikums (Credo »sanctorum communionem«) in solch übertragenem Sinn aufgenommen, deutlich distanzierter damals: Etwa am 10.7.1772 schrieb er an Herder über den Darmstädter Freundeskreis der jungen ›Empfindsamen‹: »Von unsrer Gemeinschafft der Heiligen sag ich euch nichts, ich binn νεοφυτος [ein neu Bekehrter], und im Grund bisher nur neben allen hergegangen«.

35 ›Sprüche in Prosa‹ (FA I 13, S. 51 f. – 1.326.), datiert auf 1829.

und hat so an Karl Ernst Schubarth geschrieben: »Freilich weiß ich wohl, daß Sie mit der Welt in Widerspruch stehen, die auf dem großen Jahrmarkt des Tages Zeit und Kräfte verzettelt; deswegen thäte man wohl, zu schweigen und für sich fortzuhandeln, wenn Mittheilung zum Leben und Wachsen nicht so höchst nöthig wäre.«[36]

Er selber hat bis zum Ende nicht geschwiegen, sondern den wenigen, die er als treffliche, tätige Gleichgesinnte anerkannte, »ein schriftlich gutes Wort« gegönnt, sich ihnen mitgeteilt, sich und sie in dieser Gemeinschaft befestigt – nicht nur, weil er den Einzelnen »zum Leben und Wachsen« angewiesen sah auf Gleichgesinnte, sondern auch weil er allein in dieser »Gemeinschaft der Heiligen«, ihrer Widerstandskraft und ihrer tätigen Einwirkung auf das Umgebende die Hoffnung der Gesellschaft als ganzer beschlossen sah. Die »Ernsten und eigentlich Tüchtigen«, meinte er, denen es »um den wahren Fortschritt der Menschheit zu thun ist«, die es auch »überall in der Welt« gebe, müßten »deshalb eine stille, fast gedrückte Kirche bilden, da es vergebens wäre der breiten Tagesfluth sich entgegen zu setzen; standhaft aber muß man seine Stellung zu behaupten suchen bis die Strömung vorübergegangen ist.«[37]

Freilich hat er den Zwangscharakter der technischen und ökonomischen Bedingungen erkannt, die fortan den Lauf der Dinge bestimmten: »So wenig nun die Dampfmaschinen zu dämpfen sind, so wenig ist dies auch im Sittlichen möglich; die Lebhaftigkeit des Handels, das Durchrauschen des Papiergelds, das Anschwellen der Schulden, um Schulden zu bezahlen, das alles sind die ungeheuern Elemente, auf die gegenwärtig ein junger Mann gesetzt ist.«[38] Aber dem Zeitgeist zu widerstehen und sich gegen die ihm folgende widerwärtige Majorität zu behaupten, war für

36 Brief vom 8.7.1818.

37 Vorarbeiten und Bruchstücke zu den späten Studien zur Weltliteratur (WA I 42/II, S. 503).

38 ›Wilhelm Meisters Wanderjahre. Betrachtungen im Sinne der Wanderer‹ (FA I 10, S. 563, 40).

ihn letzten Endes doch ein sittliches Postulat. Eben dafür stehen hier die Worte *trefflicher Vater, wackere Männer* und *in voller Thätigkeit.* All die konformistischen Adjektive, die mit dem Mittel der Anpassung doch gerade auf Abwehr aus sind, bezeugen zugleich, indem sie die unpersönliche, vermittelte Sprache der Konvention mit dem Ethos der Minorität erfüllen, Goethes Hoffnung, daß man aus abstandhaltender Versammlung im Rechten und Guten auf das Ganze der Gesellschaft einzuwirken vermöchte.

In *voller Thätigkeit* – Walter Benjamin hat kommentiert: »Die Worte stehen als Kontrast zu: tot; ein wahrhaft antik empfundener Euphemismus.« Das trifft wohl zu; *gar zu gern* denkt sich der Briefschreiber auch diesen wackeren Mann (noch immer) ganz in *Thätigkeit.* Aber dieses Haupt- und Grundwort des alten Goethe besitzt eine Bedeutungsreichweite, die beim euphemistischen »Kontrast zu: tot« nicht endet. Der Brief, den er nach dem Tod seines Großherzogs am 10. Juli 1828 an Zelter geschrieben hatte, gab das zu verstehen (vgl. hier S. 320-326). *Thätigkeit* eben war Goethes Antwort auf die eigene Todesangst, sein Versuch der Abwehr des unfaßlichen Gedankens an ein Enden im Nichts, seine Selbstversicherung einer geistigen »Fortdauer«, die er kraft unausgesetzter Tätigkeit geradezu erzwingen zu können glaubte. »Die Überzeugung unserer Fortdauer«, erklärte er Eckermann am 4. Februar 1829, »entspringt mir aus dem Begriff der Tätigkeit; denn wenn ich bis an mein Ende rastlos wirke, so ist die Natur verpflichtet, mir eine andere Form des Daseins anzuweisen, wenn die jetzige meinem Geist nicht ferner auszuhalten vermag.« Das Wort ›Tod‹ umgehend, als wäre damit auch die Sache selbst aus der Welt gebracht, beklagt er *das frühzeitige Scheiden* seines Freundes. Und gleichgültig, ob der Leser ihm so weit überhaupt zu folgen vermag, bringt der Zweiundachtzigjährige in diese Klage jetzt sein Selbstbehauptungswort ein: *in voller Thätigkeit.* Als spräche er eigentlich nur zu sich selber, verschanzt er sich hier in die Zuversicht, die er am 19. März 1827 in einem Brief an Zelter formuliert: Wenn sich die »entelechische Monade« des Menschen »in rastloser Tätigkeit« erhalte, dann könne es ihr »in Ewigkeit nicht an Beschäftigung fehlen«, werde sie »gewiß nur desto rascher [wieder] in die Kämme des Weltgetriebes eingreifen.«

Wenn zwischen entfernten Freunden sich erst ein Schweigen einschleicht, sodann ein Verstummen erfolgt und daraus, ohne Grund und Noth, sich eine Mißstimmung erzeugt; so müssen wir darin leider eine Art von Unbehülflichkeit entdecken, die, in wohlwollenden guten Characteren sich hervorthun kann und die wir, wie andere Fehler, zu überwinden und zu beseitigen mit Bewußtseyn trachten sollten.

Ein *Schweigen* schleicht sich ein – *Verstummen* folgt – *Mißstimmung* erzeugt sich: Der über Jahre hin gegangene Entfremdungsprozeß zwischen den beiden Freunden wird dreistufig gerafft, das Spezifische generalisiert. Und etwas nahezu Unvermeidliches, Zwangsläufiges wird dabei aufgedeckt. Es heißt ja nicht: ›Wenn entfernte Freunde erst schweigen, dann ganz verstummen, zuletzt sich gegeneinander mißgestimmt zeigen‹, sondern: Wenn *sich* erst ein Schweigen *einschleicht,* sodann ein Verstummen *erfolgt* und *sich* daraus eine Mißstimmung *erzeugt.* Das Verhalten der sich entfremdenden Freunde wird aus dem verbalen Modus ins Nominale überführt und damit ihrer eigenen Zuständigkeit und Verantwortung fast entzogen. Das *Schweigen* selber, das *Verstummen,* die *Mißstimmung* werden mit Personalität und Eigenmacht begabt – wie am Ende dieses Briefabschnitts dann *alle bösen Geister des Mißtrauens* selber auftreten werden (Zeile 20 f.) – oder im letzten Akt der ›Faust‹-Tragödie die ›vier grauen Weiber‹: Mangel und Schuld, Not und Sorge.[39]

Angesichts der ›grauen Weiber‹, die der Brief an Moritz Seebeck nennt, meint der Schreiber *eine Art von Unbehülflichkeit* zu *entdecken, die, in wohlwollenden guten Characteren sich hervorthun kann.* Man sollte eher denken, daß ›auch‹, ›selbst‹ oder ›sogar‹ in wohlwollenden und guten Charakteren solche *Unbehülflichkeit*

39 ›Faust II‹, 11384 ff.

sich hervortun könne. Ohne diesen Kommentar einer adverbiellen Erweiterung läßt der Satz wohl das Mißverständnis zu, *Unbehülflichkeit* könne sich allein bei Wohlwollenden und Guten einstellen. Aber nachlässig ist der Briefschreiber hier gewiß nicht. Die Minorität der Trefflichen, dieser Wohlwollenden und Guten eben, steht zur Rede. Alles andere ist so ferngerückt, daß selbst ein die Majorität indirekt einbeziehendes ›sogar‹ oder ›auch‹ nicht zugebilligt werden kann (– »gewöhnlich hören die Menschen etwas anderes, als was ich sage, und das mag denn auch gut seyn«).

Benjamin hat auch die Worte *eine Art von Unbehülflichkeit* kommentiert: »Der Schreiber wählt für das Verhalten des Greisen einen Ausdruck, welcher eher für das des Säuglings am Platze wäre, und dies, um ein Physisches an die Stelle eines Geistigen setzen zu können und dergestalt den Tatbestand, sei es auch mit Gewalt, zu vereinfachen.« Aber folgt die Wortwahl hier wirklich dem Verlangen nach notfalls gewaltsamer Vereinfachung, indem sie das geistige in körperliches Verhalten umsetzt? In *eine Art von Unbehülflichkeit* gerät bei den Aktionen der ›grauen Weiber‹ ja keineswegs nur der greise Briefschreiber selbst: an den Wohlwollenden und Guten überhaupt wird sie entdeckt. So läßt dieses Wort von der *Unbehülflichkeit* das *Schweigen*, das sich einschleicht, das *Verstummen*, das ihm folgt, und die *Mißstimmung*, die sich daraus erzeugt, geradezu als dämonische Mächte begreifen, indem es jene geistige wie physische kindliche Hilflosigkeit bezeichnet, welche den Menschen befällt, wo er dem der moralischen Weltordnung übermächtig widerstrebenden Dämonischen ausgesetzt ist. Vor solchen ›grauen Weibern‹ erscheint alles Menschlich-Wohlwollende, Menschlich-Gute nur als ohnmächtige *Unbehülflichkeit*.

Daß sie sich nurmehr *hervorthun kann*, ist eine Korrektur von Riemers Hand, bei der gemeinsamen Durchsicht des Konzepts vielleicht auch von ihm angeraten, aber gewiß von Goethe gebilligt – obgleich sie den vollen Ernst des Gedankens zurücktreten läßt. Ursprünglich hatte er diktiert, daß diese *Unbehülflichkeit* sich *wohl hervorthut*. Das war um einen Grad schonungsloser: deutet eher Unabänderlichkeit an, wo Riemers Korrektur die bloße

Möglichkeit vorzog. *Unbehülflichkeit*, hat Goethe fortgesetzt, *die wir, wie andere Fehler, zu überwinden und zu beseitigen mit Bewußtseyn trachten sollten.* Er wählte den Konjunktiv. Wohlgemerkt: nicht etwa zu schweigen, zu verstummen, sich mißgestimmt zu verhalten, wird hier ein *Fehler* genannt, sondern allein die *Unbehülflichkeit* der Wohlwollenden, Guten vor dem dämonischen Schweigen, das sich bei ihnen einschleicht, dem dann das Verstummen und die Mißstimmung folgen. Wo es um Überwindung und Beseitigung dieses Fehlers geht, sagt Goethe nicht: ›wir sollen‹ oder ›wir müssen‹, sondern wählt das adhortativ-optative Modalverb – wir *sollten.* Die Frage des Gelingens bleibt offen. Aber danach *mit Bewußtseyn* zu *trachten*, hat der Briefschreiber den *wohlwollenden guten Characteren* doch abverlangt. Ursprünglich hieß es in diesem Satz, daß *daraus* (aus Schweigen und Verstummen) *zuletzt ohne Grund und Noth eine Mißstimmung erfolgt.* Dies *zuletzt* hat Goethe bei der Durchsicht des Konzepts gestrichen. Er ließ den ›grauen Weibern‹ nicht das letzte Wort. Aber seine Altersskepsis gegenüber den wohlmeinenden Bemühungen der Trefflichen bleibt spürbar, wenn er schreibt: Wir *sollten* trachten. Einen Konjunctivus resignativus hat er da eingesetzt.

Ich habe, in meinem bewegten und gedrängten Leben, mich einer solchen Versäumniß öfters schuldig gemacht und will, auch in dem gegenwärtigen Fall, den Vorwurf nicht ganz von mir ablehnen.

Jetzt erst bringt der Schreiber ausdrücklich die eigene Person in die Vorgänge ein, die sein vorangehender Satz als ein Fehlverhalten von Wohlwollenden, Guten überhaupt behandelt hat. Aber wenn er zuvor das Schweigen, das Verstummen und die Mißstimmung einer unmittelbaren menschlichen Verantwortung entzog und von *Unbehülflichkeit* sprach, so verzichtet er nun für sich selbst auf einen solchen Freispruch, redet vielmehr vom *Versäumniß*, bekennt sich *schuldig.* Und dieses Eingeständnis schuldhafter *Versäumniß* setzt ein zu Versäumendes voraus, antwortet also dem Postulat, mit *Bewußtseyn* zu *trachten*: erfüllt es – und bestätigt es am eigenen Beispiel zugleich als ein kaum doch erfüllbares.

Ich will, heißt es, *auch in dem gegenwärtigen Fall, den Vorwurf nicht ganz von mir ablehnen.* Benjamin hat kommentiert: »Goethe hätte wohl schreiben können ›nicht ganz ablehnen‹. Er schreibt ›nicht ganz von mir ablehnen‹ und bietet damit sich, den eigenen Leib, dem Vorwurf zur Stütze, gemäß der Neigung, die Abstraktion, die er im Ausdruck sinnlicher Dinge bevorzugt, ihrerseits im Ausdruck der geistigen in eine paradoxe Anschaulichkeit umschlagen zu lassen.« Überdies und vor allem aber umgeht Goethe so die heikle Frage nach der Berechtigung eines Vorwurfs durch den Sohn des Verstorbenen, behutsam und aufrichtig zugleich. Den Takt, den dieser bewies, ehrt der Antwortende, indem er ihm entspricht. Was Moritz Seebeck empfinden mochte, läßt er als begreiflich, ja berechtigt allemal gelten. Nur ob er selber sich einen solchen Vorwurf machen müsse, wird hier noch bedacht. Eben dafür steht sein: Ich will ihn *nicht von mir ablehnen.* So im Entwurf. Eigenhändig hat der Schreiber dann ein ermäßigendes *ganz* hinzugefügt: Ich will diesen Vorwurf *nicht g a n z von mir ablehnen.*

Wirklich hatte er gerade in seinen drei letzten Briefen an Seebeck (deren Konzepte er aufbewahrte, jetzt also noch einmal ansehen konnte) nachdrücklich, wiederholt und sehr wohl *mit Bewußtseyn* getrachtet, das *Schweigen*, das sich eingeschlichen hatte, das *Verstummen* und die *Mißstimmung*, die ihm gefolgt waren, *zu überwinden und zu beseitigen.* »Ew. Wohlgeboren haben mich nach einer langen Pause durch Brief und Sendung wieder einmal gar freundlich begrüßt«, hatte er ihm am 30. Dezember 1819 geschrieben, »nehmen Sie dafür meinen besten Dank. Denn eigentlich sollte man im Leben nicht so lange Zeit vorübergehen lassen, ohne das längst bestehende freundschaftliche Verhältniß wieder zu erinnern.« Am 7. Oktober 1820 dann: »Möge sich von nun an unser freundliches Verhältniß abermals erneuen! Je länger man lebt, desto mehr fühlt man, wie hoch frühere persönliche Bezüge zu schätzen sind.« Und entschiedener noch erklärt sich in dieser

Hinsicht sein allerletzter Brief vom 16. April 1823: »Nach einer bedeutenden Krisis, welche gar manche krankhafte Affectionen des Organismus, an denen ich seit längerer Zeit gelitten, in einen besseren Zustand wiederhergestellt, fühle ich lebhafter als sonst, was ich besitze und was ich vermisse. Unter das letzte habe ich alle Ursache die unterbrochene Mittheilung mit Ihnen, theurer verehrter Freund, zu zählen: ich spreche dieß in den ersten Tagen einer heiteren Wiederherstellung um desto lieber aus, als ich eine solche Erneuerung unserer schönen früheren Verhältnisse für ein Gut halten muß, dessen ich nicht länger entbehren darf.« Er durfte wahrhaftig sagen, daß er den Vorwurf der Versäumnis *nicht ganz* von sich ablehnen wolle.

> *Soviel aber kann ich versichern, daß ich es für den zu früh Dahingegangenen weder als Freund an Neigung, noch als Forscher an Theilnahme und Bewunderung je habe fehlen lassen, ja daß ich oft irgend etwas mir Wichtiges zur Anfrage zu bringen gedachte, wodurch denn auf einmal alle bösen Geister des Mißtrauens wären verscheucht gewesen.*

Eben die drei eigenen letzten Briefe an den Verstorbenen hatten ihm vor Augen geführt, daß man dort, wo das Schweigen sich eingeschlichen hat, Verstummen und Mißstimmung und *alle bösen Geister des Mißtrauens* ihm gefolgt sind, *leider* auch in den Bemühungen der Wohlwollenden, Guten *eine Art von Unbehülflichkeit entdecken* müsse. Es blieb unzureichend, was er versucht hatte. Das Wort, das die Dämonen verjagte, war nicht gefallen. Versäumtes bezeichnend, schreibt er jetzt, daß er doch *oft irgendetwas mir Wichtiges zur Anfrage zu bringen gedachte, wodurch dann auf einmal alle bösen Geister des Mißtrauens wären verscheucht gewesen.* Den aufwendig substantivierenden Verzicht auf ein einfaches ›erfragen‹ wird man hier nicht leichthin als eine überflüssige Geheimratsversteifung abtun dürfen. Wohl würde die verbale Fassung des Sachverhalts das vom Schreiber Beabsichtigte und Versäumte an sich nicht weniger deutlich machen. Sein umständliches ›Funktionsverbgefüge‹ aber enthält über die bloße Mitteilung des Tatbestandes hinaus die Erklärung *einer solchen Versäumniß*, bildet nämlich als sprachliche Figur zugleich die Schwierigkeit der Aktion nach, von der sie spricht. Einfach ›anzufragen‹, war (so unterstellt sie) in diesem Fall nicht möglich. *Wichtiges*, das den Briefschreiber bewegte und ihn an Seebeck mochte denken lassen, hätte allererst gedanklich durchdrungen, dann auf angemessene Weise als *Anfrage* formuliert werden müssen. Auch ging es da nicht allein um komplizierte naturwissenschaftliche Fragen. Hinsichtlich der von Goethe erwarteten und angemahnten fortdauernden Unterstützung Seebecks bei der Durchsetzung seiner ›Farbenlehre‹ hätten allererst die *bösen Geister des Mißtrauens verscheucht* werden müssen, die das letzte Lebensjahrzehnt der beiden beherrschten. Diesen Widerstand der Sache selbst bildet Goethes umständlich angestrengte Konstruktion hier ab. Sie macht begreiflich, weshalb der Briefschreiber *einer solchen Versäumniß* sich *schuldig* machte. Mehr noch: Goethes unbehilfliche Wendung selbst spiegelt und bezeugt am Ende dieser Passage eben die *Unbehülflichkeit*, welche die Wohlwollenden Guten lähmt, wenn *alle bösen Geister* des Schweigens, Verstummens und Mißtrauens sich eingeschlichen haben.

Doch hat das vorüberrauschende Leben unter andern Wunderlichkeiten auch diese, daß wir, in Thätigkeit so bestrebsam, auf Genuß so begierig, gar selten die angebotenen Einzelnheiten des Augenblicks zu schätzen und festzuhalten wissen.

So hat Benjamin die Worte *das vorüberrauschende Leben* kommentiert: »Bewegt und gedrängt heißt dies Leben an anderer Stelle: Beiworte, die es überdeutlich machen, daß der Schreiber selbst sich, betrachtend, an dessen Ufer zurückzog, im Geiste, wenn auch nicht im Bilde, jenes anderen Greisenwortes, mit dem Walt Whitman verschieden ist: ›Nun will ich mich vor die Tür setzen und das Leben betrachten.‹« Und zu den *Einzelnheiten des Augenblicks* hat er angemerkt: »›Zum Augenblicke möcht ich sagen: Verweile doch, du bist so schön‹.[40] Schön ist der erfüllende Augenblick, der verweilende aber erhaben, wie der am Lebensende kaum mehr vorrückende, den diese Briefzeilen festhalten.«

In *Thätigkeit so bestrebsam, auf Genuß so begierig*, war dieser Briefschreiber gewiß nicht versucht, zum Augenblick das »Verweile doch«! in jenem Sinne zu sagen, welcher Faust dem Bösen überantworten sollte: als Ausdruck des vom Genuß Betrogenen, des sich selbst Gefallenden, der beruhigt auf dem Faulbett liegt.[41] Und nicht den erfüllten Augenblick, den man festzuhalten wünschte, meint der Zweiundachtzigjährige hier, sondern den versäumten, nicht genutzten, vertanen rechten Augenblick. Das »größte Unheil unserer Zeit« nannten es scharf und bitter die ›Betrachtungen im Sinne der Wanderer‹, »daß man im nächsten Augenblick den vorhergehenden verspeis't, den Tag im Tage vertut, und so immer aus der Hand in den Mund lebt, ohne irgendetwas vor sich zu bringen.«[42] Jetzt aber nimmt er dieses Unheil als eine der *Wunderlichkeiten* des vorüberrauschenden Lebens. Die kritische Schärfe der Betrachtung weicht dem heiter resignierenden Überblick über das Erdetreiben. In seinem bewegten und gedrängten, tätigen Leben habe er *selten die angebotenen Einzelnheiten des Augenblicks zu schätzen und festzuhalten* gewußt. Solch eigenes *Versäumniß* aber, als eine Wunderlichkeit des Lebens, als Teil des Menschlichen verstanden, schenkt dem alt und einsam Gewordenen eine heiter-schmerzliche Einsicht in die eigene Unzulänglichkeit als Teilhabe an einem allgemeinmenschlichen Geschick. »Man mag noch so eingezogen leben«, hatte er in ›Ottiliens Tagebuch‹ geschrieben, »so wird man, ehe man sich's versieht, ein Schuldner oder Gläubiger.«[43] Schuldnerschaft und Gläubigerschaft aber heben die Isolation des Individuums auf und binden den Einzelnen ein in das umgebende soziale Ganze. Getrost und gelassen führt der

40 ›Faust II‹, 11581 (korrekt: »Zum Augenblicke dürft' ich sagen …«).

41 ›Faust I‹, 1692 ff.

42 ›Wilhelm Meisters Wanderjahre‹ (FA I 10, S. 563, 39).

43 ›Die Wahlverwandtschaften‹ (FA I 8, S. 418).

Greis das eigene *Versäumniß*, die eigene *Unbehülflichkeit* hinüber ins wunderliche unzureichende Immer-so.

> *Und so bleibt denn im höchsten Alter uns die Pflicht noch übrig, das Menschliche, das uns nie verläßt, wenigstens in seinen Eigenheiten anzuerkennen und uns durch Reflexion über die Mängel zu beruhigen, deren Zurechnung nicht ganz abzuwenden ist.*

Benjamin hat *das Menschliche … in seinen Eigenheiten* kommentiert: »Die sind das Letzte, worauf der große Humanist sich als in ein Asyl zurückzieht; die Idiosynkrasien, die diese späteste Lebensperiode regieren, auch sie stellt er unter das Patronat der Menschheit selbst. Wie durch das Mauerwerk eines unerschütterlichen, ausgestorbenen Baues zuletzt die schwachen Pflanzen, Moose sich ihre Bahn brechen, dringt hier, die Fugen einer unerschütterlichen Haltung sprengend, das Gefühl«.

Menschliches also setzt der Briefschreiber ein für das *Versäumniß*, die *Unbehülflichkeit*, die Mängel, *deren Zurechnung nicht ganz abzuwenden ist.* Im Konzept stand *nicht ganz abzulehnen.* So hatte Goethe diktiert. Er billigte die von Riemer eingetragene Änderung in *abzuwenden* (vielleicht um den in Zeile 16 schon einmal verwendeten Ausdruck zu wechseln). Der ursprüngliche Wortlaut aber war auch hier genauer. Der versuchte gar nicht erst, eine Mängel-*Zurechnung* als möglicherweise unberechtigt *abzuwenden*, sondern nahm sie hin als jedenfalls *nicht ganz abzulehnen.* Auch noch die Schuldnerschaft und Gläubigerschaft der selbst in ihrer *Unbehülflichkeit* wohlwollenden Guten (was etwas anderes ist als Benjamins »Idiosynkrasien« des eigenen Alters) stellt Goethe hier »unter das Patronat der Menschheit.« Was dieser Briefschreiber sich im höchsten Alter zur *Pflicht* erklärt: *durch Reflexion über die Mängel*, über die Bedingungen und Grenzen des Menschen, über den »Erdenrest«, der ihm bleibt und ihn ausmacht, sich *zu beruhigen* – eben das ist es, was er selber unternimmt mit diesem Brief. So hat dieses Manifest einer Humanität, die sich nicht mehr naiv-optimistisch gibt, nicht Vollkommenheit postuliert und das

Menschliche an sie verrät, ihm vielmehr das ganze Ausmaß seiner *Unbehülflichkeit* zurechnet und zubilligt, zu Händen des jungen Moritz Seebeck eine Gesellschaftslehre jener »Gemeinschaft der Heiligen« hinterlassen, deren Minorität der alte Mann in Weimar sich zugehörig wußte (oder wünschte).

Mich Ihnen und Ihren theuren Angehörigen zu geneigtem Wohlwollen bestens empfehlend.

Weimar — *ergebenst*
den 3. Januar — *JWv Goethe*
1832

So unauffällig fügt sich dieser Briefschluß der zeitgenössischen Konvention und Goethes ihr folgendem Sprachgebrauch, daß er kaum noch beachtenswert erscheint. Gerade das Wort *Wohlwollen,* auf das die ganze Wendung doch abzielt, begegnet häufig in den Schlußsätzen seiner späten Briefe[44] – gelegentlich sogar freigestellt und in einer Reihe solcher Parolen (»Verzeihung! und Wohlwollen!« oder »Andencken und Wohlwollen!« oder »Nachsicht! Antheil! Wohlwollen!«[45]). Bei genauerem Zusehen freilich wird hier ein höchst aufschlußreicher Zusammenhang mit dem zuvor Bedachten erkennbar. Alles in Goethes dichtgefügtem Textgebäude ist auf dieses Wort am Ende wie auf einen Schlußstein gerichtet. Denn wenn die Trefflichen, Tätigen, Guten *mit Bewußtseyn trachten sollten,* ihre durch *Schweigen* und *Verstummen* erzeugte *Mißstimmung* und *Unbehülflichkeit* zu überwinden, sie aber schließlich doch unter das allgemein *Menschliche* rechnen und sich über solche *Mängel* zu *beruhigen* suchen müßten – so bleiben sie allemal angewiesen auf das mitmenschliche *Wohlwollen* derer, an denen sie *schuldig* geworden sind durch ihr *Versäumniß.* Was so formelhaft-nichtssagend anmutet, ist tatsächlich die schließende Bedingung

44 Dazu Schrader 1911, S. 9 f. Für *Wohlwollen* am Briefende gibt die Datenbank jetzt etwa 100 Verwendungsfälle an.

45 Briefe an v. Gersdorff, 21.1.1814; Luden, 2.4.1825; Varnhagen v. Ense, 3.4.1825.

alles dessen, was dieser Brief zu bedenken gab. Das ganz gebräuchliche Wort erweist sich hier als das geradezu unerläßliche.

Wohlwollen, dem der Briefschreiber sich empfiehlt, zielt auf Wechselseitigkeit, stellt Gemeinschaft her unter jenen *wohlwollenden guten Characteren*, von denen zuvor die Rede war (11). Seiner zu bedürfen und es zu gewähren, fordert einander. So hat der alte Goethe hier um *Wohlwollen* nicht nur gebeten, sondern es selber geschenkt. Zelter hat ihm später, am 25./28. Januar 1832, von seinen Unterhaltungen mit Mitgliedern der Königlichen Akademie der Wissenschaften in Berlin berichtet und in diesem Brief geschrieben: »So ward gestern von Seebeck gesprochen: wie der Minister Arbeit gehabt den bedeutenden Mann in die Akademie zu schaffen, der doch der berufenen [Goetheschen] Farbentheorie ergeben gewesen, sich aber nachher im Amte selber, wo nicht als Abgefallener, doch gemäßigt erwiesen habe, weil er sich hier in der Mathematik nicht stark gefunden.«[46] Das rührte an die alte Wunde. Goethe empfand gewiß als ein *Versäumniß*, was Seebeck an ihm und der gemeinsamen Sache gefehlt hatte. Aber am 4. Februar 1832 antwortete er Zelter, es gehöre »zu den wichtigsten Erfahrungen« seines Alters, daß die gelehrten Sozietäten sich gegen seine ›Farbenlehre‹ wehrten. Und nun: »Sie haben Recht! und ich lobe sie darum. Warum sollten sie den Besen nicht verfluchen der ihre Spinnweben, früher oder später, zu zerstören Miene macht? Damals schwieg ich, jetzt will ich doch einige Worte nicht sparen. Es sind alles ehrenhafte wohldenkende Männer in der Gesellschaft von der du erzählst; aber freylich gehören sie einer Gilde, einer Confession, einer Partei an, welche durchaus wohlthut, alles widerwärtig Eingreifende, das sie nicht vernichten können, zu beseitigen.« Denn eine Wissenschafts-Akademie müsse allemal »das Überlieferte, Angenommene weiterführen und nur eine gewisse Art neuer einzelner Beobachtungen und Entdeckungen hereinlassen und sich assimiliren, alles Andere muß beseitigt werden als Ketzerey.«

46 Goethe – Zelter, Bd 20.2, S. 1603.

Das sind die Prämissen. Jetzt wendet sich dieser Brief an Zelter dem toten Freunde zu, der sich doch – nach Goethes Urteil – auch seinerseits *schuldig gemacht* hatte durch Versäumnisse und einen solchen *Vorwurf nicht ganz von* sich hätte *ablehnen* dürfen: »Seebeck, ein ernster Mann im höchsten besten Sinne, wußte recht gut wie er zu mir und meiner Denkweise in naturwissenschaftlichen Dingen stand; war er aber einmal in die herrschende Kirche aufgenommen, so wäre er für einen Thoren zu halten gewesen, wenn er nur eine Spur von Arianismus hätte merken lassen« (»oder« – so hieß es im Konzept dieses Briefes ursprünglich weiter – »nur einen Hauch daß er den Pelagius nicht für einen Teufelsbraten halte«).[47] Und: »Wie du mir schreibst, gestehen jene Interlocutoren [: Opponenten] selbst daß er mäßig gewesen sey, d. h. daß er sich über die Hauptpuncte nicht erklärte, stillschweigend anhören konnte was ihm mißfiel und, hinter wohlanschaulichen Einzelnheiten, ich meyne durch entschieden glückliches Experimentiren, worin er große Geschicklichkeit bewies, seine Gesinnungen verhüllte, indem er seinen akademischen Pflichten genugthat. Sein Sohn versicherte mich noch vor kurzem der reinen Sinnesweise seines trefflichen Vaters gegen mich.«

Der alte Liebhaber von Arnolds ›Kirchen- und Ketzer-Historie‹ läßt seinen Kampf gegen Newton hier im Bilde des arianischen Streites erscheinen. Gegen die nicäisch-orthodoxe Auffassung, die Christus in ursprünglicher Einheit mit Gott und »eines Wesens mit dem Vater« sah, stellte der Arianismus seine strikt monotheistische Lehre von Christus als dem (ersterschaffenen und einzig vollkommenen) Geschöpf des allein uranfänglichen, aber: unteilbaren Gottes. So setzte Goethe seine Lehre von den Farben als Hervorbringungen, als »Taten und Leiden« des unteilbaren Lichtes gegen die newtonisch-orthodoxe Auffassung, welche die Farben selber als uranfängliche Bestandteile des ihnen wesensglei-

47 Verzeichnet in WA IV 49, S. 428 unter 229,9 (Pelagius: im 5. Jh. als ketzerischer Abweichler von der orthodoxen augustinischen Erbsünden-Lehre verdammt).

chen (in die Spektralfarben brechbaren) weißen Lichts verstand. In der naturwissenschaftlichen Kontroverse um das Farbenwesen sah er die Fortsetzung des alten theologischen Streits um die Christologie:

> Zwei Gegner sind es, die sich boxen,
> Die Arianer und Orthodoxen.
> Durch viele Säcla dasselbe geschicht,
> Es dauert bis an das jüngste Gericht.[48]

Jetzt verlangte er nicht mehr, daß der Arianer Thomas Seebeck in einen Glaubenskrieg gegen die Majorität der Orthodoxen ziehe. Er billigte dem in die »herrschende Kirche« aufgenommenen heimlichen Ketzer die Reservatio mentalis zu. Um den notwendigen Zwang wissend, den jede Vereinigung ausübt auf das ihr zugehörige, von ihr abhängige Einzelglied, begnügte er sich mit der in Moritz Seebecks Schreiben versicherten »reinen Sinnesweise seines trefflichen Vaters«. Er ließ ihm die wissende Schonung und Nachsicht zuteil werden, deren er sich selbst bedürftig wußte. Das *Wohlwollen*, dem er sich in unserem Briefe empfahl, bezeichnet eine Sinnesweise der Trefflichen, welche ihm über allen Meinungsstreit der Gilden, Konfessionen, Parteien hinweg und über die eigene *Versäumniß* und *Unbehülflichkeit* hinaus den Bestand einer stillen, fast gedrückten »Gemeinschaft der Heiligen« in ihrer Diaspora verbürgte. Mit der Sprache der Majorität konform, aber vom Ethos jener Minorität erfüllt, läßt dieses Wort – so wie die konventionelle Sprache dieses Briefes überhaupt – den ursprünglichen sozialen Sinn der Konvention aufscheinen. Am Ende der ›Wanderjahre‹ von 1829 heißt es im Wissenschaftsgespräch Montans mit dem Astronomen: Wenn auch zu Zeiten »das Falsche die Oberhand« gewinne, so werde »doch immer eine Minorität für das Wahre übrig bleiben, und wenn sie sich in einen einzigen Geist zurückzöge, so hätte das nichts zu sagen. Er wird

48 ›Zahme Xenien‹ IX (FA I 2, S. 736). – Dazu Schöne 1987, S. 68–75 (›Arianismus‹).

im Stillen, im Verborgenen fortwaltend wirken, und eine Zeit wird kommen, wo man nach ihm und seinen Überzeugungen fragt, oder wo diese sich, bei verbreitetem allgemeinem Licht, auch wieder hervorwagen dürfen.«[49]

Als Goethe in diesem Dichtwerk mit der Figur der Makarie das große Beispiel für einen solchen »einzigen Geist« darstellte, welcher »im Stillen, im Verborgenen fortwaltend« wirkt, setzte er für ihre wunderbare Gabe verwandelnden Einflusses auf die ihr begegnenden Menschen eben das Wort unseres Briefschlusses ein: »Die Personen, welche Wilhelm kannte, standen wie verklärt vor seiner Seele, das einsichtige Wohlwollen der unschätzbaren Frau hatte die Schale losgelös't und den gesunden Kern veredelt und belebt.«[50] Solches Wohlwollen, von den miteinander Lebenden wechselseitig erbeten und gewährt, blieb ihm ein »zuletzt erprobtes Glück«. So steht es in den Versen ›Am acht und zwanzigsten August 1826‹,[51] die er in einem Privatdruck zum eigenen 77. Geburtstag an seine Freunde verschickt hat – als einen Sendbrief an die »Gemeinschaft der Heiligen«:

Des Menschen Tage sind verflochten,
Die schönsten Güter angefochten,
Es trübt sich auch der freiste Blick;
Du wandelst einsam und verdrossen,
Der Tag verschwindet ungenossen
In abgesondertem Geschick.

Wenn Freundes Antlitz dir begegnet,
So bist du gleich befreit, gesegnet,
Gemeinsam freust du dich der Tat.
Ein Zweiter kommt sich anzuschließen,
Mitwirken will er, mitgenießen,
Verdreifacht so sich Kraft und Rat.

49 FA I 10, S. 727 f.
50 Ebd. S. 379.
51 FA I 2, S. 813 f.

Von äußerm Drang unangefochten,
Bleibt, Freunde, so in Eins verflochten,
Dem Tage gönnet heitern Blick!
Das Beste schaffet unverdrossen;
Wohlwollen unsrer Zeitgenossen
Das bleibt zuletzt erprobtes Glück.

IX

»Geheimnisse des Lebens«

An Wilhelm von Humboldt, 17. März 1832

»Ich habe von Goethe einen unendlich merkwürdigen Brief bekommen und traue meinen Augen kaum jetzt noch, wenn ich sehe, daß er vom 17ten Maerz, also fünf Tage vor seinem Tode datiert ist.« Wilhelm von Humboldt schreibt das am 18. April 1832 dem Weimarer Kanzler von Müller. Und setzt diesem Eingangssatz hinzu: »Ich nehme mir die Freyheit, Ew. Hochwohlgeboren eine Abschrift desselben zu überschicken, da ich überzeugt bin, daß er Ihnen große Freude machen wird und nicht glaube, daß Goethe Concepte oder Abschriften solcher Briefe behielt.«[1] – Er hatte Goethes letzten Brief in Händen.

Man möchte es ungern einem blinden Zufall zurechnen, daß es sich dabei nicht um eines der vielen belanglosen Gelegenheitsschreiben handelte, die von ihm überkommen sind, nicht noch einmal um eine seiner brieflichen Geldanweisungen, Geschäftsnotizen, Besuchsverabredungen etwa, nicht um eine Empfangsbestätigung und Bedankung für Mineralien, Weinkisten oder Teltower Rübchen, sondern daß er als letzten Brief diesen »unendlich merkwürdigen« hinterließ.[2]

1 GSA, Signatur: 68/205b, Bl. 5–6. (Die übliche Weimarer Archivierung der Goetheschen Briefkonzepte war Humboldt also nicht bekannt – vgl. hier Exkurs II, S. 425 f.).

2 Hier, konstatiert Fairley 1957/58, S. 9, »the natural philosopher and the creative poet are seen to be one and the same in a final looking back and forth.«

Seinen Anlaß vermerkt Goethes Tagebuch unter dem 22. Juli 1831: »Das Hauptgeschäft zu Stande gebracht.« Mit fünf kargen Buchhalterworten notifizierte er da die Vollendung der ›Faust‹-Dichtung. 1790 war ›Faust. Ein Fragment‹ erschienen, 1808 ›Der Tragödie Erster Teil‹, 1827 ein Vorabdruck vom 3. Akt des Zweiten Teils, 1828 der Beginn auch von dessen 1. Akt. Am 19. Juli 1829 dann hatte Goethe zur Fertigstellung des Ganzen an Zelter geschrieben: »wenn man mich von Seiten höchster Gewalten auffangen und auf ein Vierteljahr einer hohen Festung anvertrauen wollte, so sollte nicht viel übrig sein. Ich habe alles so deutlich in Herz und Sinn daß es mir oft unbequem fällt.« Diese eher beiläufig erscheinende Bemerkung unter Freunden (in einem Briefwechsel freilich, der damals bereits zur Veröffentlichung bestimmt war) birgt einen Vergleich, der offenbar weder von Zelter begriffen, noch später je bedacht worden ist. Die im konditionalen Konjunktiv (»wenn man mich … wollte, so sollte«) auf ihn selber bezogenen Worte nämlich beschreiben exakt, wie der Reformator Martin Luther 1521 auf die Wartburg verbracht wurde, wo er in kaum einem Vierteljahr das Neue Testament so übersetzte, daß für den Druck im September 1522 daran nicht mehr viel zu tun übrig blieb. Höher hätte Goethes Selbsteinschätzung nicht greifen können. Was es dann für den Dreiundachtzigjährigen bedeutete, daß er dieses Werk wirklich noch hatte zustande bringen können, gibt Eckermanns Gesprächsbericht vom 6. Juni 1831 zu verstehen: »Mein ferneres Leben sagte er, kann ich nunmehr als ein reines Geschenk ansehen, und es ist jetzt im Grunde ganz einerlei, ob und was ich noch etwa tue.«

Und, Goethes eigene Bemerkung in diesem Brief (Zeile 2 ff.) über eine Belehrung auch der Menschen *durch ihre Organe* aufnehmend: »It is not comfortable to admit that mere chance can be so intelligent. The only other view open to us is to hold that, while he did not know it was all over, something knew. Is it not just conceivable that his organs were for the last time instructing him?«

Am 1. Dezember dieses Jahres hatte er Wilhelm von Humboldt geschrieben, er habe das Manuskript des Zweiten Teils versiegelt, damit er »nicht etwa hie und da weiter auszuführen in Versuchung käme; wobey ich freylich bedaure, daß ich es – was der Dichter doch so gern thut – meinen werthesten Freunden nicht mitteilen kann.«[3] Dem aber ging eine Bemerkung über die »Art von Production« voraus, die ihm den Abschluß dieses ›Hauptgeschäfts‹ ermöglicht habe. Er machte sich hier die Verse zu eigen, die er im ›Vorspiel auf dem Theater‹ durch den Direktor hatte sprechen lassen, und schrieb also:
»gerade zu einer günstigen Zeit fiel mir das Dictum ein:

Gebt ihr euch einmal für Poeten,
So commandirt die Poesie;

und durch eine geheime psychologische Wendung, welche vielleicht näher studirt zu werden verdiente, glaube ich mich zu einer Art von Production erhoben zu haben, welche, bey völligem Bewußtseyn dasjenige hervorbrachte, was ich jetzt noch selbst billige, ohne vielleicht jemals in diesem Flusse wieder schwimmen zu können, ja was Aristoteles und andere Prosaisten einer Art von Wahnsinn zuschreiben würden.«

Freilich ist hier nicht Aristoteles zuständig,[4] sondern Platon[5]

3 Ob Goethe sein Manuskript im August 1831 tatsächlich eingesiegelt hat, wie er das auch in anderen Briefen mitteilte, ist ungewiß. Jedenfalls hat er nach Ausweis des Tagebuchs im Januar 1832 seiner Schwiegertochter daraus vorgelesen, dabei auch noch »Einiges umgeschrieben«. Nach einem undatierten Gesprächsfragment Eckermanns soll er gar erklärt haben: »guten Freunden, die nach dem Manuskript einige Neugierde verrieten, habe ich weisgemacht ich hätte es mit sieben Siegeln belegt und fest verschlossen. Wir wollen es dabei bewenden lassen, damit ich nicht ferner geplagt werde.« (Vgl. Goethe, Faust. Hg. v. Albrecht Schöne. [8]Frankfurt a. M. 2017. Text-Bd S. 805–809).

4 In FA II 11 (38), S. 886 wird kommentierend Aristoteles' Poetik 17 p 1455 a 32 angeführt. Dort geht es freilich um das dichterische Einfühlungsvermögen in die Gemütszustände der dramatischen Figuren.

5 Phaidros 245a: Sokrates' Rede über μανία als den durch die Götter bewirkten Inspirationszustand der großen Dichter. Dazu grundlegend Dodds 1963, S. 64–101: ›The Blessings of Madness‹.

und, was »andere Prosaisten« angeht, etwa Demokrit oder Cicero. Auch war Goethes Erklärung nicht ganz durchsichtig. Er meinte offenbar, daß die Vollendung der ›Faust‹-Dichtung auf einer planmäßig-bewußten Arbeit beruhe, daß sich hingegen deren erster Teil und seine frühen Entwürfe zum zweiten Teil (»was ich jetzt noch selbst billige«) einer inspirierten Produktivität verdankten, welche ihn von seinen früheren Dichtungen einmal sagen ließ, er habe sie geradezu »als Nachtwandler geschrieben«.[6]

Der Adressat verstand sehr wohl, daß es da keineswegs um Inhaltliches ging, nicht um den weiteren Handlungsverlauf also und darum etwa, wie Fausts Wette mit Mephisto ausgehen, wie der Teufelsbündner und Verderber der Margarete am Ende »in die Klarheit« des Herrn geführt werden würde, sondern um die Bedingungen der Möglichkeit eines solchen Kunstwerks überhaupt, um die geistigen Mechanismen der schöpferischen Hervorbringung – um das »Wesen der Dichtungskraft«, wie Humboldt in seinem erregt nachfragenden Antwortbrief vom 6. Januar 1832 formulierte.[7] Der schickte damals eine Abschrift der fraglichen Passage aus Goethes Dezember-Schreiben zur Erinnerung nach Weimar (eben das *Blättchen*, das der hier zur Rede stehende letzte Brief dann in Zeile 32 erwähnen wird) und drängte auf eine nähere Erklärung dessen, was er dort angedeutet fand über die »geheime psychologische Wendung« zu einer »Art von Production«, bei der Plan und Vorsatz an die Stelle spontaner Kreativität getreten waren. Humboldt also: »Versuchen Sie doch einmal, ob Sie (da dies in der Stelle mir dunkel bleibt) aus Ihrer Erinnerung entnehmen können, ob Ihnen jene Art der Produktion mit völligem Bewußtsein wohl immer beigewohnt hat, oder ob Sie dieselbe als erst in einer gewissen Epoche eingetreten betrachten? Ich möchte, wenn auch natürlich im Grade Verschiedenheiten gewesen sein mögen, an das erstere glauben. Der Aristotelische Ausdruck wenigstens [er meint Goethes Platon-Worte von »einer Art von Wahnsinn«],

6 Brief an Knebel, 16.3.1814.

7 Mandelkow 1988, Bd 2, S. 606 ff.

wenn man ihn auch noch so sehr als ein bloßes Extrem ansieht, hat gewiß niemals auf Sie gepaßt und paßt auf keines Ihrer Werke, auch nicht auf den Werther und den Götz. Ihre Dichtung stammte von jeher aus Ihrer ganzen Natur- und Weltansicht. Daß diese in Ihnen nur eine dichterische sein konnte, und daß Ihre Dichtung durch den ganzen Natur- und Weltzusammenhang bedingt sein mußte, darin liegt Ihre Individualität.« – Darauf antwortet Goethes letzter Brief.[8]

Nach einer langen unwillkührlichen Pause beginne folgendermaßen und doch nur aus dem Stegreife. Die Thiere werden durch ihre Organe belehrt, sagten die Alten, ich setze hinzu: die Menschen gleichfalls, sie haben jedoch den Vorzug ihre Organe dagegen wieder zu belehren.

Er setzt ohne Anrede ein, wie fast immer, wenn sein Verhältnis

8 Die Wiedergabe des hier zunächst passagenweise zitierten Textes hält sich buchstaben- und zeichenadäquat an die vom Schreiber John vorgenommene Reinschrift (Archiv Schloß Tegel, Mappe 176, Nr 362), läßt nur den Zeilenfall außer acht. Das dem gleichen Schreiber diktierte Konzept mit von Riemers Hand ausgeführten Korrekturen (verzeichnet in WA IV 49, S. 450 f.) liegt im GSA, Bestand: 29 Goethe Ausgegangene Briefe. Signatur 29/54, Bl. 52. – Korrekturen im Mundum selbst, auch dessen (geringfügige) Abweichungen vom korrigierten Konzept lassen vermuten, daß die Reinschrift nicht unmittelbar auf diesem Entwurf beruhte. Jedenfalls ergaben sich drei zweifelhafte Schreibungen, die in der folgenden Textwiedergabe beibehalten wurden: Zeile 41: *der freywilligen thätigen* (statt: »freywillig thätigen«?) *Natur;* 42 f.: *nach einem so lange* (statt: »so langen«?) *thätig nachdenkenden Leben;* 56: *Verwirrende Lehre zu verwirrenden* (statt: »zu verwirrendem«) *Handel* (– im Konzept noch: »zu verwirrtem Handel«).
Franz Schmidt (Goethe-Jb. 28, 1966, S. 284 ff.) spekuliert, daß der Kranke diesen Brief nur noch in Auftrag geben konnte und Riemer mit dem Kanzler v. Müller ihn aus Teilen anderer Briefe und Schriften Goethes zusammengestellt hätte. Seine Argumente sind so wenig stichhaltig, die entstehungsgeschichtlichen Angaben in Goethes und Riemers Tagebüchern (11.–13.3.1832) und in Riemers Schreiben an v. Müller vom 24.4.1832 (GSA 68/368) hingegen so überzeugend, daß es nicht lohnt, darauf näher einzugehen.

zum Adressaten es erlaubt, auf diese Förmlichkeit zu verzichten. Hier freilich trägt er das nach, schreibt gegen Ende des Briefes dann doch: *würdiger Freund* (59). Als habe der vorangegangene Text diesen ersten Leser noch einmal geprüft, wird der wohlwollend Nahestehende und Gleichgesinnte dort als *würdiger*, nämlich angemessener, vorbildhaft-idealer Leser des Briefes apostrophiert. Denn daß künftig auch andere ihn lesen würden, war dem Schreibenden wohl bewußt; im Jahr zuvor schon hatte er mit Eckermann eine postume Auswahlausgabe seiner Briefe erörtert.[9]

Wie häufig in den Eröffnungssätzen der späten Briefe wird auch der Absender ferngehalten, sein Personalpronomen also ausgespart. Hier freilich scheint diese Ich-Eliminierung (die von Jean Paul geradezu als »grammatischer Selbstmord« diagnostiziert worden ist[10]), nicht nur den Schreibkonventionen seiner Zeit zu folgen,[11] sondern darüber hinaus eine Art Selbstentfremdung zu indizieren. Die im ›ich‹ sich mitteilende Identität des Schreibenden oder diktierend Sprechenden mit der von ihm beschriebenen oder besprochenen Person löst sich auf. Der da Abstand, fast könnte man sagen: Abschied nimmt von sich selbst, hatte nur wenig früher und eben an Humboldt geschrieben, daß ihm in seinen hohen Jahren »alles mehr und mehr historisch« werde, ja daß er sich selbst »immer mehr und mehr geschichtlich« erscheine.[12] Goethes Angabe hier, er *beginne folgendermaßen*, ist der Sache nach völlig überflüssig. Als eine zu Protokoll genommene Selbstbeobachtung aber gibt sie zu verstehen, daß er über sich selber berichtet wie über einen anderen, dritten.

Nach einer langen unwillkührlichen Pause erst antworte er so auf den vor gut zwei Monaten eingegangenen Brief des Freundes. Unwillkürlich, also dem eigenen Belieben entzogen nennt er diese Verzögerung wohl, weil er über lange Zeit hin den Humboldtschen Fragen nachgedacht hatte. Und nun *doch nur aus dem*

9 Vgl. Eckermanns Aufzeichnungen vom 1.1.1831: FA II 12 (39), S. 426–430.
10 Vorschule der Ästhetik, 1. Abt. § 34.
11 Dazu hier S. 285 f. (Brief an Graf Althann).
12 Brief vom 1.12.1831.

Stegreife: »ohne daß ich eben weiß was ich zu sagen habe«.[13] Das richtet sich auf die Transformation des lang Bedachten in Sprache.

In eben den Tagen, als Goethe diesen Brief an Humboldt konzipierte, war als letzter auswärtiger Besucher der junge Siegmund von Arnim im Haus am Frauenplan zu Gast; der hat darüber an seine Mutter Bettina von Arnim geschrieben: »wenn Du den Mann gesehen hättest, wie er nicht mehr in der Welt lebte, sondern nur noch wie in einem Buche darin herumblätterte«![14]

Die Thiere werden durch ihre Organe belehrt, sagten die Alten – dieser Satz einer anatomisch-physiologischen Abhandlung des Galenos aus dem 2. Jahrhundert n.Chr. hat den in der Welt wie in einem Buch herumblätternden Goethe in seinen beiden letzten Lebensjahren wiederholt beschäftigt.[15] Als er sich 1830/31 zu einer Zoologen-Kontroverse der Pariser Akademie über die Frage eines

13 Mit diesen Worten erläutert Goethes Brief an Humboldt vom 27.1.1803 das Diktieren aus dem Stegreif.

14 Biedermann/Herwig Bd 3.2, S. 861.

15 Tagebuch 6.9.1830: »Galeni de usu partium [corporis humani]. Über das Verhältniß des Organismus. Das Weitere durchdacht.« Da hatte er die griechische Fassung dieser Schrift aus der Weimarer Bibliothek entliehen (Keudell 1931, Nr 2153). Aber er kannte die Galen-Passage wohl schon durch Hermann Samuel Reimarus' ›Allgemeine Betrachtungen über die Triebe der Thiere‹. [2]Hamburg 1762, 8. Kap. (worüber Dorothea Kuhn mich brieflich belehrt hat). Galen (Claudii Galeni Opera Omnia, hg. v. K. G. Kühn. Bd 3, Leipzig 1822, S. 5 f.) erklärte freilich, der Mensch sei nicht etwa das vernünftigste unter den Tieren, weil er (wie der Naturphilosoph Anaxagoras behaupte) Hände habe, also gleichsam durch sie belehrt worden sei. Da junge Tiere doch versuchten, ihre noch unvollkommen ausgebildeten Gliedmaßen zu benutzen, deren Zweck also schon kennten, bevor sie sie recht besäßen, könne man gerade n i c h t behaupten, daß die Tiere durch ihre Organe über den Gebrauch derselben belehrt würden (τὰ ζῷα πρὸς τῶν μορίων διδαχθῆναι τὰς χρήσεις αὐτῶν). Vielmehr habe der Mensch nach der Lehre des Aristoteles (De partibus animalium Δ10, 687a 7–23) Hände allererst bekommen, weil er zuvor vernünftig geworden sei. Goethe hingegen nahm das »griechische Diktum« zustimmend auf – wie denn auch die heutige Entwicklungsbiologie eher dem nicht-teleologisch denkenden Anaxagoras folgt (obgleich die frühere Meinung nicht mehr vorherrscht, daß die Entwicklung des Gehirns durch den handgeleiteten Werkzeuggebrauch befördert worden sei).

einheitlichen anatomischen Bauplans der Tiere äußerte, suchte er das »griechische Diktum« »weiterschreitend abzuändern« und hob die organische Determination des instinktgeleiteten Tierverhaltens hervor: »Die Tiere werden von ihren Gliedern tyrannisiert«.[16] Dagegen setzte er mit einer Notiz vom Herbst 1830 dann die menschliche Selbstbestimmung: »Das Thier wird durch seine Organe belehrt, der Mensch belehrt die seinigen und beherrscht sie.«[17] 1831 schließlich las er in einer physiologischen Abhandlung über Paganini, den er drei Jahre zuvor in Weimar selber erlebt hatte, von der sehr ungewöhnlichen Körperbildung dieses Violinvirtuosen.[18] Dem Musiker-Freunde Zelter schrieb er daraufhin, daß Paganini »durch die Proportionen seiner Glieder bestimmt, begünstigt ja genöthigt werde, das Unglaubliche, ja das Unmögliche hervorzubringen«, und führte erneut das Wort der *Alten* an: »Die Thiere werden durch ihre Organe unterrichtet.« Jetzt aber fügte er hinzu: »Nun denke man sich, wie viel vom Thier im Menschen übrig bleibt, und daß dieser die Fähigkeit hat, seine Organe zu unterrichten, so wird man gern auf diese Betrachtungen immer wieder zurückkehren.«[19] Im Brief an Humboldt geschieht das zum letzten Mal, und hier faßt Goethe den Sachverhalt in seine endgültige Formel:

Den Vor-Satz (*Die Thiere werden durch ihre Organe belehrt*) hatte

16 Principes de Philosophie Zoologique … (FA I 24, S. 810–842, hier 835). In Goethes Entwurf zu diesem rezensierenden Essay hieß es: »Ein erhabener Alter sagt: Die Thiere werden durch ihre Organe belehrt und spricht alles aus was über den Instinct der Thiere gesagt werden kann.« (LA I 10 B/1, S. 144). Auch schon 1829: »der bloße nackte Instinct geziemt nicht dem Menschen.« (FA I 13, S. 40, ähnlich I 10, S. 560).

17 Sammelblatt. FA I 13, S. 83: 1.569.

18 Francesco Bennati: Notice physiologique sur Paganini. Revue de Paris 26 (1831), S. 52–60. Zitiert in MA 20.3, S. 1210. – Am 29.9.1828 hatte Paganini einen Besuch bei Goethe gemacht, der dann am 30.10. sein Weimarer Konzert besuchte, 1829 auch schon mit Zelter über ihn korrespondiert hat.

19 An Zelter, 9.6.1831. – Der schrieb am 18.6. zurück: »Vom Alten Bach könnte man sagen: das Pedal sei das Grundelement der Ausbildung seines unergründlichen Geistes, und ohne Füße wäre er nicht zu seiner Geistes*höhe* gekommen.« (MA 20.2, S. 1489).

er in dem eben genannten Brief an Zelter als »eines der größten Worte« bezeichnet, »welches uns unsre Vorvordern zurückgelassen haben«. Auf gleicher Ranghöhe läßt er jetzt den eigenen Zu-Satz folgen – ohne eine Bescheidenheitsfloskel, die ihn zurückstufte hinter das, was *die Alten* sagten, aber auch ohne eine Sprachattitüde besserwisserischer Überbietung. Was Goethes souveränem Diktum sein spezifisches Gewicht zuträgt und seine Wucht, ist die in der Bergpredigt des Matthäus-Evangeliums 5, 21 f. vorgegebene und dort fünfmal in ähnlicher Weise wiederholte Formel: »Ihr habt gehört, daß zu den Alten gesagt ist: ›Du sollst nicht töten … .‹ Ich aber sage euch …«.Wie in dieser Jesus-Rede die dem Mose auf dem Berg Sinai verkündeten göttlichen Gebote der Torah keineswegs aufgehoben werden (5,17: »Ihr sollt nicht wähnen, daß ich gekommen bin, das Gesetz oder die Propheten aufzulösen; ich bin nicht gekommen aufzulösen, sondern zu erfüllen«), so wird hier das von den *Alten* überlieferte Naturgesetz nicht etwa abgewiesen, sondern auf den Menschen hin erweiternd fortgeschrieben. Goethe umgeht denn auch das vorgegebene »aber«,[20] vermeidet damit allen Anschein von Widerspruch und Gegenthese und fügt gleichwertig ergänzend aneinander: So *sagten die Alten, ich setze hinzu* … . Dieser zweiteilig-eine Satz gibt die Grundstruktur der vier folgenden Absätze vor. Denn eben darum geht es dort: Um das in wechselseitiger ›Belehrung‹ des *Menschen* und seiner *Organe* erfolgende Zusammenspiel des *Bewußten und Unbewußten*, des *Angebornen* und *Erworbenen* (also der im genetischen Programm vorgegebenen *natürlichen Anlagen*, der erfahrungsabhängigen frühen Prägungen und der auf *Uebung, Lehre, Nachdenken, Gelingen, Mißlingen, Förderniß* und kritischem *Widerstand* beruhenden Lernprozesse) – was miteinander in der *freyen Thätigkeit* des Menschen eine *Einheit* hervorbringe, *welche die Welt in Erstaunen setzt.* Denn weithin bestimmen die hier durch

20 Auch in den Formeln der Bergpredigt ist das »aber« der gängigen deutschen Übersetzung von ἐγὼ δὲ λέγω ὑμῖν eher in anreihend-steigerndem Sinn zu verstehen: als betontes ›und‹, ›zudem‹, ›weiterhin‹, ›darüber hinaus‹.

Kursivdruck markierten Stichworte der nachfolgenden Briefpassage auch noch den heutigen, durch die Hirnforschung neu belebten Diskurs über das, was Goethe am Ende dieses Briefes *Geheimnisse des Lebens* nennen wird:

> *Zu jedem Thun, daher zu jedem Talent, wird ein Angebornes gefordert, das von selbst wirkt und die nöthigen Anlagen unbewußt mit sich führt, deswegen auch so geradehin fortwirkt, daß, ob es gleich die Regel in sich hat, es doch zuletzt ziel- und zwecklos ablaufen kann.*
>
> *Je früher der Mensch gewahr wird daß es ein Handwerk daß es eine Kunst giebt, die ihm zur geregelten Steigerung seiner natürlichen Anlagen verhelfen, desto glücklicher ist er; was er auch von außen empfange schadet seiner eingebornen Individualität nichts. Das beste Genie ist das, welches alles in sich aufnimmt sich alles zuzueignen weiß ohne daß es der eigentlichen Grundbestimmung, demjenigen was man Character nennt, im mindesten Eintrag thue, vielmehr solches noch erst recht erhebe und durchaus nach Möglichkeit befähige.*
>
> *Hier treten nun die mannigfaltigen Bezüge ein zwischen dem Bewußten und Unbewußten; denke man sich ein musikalisches Talent, das eine bedeutende Partitur aufstellen soll, Bewußtseyn und Bewußtlosigkeit werden sich verhalten wie Zettel und Einschlag, ein Gleichniß das ich so gerne brauche.*
>
> *Die Organe des Menschen durch Uebung, Lehre, Nachdenken, Gelingen, Mißlingen, Förderniß und Widerstand und immer wieder Nachdenken* [belehrt?], *verknüpfen ohne Bewußtseyn in einer freyen Thätigkeit das Erworbene mit dem Angebornen, so daß es eine Einheit hervorbringt welche die Welt in Erstaunen setzt.*
>
> *Dieses Allgemeine diene zu schneller Beantwortung der Frage und zu Erläuterung des wieder zurückkehrenden Blättchens.*

Durch die Nachricht vom Abschluß der ›Faust‹-Dichtung ausgelöst, hatten sich Humboldts Fragen auf Goethes »Art von Production« gerichtet. Dessen Antwort freilich übergeht oder übersteigt den eigenen Fall, indem sie ihn als ein generelles anthropologisches Phänomen bedenkt. Nach dem grundsätzlich Gesagten also soll der Freund sich nun selber zurechtlegen, was er im Besonderen wissen wollte. Aber als führten die beiden ein Gespräch, bei dem der andere auf seiner Frage bestünde, wendet Goethe sich denn doch noch dem zu, was Humboldts Erkundigung herausgefordert hatte. Damit wechselt der Tempusgebrauch. Das bis hierhin als Mitteilungsform des allgemein und zeitlos Gültigen verwendete Präsens (*Die Thiere werden durch ihre Organe belehrt* | *Die Organe des Menschen … verknüpfen ohne Bewußtseyn in einer freyen Thätigkeit das Erworbene mit dem Angebornen*) wird abgelöst durch ein Perfekt und Präteritum, die den abgeschlossenen Vorgang der ›Faust‹-Vollendung als Paradigma dessen darstellen, was zuvor als gesetzmäßig beschrieben wurde:

Es sind über sechzig Jahre, daß die Conception des Faust bey mir jugendlich von vorne herein klar, die ganze Reihenfolge hin weniger ausführlich vorlag. Nun hab ich die Absicht immer sachte neben mir her gehen lassen, und nur die mir gerade interessantesten Stellen einzeln durchgearbeitet, so daß im zweyten Theile Lücken blieben, durch ein gleichmäßiges Interesse mit dem Uebrigen zu verbinden. Hier trat nun freylich die große Schwierigkeit ein, dasjenige durch Vorsatz und Character zu erreichen was eigentlich der freywilligen thätigen Natur allein zu kommen sollte. Es wäre aber nicht gut, wenn es nicht auch nach einem so lange thätig nachdenkenden Leben möglich geworden wäre, und ich lasse mich keine Furcht angehen man werde das Ältere vom Neueren, das Spätere vom Früheren unterscheiden können, welches wir denn den künftigen Lesern zu geneigter Einsicht übergeben wollen.

Wie genau Goethe hier die »Art von Production« beschreibt, welche den ›Faust II‹ zum Abschluß brachte, hat Humboldt kaum schon nachvollziehen können. Erst Goethes ihm unbekannte, handschriftlich hinterlassene ›Paralipomena‹ zum ›Faust‹, die Anne

Bohnenkamp 1994 dokumentiert und ausgewertet hat, gaben das zu verstehen.

Er arbeitete langsam in dieser letzten Zeit, sagte er am 11. März 1828 zu Eckermann, früher habe er täglich und mit Leichtigkeit einen ganzen Druckbogen, also 16 Oktavseiten zustande gebracht: »Jetzt, am zweiten Teil meines Faust, kann ich nur in den frühen Stunden des Tages arbeiten, wo ich mich vom Schlaf erquickt und gestärkt fühle und die Fratzen des täglichen Lebens mich noch nicht verwirrt haben. Und doch, was ist es, das ich ausführe! Im allerglücklichsten Fall eine geschriebene Seite; in der Regel aber nur so viel, als man auf den Raum einer Handbreit schreiben könnte, und oft, bei unproduktiver Stimmung, noch weniger.« Dem komme er jetzt »mit allerlei Künsten zu Hülfe«.

Bewußtseyn und Bewußtlosigkeit, hieß es zuvor im Brief an Humboldt, verhielten sich bei der Hervorbringung eines Kunstwerks *wie Zettel und Einschlag* (23 f.). Als Beispiel dafür nennt Goethe hier *ein musikalisches Talent, das eine bedeutende Partitur aufstellen soll.* Aber er verwendet die Worte aus der Fachsprache der Handweber durchaus in eigener Sache. *Zettel* meint hier die in Längsrichtung aufgezogenen Garnfäden – durch die dann mit dem Weberschiffchen der *Einschlag* [: der Schuß] quer laufender Fäden geworfen wird. Erst im Zusammenwirken von *Zettel und Einschlag* also kommt das Webstück zustande. Und auf welche Ranghöhe schöpferischer Hervorbringung dieses von Goethe *so gerne* gebrauchte Gleichnis hindeutet (an das ihn jetzt auch Humboldts Anfrage ausdrücklich erinnert hatte[21]), geben im ersten Teil der ›Faust‹-Dichtung (501 ff.) die Verse des Erdgeists zu verstehen:

In Lebensfluten, im Tatensturm
Wall' ich auf und ab,
Wehe hin und her!

21 Am 6.1.1832 (wie hier Anm. 7) hatte Humboldt ihm geschrieben, daß es durch das »Individuelle« einerseits und den »Weltgang« andererseits »zwei Richtungen« gibt »die, wie Aufzug und Einschlag das geschichtliche Gewebe bilden«.

Geburt und Grab,
Ein ewiges Meer,
Ein wechselnd Weben,
Ein glühend Leben,
So schaff' ich am sausenden Webstuhl der Zeit,
Und wirke der Gottheit lebendiges Kleid.

Die in Goethes Nachlaß aus der letzten Arbeitsphase (1825–1832) überlieferten Handschriften zum zweiten Teil des ›Faust‹ lassen sich in zwei Hauptgruppen ordnen.[22] Abgesehen von (vorläufigen) Reinschriften gibt es da einerseits die sogenannten Schemata: stichworthafte Gliederungen des Handlungsganges, welche die planend-›bewußte‹, ordnende und gliedernde Arbeit dokumentieren. Sie bilden gleichsam den *Zettel* der auf dem Webstuhl in Längsrichtung aufgezogenen Fäden, die den Grundriß und die Abmessungen des künftigen Gewebes vorgeben. Andererseits dann ›nachtwandlerisch‹ niedergeschriebene, mit Bleistift hastig hingeworfene, noch ganz zusammenhanglose und häufig kaum mehr zu entziffernde, schon in Versform gefaßte Entwürfe, die später als *Einschlag* quer in die längsgespannten Fäden der Schemata eingeworfen, eingearbeitet wurden.[23] Diese Einarbeitung durch den literarischen Handweber läßt sich in den Nachlaßpapieren gelegentlich ganz handfest ausmachen – dort etwa, wo Goethe zunächst seine schematisierenden Stichworte oder auch bereits fertiggestellte Passagen mit größeren oder kleineren frei-

22 Ich halte mich im Folgenden ganz an Anne Bohnenkamps einläßliche Darstellung von »Goethes Arbeit am ›Faust‹«: Goethe-Jb. Bd 114 (1997), S. 199 ff., hier insbesondere 202–208, die ihrerseits auf den Ergebnissen von Bohnenkamp 1994 beruht.

23 Vom *Bewußten und Unbewußten* (Zeile 21 f.) hat Goethe am 22.1.1832 an Meyr geschrieben: »Das Bewußtseyn des Dichters ist eine schöne Sache, aber die wahre Productionskraft liegt doch am Ende immer im Bewußtlosen« (gestrichene Passage im Konzept: WA IV 49, S. 418). Dazu in der Spruchsammlung ›Eigenes und Angeeignetes‹ von 1823: »Vom eigentlich Productiven ist niemand Herr und sie müßen es alle nur so gewähren lassen.« (FA I 13, S. 24).

bleibenden Zwischenräumen in ein Arbeitspapier gesetzt – später dann die noch fehlenden, erst in poetisch-produktiven Phasen entstehenden Verspartien oder ausgelassene Einzelworte in diese *Lücken* (37) eingebracht, mitunter sogar ganze Textstücke aus vorläufigen Reinschriften ausgeschnitten und collagenartig dort eingeklebt hat. Auch über weite Strecken hin bedient er sich dieser Technik. Am 17. Februar 1831 zeigt er Eckermann das jetzt zusammengeheftete Manuskript des Zweiten Teils und erklärt: »Die Stelle des fehlenden vierten Aktes habe ich mit weißem Papier ausgefüllt, und es ist keine Frage, daß das Fertige anlocket und reizet, um das zu vollenden was noch zu tun ist. Es liegt in solchen sinnlichen Dingen mehr als man denkt, und man muß dem Geistigen mit allerlei Künsten zu Hülfe kommen.«

Nach seiner »Art von Production« hatte Humboldt gefragt: Nur den auf diese Weise mit *Zettel und Einschlag* zustandegebrachten ›Faust II‹ kann der Briefschreiber im Sinn gehabt haben, als er (44 f.) die Befürchtung abwehrte, *man werde das* entstehungsgeschichtlich *Ältere vom Neueren, das Spätere vom Früheren unterscheiden können* (denn daß sich die Bauformen dieses früh begonnenen Alterswerkes grundlegend unterschieden von der des spät vollendeten Frühwerks ›Faust I‹, war offensichtlich[24]). Und wenn der Alte das mit seiner auf ein wohlwollendes Publikum bedachten Floskel *künftigen Lesern zu geneigter Einsicht* überlassen wollte, dachte er gewiß in weiteren Zeiträumen, als nur bis zur Ostermesse des nächsten Jahres, zu der dann postum die erste Ausgabe des Zweiten Teils erschien. Ein »Wohlwollen« seiner »Zeitgenossen«, wie es in den Versen am Ende der vorangehenden Fallstudie zur Rede stand, erwartete er in der damaligen breiteren Leserschaft in Wahrheit so wenig, daß er sich die Veröffentlichung seiner befremdlichen ›Faust‹-Fortsetzung jedenfalls zu eigenen Lebzeiten nicht mehr antun mochte.

24 Dazu etwa Albrecht Schöne: Goethe, Faust. Frankfurt/M. [8]2017, Kommentarband, S. 386–393.

Humboldt hatte am Ende seines Erkundigungsbriefes vom 6. Januar geschrieben: »Wenn ich Sie recht verstehe, daß Sie es wirklich nicht erleben wollen, den Faust zusammen gedruckt zu sehen, so beschwöre ich Sie wirklich, diesen Vorsatz wieder aufzugeben. Berauben Sie sich selbst nicht des Genusses, denn ein solcher ist es doch, eine Dichtung hinzustellen, die schon so tief empfunden worden ist, und nun in einem noch höhern Sinne aufgenommen werden muß, berauben Sie aber vorzüglich die nicht der Freude, das Ganze zu kennen, die den Gedanken nicht ertragen mögen, Sie zu überleben.«[25] Taktvoller hätte das dieser Jüngere dem alten Mann kaum sagen können. Und der Antwortende läßt den Freund sehr wohl spüren, daß er dafür nicht unempfänglich ist – bevor er, Humboldts Bitte abwehrend, seinem Groll dann freien Lauf läßt. Wie schockierend dieses jetzt folgende testamentarische Verdammungsurteil auf die Zeitgenossen hätte wirken müssen, haben Riemer und der als Testamentsvollstrecker eingesetzte Weimarer Kanzler v. Müller gewußt. Als sie nach Goethes Tod seinen letzten Brief veröffentlichten, wurde – mit Humboldts Zustimmung[26] – die gesamte jetzt folgende Passage unterdrückt, wurde diese verstümmelnde Auslassung auch noch durch einen Eingriff in den anschließenden Text verdeckt.[27]

25 Wie hier Anm. 7.

26 Humboldt an den Kanzler v. Müller, 18.4.1832 (wie hier Anm. 1): Dieser Teil des Briefes sei »zwar auch höchst merkwürdig, und es wäre wohl nicht ohne Nutzen, [durch einen Abdruck] laut und öffentlich auszusprechen, mit welchem gerechten Zorn Goethe sich über die Absurditaeten der Zeit geäußert hat. Man bessert aber doch niemanden auf der Welt und man könnte auch Goethes Worte so auslegen, als wäre er mit einer Art Erbitterung aus der Welt gegangen. Sein Tod war aber so schön und sanft, daß man einen so erhebenden und beruhigenden Eindruk zu stören sich wohl hüten muß.«

27 1832 im 3. Heft des letzten, 6. Bandes von Goethes Zeitschrift ›Über Kunst und Althertum‹, S. 622–625. In dem auf die Auslassung folgenden Absatz (Zeile 61): *Theilen Sie mir deshalb auch etwas von Ihren Arbeiten mit …*) wurde das sinnlos gewordene, verräterische *deshalb* stillschweigend durch »aber« ersetzt. So blieb die unterdrückte Passage unbekannt bis 1899.

Ganz ohne Frage würd' es mir unendliche Freude machen, meinen werthen, durchaus dankbar anerkannten, weitvertheilten Freunden auch bey Lebzeiten diese sehr ernsten Scherze zu widmen, mitzutheilen und ihre Erwiederung zu vernehmen. Der Tag aber ist wirklich so absurd und confus, daß ich mich überzeuge meine redlichen, lange verfolgten Bemühungen um dieses seltsame Gebäu würden schlecht belohnt und an den Strand getrieben, wie ein Wrack in Trümmern daliegen und von dem Dünenschutt der Stunden zunächst überschüttet werden. Verwirrende Lehre zu verwirrenden Handel waltet über die Welt, und ich habe nichts angelegentlicher zu thun als dasjenige was an mir ist und geblieben ist, wo möglich zu steigern, und, meine Eigenthümlichkeiten zu cohobiren, wie Sie es, würdiger Freund, auf Ihrer Burg ja auch bewerkstelligen.

In seine ›Ausgabe letzter Hand‹ von 1828 hatte Goethe nach dem ersten Teil des ›Faust‹ auch schon den Beginn des zweiten Teils aufgenommen – mitten in der ›Lustgarten‹-Szene abbrechend nach dem Vers 6036. Das letzte, was er seinen Zeitgenossen da selber noch zu lesen gab, waren die durch ihre Schlußstellung akzentuierten Worte des Kaisers an Mephisto: »Sei stets bereit wenn eure Tageswelt | Wie's oft geschieht, mir widerlichst mißfällt.« Der entsprechende Satz hier im Brief an Humboldt (50 f.: *Der Tag aber ist wirklich so absurd und confus …*) läßt vermuten, daß schon dieser Schluß des Vorabdrucks über seine drameninterne Funktion hinaus als externe Botschaft in eigener Sache gedacht war, daß Goethe ihn in diesem Sinn jedenfalls billigend in Kauf genommen hat.

Die Zeile 55 f. betreffend, hatte im Konzept noch gestanden: »Verwirrende Lehre zu verwirrtem Handel«. Dagegen macht die (gleichfalls den Dativ meinende) endgültige Fassung den progressiven Charakter des Unheilsgeschehens deutlicher: *Verwirrende Lehre zu verwirrenden Handel waltet über die Welt.* In diese Verdammungsformel ist vieles gebündelt.[28] Was die politische Großwetterlage angeht: Frankreichs blutig-umstürzlerische Juli-Revolution von 1830, die ihr nachfolgenden Exzesse im Februar 1831 und ihre befürchteten Auswirkungen auch auf die deutschen Länder. Denn von diesen Stürmen und Erdstößen sah der alte Goethe sein altes Europa in den Grundfesten erschüttert; »er könne sich nur dadurch darüber beruhigen«, sagte er, »daß er sie für die größte Denkübung ansehe, die ihm am Schlusse seines Lebens habe werden können.«[29] Das traumatische Kindheitserlebnis des Erdbebens von Lissabon im Jahre 1755 und die von diesem »Weltereignis« ausgehenden Fernwirkungen stiegen da wieder vor ihm auf.[30] Als »Reprise der Tragödie von 1790«, also der jakobinischen Phase der großen Revolution verstand er diesen neuerlichen Ausbruch des politischen Vulkanismus,[31] und der Historiker Niebuhr hatte durchaus recht, als er ihm damals schrieb, er (Goethe) werde doch auch nicht daran zweifeln, »daß wir der rohsten und widerlichsten Barbarei grade entgegengehen.«[32]

Gewiß liegen dem Goetheschen Generalverdikt im Brief an Humboldt auch die ökonomischen und monetären Modernisierungsschübe zugrunde, die den Beginn der Industrialisierung begleiteten und mit ihren Beschleunigungsimpulsen den Lebensrhythmus der Zeit veränderten. In den ›Betrachtungen im Sinne der Wanderer‹ von 1828 hat er diesen *verwirrenden* »Tagesgeist« diagnostiziert: »So wenig nun die Dampfmaschinen zu dämpfen sind, so wenig ist dies auch im Sittlichen möglich; die Lebhaftigkeit des Handels, das Durchrauschen des Papiergelds, das Anschwellen der Schulden, um Schulden zu bezahlen, das alles sind

28 Vgl. zum Nachfolgenden die ausführliche Darstellung von Jaeger 2004, S. 37–120.

29 Gespräch mit dem Kanzler v. Müller, 4.9.1830 (Biedermann/Herwig Bd 3.2, S. 664). – Zu den Auswirkungen dieser »Denkübung« auf die ›Faust‹-Dichtung: Schöne (wie Anm. 24), S. 649 f.

30 Brief an Wilhelm v. Humboldt, 19.10.1830. – Zum Erdbeben von Lissabon: Dichtung und Wahrheit I 1 (FA I 14, S. 36 f.).

31 An Knebel, 12.9.1830.

32 Barthold Friedrich Niebuhr, 17.12.1830 (Mandelkow 1988, Bd 2, S. 568).

die ungeheuren Elemente, auf die gegenwärtig ein junger Mann gesetzt ist.«[33]

Ganz in eigener Sache richtet sich Goethes Verdikt schließlich auf die Gegenwartsliteratur und das Lesepublikum seiner letzten Lebenszeit. Nach der Lektüre von Victor Hugos ›Notre-Dame de Paris‹ hatte er kurz zuvor an Zelter geschrieben, er sei, »durch das Strudeltagsgelese, in die gränzenlosen Schrecknisse der neusten französischen Romanliteratur [...] hineingeschleppt worden. Ich will mich kurz fassen: es ist eine Literatur der Verzweiflung. Um augenblicklich zu wirken (und das wollen sie doch, weil eine Ausgabe auf die andere folgen soll) müssen sie das Entgegengesetzte von allem, was man dem Menschen zu einigem Heil vortragen sollte, dem Leser aufdringen, der sich zuletzt nicht mehr zu retten weiß. Das Häßliche, das Abscheuliche, das Grausame, das Nichtswürdige, mit der ganzen Sippschaft des Verworfenen, in's Unmögliche zu überbieten, ist ihr satanisches Geschäft. Man darf und muß wohl sagen Geschäft: denn es liegt ein gründliches Studium alter Zeiten, vergangener Zustände, merkwürdiger Verwicklungen und unglaublicher Wirklichkeiten zum Grunde, so daß man ein solches Werk weder leer, noch schlecht nennen darf. Auch entschiedene Talente sind's, die dergleichen unternehmen, geistreiche vorzügliche Männer, von mittleren Jahren, die sich durch eine Lebensfolge verdammt fühlen, sich mit diesen Abominationen [: Scheußlichkeiten] zu beschäftigen.«[34]

Bei ihm selber freilich, eben in diesem zweiten Teil seiner ›Faust‹-Dichtung, den er bei Lebzeiten nicht mehr veröffentlichen mochte, spielt auch das, was er hier anprangert: das »Häßliche, das Abscheuliche, das Grausame, das Nichtswürdige« eine bedeutende Rolle. Nur hatte er auch das »dem Menschen zu einigem Heil vortragen«, hatte damit keineswegs ein »satanisches Geschäft«

33 ›Wilhelm Meisters Wanderjahre. Betrachtungen im Sinne der Wanderer‹: FA I 10, S. 563, 40 (ursprünglich vorgesehen für einen Brief an den Vater von Goethes Großneffen Nicolovius, der 1825 solch »ein junger Mann« war: FA I 13, S. 684).

34 An Zelter, 18.6.1831.

betreiben und zu einer »Literatur der Verzweiflung« beitragen wollen. Vom zeitgenössischen Lesepublikum erwartete er nicht mehr, daß es ihn darin verstünde.

Sechzig Jahre waren vergangen, seit er mit dem ›Götz‹ und dem ›Werther‹, die Humboldts Januar-Brief ihm jetzt ausdrücklich in Erinnerung rief, an den Nerv der Zeit rührte. Nie wieder hat er eine derartige Zustimmung erfahren, ein so weites Einverständnis erlebt. Mit zunehmendem Alter sah er sich dem Publikum immer tiefer entfremdet. Abgesehen von den wenigen *durchaus dankbar anerkannten, weitvertheilten Freunden*[35] erschien ihm die deutsche Leserschaft so verständnislos, mißgünstig und abweisend, daß er (wohl schon 1808) in einem Gespräch mit Falk lospolterte: »Ja, wenn ich es nur je dahin noch bringen könnte, daß ich ein Werk verfaßte – aber ich bin zu alt dazu – daß die Deutschen mich so ein fünfzig oder hundert Jahre hintereinander recht gründlich verwünschten und aller Orten und Enden mir nichts als Übels nachsagten; das sollte mich außer Maßen ergetzen.«[36] Bei dem jetzt verfaßten Werk war eine solche Publikumsreaktion gewiß nicht zu erwarten, obgleich der alte Goethe ihm an vielen Stellen eingeschrieben hat, was er an *Verwirrender Lehre zu verwirrenden Handel* walten sah über der Welt. Mit der Annahme aber, der vorsorglich zurückgehaltene zweite Teil seiner ›Faust‹-Dichtung würde *wie ein Wrack in Trümmern daliegen und von dem Dünenschutt der Stunden zunächst überschüttet werden*, irrte er nicht. Vom Erwartungshorizont der Zeitgenossen hob sich *dieses seltsame Gebäu* in so befremdlicher Weise ab, daß nicht nur *zunächst*, sondern für lange Zeit eben das eintrat, was er selber nicht mehr erleben wollte.

35 In einem Brief an Boisserée vom 24.11.1831 tröstet er die mit ihm »übereinstimmenden Freunde« und sich selber, der auf ihre »unmittelbare Theilnahme« verzichtete, damit, »daß gerade die, an denen mir gelegen seyn muß, alle jünger sind als ich und seiner Zeit das für sie Bereitete und Aufgesparte zu meinem Andenken genießen werden« (– von fern erinnernd an die Einsetzungsworte beim Abendmahl: Lukas 22, 19 f.).

36 Biedermann/Herwig Bd 5, S. 91 f.

Abgeschlossenheit attestiert sich der einsam Gewordene am Ende (66). Und was er in der Altersfestung seines Hauses am Frauenplan jetzt gegen die Widrigkeiten des Zeitgeistes setzt, wird unmittelbar mit den Worten über die *Verwirrende Lehre zu verwirrenden Handel* verbunden: *ich habe nichts angelegentlicher zu thun als dasjenige was an mir ist und geblieben ist, wo möglich zu steigern, und, meine Eigenthümlichkeiten zu cohobiren, wie Sie es, würdiger Freund, auf Ihrer Burg ja auch bewerkstelligen.*

Ein Alchimistenwort aus dem versiegelten ›Faust II‹ geht mit diesem *cohobiren* in den Brief an Humboldt ein. Mephisto benutzt es, wenn er als quacksalbernder Hofarzt ein Rezept gegen Sommersprossen angibt (6325), und der Professor Wagner erklärt in der ›Laboratorium‹-Szene, er müsse bei seinem Homunkulus-Experiment »den Menschenstoff gemächlich komponieren, | in einen Kolben verlutieren | und ihn gehörig kohobieren« (6851 ff.). Handelt es sich dort um eine Läuterung der ins luftdicht abgeschlossene alchimistische Glasgefäß eingebrachten geheimnisvollen Substanzen durch mehrfache Destillation, so geht es im Brief an Humboldt mit diesem Wort um Goethes Bemühen, in der Weimarer *Abgeschlossenheit* seine *Eigenthümlichkeiten* zu intensivieren: um den eigenen konkreten Vollzug dessen also, was zuvor generalisierend gesagt worden war von einer *geregelten Steigerung* der *natürlichen Anlagen* des Menschen und von der *eigentlichen Grundbestimmung, demjenigen was man Character nennt* (12 f./16 f.).

Theilen Sie mir deshalb auch etwas von Ihren Arbeiten mit; Riemer ist, wie Sie wohl wissen, an die gleichen und ähnlichen Studien geheftet und unsre Abendgespräche führen oft auf die Gränzen dieses Faches.

Verzeihung diesem verspäteten Blatte! Ohngeachtet meiner Abgeschlossenheit findet sich selten eine Stunde, wo man sich diese Geheimnisse des Lebens vergegenwärtigen mag.

treu angehörig
JWvGoethe

Je genauer man hinsieht, desto deutlicher wird die Kohärenz des *nur aus dem Stegreife* diktierten Briefes. Bis in seine letzten Worte zeigt sich dieser Text aus einem Guß. Die in Zeile 59 hier unmittelbar vorangehende direkte Anrede des Adressaten fortsetzend und den Gedanken aufnehmend, daß ja auch sein *würdiger Freund* Humboldt s e i n e *Eigenthümlichkeiten zu cohobiren* suche, erkundigt sich der Schreiber nach dessen eigenen *Arbeiten.* Dann der Verweis auf die *gleichen und ähnlichen*, nämlich sprachwissenschaftlichen, etymologischen *Studien* seines Gehilfen Riemer[37] und auf ihre Weimarer *Abendgespräche*, welche *oft auf die Gränzen dieses Faches* führen – auf das nämlich, was Goethes Brief an Humboldt vom 1. Dezember 1831 im gleichen Zusammenhang »das Gewahrwerden großer productiver Naturmaximen« nannte. Danach der Schlußsatz, der die Überschrift des ganzen Schreibens nachträgt: *Geheimnisse des Lebens.* Zuletzt eine der knappen, festgeprägten Goetheschen Briefschlußformeln – *treu angehörig.*

Immer wieder hat er seine an Nahestehende gerichteten Altersbriefe mit solchen Beständigkeitsversicherungen abgeschlossen. Neben dem als Beschwörungsformel den Tod abwehrenden, ja noch über das Lebensende hinausdeutenden Zauberspruch »Und so fort an!« oder »Und so fort und fort für ewig!«[38] begegnen da: »unwandelbar«, »beharrlichst«, »treulichst«, »treu beharrlich«, »treu verharrend« oder »treu festhaltend«. Das wiederkehrende »treu« meint, mit unterschiedlicher Deutlichkeit in den hier angeführten Fassungen: sich selber treu bleibend – eben *demjenigen was man Character nennt* (17), meint vor allem aber auch: den *dankbar anerkannten, weitvertheilten Freunden* (48 f.) treu verbunden. Hier also:

37 Dazu in Goethes Brief an Humboldt vom 1.12.1831: »Im Besondern aber darf ich wohl sagen, daß ich Ihnen oft näher geführt werde als Sie wohl denken, indem die Unterhaltungen mit Riemer gar oft auf's Wort, dessen etymologische Bedeutung, Bildung und Umbildung, Verwandtschaft und Fremdheit hingeführt werden.«

38 In einem Brief an Soret vom 3.1.1832 wird die erste dieser Briefschlußformeln als »das alte Loosungswort« bezeichnet. Beide begegnen bei ihm auch in englischer Fassung, die er aus Briefromanen des 18. Jahrhunderts kennen mochte.

treu angehörig – und dann der eigenhändig unter diesen vom Schreiber ausgefertigten Brief gesetzte besiegelnde Namenszug – *JWvGoethe.*

Wie sonst hätte er auch unterschreiben können? Aber was hier so selbstverständlich und von daher belanglos erscheint, stellt sich anders dar, wenn man weiß, daß er seine Briefe lebenslang nie anders unterschrieb als mit oder jedenfalls a u c h mit seinem N a c h - namen. Selbst an die Eltern und an die Schwester, an Freunde und Fremde: »Goethe«, oder nur »G«, oder (die Vornamen immer abkürzend) »J. W. Goethe«, später auch »J. W. v. Goethe«. Das war mehr als eine Marotte. Vom Studium in Leipzig nach Frankfurt zurückgekehrt, hat er am 23. Januar 1770 dem Käthchen Schönkopf geschrieben: »Sie sind ewig das liebenswürdige Mädgen, und, werden auch die Liebenswürdige Frau seyn. Und ich, ich werde Goethe bleiben. Sie wissen was das heisst. Wenn ich meinen Nahmen nenne, nenne ich mich ganz«. Ein Zwanzigjähriger spielt sich da auf, will offenbar einen mächtigen Eindruck hinterlassen bei seiner hübschen Weinwirtstochter. Aber zumindest im nachhinein liest sichs anders: tatsächlich doch als ein Selbstentwurf, ein Lebensprogramm, weit ausgreifend ins allererst Künftige. Und es scheint fast, als wären diese verheißenden, versprechenden Worte heimlich ausgerichtet an der ersten Antwort, welche der Gott des Alten Testaments gab, als Mose ihn nach seinem Namen fragte: »Ich werde sein, der ich sein werde.«[39]

Vielleicht darf man diese anmaßend kühne Briefstelle auch zusammensehen mit dem, was Goethe zehn Jahre später dem Freunde Lavater gestanden hat (im Vorgriff schon auf die Redeweisen des Briefes an Humboldt von *natürlichen Anlagen*, von einer *eingebornen Individualität* und von ihrer *geregelten Steigerung* dann,

39 2. Mose 3,14 (da das althebräische Imperfekt präsentisch wie futurisch übersetzbar ist, auch: »Ich bin der ich bin« oder: »Ich werde dasein, als der ich dasein werde«. – Zur Geschichte der Übersetzungen und Auslegungen dieser Worte Hendrik Birus: »Ich bin, der ich bin«. Über die Echos eines Namens. In: Juden in der deutschen Literatur. Ein deutsch-israelisches Symposion. Hg. v. Stéphane Moses u. Albrecht Schöne. [2]Frankfurt 1987, S. 25–53).

die *das Erworbene mit dem Angebornen* verknüpft): »Diese Begierde, die Pyramide meines Daseyns, deren Basis mir angegeben und gegründet ist, so hoch als möglich in die Lufft zu spizzen, überwiegt alles andre und lässt kaum Augenblickliches Vergessen zu. Ich darf mich nicht säumen, ich bin schon weit in Jahren vor, und vielleicht bricht mich das Schicksaal in der Mitte, und der Babilonische Thurn bleibt stumpf unvollendet. Wenigstens soll man sagen es war kühn entworfen und wenn ich lebe, sollen wills Gott die Kräffte bis hinauf reichen.«[40]

Als er, die Arbeit am früh entworfenen ›Faust‹ abschließend, am 6. Juni 1831 zu Eckermann sagte, sein ferneres Leben könne er »nunmehr als ein reines Geschenk ansehen, und es ist jetzt im Grunde ganz einerlei, ob und was ich noch etwa tue«, da hatten »die Kräffte bis hinauf« gereicht, »so hoch als möglich«. Als er jetzt das Schreiben an Humboldt diktierte, hatte er (aufs Ganze seines langen, metamorphosenreichen Lebens gesehen), *in einer freien Thätigkeit das Erworbene mit dem Angebornen* verknüpfend, zustande gebracht, was *die Welt in Erstaunen* setzen konnte. Und als er seinen letzten Brief unterschrieb, galten für den derart kohobierten Namenszug seine frühen Worte: »Wenn ich meinen Nahmen nenne, nenne ich mich ganz«.

Nicht nur bei Werken der Dichtkunst werden dem aufmerksamen und nachdenkenden Leser oder Zuhörer neben den direkten, offensichtlichen und unzweifelhaften Bedeutungen eines Textes mitschwingende Ober- und Untertöne vernehmbar. Bei allem Geschriebenen oder Gesprochenen ist das so. Auch die Wörter und Sätze von Briefen geben auf indirekte Weise mehr zu verstehen, als sie obenhin besagen. Eines ist, was der Schreiber selber mitteilen wollte; etwas anderes wieder, was davon oder was darüber hinaus der ihm vor Augen stehende Adressat dem Geschriebenen entnehmen mochte. Und wieder anders ist es um das Verständnisvermögen späterer Leser bestellt, das gewiß häufig zurückbleibt hinter

40 An Lavater, 20.9.1780 (?).

dem, was der Urheber ›eigentlich gemeint‹ haben mag oder was dem Adressaten eines solchen Briefes einsichtig geworden sein könnte – aber sehr wohl auch über beides hinausgehen kann. Denn alles Geschriebene löst sich von seinem Urheber ab, und ebenso setzt das Verständnis früherer Rezipienten den Bedeutungsspielräumen, die der Text eröffnet, keine Grenze. Ohne Rücksicht darauf, was sich der Briefleser Humboldt bei seiner Lektüre gedacht haben dürfte, und ohne bestimmen zu können, was da im *Bewußtseyn* des Briefschreibers lag oder etwa dem unterstand, was er hier *Bewußtlosigkeit* nannte, will ich über das bisher Bedachte hinaus noch einen Annäherungsschritt an die verdeckten Konnotationen unseres Textes versuchen.

›Tätigkeit‹ ist eines seiner Schlüsselworte. Ausdrücklich ist da von einer *freyen Thätigkeit* die Rede, von der *freywilligen thätigen Natur* und von seinem *so lange thätig nachdenkenden Leben*; Humboldts eigene *Arbeiten* werden erwähnt, Riemers *Studien* und die Weimarer *Abendgespräche*, die *oft auf die Gränzen dieses Faches* führen; ja, dieser Brief selber zeigt den Schreiber als *thätig nachdenkenden*. Tätigkeit aber hatte für Goethes Gedanken an das Lebensende allerhöchste Bedeutung. Bei der Betrachtung der Briefe an Zelter und an Seebeck ist das näher ausgeführt worden (vgl. oben Seite 320-326 und 350 f.). Hier will ich nur noch einmal an die Gesprächsäußerung des Neunundsiebzigjährigen erinnern: »Die Überzeugung unserer Fortdauer entspringt mir aus dem Begriff der Tätigkeit; denn wenn ich bis an mein Ende rastlos wirke, so ist die Natur verpflichtet, mir eine andere Form des Daseins anzuweisen, wenn die jetzige meinem Geist nicht ferner auszuhalten vermag.«[41]

In Todesnähe (vielleicht darf man, an Fairleys Vermutung anknüpfend, sogar sagen: durch seine *Organe belehrt* über das nahende Ende[42]) hat Goethe erklärt, *ich habe nichts angelegentlicher zu thun als*

41 Eckermann, 4.2.1829.

42 Fairley, wie Anm. 2. – Wenige Wochen vor seinem Tod (aber bevor noch die letale Erkrankung einsetzt) schreibt Goethe am 4.2.1832 an Beuth: »Ich habe nicht lange mehr Zeit und muß daher eilen das Mögliche zu thun,

dasjenige was an mir ist und geblieben ist, wo möglich zu steigern und, meine Eigenthümlichkeiten zu cohobiren ... . Dieses Wort fällt nicht nur, wenn im alchimistischen Laboratorium des ›Faust II‹ »ein Mensch gemacht« wird. Mit einem aufschlußreichen Kontext findet es sich auch in einer naturphilosophischen Abhandlung Goethes zur Metamorphose der Pflanzen und Tiere von 1820: ›Verstäubung, Verdunstung, Vertropfung‹.[43] Diese Absonderungen fester oder gasförmiger oder flüssiger Substanzen bezeichnete er da – insofern man sie »geistig ansähe« – als »Symptome einer unaufhaltsam vorschreitenden, von Leben zu Leben, ja durch Vernichtung zum Leben hineilenden Organisation«. Der Botaniker Schelver, auf den er sich hier bezog, hatte die ›Verstäubung‹ von Blütenstaub nicht der Befruchtung zurechnen, sondern als eine Ausscheidung sterbender Pflanzen verstehen wollen.[44] Bei allem Zweifel an dieser abwegigen These meinte Goethe doch, daß Schelvers Beobachtungen »den ruhigen Gang der Metamorphose« verfolgten, die »dergestalt sich veredlend vorschreitet, daß alles Stoffartige, Geringere, Gemeinere nach und nach zurückbleibt und in größerer Freiheit das Höhere, Geistige, Bessere zur Erscheinung kommen läßt. Warum sollte denn nicht also diese letztere Verstäubung auch nur eine Befreiung sein vom lästigen Stoff, damit die Fülle des eigentlichst Innern endlich, aus lebendiger Grundkraft, zu einer unendlichen Fortpflanzung sich hervortue.«

Entsprechend geht es in Goethes Abhandlung bei der ›Verdunstung‹ um den Gestaltwandel von Raupe – Puppe – Schmetterling (das »Stirb und werde!«-Sinnbild auch einer menschlichen

anderes zuverlässigen Freunden anzuvertrauen.« Am 10.2. schickt er der Marianne v. Willemer ein versiegeltes Konvolut der Briefe, die sie ihm geschrieben hatte, und bittet, sie möge das »uneröffnet bey sich, bis zu unbestimmter Stunde, liegen lassen.« Am 20.2. dann an Varnhagen v. Ense: »Sie wissen, wenn man sich zur Abreise anschickt, so finden sich am Ende mehr Schulden und Reste abzuthun als man denken konnte.«

43 FA I 24. Nachfolgende Zitate dort S. 509, 511, 520, 521.

44 Franz Joseph Schelver: Kritik der Lehre von den Geschlechtern der Pflanze. 3 Bde, Heidelberg/Karlsruhe 1812–1823, passim.

Umartung[45]): »Der aus der letzten Raupenhaut sich loslösende, zwar vollkommene, aber nicht vollendete Schmetterling verwahrt, von einer neuen, seine Gestalt weissagenden Haut eingeschlossen, bei sich einen köstlichen Saft. Diesen in sich organisch kohobierend, eignet er sich davon das Köstlichste zu, indem das Unbedeutendere nach Beschaffenheit äußerlicher Temperatur verdunstet.« Das alles, heißt es am Ende, solle »darauf nur hindeuten: wie in der großen Natur alles auf einander spielt und arbeitet, und wie sich die ersten Anfänge so wie die höchsten Erscheinungen alles Gebildeten immer gleich und verschieden erweisen.«

Diese *Geheimnisse des Lebens* sich vergegenwärtigend, schreibt er hier an Humboldt, er habe *nichts angelegentlicher zu thun als dasjenige was an mir ist und geblieben ist, wo möglich zu steigern, und, meine Eigenthümlichkeiten zu cohobiren*[46] – in das Alchimistenwort verschlüsselnd, daß er selber einer den Tod überdauernden Metamorphose entgegenlebe.[47]

Wer mir bis hierhin hat folgen mögen, sollte Goethes zuvor immer nur stückweise bedachtes letztes Schreiben doch einmal noch als ganzes lesen. Ohne meine Unterbrechungen jetzt. Langsam. Um mit dem inneren Ohr die ferne Stimme wahrzunehmen, die (dem Schreiber diktierend) diesen »unendlich merkwürdigen Brief« für Humboldt »auf das Papier« gesprochen hat[48] und auf

45 ›Selige Sehnsucht‹: FA I 3/1, S. 24 f., dazu Kommentar in 3/2, S. 970 ff.

46 Im Konzept des Briefes stand *cohobiren* zunächst noch unter der (korrigierend gestrichenen, weil einschränkend wirkenden?) Bedingung: »und, insofern ich noch das Glück habe in der Welt genugsam zusammenhängen[d], meine Eigenthümlichkeiten cohobiren zu können ...« (WA IV 49, S. 451).

47 So wird am Ende der jetzt abgeschlossenen ›Faust‹-Dichtung »Faustens Unsterbliches« von den seligen Knaben der ›Bergschluchten‹-Szene »im Puppenstand« des künftigen, vollkommenen Schmetterlings empfangen (Vers 11982 – dazu dann 12076–12099).

48 Goethe im Briefwechsel mit Zelter am 28.4.1829: »Ich habe über das Menschengeschlecht, besonders wie es jetzt nachwächst, allerlei Gedanken und werde sie wohl einmal in ruhiger Stunde dir auf das Papier sprechen.«

diese Weise eingegangen ist ins Geschriebene und damit verstummte –

Nach einer langen unwillkührlichen Pause beginne folgendermaßen und doch nur aus dem Stegreife. Die Thiere werden durch ihre Organe belehrt, sagten die Alten, ich setze hinzu: die Menschen gleichfalls, sie haben jedoch den Vorzug ihre Organe dagegen wieder zu belehren.

Zu jedem Thun, daher zu jedem Talent, wird ein Angebornes gefordert, das von selbst wirkt und die nöthigen Anlagen unbewußt mit sich führt, deswegen auch so geradehin fortwirkt, daß, ob es gleich die Regel in sich hat, es doch zuletzt ziel- und zwecklos ablaufen kann.

Je früher der Mensch gewahr wird daß es ein Handwerk daß es eine Kunst giebt, die ihm zur geregelten Steigerung seiner natürlichen Anlagen verhelfen, desto glücklicher ist er; was er auch von außen empfange schadet seiner eingebornen Individualität nichts. Das beste Genie ist das, welches alles in sich aufnimmt sich alles zuzueignen weiß ohne daß es der eigentlichen Grundbestimmung, demjenigen was man Character nennt, im mindesten Eintrag thue, vielmehr solches noch erst recht erhebe und durchaus nach Möglichkeit befähige.

Hier treten nun die mannigfaltigen Bezüge ein zwischen dem Bewußten und Unbewußten; denke man sich ein musikalisches Talent, das eine bedeutende Partitur aufstellen soll, Bewußtseyn und Bewußtlosigkeit werden sich verhalten wie Zettel und Einschlag, ein Gleichniß das ich so gerne brauche.

Die Organe des Menschen durch Uebung, Lehre, Nachdenken, Gelingen, Mißlingen, Förderniß und Widerstand und immer wieder Nachdenken, verknüpfen ohne Bewußtseyn in einer freyen Thätigkeit das Erworbene mit dem Angebornen, so daß es eine Einheit hervorbringt welche die Welt in Erstaunen setzt.

Dieses Allgemeine diene zu schneller Beantwortung der Frage und zu Erläuterung des wieder zurückkehrenden Blättchens.

Es sind über sechzig Jahre, daß die Conception des Faust bey mir jugendlich von vorne herein klar, die ganze Reihenfolge hin weniger ausführlich vorlag. Nun hab ich die Absicht immer sachte neben mir her gehen lassen, und nur die mir gerade interessantesten Stellen einzeln durchgearbeitet, so daß im zweyten Theile Lücken blieben, durch ein gleichmäßiges Interesse mit dem Uebrigen zu verbinden. Hier trat nun freylich die große Schwierigkeit ein, dasjenige durch Vorsatz und Character zu erreichen was eigentlich der freywilligen thätigen Natur allein zu kommen sollte. Es wäre aber nicht gut, wenn es nicht auch nach einem so lange thätig nachdenkenden Leben möglich geworden wäre, und ich lasse mich keine Furcht angehen man werde das Ältere vom Neueren, das Spätere vom Früheren unterscheiden können, welches wir denn den künftigen Lesern zu geneigter Einsicht übergeben wollen.

Ganz ohne Frage würd' es mir unendliche Freude machen, meinen werthen, durchaus dankbar anerkannten, weitvertheilten Freunden auch bey Lebzeiten diese sehr ernsten Scherze zu widmen, mitzutheilen und ihre Erwiederung zu vernehmen. Der Tag aber ist wirklich so absurd und confus, daß ich mich überzeuge meine redlichen, lange verfolgten Bemühungen um dieses seltsame Gebäu würden schlecht belohnt und an den Strand getrieben, wie ein Wrack in Trümmern daliegen und von dem Dünenschutt der Stunden zunächst überschüttet werden. Verwirrende Lehre zu verwirrenden Handel waltet über die Welt, und ich habe nichts angelegentlicher zu thun als dasjenige was an mir ist und geblieben ist, wo möglich zu steigern, und, meine Eigenthümlichkeiten zu cohobiren, wie Sie es, würdiger Freund, auf Ihrer Burg ja auch bewerkstelligen.

Theilen Sie mir deshalb auch etwas von Ihren Arbeiten mit; Riemer ist, wie Sie wohl wissen, an die gleichen und ähnlichen Studien geheftet und unsre Abendgespräche führen oft auf die Gränzen dieses Faches.

Verzeihung diesem verspäteten Blatte! Ohngeachtet meiner Abgeschlossenheit findet sich selten eine Stunde, wo man sich diese Geheimnisse des Lebens vergegenwärtigen mag.

Weimar *treu angehörig*
den 17. März *JWvGoethe*
1832.

Wohl am 11. oder 12. März hatte Goethe diesen letzten Brief seinem Sekretär und Schreiber John diktiert, am 13. März das Konzept dann mit Riemers Hilfe durchgesehen. Tags darauf setzt die Erkrankung ein, die zum Tode führt. Letzte Tagebucheintragung am 16. März: »Den ganzen Tag wegen Unwohlseyns im Bette zugebracht.« Mit dem 17. März bessert sich sein Zustand noch einmal. An diesem Tag hat er die wieder von John ausgefertigte und datierte Reinschrift unterzeichnet – noch einmal eigenhändig: *treu angehörig JWvGoethe.* Am 20. März ein schwerer Rückfall. Am 22. März 1832 dann die letzten, nur unzuverlässig überlieferten Worte und, als ihm die Sprache versagte, die letzten Handbewegungen. Da habe er Buchstaben in die Luft geschrieben, berichtet sein Arzt.[49] Aber die konnte keiner mehr lesen.

49 Carl Vogel, 5.4.1832 (Biedermann/Herwig Bd 3.2, S. 887).

Das Sterbezimmer
Aquarell von Friedrich Ludwig August v. Germar,
bald nach Goethes Tod entstanden (Goethe-Museum Düsseldorf)

EXKURSE

I

»Tore und Straßen nach allen Enden der Welt«

Weimarer Postverhältnisse

Einer seiner Balladen gab Goethe 1808 die Überschrift ›Wirkung in die Ferne‹.[1] Im Streit mit ihrer Königin hatte eine Hofmeisterin da behauptet:

> Nicht reiche der Geist in die Weite;
> Die Gegenwart nur
> Die lasse wohl Spur;
> Doch Niemand wirk' in die Ferne,
> Sogar nicht die himmlischen Sterne.

Als dann eine der Hofdamen ihr Kleid befleckt und sich deshalb entfernt hat, ein Page aber wenig später von einem Botengang zurückkommt und Flecken auf seiner Weste hat (weil er eben dieser Dame unterwegs begegnet war und sie liebend umarmt hatte), dient das der Königin zum ironisch scherzhaften Beweis dafür, daß der Geist durchaus doch ins Weite reichen und in die Ferne wirken könne. Goethe spielte damit auf eine alte naturphilosophische Vorstellung an, die in den scholastischen Begriff ›actio in distans‹ gefaßt worden war und bei den Versuchen einer physikalisch-theoretischen Erklärung von Gravitation oder Magnetismus zu seiner Zeit wieder lebhaft und kontrovers diskutiert wurde.[2]

1 FA I 2, S. 132f. – Vgl. hier S. 288, Anm. 80.

2 Grundlegend Mary B. Hesse: Forces and Fields. The concept of Action at a

Da die räumliche Entfernung zwischen wirkendem und betroffenem Körper (agens–patiens) an die Möglichkeit eines analogen Zeitsprungs denken ließ, der zu Schwierigkeiten mit dem Kausalprinzip führte, wollte man jetzt allenfalls eine instantane, also unverzügliche Fernwirkung gelten lassen.

Im gleichen Jahr 1808 begegnet diese Wendung zum erstenmal auch in Goethes Korrespondenz. Abweichend von der ›actio in distans‹ als einer Fernwirkung ohne materielles Substrat, kommt jetzt die Vermittlung durch das beschriebene Papier ins Spiel.[3] Dem Grafen v. Reinhard schreibt er am 7. November 1808, er hoffe doch, ihn bald in Eisenach zu treffen, »denn in Absicht auf die explicite Wirkung in die Ferne, aufs Briefeschreiben, behalte ich immer und ewig etwas Ungeschicktes. Die implicite, das [wortlose] Andenken an meine wahrhaften Freunde, bleibt desto besser, ächter und unveränderlicher.« Noch etwa zwanzigmal erscheint diese Formel dann in seinen Briefen, zweimal sogar in ihrer vorgegebenen lateinischen Fassung,[4] meist auf die Korrespondenz, häufig aber auch auf Geschenkexemplare seiner Schriften bezogen, die er, wenn »ein briefliches Stillschweigen« eintrat, als »ein andres Organ in die Ferne« verstand.[5] An Nees v. Esenbeck schreibt er am 20. April 1827: »Wie sehne ich mich nach Wirkung in die Ferne und aus der Ferne.« Bei nachlassender Mobilität im Alter nennt er es ein Glück, daß »eine geistige Wirkung

Distance in the history of physics. London, Edinburgh u. a. 1961. Dazu: Historisches Wörterbuch der Philosophie. Hg. v. Joachim Ritter. Bd 2, Darmstadt 1972, Sp. 933–35 (Artikel ›Fernwirkung‹, mit Literaturhinweisen).

3 Im Konzept seines einzig überlieferten Briefes an Friederike Brion hatte Goethe am 15.10.1770 geschrieben: Da »ich gerne bey Ihnen seyn mögte [...] ist ein Stückgen Papier so ein wahrer Trost, so ein geflügeltes Pferd«.

4 16.7.1820 an Boisserée; 8./10.11.1830 an seinen Sohn in Rom (Konzept WA IV 48, S. 274).

5 An Reinhard, 9.6.1809. Ähnlich etwa an Charlotte v. Stein, 26.1.1788; an Herder, 2.3.1789; Kestner, 10.3.1791; Reinhard, 13.8.1812 oder Schubarth, 28.10.1822. – Jean Paul 1797: »Bücher sind nur dickere Briefe an Freunde; Briefe sind nur dünnere Bücher für die Welt.« (Sämtl. Werke. Hg. v. Eduard Berend. I 5, Weimar 1930, S. 47).

in die Ferne noch lange genug offen bleibt. Lassen Sie uns diesen Vortheil möglichst benutzen.« Oder er erklärt, daß er ohne den Schreiber, dem er diktiere, »kaum eine Wirkung in die Ferne haben könnte.«[6] Mehrfach heißt es, daß ihm (oder seinem säumigen Briefpartner) die Verhältnisse vor Ort keine Zeit ließen zu dieser »Wirkung in die Ferne«,[7] auch daß sie, auf den Postweg angewiesen, »Verspätungen ausgesetzt« sei und (anders als das Gespräch von Angesicht zu Angesicht) den anderweitig beschäftigten Adressaten doch oft zur Unzeit erreiche.[8] Zum letztenmal hat er diese Formel verwendet, als er 81jährig meinte, er sei »nicht rein genug im Geiste um eine heitere Wirkung in die Ferne zu versuchen«.[9]

Auf diese Weise in die Ferne zu wirken, dienten also die Einrichtungen der Weimarer Post. Es gab gedruckte Fahrpläne wie den ›Post-Bericht‹ des Jahres 1779, den die nachstehende Abbildung zeigt. Neben den Beförderungszeiten etwa in das nahe Jena, Gera oder Gotha konnten die Briefschreiber ihm die Fernverbindungen nach Berlin, Hamburg, Nürnberg oder nach Westfalen und Schlesien entnehmen. Und ganz selbstverständlich las man da auch, daß an jedem Sonntagmittag Briefe nach Rußland abgingen, Montags früh nach Dänemark und abends nach Österreich, Ungarn, in die Schweiz, nach Italien, oder am Dienstagmorgen nach Frankreich, Holland und England usf.[10]

6 An Boisserée, 10.4.1823; an v. Sternberg, 26.9.1821.

7 An v. Voigt, 19.6.1818; Schlosser, 7.1.1820; Sartorius, 26.9.1822; Zelter, 13.3.1822. Auf Zelter selbst bezogen: 18.2. und 28.9.1821.

8 An v. Brühl, 2.5.1821; an Schlosser, 1.6.1817. Am 26.11.1812 so an Cäcilie v. Eskeles: »Es ist als wenn die Heiterkeit eines Briefs sich in den Felleisen [der Postreiter] verflüchtigte und nur ein unerfreuliches *caput mortuum* in die Hände des Freundes käme. Ich will mich nicht in weitere Betrachtungen verlieren; man weiß nicht, in welcher Stimmung der Brief den Freund antrifft, und die Gegenwart allein hat den Tact für das Schickliche und Angenehme.«

9 An Boisserée, 3.10.1830.

10 ›Post-Bericht‹ vom 17.1.1779: Thüringisches Hauptstaatsarchiv Weimar

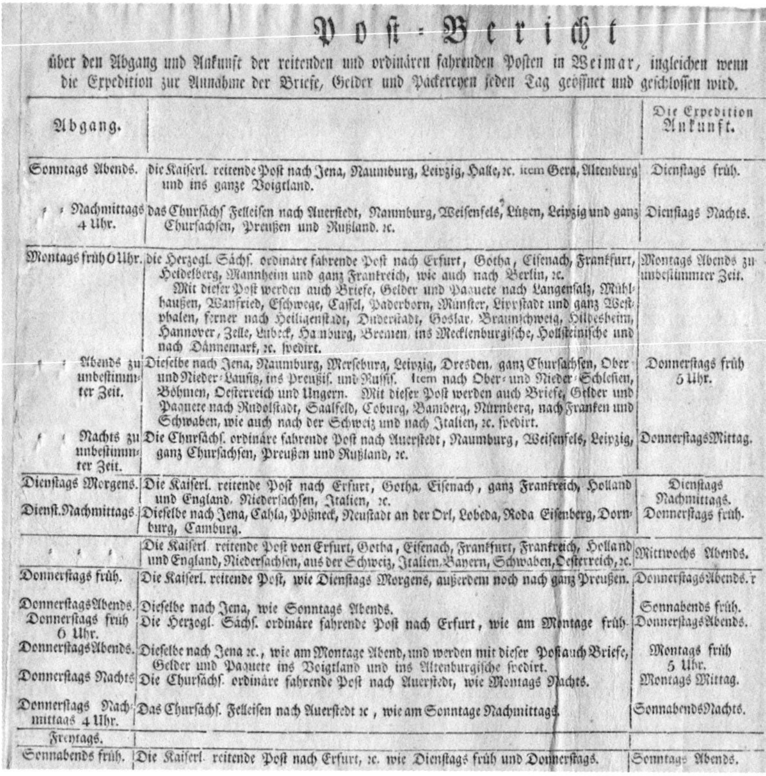

Post-Bericht

über den Abgang und Ankunft der reitenden und ordinären fahrenden Posten in Weimar, ingleichen wenn die Expedition zur Annahme der Briefe, Gelder und Packereyen jeden Tag geöffnet und geschlossen wird.

Abgang.		Die Expedition Ankunft.
Sonntags Abends.	die Kaiserl. reitende Post nach Jena, Naumburg, Leipzig, Halle, ꝛc. item Gera, Altenburg und ins ganze Voigtland.	Dienstags früh.
″ ″ Nachmittags 4 Uhr.	das Chursächs Felleisen nach Auerstedt, Naumburg, Weisenfels, Lützen, Leipzig und ganz Chursachsen, Preußen und Rußland. ꝛc.	Dienstags Nachts.
Montags früh 6 Uhr.	die Herzogl. Sächs. ordinäre fahrende Post nach Erfurt, Gotha, Eisenach, Frankfurt, Heidelberg, Mannheim und ganz Frankreich, wie auch nach Berlin, ꝛc. Mit dieser Post werden auch Briefe, Gelder und Paquete nach Langensalz, Mühlhaußen, Wanfried, Eschwege, Cassel, Paderborn, Münster, Lippstadt und ganz Westphalen, ferner nach Heiligenstadt, Duderstadt, Goslar, Braunschweig, Hildesheim, Hannover, Zelle, Lübeck, Hamburg, Bremen, ins Mecklenburgische, Hollsteinische und nach Dännemark, ꝛc. spedirt.	Montags Abends zu unbestimmter Zeit.
″ ″ Abends zu unbestimmter Zeit.	Dieselbe nach Jena, Naumburg, Merseburg, Leipzig, Dresden, ganz Chursachsen, Ober und Nieder-Lausitz, ins Preußis. und Russis. Item nach Ober- und Nieder-Schlesien, Böhmen, Oesterreich und Ungern. Mit dieser Post werden auch Briefe, Gelder und Paquete nach Rudolstadt, Saalfeld, Coburg, Bamberg, Nürnberg, nach Franken und Schwaben, wie auch nach der Schweiz und nach Italien, ꝛc. spedirt.	Donnerstags früh 5 Uhr.
″ ″ Nachts zu unbestimmter Zeit.	Die Chursächs. ordinäre fahrende Post nach Auerstedt, Naumburg, Weisenfels, Leipzig, ganz Chursachsen, Preußen und Rußland, ꝛc.	Donnerstags Mittag.
Dienstags Morgens.	Die Kaiserl. reitende Post nach Erfurt, Gotha, Eisenach, ganz Frankreich, Holland und England, Niedersachsen, Italien, ꝛc.	Dienstags Nachmittags.
Dienst. Nachmittags.	Dieselbe nach Jena, Cahla, Pößneck, Neustadt an der Orl, Lobeda, Roda Eisenberg, Dornburg, Camburg.	Donnerstags früh.
″ ″ ″	Die Kaiserl. reitende Post von Erfurt, Gotha, Eisenach, Frankfurt, Frankreich, Holland und England, Niedersachsen, aus der Schweiz, Italien, Bayern, Schwaben, Oesterreich, ꝛc.	Mittwochs Abends.
Donnerstags früh.	Die Kaiserl. reitende Post, wie Dienstags Morgens, außerdem noch nach ganz Preußen.	Donnerstags Abends.
Donnerstags Abends.	Dieselbe nach Jena, wie Sonntags Abends.	Sonnabends früh.
Donnerstags früh 6 Uhr.	Die Herzogl. Sächs. ordinäre fahrende Post nach Erfurt, wie am Montage früh.	Donnerstags Abends.
Donnerstags Abends.	Dieselbe nach Jena ꝛc., wie am Montage Abend, und werden mit dieser Post auch Briefe, Gelder und Paquete ins Voigtland und ins Altenburgische spedirt.	Montags früh 5 Uhr.
Donnerstags Nachts	Die Chursächs. ordinäre fahrende Post nach Auerstedt, wie Montags Nachts.	Montags Mittag.
Donnerstags Nachmittags 4 Uhr.	Das Chursächs. Felleisen nach Auerstedt ꝛc, wie am Sonntage Nachmittags.	Sonnabends Nachts.
Freytags.		
Sonnabends früh.	Die Kaiserl. reitende Post nach Erfurt, ꝛc. wie Dienstags früh und Donnerstags.	Sonntags Abends.

Die Termine, zu denen Post auf den verschiedenen Routen abging, mußte man solch einem gedruckten ›Post-Bericht‹ entnehmen oder bei der jeweils zuständigen Station erfragen. Emsige

(Signatur: B22034m, Bl. 12). Nahezu die gleichen Angaben finden sich auch im Weimarer ›Neueingerichteten Schreib-Calender‹ für 1776–79 und für 1785, wo außerdem noch der herzogliche »Cammerwagen« angeführt wird. Ebenso wieder im Jenaer ›Hochfürstl. Hof- und Adreß-Calender‹ auf 1804, wo ohne nähere Unterscheidungen nur die »reitende« und die »ordinaire fahrende Post« verzeichnet wurde. Jahrelang also hat sich (damals) fast nichts verändert. – Über die entsprechenden Verhältnisse in Goethes Vaterstadt (die seit Mitte des 18. Jahrhunderts einen der wichtigsten Knotenpunkte des mitteleuropäischen Postwesens bildete) informiert ein eingehendes Verzeichnis von ›Abgang und Ankunft der Posten‹ 1700, 1750, 1800: Archiv für Frankfurts Geschichte und Kunst. Bd 10, Frankfurt a. M. 1883, S. 130–163.

Briefschreiber hatten sie wohl auch im Kopf. Von seinem Antrittsbesuch in Weimar am 10. Juni 1823 berichtet Eckermann, daß Goethe ein Manuskript von ihm »schnell befördern« wollte: »heute noch schreibe ich an *Cotta* mit der reitenden Post, und morgen schicke ich das Paket mit der fahrenden nach.«[11] Diese ›Posttage‹ spielten in der zeitgenössischen Korrespondenz eine bedeutende Rolle. Auch Goethe hat sie häufig erwähnt. Er werde seine »sonnabendlichen Postreuter, besonders bey jetzigem Schneegestöbere spaarsamer ausschicken«, schreibt er am 4. Dezember 1767 an Behrisch und erwähnt diesen Posttag noch mehrfach in späteren Schreiben an ihn.[12] Auch aus Rom so an Charlotte v. Stein am 24. November 1786: »Ich muß heute meiner Liebsten schreiben, morgen ist Posttag, den ich nicht versäumen darf«,[13] und am 13. Januar 1787: »Heute hab ich einen entsetzlichen Posttag gemacht. Empfiel mich dem Herzog, ein angefangner Brief an ihn bleibt liegen, der nächsten Sonnabend abgehn soll.« Oder an Knebel am 27. Dezember 1783: »ich habe von einem Posttage zum andern versäumet dir zu dancken.«

Wie solche Äußerungen andeuten, hat eine nicht schon alltägliche Briefbeförderung die Korrespondenzen damals eher belebt als eingeschränkt. Der nachdrücklich an Briefschulden erinnernde, eigene Schreibabsichten ermöglichende und dafür genutzte ›Posttag‹ wurde nicht nur von Goethe geradezu als ›Brieftag‹ bezeichnet. Den aus Leipzig nach Dessau abgereisten Behrisch ließ er am 20. November 1767 wissen, er habe einen »launischen Abend« – »Sollte ich ihn nicht anwenden an dich etwas zu schreiben. Morgen ist Brieftag.« Und am 22. Januar 1802 antwortete er aus Jena auf ein Schreiben von Christiane: »Den vorigen Brieftag hast du dich recht gut gehalten.«

Weniger noch für den damaligen Reiseverkehr als eben für die Postverbindungen »in die Ferne und aus der Ferne« mochte also

11 FA II 12 (39), S. 40.
12 Vgl. hier S. 82.
13 Ähnlich etwa an Carus, 22.1.1825 und v. Martius, 22.6.1825.

gelten, was Goethe am 15. September 1823 über seine kleine Stadt zu Eckermann sagte: »bleiben Sie bei uns, und nicht bloß diesen Winter, wählen Sie Weimar zu Ihrem Wohnort. Es gehen von dort die Tore und Straßen nach allen Enden der Welt.«

Durch diese Tore und auf diesen Straßen kamen und gingen Briefe oder Büchersendungen damals mit Hilfe unterschiedlicher, einander ergänzender Posten.[14] Der abgebildete ›Post-Bericht‹ verzeichnet gleich in der ersten Spalte (›Sonntags Abends‹) die bedeutendste und am weitesten in die Ferne wirkende Institution dieser Art als die »Kaiserl. reitende Post«. Sie hat eine lange Vorgeschichte. Im frühen 15. Jahrhundert hatte die italienische Familie Taxis begonnen, in Europa Routen für einen berittenen Stafettendienst einzurichten, der auf den als ›Posten‹ bezeichneten Relaisstationen (italienisch ›posta‹ von lateinisch ›posita statio‹) in regelmäßigen Abständen die Pferde wechselte. 1595 ernannte Rudolf II. den Betreiber dieses höchst erfolgreichen Unternehmens zum ›General-Obristen-Postmeister im Heiligen Reich‹. 1615 wurde die ›Thurn- und Taxis'sche Post‹ zum erblichen Reichslehen erklärt, und fortan firmierte sie als ›Kaiserliche Post‹[15] (die im Jahr darauf eine Route von Frankfurt a. M. nach Leipzig auch schon über Weimar anlegte).

Gegen diese gewinnträchtige Monopolisierung suchten freilich die auf Souveränität bedachten und geldhungrigen deutschen Landesherren ihren eigenen Rechtsanspruch auf ein ›Postregal‹ durchzusetzen.[16] Nach dem Reichsende 1806 richteten sie zunehmend territoriale Posten ein oder übertrugen die bereits bestehenden ihrerseits auf das Haus Thurn und Taxis als Lehensempfänger. So stritten sich 1810 auf dem früheren Reichspost-Territorium ganze 43 Postanstalten um Anteile an dem sehr einträglichen Beförderungsgeschäft[17] (und endgültig beseitigt wurde dieser Wirrwarr

14 Dazu etwa Bergfeld 1884, eingehend dann Bühling 1995.
15 Dazu eingehend etwa Behringer 1990, Grillmeyer 2005.
16 Dazu etwa Pütter 1790, Klüber 1811, Hellmuth 1926, Altmannsperger 1969.
17 Behringer 1990, S. 151.

erst 1867, als unter maßgeblicher Beteiligung Heinrich v. Stephans ein Ablösungsvertrag mit dem Postfürsten von Thurn und Taxis die reichseinheitliche deutsche Postverfassung ermöglichte). Vorübergehend hatte Sachsen-Weimar-Eisenach die Kaiserlichen Einrichtungen schon 1807/08 in eigene Regie überführt; 1817 wurden dann sämtliche Posten auf seinem Gebiet gegen eine Abfindung von 10 000 Reichstalern als Erblehen von Thurn und Taxis übernommen. In den ›Tag- und Jahres-Heften‹ berichtet Goethe von seiner Teilnahme an der »Feyerlichkeit, als der Großherzog vom Thron den Fürsten von Thurn und Taxis, in seinem Abgeordneten, mit dem Postregal belieh, wobey wir sämmtlichen Diener in geziemendem Schmuck, nach Rangesgebühr erschienen«.[18]

An zweiter Stelle (Sonntag, ›Nachmittags‹) verzeichnet der abgebildete ›Post-Bericht‹ als weitere Reiterstaffette »das Chursächs. Felleisen« und für ›Montags Nachts‹ dann auch »Die Chursächs. ordinäre fahrende Post«, die in ihren Pferdekutschen neben den Reisenden und anfallendem Frachtgut weit langsamer auch Briefe beförderte (und sich als ›ordinär‹ von den nur unregelmäßig eingesetzten Eilwagen unterschied). Das Kurfürstentum Sachsen führte seine wichtigsten Postrouten von Leipzig nach Frankfurt a. M. und Hamburg/Nürnberg durch Weimarisches Gebiet und hatte seit 1702 eine Poststation auch in Buttelstedt angelegt, von wo die Briefschaften durch einen Boten über den Ettersberg in das fast zwei Meilen entfernte Weimar geschleppt werden mußten. Erst 1803 wurde für Kursachsens fahrende, 1816 auch für seine reitende Post eine Station in Weimar selber eingerichtet – bis das Großherzogtum alle kursächsischen Postämter auf seinem Territorium eigenmächtig mit der eigenen Landespost vereinigte, die dann 1817 insgesamt als Lehen von der Kaiserlichen Post übernommen wurde.

An dritter Stelle schließlich (›Montags früh‹) erscheint im ›Post-Bericht‹ eben diese landeseigene »Herzogl. Sächs. ordinäre fah-

18 FA I 17, S. 287.

rende Post« mit ihren damaligen Zuständigkeiten. Gegenüber der Kaiserlichen, auch der Kursächsischen Institution spielte sie eine untergeordnete Rolle, hatte auf Nebenstrecken dem Briefverkehr zwischen den herzoglichen Landesteilen zu dienen und Lücken zu schließen, verkehrte so schon 1686 zwischen Jena-Weimar-Eisenach, ging aber nie über die Landesgrenzen hinaus. Alle in weitere Ferne adressierten Sendungen wurden von ihr an die Posten der überregionalen Streckennetze weitergegeben, von dort nötigenfalls wieder an abzweigende Landesposten. Für die ohnehin komplizierte Regelung der Portokosten spielte das eine später zu erörternde bedeutende Rolle.

Neben dieser allgemeinen, ›ordinären‹ Post gab es im herzoglichen Dienst fallweise eingesetzte Extraposten, reitende Kuriere, Eilstaffetten und seit Beginn des 18. Jahrhunderts auch einen ›Cammerwagen‹,[19] der wöchentlich einmal, später zweimal auf der Strecke Jena-Weimar-Erfurt-Gotha-Eisenach bis 1802 auch Briefe beförderte. Goethe aus Weimar an Götze in Jena am 24. Dezember 1798: »Da du diesen Brief Dienstag früh erhältst, so kannst du mir mit dem Kammerwagen schreiben der Mitwochs hier ankommt, weil wahrscheinlich keine Botenweiber gehen, und ich kann dir mit der Post, die Donnerstags Abends hier abgeht noch allenfalls meine Meynung sagen.«

Die hier angeführten »Botenweiber« ergänzten die Briefbeförderung der reitenden und fahrenden Posten oder des Kammerwagens. Denn weil »die Postkurse nur größere Orte berührten und abseits gelegene Landstriche völlig ausließen, blieben große Teile des Landes postalisch unerschlossen.«[20] In regelmäßigen Abständen kamen auf eigene Rechnung solche Laufboten, weibliche zumeist, aus dem Umland nach Weimar, brachten Briefe, die von dort weiterbefördert werden sollten, und nahmen Sendungen mit zurück, die in ihren heimatlichen Bereich adressiert waren. Das ging oft nicht ohne Ärger ab. Goethe aus Ilmenau an den Minister

19 Vgl. hier Anm. 10. Einiges zum Kammerwagen bei Bühling 1995, S. 40 f.
20 Bühling 1995, S. 90.

v. Voigt in Weimar, 6. November 1796: »Durch einen rückkehrenden Boten sage ich nur so viel, daß ich Sie bitte, jener Botenfrau, die Ihnen etwas von mir gebracht hat oder bringt, nichts mit zurück zu geben, weil ich erst jetzt erfahre, daß ihr Gehen und Kommen höchst unzuverläßig ist. Auf den Mittwoch erhalten Sie entweder einen expressen Boten von mir, oder Sie sehen mich selbst.« Oder am 28. Juli 1798 an Schiller, hier von Weimar nach Jena, wofür ein ständiger Botendienst existierte: »Ihr Brief ist mir heute spät zugekommen. Schärfen Sie doch der Botenfrau ein daß sie die Briefe gleich selbst bringt. Diese Leute machen sichs manchmal bequem und geben die Sachen an kleine Knaben, die sich im herumtragen verspäten.«

Die Einlieferung abgehender Briefe bei den drei verschiedenen Posten erfolgte allemal auf der jeweils zuständigen Station. Briefkästen wurden in Weimar erst nach Goethes Tod installiert (der erste 1834 am Karlsplatz), und Postwertzeichen, die einheitliche Tarife voraussetzten, unabhängig von den Entfernungen innerhalb des Landes, kamen überhaupt erst um die Mitte des 19. Jahrhunderts in Gebrauch. Zur Auslieferung der eingegangenen Briefe schließlich amtierten in Weimar wohl schon um 1760 die ersten Briefträger[21] – die der alte Goethe zu den »Welt- und Schicksalsboten« zählte.[22] Sie erhielten einen in seinen Postrechnungen häufig angeführten zusätzlichen Austrägerlohn. Angekommene Briefe mußten sonst bei der zuständigen Poststation erfragt oder den dort aushängenden Listen entnommen und selber abgeholt werden.

So stellte sich das Postwesen zu Goethes Lebzeiten dar. Abgesehen von den Auseinandersetzungen der Regierenden um das Postregal und den daraus folgenden wechselnden Zuständigkeiten blieb es über Jahrhunderte hin bei diesen Umständlichkeiten. Von Grund auf änderte sich das erst, als im späten 19. Jahrhundert die reitenden oder mit dem Pferdewagen fahrenden Posten allmählich

21 Angeführt dann in: ›Fürstlich Sachsen-Weimarische Post-Ordnung und Post- und Porto-Taxe‹, Weimar 1779, Cap. III, § 3 mit genauen Anweisungen für die »beeydigten Briefträger«.

22 Brief an Zelter, 28.2.1828.

durch die Eisenbahn abgelöst wurden (die am 19. Dezember 1846 von Halle her zum ersten Mal in Weimar einfuhr und bald auch Post beförderte); als die dadurch deutlich sinkenden Beförderungskosten innerhalb der Landesgrenzen vereinheitlicht wurden; als man daraufhin die in England aufgekommenen Briefmarken einführte (in Weimar 1852) und Briefkästen installierte (in Weimar seit 1864);[23] als schließlich eine mit der Frankatur abgegoltene regelmäßige Zustellung durch Briefträger üblich wurde.

Schon über die Postverhältnisse seiner eigenen Zeit hat Goethe 1813 ein überaus positives Urteil abgegeben. In ›Dichtung und Wahrheit‹[24] erzählt er von einem Besuch im September 1772 bei Sophie von La Roche in Thal-Ehrenbreitstein, wo der Hofrat Leuchsenring aus seinen mitgeführten Mappen vorlas, »welche den vertrauten Briefwechsel mit mehreren Freunden enthielten: denn es war überhaupt eine so allgemeine Offenherzigkeit unter den Menschen, daß man mit keinem Einzelnen sprechen, oder an ihn schreiben konnte, ohne es zugleich als an mehrere gerichtet zu betrachten.« Das hatte er selber erfahren. Seine eigenen Schreiben hat er deshalb oft ausdrücklich als vorzeigbar, als ›ostensibel‹ bezeichnet, oder umgekehrt verlangt: »Lassen Sie um Gottes willen meine Briefe niemand sehn.«[25] Auch an der Mitteilung fremder Briefe hat er sich gelegentlich selber beteiligt. Mit einem Schreiben vom 25. März 1775 an Herder gab er gar einen Brief von Füßli weiter, dessen Abschrift er seinerseits durch Lavater erhalten hatte.[26]

23 Zuvor gab es Postkästen nur für Briefe, die der Absender nicht freimachte. In der ›Campagne in Frankreich‹ berichtet Goethe vom 23.8.1792 aus Grevenmacher: »Ich saß vor dem Fenster des Posthauses, unfern von der Stelle wo das Kästchen stand, in dessen Einschnitt man die unfrankierten Briefe zu werfen pflegt.« (FA I 16, S. 391).

24 III 13: FA I 14, S. 606 ff.

25 An Augusta zu Stolberg, 3.8.1775. Ähnlich schon an Anna Katharina Schönkopf, 1.11.1768 oder F. H. Jacobi, 13.8.1774, an Kestner, 21.11.1774 und später etwa an Lavater, 27.9.1775, an Herder, 2.1.1776 oder Schiller, 17.8.1797.

26 Dazu GB 2 II, S. 449.

So wohnte er damals Leuchsenrings »Vorlesungen gerne bei«, erklärte im Rückblick auf diese Jahre über den Umgang mit Briefen: »Man spähte sein eigen Herz aus und das Herz der andern« und urteilte dann aus der Sicht von 1813 grundsätzlich über die Förderung des Briefschreibens durch die Postverhältnisse:

»bei der Gleichgültigkeit der Regierungen gegen eine solche Mitteilung, bei der durchgreifenden Schnelligkeit der Taxischen Posten, der Sicherheit des Siegels, dem leidlichen Porto, griff dieser sittliche und literarische Verkehr bald weiter um sich.«

Freilich sind diese zustimmenden Äußerungen über die »Gleichgültigkeit der Regierungen« und eine damit verbundene »Sicherheit des Siegels«, über die »Schnelligkeit« der Posten und über ihre »leidlichen« Beförderungskosten mit Vorsicht zu betrachten. In akuten Fällen äußerte sich der Weimarer Briefschreiber doch häufig sehr anders zu diesen drei entscheidenden Bedingungen des Briefverkehrs.

Briefliche Bemerkungen zum Versiegeln der Briefe[27] begegnen häufig bei Goethe – oft im Zusammenhang mit den dazu verwendeten, in Siegelringe oder Petschafte gefaßten Gemmen und deren antiken oder antikisierenden Motiven, für die er sich lebenslang interessierte.[28] Die zunächst noch selbstgefertigten Briefumschläge, eher für vornehme Personen und Behörden bestimmt, hatten keine gummierten Klebflächen, wurden gelegentlich vom Absender zugeleimt[29] und jedenfalls mit Siegellack verschlossen. Häufig aber hat man die Briefblätter nur kunstvoll gefaltet und sie

27 Eingehende technische Anweisungen zum zeitgenössischen Verfahren bei Krünitz (6. Theil, Sp. 684 ff. im Artikel ›Brief‹ von 1775).

28 Ein Beispiel gibt der Brief an Friedrich v. Stein vom 16.2.1788. – Über Goethes Sammlung von Gemmen und Tausender von Abdrücken: Schuchardt 1848, Femmel/Heres 1977, Weiß 2004.

29 Goethe am 14.10.1786 aus Venedig an seinen Sekretär Seidel in Weimar: »Ich habe die Briefe nur sauber geleimt und nicht gesiegelt, sieh zu daß du [zur Weiterbeförderung] etwa eine saubre Antike findest und siegle ieden hübsch in die Mitte des breitsten Uberschlags und sende sie an die Behörden.«

dann auf der unbeschriebenen Außenseite zugesiegelt oder mit dem dünnen Weizenmehlscheibchen einer ›Oblate‹ beklebt, die man anfeuchtete, um dort das Siegel einzudrücken.[30] So konnte später beim Ablösen des Siegellacks das rückseitige Textstück leicht abgerissen werden: »Machen Sie künftig ein Couvert«, antwortete Goethe Ende September 1771 auf einen Brief von Herder, in dem ihm dadurch »einige Stellen versiegelter als die Offenb. Johannis« erschienen.[31] Selbst seinen Enkeln hat der Alte noch eingeschärft, daß man die »heiße Siegelung« vorsichtig aufbringen müsse; es fänden sich sonst womöglich »Hauptstellen eines Briefes, wo gerade das bezeichnende Wort schon zum Voraus zerstört ist.«[32] Nur eine einzige Ausnahme von dieser Versiegelungssorgfalt ließ nach Goethes Bericht der Hofrat Leuchsenring gelten, als er bei seinen Briefvorlesungen bösartig scherzend erklärte, »daß Frauenzimmer alles Siegellack sparen könnten, sie sollten nur ihre Briefe mit Stecknadeln zustecken und dürften versichert sein, daß sie uneröffnet an Ort und Stelle kämen« – weil sie zu lesen sich also gar nicht lohne.[33]

Der Siegellack, der eine unberechtigte Brieföffnung erschwerte, diente dem durch erhebliche Strafandrohungen bewehrten Postgeheimnis. Deshalb übten die amtlichen Erlasse zu Goethes Zeit einen allgemeinen Versiegelungszwang aus, der etwa bis 1849 galt, und die Weimarer Regierung verfügte beispielsweise 1819: »Ins-

30 Das war besonders für ein dem Brief noch beigefügtes Schreiben an einen anderen Adressaten gebräuchlich. Vgl. etwa Goethe an die Herders, 10.11.1786 oder an Charlotte v. Stein, 20.12.1786. Am 12.9.1830 bittet er Knebel, solch ein eingeschlossenes Schreiben nur »aus einem in sich selbst zusammengeschlagenen und mit Oblaten gesiegelten Briefblatt (*single Sheet*) bestehen zu lassen, da bey verstärkten Sendungen das Porto sich allzusehr steigert.«

31 Dort 5,1 f.: »Und ich sah in der rechten Hand des, der auf dem Thron saß, ein Buch, beschrieben inwendig und auswendig, versiegelt mit sieben Siegeln. Und ich sah einen starken Engel, der rief aus mit großer Stimme: Wer ist würdig das Buch aufzutun und seine Siegel zu brechen?«

32 Tagebuch 13.3.1831.

33 Vgl. oben S. 406 f.

besondere ist die Bewahrung des Postgeheimnisses eine der ersten und heiligsten Pflichten des Postbeamten, und desfallsige Uebertretungen z. B. durch Eröffnung der Briefe und dergleichen, sollen als Betrug criminell behandelt und bestraft werden, ohne daß sich der untere Postbeamte dagegen durch einen von dem höhern etwa erhaltenen Befehl schützen kann. Selbst an die Obrigkeit darf kein der Post anvertrauter Brief oder sonstiges Poststück ausgeantwortet [: übergeben] werden«.[34]

Nun galt die »Gleichgültigkeit der Regierungen« gewiß den privaten Benachrichtigungen und Herzensergießungen, keineswegs jedoch diplomatischen, militärischen oder überhaupt politischen Mitteilungen, und den Briefen entsprechend verdächtiger Korrespondenten war das von außen nicht abzulesen. So breitete sich nach dem Modell des von Richelieu am zentralen französischen Postamt in Paris eingerichteten ›cabinet noir‹ seit dem frühen 18. Jahrhundert über ganz Europa ein zunehmend perfektioniertes System staatlicher Briefspionage aus.[35] ›Schwarze Cabinette‹, sogenannte ›Postlogen‹ oder ›Polizeilogen‹, wurden in den Hinterzimmern auch der Habsburgisch-Kaiserlichen Reichspost installiert, nicht nur als ›Geheime Ziffernkanzlei‹ in Wien, sondern ebenso dann an vielen Knotenpunkten ihrer weitreichenden Routen. Im frühen 19. Jahrhundert, zumal seit dem Wiener Kongreß, wurde diese Überwachung von den Habsburgern wie von den Franzosen höchst professionell betrieben. Rasch und arbeitsteilig öffnete man als verdächtig abgefangene Schreiben durch Ablösen oder Aufbrechen des Siegels,[36] dechiffrierte verschlüsselte Texte, ließ von geübten Kopisten Abschriften herstellen und verschloß die Briefe dann wieder mit dem ursprünglichen oder einem abge-

34 ›Post-Ordnung des Großherzogthums Sachsen-Weimar-Eisenach: 1819. Weimar. Gedruckt bei Friedrich Albrecht‹, § 19 (auch die Aushändigung von Briefen an ein Gericht wurde hier nur erlaubt, wenn der Adressat verstorben war oder eines Verbrechens beschuldigt wurde).

35 Dazu etwa: Mayr 1935, Hubatschke 1975, Grillmeyer 1999 und 2005, Beyrer 2007.

36 Technische Einzelheiten bei Mayr 1935, S. 5 f. und Grillmeyer 1999, S. 58–61.

formten neuen Siegel. Für das 1806 von Napoleons Truppen besetzte Berlin vermerkte der spätere deutsche Generalpostmeister, daß dort mit Hilfe französischer Beamter »täglich gegen 2000 Briefe eröffnet und revidirt werden konnten.«[37] Durch Habsburgs Polizeilogen sollen noch am Ende der Metternich-Zeit jährlich etwa solche 15000 Abschriften angefertigt worden sein.[38]

Diese Machenschaften blieben den Zeitgenossen keineswegs verborgen. Auch in Goethes Briefen hat das Spuren hinterlassen und zu Vorsichtsmaßnahmen geführt.[39] Selbst bei einer Korrespondenz zwischen Weimar und Bückeburg (über Kassel) meinte er Herder am 15. Januar 1776 ermahnen zu müssen: »schreib und siegle die Briefe wohl und gieb auf die Siegel der meinigen acht« (denn »die Scheiskerle sizzen überall auf dem Fasse«). Was er im Mai 1778 über seine mit dem Herzog unternommene Informationsreise in das von Kriegsvorbereitungen erfüllte Berlin an Frau von Stein geschrieben hatte, behielt er gar bei sich, bis es auf dem Rückweg von preußischer Briefüberwachung nicht mehr erreicht werden konnte, und setzte sein den Preußenkönig selber bezeichnendes Kürzel  vorsichtshalber wohl erst nachträglich ein.[40] Am 29. Dezember 1787 dann ermutigte er von Rom her seinen Weimarer Herzog: »Wenn Sie mir manchmal etwas bedeutenderes schreiben wollen; können Sie es ohne Sorge thun. Niemals habe ich an einem Briefe nur eine Spur einer Eröffnung bemerckt. Auch kommen sie gewöhnlich in der kürzesten Zeit und können unterweges nicht seyn angehalten worden. Allenfalls nehmen Sie ein unbedeutendes Siegel.« Denn in der Tat wurde der Weimarer ›Minister‹ bei seinem Aufenthalt in Rom auf Weisung des Wiener Staatskanzlers durch Österreichs Gesandten bei der Kurie überwacht, wurde damals möglicherweise auch sein Briefverkehr kontrolliert[41] (selbst wenn er das befürchtet haben mochte, kann da-

37 Stephan 1859, S. 344.

38 Dazu etwa Mayr 1935, S. 20 f.

39 Vgl. hier S. 164, Anm. 30, S. 267 und S. 295, Anm. 100.

40 Vgl. oben S. 164, Anm. 30.

41 Dazu GB 7 II, S. 481 f.

mit allenfalls indirekt zusammenhängen, was er am 17. November 1787 von seinem Herzog erbat: »Verbrennen Sie doch ja meine [in Weimar eingegangenen] Briefe gleich daß sie von niemanden gesehen werden, ich kann in dieser Hoffnung desto freyer schreiben.«[42]). Am 10. Dezember 1810 schrieb er aus Weimar an Marianne v. Eybenberg ins habsburgische Zentrum der Briefspionage: »Ist denn die Herzogin von Curland noch in Wien? Viele Empfehlungen an die liebenswürdige Fürstin, und die theuern Ihrigen. Manches andere, was mir noch einfällt verspare ich bis zum nächsten. Was übrigens Post und Polizeimeister nicht zu wissen brauchen versteht sich von selbst.« Und Reinhard, der damals als französischer Gesandter beim Deutschen Bundestag in Frankfurt amtierte, bekam in Goethes Schreiben vom 29. März 1821 zu lesen: »Übergehen will ich nicht, daß es mir schien, als sey Ihr letzter Brief eröffnet gewesen, sehen Sie doch auch die meinigen an. Eigentlich müßten sich die Neugierigen vor unsern Briefen schämen, wenn sie sehen, daß, mitten in diesen wilden und verrückten Welthändeln, Freundschaft, Liebe und ein höheres Interesse waltet, das noch lange gelten wird, wenn das jetzige leidenschaftliche Treiben längst verklungen ist und nur noch einen mäßigen welthistorischen Antheil aufregen kann.« – Um die besagte »Gleichgültigkeit der Regierungen« und »Sicherheit des Siegels« also war es auch nach Goethes eigener Einsicht keineswegs zum besten bestellt.

Die den Briefverkehr belebende rasche Beförderung hat er 1813 zu Recht einer »durchgreifenden Schnelligkeit der Taxischen Posten« zugeschrieben. Fußgängerboten, wie sie noch bis ins 16. Jahrhundert den Schriftverkehr von Fürstenhöfen, Klöstern und Handelshäusern besorgten, hatten im Tagesdurchschnitt wohl 20–30 Kilometer zurücklegen können. Die berittenen Boten des Unternehmens Thurn und Taxis aber, auf dessen Routen in regelmäßigen Abständen Relaisstationen eingerichtet worden waren,

42 Anders zu dieser Stelle GB 7 II, S. 456.

wo ein Pferdewechsel erfolgte oder der Postsack des ›Felleisens‹ einem neuen Reiter übergeben werden konnte, schafften bei guten Witterungsverhältnissen und Wegbeschaffenheiten täglich etwa 100–150 Kilometer.

Nicht nur auf den Stationen der Kaiserlichen Post wurden die Postmeister zu rascher und pünktlicher Beförderung angehalten. Der ausdrücklich auch für dringende »Privatangelegenheiten« eingerichtete Herzoglich-Weimarische Stafettendienst beispielsweise hatte »auf gutem Wege die Meile in einer Stunde« zurückzulegen, also eilige Briefe etwa von Weimar nach Erfurt in drei Stunden zu befördern: Bei Verspätungen »durch straffälliges Liegenlassen, oder durch Versäumnisse im Abreiten« kostete bereits die erste Viertelstunde den Postillon 8 Groschen, »eine volle Stunde aber die ganze Rittegebühr sammt dem [obligatorischen] Trinkgelde«.[43] Absende- und Eingangsstempel auf den Briefumschlägen, seit 1815 gebräuchlich, machten die Laufzeit auch für den Empfänger kenntlich.[44] So konnte Ottilie v. Goethe erkennen, daß ein Schreiben ihres Schwiegervaters vom 25. Januar 1824 sie zwei Tage später in Berlin erreichte,[45] oder Goethe am 6. Juni 1830 an Carlyle in Schottland vermelden: »Ihr werther Brief, mein Theuerster, vom 23. May, hat gerade nur 14 Tage gelaufen um zu mir zu kommen, wodurch ich aufgeregt werde alsobald zu antworten, weil ich hoffen kann der meinige werde Sie [noch] an einem schönen Junitage begrüßen. Es ist wirklich höchst erfreulich daß die Einrichtungen unsrer gesitteten Welt, nach und nach, die Entfernung zwischen gleichgesinnten Wohldenkenden geschäftig vermindern, wogegen wir derselben manches nachsehen können.«

Maßgeblich für die Schnelligkeit der Posten war natürlich auch der Zustand der Reitwege und die Beschaffenheit der Fahrstraßen. 1741 hieß es in Zedlers ›Universal Lexicon‹ über diese »Post-

43 Post-Ordnung 1819 (wie hier Anm. 34), §§ 77, 92, 131,93.

44 Dazu Schwarz 1931, S. 102 f.

45 Goethe und Weimar 1999, S. 142 f.

Steige«: »da bey unstet und bösem Wetter die Strassen also verderbt, mit Wasser und Koth überschwemmet, auch die Weg also grundlos oder auch harte, steinerne oder tieffe und lange Hohlwege seynd, daß daselbsten die Posten weder Tag noch Nacht, weder mit Reiten noch Fahren füglich […] durchkommen können, [sollen] dieselbige auf abseitige Rain und Wege durchgelassen [werden], und die Post-Beförderer auf solchen Fall die Zäune durchzubrechen von sich selbsten befugt seyn.«[46] So schmal waren die alten ›Karrenwege‹ noch 1779 im Weimarer Herzogtum, daß den fahrenden Posten ein Vorfahrtsrecht zugestanden wurde. Alles andere Fuhrwerk hatte auszuweichen, »wenn vorhero der Postillon, wie er zu thun schuldig, zeitig genug ins Horn gestoßen«, oder man mußte »zum wenigsten auf das durchs Horn gegebene Zeichen stille halten, und die Posten vorbey fahren lassen«.[47] Erst gegen Ende des 18. Jahrhunderts begann man nach französischem Vorbild auch in Deutschland breitere Chausseen (›Kunststraßen‹) mit fest geschotterten oder gepflasterten Fahrbahnen zu bauen, deren beiderseitige Baumreihen zur Richtungsführung bei Dunkelheit dienten. In den Jahren 1777–83 wurde auf solche Weise die Straße von Weimar nach Erfurt ausgebaut, 1782–87 die über Isserstedt nach Jena. Von 1779–86 als Wegebaukommissar amtierend, hat Goethe auch den Interessen der Weimarer Post gedient.

In hohem Alter freilich urteilte er über die Schnelligkeit der Briefbeförderung unterschiedlich, war eigentlich so oder so damit unzufrieden. Gelegentlich konnte ihm keine Post das Geschriebene rasch genug expedieren. Als der Kanzler v. Müller ihn am 11. Januar 1830 an einen längst fälligen »Brief an den König von Bayern mahnte, fing er zuerst Feuer. ›Wenn ich nur jemanden hätte, der meine Briefe, wenn sie fertig diktiert sind, gleich expedierte. Aber gar oft, wenn die Reinschrift mir vorliegt, gefallen sie

46 Zedler Bd 28, Sp. 1813 (Artikel ›Post-Ordnung‹).

47 Post-Ordnung 1779 (wie hier Anm. 21), Cap. III, § 12. – Eichendorffs romantisches »Posthorn im stillen Land« (›Sehnsucht‹, 1834) hatte also durchaus handfest-praktische Zwecke, ließ auch die Stadttore öffnen, den Pferdewechsel vorbereiten, signalisierte die ankommende und abgehende Post.

mir nicht mehr, weil sich indes meine Stimmung verändert hat. Während ich diktiere, denke ich mir die Person, an die ich schreibe, als gegenwärtig, überlasse mich naiver Weise dem Eindruck des Moments und meinem Gefühl; später aber vermisse ich jene *Gegenwart* und finde nun manches absurd und unpassend für den *Abwesenden*. Der Brief an den König ist fertig, sogar mundiert, aber ich kann mich nicht entschließen ihn abzusenden.‹«[48] Gelegentlich aber war er geradezu auf ›Entschleunigung‹ bedacht und nahm die Post dabei nicht aus. Als Goethe, weiter vorausahnend als er wissen konnte, am 6. Juni 1825 an Zelter von einem »Zeitstrudel« schrieb, von einer »Schnelligkeit« eben, welche »die Welt bewundert und wornach jeder strebt«, da führte er als »Facilitäten der Communication«, in denen die gebildete Welt »sich zu überbieten, zu überbilden und dadurch in der Mittelmäßigkeit zu verharren« suche, nicht nur Eisenbahnen und Dampfschiffe an. Auch die »Schnellposten« seiner Zeit hat er da genannt.

Schließlich galt Goethes Grundsatzerklärung von 1813 über die dem Briefverkehr förderlichen Postverhältnisse dem »leidlichen Porto«. Entschieden finanzkundig hat 1766 auch v. Justi so geurteilt: »Wenn die Post-Taxen mäßig sind; so macht niemand aus dem Porto etwas. Es werden dannenhero jährlich einige hundert tausende Briefe geschrieben, die keine ernstlichen Geschäffte in sich enthalten, sondern die bloß in Neuigkeiten, Höflichkeits-Bezeugungen und Freundschafts-Versicherungen bestehen. Allein, wenn das Porto hoch ist, so unterläßt man solche Arten von Correspondenz«.[49] Im Vergleich zu späteren Gebührenordnungen freilich konnte von niedrigen Sätzen nicht die Rede sein, vom »leidlichen Porto« jedenfalls nur für Wohlhabende (die in aller Regel ja auch allein schreib- und lesefähig waren).

Anhand der von Goethes Diener Philipp Seidel zusammengestellten Haushaltungskosten der Jahre 1781–1783 hat man die Aus-

48 Biedermann/Herwig Bd 3.2, S. 543 f.
49 Justi 1766, S. 187.

gaben beispielsweise für ›Bücher und Liebhabereien‹ auf insgesamt 50 Taler zusammengerechnet, ›Almosen‹ auf 94, ›Porto‹-Kosten bei den Weimarer Postämtern aber auf 130 Taler.[50] Eine ähnlich aufgliedernde Ausgabenliste Seidels nur für das Quartal Juli-September 1786 führt unter ›Bücher und Liebhabereyen‹ etwa 18, unter ›Almosen‹ etwa 10, unter ›Porto‹ gut 11 Taler an.[51] Gewiß kann man solche vereinzelten Angaben nicht verallgemeinern und hochrechnen. Aber hier wird doch deutlich, daß die Postgebühren zu Goethes Zeiten im Verhältnis zu anderen Lebenshaltungskosten entschieden stärker ins Gewicht fielen als später. Wegen schwankender Geldwerte lassen sie sich nicht gut durch direkte Umrechnung auf spätere Portohöhen veranschaulichen. Ich beschränke mich hier auf einen indirekten und nur punktuellen, unzulänglichen Vergleich: 1819 bezahlte man für einen einfachen Brief von Weimar nach Kassel 2½ ›Gute Groschen‹, nach Wiesbaden schon 4, nach Bremen oder Hamburg 5 Groschen.[52] 3½ Groschen aber, also den durchschnittlich gleichen Preis, verzeichnen Goethes Haushaltsrechnungen im selben Jahr für ein Huhn,[53] während heutzutage solch ein gerupftes und ausgenommenes frisches Federvieh etwa je nach Gewicht 4 Euro kostet – wofür im Jahr 2019 noch nahezu sechs Standardbriefe innerhalb Deutschlands befördert würden.

Wie sehr man allgemein die Höhe dieser Portokosten scheute, zeigt die weitverbreitete Gepflogenheit, in frankierte Schreiben noch Briefe an nahewohnende andere Adressaten einzulegen.[54]

50 Schleif 1965, S. 34 f.

51 GSA, Signatur 34/VI,6, Bl. 3r (Goethe selbst ist freilich seit Ende Juli in Karlsbad, dann in Rom).

52 Tarif-Tabelle Postverwaltung Weimar, in Post-Ordnung 1819 (wie hier Anm. 34), S. 68. Dabei konnte der ›einfache Brief‹ bis zu 1 Loth wiegen, nach dem für die Reichspost gültigen Postlot = 16,7 g, also annähernd so viel wie heute. – Diese und alle noch folgenden Geldangaben entsprechen den in GB 2 II, S. XL verzeichneten Rechenstufen: 1 Taler = 24 Groschen, 1 Groschen = 12 Pfennige.

53 GSA, Signatur 34/XXIX, 6, Bl. 38.

54 Dazu Steinhausen 1889/91, 2. Teil, S. 337.

Auch Goethe gefiel diese Portoersparnis durch »Einschluß«.[55] Er erwähnt sie mehrfach in seinen Briefen oder vermerkt auch eine persönliche Beförderung, Überbringung, Weiterleitung durch reisende Freunde und Bekannte.[56]

»Man hört jetzt überall zu viele Klagen über erhöhtes Porto«, erklärte er am 25. Dezember 1814 in einem Schreiben an Gmelin und entschuldigte damit das leichtgewichtige »kleine Blättchen«, das er ihm da nach Rom schickte. Ähnliche Bemerkungen finden sich häufig in seinen Briefen,[57] oft wegen des »mit mehrerer Entfernung wachsenden Porto's«, oder weil »bey verstärkten Sendungen das Porto sich allzusehr steigert«,[58] und fast immer, wenn es um e i n gehende Post ging. Denn es war dem Absender zu Goethes Zeit noch freigestellt, die Beförderungskosten dem Adressaten zu überlassen, der das selber gewünscht haben mochte, den unfrankierte Post wohl auch mit größerer Sicherheit erreichte. Ausdrücklich unterschied die Weimarer Post-Ordnung von 1779, was hinsichtlich aufgegebener wie eingegangener Briefe »an Auslage, Porto und Franco taxmäßig [bereits vom Absender] bezahlt worden, oder solchergestalt [noch vom Adressaten] zu bezahlen stehet«.[59] Wollte der Briefempfänger die Annahme nicht verweigern, hatte er als Nachporto allemal diejenigen Beförderungskosten zu tragen, die sich aus der Mehrzahl unterschiedlicher Postanstalten ergaben. Erforderte also der Bestimmungsort eine Weitergabe von der Kaiserlichen Thurn- und Taxis-Post an eine abzweigende Landespost (oder umgekehrt), konnte der Absender immer nur bis zu dieser Übergangsstation frankieren. Das war etwa der Fall, wenn im Februar 1774 auf

55 Vgl. Brief an Charlotte v. Stein, 22.-23.12.1786.

56 Das war gemeint, als er beispielsweise am 2.7.1808 aus Karlsbad an Knebel in Jena schrieb, er wolle ihm »durch eine Gelegenheit antworten, da man sich hier wegen des hohen Porto's und des langsamen Ganges der Briefe vor der Post zu scheuen pflegt.«

57 Etwa an Halter 25.10.1797, an Cotta 7.11.1798, an Wilhelm v. Humboldt 16.9.1799, an Kirms 28.6.1807, an Marianne v. Eybenberg 1.10.1809.

58 An Kirms 24.8.1797 und Knebel 12.9.1830.

59 Wie hier Anm. 21, in Cap. I, § 4.

einem in Frankfurt aufgegebenen Briefumschlag Goethes stand: »An Herrn | Herrn Kestner | Archiv Sekretarius | nach | Hannover | franck Cassel« oder am 28. Oktober 1785, in Weimar abgeschickt: »An Herrn | Christoph Kayser | Tonkünstler | in | Zürch | fr. Schafh.«, weil man nur bis zur Schweizer Grenzstation in Schaffhausen frankieren konnte.[60] Wenn in Goethes Einakter ›Die Geschwister‹ von 1776 der Briefträger wortkarg bemerkt: »Einen beschwerten Brief, zwanzig Dukaten franco halb« und Wilhelm erklärt: »Gut! sehr gut! Notier' Er mir's zum übrigen«,[61] verstanden briefschreibende Zeitgenossen sehr wohl, daß es ums Nachporto für eine Zusendung ging, die der Absender nur zur Hälfte des Postwegs hatte frankieren können.

Auffällig in den Abrechnungen der Weimarer Posten ist nun das für 1786 einigermaßen genau unterscheidbare Verhältnis der von Goethe aufgegebenen Briefe zu den für ihn eingegangenen.[62] Zusammengezählt stellten das Kaiserliche und das Kursächsische Postamt für Januar bis März dieses Jahres insgesamt 19 abgegangene Briefsendungen in Rechnung (mit Adressatangaben) und forderten dafür 1 Taler und 13 Groschen – hingegen für 61 eingegangene Schreiben (ohne Absenderangaben), die nicht freigemacht waren oder nur unvollständig frankiert werden konnten, 4 Taler, 16 Groschen und 6 Pfennige.[63] Auch diese Angaben lassen sich

60 GB 2 II, S. 205 und 6 II, S. 278. Dem entsprechen briefliche Bemerkungen etwa vom 3.6.1816 aus Karlsbad an Christiane oder vom 26.3.1818 an Meyer im schweizerischen Stäfa. Umgekehrt hat Goethe am 13.2.1787 von Rom aus Frau v. Stein in Weimar ermuntert: »Schreibe mir nur immer. Euch kostets Portogeld, nicht mich. Da ihr biß Trent franckieren müßt, bezahl ich für einen einfachen Brief nur 18 Pfennige.« (Bis Trient beförderte die Kaiserliche Reichspost, erst von dort oder umgekehrt nur bis dort ging ein Brief zu seinen Lasten).

61 FA I 5, S. 11.

62 Von diesen Rechnungen hat WA IV 7, S. 348 angegeben, daß sie »für 1786 in ungewöhnlicher Vollständigkeit vorliegen« und zum ersten Mal die zuvor »vermischten Gruppen angekommener und abgesandter Briefe unterscheiden lassen.« (Freilich sind die Zahlen ankommender Zusendungen dort fehlerhaft).

63 Dafür hier ausgezählte ›Porto‹-Rechnungen in GSA, Signatur 34/VI, 8, 1.

keinesfalls verallgemeinern. Aber auch aufs Ganze gesehen, schätzt man die Zahl der eigenen Briefe Goethes derzeit auf insgesamt etwa 20 000, die der an ihn gerichteten hingegen auf annähernd 24 000.[64] Auf viele dieser Zuschriften also hat er gar nichts erwidert. Vor allem in seinen späteren Jahren geschah das: »Mit Briefantworten muß man nolens volens Bankerutt machen und nur unter der Hand diesen oder jenen Kreditor befriedigen. Meine Maxime ist: wenn ich sehe, daß die Leute bloß *ihretwegen* an mich schreiben, etwas für ihr Individuum damit bezwecken, so geht mich das nichts an«.[65] Jedenfalls muß ihn das ›Nachporto‹ für derart unverlangt eingegangene Zusendungen im Lauf der Jahrzehnte ein kleines Vermögen gekostet haben.

Davon wurde er erst entlastet, als man ihm 1816 eine Portofreiheit einräumte, die für eingehende Post ebenso galt wie für seine eigene, abgehende. Mit einem Schreiben an den Weimarer Minister v. Voigt ersuchte er schon im Dezember 1815 um mehr Unterstützung in seinen Amtsgeschäften, die ihn »zu einer sehr lebhaften Wirkung nach außen genöthigt« hätten.[66] In eigener Sache führte er da ins Feld, was man jedenfalls mit solchen Worten von ihm selber kaum erwarten sollte: »Weimar hat den Ruhm einer wissenschaftlichen und kunstreichen Bildung über Deutschland, ja über Europa verbreitet; dadurch ward herkömmlich sich in

Bl. 29, 41, 46, 48 (berücksichtigt wurden nur die eindeutig kenntlichen und unterscheidbaren abgegangenen und eingegangenen Briefe). – Die eigene, Herzoglich-Sächsische Post führte für diese drei Monate keine (eindeutig kenntlichen) Briefbeförderungen an, wohl aber Portokosten für abgehende Pakete u. a. (GSA, Signatur 34/VI, 8, 1. Bl. 51). Für den herzoglichen Kammerwagen liegen keine Abrechnungen vor.

64 Näheres dazu hier in den Vorbemerkungen S. 14.

65 Gesprächserinnerung des Kanzlers v. Müller vom 24.4.1830. (Biedermann/Herwig Bd 3.2, S. 609. Ebd. 3.1, S. 415 auch zu Grüner). Ähnliche briefliche Bemerkungen an Klopstock schon am 21.5.1776, später etwa an Zelter, 10.4.1827. Ebenso zu Eckermann am 21.1.1827: »Sie sehen ja selbst, wie das bei mir geht und welche Zusendungen von allen Ecken und Enden täglich bei mir einlaufen, und müssen gestehen, daß dazu mehr als *ein* Menschenleben gehören würde, wenn man alles nur flüchtig erwidern wollte.«

66 Beilage zum Brief vom 18./19.12.1815.

zweifelhaften literarischen und artistischen Fällen hier guten Raths zu erholen. Wieland, Herder, Schiller und andere haben soviel Zutrauen erweckt, daß bey ihnen dieser Art Anfragen öfters anlangten, welche die gedachten Männer oft mit Unstatten erwiderten, oder wenigstens freundlich ablehnten. Mir Überbliebenen, ob ich gleich an solchen Anforderungen und Aufträgen selbst schon hinreichend fortlitt, ist ein großer Theil jener nicht einträglichen Erbschaften zugefallen.« Mit den »meisten deutschen Künstlern und Kennern« sei er »bekannt und verwandt geworden«, und »mit vielen Gelehrten, besonders auch durch naturwissenschaftliche Bemühung mit einer Anzahl Physikern, Chemikern, Mineralogen und sonstigen Freunden dieser Wissenschaften« habe er sich »in Berührung gesetzt.« Durch das Theater schließlich und »durch ästhetische Arbeiten kam ich mit Dichtern und leider auch mit Dichterlingen in Verhältniß, so daß ich nun von allen diesen Geistern keine posttägliche Ruhe habe und viele Zeit wo nicht auf unentgeltliche responsa, doch wenigstens auf ein freundliches Ablehnen verwenden muß.« Am 10. Februar 1816 dann legte er dem Minister ein briefliches »Pro Memoria wegen Portofreyheit« vor.[67] Zu Jahresanfang beträfen »die zudringenden Briefe und Paquete« jetzt wieder nur zu einem kleinen Teil ihn persönlich: »Nun aber vernehm ich, daß die Mitglieder des StaatsMinisteriums so wie ihre Referendarien als postfrey erklärt werden, und ich darf um so mehr hoffen daß diese Gunst auch auf mich erstreckt werde«. Am 13. Februar wurde dem durch eine Anweisung an die Finanzbehörde entsprochen.[68]

Ursprünglich war solch eine Freistellung von Beförderungsgebühren ein Kaiserliches Vorrecht auf den Taxis'schen Routen.

67 Tagebuch (in WA IV 51, S. 275 wird Goethes Schreiben falsch datiert auf 1810).

68 WA IV 52, S. 189 (zu 590a). Dort falsch datiert auf den 13.2.1810. Irrig kommentiert in GT V 2, S. 864 als Befreiung »von der Bezahlung nur der eingehenden Post«. – Andere Sachfehler und ziemlichen Unsinn über diese »Einladung, Goethe zu schreiben« liefert Bernhard Siegert: Relais. Geschicke der Literatur als Epoche der Post 1751–1913. Berlin 1993, S. 69–82.

Später kam sie auch den Reichsständen zugute, durch deren Territorien diese Verbindungen führten. Im 18. und 19. Jahrhundert wurde sie zunehmend ausgedehnt, so weit über den privilegierten Kreis der hohen Staats- und Hofbeamten hinaus, daß 1823 in Preußen mehr als ein Drittel aller Postsendungen portofrei befördert werden mußte. Der spätere Generalpostmeister v. Stephan hat das im Deutschen Reich erst 1920 gänzlich aufgehobene »Portofreiheitswesen« zu Recht als einen »uralten Krebsschaden der Post-Anstalten« bezeichnet.[69]

In der Weimarer ›Post-Ordnung‹ von 1819[70] wird das »Portofreithum« ohne nähere Angaben oder Einschränkungen ausdrücklich als »persönliche Vergünstigung« angeführt, und Goethe machte durchaus auch privaten Gebrauch davon. Hinsichtlich der von ihm aufgegebenen Post hat er das brieflich kaum erwähnt, für die an ihn zu adressierenden Sendungen aber kam es häufig zur Sprache.[71] So schrieb er am 7. November 1816 an Zelter: Bücher vom Staatsrat Schulz »wünsche unfrankirt zu mir gesendet. Überhaupt mache man sich kein Gewissen mir etwas auf diese Weise zu schicken, da ich Portofreyheit habe, welche mir lieber ist als Preßfreyheit, deren ich mich doch auch gelegentlich bediene.«[72] Am 17. Mai 1828 an Adele Schopenhauer: »Sie thaten sehr wohl, theuerstes Adelchen, die mir zugedachte interessante Sendung mit der fahrenden Post abgehen zu lassen, denn da ich portofrey bin, so ist mir jedes schnelle Anlangen um desto erwünschter. Das Kleidchen [für seine Enkeltochter Alma] setzte die Frauenzimmer in Entzücken«. Am 3. Mai 1827 an v. Buttel ausdrücklich: »Empfehlen Sie mich Ihrer werthen Umgebung

69 Stephan 1859, S. 767. Zur ›Geschichte der Portofreiheit‹ insgesamt: Hübner 1961.

70 Wie hier Anm. 34, im § 33.

71 Neben den im Folgenden zitierten Fällen etwa im Brief an Nees v. Esenbeck vom 31.3.1820, an Lenz vom 2.10.1822, an Reichel vom 18.3.1827 oder an v. Quandt vom 31.1.1829.

72 Abwegig kommentiert in MA Bd 20.3, S. 420: »Nach damaligem Postgesetz hatte der Empfänger einer Sendung das Porto zu bezahlen, nicht der Absender« – davon sei Goethe nun befreit worden.

und senden unfrankirt, was es auch sey, Briefe, Paquetchen und Kistchen.« Da war das Porto nun wirklich so leidlich für ihn, daß »dieser sittliche und literarische Verkehr« nicht mehr behindert wurde.

II

»auf das Papier sprechen«

Diktierte Briefe

»Verzeihen Sie meine Schreibseligkeit, sie überfällt mich noch seltner als die Redseligkeit«, heißt es nur ausnahmsweise einmal in einem von Goethes Briefen, der am 26. Dezember 1807 an die befreundete Johanna Frommann ging. Daß er vielmehr »unter allen Schriftstellern der unschreibseligste« sei, bekam der Minister v. Voigt am 7. Dezember 1808 zu lesen. »Nichts wird mir saurer als Briefe zu schreiben«, erklärte er anderen Adressaten. Als »fauler Correspondent« erweise er sich, von »Schreibscheue« befallen, von »Briefschulden« überhäuft. Sein »Brief-Unterlassungs-Sündenregister« überschauend, sehe er sich angesichts dieser »Schuldenmasse« genötigt, »seine Insolvenz zu erklären«.[1] Und »so thäte ich wohl,« schreibt er am 18. April 1792 seinem Herzog, »eine solenne Formel über den Eingang meiner Briefe zu setzen die eine Entschuldigung meines Stillschweigens ausdrückte zum Beyspiel: ignoscas tarde scribenti [: Entschuldige, daß ich so saumselig schreibe] oder der Kürze wegen i.t.s.«.

Briefe zu Papier zu bringen, war damals ein umständliches und zeitraubendes Geschäft. Stahlfedern kamen erst nach Goethes Tod

1 Bei einer Vielzahl solcher Bemerkungen hier nur in Auswahl zitiert aus den Briefen an Körner, 21.10.1790; an Hirt, 9.6.1809; an Reichardt, 17.11.1791; an Zelter, 30.10.1808; an Nees v. Esenbeck, 21.7.1821; an v. Reinhard, 12.3.1830.

in allgemeinen Gebrauch.[2] Noch immer verwendete man einen aus der Flugfeder einer Gans geschnitzten Federkiel, den man ständig von neuem ins Tintenfaß tunken und schon nach kurzem Gebrauch mit mehreren kunstgerechten Schnitten eines Federmessers wieder zurichten mußte.[3] Die selbstfabrizierte, nur langsam trocknende Eisen-Gallus-Tinte wurde dann mit Hilfe einer Sandstreubüchse abgelöscht (so daß Werther seine Lotte bitten mußte: »Keinen Sand mehr auf die Zettelchen die Sie mir schreiben. Heute führte ich es schnell nach der Lippe und die Zähne knisterten mir«).[4]

Mit diesem Schreibgerät kam Goethe offenbar nicht gut zurecht. Bei poetischen Einfällen jedenfalls griff er lieber zu einem Bleistift, »denn es war mir einige Mal begegnet, daß das Schnarren und Spritzen der Feder mich aus meinem nachtwandlerischen Dichten aufweckte, mich zerstreute und ein kleines Produkt in der Geburt erstickte.«[5] Und als er am 12. März 1790 in einer vertraulichen Angelegenheit dem Freiherrn v. Fritsch als dem damaligen Präsidenten des Weimarer Geheimen Consiliums eigenhändig mit Feder und Tinte hatte schreiben müssen, bekam der zu lesen: »Verzeihen Ew. Exzellenz dieses entstellte Blatt, es fehlte nichts als daß ich noch in der Eile das Dintenfaß darüber schüttete. Ich kann es nicht abschreiben sondern muß siegeln weil die Botenmädchen warten.« Auch Marianne v. Willemers Tochter Rosine Städel mußte er am 6. Oktober 1815 um Nachsicht bitten »für das Federspritzen und die Kleckschen; das sieht meinem Zustand ganz ähnlich.« Abzuhelfen war dem – durch eine ›fremde Hand‹.

2 Immerhin schrieb er, von seiner böhmischen Badereise zurückgekehrt, schon am 19.9.1818 an Johanna Frommann: »Das beykommende Schächtelchen enthält einen Beweis, daß sogar die Carlsbader Stahlfabrikanten den vaterländischen Poeten in die Hände arbeiten, mögen die Frauenzimmer [daheim] sich dabey des Abwesenden erinnern.«

3 Gleich zweimal wird das nötig, wenn Goethe im oben erörterten Brief an Behrisch seine Federzüge aufs Papier wütet (vgl. hier S. 101 mit Anm. 52).

4 FA I 8, S. 83. – Kenntnisreich erzählend über ›Feder, Tinte und Papier‹: LeCollen 1999.

5 ›Dichtung und Wahrheit‹ IV 16 (FA I 14, S. 733).

Seinem Brieffreund Zelter erklärte Goethe am 28. April 1829, er »habe über das Menschengeschlecht, besonders wie es jetzt nachwächst, allerlei Gedanken und werde sie wohl einmal in ruhiger Stunde dir auf das Papier sprechen.« Tatsächlich hat er in den Weimarer Jahrzehnten die meisten Briefe auf diese Weise verfaßt – sie nämlich einem der Sekretäre diktiert, die bei ihm tätig waren. Früher geschah dergleichen nur selten. Der an den jungen Herrn Ysenburg v. Buri gerichtete allererste Brief war gewiß eine Ausnahme.[6] Aber schon aus der Zeit seiner Frankfurter Anwaltstätigkeit sind mehrere Schreiben in durchaus persönlichen Angelegenheiten auch von Schreiberhand überliefert.[7] In Weimar dann hat er allermeist »auf das Papier« gesprochen (zunehmend etwa seit 1790, nach 1806 schon überwiegend, in der späten Zeit nahezu ausschließlich). Wohl nur in vereinzelten Fällen gab es dafür eigene Vornotizen (›Schemata‹). Sonst diktierte er gleich aus dem Stegreif.

Als ›Konzepte‹ standen diese Niederschriften, wie bei Behörden üblich, zunächst in den rechten Spalten ›halbbrüchiger‹ Seiten, so daß Platz für Korrekturen blieb. Goethe hat sie in der Regel noch einmal durchgesehen, oft sehr sorgfältig, gelegentlich sogar in mehreren Korrekturgängen, und hat Änderungen selber am Seitenrand vermerkt oder sie dort eintragen lassen. So dienten sie dann als Vorlage für die meist wieder vom Schreiber ins Reine gebrachte Ausfertigung, für das ›Mundum‹, das er vor oder nach der Unterschrift häufig noch mit eigenhändigen, formelhaft abschließenden Wendungen oder Zusätzen versah. Dieses Verfahren wurde nach der Italienreise mehr und mehr üblich. Bald sind solche Konzepte auch aufgehoben worden. Nach 1807 wurde eine kanzleimäßig organisierte Registratur angelegt: ein Korrespondenzarchiv, das neben den an ihn gerichteten, eingegangenen Briefen auch diese Belege für die von ihm ausgegangenen Schreiben umfaßte. Etwa seit 1815 ist Goethes Briefwechsel dadurch einiger-

6 Vgl. oben S. 50 f. (Anm. 15).

7 So an Salzmann, 5.12.1774 oder an Reich, 2.1.1777 u. ö.

maßen vollständig überliefert, auch wenn viele Ausfertigungen dann verlorengingen.[8]

Häufig sind diese Konzepte interessanter als die Reinschriften, weil der spätere Leser mit den Korrekturen des ursprünglichen Wortlauts doch auch erfährt, was der eigentliche Adressat so nicht hat lesen sollen, was im Mundum deshalb umformuliert, ergänzt oder ausgelassen worden ist.[9] Goethes zuvor erörterte Briefe an Graf Althann und an Seebeck zeigen, mit welcher Sorgfalt und wieviel Absicht seine stilistischen Eingriffe gelegentlich erfolgten.[10] Auch um eine Straffung allzu weitschweifig diktierter Ausführungen ging es mitunter bei der Korrektur eines Konzepts, oder um eine Sänftigung polemischer Passagen, die er zwar »auf das Papier sprechen«, in ihrer schriftlich fixierten Form aber nicht mehr billigen mochte, »weil dergleichen wohl im Gespräch ver-

8 Darüber Schmid 2008, S. 498 ff.: ›Goethes persönliches Archiv‹. Zur Briefregistratur dort S. 506–509. (Zu vergleichen in FA I 21, S. 396 ff. Goethes eigene Notizen von 1822 über dieses Archiv und seine damals einsetzende Neuordnung durch den Sekretär Kräuter; ausdrücklich erwähnt er hier auch »eingegangene und abgegangene Briefe«).
Ungewöhnlich war sein Konzeptgebrauch offenbar nicht. Keineswegs auf Geschäftskorrespondenz eingeschränkt, heißt es schon 1775 bei Krünitz (6.Theil, Sp. 665): Wem ein bloßer Entwurf nicht hinreiche, »dem kann ausserdem noch das Concipiren der Briefe angerathen werden. Dies besteht darinn, daß man seine Briefe nach einem gewissen Entwurfe zu Papier bringt, hernach das Aufgesetzte fleißig durchliest, um zu sehen, wo es noch einige Verbesserungen leide, und, nachdem man damit zufrieden ist, es ins Reine schreibe. Die Concepte und Entwürfe von wichtigen Briefen kann man aufbehalten, um sie immer wieder nachsehen zu können, indem man von wichtigen unconcipirten Briefen doch genöthigt ist, eine Abschrift zu nehmen oder nehmen zu laßen.«

9 Das freilich hatte Goethe nicht im Sinn, als er am 12. Januar 1826 an Boisserée schrieb, daß in seiner »wohlgeordneten Correspondenz sich Dinge finden werden welche, bey kluger Redaction, für das Publicum von hohem Interesse seyn müssen«. Offenbar dachte er dabei schon an Veröffentlichungen im Druck: 1829 erschien sein Briefwechsel mit Schiller, seit langem vorgesehen 1834 auch der mit Zelter; gegen Ende seines Lebens plante er sogar eine postume Publikation ausgewählter eigener Briefe, die Eckermann betreuen sollte (Näheres dazu etwa bei Hahn 1980, S. 19 ff.).

10 Vgl. hier S. 277 und 282 f. sowie S. 343.

ziehen wird, aber als Wirkung in die Ferne nicht ergötzlich ist.«[11] Der hier unter den Fallstudien behandelte Wutbrief an Cotta vom 24. Dezember 1806 wurde gar vollständig unterdrückt, also vom Konzept gar nicht erst in eine Reinschrift übertragen, sondern durch ein ganz neues Schreiben ersetzt. – »Bey manchem Werk eines berühmten Mannes«, notierte Lichtenberg, »mögte ich lieber lesen was er weggestrichen hat, als was er hat stehen lassen.«[12]

In vielen, unterschiedlich begründeten Fällen freilich ist ein Konzeptschreiber gar nicht beigezogen, also eingeweiht worden, oder es war gerade keine »fremde Hand« verfügbar, so daß sich der Brief von vornherein offenherziger gab, als ein Diktat es erlauben mochte. Kein Dritter erfuhr, daß Goethe am 29. Dezember 1787 aus Rom seinem Herzog über die »öffentlichen Mädchen der Lust« berichtete und über »verheurathete Weiber«, die dort »zu Gebote stehn«, oder aber was er am 16. und 25. Oktober 1808 an Christiane schrieb, als sie nach dem Tod seiner Mutter in Frankfurt Erbschaftsangelegenheiten regeln und für sich und den vorehelich geborenen August das Bürgerrecht erwerben sollte: die Sache verlange »größte Vorsicht«, und daß die Taufscheine »mit den Trauscheinen nicht zusammenstimmen«, habe ihn selber »zum lachen gebracht.«

Aber auch recht Persönliches hat Goethe mitunter diktiert. Am 16. Juli 1798 durfte auch seinen Schreiber amüsieren, was für Kestner und die ihm angetraute Lotte des ›Werther‹-Romans be-

11 An v. Sternberg, 14.12.1824, wo er im Konzept seinem »bösen Humor, in den mich Herrn von Hoffs tumultuirender zweyter Band [durch eine ›vulkanistische‹ Erklärung der Gebirgsbildung] versetzt hatte, auf einer ganzen Seite den Lauf ließ, die ich aber unterdrücke« (deren Abdruck in WA IV 39, S. 288). An Burdach schrieb er am 21.7.1821, er habe sich »seit mehreren Jahren zum Gesetz gemacht, kein unangenehmes Wort in die Ferne zu senden.« – In einem Schreiben an Seebeck vom 28.11.1812, in dem er über die Kritiker seiner ›Farbenlehre‹ herfiel, über »dieses Gelichter«, über den »ungeheueren Unsinn«, der da veröffentlicht würde, bat er immerhin in einer ›Nachschrift‹, das »für sich zu behalten, und allenfalls zu verbrennen.« (Kein Mundum überliefert).

12 Schriften und Briefe. Hg. v. Wolfgang Promies. Bd 1, München 1968, S. 603.

stimmt war: »Wenn wir uns wieder sähen so hoffte ich Ihr solltet mich, dem innern nach, wohl wieder erkennen, was das äußere betrifft so sagen die Leute ich sey nach und nach dick geworden. Ich lege Euch eine Schnur bey, als das Maß meines Umfangs, damit Ihr messen könnt ob ich mich von dieser Seite besser gehalten habe als Ihr, denn sonst waren wir ziemlich von einerley Taille.« Häufiger findet sich, wenn es um Intimes ging, ein eigenhändiges Postskriptum zu dem vom Schreiber ausgefertigten Mundum. Ohne daß der Schreiber das angehört hätte, bekam Christiane zu lesen: »Nun muß ich dir zum Schluß auch noch mit eigener Hand sagen: wie sehr ich dich liebe, und wie sehr ich wünsche bald wieder an deiner Seite zu seyn. Behalte mich lieb, wie ich dich, damit wir uns herzlich mit Freuden wieder umarmen können. Küsse den Kleinen tausendmal.«[13] Oder dem Diplomaten v. Reinhard schrieb er: »Eigenhändig füge noch einiges Vertrauliche hinzu«, als am 13. Februar 1812 heikle politische Fragen anstanden.

Neben seltenen selbst verfaßten Konzepten für gleichfalls eigene Reinschriften[14] finden sich mitunter auch eigenhändige Ausfertigungen nach einem zunächst dem Schreiber diktierten Konzept. Bei manchen in früheren Jahren sehr vertrauten, insbesondere wohl weiblichen Adressaten lag das nahe.[15] Vor allem aber galt allgemein als Regel, daß »auch hohe Personen, die sich gewöhnlich der Hand ihres Secretairs bedienen, an andere von gleichem oder noch höherem Range nicht anders als eigenhändig schreiben; es möchte sonst scheinen, als ob sie sich für zu gut hielten, die Feder selbst anzusetzen.«[16] Für Goethes Brief vom 16. Februar 1827 an Friederike, damalige Herzogin von Cumberland und spätere hannoversch-englische Königin, sind gleich drei Konzepte verschie-

13 Brief vom 11./12.1797. Ähnliches an sie am 15.8. oder 23.9. dieses Jahres.

14 Etwa an Ulrikes Mutter Amalie v. Levetzow (17.6.1825) oder Marianne v. Willemer (17.6.1825 und 23.10.1828).

15 An Lili Schönemann/v. Türckheim (30.3.1801: »Nach so langer Zeit einen Brief von Ihrer Hand …«); auch an Marianne v. Willemer, 17.2.1825.

16 ›J. G. L. Adelungs allgemeiner teutscher Briefsteller für alle Fälle des menschlichen Lebens.‹ [4]Nürnberg 1820, S. 18.

dener Schreiber überliefert. Gut zwei Monate brauchte das, dann hat er alles selber ins Reine geschrieben – »in unwandelbarer Verehrung«, auf elfenbeinfarbenem Briefpapier mit Goldschnitt, noch einmal mit mehr als fünfzig Abweichungen von der Orthographie und Interpunktion oder den Wortfolgen des letzten Schreiber-Konzepts.[17]

Wenn aber auch das Mundum von der »fremden Hand« eines Schreibers ausgefertigt wurde, hat Goethe nicht immer nur mit einer »i.t.s.«-Formel die auf Nachsicht des Adressaten angewiesene eigene Schreibfaulheit zugegeben oder vorgeschützt. Am 24. November 1812 diktierte er an die Gräfin O'Donell: »weil die Feder nicht so geschwind läuft als ich denke, so schreibe ich oft den Schlußbuchstaben des folgenden Worts ehe das erste noch zu Ende ist, und mitten in einem Comma, fange ich den folgenden Perioden an; Ein Wort schreibe ich mit dreyerley Orthographie, und was die Unarten alle seyn mögen, […] nicht zu gedenken, daß äußere Störung mich gleich verwirren und meine Hand wohl dreymal in Einem Brief abwechseln kann. So ist mir's mit Vorstehendem gegangen, das ich zweymal zu schreiben anfing, absetzte und schlecht fortsetzte; jetzt entschließ ich mich zu dictiren, es ist als wenn ich mit Ihnen spräche«. Dann aber ging es doch so rasch voran, wie er es dem Weimarer Herzog am 12. Juni 1797 beschrieben hat: auf den Namen seines Schreibers Johann Ludwig Geist anspielend, erklärte er da, daß er »einen Geist zur rechten Hand habe, der, mit der größten Leichtigkeit, meine Gesinnungen und Einfälle zu Papier bringt.«

So hat auf der nachstehenden Abbildung Schmeller ihn dargestellt. Und so hat der seit 1825 als sein Privatsekretär tätige Schuchardt ihn beschrieben: »Goethe ging, wenn er diktierte, um den Tisch herum. Von dieser Art des Diktierens können Sie sich schwerlich eine Vorstellung machen. Es floß ihm ohne Unterbrechung, ohne Stockung vom Munde, daß man Mühe hatte, mit

17 Diese für WA IV nicht zugänglichen, in GB noch nicht anstehenden Angaben habe ich Elke Richter zu verdanken.

Beim Diktat im Weimarer Arbeitszimmer mit dem Schreiber John. Ölbild von Johann Joseph Schmeller, 1834 (Anna-Amalia-Bibliothek Weimar)

der Feder zu folgen. Keine Störung konnte ihn wesentlich irre machen. Es geschah leider oft genug, daß er durch lästige Besuche abgerufen wurde. Er zog dann gewöhnlich in der Eile einen blauen Überrock an und begab sich in das Empfangszimmer. Wenn er aber zurückkehrte, nahm er das Diktat an der Stelle wieder auf, wo er stehen geblieben war, ohne sich die letzten Sätze erst in die Erinnerung zurückrufen zu lassen.«[18]

18 Biedermann/Herwig Bd 3.2, S. 302 f. Ausführlicher noch ebd. S. 300 f. Beidemal ging es um dichterische Werke, aber beim Briefdiktat mag es ähnlich

Um den Tisch gehend, blickte er seinem Schreiber wohl gelegentlich über die Schulter und diktierte, wenn er am Ende freien Raum sah auf dem Konzeptblatt, noch eine längere Passage hinzu: »Weil wir aber so weit sind, und weiß Papier, wie leere Zeit, zu Mittheilungen anregt; so will ich noch einiges längst Versäumtes nachbringen.«[19] Auch konnte er beim Diktat die Anweisung geben, einzelne Passagen des Briefes gleichlautend aus Schreiben zu übernehmen, die an andere Adressaten gingen oder gegangen waren.[20] Das ließ sich geschwinder regeln als bei eigenhändiger Niederschrift.

Die ›Geschwindschreibekunst‹ dieser Zeit (Tachygraphie) beherrschten freilich auch seine Sekretäre nicht. Am 4. Januar 1831 diktierte er für v. Sternberg: »stünde meinen Gedanken ein Geschwindschreiber zu Diensten, so würde mein verehrter geliebter Freund gar manches Blatt vor seinen treuen Augen erblicken« – das also nicht zustande kam. Indem er das von seinen »Gedanken« sagte, nicht etwa von seinen diktierenden Worten, blickte er mit dieser beiläufigen Bemerkung kühner und staunenswert weiter voraus, als es obenhin den Anschein hat. Ein Brief vom 28. Dezember 1830 an Zelter besagt das ganz unmißverständlich: »Ich

gewesen sein (Tagebuch, 21.3.1780: »Gedancken Ja so gar Ausdruk kommt mir meist im Gehen. Sizzend bin ich zu nichts aufgelegt. drum das Dicktiren weiter zu treiben.« Eher noch wollte er es im Liegen versuchen: »Ich muß Anstalt machen meine Schlafstelle [im Weimarer Haus] zu verändern, damit ich morgens vor Tage einige Stunden im Bette dictiren kann.« (an Schiller, 7.12.1796 – und so diktierte er an ihn dann jedenfalls bei der Schweizreise am 14.10.1797).

19 An Boisserée, 3.7.1830. Ähnlich an Carlyle am 6.6.1830, an August v. Goethe und Eckermann am 9.8.1830, an Boisserée am 24.11.1831 – immer ohne Rücksicht darauf, daß sich die Sache mit dem noch unbeschriebenen Papier im Mundum doch anders ausnehmen würde als im Konzept.

20 So am 11.9.1797 an Carl August wie an J. H. Meyer oder am 23.2.1832 (erklärtermaßen und in Anführungszeichen) an Zelter wie an Marianne v. Willemer. Einem Schreiben an v. Sternberg vom 21.9.1826 wurden gleich zwei Passagen aus dem an v. Reinhard vom 20.9. angefügt und ein längerer Text noch aus dem an Carl August vom 20.7. – mit der Vorbemerkung: »Da aber noch Platz übrig ist, so setze ich hier her, wie ich mich vor einiger Zeit darüber ausdruckte.« (das dann gleichfalls in Anführungszeichen).

wollte nur, meine Gedanken hätten einen Geschwindschreiber, ohne daß ich sie ausspräche.« Mittlerweile könnte die funktionelle Magnetresonanz-Tomographie aus den Bildmustern, die bei Hirnaktivitäten durch lokale Veränderungen des Blut-Sauerstoffgehalts entstehen, zwar keineswegs schon Sätze, wohl aber Einzelworte erkennen, an die er nurmehr gedacht hat.[21]

Beim Diktat zu seinem Schreiber sprechend, hatte er der Gräfin O'Donell also schreiben lassen: »es ist als wenn ich mit Ihnen spräche«. Ein Brief an Dorothea v. Knabenau vom 14. Oktober 1808 hat das geradezu als Regelfall gefaßt: »Wenn ich im Zimmer auf und abgehe, mich mit entfernten Freunden laut unterhalten kann und eine vertraute Feder meine Worte auffängt; so kann etwas in die Ferne gelangen.«

Erklärt der diktierend »auf das Papier« Sprechende, daß er sich auf diese Weise »mit entfernten Freunden laut unterhalten kann«, und begründet er damit sogar die »fremde Hand« (»Ich habe mirs so angewöhnt, dass ich dicktire wenn ich mich mit Abwesenden unterhalte«[22]), dann folgt er ganz offensichtlich der herkömmlichen Definition des Briefes als einem Gespräch (jedenfalls als Halbteil eines Gespräches) unter räumlich getrennten Korrespondenten, die von der Antike her die Briefschreiblehren durchzieht und die Versuche einer generellen Gattungsbestimmung dieser ›Textsorte‹ bis heute regiert.[23] Mehr noch: Goethes eigene Bezeichnung seiner Korrespondenz mit Sartorius als eines »Briefgespräches«[24] er-

21 Ich bedanke mich für die Präzisierung dieser Angabe bei dem mit solchen Versuchen befaßten Göttinger Neurowissenschaftler Jens Frahm. Zur Sache etwa Stephan Schleim: Gedankenlesen. Pionierarbeit der Hirnforschung. Hannover 2008.

22 An v. Dalberg, 2.3.1780.

23 Schon in den Leipziger Stilübungen Professor Gellerts hatte der junge Goethe gelernt, daß der Brief »die Stelle eines Gesprächs vertritt.« Dazu hier S. 88.

24 Brief vom 26.9.1822 (diktiert!). So auch an Schultz, 10.4.1823: »briefliches Gespräch«.

öffnet die Vorstellung vom Brief als einem »schriftlichen Besuch«,[25] und was da als metaphorische Wendung erscheint, ist in einigen frühen Briefen geradezu szenisch realisiert worden:

Nach einem Blutsturz und bei anhaltender Lungenaffektion vom Studium nach Frankfurt heimgekehrt, schrieb Goethe am 1. Oktober 1768 an seine Leipziger Gastwirtsfamilie. Persönlich dort Abschied zu nehmen, hatte er nicht über sich gebracht. Als hole er das Versäumte jetzt nach, gibt sich seine briefliche Anrede hier als die mündliche eines Besuchers: »Ihr Diener H.[err] Schönkopf, wie befinden Sie sich Madame, Guten Abend Mamsell, Petergen guten Abend.« Die Angeredeten, in deren Freundeskreis man unter Goethes Beteiligung Theaterstücke einstudiert und aufgeführt hatte, verstanden gewiß, daß die nachfolgende ›Nota bene‹-Notiz nicht etwa einen gattungsgerecht epistolographischen Text abgab, sondern eine regelrechte Regieanweisung: »NB. Sie müssen sich vorstellen daß ich zur kleinen Stubentühre hereinkomme. Sie H. Schönkopf sitzen auf dem Canapee am warmen Ofen, Madame in Ihrem Eckgen hinterm Schreibetisch, Peter liegt unterm Ofen, und wenn Käthgen auf meinem Platze am Fenster sitzt; so mag sie nur aufstehen, und dem Fremden Platz machen. Nun fange ich an zu discouriren.« Hat er sich also gesetzt, spricht der Schreibende in der avisierten Rolle des vertrauten Besuchers. Selbst die wortlosen Reaktionen der Zuhörer nimmt seine schriftlich-mündliche Rede hier auf und simuliert mit diesen dialogischen Zügen tatsächlich eine Unterhaltung: »Ich binn lange Aussen geblieben, nicht wahr? Fünf ganze Wochen, und drüber daß ich Sie nicht gesehen, daß ich Sie nicht gesprochen habe, ein Fall der in drittehalbjahren [seiner Bekanntschaft mit ihnen in Leipzig] nicht ein einzigmal passirt ist, und hinführo leider offt passiren wird. Wie ich gelebt habe, das mögten Sie gerne wissen. Eh das kann ich Ihnen wohl erzälen, mittel-

25 An Willemers, 12.1.1829. Auch an Bettina Brentano, 22.6.1808: »Schon haben mich manche entfernte Freunde hier schriftlich besucht«, oder an Frommann, 16.3.1821: er müsse ihn »wieder einmal wenigstens schriftlich besuchen« (immer diktiert!).

mäsig sehr mittelmäsig.« Erzählend, wie mittelmäßig es ihm ergangen sei, paßt er diese Unterhaltung dann allmählich dem Briefstil an, richtet schließlich Empfehlungen an Bekannte aus und mahnt am Ende, daß Käthchen ihm zurückschreiben möchte.

Ähnliches findet sich wieder im Brief vom 2.(?) Januar 1774 an Johanna Fahlmer. Da imaginiert er einen Besuch bei ihr und der Familie Jacobi in Düsseldorf und gibt sogar wörtlich wieder, wie er dort empfangen wird: »Ich die Treppe hinauf, wo der drat [zum Läuten] noch in der Ecke hing. – Klingl ich! – Kommt die kleine Köchin! kennst du mich noch? Ey lieber Gott. – der Gattern ward eröffnet, ich fasse sie freundlich beym Kopf und verzaus ihr die Haube – Und drinnen ist der H. G. Scho. ppppp.[26] Gut! Ich Präsentir mich. Die Mama schenckt Caffee und sieht mich vor ihren eignen [bauschigen] Ermeln nicht biss ich vor ihr stehe – Und dann ...«[27].

Diese szenisch dargestellten Briefbesuche finden sich nur in Goethes frühen Jahren. Aber die Vorstellung, daß er sich mit dem Adressaten »laut unterhalten« würde, wenn er »auf das Papier« sprach, blieb beim Diktieren, ja durch das Diktieren erhalten und teilte sich seinen Briefen mit. Lichtenberg hat notiert, es nenne Rousseau »mit Recht den Akzent die Seele der Rede (Emile p. 96 T.I.) [...]. Weil nun dieses bei den Schriften wegfällt, so muß der Leser auf den Akzent geführt werden, dadurch daß man deutlicher durch die Wendung anzeigt, wo der Ton hingehört, und dieses ist es, was die Rede im gemeinen Leben vom Brief unterscheidet«.[28]

26 Zu den mit diesen Abkürzungen gemeinten Anwesenden vgl. GB 2 II, S. 181.

27 Ein Gekringel, mit dem der Brief hier endet (Faksimile in GB 2 I, S. 67), mag – wie Elke Richter vermutet – angeben, daß sich die Adressatin den Fortgang dieser Besuchsszene selber vorstellen sollte. – Eine solche Besuchsimagination des Briefschreibers mit wörtlicher Rede geht am 14.9.1775 auch noch einmal an Augusta zu Stolberg.

28 Schriften und Briefe. Hg. v. Wolfgang Promies. Bd 1, München 1968, S. 14 (der Kommentar-Bd 1992, S. 15 erläutert, daß Rousseau die bloße Tonfärbung, die Satzmelodie meinte, mit der Ammen zu kleinen Kindern sprechen, die den Wortsinn noch gar nicht verstehen).

Wo in Goethes Brieftexten eine hervorhebend betonende Wortwahl oder die Großschreibung eines an sich ›kleinen‹ Wortes, allenfalls eine handschriftliche Unterstreichung (in gedruckter Wiedergabe meist durch Sperrung ersetzt) oder ein Ausrufezeichen den sinngebenden Akzent der Rede nicht nachbilden konnten, wird das häufig von akzentuierenden Wortstellungen übernommen. Oft fügen sich, in fast unmerklicher Weise, seine aufs Papier gesprochenen, vom Schreiber fixierten Sätze ganz den Satzmelodien direkter Rede. Und für Sprechpausen konnten wenigstens Gedankenstriche eintreten. Inhaltlich gesehen entsprechen auch ein rascher Themenwechsel und Ausführungen, die er mitunter selber als weitläufig vermerkte, durchaus der mündlichen Unterhaltung. Das hatte ihm schon sein Leipziger Briefschreiblehrer beigebracht: »man überlasse sich der freywilligen Folge seiner Gedanken und setze sie nach einander hin, wie sie in uns entstehen: so wird der Bau, die Einrichtung, oder die Form eines Briefs natürlich seyn.«[29] ›Natürlich‹ versteht sich hier durchaus als (wohlgesetzter) mündlicher Rede gemäß. Noch in einem seiner letzten Briefe hat er den Grafen v. Sternberg am 15. März 1832 um Verzeihung dafür gebeten, daß er sich »diktirend eben so ausspreche wie es wohl in der Gegenwart geschieht, wo man weder die raschen Übergänge, noch das allzuweitläufige Ergehen tadelt und übel nimmt.«[30]

So war es nicht nur für die Entstehung und für die archivierende Überlieferung des Goetheschen Briefwerks von Bedeutung, daß er die meisten seiner Schreiben diktierte. Nachdrücklich hat das auch die sprachliche Verfassung dieser Texte bestimmt. Auf seinem noch mit einer Schreibkugel ausgerüsteten ›Malling Hansen-Gerät‹ tippte der zunehmend erblindende Nietzsche 1882 »WANN WERDE ICH ES UEBER MEINE FINGER BRINGEN, EINEN LANGEN SATZ ZU DRUCKEN« – und erklärte: »UNSER SCHREIBZEUG ARBEITET MIT AN

29 Gellert 1751, S. 47 f.
30 Konzept des Schreibers (WA IV 49, S. 446), im Mundum ausgelassen.

UNSEREN GEDANKEN«.[31] Das gilt für die als Schreibwerkzeuge eingesetzten Sekretäre Goethes so gut wie für die heutigen E-Mail-Geräte.

31 Heinrich Köselitz, an den dieser Brief von Ende Februar 1882 gerichtet ist, hatte ihm vorgebend geschrieben, daß seine »›Gedanken‹ in der Musik und Sprache oft von der Qualität der Feder und des Papiers abhängen – womit über die ›Gedanken‹ vielleicht das beste richtende Wort gesprochen ist.« (Günzel/Schmidt-Grépály 2003, S. 10 und 18).

III

»*Verzeih dass ich die Kleinigkeit zu etwas mache*«

Anredepronomina

Goethes Bitte »Verzeih dass ich die Kleinigkeit zu etwas mache!«, die ich mir als entschuldigende Überschrift wohl aneignen muß für diesen letzten Exkurs, galt am 12. Dezember 1781 der Frau von Stein, als er die förmliche SIE-Anrede ihrer Briefe nicht länger hinnehmen mochte. Nach dem DU verlangend, teilte er da allen Ernstes mit, er habe ihr letztes Schreiben »durchkorrigiert, und alle Ihnen weggestrichen. Nun wird es erst ein Brief.«[1] Gleichgültig war ihm diese Kleinigkeit also keineswegs.

Grundsätzlich richteten sich die Anredeweisen nach dem vorgegebenen sozialen Status des Adressaten im Verhältnis zu dem des Briefschreibers. Zugleich aber bezeichneten sie die persönliche Beziehung, die zwischen ihnen bestand oder erstrebt wurde. Dabei war ihr Gebrauch in schichtenspezifischen Konventionen so weitgehend geregelt, daß diese Fürwörter auch in Goethes Briefen obenhin kaum beachtenswert erscheinen. Freilich waren sie in größerer Zahl verfügbar als jemals zu früheren oder späteren Zeiten, und ihre noch in rascher Veränderung befindlichen Verwendungsspielräume haben ihm ungewöhnlich wechselhafte Handhabungen dieses stilistischen Instrumentariums ermöglicht. Deshalb erweisen sich die unscheinbaren Pronomina bei ge-

1 Unterstreichungen der Personalpronomina in diesem Brief entsprechen hier und wieder S. 478 dem handschriftlichen Original.

nauerem Zusehen mitunter doch als aufschlußreiche Indikatoren.[2]

Sprachgeschichtlich reichen sie unterschiedlich weit zurück.[3] Im älteren Althochdeutschen stand für die Anrede einer Einzelperson einzig ein ›du‹ zu Gebote, das über seine egalisierende Funktion hinaus semantisch stumm geblieben ist. Eigenbedeutung konnte es allererst annehmen, als zunehmende ständische Unterscheidungsbestrebungen auch sprachliche Alternativen aufkommen ließen. Seither grenzen verschiedenartige Anredepronomina ihren jeweiligen Zeichenwert gegeneinander ab, definieren ihn also wechselseitig. Mit jedem angewendeten Pronomen sind jetzt auch die ausgeschlagenen Möglichkeiten im Spiel. Im Fall der Frau von Stein also besagte Goethes DU: Dich kann ich doch nicht siezen, während ihr SIE zu verstehen gab: duzen mag ich Dich (hier) nicht.

Als erstes kam im 9. Jahrhundert, angelehnt an das ›vos‹ spätrömischer Kaiseranreden, neben dem altherkömmlichen DU allmählich ein besonders ehrerbietiges Plural-IHR für hochgestellte einzelne Personen auf. Als damit konkurrierende Höflichkeitsform trat seit dem 16. Jahrhundert ein wieder singularisches ER/SIE hinzu, das respektvollen Abstand vom Angeredeten nahm, indem es ihn wie einen besprochenen Dritten behandelte; es galt zunächst als anerkennender oder auch freundlicher und vertrauter als das ältere IHR-Pronomen, rangierte im späteren 18. Jahrhundert aber wieder niedriger. Überdies breitete sich seit dem Ende des 17. Jahrhunderts das höflich-distanzierte Plural-SIE aus, das die

2 Eingehend und zusammenhängend hat sich lediglich Spyrka 1990 mit Goethes Gebrauch der Anredepronomina befaßt (tendenziell vollständig wird das ›Material‹ dort aber nur bis 1786 erfaßt, danach stark auswählend; dabei häufig Zählfehler, vieles Überflüssige, die Darstellung der »kommunikativ-pragmatischen Funktionen« eher auf dürftigem Niveau). – Eine kommentierende Bibliographie der soziolinguistischen ›Anredeforschung‹ haben Braun u. a. 1986 geliefert.

3 Dazu die Pronomina-Artikel im DWb (für ›Du‹ und ›Er‹ auch in dessen Neubearbeitung), sowie Eckstein 1869, Metcalf 1938, Brown/Gilman 1960, Finkenstaedt 1963, Ammon 1972, Augst 1977, Ljungerud 1979 u. a.

beiden älteren Respektsanreden allmählich abgewertet und zurückgedrängt hat, sie gegen Ende des 19. Jahrhunderts schließlich obsolet werden ließ. Immer ging es darum, mittels grammatisch ungenauer, unscharfer, also indirekter Adressatenbezeichnung eine Distanz herzustellen, die als Höflichkeitssignal verstanden wurde.[4] Unter dem Sprachgesetz der Abnutzung durch immer weiter ausgreifende Verwendung, dem diese gehobenen Anredeweisen unterlagen, hatten sich aber frühzeitig auch umständlicher steigernde Hochachtungs- und Unterwürfigkeitsformen gegenüber hochstehenden Einzelnen entwickelt, die wiederum auf den kaiserlichen Pluralis maiestatis zurückweisen. Sie verwendeten das Demonstrativpronomen ALLERHÖCHSTDIESELBEN, gegebenenfalls nur HÖCHSTDIESELBEN, HOCHDIESELBEN oder einfach DIESELBEN und in Verbindung mit der Titulatur des Angeredeten das Possessivpronomen: ›Eure‹ Majestät, Hoheit oder Hochwürden, Exzellenz etc.

Das Repertoire der Anredewörter im mündlichen wie schriftlichen Umgang, das sich auf diese Weise zu Goethes Zeit herausgebildet hatte, hat der Sprachlehrer Johann Christoph Adelung 1781 in einen bündigen Anweisungstext ›Zum Gebrauche in den Königl. Preuß. Landen‹ gefaßt[5]:

»Mit **du** sollte eigentlich [: ursprünglich] eine jede einfache [: einzelne] Person außer uns angeredet werden, allein die gesellschaftliche Höflichkeit hat hier ein anderes eingeführet, so daß **du** nur noch gegen Gott, in der Dichtkunst, in der Sprache der Vertraulichkeit, und in dem Tone der Herrschaft und Verachtung üblich ist. Außer diesen Fällen redet man sehr geringe Personen mit **ihr**, dem Plural der zweyten Person, ein wenig bessere mit **er** und **sie**

4 Dazu, auf den gegenwärtigen Sprachgebrauch gerichtet: Weinrich 1986, insbes. S. 13 f.

5 Adelung 1781, S. 238 f. (§ 341); ausführlicher dargelegt in den einzelnen Wörterbuchartikeln von Adelung 1774–1786 (beide Werke seit 1781 in Goethes Besitz. Ohne genauere Angabe schrieb ihm Schiller am 26.1.1804: »Den Adelung erbitte mir, wenn Sie ihn nicht mehr brauchen. Ich habe allerlei Fragen an dieses Orakel zu tun.«).

[dem männl. bzw. weibl. Singular der dritten Person], noch höhere mit dem Plural der dritten Person, **sie**, und noch vornehmere wohl gar mit dem Plural des Demonstrativi, **dieselben** an. Das **Euer** oder [schriftlich] verkürzt **Ew**. in abstracten Anreden hoher Personen, ist noch ein Überbleibsel der alten Gewohnheit, einzelne oder mehrfache Personen außer uns mit **ihr** anzureden.«

Adelungs Katalog zielte auf Normalisierung und Stabilisierung des Sprachgebrauchs. Dabei hielt er sich erklärtermaßen an die ›hochdeutsche Mundart‹ und ließ territoriale Gebrauchsvarianten außer acht, ignorierte ebenso die Anredeweisen städtischer Unterschichten und einer rückständigen ländlichen Bevölkerung.

Wenige Jahre später, im November 1787, erschien in dem vom Weimarer Unternehmer Bertuch verlegten ›Journal des Luxus und der Moden‹, mit dem Goethe sich vielfach befaßt hat, der Artikel eines ungenannten Beobachters ›Ueber alte und moderne Sprach-Sitte, und Art, sich in verschiedenen Ständen mit Unterschied anzureden‹. Dort wurde ausdrücklich auf die »besondern Sprachmodificationen in verschiedenen Provinzen Teutschlands« verwiesen und ganz zu Recht eine noch »schwankende Etikette der teutschen Briefe« konstatiert: »**Du**, **Er**, **Ihr** und **Sie** mit ihren angehängten Nenn- und Zeit-Wörtern mischen sich mit sonderbar beliebten Nüancen durcheinander.«[6]

Unerwähnt blieb in Adelungs Gebrauchsanweisungen überdies der bedeutungsbestimmende Unterschied zwischen symmetrischer und asymmetrischer Pronominaverwendung (also gleichlautender oder ungleicher Anrede zwischen den Gesprächs- und Briefpartnern).[7] Daß nach seiner Angabe ein Du ebenso »in der Sprache der Vertraulichkeit« wie »in dem Tone der Herrschaft« und auch noch als Ausdruck von »Verachtung« üblich sei, beruht eben darauf, daß etwa Freunde oder Liebende es wechselseitig benutzten, Eltern hingegen und Vorgesetzte oder Hochstehende es meist (noch) einseitig gebrauchten gegenüber Kindern, Unterge-

6 Anonymus 1787, S. 363 f.

7 Dazu etwa Brown/Gilman 1960.

benen, Niedrigstehenden, ebenso Überlegene für die von ihnen Mißachteten. Asymmetrisch eingesetzt kann jedes Fürwort durch ein abweichend entgegenstehendes Pronomen, das der Angeredete seinerseits verwendet hat oder erwarten läßt, eine besondere semantische Nuancierung erfahren. Die Bedeutungsspektren des zu Goethes Lebzeiten ohnehin besonders reichhaltigen Katalogs der Anredepronomina wurden dadurch noch beträchtlich erweitert.

Lichtenberg, aufmerksam auch auf vermeintliche Kleinigkeiten des Sprachgebrauchs achtend, vermerkte 1785[8]: »Wir unterscheiden in Verhältnissen zwischen Menschen gegen Menschen sehr viel feiner als andere Völker, und dieses, der Grund davon liege nun in Deutschem Familien-Stolz oder Deutscher Philosophie, ist allemal ein großer Gewinn für die Sprache überhaupt«. Es richte sich »ein rechter Favorit-Spott der Ausländer, zumal der Engländer und Franzosen, über unsere Sprache« eben auf deren Eigenheit, »zu *Einer* Person bald *Du*, bald *Er*, bald *Ihr*, bald *Sie* zu sagen.« In Deutschland selbst meine man jetzt, »die Engländer, indem sie alles mit You anredeten, gingen in einer Torheit (nämlich der, eine Person in der mehreren Zahl anzureden) doch nur halb so weit als wir« [mit dem Plural-*Ihr* und Plural-*Sie*]. Doch sei das bei uns »sicherlich kein Fehler, so lange mit der Mannigfaltigkeit der Zeichen [: Signifikanten] auch Mannigfaltigkeit der Begriffe [: Signifikate] verbunden ist«. Ebensowenig sei zu tadeln, daß wir »die Personen die wir anreden, auch als Dritte betrachten, in dem wir *Er* und *Sie* sagen« – »denn kein Deutscher der mit jemanden durch Er und Sie spricht, denket sich dabei jetzt noch dritte Personen. Diese Wörter sind also weiter nichts als alte Zeichen auch für neue Begriffe beibehalten«.[9]

8 Als Anmerkung versteckt in: ›Orbis Pictus. Erste Fortsetzung‹ (Lichtenberg, Schriften und Briefe. Hg. v. Wolfgang Promies. Bd 3, München 1972, S. 401 f.).

9 Weniger einsichtig hat besonders noch Jacob Grimm geurteilt, daß mit dem Gebrauch von ›Ihr‹, ›Er/Sie‹ und ›Sie‹ »unsere deutsche anrede allmälich immer gröszere unnatur annahm«. Gar das Plural-Pronomen 3. Person für den

Sprachvergleichend hat Lichtenberg auch den semantischen Gewinn bedacht, den diese Zeichen erbringen konnten. Da die mannigfaltigen Anredefürwörter im Deutschen jeweils »mit einer einzigen Silbe Verhältnisse von Menschen ausdrücken, wovon der Engländer und Franzose gar keinen Begriff hat oder wenigstens keinen bestimmten, weil ihm das Zeichen dazu fehlt«, blieben deutsche Romane »diesen Nationen unübersetzbar. Ich mögte wohl wissen wie sich der Engländer die Verachtung ausdrücken wollte, die das Er mit sich führt, wenn ein Vorgesetzter zu jemanden, zu dem er sonst im Dienst Sie zu sagen pflegte, nun da er ihn auf einem Betrug ertappt, [asymmetrisch] mit Er anredet, das kaum vor der völligen Überführung [dieses Betrügers] angeht und schon zur Strafe gehört. Oder wenn Leute von Stand in Streit geraten, und einer den andern fragt: *hör er was will er*? oder von der andern Seite das liebreiche scherzende Er zwischen Personen die sich gewöhnlich duzen, ferner die mannigfaltige Treuherzigkeit in unserm Ihr? Ja selbst das seelenverbindende [symmetrische] Du, wenn es zumal zwischen Personen von verschiedenem Geschlecht aus dem Sie erwächst, ist für ihn verloren, denn sein Thou ist entweder feierlich wie im Gebet, oder dichterisch oder drolligt oder quäkerhaft. Er muß sich mit Umschreibungen helfen«.

Lichtenbergs Hinweise schärfen den Blick auch für die Lektüre von Briefen seines Zeitgenossen Goethe. Nur werden bemer-

angeredeten Einzelnen brandmarkte er als den »letzten gipfel unfreier und pedantischer sprachverirrung« – »ein flecke im gewand der deutschen sprache, den wir nicht mehr auswaschen können.« (Grimm 1855, S. 249 ff. Vgl. auch DWb Bd 2 von 1860, Sp. 1464). – Aufgenommen und zeitgemäß mißbraucht wurde das 1937 von Friedrich Kammerer: Das Plural-SIE »zeugt von der Neigung des Deutschen, fremden Einflüssen zu erliegen und dann den Fremden an Unnatur noch zu überbieten.« Aber wie im Sturm und Drang, in der Turnerschaft und Burschenschaft dann und der Jugendbewegung, »so ist es heute in der nationalsozialistischen Bewegung«: »Überall wo die Natur, das Blut den Ausschlag gibt, empfindet man den Übergang vom Sie zum Du als etwas den Menschen Hebendes, Bindendes, Verpflichtendes.« (In: Muttersprache, 52. Jg., Sp. 95).

kenswerte Entdeckungen und lohnende Einsichten hier durch eine Fülle von Selbstverständlichem und Belanglosem erschwert. Die folgenden Beobachtungen verzichten deshalb auf Vollständigkeit. Nach bestimmten Empfängergruppen und dabei einigermaßen chronologisch geordnet, halten sie die zeitlichen Veränderungen des Goetheschen Pronominagebrauchs im Auge und konzentrieren sich auf die Fälle, in denen der Briefschreiber im Verlauf der Korrespondenz mit einem bestimmten Adressaten zu einem anderen Fürwort übergeht oder zwischen unterschiedlichen Anredeweisen wechselt – gar in ein und demselben Brief, mitunter selbst im gleichen Satz.

Weitgehend unbeachtet bleiben dabei die nominalen Anreden, deren unterschiedlichen Gebrauch die in den Fallstudien erörterten Briefe beispielhaft vorführen. Sie finden sich vor allem bei förmlich gehaltenen Schreiben in der heute üblichen separierenden Spitzenstellung (»Wohlgebohrner Hochgeehrtester Herr. In unserer Sache gegen …«) oder gleich syntaktisch einbezogen in den Briefbeginn (»Ew. Wohlgeboren kurzer Besuch ließ mir …«[10]). Weit häufiger aber hat sich Goethe an eine Schreibregel seiner Zeit gehalten, nach der man »die Anrede in den Brief selbst einrücken« oder »nach Art der Billette, ganz weglaßen« konnte.[11] Dann hieß es etwa: »Für Ihren Brief vom 29. Jul. muß ich Ihnen, werthester Herr Cotta, vielen Dank sagen …«, oder »Ich habe dir, mein Theurer, lange nicht geschrieben …«,[12] und in zahllosen vertrauteren Briefen (vielen Billetten an Frau von Stein) wurde eine Nominalanrede ganz ausgespart, allenfalls an späterer Stelle nachgetragen.[13] Entschieden beachtenswerter erscheint jedenfalls, was Goethes pronominale Anreden besagen.

10 An Steche, 12.7.1774; an Schelling, 19.4.1800.
11 Krünitz, Theil 6, Sp. 676 im Artikel ›Brief‹ aus dem Jahr 1775.
12 An Cotta, 22.9.1799; an Knebel, 30.9.1813.
13 Etwa im Brief an Humboldt vom 17.3.1832. Vgl. hier S. 369 f.

Anreden innerhalb der Familie

Wie unter Geschwistern üblich, hat sich Goethe mit seiner Schwester CORNELIA geduzt.[14] Ebenso später mit ihrem Mann, seinem Schwager JOHANN GEORG SCHLOSSER (während Christianes Bruder CHRISTIAN AUGUST VULPIUS selbst nach Goethes Heirat mit ihr nur SIE-Briefe bekam[15]). Auch die weitläufig verwandte Familienfreundin JOHANNA FAHLMER, die Goethe in seinen vertrauten frühen Briefen als »liebe Tante« meist mit einem freundlichen Plural-SIE angeredet hatte, wurde, als sie nach Cornelias Tod deren Witwer geheiratet hatte, »liebe Schwester« genannt und noch bei zunehmender Entfremdung mit diesem geschwisterlichen DU bedacht.[16]

Anders ging Goethe mit den Eltern um. In seinem einzig überlieferten Schreiben an den Kaiserlichen Rat JOHANN CASPAR GOETHE vom 13. Oktober 1765 wußte er den Herrn Vater so respektvoll im Plural der 3. Person anzureden, wie man es in der guten Kinderstube des Bürgertums damals noch lernte: »sie können nicht glauben was es eine schöne sache um einen Professor ist. Ich binn ganz entzückt geweßen da ich einige von diesen leuten in ihrer Herrlichkeit sah.« Ebenso wohlerzogen dann 1771 aus Straßburg an die »Theuerste Grosmama« ANNA MARGARETHA TEXTOR zum Tod seines Großvaters: »Mich, nicht Sie zu trösten, schreib ich Ihnen«.

An seine Mutter hingegen wenden sich die frühen Briefe mit dem im Singular gehaltenen SIE. »Ich kan Ihr nichts sagen«, schreibt er am 28. Juni 1777 an KATHARINA ELISABETH GOETHE, »als dass das Glück sich gegen mich immer gleich bezeigt, dass mir der

14 Gewiß geschah das wechselseitig. Aber ihre Briefe hat er 1797 vernichtet. Über seine eigenen aus der Leipziger Zeit 1765–67, die (z. T. mehrsprachig) das Briefschreiben mit pädagogischer Absicht häufig thematisieren (vgl. hier S. 74 f.), informiert FA II 1, S. 493 ff.

15 Zum komplizierteren ›familiären‹ Anredegebrauch mit Christiane selbst hier S. 480 ff.

16 Briefe vom 18.10.1773 und 16.11.1779 (Näheres bei Spyrka 1990, S. 88 f.).

Todt der Schwester nur desto schmerzlicher ist da er mich in so glücklichen Zeiten überrascht.« Und: »Lebe Sie glücklich, sorge Sie für des Vaters Gesundheit, wir sind nur Einmal so beysammen.« Abweichend vom asymmetrischen Plural-SIE, das gegenüber dem neu aufkommenden wechselseitigen DU zu dieser Zeit noch allgemein vorherrscht im gehobenen Sprachgebrauch auch der erwachsenen Kinder,[17] artikulierten Goethes damals eher schon veraltende und ungewöhnliche Anredepronomina im Singular der 3. (weiblichen) Person hier ein vertraulicheres, herzlich anmutendes Verhältnis.[18] Daran änderte sich nichts, als der am etikettebewußten Weimarer Hof zunehmend förmlicher sich gebende Geheimrat seit 1781 mit dem Plural-SIE auch seine Mutter anredete, die ihn ihrerseits doch lebenslang geduzt hat. »Auf Ihren vorigen lieben Brief« antwortet er am 11. August dieses Jahres: »Leben Sie wohl. Grüsen Sie meine alten guten Freunde« – und dementsprechend: »Ihre alten und bekannten Gesinnungen wieder einmal ausgedrükt zu sehen und von Ihrer Hand zu lesen, hat mir eine große Freude gemacht. Ich bitte Sie, um meinetwillen unbesorgt zu seyn, und sich durch nichts irre machen zu lassen.« Solch ein wohltemperiertes SIE jedenfalls, das er beibehielt bis zu ihrem Tod 1808, ließ die mütterliche Herzlichkeit der »Frau Aja« nicht irre werden am Gefühl der nächsten Nähe zu ihrem »Häschelhanß«.[19] Und er selber hat Charlotte von Stein am 2. Ok-

17 Zum symmetrischen DU konstatiert Wilhelm Grimm 1860: »zwischen eltern und kindern, wo sonst unterscheidung galt [durch asymmetrisches DU/SIE] hat man am ende des vorigen jahrhunderts angefangen es einzuführen, und es ist jetzt allgemein geworden.« (DWb Bd 2, Sp. 1468).

18 Allgemein galt im späten 18. Jahrhundert von diesem Singular-SIE noch, daß »man solche Personen weiblichen Geschlechtes mit sie anzureden pfleget, welche man höher achtet, als daß man sie du und ihr nennen sollte, aber nicht so hoch, daß man sie im Plural mit sie anreden könnte.« (Adelung 17774–1786, 4, Sp. 459).

19 Beide Worte in ihrem Schreiben vom 23.3.1780. Zwar hat der gehätschelte Johann ihre Briefe bis 1782 fast ausnahmslos vernichtet, doch blieben aus

tober 1782 wissen lassen: »Von meiner Mutter hab ich einen Brief gefunden der fürtrefflich ist. So lang ich euch beyde habe kann mir's an nichts fehlen.«

Unter dem Einfluß der Reformpädagogik Rousseaus und Basedows kam die kindliche Du-Anrede der Eltern mehr und mehr in Mode.[20] Aber noch zu Anfang des 19. Jahrhunderts war das durchaus umstritten.[21] Abwehrend notierte 1811 auch Goethe über das »Verhältniß der Kinder zu den Aeltern«, daß ihm diese »jüngern und bedürftigen Wesen« (im Vergleich zu seinen eigenen frühen Jahren) »in den neuern Zeiten« keineswegs unbefangener, aufrichtiger und weniger »verstellt« dadurch erschienen, daß »man den Kindern mehr Spielraum ließ, da man sie mit den Aeltern auf gleichen Fuß setzte, da ein gemeinschaftliches Du das Obere und Untere verband.«[22] In der eigenen Familie also hat er es dazu nicht kommen lassen.

Während er selber seinen Sohn natürlich duzte,[23] war das nur dem 3jährigen kleinen August Goethe noch erlaubt: »lieber Vatter ich binn wieder Balt gesund s[ch]icke mir was«.[24] Schon der 5Jährige hatte manierlich zu schreiben, jedenfalls was das Anredepronomen betrifft,[25] und 7jährig brachte er zu Papier: »lieber

den Jahren 1780–1808 insgesamt 169 erhalten. Er selber hat ihr nicht allzu häufig geschrieben: Aus den 33 Weimarer Jahren bis zu ihrem Tod sind nur 16 Briefe an sie überliefert und etwa 40 weitere bisher erschlossen worden (auch nur sechsmal hat er sie in dieser ganzen Zeit besucht, immer bei Durchreise-Gelegenheiten).

20 Dazu Eckstein 1869, S. 485 f.

21 Entschieden ablehnend etwa der Geh. Cabinetsrath Ernst Brandes: ›Über das Du und Du zwischen Ältern und Kindern‹. Hannover 1809.

22 Später gestrichene Passage im Erstdruck von ›Dichtung und Wahrheit‹ I 2: Hist.-krit. (Akademie-)Ausgabe, bearbeitet v. Siegfried Scheibe. Bd 2, Berlin 1974, S. 271 f.

23 Das erste Schreiben vom 31.7.1807 geht an den schon 17jährigen August. Frühere Briefe nicht überliefert.

24 Beilage zum Brief seiner Mutter vom 13.5.1793, die ihm (nach der Orthographie zu urteilen) die Hand geführt haben mag: GSA, Signatur: 28/2 Bl. 155.

25 Vgl. Beilage zu Christianes Brief vom 12.1.1795.

Vader mier wird die zeid sehr lang bis Sie wieder kommen ich binn noch immer krang und darf nicht aus gehen muß in der Stube bleiben. leben Sie wohl und behalden Sie lieb Ihr Söhnnigen August«.[26] Bis zu seinem Tod 1830 hat er sich daran gehalten, unbeschadet der gelegentlichen Anrede als »Liebster Vater« oder »geliebtester Vater« – den er so am 16. April 1817 gebeten hat, er möge seines »steets gehorsamen und Sie unendlich liebenden Sohnes« freundlich gedenken.[27]

In gleicher Weise gilt das für Goethes Korrespondenz mit seiner Schwiegertochter. »Ich küsse Ihnen die Hand, lieber Vater«, hat seine »ergebene Tochter« OTTILIE VON POGWISCH ihm bereits als Verlobte geschrieben (und ist immer bei dieser Anrede geblieben).[28] Er schickte ihr tags darauf ein Kästchen mit Pflanzen und antwortete in seinem Begleitbrief schon mit dem endgültigen einseitigen familiären DU: »Hier meine liebe Tochter abermals eine Pflanzen-Lection, studire sie fleißig damit du dich der gegenwärtigen Zeit freudig erinnern könnest, wenn sie oft wiederkehren und immer wieder dieselben sind.«[29]

Ebenso ging es dann mit den Enkeln. Auch gesprächsweise hat der Alte gewiß nicht nur auf den einjährigen Walther mit DU eingeredet, von dem er bekannte, daß er ihn »mit großväterlicher Affenliebe, die größer als [die] der Eltern seyn soll, für das allerliebste Geschöpf von der Welt halte und wirklich durch seine Gegenwart den leeren weitschichtigen Haus- und Gartenraum für völlig ausgefüllt halte. Die sämmtlichen Beeren reifen für ihn und meine Rückahnung, daß sie mir auch einmal schmeckten, verwandelt sich, wenn ich ihn kosten sehe, in das entschiedene Ge-

26 Beilage zu Christianes Brief vom 22.3.1797: GSA, Signatur 28/16 Bl. 156.160.

27 Sanford 2005, Bd 1, S. 213 f. (dort S. 1 und 4 auch Augusts zuvor zitierte Briefe, fehlerhaft ediert).

28 Schriften d. Goethe-Gesellschaft Bd 28, 1913, S. 2.

29 27.3.1817. Nur einer der späteren Briefe an sie (31.10.1818) ist, ohne ersichtlichen Grund, wieder im Plural-SIE gehalten. – Anders noch eine Generation zuvor: Auch Goethes Mutter hat Christiane Vulpius als »liebe Tochter« angeredet, sie bei aller Herzlichkeit aber nie geduzt. (Kleßmann 1993, S. 168: »unter Schwiegerkindern und Schwiegereltern damals nicht üblich«).

fühl, als schmeckten sie mir noch.«[30] Aber auf das einzig überlieferte duzende Großvaterschreiben antwortete schon der 9jährige Wolfgang: »Lieber Apapa! wie geht es Ihnen. Sie glauben nicht was sie mir vor Freude mit Ihrem Brief gemacht haben.«[31]

»Ehedem wurde jeder Knecht geduzt«, erklärte 1787 der eingangs angeführte anonyme Sprachbeobachter in Weimars ›Journal des Luxus und der Moden‹: »Nun reden sie die meisten Herrn mit **Ihr** an. Auch zur Magd spricht die Frau **Ihr**, und nur bey langer Bekanntschaft oder in ganz niedrigen Ständen wird das Gesinde geduzt.« Doch »auch die eigene Herrschaft stimmet immer mehr den stolzen Ton herab, und honorirt den Diener mit dem erfreulichen **Er**, an das dieser in sonstigen Zeiten niemals einen Anspruch hatte [...]. Aber es geht noch weiter!«: von der »Rangbezeichnung« Er gelangten jetzt auch schon anspruchsvollere Handwerker »nach und nach zu dem Vorzuge des **Sie**'s. Bader und Balbirer ringen ebenfalls nach dieser Ehre«. »Policey-Diener und Amts-Knechte heisen in der Ordnung **Er**. Wenn aber der Bürger ihrer bedarf, wenn er in Exekutions-Nöthen ist [...], so begrüßt er in aufrichtiger Herzensangst den Nachtreter des ersten Raths bis zum untersten Schergen und Büttel mit **Sie**.«[32]

30 An Mellish, 16.6.1819.

31 WA IV 47, S. 110 und 367.

32 Anonymus 1787, S. 365–368 (über das Er als nur noch »geringschätziges, oder doch gebieterisches Hinabblikken« auch Gedike 1794, S. 11 f. und 17). Entsprechend berichtet Pütter aus dem Jahr 1790: »Ein auf der Wanderung durch Göttingen kommender Tisch[l]ergesell hatte einen unserer Studierenden auf der Straße mit den Worten angeredet: Kann Er mir nicht sagen, wo die Tischerherberge ist? Ueber die Anrede Er statt Sie kam es zwischen beiden zum Wortwechsel, und darauf zu Thätlichkeiten.« Nur wegen dieses als unziemlich empfundenen Anredepronomens im Singular statt im Plural der 3. Person kam es danach zu Massenschlägereien zwischen Handwerkern und Studenten, die durch den Einsatz von Dragonern beendet werden mußten. (›Johann Stephan Pütters Selbstbiographie zur dankbaren Jubelfeier seiner 50jährigen Professorsstelle zu Göttingen‹. 2. Bd, Göttingen 1798, S. 809). Das führte zu einem Auszug der ganzen Studentenschaft aus der Stadt, so daß die Handwerker am Ende klein beigaben, die Hochschulleitung Satisfaktion erteilte.

An einfache Handwerker und Weimarer Ratsbüttel oder an seine Hausknechte, Köchinnen, Kutscher (allesamt doch Analphabeten) hat Goethe keine Briefe geschrieben, und wie er sie mündlich anredete, ist nicht überliefert. Vom Hausknecht Gensler meldete er am 8. August 1806 der Jenaer Polizeikommission, er habe sich »äußerst rauh, störrisch, grob und auffahrend, sogar in meiner Gegenwart, betragen« und diese »unbändige Gemüthsart« bei seiner Rückreise aus Karlsbad »ganz gränzenlos bewiesen«, indem er auf den Kutscher einprügelte »und ungeachtet aller Verweise und Bedrohungen sein gewöhnliches Betragen bis Jena auf eine dem Wahnsinn sich nähernde Weise fortsetzte«, so daß er vorläufig in Haft genommen werden mußte. Ihn mag Goethe damals mit einem entschieden asymmetrischen ER angeherrscht haben. Ein zornig einseitiges Singular-SIE hörte wohl auch die Köchin Charlotte Hoyer, von der er dem Weimarer Polizeicollegium im März 1811 schrieb, sie sei eine »der boshaftesten und incorrigibelsten Personen, die mir je vorgekommen«; »Gewöhnlich beliebt es ihr nur nach eigenem Willen zu handeln und zu kochen; sie zeigt sich widerspenstig, zudringlich, grob«, und außer »andern verwandten Untugenden hat sie noch die, daß sie an den Thüren horcht. Welches alles man, nach der erneuten Polizeyverordnung, hiermit ohne Rückhalt bezeugen wollen.«[33]

Hingegen hat Goethe die ihm näher stehenden persönlichen Bedienten, die aus einfachen Verhältnissen stammten, durchweg auf distanzreduzierende, zugewandte Weise geduzt, mündlich gewiß ebenso wie in allen schriftlichen Mitteilungen und Anwei-

33 Beispiele für den Wechsel vom korrekten Plural-SIE zu einem entrüsteten asymmetrischen DU finden sich nur in Goethes Dichtwerken: Mit schroffen Anreden in der 2. Person Singular fertigt Beaumarchais im ›Clavigo‹ den königlichen Archivarius als verräterisches grausames »Ungeheuer« ab (FA I 4, S. 458), ebenso attackiert in den ›Aufgeregten‹ die Gräfin Friederike den spitzbübischen Amtmann (FA I 6, S. 201) oder schreit in den ›Lehrjahren‹ Wilhelm Meister »wie ein Rasender« den Anführer der Seiltänzertruppe an, wenn der Mignon mißhandelt (FA I 9, S. 456). In Goethes Briefen begegnet diese Variante nicht.

sungen und selbstverständlich asymmetrisch.[34] Sein Hausgenosse Riemer, der solche Umgangsformen aus nächster Nähe hatte beobachten können, nannte ihn 1841 einen »freundlichen und gütigen Herrn gegen Diener und Untergebene«.[35] Im Fall PHILIPP SEIDELS bestand bei solch einseitigem DU sogar eine ungewöhnlich freundschaftliche Nähe. Diesem Frankfurter Handwerkerssohn, der ihn zwanzigjährig nach Weimar begleitet hatte, dort bis 1788 den Haushalt betreute und sehr selbständig über seine Geschäfte wachte (in herzoglichen Diensten dann zum Rentkommissar avancierte: »im edelsten Sinne mein Geschöpf«[36]) hat er am 15. Mai 1787 aus Neapel geschrieben: »ich fordre dich dazu auf, mir über alles was mich selbst angeht und was du sonst gut finden magst deine Meynung unverhohlen, ja ohne Einleitung und Entschuldigung zu sagen. Ich habe dich immer als einen meiner Schutzgeister angesehen, werde nicht müde dieses Aemtchen auch noch künftig beyher zu verwalten.«[37]

Spätere Schreiber und Sekretäre wurden, angesichts höheren Alters schon beim Dienstantritt und entsprechend ihrem Rang in der Ständeordnung, in gehöriger Weise gesiezt (asymmetrisch nur hinsichtlich der Anrede mit dem bloßen Nachnamen) – so der 1812/13 tätige Jurist JOHN (9. August 1813: »Ich verfehle nicht vor meiner Abreise Ihnen, mein lieber John, zu melden, daß …«) oder der seit 1814 für ihn arbeitende Bibliothekar KRÄUTER (15. März 1824: »Haben Sie die Gefälligkeit, mein guter Kräuter …«) und selbstverständlich der Philologe RIEMER, sein Berater und Helfer bis zuletzt (30. Januar 1832: »Möchten Sie wohl, mein Theuerster, Beykommendes nochmals durchgehen …«). Gleiches gilt für den

34 Von mündlichen Anreden solcher Bedienten gibt es eine Nachricht wenigstens in Goethes ›Campagne in Frankreich‹ bei einem unverhofften Wiedersehen mit dem Diener Götze: »Paul! rief ich aus, Teufelsjunge, bist du's!« (FA I 16, S. 470).

35 Riemer 1841, Bd 1. Vorwort S. XVII.

36 Goethe an Carl August, 7.12.1787.

37 Ausführlich über Goethe und Seidel (und überhaupt zu ›Goethes Dienern‹): Schleif 1965.

vertrauten ECKERMANN, der gesprächsweise häufig, schriftlich niemals mit IHR angeredet wurde[38] (30. November 1830: »Haben Sie die Güte, mein bester Docktor, beykommende schon bekannte Gedichte nochmals durchzugehen, die voranliegenden neueren einzuordnen, damit es sich zum Ganzen schicke. Faust folgt hierauf!«).[39]

An Juden

Gleich im Anschluß an die einseitig-herablassende DU-Anrede des »ganz niedrigen Ständen« zugehörigen Gesindes wurde in Bertuchs ›Journal des Luxus und der Moden‹ konstatiert: »**Gemeine Juden** müssens noch fast überall leiden, daß sie durch **Du** erniedriget werden. Der Knecht und die Magd kanns ressentiren, d. i. füglich Empfindlichkeit darüber auslassen, wenn ihm das drückende **Du** aufgehalset werden will, aber der Jude nicht.«[40]

Solch ›gemeinen‹, also gewöhnlichen, niedrig stehenden Juden ist Goethe als Junge in der Frankfurter ›Judengasse‹ begegnet, von der ihm die »Enge, der Schmutz, das Gewimmel, der Akzent einer unerfreulichen Sprache« in Erinnerung blieben und die »Zudringlichkeiten so vieler etwas zu schachern fordernder oder anbietender Menschen«.[41] Aber geschrieben hat er an ihresgleichen natürlich nicht, und ein erniedrigendes Juden-DU findet sich nirgends in seinen Briefen. Bei der Anrede jüdischer Standespersonen, mit denen allein er korrespondierte, war ein höflich-korrektes SIE ganz selbstverständlich. Dem Prager Bankier und Großkaufmann

38 Näheres bei Spyrka 1990, S. 145 f. (dabei die fehlerhafte Angabe: dreimal ein briefliches IHR).

39 An den Gehilfen FÄRBER in Jena hingegen gehen anfänglich (1815–17) 20 Auftragsschreiben ganz ohne direkte Anrede (etwa am 28.10.1815: »Der Bibliotheksschreiber Färber giebt beykommenden Brief auf die Post und meldet mir daß es geschehen. Das Porto ersetze.«) – bevor (1818–31) auch er gesiezt wird (so am 26.9.1818: »Es war mir angenehm, mein lieber Färber, wieder von Ihnen zu hören, und zweifle keineswegs, daß alles was Ihnen obliegt Sie pünktlich, wie immer, werden besorgt haben.«).

40 Anonymus 1787, S. 366.

41 ›Dichtung und Wahrheit‹ I 4 (FA I 14, S. 165).

Leopold Edlem von Lämel beispielsweise hat er mitgeteilt, die von ihm als »Chef eines angesehenen Handelshauses« übersandten Weine »sollen nicht anders, als auf Ihre Gesundheit und in Erwähnung der Gastfreyheit, womit Sie mich in Böhmen empfangen, fröhlich genossen werden.« Dem Berliner Kammergerichtsdirektor und Schriftsteller Julius Eduard Hitzig (Isaac Elias Itzig): »Ew. Wohlgeboren haben durch Ihr geneigtes Schreiben eine sehr angenehme Empfindung in mir erregt«. Oder dem Maler-Professor Moritz Oppenheim in Frankfurt: »Sie erhalten hierbey, mein werthester Herr Oppenheim, die mitgetheilten Skizzen dankbar zurück.« Die gleichfalls gesiezten Jüdinnen Marianne von Eybenberg, Witwe des Fürsten Reuß, und Sara von Grotthuss geb. Meyer nannte er »theuerste Freundin«. Nur der junge Felix Mendelssohn-Bartholdy bekam eine asymmetrische Anrede in der 2. Person Singular zu lesen, aber sie stand in Goethes herzlichem Satz: »Du hast mir, mein lieber Sohn, durch deinen ersten römischen Brief viel Freude gemacht«.[42]

Mit Freundinnen und Freunden der frühen Jahre

Käthchen, Friederike, Lotte, Lili, dazu Ulrike
Moors, Breitkopf, Riese, Behrisch, dazu v. Sternberg

Wie immer es um den Grad seiner Zuneigung oder Liebe bestellt sein mochte: Ausnahmslos alle Freundinnen des jungen Goethe werden in den überlieferten Briefen mit einem Anstand wahrenden oder vorschützenden Plural-Sie bedacht.

An Anna Katharina Schönkopf, um die es in seinem Brief an Behrisch ging (hier S. 77 ff.), hat er wohl erst nach seiner Leipziger Studienzeit geschrieben. Da nannte er sie am 1. November 1768 eingangs »Meine geliebteste Freundin« und endete mit der Mahnung: »Zeigen Sie diesen Brief, und wenn ich bitten darf alle meine Briefe, Ihren Eltern, und wenn Sie wollen, Ihren besten

42 Briefe vom 19.5.1812, 29.7.1817, 9.12.1826, 1.10.1809, 22.6.1812, 9.9.1831.

Freunden, aber niemand weiter; Ich schreibe, wie ich geredet habe, aufrichtig, und dabey wünschte ich, dass es niemand, wer es falsch auslegen könnte zu sehen kriegte.« Oft auf vertraute Weise scherzend, gelegentlich und erklärtermaßen auch liebevoll, blieben diese acht Briefe (1768–70 aus Frankfurt) durch den Notenschlüssel ihres Anredepronomens doch ›ostensibel‹, auch nach Käthchens Verheiratung mit dem Advokaten Kanne.

Der einzig erhaltene von wohl dreißig Briefen Goethes an FRIEDERIKE BRION[43] wurde freilich schon bald nach seinem ersten Besuch im Sesenheimer Pfarrhaus am 15. Oktober 1770 geschrieben. »Liebe neue Freundinn, Ich zweifle nicht Sie so zu nennen«, beginnt er da und endet im Schutz dieses Pronomens mit und nach einem vielsagenden Auslassungsstrich doch einigermaßen kühn: »viele aufrichtige Empfelungen Ihren Teuern Eltern; Ihrer lieben Schwester, viel hundert – was ich Ihnen gerne wieder gäbe.«

Auch die schon mit Kestner verlobte CHARLOTTE BUFF seiner ›Werther‹-Zeit hat Goethe in den wenigen nur an sie selber gerichteten Briefen anfangs (1772/73) gesiezt. Eine Ausnahme macht allein sein Abschiedsbillett vom 10. September 1772 beim Fortgang aus Wetzlar. Vor dessen SIE-Anrede drängt sich – als nähme der Schreibende selber es gar nicht wahr – schriftlich noch einmal ein DU, wie er sich's mündlich zuvor erlaubt haben mochte: »Wohl hoff ich wiederzukommen, aber Gott weis wann. Lotte wie war mirs bey deinen reden ums Herz, da ich wusste es ist das letztemal dass ich Sie sehe.« Darüber hat sie geweint.[44] Im Februar/März 1774 aber entstand die erste Fassung der ›Leiden

43 Dazu GB 1 II, S. 345 ff.

44 Kestner, Tagebuch 11.9.1772: »Nachmittags brachte ich das Billet von G an Lottchen. Sie war betrübt über seine Abreise; es kamen ihr die Thränen beym Lesen in die Augen. Doch war es ihr lieb, daß er fort war; da sie ihm das nicht geben konnte, was er wünschte, denn er war sehr verliebt in sie und bis zum Enthusiasmus.« (Goethe, Kestner und Lotte. Hg. v. Eduard Behrend, München 1914, S. 103). – Zu Goethes Briefwechsel mit den beiden eingehend GB 1 II, S. 417 ff. und 423 ff.

des jungen Werthers‹, und alle vier aus diesem Jahr überlieferten Briefe an die inzwischen verehelichte Charlotte Kestner wenden sich zum Du. Gleich der erste, wahrscheinlich von Ende März/Anfang April, gibt zu erkennen, wie beides zusammenhing: »du bist diese ganze Zeit, vielleicht mehr als iemals in, cum et sub, (lass dir das von deinem gnädgen Herrn erklären) mit mir gewesen. Ich lasse es dir ehstens drucken – «. Nur weiß man nicht, ob Kestner ihr tatsächlich erklärt hat, daß die Worte »in, cum et sub« nach Luthers Lehre die Gegenwärtigkeit von Leib und Blut Christi ›in, mit und unter‹ dem Brot und Wein des Abendmahls meinten. Die vier letzten Briefe schließlich (1775, 1803, 1816) halten mit wiederkehrender Sie-Anrede entschiedenen Abstand von diesen frühen Irrungen und Wirrungen. Als die inzwischen verwitwete Hofrätin Kestner ihre in Weimar verheiratete Schwester besuchte, war sie am 25. September 1816 zu Gast an der Mittagstafel in Goethes Haus und schrieb darauf ihrem Sohn von dem »alten Mann«, er habe »keinen angenehmen Eindruck« auf sie gemacht; doch »tat er nach seiner steifen Art alles Mögliche, um verbindlich gegen mich zu sein.«[45] Derart verbindlich hat er ihr am 9. Oktober 1816 zum letztenmal geschrieben – »Mögen Sie sich, verehrte Freundinn, heute Abend [im Theater] meiner Loge bedienen, so holt mein Wagen Sie ab. […] Verzeihen Sie, wenn ich mich nicht selbst einfinde«. Wozu seine Romanfigur die Pistole brauchte, dafür genügte hier das bloße Anredepronomen. Es nahm den Goethe der ›Werther‹-Zeit hinweg.

Auch an Anna Elisabeth Schönemann gibt es nur solche Sie-Briefe. Freilich wurden beide schon aus Weimar geschrieben, als die im Frühjahr 1775 geschlossene Verlobung im Herbst des gleichen Jahres wieder aufgelöst und Lili längst mit dem Bankier v. Türckheim verheiratet war – »erlauben Sie mir zu sagen: daß es mir unendliche Freude machte, nach so langer Zeit, einige Zeilen

45 Brief vom 4.10.1816 (Biedermann/Herwig Bd 2, S. 1162). Zwei weitere Begegnungen in Gesellschaft folgten noch (vgl. Goethes Tagebuch, 14. und 19.10.1816). Näheres weiß Thomas Mann: ›Lotte in Weimar‹.

wieder von Ihrer lieben Hand zu sehen, die ich tausendmal küsse in Erinnerung jener Tage, die ich unter die glücklichsten meines Lebens zähle.«[46]

Zeitlich weit vorausgreifend füge ich hier an, daß er diesen Gebrauch des Anredepronomens noch bis ins höchste Alter eingehalten hat. Auch an ULRIKE VON LEVETZOW, der er in den böhmischen Bädern Marienbad und Karlsbad begegnet war, gingen zwei solche SIE-Briefe, geschrieben im Jahr 1823, in dem der fast 74Jährige durch seinen Großherzog bei ihrer Mutter förmlich um die Hand des 19jährigen Mädchens soll angehalten haben. Dem Altersabstand angemessen schrieb er ihr, daß er als »der liebende Papa seiner treuen schönen Tochter immer gedenckt« – »Und also meine Liebste nehm ich Ihre töchterlichen Gesinnungen auch für die nächste Zeit in Anspruch.« Das liebende DU jedenfalls erlaubte er sich nur im Schutz der Verse – ›Aus der Ferne‹ überschrieben und unmißverständlich an ihre Person gerichtet: »Denn wie ich Dich so ganz im Herzen trage | Begreiff' ich nicht wie Du wo anders bist.« Die Prosasätze, die dieses Briefgedichtchen begleiteten, blieben strikt beim SIE: ostensibel.[47]

Sehr anders ging der junge Briefschreiber mit seinen Freunden um. Das gegenüber den Mädchen unterdrückte DU war ihm hier selbstverständlich; das dort offenbar fest etablierte Plural-SIE hingegen erschien ihm hier geradezu anstößig. Die gleichaltrigen FRIEDRICH MAXIMILIAN MOORS und CHRISTOPH GOTTLOB BREITKOPF wurden anstandslos geduzt.[48] Den ein wenig älteren JOHANN

46 Briefe vom 30.1.1801 und (hier zitiert) vom 14.12.1807.

47 Briefe vom 9.1. und 10.9.1823. – Dem antiken Vorbild folgend (das über die SIE-Alternative freilich gar nicht verfügte), wird in der Poesie die DU-Anrede auch dann gebraucht, wenn die eigentlich gemeinte, ›reale‹ Person mündlich und brieflich gesiezt bleibt. Wo in erzählender Prosa, dramatischen Texten und allenfalls auch in Gedichten der umgangssprachliche Pronominagebrauch nachgebildet werden soll, begegnet das Plural-SIE natürlich auch in der Sprache der Dichtung (vgl. hier Anm. 98).

48 Überlieferte Briefe freilich nur vom 1.10.1766 bzw. vom August 1769.

JACOB RIESE hat er freilich in der 2. Person Plural angeredet.[49] Doch steht dieses insgesamt in Goethes Briefen vergleichsweise selten verwendete IHR,[50] dem Lichtenberg 1785 eine »mannigfaltige Treuherzigkeit« zuerkannte,[51] so nahe beim freundschaftlichen DU, daß er am Ende des zweiten Schreibens den Adressaten sogar duzte, nicht nur (mit gewohnter poetischer Lizenz) in den eingebrachten Versen, sondern ebenso in der sie kommentierenden Prosa. Hier findet sich auch eine seiner wenigen ausdrücklichen Bemerkungen zu den Anredepronomina. Über das SIE nämlich, das ihm in solchen Freundschaftsverhältnissen damals noch ganz unmöglich erschien, schrieb er am 30. Oktober 1765: »Die Versicherung daß ihr mich liebt, und daß euch meine Entfernung leid ist, würde mir mehr Zufriedenheit erweckt haben; wenn sie nicht in einem so fremden Tone geschrieben wäre. Sie! Sie! Das lautet meinen Ohren so unerträglich, zumahl von meinen liebsten Freunden, daß ich es nicht sagen kann. Horn hat es auch so gemacht, ich habe mit ihm gekeift.[52] Fast hatte ich Lust mich [: mit] euch auch zu keifen. Doch! Transeat! Wenn ihr es nur nicht wieder tuht.«[53]

Auch der Freund ERNST WOLFGANG BEHRISCH wurde in allen 16 deutschsprachigen Briefen der Jahre 1767–68 mit DU angeredet (vorher 1766: 4 französisch abgefaßte Schreiben[54]). Nur ge-

49 Briefe vom 20./21.10. und 30.10.-8.11.1765, dann wieder vom 28.4.1776.

50 Im Übergang von anfänglichem SIE zum späteren DU wird das Pronomen der 2. Person Plural noch 1772–75 für Herder, Langer und Knebel verwendet; vereinzelt 1774/75 für Hans Buff; häufig nur 1772–98 für Kestner (54 IHR-Briefe).

51 Wie hier Anm. S. 442.

52 Vom Briefwechsel mit dem Jugendfreund Johann Adam Horn blieb nichts erhalten (vgl. oben S. 23).

53 Ein Halbjahrhundert später, in seinem einzig überlieferten Brief vom 2.2.1814, hat Riese ihn wieder so angeredet. Aber auch für Goethe selber war solch ein freundschaftliches SIE schon am 14.7.1783 und wieder am 14.2.1814 durchaus nicht mehr »unerträglich«: »Ich freue mich daß Sie, als ein besonders theurer Freund, zu den übrig gebliebnen gehören und wir uns noch, bis auf diesen Tag, zusammen der Vergangenheit freuen können.«

54 Vgl. hier S. 78.

legentlich fällt da auch ein energisch akzentuierendes oder spielerisches SIE. Am 4. Dezember 1767 etwa: »Hören Sie nur Mosier Behrisch wenn Sie hinführo mich solange warten lassen, und mir hernach so ein miserables Briefgen schicken; so werde ich mich revangiren, und meine sonnabendliche Postreuter, besonders bey jetzigem Schneegestöbere spaarsamer ausschicken.« Einmal gehen damals im gleichen Brief sogar drei verschiedene Anredeweisen durcheinander: »Ich schicke Dir hier dieses kleine Gedicht«, und: »Wie steht es sonst um Sie?«, und: »Meine Kleine [Käthchen Schönkopf] läßt ihn grüsen.«[55] Hier im dritten Satz erscheint, soweit ich sehe, zum ersten Mal in Goethes Briefen das selten verwendete Pronomen der 3. Person Singular maskulin.

Das findet sich erst 1770 wieder, zu Beginn eines SIE-Briefes an den um acht Jahre älteren Theologen JOHANN CHRISTIAN LIMPRECHT, und läßt sich dort aus spontaner Annäherung verstehen, wenn er diesem Leipziger Studienfreund zu Hilfe kommt: »Ich zweifle nicht einen Augenblick, dass Er ietzo Geld brauchen wird; [...] nehm Er's wenigstens als ein Zeichen an, dass das Vergangene nicht vergessen ist.«[56] Danach dann erscheint es in 12 Schreiben an HANS BUFF 1773–75.[57] Und in halbwegs scherzhaftem Gebrauch schließlich bekam JOHANN KASPAR LAVATER die unfreundliche, unwirsche Verwendung des asymmetrischen ER zu lesen. Wie mit verstellter Stimme übernahm Goethe dort die anherrschende Redeweise gegenüber unbotmäßigen Untergebenen, als Lavater auf eine Herders Anstellung betreffende Erkundigung nur in einem Schreiben an die Weimarer Herzogin reagiert hatte: »Wenn ich ihn ein andermal um etwas frage; so antwort er mir! – Warum wegen Herders an Louisen?!!!« Zwischen zwei der gewohnten freundschaftlichen DU-Sätze stellt er das. Sie bilden den Ermöglichungshintergrund, vor dem diese kostümierte Pronomina-Insze-

55 Brief vom 7. oder 9.10.1767.

56 Einzig überliefertes Schreiben vom 13.4.1770.

57 Vgl. hier S. 468 f.

nierung sich abspielt.[58] Wie dann nach 1798 (mit Goethes Briefen an KESTNER) die IHR-Anrede aus seinem Repertoire verschwand, so schon nach 1775 (mit den Briefen an Hans Buff) dieses ER, das Adelung 1781 für »ein wenig bessere« Personen noch höher achtend nannte gegenüber dem IHR – während das Grimmsche Wörterbuch gerade umgekehrt geurteilt hat.[59]

Wieder weit vorausgreifend, füge ich hier an, daß die aus den späteren Korrespondenzen längst verabschiedete ER-Anrede in aufschlußreicher Weise noch einmal wiederkehrt, wenn der 76jährige Goethe am 6. September 1825 an KASPAR VON STERNBERG schreibt, daß eine zu Carl Augusts Regierungsjubiläum geprägte, »beykommende Medaille, die Er [hat] kräftigst unterstützen wollen, auch Ihm zu freudigem Andencken gereichen« möge. Da dient das an einen »spätgefundenen hochverehrten Freund«[60] gerichtete Pronomen der frühen Jahre freilich nur noch als flüchtiger Platzhalter für die Nominalanrede im Singular der 3. Person, aus der es ursprünglich hervorgegangen war (›Der Herr → Er hat …‹). Mit seinen 1820 einsetzenden Briefen hatte Goethe diesen Grafen zunächst respektvoll gesiezt, ihn dabei anfangs auch als »Ew. Hochgebornen« und »Hochdieselben« tituliert. Seit Mitte 1824 aber wurden in den 26 überlieferten, mit gemeinsamen naturwissenschaftlichen Interessen befaßten Schreiben pronominale Anreden auf ganz ungewöhnliche Weise nahezu vollständig ausgespart.[61] Wie Sternbergs Briefe ihm das vorgaben, wird der Adressat jetzt durchweg nominal apostrophiert, ausdrücklich also wie ein besprochener Dritter behandelt. Am 4. Januar 1831: »stünde meinen Gedanken ein Geschwindschreiber zu Diensten, so würde mein verehrter geliebter Freund gar manches Blatt vor

58 Brief vom 22.1.1776 (dazu hier S. 502 und, vergleichbar an Wieland gerichtet, S. 473 f.).

59 Adelung 1781 (hier S. 439); DWb Bd 3, Sp. 680–692 (beibehalten bis 1779 blieb das entsprechende Singular-SIE für Goethes Mutter).

60 Briefanrede 10.9.1823.

61 So schon am 10.9.1823. Ein vereinzeltes Plural-SIE erscheint dann nur noch in Briefen vom 27.11.1824, 18.1. und 29.6.1828.

seinen treuen Augen erblicken.« Oder zuletzt, am 15. März 1832: »Schon längst hätte ich meine mentalen Conversationen mit dem verehrten Freunde zu Papier bringen sollen«.[62] Der Alte (dem in seinen »hohen Jahren alles mehr und mehr historisch wird: ob etwas in der vergangenen Zeit, in fernen Reichen oder mir ganz nah räumlich im Augenblicke vorgeht, ist ganz eins«[63]) diktiert diese Briefe, als rede er eigentlich nur noch für sich selber von dem böhmischen Freund. So wurde das frühe freundschaftliche Er hier in freundschaftlich-hochachtungsvoller Weise zurückgeführt auf die nominale Anrede, aus der sich seine Verwendung sprachgeschichtlich erklärt.

Vor Weimar beginnende Korrespondenzen

Bevor Goethe nach Weimar geht, setzen in den frühen 70er Jahren Korrespondenzen ein, bei denen er für männliche Adressaten sogleich das Du verwendet und es beibehält (an F. H. Jacobi und Merck) oder diesem Du dann später wieder ein Sie vorzieht (an Jung-Stilling und Bürger); solche, in denen er bei einem anfänglichen Sie bleibt (an Salzmann, auch an Sophie v. La Roche) oder von diesem Sie unmittelbar zum Du übergeht (an Lavater), dazwischen zeitweise auch ein Ihr verwendet (an Langer, Herder, Kestner, Knebel); schließlich solche, in denen zwischen dem Sie, Er, Ihr und wieder Sie (an Hans Buff) oder zwischen Sie, Du und wieder Sie (an Augusta v. Stolberg) ein lebhafter Wechsel stattfindet:

62 Allein in formaler Hinsicht entsprechen dem Aufträge bei Geldgeschäften. Etwa: »Herr Banquier Elkan wird hierdurch höflichst ersucht: Unterzeichnetem achtzehn vollwichtige Ducaten nebst alsobald zu bezahlender Berechnung gefällig kommen zu lassen. Weimar den 19. August 1829« (43 solche formulerartig gleichförmigen Anweisungen Goethes an Elkan aus den Jahren 1825–31 werden in WA IV als ›Briefe‹ mitgeteilt).

63 Brief an Wilhelm v. Humboldt, 1.12.1831.

F. H. Jacobi, Merck

An den Schriftsteller und Philosophen Friedrich Heinrich Jacobi sind aus den Jahren 1774–1813 91 Briefe Goethes überliefert. Sie bleiben, auch über tiefe ideologische Differenzen, Verstimmungen und Zerwürfnisse hinweg, noch ausnahmslos bei einem freundschaftlichen Du. Das ist zu Beginn, nach ihrer Begegnung im Lavater-Kreis in Pempelfort, in enthusiastischer Zuwendung höchst ›empfindsam‹ konnotiert: »Ich träume lieber Friz den Augenblick, habe deinen Brief und schwebe um dich. Du hast gefühlt dass es mir Wonne war Gegenstand deiner Liebe zu seyn – O das ist herrlich dass ieder glaubt mehr vom andern zu empfangen als er giebt!« 43 Jahre später freilich gibt sich das gleiche Singular-Pronomen der 2. Person sehr anders. In einem letzten Gelegenheitsschreiben wird der längst Entfremdete da noch einmal als »mein theurer alter Freund« angeredet. Aber der Akzent liegt auf dem Lebwohl am Ende dieses Abschiedsbriefes, und die vertraute Anrede klingt wie ein nostalgisches Echo ihrer selbst: »somit lebe wohl und gedenke mein unter den Deinigen guter Zeiten eingedenck Goethe.«[64] Auch seinem alten Du hat er damit den Abschied gegeben.

Aufschlußreich für sein Freundschaftsverhalten ist der gleiche äußere Tatbestand im Fall von Johann Heinrich Merck.[65] Von dessen eigenen Schreiben blieben nur 6 erhalten (1771–88); nach Mercks Suizid 1791 hat Goethe 1797 die meisten verbrannt. Auch als der Verzweifelte in katastrophaler finanzieller Lage um Hilfe hatte bitten müssen und dabei zu einer schamvoll Abstand haltenden Sie-Anrede überging, ist Goethe im letzten seiner 47 überlieferten Briefe vom 10. November 1788 ganz selbstverständlich beim alten Du geblieben: »Dein Brief, lieber Freund, wenn er mich gleich seinem Inhalte nach betrübt, hat mir doch Freude gemacht daß du ihn nur hast schreiben mögen. Es ist gewiß eine Erleichterung, wenn man es nur sagen kann und mag, wie weh

64 Briefe vom 13./14.8.1774 und 3.7.1817.

65 Näheres zu Goethe/Merck und ihrer Korrespondenz: GB 2 II, S. 200 ff.

einem ist. Schreibe mir manchmal, vertraue mir deine Zustände und glaube daß du mir auch mit Klagen nicht lästig bist.

Nimm dich was du kannst zusammen, separire durch den Verstand die phisische moralischen, oekonomischen Übel so gut es gehen will und suche Heilung, Mittel und Hülfe in dir selbst und deinen Freunden.«[66]

Jung-Stilling, Bürger

Vom vertrauteren Du verkehren sich Goethes Fürwörter zu einem Sie in den Briefen an Johann Heinrich Jung-Stilling. Die beiden befreundeten sich schon 1770 beim Studium in Straßburg. Aber auch ihre Korrespondenz ist schwach belegt. Von diesem Schriftsteller und Augenarzt gibt es nur 3 Sie-Schreiben aus späteren Jahren, in denen das gewiß vorangegangene Du schon verschwunden ist;[67] Goethes ältester erhaltener Brief an ihn stammt erst vom 3. Februar 1772 und erklärt: »Es sieht mit unserer Korrespondenz Scheu aus. Dem Ansehn nach habt ihr mir nichts zu sagen, du und deine Freunde. Zwar bin ich nach strenger étiquette eine Antwort schuldig, doch hätt ich nicht gedacht, daß du darnach rechnen würdest.« Am Ende gar: »schlepp dich durch die Welt wie du kannst.« So kurz angebunden, hat das alte Du diesen ruppigen Schlußstrich unter ihre Freundschaft nur noch verschärft – während es 25 Jahre später entschieden liebenswürdiger heißen sollte: »Sie haben mir nach so langer Zeit durch Ihren Brief und das darinn geschenkte Vertrauen eine große Freude gemacht.«[68] Gegen die Eigenintention der beiden Personalpronomina ermöglicht hier gerade das distanzierende Sie eine Freundlichkeit, die dem dicht herankommenden jugendlichen Du-Gebell doch ganz und gar abging.

Mit Gottfried August Bürger suchte Goethe Kontakt, als im Göttinger ›Musen Almanach‹ auf 1774 Gedichte von ihnen bei-

66 Dazu Leuschner 2007, Bd 4, S. 541 ff. und 551 ff., Bd 5, S. 60 ff.

67 Vom 23.10.1796, 13.7.1804, 7.1.1816 (Joh. Heinr. Jung-Stilling. Briefe. Hg. v. Gerhard Schwinge. Gießen/Basel 2002, S. 190, 344 f., 580).

68 Brief vom 19.1.1797 (Konzept). Mehr nicht überliefert.

den veröffentlicht worden waren, darunter sein ›[Mahomets-]Gesang‹ und Bürgers ›Lenore‹. Mit freundlicher SIE-Anrede schrieb er ihm, die »Papierne Scheidewand« der Almanach-Seiten zwischen ihren Versen schlage er (durch seinen papiernen Brief!) jetzt ein – »sollen die sich nicht anfassen deren Weeg mit einander geht«? Bürger, der den ›Götz von Berlichingen‹ und soeben auch den ›Werther‹ gelesen hatte, reagierte darauf mit einem überschwänglichen DU: »Laß dich herzlich umarmen, oder, da du mir zu hoch stehst, deine Kniee umfassen, du Gewaltiger, der du, nach dem großmächtigsten Shakespear, fast allein vermagst, mein Herz von Grund aus zu erschüttern«.[69] Merklich distanzierter, aber doch mit einer freundlich vertrauten Geste hat Goethe das aufgenommen: »Gott seegne dich lieber Bruder mit deinem Weibe, und wenn du an ihrem Herzen wohnst, dencke mein und fühl dass ich dich liebe.« Nur über zwei Jahre hin ist er dabei geblieben. In veränderten Lebenslagen und Stimmungen hat er die förmliche Anrede doch wieder vorgezogen: »Sie haben so lang nichts von Sich hören lassen, dass ich kaum weis wo Sie sind, und ich werde auch allen Menschen so fremd.« Wieder elf Jahre später dann, nachdem er ihn bei einem Besuch in Weimar äußerst zurückhaltend und geheimrätlich-hölzern behandelt haben muß: »Leider hielten Sie sich neulich bey uns so kurze Zeit auf daß ich das Vergnügen Ihrer Unterhaltung nicht genießen konnte wie ich gewünscht hätte. Leben Sie wohl und behalten mich in geneigtem Andencken.«[70] Zwei Floskeln waren das nur noch in diesem kaltherzigen letzten SIE-Satz, den Goethe ihm zu lesen gab. Daß sie nicht in Erfüllung gingen, konnte er sich wohl denken.

69 Brief vom 6.2.1775. In: Strodtmann 1874. Bd 1, S. 219.

70 Goethes hier zitierte Briefe: 12.2.1774, 17.2.1775, 19.(?) 3.1778, 19.6.1789 (insgesamt sind 10 Schreiben an ihn überliefert). – Bürger, Hilfe suchend in elenden Verhältnissen, schrieb ihm 1778 ohne Anrede und zuletzt 1781 mit dem von Goethe vorgegebenen SIE.

Salzmann, Sophie v. La Roche

An den weit älteren Gerichtsaktuar JOHANN DANIEL SALZMANN, seinen Tischgenossen in der Straßburger Studienzeit, gingen von 1771–74 12 Schreiben, die das abstandwahrende SIE einhielten.

Ebenso hat Goethe der Schriftstellerin SOPHIE VON LA ROCHE, die er 1772 in Frankfurt kennenlernte, bis 1775 43 reine SIE-Briefe geschrieben; zwei nicht erhaltene waren wohl vorangegangen, zwei folgten noch in den Jahren 1780 und 1789. Als »beste Freundin« hat er sie gelegentlich angeredet, weit häufiger aber nannte er die um achtzehn Jahre ältere Korrespondentin »liebe« oder »beste Mama«.[71] Ich wüßte das nicht recht zu erklären, finde jedenfalls in Goethes gesamter Korrespondenz kein weiteres Beispiel für diese Apostrophe.[72]

Lavater

Goethes Briefwechsel mit JOHANN KASPAR LAVATER hat der Zürcher Theologe im August 1773 mit einem Dankschreiben eröffnet, als der aus der Ferne bewunderte Verfasser vom ›Brief des Pastors zu *** an den neuen Pastor zu ***‹ ihm auch den ›Götz von Berlichingen‹ hatte schicken lassen. Die SIE-Anrede seiner anfangs rasch einander folgenden Schreiben ließ Lavater schon am 19. November 1773 fallen. Mit der Physiognomik befaßt und hingerissen von einem Porträt Goethes, das er in »zitternder Begierde« empfangen hatte,[73] schrieb er da, als »das süße namenlose Zittern, die melancholische Wollust, die Unsterblichkeits Ahndung« ihn überkamen: »Nun ruh' ich noch einen Augenblick auf deinem Angesicht, an deiner Brust, deinem Arm – sigle mit einem Kuß, u: stehe auf.«[74] Im Überschwang dieses Briefes ist der Anredenwechsel zu einem

71 Zuerst Mitte Februar (?) 1774, zuletzt 1780. Am 15.3.1775, als ihr ein Enkel geboren war, auch: »liebe Grosmama«.

72 Nur seiner Großmutter Textor hat er Mitte Februar 1771 völlig korrekt (nämlich auf ihre Kinder und Enkel bezogen) einmal geschrieben: »unsre Traurigkeit versammelt uns um Sie liebe Mama, uns mit Ihnen zu trösten«.

73 6.11.1773: Briefe an Goethe Bd 1, S. 14.

74 Ebd. S. 17 (korrekter in GB 2 II, S. 143).

vom schwärmerischen Freundschaftskult der Zeit bestimmten Du wohl von dem um acht Jahre älteren geistlichen Herrn ausgegangen. Ein wenig distanzierter gab Goethe es ihm vom 31. Dezember 1773 an zurück,[75] und trotz zunehmender, theologisch begründeter Differenzen hielten beide daran fest, der ›Prophete‹ wie das ›Weltkind‹ – »Lass uns ia einander bleiben, einander mehr werden denn neue Freunde und Lieben mach ich mir nicht.«[76]

»Ich bin kein Christ«, hatte Goethe diesem Proselytenmacher schon anfangs entgegengehalten.[77] Aber er duzte ihn noch immer, als er am 24. Juli 1780 befand, daß »wir [uns] mit unsren Existenzen so nah stehn, und mit unsern Gedancken und Imaginationen so weit auseinander gehn« – »wie zwey Schüzzen, die mit den Rücken aneinander lehnend, nach ganz verschiednen Zielen schiessen«. Bei dieser Anrede ist es auch geblieben, als die einander mehr und mehr Entfremdeten selbst mit dem Rücken nicht mehr aneinander lehnen konnten. »Lebe auch du wohl auf deinen Fahrten, und es geleite dich ein guter Geist durch die Welt«, schloß Ende Dezember 1783 das letzte der 70 von Goethe überlieferten Schreiben wie ein Abschiedsbrief. »Lebewohl und neu mit dem neuen Jahr und vergiß nicht über dem Neuen des Alten.«

1801 ist Lavater gestorben. Als er vorher noch einmal nach Weimar kam, haben sie einander wohl angeredet wie früher. Aber da war ihr mit Lavaters Briefkuß besiegeltes Du nur noch ein versteinertes Relikt. Goethe an Charlotte von Stein: »Er hat bey mir gewohnt. Kein Herzlich, vertraulich Wort ist unter uns gewechselt worden und ich bin Haß und Liebe auf ewig los.«[78]

75 Die frühere Korrespondenz blieb nur unvollständig erhalten. Kaum überzeugend erscheint mir die Vermutung in GB 2 II, S. 139, daß zuerst doch Goethe in einem ohne Personalpronomen fragmentarisch überlieferten Schreiben von Mitte November 1773 »das ›Du‹ angeboten« haben könnte.

76 An Lavater, 2.11.1779.

77 Brieffragment, 23./26.11.1773 (mit dieser schroffen Positionsbestimmung wurde Lavaters Bitte um die eigenhändige Zeichnung eines Christuskopfes abgewiesen). Differenzierter erklärte ihm Goethe am 29.7.1782, er sei »zwar kein Widerkrist, kein Unkrist aber doch ein dezidirter Nichtkrist«.

78 Brief vom 21.7.1786.

Langer, Herder, Kestner, Knebel

Die entgegengesetzte, ›normale‹ Richtung von anfänglichem Sie zum vertrauteren Du nehmen – mit dreifachem Anlauf – die 8 erhaltenen deutschsprachigen Schreiben der Jahre 1768–74 an Ernst Theodor Langer, den späteren Wolfenbütteler Bibliothekar. Schon in Leipzig hatte sich Goethe mit diesem Nachfolger Behrischs in der Hofmeisterstelle beim Grafen v. Lindenau[79] angefreundet, und seine Briefe setzten ein, als er dem Pietistenkreis in Frankfurt nahegekommen war. »Sehen Sie lieber Langer«, schrieb er ihm am 17. Januar 1769, »es steht kurios mit uns; Mich hat der Heiland endlich erhascht, ich lief ihm zu lang und zu geschwind, da kriegt er mich bey den Haaren.« Dann aber schiebt sich hier zwischen die Anreden in der 3. Person Plural eine (aus dem Kontext erklärbare) in der 2. Person Plural. Es folgen vier Sie-Briefe wieder, der erste immerhin mit »drüben über den Bergen, an Euerm See« einsetzend. Zuletzt, am 6. März 1774, hat dieses Ihr sich durchgesetzt, und da fällt dann gegen Ende endlich auch ein Du: »Vielleicht kommt noch auf die Ostermesse was von mir, ich weiß noch nicht ob es einen Verleger finden wird, es ist ein Bissgen toll, kommts heraus, so sollst du s erfahren.«

Folgerichtiger, auch deutlicher markiert, führt ein bemerkenswerterer zweiter Fall den gleichen Pronominawandel vor. Sein erstes überliefertes Schreiben an Johann Gottfried Herder (wohl zwischen Ende April und Mitte Mai 1771 aus Straßburg, wo sie sich im Gasthof ›Zum Geist‹ zuerst begegnet waren und er von ihm in Shakespeare, in den Ossian, in die Volksliedichtung eingeführt worden war) hat der 22jährige Goethe als »Ihr Freund« unterschrieben. Dieses Sie, an dem die ersten Briefe festhalten, diente in seiner förmlichen Korrektheit offenbar der Bezeichnung eines Rangunterschiedes und Abhängigkeitsgrades, die ein anderes Anredepronomen kaum zuließen. Die Gleichnisse, die er im Oktober (?) 1771 dafür einsetzte, machen das deutlich. In astronomischer Fassung zuerst: »Herder, Herder. Bleiben Sie mir was Sie

79 Siehe hier S. 81 f.

mir sind. Binn ich bestimmt Ihr Planet zu seyn so will ich's seyn, es gern, es treu seyn Ein freundlicher Mond der Erde.« Biblisch darauf: »Adieu lieber Mann. Ich lasse Sie nicht los. Ich lasse sie nicht! Jakob rang mit dem Engel des Herrn. Und sollt ich lahm drüber werden.«[80] Neun Monate später aber: »Ihr wisst nun wie's mit mir aussieht, und was mir euer Brief in diesem Philocktetschen Zustande worden ist.«[81] Durchgehend benutzt er hier schon das nähertretende Personalpronomen der 2. Person Plural, und bereits mit seinem nächsten Schreiben vom 7.(?) Dezember 1772 geht er zu dem Du über, das dann bis in Herders Todesjahr 1803 alle 99 Briefe beibehalten. Der um fünf Jahre Ältere, dessen frühe Schreiben Goethe wohl 1797 verbrannte, mag es eingeführt haben. Das hat alle Verletzungen überstanden, die dieser Jakob und sein Straßburger Engel später einander zugefügt haben.

An Johann Christian Kestner (verlobt und seit 1773 verheiratet mit Charlotte Buff, der Lotte des ›Werther‹-Romans) hat Goethe 1772 13 Sie-Briefe geschrieben. Bis 1798 folgten dann 55 Ihr-Briefe. 11 von ihnen zeigen noch gelegentliche Sie-, aber auch schon einzelne Du-Anreden. 1774–80 schieben sich reine Du-Briefe dazwischen, in deren erstem das frühere Ihr wiederkehrt – anfangs: »schreib öffter sonst wend ich mich an Lotten dass die mir schreibt«, dann (nur um ein t ergänzt): »schreibt mir öffter oder bittet Lotten dass sie mir nur manchmal ein Wörtgen schreibt wenn's ihr um's Herz ist […] lasst bald wieder was hören. Ich binn der Alte von Ewigkeit zu Ewigkeit Amen G.«[82] Keineswegs also bezeichnen die wechselnden Anredeweisen hier eine zunehmende Vertrautheit, die vom Sie über das Ihr zum Du

80 Vgl. 1. Mose 32, 25–27 (das alternativlose Du, mit dem Jakob dort den Engel anredet, stand dem Briefschreiber nicht zu Gebote. Auch hätte er sein rangbestimmendes Sie damit ausdrücklich annulliert).

81 Etwa vom 10.7.1772 (inhaltlich erläutert in GB 1 II, S. 411).

82 Wird zugleich mit Kestner auch Charlotte angeredet, geschieht das ohnehin im duzenden Plural-Ihr. In den gleich an beide adressierten Ihr-Briefen (15.9.1773, 25.12.1773, Oktober 1774) werden sie auch einzeln mit dem Du bedacht.

führte und später wieder zurückgenommen würde mit einem distanzierteren IHR. Ebensowenig erklären sie sich aus jeweils veränderten Verhältnissen zwischen den Korrespondenten oder unterschiedlichen Stimmungen des Schreibenden. Vielmehr lassen Goethes Briefe an Kestner erkennen, wie wenig sich sein Gebrauch der Pronomina damals überhaupt schon verfestigt hatte. Wenn das Grundverhältnis zum Adressaten das grundsätzlich nicht ausschloß, waren sie jedenfalls in den Jahren 1772–74 noch leichthin austauschbar. So konnte Kestner am 25. Dezember 1772 in ein und demselben, durchaus gleichgestimmten Brief eingangs in der 2. Person Plural angeredet werden: »was ihr mir von ihr schriebt …«, bekam aber gleich darauf als 2. Person im Singular zu lesen: »Nun muss ich dir sagen …« und wurde später sogar noch als 3. Person im Plural apostrophiert: »Sagen Sie Lenchen …« – bis es hier am Ende wieder hieß wie zu Beginn: »Grüst mir die lieben alle. Und lasst von euch hören.«

Den nur wenig älteren Weimarer Prinzenerzieher CARL LUDWIG KNEBEL lernte Goethe, 25jährig, im Dezember 1774 noch in Frankfurt kennen. In dem damals einsetzenden Briefwechsel heißt es sogleich »lieber Knebel« und: »Lieben Sie mich. Geben Sie meine Sachen [darunter ›Faust‹-Fragmente] nur nicht aus Händen.« Schon wenn Carl August ihn im Oktober 1775 nach Weimar eingeladen hat, folgt auf fünf solche SIE-Briefe der Übergang zum vertrauteren IHR: »Liebt mich und grüsst alles was sich mein erinnert, nach Stands und Herzens Gebühr und Würden«. In Weimar müssen sich die beiden jungen Herren dann rasch zum endgültigen DU entschlossen haben. In einer durch nahezu sechs Jahrzehnte gehenden Korrespondenz, die trotz vorübergehender Verstimmungen von großem Vertrauen und wechselseitiger Teilnahme an ihren Unternehmungen bestimmt war, hat Goethe mehr als 400 DU-Briefe an Knebel geschrieben – den er 1827 seinen »Urfreund« nannte.[83] Zuletzt am 21. Oktober 1831 noch, zu dessen Lucrez-Übersetzung: »Es darf dir wirklich in deinem hohen

83 ›Aufklärende Bemerkungen‹: FA I 2, S. 604/1142.

Alter ein heiteres Gefühl von Selbstzufriedenheit geben, wenn du bedenkst, was es heißen will und was es hervorbringt, wenn man sein Leben einem großen, fast unübersehbaren und kaum zu vollendenden Werke widmet.«

Hans Buff

Aus der ›Werther‹-Zeit sind 20 familiär-vertraute Briefe an Hans Buff, einen jüngeren Bruder von Charlotte Buff/Kestner, überliefert (dessen Gegenbriefe nicht erhalten blieben). Sie geben ein ungewöhnliches Beispiel für den auch bei Kestner bemerkten Hin und Her-Wechsel der Pronomina. Am 15. März 1773 hat der 23jährige Goethe den damals noch 15jährigen Schüler wissen lassen: »Vielgeliebter Herr Hans. Ihr Brief an die liebe Schwester hat mich so ergötzt, dass ich nicht länger mich halten kann an Sie zu schreiben«. Die Eingangstitulierung läßt vermuten, daß auch die förmliche Anrede in der 3. Person Plural ein wenig ins Scherzhafte spielte. Immerhin wurde dieses Sie dann beibehalten – bis ein fünftes Schreiben im Juni unvermittelt zum Singular der 3. Person überging. »Ich dank ihm lieber Hans« und »behalt er mich lieb« schrieb er da. Nirgendwo in Goethes Korrespondenz ist dieses Er so häufig verwendet worden wie hier.[84] Es folgten (nur einmal noch durch einen Sie-Brief unterbrochen) 14 weitere solche Schreiben, die den Jungen freilich zweimal auch mit Ihr anreden. Am 31. August 1774: »Ihr habt einen lieben Bruder verlohren, und ich einen von meinen lieben Buben«, aber dann wieder: »Grüs er mir alle.« Ebenso vor dem 13. April 1775 (?): »Wenn ihr mich lieb behaltet, so hoff ich doch einmal zu erleben, dass ich euch wiedersehe«, und dann: »grüs er die Schwestern«. Einige Monate später schließlich, wenn Hans schon in Gießen studiert, hat Goethe in seinem letzten erhaltenen Brief das anfängliche Sie wieder aufgenommen. Leichten Abstand nehmend, heißt es also am 9. August 1775: »Lieber, Ich

84 Zu anderen Er-Verwendungen (Behrisch, Limprecht, Lavater, v. Sternberg) vgl. hier S. 457 f. und (Singular-Sie für Goethes Anrede seiner Mutter) S. 444 f.

bitte schreiben Sie wieder einmal wies Ihnen geht, und das nicht kurz.« – Dicht beieinanderstehend und allemal nicht weit entfernt von einem (im mündlichen Umgang denkbaren, brieflich aber nie realisierten) Du, scheinen diese drei unterschiedlichen Anredeweisen sehr bedacht und feinfühlig eingesetzt in ihren Kontext. Dabei gibt sich das insgesamt vorherrschende, freundlich gehaltene Er entschieden weniger förmlich als das scherzhaft eingeführte Sie, aber distanzierter und blasser doch als das emotional akzentuierte, herzlicher zugewandte Ihr. Den Ermöglichungsgrund für solch ein in Goethes Briefen ganz ungewöhnliches rasches Wechselspiel zwischen Sie, Er, Ihr und wieder Sie bildet gewiß das besondere, auch von den Altersunterschieden bestimmte persönliche Verhältnis zwischen den Beteiligten. Wieder zeigt sich, anschaulich hier auf kleinstem Raum, wie frei diese Anreden damals noch gehandhabt werden konnten: von der wechselnden Gestimmtheit der Sätze reguliert und ihrerseits wiederum den Text modulierend, in den sie eingepaßt sind. Allgemeine Regelgebungen und abstrahierende Funktionsbestimmungen, wie sie Adelungs eingangs angeführter Pronomina-Katalog liefert, taugen da nicht zur Differenzialdiagnose.

Augusta zu Stolberg

Noch bevor er im November der Einladung des Herzogs Carl August nach Weimar folgte, hatte Goethe im Januar 1775 auf einen offenbar enthusiastischen Leserbrief geantwortet. Er kam aus einem Adelsstift in Holstein von einer Dame, die ihm zunächst noch unbekannt blieb, weil sie nicht mit ihrem Namen unterzeichnete: von der durch ihre ›Werther‹-Lektüre entzückten jungen Gräfin Augusta Louise zu Stolberg-Stolberg.[85] Längst

85 Nähere Angaben: GB 2 II, S. 395 ff. – Dieser Eröffnungsbrief ist nicht überliefert; vor Antritt seiner dritten Reise in die Schweiz (Tagebuch 9.7.1797: »Briefe verbrannt«) hat Goethe wohl auch ihn vernichtet. Erhalten blieb nur ein Schreiben vom 9.12.1775, weil es den nach Weimar Aufgebrochenen in Frankfurt nicht mehr erreichte, und dann ihr letzter Brief von 1822 – beide mit durchgehender Sie-Anrede.

beherrschte der 25Jährige da die korrekten Schreibgewohnheiten seiner Zeit, die jeweils angemessenen und gebotenen brieflichen Umgangsformen, paßte sich ihnen als Frankfurter Anwalt gar bis zu völliger Unkenntlichkeit der eigenen Schreibweise an. Hier aber gab er sich, distanzlos von Anfang an, mit höchst gewagten Worten und in kunstvoll stockendem Satzbau dem überschwänglichen Gefühlskult dieser Jahre hin: »Meine Teure – ich will Ihnen keinen Nahmen geben, denn was sind die Nahmen Freundinn Schwester, Geliebte, Braut, Gattin, oder ein Wort das einen Complex von all denen Nahmen begriffe, gegen das unmittelbaare Gefühl, zu dem – ich kann nicht weiter schreiben, Ihr Brief hat mich in einer wunderlichen Stunde gepackt. Adieu, gleich den ersten Augenblick! – Ich komme doch wieder – ich fühle Sie können ihn tragen diesen Zerstückten, stammelnden Ausdruck wenn das Bild des Unendlichen in uns wühlt.«

Obgleich er wenig später erfuhr, um wen es sich handelte, und ihre beiden Brüder kennenlernte, hat Goethe es nie zu einer persönlichen Begegnung mit Augusta zu Stolberg kommen lassen. Er hielt sich fern von ihr – um sie auf diese Weise ganz nah zu haben: in der Rolle einer Unsichtbaren, der er (in den Gefühlswirren damals um Lili Schönemann) seine Herzensergießungen gerade so auf das Briefpapier stammeln konnte, als rede er im Beichtstuhl zu einem ihm verborgenen Hörer.[86]

19 Schreiben Goethes an dieses ›Gustgen‹ sind überliefert. Nach anfänglich beibehaltenem Sie heißt es mitten in solch einem Brief vom 7./10. März 1775 (bezeichnenderweise wenn der Schreibende sich selbst befragt und die Adressatin hören läßt, was er wie zu sich selber spricht): »Ade! – Warum sag ich dir nicht alles – Beste – Geduld Geduld hab mit mir!« Gleich im nächsten Absatz, drei Tage später geschrieben, findet der Schreibende von diesem Du zurück zum Sie und bleibt hier dabei: »der Brief soll heute

86 Nur erklärt er ihr, auch diesen Abstand noch verstärkend, am 25.7.1775 ausdrücklich: »Ich will Ihnen schreiben Gustgen liebe Schwester, ob ich gleich, wäre ich iezt bey Ihnen schwerlich reden würde.«

fort, und nur sag ich Ihnen noch dass mein Kopf ziemlich heiter mein Herz leidlich frey ist – Was sag ich – ! o beste wie wollen wir Ausdrücke finden für das was wir fühlen!« Ein ganzer DU-Brief folgt noch im März, ein reines SIE-Schreiben im April, danach wieder einzelne DU-Einschübe im Juli und August (»Hundertmal wechselts mit mir den tag!« – »offt sind mir selbst die [Schrift-] Züge der liebsten Freundschafft todte Buchstaben«). »Neulich reisst ich zu Ihnen!« schreibt er am 14. September und meint: in Gedanken, »[...] nach Coppenhagen, und kam und trat in ihr Zimmer, und fiel mit Trähnen zu ihren Füssen, und rief Gustgen bist du s! – «.

Als reichten die Worte allein nicht mehr zu, häufen sich in diesen Briefen steigernde, überbietende Ausrufezeichen und sprachlos sprechende Gedankenstriche. Schriebe er einer »Freundinn«, schiene das SIE wohl noch angemessen; für eine »Schwester, Geliebte, Braut, Gattin« wäre ein DU am Platz. Aber dem »unmittelbaaren Gefühl«, das sich hier mitteilen will oder soll, genügen weder diese »Nahmen«, die er der Unbekannten zuschreibt, indem er sie als unzulänglich verwirft, noch auch die Fürwörter. So wechseln die Anreden nicht oder nicht nur, weil es den Schreibenden vom SIE zum eigentlich gefühlten DU drängte; eher erscheinen sie austauschbar, weil beide, als »todte Buchstaben«, zur Mitteilung des unsäglich Empfundenen ohnehin nicht genügten.

Wohl im Oktober 1775 hat Goethe sich von Lili Schönemann gelöst, ist im November nach Weimar aufgebrochen und Charlotte von Stein begegnet. Danach verlieren seine Anrede-Pronomina in den Beichtbriefen an Augusta zu Stolberg ihren uneigentlichen Charakter, erscheinen durchaus als angemessener Ausdruck »für das was wir fühlen«. Sieben Briefe bis 1777 beruhigen sich in einem freundschaftlich abgekühlten DU. Am 16. Mai 1776 hatte er beteuert: »der Dir nicht schrieb bisher ist immer derselbe«, aber seine entspannte Wortwahl und sein gefaßter Satzbau beglaubigen das nicht mehr. In längeren Abständen drei kurze SIE-Schreiben noch. Dann verstummten beide.

Erst 40 Jahre später haben sie noch einmal einander geschrieben, Erinnerungs- und Abschiedsbriefe zugleich. Wieder zuerst, am 15. Oktober 1822, die inzwischen verwitwete, 69jährige Gräfin von Bernstorff an den jetzt 74jährigen Staatsminister: Um sein Seelenheil bekümmert, fleht sie ihn da an, sein »Herz zum Ewigen zu wenden – Ihnen ward viel gegeben, viel anvertraut, wie hat es mich oft geschmerzt, wenn ich in Ihren Schriften fand, wodurch Sie so leicht andern Schaden zufügen – o machen Sie das gut, weil es noch Zeit ist«. Und: »schlagen Sie es der nicht ab, die Sie einst Freundin, Schwester, nannten – Ich bete für Sie, dass Sie es ganz erfahren mögen, wie freundlich u gütig der Herr ist«. Und in einer Nachschrift am 23. Oktober: »Sie bitten mich in einem Ihrer Briefe, nachdem Sie so lange geschwiegen hatten: ›den Alten Faden wieder anzuspinnen, es sey diß ja ohnehin ein Weibliches Geschäft.‹ Da ist er denn wieder angesponnen, und o! möge er sich denn nun biß in die Ewigkeit hineinspinnen! – So leben Sie denn wohl, u verkennen Sie meine Absicht nicht – «.[87]

Nach einer schweren Erkrankung hat Goethe erst am 17. April 1823 geantwortet und, weder unaufrichtig noch verletzend, der frommen, »mit Augen nie gesehenen, theuren Freundin« in diesem letzten, bekenntnishaften Brief geschrieben, er selber habe doch »bey allem irdischen Treiben immer auf's Höchste hingeblickt; Sie und die Ihrigen haben es auch gethan.« Angelehnt dann an das Johannes-Evangelium 14,2: »In unseres Vaters Reiche sind viel Provinzen, und da er uns hier zu Lande ein so fröhliches Ansiedeln bereitete, so wird drüben gewiß auch für beide gesorgt seyn; vielleicht gelingt alsdann, was uns bis jetzo abging, uns angesichtlich kennen zu lernen und uns desto gründlicher zu lieben.« Zuletzt: »da ich von einer tödtlichen Krankheit in's Leben

87 Johann Wolfgang Goethe: Briefe an Auguste Gräfin zu Stolberg. Hg. v. Jürgen Behrens. Bad Homburg, Berlin, Zürich 1968, S. 51 ff. – Augusta zitiert hier, nach 48 Jahren, zunächst sein oben angeführtes allererstes Schreiben vom (etwa 18.–30.) Januar 1775, läßt freilich geziemend beiseite, daß er sie da nicht nur »Freundin, Schwester« nannte, sondern auch »Geliebte, Braut, Gattin«, und beruft sich in ihrer Nachschrift dann auf Goethes Brief vom 3.6.1780.

wieder zurückkehre, soll das Blatt dennoch zu Ihnen, unmittelbar zu melden: daß der Allwaltende mir noch gönnt, das schöne Licht seiner Sonne zu schauen; möge der Tag Ihnen gleichfalls freundlich erscheinen und Sie meiner im Guten und Lieben gedenken, wie ich nicht aufhöre mich jener Zeiten zu erinnern, wo das noch vereint wirkte, was nachher sich trennte.

Möge sich in den Armen des allliebenden Vaters alles wieder zusammen finden. wahrhaft anhänglich

Goethe.«

Die Warmherzigkeit seiner Sätze, die sich an die gewohnten, anhänglich-abstandhaltenden SIE-Anreden der alten Freundin hielten, hat sich hier auch über die Pronomina der 3. Person pluralis ausgebreitet.

Korrespondenzen seit dem ersten Weimarer Jahrzehnt

Wieland, v. Einsiedel, Kayser, Bertuch

Von den erst in Weimar einsetzenden Korrespondenzen ist die mit CHRISTOPH MARTIN WIELAND nur lückenhaft überliefert. Man wird ein anfängliches SIE unterstellen dürfen. Aber schon Goethes berühmtes Brieffragment vom April 1776 über die »Bedeutsamkeit – die Macht«, die Charlotte v. Stein für und über ihn habe (das ohne ein Anredepronomen auskommt), setzt eine Vertrautheit mit dem Adressaten voraus, die sich damit kaum noch vertrüge. In allen erhaltenen Schreiben seit 1780 sind beide bereits zu einem dauerhaften, wechselseitig als ›brüderlich‹ bestimmten DU übergegangen.[88] Wenn sie 1798 einmal mit dem Pronomen der 2. Person Plural spielen, setzt das ein tragfähiges DU doch voraus: Auf einen scherzhaft feierlichen Brief Goethes, der das dem Wielandschen Gut Oßmannstedt benachbarte Gut in Oberroßla erworben und ihn

88 Goethes derart anredende Briefe sind zwischen dem 23.3.1780 und dem 14.2.1810 verfaßt, die Wielands zwischen dem 7.3.1790 und dem 19.12.1812 (er starb im Januar 1813).

gebeten hatte, sich besuchsweise »aus Euro Pallästen in unsere Hütten zu begeben«, bekam er in gleicher Tonlage zur Antwort: »Euerer freundlich geneigten Einladung zu folge [freue ich mich], Euer lang entbehrtes Angesicht einmahl wieder zu sehen«.[89]

Ohne anfängliche SIE-Anrede gingen von 1776–1821 21 reine DU-Briefe an den Juristen FRIEDRICH HILDEBRAND VON EINSIEDEL nach Weimar oder Jena. Am 10. November 1787 aus Rom: »Wer weiß wo wir uns sehen und treffen. Du findest aber wo es auch sey deinen unveränderten Freund.«

Der Zürcher Komponist PHILIPP CHRISTOPH KAYSER hingegen, ein Frankfurter Jugendfreund, an den Goethe von 1776–95 32 Schreiben richtete, wurde im ersten überlieferten Brief noch geduzt: »Ich trag dich immer im Herzen. Schick mir offt was.« Aber mit dem zweiten schon, drei Jahre später und entschieden sachbezogen, wechselt die Anrede zum SIE: »Ich schike Ihnen hier, lieber Kaiser eine Operette die ich unterweeges für Sie gemacht habe.« Dabei ist es geblieben. »Sie sind der älteste meiner alten Bekannten«, schreibt er ihm, wenn er ihn in Rom erwartet, »und wieder der erste mit dem ich das Gute was mir in diesem Lande ward theilen kann.« Das Personalpronomen der 3. Person Plural, das nach vorangegangenem DU erscheint, steht hier keineswegs als ein Entfremdungs- und Distanzierungszeichen dem vertrauten Verhältnis der beiden entgegen.[90]

Den fast gleichaltrigen Schriftsteller und herzoglichen Sekretär, späteren Verlagsbuchhändler und einflußreichen Weimarer Handelsherrn FRIEDRICH JUSTIN BERTUCH schließlich hat Goethe im Genietreiben seiner frühen Weimarer Zeit seit 1776 geduzt, später aber, bei zunehmender Abkühlung, mit einem geschäftsmäßig-distanzierten SIE angeredet.[91]

89 Goethe an Wieland, 22.6.1798 (anspielend auf die Formel ›Hütte und Palast‹) und dessen Antwort vom gleichen Tag: Jb. d. Goethe-Gesellsch. 13 (1927), S. 64 f.

90 Briefe vom 15.8.1776, 29.12.1779 (bezogen auf das Singspiel ›Jeri und Bätely‹, das er ihm zur Vertonung schickt) und 11.9.1787.

91 Überliefert sind 7 DU-Briefe (1776–79), dann etwa 58 Schreiben (1781–

Charlotte von Stein

Von dieser Art Wechsel zwischen SIE/DU und DU/SIE in Briefen an männliche Adressaten hebt sich Goethes im gleichen Jahr beginnende Korrespondenz mit CHARLOTTE VON STEIN auf bemerkenswerte Weise ab. Aus dem halben Jahrhundert, in dem sie einander schrieben, blieben von ihr selber nur 94 Briefe der Jahre 1794–1826 erhalten, von ihm hingegen seit 1776 annähernd 1770 Schreiben (noch etwa 40 weitere lassen sich erschließen).[92] Dabei erscheint die von Siegfried Unseld verbreitete Eloge, »allein mit ihnen hätte er sämtliche Literaturpreise aller Zeiten verdient«,[93] ein wenig überschwänglich. In manchen Fällen handelt es sich wirklich um literarisch bedeutende, eindrucksmächtige Texte, meist aber um kurzgefaßte, formlose ›Billette‹, die mitunter von Tag zu Tag geschrieben und innerhalb Weimars durch Boten rasch von Haus zu Haus befördert wurden, gelegentlich zwei-, ja dreimal am gleichen Tag. Es ging dabei um Mitteilungen etwa über das, was ihn beschäftigte, was er eben erlebt und empfunden haben mochte, um Besuchsankündigungen oder Begleitzeilen zu Blumen und kleinen Aufmerksamkeiten, vor allem um Erkundigungen nach dem Befinden der Freundin und unaufhörlich um Liebesbeteuerungen (am 20. März 1782: »Werde nicht müd im-

1821), die ein Anredepronomen gelegentlich aussparen, sonst immer das SIE verwenden, sich oft aber durchaus freundlich geben. Der erste erhaltene SIE-Brief vom 8.3.1781 hat diesen Rückwechsel nicht (mehr?) thematisiert (vgl. Macher 2000, S. 57 f. und jetzt GB 3 II A, S. 448 f.).

92 Über Goethes Briefe an Charlotte v. Stein im lebensgeschichtlichen Zusammenhang (bis 1779) jetzt eingehend Elke Richter in GB 3 II A, S. 73–85. – Zu ihren Briefen an ihn wird ebd. S. 67 f. klargestellt, daß die gängige Behauptung, Charlotte selber habe sie nach dem Bruch des Verhältnisses (1788: Goethes Verbindung mit Christiane Vulpius) zurückgefordert und vernichtet, nach derzeitigem Kenntnisstand keineswegs gesichert ist. Möglich wäre auch, daß sie 1797 Goethes eigenem Autodafé von Zeugnissen »freundschaftlicher Mittheilung« zum Opfer fielen. Was sie ihm während seiner Reise nach Italien schrieb, hatte er damals wahrscheinlich selber »gleich verbrannt, wie wohl ungern. Doch Dein Wille geschehe.« (Brief vom 17.2.1787).

93 Unseld 1993, S. 91.

mer dasselbe zu hören«). Da übersteigt der biographische Zeugniswert bei weitem den literarischen Rang. Vieles ist nicht weit von dem entfernt, was man heutzutage durch Handyanrufe oder durch SMS-Botschaften übermittelt.

Eben dieser informelle Charakter seiner »Zettelgen«, wie Goethe sie gelegentlich nennt, mag es ihm von Anfang an erleichtert haben, das schickliche Plural-SIE der Anrede zu vernachlässigen, wenn ein impulsives DU ihn überkam. Nirgendwo sonst in Goethes Korrespondenzen herrscht solch ein ständiges Hin und Her zwischen beiden Formen. Nirgendwo sonst werden sie auch so ausdrücklich erörtert. Das macht die Pronomina, die als winzig kleine Indikatoren den Briefwechsel dieses ungewöhnlichen Liebespaares durchziehen, beachtenswert.

Wie es unter den gegebenen Verhältnissen selbstverständlich war, wird die Freifrau von Stein in Goethes zu Jahresanfang 1776 einsetzenden (nicht immer datierten oder sicher zu datierenden) Billetten anfänglich in der 3. Person Plural angeredet. So bis zum 27. Januar: »Liebe Frau ich war heut Nacht von einem Teufels Humor zu Anfange. Es drückte mich und [die Herzogin] Louisen dass sie fehlten.« Aber wenn dieser Imperfektbericht am Ende in eine präsentische Apostrophe übergeht, heißt es plötzlich: »Wir dachten an dich liebe liebe Frau. Kommst doch heut Abend.« Tags darauf folgt ein reines DU-Schreiben (»Liebe Frau, leide dass ich dich so lieb habe«), und am nächsten Tag heißt es wieder abwechselnd: »Um fünfe seh ich Sie« – »Sollst mich auch ein Bissgen liebhaben.« So geht es jetzt durcheinander bis Mitte August 1776. SIE-Briefe überwiegen. Aber immer wieder kommt es zu DU-Schreiben oder wird die förmliche Anrede innerhalb auch des gleichen Briefes aufgegeben.

Die um sieben Jahre ältere und verheiratete, entschieden auf Etikette bedachte Hofdame hatte ihm solche Formverstöße nicht mögen durchgehen lassen – offenbar auch im mündlichen Umgang nicht, jedenfalls nicht unter Zuhörern und keinesfalls doch in schriftlichen Zeugnissen. Einen Freund, den königlichen Leibarzt Zimmermann in Hannover, ließ Goethes Erzieherin im März dieses Jahres 1776 wissen: »Er war sehr gut gegen mich nennte mich im Vertrauen seines Hertzens Du, das verwies ich ihn mit den sanfftesten Ton von der Welt sichs nicht anzugewöhnen weil es nun eben niemand wie ich zu verstehn weis und er ohne dies offt gewiße Verhältniße aus den Augen setz, da springt er wild auf vom Kanape, sagt ich muß fort, läufft ein paar mahl auf und ab um seinen Stock zu suchen, find ihn nicht, rent so zur Thüre hinaus ohne Abschied ohne gute Nacht«.[94]

Vier seiner Du-Briefe waren dem vorausgegangen, fünf Sie-Briefe folgten dieser Szene. Dann gingen Goethes Anredepronomina schon wieder durcheinander, und am 16. April schlägt das erwünschte Sie gar im gleichen Satz des gleichen Briefes um in das Du, von dem er nicht lassen kann: »Wenn's Ihnen einmal so ist schreiben Sie mir doch mein Gedicht ab, ich habs nicht mehr, möchts von deiner Hand – sollst auch Ruh vor mir haben.« Da sieht man einmal bis auf den Grund. Es war das Gedicht ›Warum gabst du uns die Tiefen Blicke‹, das er von ihrer eigenen Hand zu lesen wünschte. Dessen Verse hätte sie sich damit zu eigen gemacht: »Ach du warst in abgelebten Zeiten | Meine Schwester oder meine Frau.«

Es ist unerfindlich, was geschehen und zwischen ihnen besprochen war, oder was Charlotte ihm geschrieben hatte, als Goethe endlich von Mitte August 1776 an, also nach siebenmonatiger Korrespondenz, und dann über nahezu fünf Jahre hin seine Du-Anreden gänzlich unterdrückte. Bis 1781 hat er ihr mehr als 500 Sie-Briefe geschrieben. Zuletzt am 12. März noch: »Sie haben mir durch den Boten eine grose Freude geschickt«. Dann aber kommt es hier zu einem Bekenntnis, das ihr Sie-Gebot außer Kraft setzt. »Meine Seele ist fest an die deine angewachsen, ich mag keine Worte machen, du weist daß ich von dir unzertrennlich bin und daß weder hohes noch tiefes mich zu scheiden vermag. Ich wollte daß es irgend ein Gelübde oder Sakrament gäbe, das mich dir auch sichtlich und gesezlich zu eigen machte«. Und was für Worte

94 Brief vom 6.3.1776: Fränkel 1960/62, Bd 1, S. 501.

er da macht! – wohl wissend, daß diese Briefleserin weiß, woher er sie nimmt. »Denn ich bin gewiß«, heißt es im Römerbrief 8,39, daß »weder Hohes noch Tiefes noch keine andere Kreatur kann uns scheiden von der Liebe Gottes, die in Christus Jesus ist, unsrem Herrn.« Was das für seinen Pronominagebrauch bedeutet, folgt sogleich: »Ich kan nicht mehr Sie schreiben wie ich eine ganze Zeit nicht du sagen konnte« (durfte).

Gelegentlich wird er noch rückfällig. Frau von Stein hat sich offenbar weiterhin an die offizielle förmliche Anrede gehalten und das auch von ihm gewünscht. Am 12. Dezember 1781 aber schreibt er in einem unvollständig überlieferten Satz: »… wenn du mir du bist. um Gotteswillen kein Sie mehr!« Da also hatte sie ihn wieder im Dativ der 3. Person Plural angeredet, und er erwidert: »ich muss dich erst aus diesen Ihnen wieder übersetzen. Zur Strafe schreib ich dir nichts von mir und meiner Liebe«. Das »übersetzen« war ganz wörtlich und handfest gemeint. Wie zu Beginn dieses Exkurses vermerkt, fährt er auf dem nächsten Blatt tatsächlich fort: »Indess die andre Seite [seines Tinten-Schreibens] trocknete hab ich deinen Brief durchkorrigirt, und alle Ihnen weggestrichen. Nun wird es erst ein Brief. Verzeih dass ich die Kleinigkeit zu etwas mache!« Eine Kleinigkeit ist das für ihn eben nicht: Keineswegs nur als erwünschten Ausdruck ihrer Liebe, als ein symbolisches Merkzeichen versteht er hier das Personalpronomen, sondern geradewegs als sakramentale Materialisation. So wird das beschriebene Papier ihm »erst ein Brief«, gültig und wirksam. ›In, mit und unter‹ solch einem Du ist die abwesende, wahrhaft Angehimmelte selber gegenwärtig für den Liebenden.[95]

95 Zur Erinnerung: Ende März / Anfang April 1774 hatte Goethe beim Abschluß des ›Werther‹-Romans an Charlotte Kestner (Buff) geschrieben, er habe lange nicht auf einen Brief von ihr geantwortet – »Das macht du bist diese ganze Zeit, vielleicht mehr als iemals in, cum et sub, (lass dir das von deinem gnädgen Herrn erklären) mit mir gewesen.« (vgl. hier S. 454). Was Kestner erklären sollte, waren die Worte der Konkordienformel von 1577 (Solida Declaratio VII): die Lutherische Lehre einer Realpräsenz von Leib und Blut Christi im Brot und Wein des Abendmahls.

Über siebeneinhalb Jahre hin, in nahezu 900 seiner Schreiben an Frau von Stein, hat es daraufhin »kein Sie mehr« gegeben[96] (»Du fühlst doch wie ich dich liebe. Jeder Buchstabe dieses Briefs wird dir es sagen«, erklärt er ihr am 7. Juni 1784). Aus Italien schickte er ihr sein Reisetagebuch, bat sie am 14. Oktober 1786 um eine Abschrift für die weitere Verwendung dieser Aufzeichnungen und erklärte hinsichtlich der Passagen, in denen sie direkt angeredet wurde, er habe sich entschlossen, »das Sie zu brauchen damit es kommunikabel wäre, es ging aber nicht es ist allein für dich.« So schlug er ihr vor, hier selber »das Du in Sie« umzuschreiben und wegzulassen, »was dich allein angeht«.[97] Daß sie jedenfalls für den vertraulichen Gebrauch seinem Du-Verlangen inzwischen nachgegeben hatte, erfuhr auch Herder nur durch eine Adressaten-Verwechslung bei der Zustellung von Goethes Briefen aus Italien. Nicht sonderlich glaubwürdig hat Frau von Stein ihm damals erklärt, es sei ihr geradezu »lieb, daß die Bahn gebrochen ist und mir künftig [im Briefwechsel mit Goethe] das brüderliche Du, das mich freut mit Ihnen gemein zu haben, kein Hinderniß mehr ist, sie [seine ihr zugehenden Schreiben] Ihnen mitzuteilen. Unser Freund war einmal tief von mir beleidigt, als ich diese lateinische Sitte unter uns ablehnte, und von der Zeit an habe ich es so begriffen, als es aus seiner treuen Seele kam«.[98]

Als ihr das nach Goethes Rückkehr aus Italien einsetzende Liebesverhältnis mit Christiane Vulpius bekannt wurde, meinte die

96 Seltene Ausnahmen zwischen dem 17.12.1781 und 8.6.1789 mögen Vorsichtsgründe gehabt haben. So ein Sie-Brief (WA IV 5, S. 335), den er ihrem kleinen Sohn Fritz als seinem »Geheimen Secretair« diktierte: offenbar sollte auch der von diesem Du nicht wissen.

97 Charlottes Abschrift ist nicht überliefert. Das Reisetagebuch ging später in Goethes ›Italienische Reise‹ ein; alle Frau v. Stein angehenden Stellen wurden dabei getilgt.

98 Brief vom 31.8.1787: Fränkel 1960/62, Bd 3, S. 182 f. – »lateinische Sitte« insofern die griechisch-lateinische Antike ein Sie gar nicht kannte. Für die deutschsprachige Versdichtung wurde das übernommen. Dieser Lizenz durften Goethes an Charlotte v. Stein gerichtete Gedichte also auch zu Zeiten seines brieflichen Sie-Gebrauchs folgen (vgl. hier Anm. 47).

tief Verletzte zu begreifen, daß seine hinhaltenden Beschwichtigungsversuche (»welch ein Verhältniß ist es? Wer wird dadurch verkürzt? wer macht Anspruch an die Empfindungen die ich dem armen Geschöpf gönne? Wer an die Stunden die ich mit ihr zubringe?«[99]) durchaus nicht aus einer »treuen Seele« kamen. Er versicherte noch am 8. Juni 1789, »daß es mich unendlich schmerzt, dich unter diesen Umständen noch so tief zu betrüben.« Dann verstummten sie beide.

Sieben Jahre später setzt noch einmal eine Reihe wechselseitiger Gelegenheitsschreiben ein. Wo sie das Pronomen nicht umgehen, halten sie sich an die förmlich distanzierende Anrede, geben sich aber zunehmend liebenswürdiger. Da nennt er sie wohl »liebe und verehrte« oder »theuerste Freundinn«, sie ihn etwa »bester Geheimerath«, »lieber Goethe« und in ihrem letzten überkommenen Schreiben zu seinem Geburtstag am 28. August 1826 gar »Geliebter Freund«. Aber beim SIE ist es geblieben. Das mußten sich beide, muß sich auch der spätere Leser nicht mehr »übersetzen«.

In Weimar, nach der Italienischen Reise

Christiane Vulpius

Goethe und CHRISTIANE VULPIUS, die sich im Juli 1788 kennenlernten, schon bald darauf zusammenlebten, aber erst 1806 förmlich getraut wurden, haben einander doch nur geschrieben, wenn einer von beiden nicht in Weimar war. Zudem ist dieser sporadische Briefwechsel sehr lückenhaft überliefert; alles vor 1792/93 hat Goethe wohl 1797 vernichtet, vieles auch später noch.[100]

99 Goethes Brief an Frau v. Stein vom 1.6.1789. Über dem Ganzen, von ihrer Hand: »O !!!«.

100 Näheres zur Überlieferung bei Gräf 1916, Bd 1, S. XXVI f. (erhalten blieben 354 Schreiben von ihm, 246 von ihr). – Goethes »erotische Eskapaden« und ihre »Eifersuchtsanfälle« bedenkend, meint Rose Unterberger: »Es ist wohl kein Zufall, daß Christianes Briefe aus den Jahren 1804 bis 1809 verschwunden sind, d. h. vor allem für die ersten Ehejahre.« (FA II 6, S. 746 f.).

Gegen Ende des 18. Jahrhunderts war in gehobenen Ständen ein symmetrisches Anrede-SIE zwischen Eheleuten durchaus üblich.[101] Aber diese beiden werden gewiß schon in ihren frühen Schreiben wechselseitig das liebende DU gebraucht haben, auf das die aufbewahrten Briefe aus späterer Zeit gestimmt sind. »Heute habe ich deinen Brief erhalten, meine liebe Kleine«, schreibt er ihr am 17. August 1792. Sie ihm am 13. Mai 1793: »Lieber ich wünche dir daß du glücklich angekomen bist mit den August [ihrem 3jährigen Sohn] geht es ser gut der Herr Hof Raht [der Jenaer Mediziner Joh. Christian Stark] hat gesacht daß mir dem 17 May wider nach Weimar zu Rückeren könden du wirst dich ser freuen wenn du wieder zu rück kömst und ihm gar nicht von blarteren verhender sieht [: von Blattern verändert siehst] er hat nicht vill und sie schwehrmen [: schwären] nicht tief und er ist auch recht wohl.«[102]

Während Goethe lebenslang bei diesem DU geblieben ist, hat Christiane dann in den Jahren 1795–98 für vier Briefe durchgehend das Anredepronomen der 3. Person Plural verwendet (»leben Sie wohl und behalden mich recht lieb wen Sie nicht bey mir Sind So sehe ich recht wie lieb ich sie habe«) und in sechs anderen Briefen das gewohnt-vertrauliche DU mit diesem förmlichen SIE vermischt (»lebem Sie wolhl es bleit da bey mir komen Daß Püdgen [: Bübchen] läst Dich vill mahls grüßen. behate uns beyde lieb«).[103] Während man sonst doch anfangs siezte und später erst

101 Vgl. Ljungerud 1979, S. 355. Dazu auch die folgende Anm. 109.

102 Wiedergabe nach der Handschrift (GSA, Signatur 28/3 Bl. 153). Ich danke Ulrike Bischof für Nachhilfe bei diesem Transkriptionsversuch. Christianes grammatisch und orthographisch unbeholfene Briefe halten sich an ihre thüringische Aussprache und sind oft kaum entzifferbar. So schreibt sie 1796/97 beispielsweise »Schülr«, wenn Schiller gemeint ist, »Jidaligen« für Italien oder »Biebeldäck« und »liedratdur« für Bibliothek und Literatur (wie hier Anm. 100, S. 86, 91, 109, 115: Gräfs Transkriptionen). Goethe sollte Spaß daran gehabt haben.

103 SIE-Briefe vom 12. und 14.1.1795 (zitiert), 25.9.1796, 15.10.1798. SIE-DU-Briefe vom 13.1. (zitiert), 17. oder 18., 21., 24. und 27.2.1796, 3.6.1797 (Zitate nach den Handschriften: wie Anm. 102, Signaturen 28/8 Bl. 15 und 28/12 Bl. 8).

duzte, ging es hier gerade umgekehrt – ohne daß in diesen Schreiben ein Anlaß ersichtlich würde.

Einen gleichgerichteten Wechsel zeigen auch Christianes Anrede-Nomina. Über die Jahre hin hatte sie einfach »Lieber« geschrieben, seltener auch »Lieber Schatz«, »Lieber, bester Schatz«, gar »Lieber, allerbester, einziggeliebter Schatz«.[104] Dann auf einmal, am 24. Mai 1810 nach Karlsbad (fast als wollte sie scherzend auf die Umgangsformen der vornehmen Kurgäste anspielen): »Lieber Geheimerath, Dein lieber Brief hat mich recht aufgeheitert, weil ich daraus ersehe, daß Du recht wohl und vergnügt angekommen bist«. Auch mit den nachfolgenden Schreiben in das böhmische Bad tituliert sie ihn auf diese Weise, ebenso (an andere Adressen) gelegentlich noch 1812 und 1814 – insgesamt zwölfmal, immer in reinen Du-Briefen, kaum doch ironisch eingefärbt, vielmehr vom Kontext in einem unbefangenen, liebevoll-dankbaren Respekt gehalten.[105]

Offenbar machte Christiane ebenso beim Sie-Pronomen wie mit der »Geheimerath«-Anrede keinen Unterschied zwischen dem brieflich-schriftlichen und ihrem mündlichen Sprachgebrauch. Unter vier Augen haben sich beide gewiß geduzt und mag sie seinen Titel allenfalls halb scherzhaft angebracht haben. In Gegenwart von Besuchern und Tischgästen aber konnte sich Goethes »Hausschatz«[106] auch sehr anders verhalten, und zweifellos hat er das gebilligt. Da fügten sich beide doch ein wenig den auf die Standesunterschiede ausgerichteten Umgangsformen der Weimarer höfischen Gesellschaft, die an ihrer 18 Jahre lang durchgehaltenen Liaison gehörigen Anstoß nahm und entschiedener noch

104 Zitate hier und im Folgenden nach Gräf (wie Anm. 100).

105 Seit 1810 hat Christiane die von ihr überlieferten Schreiben an Goethe nicht mehr selber zu Papier gebracht. Aber daß die förmliche Titulierung etwa von ihrer ›Sekretärin‹ Caroline Ulrich herrührte oder mit Rücksicht auf sie erfolgte, ist nicht anzunehmen. Diese vertraute Freundin hat sie häufig auch anders schreiben lassen (18.7.1810: »Dein letzter Brief, mein Lieber, hat mir viel Freude gemacht …«).

106 Goethe an Christiane, 10.9.1792.

die nachfolgend 10jährige Mesalliance mißbilligt hat. Er sei verheiratet – »nur nicht mit ceremonie«, soll Goethe 1796 erklärt haben.[107] Als das nachgeholt war, schrieb Wilhelm von Humboldt am 9. Januar 1809 seiner Frau von einem Besuch in Weimar: »Habe ich Dir schon erzählt, daß er die Frau ›Du‹ und sie ihn ›Sie‹ nennt? Das, siehst Du, liebes Kind, ist ein Respekt!«[108] Der dänische Dichter Oehlenschläger bemerkte aus dieser Zeit, daß Christiane ihn »immer ›Herr Geheimrat‹« anredete, und Johann Heinrich Voß d. J. faßte schon 1807 beides zusammen: Goethe »nennt sie ›liebes Kind‹ wie vorher und sie ihn ›lieber Geheimrat‹ und ›Sie‹ wie vorher.«[109]

So ging das wortwörtlich auch in ihren Briefwechsel ein, in dessen asymmetrischen Anredeformen die Verbindung der Manufakturarbeiterin aus Bertuchs Kunstblumen-Werkstatt mit dem Weimarer Wirklichen Geheimen Rat und Staatsminister auf respektvoll-herzliche und heiter anmutende Weise aufgehoben ist.

Bettina Brentano/von Arnim

Clemens Brentanos Schwester hatte sich in Frankfurt mit Goethes Mutter befreundet und den schon aus der Ferne schwärmerisch

107 Charlotte v. Stein an ihren Sohn Fritz, 17.5.1796 (Biedermann/Herwig Bd 4, S. 116).

108 Biedermann/Herwig Bd 2, S. 410. – Die gleiche Beobachtung hielt der österreichische Historiker v. Bucholtz dann am 27.9.1812 nach einem Essen in Goethes Haus in seinem Tagebuch fest und meinte: »es mag ein eigentümliches Verhältnis sein« (ebd. S. 740).

109 Biedermann/Herwig Bd 2, S. 366 und 365 (vgl. auch Kleßmann 1993, S. 167); »wie vorher« meint: vor der Trauung am 19.10.1806. – Immerhin konstatierte Weimars ›Journal des Luxus und der Moden‹, daß zwar in manchen Gegenden nach alter Sitte »Eheleute, vornehme und niedrige, sich duzen«, doch »hie und da gehört es bereits wirklich zum vornehmen Tone [...], im ehelichen Umgange das [voreheliche] Sie beyzubehalten. Der größere Theil des Bürgerstandes hält es noch zur Zeit für übertriebene Eleganz, und spottet darüber.« (Anonymus 1787, S. 371). Gedike 1794, S. 43 vermerkt zu diesem schwankenden Gebrauch: Daß Eheleute »statt des zutraulichen, herzlichen und die Herzen gegenseitig nähernden Du sich der kalten, entfernenden zurükstoßenden Form des Sie bedienen, leidet in unserm Zeitalter, selbst bei den höchsten Ständen, schon immer mehrere Ausnahmen.«

verehrten Dichter dann im April 1807 in Weimar besucht. Als sie im Juni dieses Jahres zum erstenmal an ihn schrieb, war sie eben 22 Jahre alt, er fast 58.[110] Mit der gehörigen Anrede begann das. Aber schon in ihrer zweiten SIE-Epistel erlaubte sich diese Briefdichterin mit einem eingeschobenen Gedankenspiel ein ungemein vertrautes DU: »O dürfte ich jezt bei ihm sein dachte ich« – und dann, geradewegs in der Rolle der Sulamith des biblischen Hoheliedes: »die Seele müßte wie eine Braut aus ihrer Kammer tretten, ohne Schleier und sich bekennen. O Herr in Zukunft will ich Dich oft sehen und lang am Tage, und oft soll ihn ein solcher Abend schließen.« Von da an unterzeichnete sie nur noch mit bloßem Vornamen, dem sie im dritten und letzten ihrer SIE-Briefe als Prädikate hinzufügte: »Euer Kind, Dein Herz und Gut Mädgen, das den Göthe gar zu lieb hat, allein über alles lieb hat«. Mit einem vierten Brief geht sie dann ohne weitere Umstände ganz zur DU-Anrede über, die sie beibehalten hat bis zu seinem Tod.

Unübersehbar entspricht dieses »Du« ihrer ständig wiederholten Selbstbezeichnung als Goethes »Kind«, folgt daraus und salviert sich auf diese Weise. Nicht selten findet sich beides in einem entschieden verfänglichen Kontext: »wenn ich nun wieder einmal zu Dir komme, und schmeichle Dir Küß Dir die Händ und Lippen, [... und] Du wirst sagen: lieb lieb Kind, wie bist Du so artig pp und – Du siehst recht hübsch aus, mein gut Mädgen Küß mich, und umarm mich; da werd ich Dich küßen, ganz gewiß, und vergehn vor Freude«. Oder: »ich seze voraus das Du mich liebst wie Dein eignes Kind, es geht mir nicht wie andern, die eines durch das andre entbehren lernen«.[111] Wenn sie so »in die Rolle des unmündigen Kindes« schlüpfte,[112] setzte sie dessen Unschuld durch-

110 Ihre authentischen Briefe (etwa 50 davon im vollen Wortlaut überliefert) werden hier nur mit Angabe des Datums zitiert nach der Ausgabe von Schmitz/v. Steinsdorff 1992 (dort S. 573–753). Näheres zu den persönlichen Begegnungen mit Goethe und ihrer Korrespondenz ebd. S. 821–884; grundlegend vorher Bergemann 1927, S. 9–182).

111 Briefe nach dem 7.5.1808 und vom 6.8.1809.

112 Wolfgang Bunzel in: Schuster/Strobel 2013, S. 177.

aus als Reizverstärkung ein; natürlich hat sie gewußt, daß damals schon ein konfirmiertes, also etwa 14jähriges Kindmädchen für heiratsfähig genommen wurde.

Auf drei SIE- und zwei DU-Briefe Bettinas hat Goethe wohl erst im Dezember 1807 mit einer Abschrift von zwei Sonetten geantwortet, offenbar ohne Beischreiben, aber mit Versen doch, die sie auf sich beziehen mochte: »War unersättlich nach viel tausend Küssen | Und mußt' mit Einem Kuß am Ende scheiden.«[113] Am 9. Januar 1808 dann schreibt er (eigenhändig) den ersten der insgesamt 16 von ihm überlieferten Briefe. Da nennt er sie nun selber »mein artig Kind«, bleibt aber bei einem merklich zurückhaltenden SIE, das ebenso noch fünf weitere, jetzt immer von Riemer ausgefertigte Schreiben dieses Jahres regiert.[114] Wie früher erwähnt, war zwischen Kindern und Eltern ein asymmetrischer Pronominagebrauch damals noch durchaus üblich. Nur duzte dann allemal der Vater und siezte ihn das Kind. Zwischen Goethe und dieser Kindfrau aber ging es über lange Zeit hin gerade umgekehrt zu – bis er sich am 22. Februar 1809, nach 20 DU-Briefen von Bettina, ihrer Anrede endlich anbequemte.[115] Dabei blieb es, stets in eigenhändigen Briefen, bis 1811. Obenhin also ging es mit wechselseitigem DU jetzt ganz symmetrisch zu. Nur waren die gleichlautenden Pronomina so unterschiedlich konnotiert, daß sich diese formale Symmetrie bei einer gewichtigen Belastungsprobe zur gänzlich asymmetrischen Einseitigkeit verkehrte.

Im September 1811 nämlich kam es beim Besuch einer Weima-

113 Zur biographischen Zuordnung FA I 2, S. 973–79 und 982.

114 Unbegründet unterstellt Bergemann 1927, S. 44: Bei seinem zweiten Weimarer Besuch im November 1807 habe »das Kind Bettina in einem glücklichen Augenblick das Du dem Dichter abgewonnen«, und schließt daraus: »in brieflicher Aussprache« habe Goethe sich daran erst gewöhnen müssen, so daß er »bei seinem ersten eigenhändigen Brief an Bettina der intimeren Anrede noch vergaß«.

115 Ein deutliches Distanzsignal gab dieser erste DU-Brief in anderer Weise. Bezogen auf ein Schreiben Christianes an Bettina vom 30. 1. 1809 heißt es da: »Meine Frau höre ich hat dich [nach Weimar] eingeladen, das thu ich nicht und wir haben wohl beyde recht.«

rer Gemäldeausstellung zu einer heftig erregten, tätlichen Auseinandersetzung zwischen Christiane von Goethe und der inzwischen mit Achim von Arnim verehelichten Bettina. Goethes »Kind« erhielt von der Frau Geheimrat Hausverbot und hat den Stadt- und Hofklatsch wohl wirklich mit der Erklärung befeuert, es wäre diese »Blutwurst toll geworden und hätte sie gebissen.«[116] Goethe stellte sich vor seine Frau, wies Begütigungen und Vermittlungsversuche zurück, schrieb an Christiane am 5. August 1812 aus Teplitz, wo sich zu einer Kur auch Bettina mit ihrem Mann aufhielt, er nehme von ihnen »nicht die mindeste Notiz, ich bin froh daß ich die Tollhäusler los bin.« Lange nach Christianes Tod kam es zwar noch zu einigen persönlichen Begegnungen, etwa als ihm Bettina 1824 ihre Entwurfszeichnung zu einem Goethe-Denkmal vorlegte (dem thronenden »Gott«-Vater Jupiter hatte sie ihn da nachgebildet, zwischen dessen Füße sich als Inbild ihrer selbst eine nackte »kindliche Psyche« schmiegt[117]). Nach dem letzten dieser Besuche diktierte er am 13. September 1826 für einen Brief an seinen Großherzog: »Diese leidige Bremse ist mir als Erbstück Meiner guten Mutter schon viele Jahre unleidlich«, korrigierte das zunächst in »völlig unerträglich«, dann in »sehr zuwider«, zuletzt in »sehr unbequem.«[118] Ihr selber hat er nie mehr geschrieben. Alle Briefe, mit denen sie ihn in diesen späteren Jahren wieder zu erreichen suchte, ließ er ohne Antwort.

Doch gab es ein literarisches Nachspiel in diesem Fall. Bettinas Bitten folgend, haben die Weimarer Nachlaßverwalter ihre eigenen Briefe an den Verstorbenen größtenteils an sie zurückgege-

116 Zeitgenössische Berichte: Biedermann/Herwig Bd 2, S. 692–700 passim. Schilderungen des Vorfalls bei Bergemann 1927, S. 125–131 und Schmitz/v. Steinsdorff 1992, S. 833 ff.

117 Beide Figuren so benannt in Bettinas Brief an Goethe vom 1.1.1824 (eine Wiedergabe ihrer Zeichnung findet man im Ausstellungs-Katalog des Freien Deutschen Hochstifts ›Herzhaft in die Dornen der Zeit greifen …‹. Frankfurt a. M. 1985, S. 60).

118 Konzept: WA IV 50, S. 55 und 170.

ben. Zusammen mit seinen Gegenschreiben hat sie dieses Handschriftenkonvolut alsbald zu einem dreibändigen Buch verarbeitet, das 1835 als ›Goethe's Briefwechsel mit einem Kinde‹ veröffentlicht wurde, großes Aufsehen machte und weite Verbreitung fand.[119] Dabei stellte sich die Bearbeiterin als Herausgeberin dar und behauptete in einer Vorrede, bei ihrer Redaktion der Originalhandschriften habe man sie »vielfältig bereden wollen manches auszulassen oder anders zu wenden, weil es Anlaß geben könne zu Mißdeutungen.« Eingeleuchtet habe ihr jedoch der Ratschlag des Leiters der zuständigen Druckerei: »lassen Sie alles stehen wie es ist, das gibt dem Buch seinen Wert.«[120] Eine massive Irreführung der zeitgenössischen Leser kam so zustande. Erst als sehr viel später die authentische Korrespondenz im Druck vorlag, wurde offensichtlich, daß sich Bettina weder an die ursprüngliche Abfolge der verwerteten Briefe gehalten hatte, noch gar an ihren Wortlaut. Stillschweigend waren einzelne Briefteile an andere Stellen verschoben und unpassend erscheinende Passagen getilgt worden, ausgelassen auch ihre unbeantworteten letzten Briefe aus den Jahren 1825–32. Um ihren inspirierenden Einfluß auf Goethes Gedankenwelt und seine Dichtwerke weit über alles Berechtigte hinaus zu behaupten, hat diese eloquente Selbstdarstellerin die als authentisch ausgegebene Korrespondenz aber vielfach auch umformuliert und weitläufig ergänzt aus anderen Quellen oder bloßer Erinnerung, mit spontanen Einfällen oder einfach in freier Erfindung.[121] Das ließ die Anredepronomina nicht unberührt.

Auch in Bettinas Brief-Dichtung setzen Goethes Texte mit einem SIE-Schreiben ein. Nur liegt dem ein (überliefertes) Original

119 Zur Entstehungs- und Rezeptionsgeschichte Schmitz/v. Steinsdorff 1992, S. 897–970. Nach dieser Ausgabe wird auch der von Bettina bearbeitete ›Briefwechsel‹ im Folgenden mit Seitenangaben zitiert.

120 Wie Anm. 119, S. 14.

121 Darüber zuerst und anhand eines noch unvollständigen Quellenbestandes, also häufig nur vermutend, Oehlke 1905: S. 13–21 im Überblick (wo er das Ganze als einen »Roman« verstehen will) und S. 56–180 textkritisch zu einzelnen Briefen. Zuletzt Schmitz/v. Steinsdorff 1992, S. 970–1154 passim (vergleichende Stellenkommentare).

ebensowenig zugrunde wie seinem zweiten Brief, den sie gleich ganz anders beginnen läßt: »Mein liebes Kind! ich klage mich an, daß ich Dir nicht früher ein Zeichen gegeben, wie genußreich und erquickend es mir ist, das reiche Leben deines Herzens überschauen zu dürfen.« Mit einem »Mangel an Fassung über alles was Du mir gibst« läßt sie ihn das erklären und setzt ans Ende seine Versicherung: »rechne Du auf meine Liebe und meinen Dank.«[122] So hat sie ihren Goethe dann in seinem ganzen ›Briefwechsel mit einem Kinde‹ schreiben lassen. Gleich seinen ersten und eigenhändigen, echten SIE-Brief vom 9. Januar 1809 (der auf den 5. September 1807 umdatiert und entsprechend nach vorn versetzt wurde) hat sie dafür ins DU übersetzt, ebenso vier der folgenden, von Riemer ausgefertigten Schreiben.[123]

Was es auf sich hat mit diesen Eingriffen in den Pronominagebrauch, wird vollends kenntlich durch eine unterdrückte, erst 1960/64 bekanntgewordene Passage im ›Briefwechsel mit einem Kinde‹: Bettinas Bericht über ihr Zusammentreffen mit Goethe im August 1810 in Bad Teplitz.[124] Auf biographische Glaubwürdigkeit zielen diese detaillierten Schilderungen, wörtliche Gesprächswiedergaben enthalten sie, und mit einer (damals) nachge-

122 Schmitz/v. Steinsdorff 1992, S. 92 und 97 (vorher, einem Brief an seine Mutter beigelegt, nur ein Satz ohne Anrede: S. 88).

123 Wo sie in zwei anderen von Riemer ausgefertigten Briefen das authentisch-förmliche SIE beibehält, hat sie es durch eine eigenhändige, duzende Nachschrift Goethes nachdrücklich ›richtiggestellt‹: eigenmächtig bei Schmitz/v. Steinsdorff 1992, S. 127, unter abändernder Verwendung des Originals ebd. S. 295.

124 Diese in Briefform gehaltenen ›Töplitz-Fragmente‹ entstanden erst nach Goethes Tod, waren wohl für den ›Tagebuch‹-Teil von Bettinas ›Briefwechsel‹-Buch gedacht, wurden aber zurückgehalten. Von vier überlieferten Fassungen wird hier die erste zitiert (: Schmitz/v. Steinsdorff 1992, S. 800 ff.). Bettina selber vermerkte dazu: »Ich hab mir dies Gespräch wohl tausendmal wieder vorgebetet, jeden Abend vor dem Einschlafen erzehlte ich es mir wieder und erlebte in Gedancken noch manches was ich ihm dann am andern Tag schrieb« (a. a. O. S. 802). Entsprechend Vordtriede 1964, S. 343: »Hier enthüllt Bettina das Grunderlebnis, auf dem ihr Goethebild beruht. [...] Aus diesem Beisammensein, dieser Handlung und diesem Gespräch nahm Bettina alle Bestandteile ihrer Goethedichtung.«

rade skandalösen Indiskretion stellen sie das beiderseitige Du in den hocherotischen Beglaubigungstext einer Begegnung des Vergöttlichten mit der liebenden Kindfrau: »obschon ich roth ward so öffnete er meine Kleidung« und »küßte er mich auf die Brust«; »ich reichte über ihm weg nach dem Weinlaub am Fenster ich riß eine Weinranke ab und schlug ihm auf die Hände«. Den zuvor als »Zeus« Apostrophierten läßt sie in einem hochpeinlichen Wortwechsel fragen: »›Warum meinst du daß es Strafe verdient? – soll man nicht das Schöne umfassen? ist es nicht die Aufgabe meines Lebens? – bin ich darum nicht der Dichter?‹« Bettina: Du »trägst und umfassest die Sünden der Welt, denn ich konnte mich vergessen und dich strafen wollen, läugnend daß du der Gott seist der sich zu mir herabläßt.« Und dann – »Der Schweiß perlte über seinem herrlichen Mund den er herb geschlossen hielt, er seufzte tief, er ächzte, ich ließ mich nicht stören ich leckte alle Schweißperlen auf, er legte die Zunge auf die Lippen, ich biß sie ganz leise, ich biß auch in die Lippen [...]; er sagte wieder: ›Weib! Weib! wenn du wüßtest wie süß du bist, dann! ja dann erst könntest dus begreifen wie streng die Fesseln sind die deine Unschuld mir angelegt, daß ichs nicht vermag sie zu zerreissen.‹« So nackt gab sich Goethes Du allein in Bettinens schwülem Mythologem.

Marianne v. Willemer

Die um 35 Jahre jüngere Marianne Jung lernte Goethe, fast 65jährig, im August 1814 kennen, kurz bevor der schon lang mit ihm befreundete Johann Jacob von Willemer sie geheiratet hat. Wenn diese beiden gemeinsam an ihn schrieben, und ebenso in den Briefen, die Marianne allein verfaßte, hielt sie sich an eine freundschaftlich-liebevolle, aber leichten Abstand wahrende Sie-Anrede. Schrieb Goethe seinerseits an beide Willemers zugleich, hat er, erkennbar absichtsvoll, eine pronominale Einzelanrede der Freundin meist umgangen. Mehrfach geschieht das auch in seinen allein an sie gerichteten, aber wohl immer an den Geheimrat v. Willemer adressierten Schreiben. Waren das nur brieflich übersandte Verse, konnte er, der gängigen poetischen Lizenz gemäß, etwa am 22. Dezember 1820 dichten: »Du! Schweige künftig nicht so lange, | Tritt freundlich oft zu mir herein ...«. Sonst aber hat auch er (von einer einzigen Ausnahme abgesehen) nurmehr das distanzhaltende SIE benutzt – man sollte denken: vorgeschützt.

Denn neben dem bis in sein Todesjahr 1832 reichenden ostensiblen Schriftverkehr[125] hat es 1815/16 einen sehr anders gearteten, chiffrierten Briefwechsel mit ihr gegeben: eine in Goethes Briefwerk ganz einzigartige, auf bloße Zahlenangaben reduzierte Korrespondenz, die mit den damals entstehenden Liebesgedichten Hatems und Suleikas im ›West-östlichen Divan‹ zusammenhing.[126] Bei diesem poetischen Rollenspiel bezogen sich die Ziffern, die beide verwendeten, auf Joseph von Hammers 1812/14 im Cotta-Verlag erschienene Übersetzung von Hafis' persischem ›Diwan‹, die Goethes eigenen ›Divan‹ in entscheidender Weise angeregt hat.

Um ihr Verschlüsselungsverfahren vorzustellen: Seinen hier abgebildeten zweiten Chiffrenbrief hat Goethe der Freundin geschrieben, nachdem er in Heidelberg ein letztes Mal bei ihr gewesen war.[127] Datiert auf den 10. Oktober 1815, wurde das hauchdünne kleine Blatt doppelt gefaltet, auf der Außenseite mit der Bestimmung »Mariannen« versehen und wohl einem Brief beigelegt, den er am gleichen Tag an sie und ihre Stieftochter adressierte. In diesen Zahlenkolonnen steht beispielsweise links unter der Angabe »I« (für den ersten Band der Hafis-Übersetzung) in der zweiten Zeile (als Seiten- und Versangabe): »314 – 7-18«. An-

125 Marianne und Johann Jakob Willemer. Briefwechsel mit Goethe. Hg. v. Hans-J. Weitz. Frankfurt a. M. 1965.

126 Dazu Bosse 1999, insbesondere S. 589–708 (›Orient-Studien und Liebe zu Marianne von Willemer‹). 4 Goethesche ›Briefe‹ dieser Art blieben erhalten – eingerechnet eine Entwurfsnotiz (Bl. 42: Bosse S. 647 f.) und die Reinschrift eines Gedichts mit nur einer nachstehenden, nicht eindeutigen Chiffren-Zeile (H 163: Bosse S. 776 ff.); 4 Zeugnisse dafür sind auch von Marianne überliefert. Thematisiert hat Goethe diesen klandestinen brieflichen Dialog im ›West-östlichen Divan‹ mit dem Gedicht ›Geheimschrift‹ und dem Prosatext ›Chiffer‹ (FA I 3, S. 98 f./1294 ff. und 212 f./1517).

127 Original im Goethe-Museum Düsseldorf. Signatur NW 2158/a/1993.

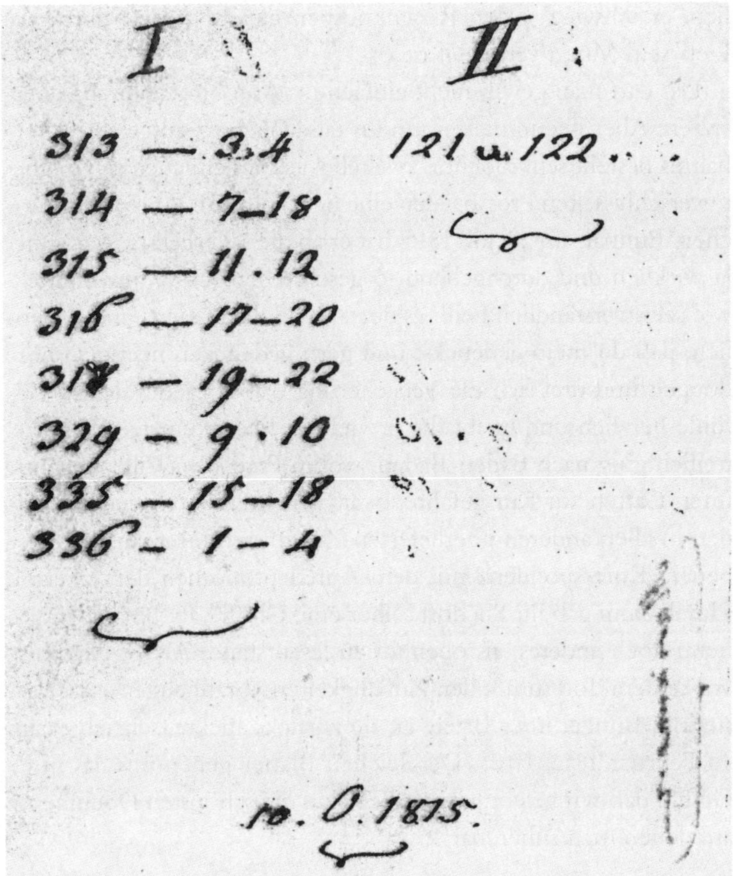
I	II
313 — 3.4	121 u. 122.
314 — 7–18
315 — 11.12
316 — 17–20
317 — 19–22
329 — 9.10
335 — 15–18
336 — 1–4
10. O. 1815.

hand ihres eigenen Exemplars, das Goethe der Briefempfängerin zuvor geschenkt hatte, konnte Marianne also dechiffrieren, was der liebende Freund, der sich die Verse des persischen Dichters zu eigen machte, ihr allein zugedacht hatte. Im Klartext der etwas ungelenken Worte des Übersetzers lautet diese Passage: »Aus meinem Kopfe geht | Die Sehnsucht deines Aufenthaltes nicht, | Weil dort das irre Herz | Des armen Fremdlings wie zu Hause ist. | Was brauchet es noch mehr | Vom Herzensbrande einen Kommentar, | Er wird ja leicht erkannt | Am Feuer, das in meinen Worten ist. | Und hätte auch Hafis | Zehn Zungen, wie die Li-

lien, er schwieg' | den Rosenknospen gleich, | Weil durch die Lieb' sein Mund versiegelt ist.«[128]

Das darf man gewiß nicht einfach ins Autobiographische übersetzen. Aber wie immer es um ihr tatsächliches, ›ausgelebtes‹ Verhältnis bestellt sein mochte: zweifellos hätte dem auch in Goethes unverschlüsselten Prosabriefen eine liebevolle DU-Anrede entsprochen. Einmal, am 26. Juli 1819, hat er an die »allerliebste Marianne« ja wirklich und durchgehend so geschrieben. Ganz unvermittelt, wie selbstverständlich heißt es dort: »Nun da du sagst, und so lieblich, daß du mein gedenckst und gern gedencken magst; so höre doppelt und dreyfach die Versicherung daß ich jedes deiner Gefühle herzlich und unabläßig erwiedre.« Dieser einzige DU-Brief freilich ging nach Baden-Baden, wohin Frau von Willemer ohne ihren Gatten zur Kur gefahren war.[129] Verständigten sich die beiden in allen anderen überlieferten Zeugnissen ihrer ›ausgeschriebenen‹ Korrespondenz mit dem Anredepronomen der 3. Person Plural, dann gab ihr SIE dort selber eine Chiffre ab: besagte insgeheim doch anderes, als obenhin zu lesen stand. Als Goethe kurz vor seinem Tod (um »allen Zufälligkeiten vorzubeugen«) das versiegelte Bündel ihrer Briefe an sie zurückschickte, schrieb er am 10. Februar 1832 dazu: »Dergleichen Blätter geben uns das frohe Gefühl daß wir gelebt haben; dieß sind die schönsten Documente auf denen man ruhen darf.«

Späte Sie-Anreden und »ein heilendes Wort«

Aufs Ganze seines Briefwerks gesehen, hat Goethe die weitaus meisten Adressaten mit dem Anredepronomen der 3. Person Plural bedacht – 14jährig schon den ihm unbekannten jungen Ysen-

128 Nach Bosse 1999, S. 651.

129 Während vom 6.–31.7.1819 alle 29 Briefe Goethes an andere Adressaten von Hand eines Schreibers überliefert sind, wurde dieser eine vom 26.7.1819 eigenhändig verfaßt und überdies durch doppeltes Couvert indirekt adressiert (Angaben dazu in WA IV 31, S. 394, Nr 233).

burg von Buri (in dem Schreiben, das die erste der voranstehenden Fallstudien behandelt), 82jährig noch den vertrauten Wilhelm v. Humboldt (in seinem dort zuletzt erörterten letzten Brief). Durchaus dem allgemeinen Gebrauch folgend, in dem dieses SIE die anderen, älteren Höflichkeitsanreden IHR und ER/SIE verdrängte, überdies aber als Ausdruck der ihm eigenen: abstandhaltenden und allmählich erstarrenden Altersförmlichkeit hat Goethes SIE-Gebrauch in höheren Jahren sichtlich zugenommen. Durchweg beibehalten, also nicht mehr abgelöst von einem späteren DU und selbstverständlich von allen Adressaten erwidert, herrscht dieses Anredepronomen keineswegs nur über vereinzelte Gelegenheitsschreiben oder kurzzeitige Korrespondenzen, sondern ebenso in langdauernden und umfangreich überlieferten Briefwechseln, die nach Goethes früher Weimarer ›Sturm und Drang‹-Phase einsetzten, vor allem in denen, die erst nach der Italienreise begonnen wurden.

Das gilt auch für die Schreiben an die um Jahrzehnte jüngeren Frauen, die jetzt in sein Leben traten. MARIANNE VON EYBENBERG und SARA VON GROTTHUSS etwa, die er doch als »liebste« und »theuerste Freundinn« bezeichnete,[130] oder die jungen Mädchen SILVIE VON ZIEGESAR und PAULINE GOTTER, die er seine »schönen Freundinnen« nannte,[131] wurden beständig gesiezt. In seinen Sonetten von 1815 ließ er eine solche ›Liebende‹ mit der von alters her poesieüblichen DU-Anrede erklären:

Warum ich wieder zum Papier mich wende?
Das mußt du, Liebster, so bestimmt nicht fragen:
Denn eigentlich hab' ich dir nichts zu sagen:
Doch kommt's zuletzt in deine lieben Hände.[132]

130 27 Briefe 1796–1810 bzw. 25 1797–1824.

131 51 Briefe 1801–14 bzw. 11 1808–11.

132 FA I 2, S. 255 (zu dem mit der Eingangszeile wörtlich übernommenen Briefbeginn Bettina Brentanos dort S. 983).

Spät noch meinte er, es wäre »ganz recht und vertraulichem Verhältnisse wohl angemessen, daß man sich zur Unterhaltung ohne eigentlichen entschiedenen Zweck niedersetze und das Schreiben beginne.«[133] Nur schrieb er selber in den nachitalienischen Jahrzehnten kaum noch Briefe, wenn er eigentlich »nichts zu sagen« hatte, also keinen entschiedenen Zweck verfolgte. »Schüsseln, in denen man die Speisen vermißt«,[134] gab er da kaum mehr zur Post, erklärte vielmehr seinem Freunde Zelter am 10. April 1827: »keine leeren Briefe mag ich schreiben«.

Besonders deutlich wird das jetzt in seiner weit überwiegend an männliche Adressaten gerichteten Korrespondenz. Diese in hohem Grade sachbezogenen Schreiben wenden sich an bestimmte Personen allererst und vordringlich ihrer jeweiligen Zuständigkeit wegen. So stellen die förmlich-konventionellen, wechselseitig gebrauchten Sie-Anreden all dieser Mitteilungen, Auskünfte oder Erkundigungen den jeweiligen Adressaten sichtlich hinter die Sache und belassen ihn dort auch bei zunehmender Nähe. Das gilt für Goethes Schreiben an die Personen, die in hohen Ämtern Weimars Regierungsgeschäfte verantworteten und für Angelegenheiten des Hofes zuständig waren; an Amtsverwalter und Bibliothekare, die etwa mit seinen oberaufsichtlichen Tätigkeiten in den ›Anstalten für Wissenschaft und Künste in Weimar und Jena‹ zu tun hatten; an Buchhändler und Verleger in den ihr Geschäft betreffenden Angelegenheiten oder an die zahlreichen Adressaten, mit denen er aus naturwissenschaftlichen Interessen korrespondierte. Solch ein Sie herrscht aber auch in den thematisch

133 An Rochlitz, 23.11.1829. – Das reicht weit zurück in der Briefgeschichte. Schon Cicero an Atticus, XII 53: »Ego, etsi nihil habeo, quod ad te scribam, scribo tamen, quia tecum loqui videor« (Obgleich ich nichts habe, was ich dir schreiben könnte, schreibe ich doch, einfach weil ich mir vorstelle, mich mit dir zu unterhalten).

134 An Heyne, 24.7.1788. Dort als ein Ausdruck Herders bezeichnet und bezogen auf Goethes eigene letzte Briefe aus Rom. Auf Herder selbst gerichtet, heißt es dann in der ›Italienischen Reise‹: »für *Speise*« nehme man da, was »eigentlich die *Schüssel* ist. Wer nichts hinein zu legen hat, findet sie leer.« (FA I 15/1, S. 446).

breiter angelegten Korrespondenzen der späteren Jahre, selbst dort, wo sich vertraute, ja freundschaftliche Verhältnisse entwikkelt haben.[135]

Schiller

Das im Freundschaftskult der ›Sturm- und Drang‹-Bewegung geübte emphatische DU war längst aus der Mode gekommen, als 1794 Goethes Briefwechsel mit FRIEDRICH SCHILLER einsetzte. Förmlich korrekt begann sein erstes Schreiben mit den Worten »Ew. Wohlgeb. eröffnen mir eine doppelt angenehme Aussicht, sowohl auf die Zeitschrift [›Die Horen‹] welche Sie herauszuge-

135 Um wenigstens eine grobe Vorstellung von Art, Dauer und Umfang der umfangreicheren Korrespondenzen mit durchgehend symmetrischer Anrede in der 3. Person Plural zu geben, führe ich hier (in chronologischer Folge) diejenigen männlichen Briefpartner an, die in Goethes späteren Weimarer Jahren jeweils mehr als 50 solcher (überlieferten) Schreiben erhielten. Dabei sind Zahlen und Jahresangaben unbesehen Mechthild Raabes ›Alphabetischem Verzeichnis der Briefempfänger‹ in WA IV 53, S. 451–708 entnommen. –

Überliefert sind für 1776–1800 56 SIE-Briefe an den Weimarer Minister J. FR. V. FRITSCH; 1783–1819 636 an den (späteren) Präsidenten des dortigen Staatsministeriums VOIGT; 1784–1829 152 an den Bergrat und Mineralogen LENZ; 1788–1831 513 an den schweizerischen Maler und Kunsthistoriker MEYER (der jahrelang sogar Hausgenosse am Frauenplan war); 1791–1824 245 an den in Herzoglichen Anstalten tätigen KIRMS; 1797–1831 244 an den Verleger COTTA in Tübingen; 1800–30 56 an den Leipziger Bankier FREGE; 1800–31 78 an den dortigen Musikkritiker und Schriftsteller ROCHLITZ; 1801–27 106 an den Verleger FROMMANN sen. in Jena; 1803–30 230 an den Bibliothekar und Herausgeber der ›Jenaischen Allg. Litteraturzeitung‹ EICHSTÄDT; 1806–31 51 an den Botaniker VOIGT in Jena; 1806–23 54 an den Physiker und Chemiker SEEBECK; 1807–31 82 an den Diplomaten v. REINHARD; 1808–32 268 an den Weimarer Staatsbeamten und späteren Kanzler v. MÜLLER; 1807–30 55 an den Geologen v. LEONHARD; 1810–32 165 an den Kunstsammler und Schriftsteller BOISSERÉE; 1810–30 65 an den Chemiker DÖBEREINER in Jena; 1814–31 75 an den preußischen Staatsrat SCHULTZ; 1815–31 139 an den Weimarer Bibliotheks- u. Museumsschreiber FÄRBER; 1816–28 67 an den Botaniker NEES v. ESENBECK; 1818–31 99 an den Jenaer Bibliothekar WELLER; 1818–31 91 an den Verleger FROMMANN jun. in Jena; 1823–32 118 an den Weimarer Prinzenerzieher SORET; 1825–31 62 an den Philologen und Bibliothekar GÖTTLING in Jena.

ben gedencken, als auf die Theilnahme zu der Sie mich einladen.« Als ihre Korrespondenz 1805 mit Schillers Tod endete, umfaßte sie mehr als 1000 (überlieferte) Briefe und Billette, in denen allen die wechselseitige SIE-Anrede beibehalten blieb, ihren Distanzakzent aber in zunehmend freundschaftlichen, mitunter herzlichen Kontexten mehr und mehr verlor. Als er die ersten Bücher des ›Wilhelm Meister‹ gelesen hatte, erklärte Schiller 1796, »daß es dem Vortrefflichen gegenüber keine Freiheit gibt als die Liebe«,[136] und schrieb im gleichen Brief: »Leben Sie jetzt wohl, mein geliebter, mein verehrter Freund.« Umgekehrt Goethe am 1. Januar 1800: »Es ist schon 3 Uhr und ich habe noch keine Nachricht von Ihnen. Verzeihen Sie mir also, liebster Freund die Anfrage«.

Im damals vergleichsweise unbefangenen Gebrauch solcher Worte auch unter einander siezenden Freunden mochte nachwirken, was um die Mitte des 18. Jahrhunderts der Freundschaftskult der Empfindsamkeit an überschwänglichen Gefühlsausbrüchen keineswegs nur unter Literaten ermöglicht hatte. Der unentwegte Halberstädter Briefschreiber Gleim etwa bekam da zu lesen: »Leben Sie wohl und nehmen mich statt eines Mädchens der ich sie unaufhörlich liebe und küße und ihr getreuester Ramler bin«, und hatte selber immerhin geschrieben: »Adieu mein theurester liebster Freund, ich umarme Sie tausendmahl mit den zärtlichsten Empfindungen, und bin ewig Ihr getreuster Gleim«.[137]

Angesichts der Freundschaftsbeteuerungen im Briefwechsel zwischen Schiller und Goethe meinte Katharina Mommsen, eine ganze Reihe heteroerotisch gehaltener Liebesgedichte Schillers gebe in Wahrheit »seiner Liebe zu Goethe Ausdruck«, und ebenso

136 Brief vom 2.7.1796. – Wie sehr diese Worte den Adressaten berührt haben müssen, zeigt das Echo, das sie noch 13 Jahre später in den ›Wahlverwandtschaften‹ fanden. In ›Ottiliens Tagebuch‹ steht – als hätte sie in Schillers Briefen gelesen und sich diese Maxime zu eigen gemacht: »Gegen große Vorzüge eines Andern gibt es kein Rettungsmittel als die Liebe.« (FA I 8, S. 433).

137 Briefwechsel zwischen Gleim und Ramler. Hg. v. Carl Schüddekopf. Bd 2, Tübingen 1907, S. 39 (4.7.1753) und 236 (5.4.1756).

habe Goethe dem Freund Verse zugedacht, »die dieser als geheime Liebesbotschaften auf sich beziehen durfte, als verschleierte, aber sehr innige«. Ich erwähne das nur, weil diese abwegige ›Lesart‹ auch auf den Gebrauch der Anredepronomina in Goethes und Schillers Korrespondenz bezogen wurde. Allen Ernstes hat Mommsen erklärt: Daß sich der »Dialog« ihrer Liebesgedichte »der literarischen Camouflage bediente, erhöhte gewiß den Reiz, der für beide Dichter in diesem Hervorbringen lag. Es galt die Engherzigkeit der Philister zu überlisten. Goethe wußte schon, warum er während des glücklichen Jahrzehnts mit Schiller dem Freunde niemals das vertraute ›Du‹ anbot, was bei Lesern des Briefwechsels, der so viel menschliche Nähe zeigt, Verwunderung auszulösen pflegt. Doch vor der Welt galt es, Distanz zu wahren und den Schein einer homoerotischen Zuneigung zu vermeiden.«[138] Nur war dieser Briefwechsel, den Mommsen als einen »von vorne herein ostensiblen«, ja »zur späteren Veröffentlichung« qualifizierten ausgibt, bis zu Schillers Tod 1805 keineswegs mit Publikationsabsichten verbunden, die es angesichts einer »Engherzigkeit der Philister« etwa hätten ratsam erscheinen lassen können, die SIE-Anreden beizubehalten: wohl erst seit 1822/23 plante Goethe eine Drucklegung,[139] die (eingreifend ›redigiert‹) dann 1828/29 erfolgte. Überdies hatte die angeblich absichtsvoll unterdrückte DU-Anrede im allgemeinen Gebrauch einen so breiten Verwendungsspielraum, daß man unmöglich schon Anstößiges hätte wittern können, wenn die beiden abgegangen wären von ihrem verhalteneren SIE.

Zelter

Eben das aber ist, durch Goethe selbst herbeigeführt, in seinem Briefwechsel mit CARL FRIEDRICH ZELTER tatsächlich geschehen – zu einer Zeit, in der er ein neues DU doch nur noch im familiären

138 ›Kein Rettungsmittel als die Liebe. Schillers und Goethes Bündnis im Spiegel ihrer Dichtungen‹. Göttingen 2010, hier S. 18 (über den »geheimen Dialog« der wechselseitigen Liebesgedichte ebd. S. 33–106).

139 Dazu Oellers 1967, S. 281 f.

Bereich einführte (seit 1817 bei der Schwiegertochter Ottilie) oder gegenüber Kindern (1825 an Mendelssohn-Bartholdy) und niemals mehr nach anfänglichem SIE zum DU überging. In diesem einzigartigen Fall ergab sich der Anredenwechsel auch keineswegs nur aus zunehmender Vertrautheit, und irgend bedenkliche Schlüsse läßt das höchst vertraute DU mitsamt den unverhohlenen wechselseitigen Liebesbekundungen hier schon gar nicht zu.

Seit 1799 haben sie einander geschrieben, etwa seit 1826 durchaus schon im Wissen um eine nach dem »beiderseitigen Ableben zu besorgende Ausgabe« ihres Briefwechsels, die 1830/31 testamentarisch verfügt wurde und 1833/34 weisungsgemäß durch Riemer erfolgte.[140] Über Jahre hin hatten sie, bei rasch gewonnener freundschaftlicher Nähe, einander gesiezt. Auch in dieser Korrespondenz, die schließlich nahezu 600 Briefe umfaßte, wäre es wohl bei einer solchen Anrede geblieben. Am 14. November 1812 aber schrieb Zelter: »Mein ältester Sohn den Sie kennen sollten, da Sie ihm in Weimar Gutes erzeigt haben, hat sich diese Nacht erschossen.« Und tags darauf: »Sagen Sie mir ein heilendes Wort. Ich muß mich aufrichten, doch bin ich nicht mehr was ich vor Jahren war. Ich habe Kraft aber zu andern Sachen; hier will ich gehalten sein.«[141]

Als der 64jährige Goethe dem gut zehn Jahre Jüngeren am 3. Dezember antwortete, war sein »heilendes Wort« eigentlich nur ein verändertes Anredepronomen. Ganz unvermittelt stand es da gleich zu Beginn und faßte alles schon in sich, was er ihm aufrichtend und haltgebend weiter noch schreiben konnte: »Dein Brief, mein geliebter Freund, der mir das große Unheil meldet, welches deinem Hause widerfahren, hat mich sehr gedrückt, ja gebeugt, denn er traf mich in sehr ernsten Betrachtungen über das Leben, und ich habe mich nur an dir selbst wieder aufgerichtet. Du hast dich auf dem schwarzen Probirsteine des Todes als ein ächtes, ge-

140 Dazu Zehm 1997, S. 487 f.

141 Zelters Briefe hier nach MA 20.1 (um seinen Stiefsohn hat es sich bei diesem Selbstmörder gehandelt).

läutertes Gold aufgestrichen.«[142] Fast als wollte er den Freund, ja als müßte er sich selber erst an die gewaltige Kleinigkeit dieses Buchstabenwechsels gewöhnen, ging Goethe im Fortgang seines Schreibens wieder zum alten SIE zurück. Aber am Ende stand der Satz, der es besiegelte: »Und nun das herzlichste Lebe wohl! Wie sehr wünschte ich mich statt dieses Blatts in deine Nähe!«

Zelter mochte kaum glauben, was ihm da zuteil wurde, und hielt sich weiter an die bisherige, respektvoll Abstand wahrende Anrede. Erst mit seinem am 24. Dezember begonnenen, am 24. Januar 1813 fortgesetzten Brief, als er begriffen hatte, daß Goethes Pronominawechsel ein für allemal galt, gab er dem Verehrten sein DU zurück – »das seelenverbindende Du«, wie Lichtenberg es genannt hat, das mit solcher Bedeutungskraft hier »aus dem Sie erwächst«.[143] »Nun lebe wohl mein allerliebster Freund«, schrieb Zelter da, ohne das noch zu erklären. Dabei blieb es zwischen ihnen, bis zu Goethes Tod. Zelter ist ihm zwei Monate später nachgestorben.

An Höhere und Höchste Personen

Bei zunehmender Verbreitung und entsprechender Abnutzung des höflich-ehrerbietigen Plural-SIE kamen gegen Ende des spätfeudalistischen 18. Jahrhunderts als zusätzliche Anredeweisen die Demonstrativpronomina auf, die in Goethes Briefen seiner späten Jahre eine bedeutende Rolle einnehmen. Gedike erklärte 1794:

142 An einem ›Probierstein‹ aus Kieselschiefer machten die Händler den Goldgehalt einer Legierung sichtbar. – In seiner meisterlichen Einführung zu diesem Briefwechsel hat Norbert Miller auch beschrieben, was sich mit diesem Anredewechsel ereignete: Einmal wurde da »die Schranke der Förmlichkeit aufgehoben, die Goethe mit fortschreitendem Alter zwischen sich und der Welt verstärkte. [...] Das Wunder aber, heute noch beim Lesen nachvollziehbar, ist die Selbstverständlichkeit dieses ›Du‹, ohne Spur der Herablassung und ohne hohepriesterlichen Akt der Erwählung.« (MA 20,3, hier S. 50 ff.).

143 Wie hier S. 442.

»statt des zu gemein gewordenen Sie ist der Gebrauch eines noch unbestimmtern und zugleich schwerfälligen, eben darum aber auch für höflicher gehaltenen Pronomens der dritten Person [aufgekommen], wodurch der anredende sich gleichsam noch tiefer in eine ehrerbietige Entfernung zurükzieht.« Man habe sich aber »nicht einmal mit der bloßen Form Dieselben begnügt, sondern man hat, um auf der Leiter der Höflichkeitssprache immer noch eine Sprosse höher zu klimmen, auch dieser Form noch neue Zierrathen durch die Präfixa Hoch, Höchst und Allerhöchst zugesetzt, so daß wir nunmehr für die schriftliche Höflichkeit folgende Stuffenleiter haben: Du, Ihr, Er, Sie, Dieselben, Hochdieselben, Höchstdieselben, Allerhöchstdieselben.«[144]

Dabei bezogen sich die vier zuletzt genannten Demonstrativpronomina jeweils auf eine im Brief vorangehende oder nachfolgende substantivische Anrede des Adressaten. Eben diese »Anrede oder die Titulatur« aber, so stellte Krünitz' ›Encyclopädie‹ 1775 fest, »macht im Deutschen sehr viele Schwierigkeiten, indem man eine ganze Menge außer [: außer in] Briefen fast gar nicht vorkommender Wörter zu merken hat, die nur allein in der Titulatur üblich sind, wobei man noch besonders wieder behalten muß, wie diese Benennungen im Range auf einander folgen, und welchen Personen man dieselben beizulegen hat.«[145] Für seine Auflistung dieser Benennungen des Adressaten, für Zweifelsfälle und Ermessensfragen benötigte Krünitz ganze 12 Seiten.

Damit er unter solchen Bedingungen beim Schreiben an hochstehende Personen »in Curialibus nicht anstosse«, war Goethe in seinen späten Jahren so beflissen um das Anrederitual der höfischen Zeremonialsprache bemüht, daß er sich häufig nach dessen

144 Gedike 1794 (›vorgelesen in der öffentlichen Versammlung der Berlinischen Akademie der Wissenschaften‹), S. 34 und 36.

145 Krünitz (Theil 6 von 1775, Sp. 667) im Artikel ›Brief‹. – »Keine Nation ist so titelsüchtig, und also natürlich auch keine so titelreich, als die deutsche, keine einzige so erfinderisch in neuen Prädikaten, als sie«, erklärt auch Gedike 1794 und belegt das mit zahlreichen, sozialgeschichtlich aufschlußreichen Sprachbeobachtungen S. 25–30.

diffiziler »Abstufung« erkundigte.[146] Seine diesbezüglichen Demonstrativpronomina lauten also hochkorrekt: DIESELBEN, auch DIESELBIGEN (bezogen auf die im Brief vorangehende oder nachfolgende Titulation »Ew. Wohlgeboren«; etwa an Professor Renner, den Direktor der Tierarzneischule in Jena, am 9. Oktober 1822: »Mit dem Wunsche, Dieselben bald wieder einmal in Weimar zu begrüßen«) – HOCHDIESELBEN (bezogen auf »Ew. Exzell.[enz]«; etwa an den Grafen v. Hatzfeld im Juli 1796: »Ob nun gleich eine solche Nachricht Hochdero Wünschen im Ganzen nicht gemäß seyn kann, so hoffe ich doch, daß Sich Hochdieselben von derjenigen Bereitwilligkeit überzeugen werden, womit ich …«) – HÖCHSTDIESELBEN (bezogen auf »Ew. Durchl.[aucht]«; etwa an den Herzog von Gotha am 3. August 1804: Er wünsche »um Fortsetzung der gnädigen Gesinnungen zu bitten, womit Höchstdieselben mich von je her beglückt haben«) – ALLERHÖCHSTDIESELBEN (bezogen auf »Ew. Majestät«; so an den König von Bayern am 26. Dezember (?) 1825: »Möge daher mir erlaubt seyn einer Schuld zu gedenken, die ich nunmehr an Allerhöchst Dieselben abzutragen mich verpflichtet halte«). Als einen »Hypersuperlativ« hat Goethe selber das bezeichnet.[147]

Derart förmlich-steife Schreibweisen hatte er in früheren Jahren noch so distanziert als soziale Rollenspiele wahrgenommen, daß er sie durchaus ironisch reproduzieren konnte. An Kestner, den er zu dieser Zeit mit der IHR-Anrede bedachte, erging im Januar/Februar 1773 ein Scherzbrief des jungen Frankfurter Anwalts, den offenbar das amtliche Folio-Format des Briefpapiers angeregt hat. Mit devot ausgespartem Ich, umständlichem Wortgebrauch und dem zur Rede stehenden Demonstrativpronomen wird hier der Kanzleistil der Zeit parodiert: »Kann nicht unterlassen mit heutiger Post noch an hochdieselben einige Zeilen zu senden Sintemalen wir heute mit Blaukraut und Leberwurst unser Gemüth ergötzt. Werden das abenteuerliche Format verzeihen,

146 Dazu hier S. 279 f. (mit Anm. 66).
147 An Graf C. L. v. Beust, 19.8.1825.

wenn denenselben attestire, dass es stehenden Fusses in dem Zimmer der so tugendbelobten Mamsell Gerocks gefertiget wird« – deren Briefpapier er hier benutzt. Noch zur frühen Weimarer Zeit, am 22. Januar 1776, bekam auch Lavater den oben angeführten Brief, der zu seinen Du-Anreden (»Grüs Bäben«, »Schick nur immer was du hast«) nicht nur ein scherzhaft polterndes Pronomen der 3. Person Singular setzt (»Wenn ich ihn ein andermal um etwas frage; so antwort er mir!«), sondern dem geistlichen Herrn eingangs in ironisch verstellter Tonlage auch seine Titulatur und das darauf bezogene Demonstrativum zuschreibt: »Der Herzog hat mir sechs Schädel kommen lassen, habe herrliche [physiognomische] Bemerckungen gemacht die Ew Hochwürden zu Diensten stehn, wenn die selben sie nicht ohne mich fanden.«

Zwei Jahre später aber schreibt er an Kestner: »Grüse Lotten, und wenn ich auch im Styl mit unter GehR.isch [: geheimrätisch] werde so bleibt doch leider das übrige [seine Zuneigung zu ihr] ziemlich im alten.«[148] Da war ihm das zunehmend förmliche Gehabe seines Umgangs mit hochgestellten Adressaten also durchaus bewußt. Nur wurde ihm das so wichtig und nahm er es so ernst, daß er mit dieser Kanzlei- und Kurialsprache keine Scherze mehr treiben mochte. Den Dresdener Kunst-Professor von Kügelgen, von dem er porträtiert worden war, hatte er 1810 als »Hochwohlgeborner, Insonders hochgeehrtester Herr« angeredet. Der, meldete Zelter, sei »untröstlich, daß Sie ihn Hochwohlgeborner Herr in Ihrem Briefe genannt haben und frägt: ob Sie mich denn auch so nennten?« Und Goethe antwortete: »Mit Kügelgen geht es mir recht wunderlich, wie es mir mit mehrern ergangen ist. Ich dachte ihm das Freundlichste zu sagen: denn wirklich war Bild und Rahmen recht wünschenswerth ausgefallen, und nun stößt sich der gute Mann an ein äußeres Höflichkeitszeichen das man denn doch nicht versäumen soll, indem man durch Vernachlässigung desselben manche Personen verletzt. Man hat mir [in früheren Jahren] einen gewissen Leichtsinn in diesen Dingen oft übel ge-

148 Brief vom 23.1.1778.

nommen, und jetzt betrübe ich gute Menschen durch die Förmlichkeit.«[149] Die war, jedenfalls in ihren von Goethe beharrlich konservierten superlativischen oder hypersuperlativischen Ausprägungen, im Zeitalter der französischen Revolution und im Gefolge ihres égalité-Postulats auch im Deutschen nicht mehr so recht en vogue.[150] Doch in seinem Widerstand gegen diese Zeitläufte ging es dem älteren und alten Briefschreiber bei den ritualisierten Signalen der Anrede keineswegs nur um die persönliche Höflichkeit, die er Kügelgen gegenüber geltend machte. Am deutlichsten wird das in seinem Briefwechsel mit dem Weimarer Regenten.

Carl August von Sachsen-Weimar-Eisenach

Die Überlieferung dieser Korrespondenz (bis 1828 mehr als 550 Schreiben von Goethe und 700 an ihn) setzt Ende 1775 ein, wenn der junge Frankfurter in dem thüringischen Residenzstädtchen eingetroffen ist. »Lieber Göthe, ich habe deinen Brief erhalten, er freut mich unendlich, wie sehr wünschte ich mit freyrer Brust und Herzen die liebe Sonne in den Jenaischen Felsen auf, und untergehen zu sehen und zwar mit dir«, schreibt ihm der 18jährige Herzog am 25. Dezember dieses Jahres aus dem Gothaer Schloß – wo sich die höfische Gesellschaft so »comme il faut« aufführe, daß er selber »die S. N. [: schwere Not] möchte kriegen.« Auch noch auf eine (gar gemeinsame?) kleine Liebschaft anspielend, schließt er da: »Grüße unser Miselchen wann du sie siehst. Gott befohlen. C.A.«[151]

149 An v. Kügelgen 26.12.1810. Von Zelter 16.-20.2.1811 (MA 20.1, S. 247). An Zelter 28.2.1811.

150 Sprachvergleichend konstatierte Gedike 1794, S. 3 f. in Frankreich geradezu eine »Revolution des Sprachgebrauchs«: »Der Übergang von der Aufhebung alles Unterschiedes der Stände zur Aufhebung alles Unterschiedes in der Form der Anrede hat nichts unerwartetes.« (– und behandelte das vor der Berliner Akademie nicht ohne Sympathie: a. a. O. S. 41–51).

151 Seine Schreiben werden hier und im Folgenden nur mit Datumsangabe zitiert nach Wahl 1971. Die frühen Briefe des Herzogs freilich hat Goethe vor dem Antritt seiner dritten Schweizreise am 9.7.1797 fast ausnahmslos

Sein 26jähriger Günstling hat ihn in eben diesen Tagen als »lieber gnädger Herr« und mit höflich asymmetrischem SIE angeredet. Eine den Konventionen des Kurialstils folgende, korrektere Titulierung wäre auch kaum verträglich gewesen mit seiner unbekümmert lockeren Brieferzählung von einem Ausritt, bei dem die beteiligten jungen Herren des herzoglichen Hofes abends im unteren Stock eines Forsthauses ihre Tabakspfeifen »schmauchen, und schwazzen dass ich's durch den Boden höre« – einer aus dieser Runde »in Geilheit starck befangen«, Goethe selber »mit Schnurrbart wie ein Capital Spizbube« aussehend. Ebenso unvereinbar erscheinen förmlichere Anreden des Herzogs etwa mit dem Sprachgebrauch eines Goetheschen Berichts vom 25. März 1776 aus Leipzig über die »steifröckigen, krummbeinigen Perrückengeklebten, Degenschwänzlichen Magisters«, über »Zuckende, krinsende, schnäbelnde, und schwumelende Mägdlein« oder »Hurenhaffte, strozzliche, schwänzliche und finzliche Junge Mägde« – »sömit konnen Sie nie aufhören zu fühlen, dass ich Sie liebhabe«, heißt es da am Ende. Wie viele Schreibende dieser Zeit hielt er mit solchen Worten damals nicht zurück, scheute nicht einmal die heiklen Metaphern, die er am 9. Juli 1776 den beiden Kestners zugemutet hat: »Der Herzog mit dem ich nun schon an die 9 Monate in der wahrsten und innigsten Seelen Verbindung stehe, hat mich endlich auch an seine Geschäffte gebunden, aus unsrer Liebschafft ist eine Ehe entstanden die Gott seegne.«

So schrieb im Januar 1776 Gotter an Lenz, es habe Goethe in Weimar »den ihm eigenen vertraulichen nachlässigen hingeworfenen Ton überall eingeführt«. Und Weiße berichtete an Garve: »Er macht dort viel wunderliche Streiche, die seine Bewunderer Laune nennen, duzt sich mit dem Herzog, mit dem er in der größten Familiarität lebt.«[152] In seinen Briefen freilich hat er sich selbst in diesem ›Sturm und Drang‹ der frühen Weimarer Zeit

vernichtet – offenbar doch, weil er das öffentliche Ansehen des Regenten durch sie beeinträchtigt glaubte.

152 Biedermann/Herwig Bd 1, S. 175 und 186 (wobei angesichts des brieflichen SIE auch Goethes mündliches DU als fraglich kommentiert wird).

eine Du-Anrede des Regenten niemals erlaubt, während der Herzog und spätere Großherzog sie in den privat-persönlichen Schreiben an Goethe lebenslang beibehielt.[153] Allemal duzend nannte der ihn dabei mehrfach »mein Lieber«, gelegentlich auch »mein lieber Alter« und bis in die letzten Jahre häufig »mein lieber alter Freund«. Auch für dieses Du gilt, was er ihm am 7. November 1826 geschrieben hat: »Unter uns bleibe es immer beym alten! Amen! Carl August.«

Sehr anders waren seine amtlichen Schreiben gehalten. In ein und derselben Angelegenheit (nach dem von der großherzoglichen Mätresse gegen Goethes Widerstand durchgesetzten Auftritt eines dressierten Pudels auf der Weimarer Bühne) ließ Carl August ihm 13. April 1817 gleich zwei Briefe zustellen, die den Kontrast beider Schreibweisen exemplifizieren. »Lieber Freund,« beginnt der eine, »Verschiedene Äußerungen deinerseits, welche mir zu Augen und Ohren gekommen sind, haben mich unterrichtet, daß du es gerne sehn würdest, von denen Verdrießlichkeiten der Theater Intendanz entbunden zu werden«. In einem beigelegten »officiellen Brief diese Veränderung betreffend« bekam Goethe es freilich entschieden förmlicher zu lesen: »Sehr werther Herr Geheimerath und Staatsminister, Die Mir zugekommenen Äusserungen haben Mich überzeugt, daß der Herr Geheimerath und Staatsminister von denen Geschäften der Hoftheater Intendanz dispensirt zu werden wünscht«. Anstelle des Du folgt hier das Anredepronomen der 3. Person Singular (»und hoffe, daß Er …«).

Bringt der Regent auch im persönlichen Briefverkehr förmliche Titulaturen an, geschieht das allemal im Scherz. »Deine Exellenz sollen ein so schönes englisches Calenderchen bekommen haben? Laß es doch vor meine Augen treten«, lautet 1828 ein Briefzettelchen, das als kleine freundschaftlich-ironische Frotzelei auf Goethes eigenes briefliches Gehabe in diesen späteren Jahren

153 Ebenso einseitig duzte Carl August freilich auch andere früh Vertraute in seiner Umgebung, die Herren v. Einsiedel etwa und v. Seckendorf (Lorenz 1893, S. 142).

anspielt.[154] Schon 1797 hatte Carl August doch Grund genug zu der Bemerkung, daß der Geheimrat ihm »Relationen« schreibe, die man zur Veröffentlichung »in jedes Journal könnte rücken lassen. Es ist gar possierlich, wie der Mensch feierlich wird.«[155] Denn in offiziellen oder halbamtlichen Schreiben nahm sich Goethes Sprachgebrauch jetzt so befremdlich aus, als wäre ihm noch immer ein ironischer und parodistischer Beiklang zugedacht. Mit der Leitung der Weimarer Wegebaudirektion betraut, titulierte er den Freund am 25. April 1779 zum erstenmal als »Durchlauchtigster Herzog, Gnädigst regierender Fürst und Herr!« und bat ihn, »die devoteste Versicherung« annehmen zu wollen, daß »Hoechst-Deroselben höchstes Interesse ich überall nach allen meinen Kräften zu befördern, und dadurch diejenige ohnverbrüchlichste Treue zu bewähren, suchen werde, mit welcher ich zu ersterben die Gnade habe Ew: HochFürstlichen Durchl. untertänigst gehorsamster Joh. Wolfg. Goethe«.[156]

Solche Schreiben mehrten sich mit Goethes amtlichen Tätigkeiten. Ihre steifen Förmlichkeiten färbten auf die immer selteneren Briefe ab, die privaten Mitteilungen dienten, und haben mit der Zeit auch deren Tonlage entschieden verändert. Die zur Regel werdende Anrede des Herzogs als »Ew. Durchl.« vertrug sich

154 Vom 8.(?)1.1828. – »Hochgeehrteste Exellenz!« auch am 12.10.1818 u. ö. Gleichermaßen spielerisch etwa: »deine Herrlichkeit« schon am 25.4.1798, »Hoheit« am 26.12.1799 oder »Ew. Liebden« am 2.1.1804.

155 Brief an Knebel, 23.9.1797 (in: Düntzer 1883, S. 107). – »Relationen« hier: Berichte, briefliche Mitteilungen.

156 GB 3 I, S. 436 ff. Entsprechend formulierte Schreiben, Berichte, Promemorien ergingen dann am 8.6.1779, 1.6.1781, 8.7.1782, 29.8. und 31.12.1783, 4. und 28.3.1784, 24.2. und 1.4.1785 usf. bis zum 29.1.1815. Daß »eine entscheidende Wendung« zur »stilisiert-distanzierten Haltung des Untertans« erst seit 1794 eingetreten sei (Mandelkow 1988, Bd 1, S. 636), ist mit den überlieferten Zeugnissen nicht vereinbar. – Es versteht sich: die ›Courtoisie‹ solcher Ergebenheitsversicherungen und Unterwürfigkeitsbeteuerungen am Briefende (vorgegeben und sorgsam abgestuft in den Regelwerken der Zeit) bedachte grundsätzlich weniger den eigentlichen Wortsinn, als die damit bezeichnete ständische Position des Unterzeichnenden gegenüber dem Adressaten.

nicht mehr mit den früheren herzlichen Briefschlußbitten »Seyn Sie mir lieb« oder »behalten Sie mich lieb«, die nach Goethes Italienreise gelegentlich einen nahezu nostalgischen Beiklang annahmen: »ich schließe mit der alten Bitte: Lieben Sie mich.«[157] – »Möchten Sie meiner mit Gnade und Neigung bey Sich Selbst und den hohen Ihrigen gedencken!« heißt es stattdessen in einem durchaus persönlichen Schreiben an Seine Durchlaucht vom 10. August 1805.

Zehn Jahre später dann erfährt dieser Kurialstil eine letzte Steigerung und seine endgültige Ausprägung. Als 1815 auf dem Wiener Kongreß auch Sachsen-Weimar zu einem der Großherzogtümer erhoben wurde, deren Regenten die Anrede ›Königliche Hoheit‹ zukam, hat der 65jährige Goethe einen Brief an Carl August diktiert, in dem es heißt: »Ereignet sich's nun daß Höchstdenenselben, für so vielfaches, redliches inneres Bemühen, auch von außen ein gebührendes Beywort ertheilt wird [: das *Groß*-zum -*herzog*]; so benutzen wir mit Freude, wenn die Hof- und Canzleysprache uns nunmehr erlaubt dasjenige als ein Anerkanntes auszusprechen, was sonst bey aller Wahrheit als Schmeicheley hätte erscheinen können.«[158] Seither hat er, abgesehen etwa von Kurznachrichten ohne Anrede, in seinen ausgefertigten Schreiben den Großherzog nur noch als »Königliche Hoheit« angeredet, hat das frühere SIE fast ausnahmslos vermieden und stattdessen den pronominalisierten Identifikations-Artikel der »Hof- und Canzleysprache« durchdekliniert: »Höchstdieselben«, »Höchstderoselben«, »Höchstdenenselben« und »Höchst Dieselben«.[159] Damit hat ihrer beider Anredengebrauch den äußersten Grad einer Asym-

157 Briefe vom 4.5.1776, 5.7.1781, 19.9.1788.

158 Konzept vom 22.4.1815.

159 In Briefen beispielsweise vom 22.4.1815, 19.11.1816, 1.1.1817, 15.5.1828. Häufig hängen Goethes derart förmlich gehaltene Schreiben während der letzten 14 Lebensjahre des Großherzogs mit seiner 1815 verfügten ›Oberaufsicht über die unmittelbaren Anstalten für Wissenschaft und Künste in Weimar und Jena‹ zusammen, tragen zugleich aber durchaus persönlich-private Züge.

metrie erreicht, die ihre Korrespondenz fortan in jeder Hinsicht reguliert. Am 28. November 1824 etwa läßt Carl August dem Geheimrat die Lithographie eines weiblichen Aktes zustellen und schreibt dazu recht anzüglich: »Zur Trösterin in den langen Winter Nächten habe ich dir beyfolgende Dame erkohren, die ich dir ganz preiß und zur schärfsten Critique ganz Nackend hingestellt gebe, damit du damit machest, was dir eben gelüstet«. Am 29. März 1828 bedankt er sich seinerseits für sehr anders geartete Zusendungen, die von Goethe gekommen waren, und erklärt: »Ach wenn ich nur alle die Weisheit, die in den Büchern steht, die du mir geschickt hast, freßen könte! Da wäre ich gut dran, denn ich verzweifle, daß durch meine Augen ich sie in meinen Kopf werde bringen können.« Zu solchen Altherrenscherzen, derart burschikosen Ausdrücken und unbekümmerten Geständnissen hat sich der Staatsminister gegenüber der Königlichen Hoheit niemals mehr verstanden.[160] Dauerhaft hielt er sich an das, was »die Hof- und Canzleysprache uns nunmehr erlaubt«.

Ganz wohl kann ihm dabei nicht immer gewesen sein. Nach dem Tod seiner Frau hatte er der Weimarer Großherzogin Louise geschrieben: »Die Sonne Ew. Königl.Hoheit Gnade und Gunst war von jeher das Lebensprinzip meines Daseyns, und wie tröstlich erscheint sie mir nun, da sie auf den dunkeln Grund meines Zustandes die heitersten Farben des Wohlwollens geneigtest aufdrückt.«[161] Für diesen »orientalischen Anfang« bat er da sogleich um Verzeihung: Das (nicht überlieferte) Schreiben eines unbekannten »Canzleyverwandten« (das er seinem Brief wieder beilegte und so an die Großherzogin zurückschickte) habe ihn hier selber zu Sprachbildern angeregt, wie man sie »im Orient schon über tausend Jahre braucht, die in der Reihe der Zeiten

160 Schon am 16.11.1788, als er dem Herzog schrieb: »Die Gräfinn Pagda aus Prag ist angekommen, ihren Eyerstock Starcken anzuvertrauen« (gemeint waren die Gräfin Pachta und der Jenaer Medizinprofessor Starck), hieß es, eher entschuldigend, am Ende dieses Briefes: »Ich schäme mich vor Ihnen der Studenten Ader nicht, die sich wieder in mir zu beleben anfängt.«

161 Konzept vom 17.7.1816.

sich selbst überbietend, endlich zu Schwulst aufgelaufen und zu Phrasen geworden, nothwendig ein Lächeln erregen.« Seine Versicherung, daß sie in seinem Brief doch »unmittelbar aus der Tiefe des reinen Gefühls« kämen, bezeichnet gewiß nicht den eigentlichen Grund solchen Sprachgebrauchs. Wahrhaftigkeit hätte sich hier auch anders ausdrücken und wohl glaubwürdiger bezeugen lassen, als im belächelnswerten Schwulst herkömmlicher Phrasen. Erhellend scheint da ein älterer Vorgang.

1785 hatte der Herzog selber angeregt, die Ausfertigung der Schriftsätze seiner Kanzlei durch Kürzung schwerfälliger Satzperioden, phrasenhafter Epitheta und umständlicher Anreden zu beschleunigen. Als Mitglied des Geheimen Consiliums votierte Goethe schon damals geradezu apodiktisch, es sei »eine solche Veränderung eher schädlich als nützlich, indem sich an solche willkürlich scheinende Formen so mancherley Verhältnisse anknüpfen, die nunmehr zerrissen werden«. Er erklärte, hier sei sehr wohl »ein wenig Pedantismus nothwendig«, und verglich die Sprachregelungen der Kanzlei gar mit dem Exerzierreglement des Kasernenhofs: »Man thue die Pendanterie von einem Garnison dienste weg was wird übrig bleiben«? Würde etwa bei der Titulierung des Regenten die Formel ›Von Gottes Gnaden‹ »in Fracktur und Canzleyschrifft beybehalten werden, so hätte es eine Absicht, und ein groser Herr ist dem Anstande etwas schuldig. Er entscheidet so offt über Schicksale der Menschen, er nehme ihnen nicht durch eilige Expeditionen [: zeitsparend schlichter gehaltene Ausfertigungen der zu versendenden Schriftstücke] den Glauben an Gesetztheit der Rathschläge. Ordnung kann ohne eine proportionirte Geschwindigkeit nicht bestehen, Eile [aber] ist eine Feindin der Ordnung so gut als Zögern.«[162]

Da, in den beiden letzten Sätzen, fällt das eigentlich begründende Wort, findet sich der leitende Begriff. Daß die Kurialien der herkömmlichen Rede- und Anredeweisen als »willkürlich

162 Goethes Votum vom 24.11.1785 (mit den gleichgerichteten Stellungnahmen seiner Amtskollegen Schnauß und Schmidt) in FA I 26, S. 335 f.

scheinende Formen« doch an »mancherley Verhältnisse anknüpfen«, meint hier nicht nur, daß sie individuelle zwischenmenschliche Beziehungen abbildeten und aufrecht erhielten, sondern daß sie zugleich damit die überkommene politische »Ordnung« repräsentierten und deren soziales Grundgefüge stabilisierten. – »Du bist ein Freund vom Altgesetzlichen«, hat er am 26. August 1828 an Zelter diktiert. Weil das jedenfalls für den alten Briefschreiber selber galt, wurde in seinen Episteln an den Herzog und Großherzog, der ihn in allen persönlichen Schreiben doch lebenslang zu duzen beliebte, das frühe SIE für den lieben gnädigen Herrn von HÖCHSTDENENSELBEN Seiner Königlichen Hoheit zum Schweigen gebracht.

NACHWEISE

In überarbeiteter Fassung sind sieben früher veröffentlichte Versuchs- und Probestücke eingegangen in die Fallstudien dieses Buches:

›Über einen Kondolenzbrief Goethes‹. In: Literatur und Gesellschaft vom neunzehnten ins zwanzigste Jahrhundert. Festgabe für Benno von Wiese. Hg. v. Hans Joachim Schrimpf. Bonn 1963, S. 83–112 (hier Fallstudie VIII).

›Über Goethes Brief an Behrisch vom 10. November 1767‹. In: Festschrift für Richard Alewyn. Hg. v. Herbert Singer und Benno von Wiese. Köln/Graz 1967, S. 193–229 (Fallstudie II).

›Soziale Kontrolle als Regulativ der Textverfassung. Über Goethes ersten Brief an Ysenburg von Buri‹. In: Wissen aus Erfahrungen. Werkbegriff und Interpretation heute. Festschrift für Herman Meyer. Hg. v. Alexander von Bormann. Tübingen 1976, S. 217–241 (Fallstudie I).

›Versuch über Goethesche Humanität. Oder zum Gebrauch des Konjunktivs Plusquamperfekt in einem Brief an Johann Friedrich Krafft‹. In: Herkommen und Erneuerung. Essays für Oskar Seidlin. Hg. v. Gerald Gillespie und Edgar Lohner. Tübingen 1976, S. 103–126 (Fallstudie III).

›Regenbogen auf schwarzgrauem Grunde – Goethes Dornburger Brief an Zelter zum Tod seines Großherzogs‹. Göttinger Universitätsreden Heft 65. Göttingen 1979. – Gleichlautend in: Jahrbuch des Wiener Goethe-Vereins Bd 81/82/83, 1977/1978/1979, S. 17–35 (Fallstudie VII).

›Johann Wolfgang Goethe. Der letzte Brief‹. In: Querlektüren. Weltliteratur zwischen den Disziplinen. Hg. v. Wilfried Barner. Göttingen 1997, S. 106–123. – Gleichlautend als Heft 19 der Braunschweiger Universitätsreden. Braunschweig 1998 (Fallstudie IX).

›Der Kriegskommissar Goethe‹. In: Orden Pour Le Mérite für Wissenschaften und Künste. Reden und Gedenkworte, Bd 38. Göttingen 2010, S. 37–59 (Fallstudie IV).

LITERATUR- UND ABKÜRZUNGSVERZEICHNIS

Adelung 1774–1786

[Johann Christoph Adelung:] Versuch eines vollständigen grammatisch-kritischen Wörterbuches Der Hochdeutschen Mundart ... 5 Theile. Leipzig 1774–1786 [beginnend 1780 in Goethes Besitz].

Adelung 1781

Johann Christoph Adelungs Deutsche Sprachlehre. Zum Gebrauche der Schulen in den Königl. Preuß. Landen. Berlin 1781 [in Goethes Besitz].

Adelung 1820

J. G. L. Adelungs allgemeiner teutscher Briefsteller für alle Fälle des menschlichen Lebens. Vierte, durchaus verbesserte und vermehrte Auflage. Nürnberg 1820 [zuerst 1819].

Altmannsperger 1969

Hans-Joachim Altmannsperger: Ursprung und Entwicklung der staatlichen Alleinrechte auf dem Gebiet des Postwesens. Eine postrechtsgeschichtliche Betrachtung. In: Jb. des Postwesens 19 (1969), S. 236–266.

Ammon 1972

Ulrich Ammon: Zur sozialen Funktion der pronominalen Anrede im Deutschen. In: Zeitschr. f. Lit.wiss. u. Linguistik 2 (1972), S. 43–88.

Anonymus 1754

Richtschnur der Wohlanständigen Sitten, Oder Anleitung zu der, bey der ehrbaren Welt üblichen Höflichkeit. Nebst einer Anweisung zu den Französischen und Deutschen Complimenten und einigen Grundsätzen sich klüglich in der Welt aufzuführen. Straßburg 1754.

Anonymus 1787

Ueber alte und moderne Sprach-Sitte, und Art, sich in verschiedenen Ständen mit Unterschied anzureden. In: Journal des Luxus und der Moden. Weimar 1787, S. 363–374.

Aretin 1967

Karl Otmar Frhr. v. Aretin: Heiliges Römisches Reich 1776–1806. Reichsverfassung und Staatssouveränität. Teil I Darstellung / Teil II Aktenstücke. Wiesbaden 1967.

Atkins 1949
Stuart Pratt Atkins: The Apprentice Novelist. Goethe's Letters, 1765–1767. In: Modern Language Quarterly X (1949), S. 290–306.

Augst 1977
Gerhard Augst: Zur Syntax der Höflichkeit. In ders.: Sprachnorm und Sprachwandel. Wiesbaden 1977, S. 13–60.

Baasner 1999
Rainer Baasner: Briefkultur im 19. Jahrhundert. Kommunikation, Konvention, Postpraxis. In ders. [Hg.]: Briefkultur im 19. Jahrhundert. Tübingen 1999, S. 1–36.

Bausinger 1996
Hermann Bausinger: Die alltägliche Korrespondenz. In: Der Brief. Eine Kulturgeschichte der schriftlichen Kommunikation. Hg. v. Klaus Beyrer u. Hans-Christian Täubrich. Heidelberg 1996, S. 294–303.

Becker-Cantarino 1999
Barbara Becker-Cantarino: Leben als Text – Briefe als Ausdrucks- und Verständigungsmittel in der Briefkultur und Literatur des 18. Jahrhunderts. In: Frauen Literatur Geschichte. Schreibende Frauen vom Mittelalter bis zur Gegenwart. Hg. v. Hiltrud Gnüg u. Renate Möhrmann. [2]Stuttgart/Weimar 1999, S. 129–146.

Beetz 1990
Manfred Beetz: Frühmoderne Höflichkeit. Komplimentierkunst und Gesellschaftsrituale im altdeutschen Sprachraum. Stuttgart 1990.

Behringer 1990
Wolfgang Behringer: Thurn und Taxis. Die Geschichte ihrer Post und ihrer Unternehmen. München/Zürich 1990.

Benjamin 1962
Deutsche Menschen. Eine Folge von Briefen ausgewählt und eingeleitet von Walter Benjamin. Frankfurt a. M. 1962 [zuerst Luzern 1936: ›von Detlef Holz‹].

Benjamin 1974
Walter Benjamin: Goethes Wahlverwandtschaften. In: Gesammelte Schriften. Bd I/1, Frankfurt a. M. 1974, S. 123–201.

Bergemann 1927
Bettinas Leben und Briefwechsel mit Goethe. Neu hg. v. Fritz Bergemann. Leipzig 1927.

Bergfeld 1884
Karl Bergfeld: Nachrichten über den Zustand des Postwesens in den Herzogthümern S.-Weimar und Eisenach vor […] 1816. Weimar 1884.

Besch 2003
Werner Besch: Deutsche Sprache im Wandel. Kleine Schriften zur Sprachgeschichte. Frankfurt a. M. 2003.

Beutler 1951
Ernst Beutler: Einführung [in Goethes Briefwerk]. In: Gedenkausgabe der Werke, Briefe und Gespräche. Bd 18, Zürich 1951, S. 949–985 [nahezu gleichlautend in ders.: Wiederholte Spiegelungen. Göttingen 1957, S. 5–30].

Beyrer 2007
Klaus Beyrer: Die schwarzen Kabinette der Post. Zu einigen Beispielen der organisierten Briefüberwachung. In: Zensur im Jahrhundert der Aufklärung. Hg. v. Wilhelm Haefs u. York-Gothart Mix. Göttingen 2007, S. 45–59.

Biedermann/Herwig
Goethes Gespräche. Auf Grund der Ausgabe und des Nachlasses von Flodoard Frhrn. von Biedermann ergänzt und herausgegeben v. Wolfgang Herwig. 5 Bde [in 6], Stuttgart/Zürich 1965–1987.

Bluhm/Meier 1993
Lothar Bluhm u. Andreas Meier [Hg.]: Der Brief in Klassik und Romantik. Aktuelle Probleme der Briefedition. Würzburg 1993.

Blumenberg 1999
Hans Blumenberg: Goethe zum Beispiel. Frankfurt a. M./Leipzig 1999.

Bode 1909
Wilhelm Bode: Das vorgoethische Weimar. ²Berlin 1909.

Bode 1920
Wilhelm Bode: Goethes Leben. Lehrjahre 1749–1771. Berlin 1920.

Böttiger 1838
Literarische Zustände und Zeitgenossen. In Schilderungen aus Karl Aug. Böttiger's handschriftlichem Nachlasse. Hg. v. Karl Wilhelm Böttiger. Bd 2, Leipzig 1838.

Bohnenkamp 1994
Anne Bohnenkamp: »… das Hauptgeschäft nicht außer Augen lassend«. Die Paralipomena zu Goethes ›Faust‹. Frankfurt a. M./Zürich 1994.

Bohnenkamp/Wiethölter 2008
Anne Bohnenkamp und Waltraut Wiethölter [Hg.]: Der Brief – Ereignis & Objekt (Ausstellungskatalog Freies Deutsches Hochstift). Frankfurt a. M./Basel 2008.

Borchmeyer 1977
Dieter Borchmeyer: Höfische Gesellschaft und französische Revolution bei Goethe. Kronberg/Ts. 1977.

Bosse 1999
Anke Bosse: Meine Schatzkammer füllt sich täglich … Die Nachlaßstücke zu Goethes ›West-östlichem Divan‹ [2 Bde mit durchgehender Seitenzählung]. Göttingen 1999.

Boyle 1995
Nicholas Boyle: Goethe. Der Dichter in seiner Zeit. Bd 1, München 1995 [englische Originalausgabe 1991].

Braun u. a. 1986
Friederike Braun, Armin Kohz, Klaus Schubert: Anredeforschung. Kommentierte Bibliographie zur Soziolinguistik der Anrede. Tübingen 1986.

Briefe an Goethe
Briefe an Goethe. Hg. v. Karl Robert Mandelkow [im Rahmen der HA]. 2 Bde, [3]München 1988.

Briefe an Goethe (Regesten)
Briefe an Goethe. Gesamtausgabe in Regestform. Hg. von der Klassik Stiftung Weimar. Bd 1–8, Weimar 1980 ff. [bisher erfaßt für die Jahre 1764–1819; auch online zugänglich].

Brown/Gilman 1960
Roger W. Brown and Albert Gilman: The Pronouns of Power and Solidarity. In: Thomas A. Sebeok [Hg.], Style in Language. Cambridge Mass. 1960, p. 253–276.

Brüggemann 1971
Diethelm Brüggemann: Gellert, der gute Geschmack und die üblen Briefsteller. In: Deutsche Vierteljahrsschrift f. Literaturwiss. u. Geistesgeschichte 45 (1971), S. 117–149.

Bühling 1995
Werner Bühling: Die Post in Weimar. Das Postwesen und seine Entwicklung in und um Weimar in vier Jahrhunderten. Weimar 1995.

Bürgel 1976
Peter Bürgel: Der Privatbrief. Entwurf eines heuristischen Modells. In: Deutsche Vierteljahrsschrift f. Literaturwiss. u. Geistesgeschichte 50 (1976), S. 281–297.

Bürgin 1933
Hans Bürgin: Der Minister Goethe vor der römischen Reise. Seine Tätigkeit in der Wegebau- und Kriegskommission. Weimar 1933.

Butzlaff 2000
Wolfgang Butzlaff: Goethe: «Je lirai, je penserai, j'écrirai – vive la plume!» Goethes französische Briefe. In ders.: „Trostlos zu sein ist Liebenden der schönste Trost". Gesammelte Studien zu Werk u. Rezeption. Hildesheim/Zürich/New York 2000, S. 11–72.

Campe 1806
Joachim Heinrich Campe: Reise von Braunschweig nach Karlsbad und durch Böhmen in Briefen von Eduard und Karl. Braunschweig 1806.

Corpus der Goethezeichnungen
Corpus der Goethezeichnungen. Hg. v. Gerhard Femmel u. a. 7 Bde [in 10], Leipzig 1958–1973.

Datenbank WA
Goethes Werke auf CD-Rom [Weimarer Ausgabe].

Detemple 2001
Siegfried Detemple: Goethe, Berlin, Mai 1778. Sechs Tage durch die preußische Residenzstadt. Wiesbaden 2001.

Dieterich 1902
Julius Reinhard Dieterich: Phylandria. Ein Kulturbild aus Goethes Jugendzeit. In: Beilage zur Allg. Zeitung [München] 80–82 (1902), S. 49–52, 59–62, 65–67.

Diezel 1990
Rudolf Diezel: Goethes geheimnisvoller Schützling Johann Friedrich Krafft. In: Jb. Wiener Goethe-Verein 94 (1990), S. 23–44.

Dodds 1963
Eric R. Dodds: The Greeks and the Irrational. Berkeley/Los Angeles 1963.

Drost 1932
Willi Drost: Goethe als Zeichner. Potsdam 1932.

Düntzer 1874
Heinrich Düntzer: Charlotte von Stein, Goethe's Freundin. 2 Bde, Stuttgart 1874.

Düntzer 1878
Heinrich Düntzer: Erläuterungen zu den deutschen Klassikern. Erste Abt.: Erläuterungen zu Goethes Werken. Goethes westöstlicher Divan. Leipzig 1878.

Düntzer 1880
Heinrich Düntzer: Goethes Leben. Leipzig 1880.

Düntzer 1883
Briefe des Herzogs Karl August v. Sachsen-Weimar-Eisenach an Knebel und Herder. Hg. v. Heinrich Düntzer. Leipzig 1883.

Düntzer 1895
Heinrich Düntzer: Goethe, Karl August und Ottokar Lorenz. Dresden 1895.

DWb
Deutsches Wörterbuch von Jacob und Wilhelm Grimm. 16 Bde, Leipzig 1854–1960 [hier zitiert nach dem Taschenbuch-Nachdruck in 33 Bänden, München 1984 bzw. der seit 1965 erscheinenden Neubearbeitung der Teile A-F].

Eberhardt 1951
Hans Eberhardt: Goethes Umwelt. Forschungen zur gesellschaftlichen Struktur Thüringens. Weimar 1951.

Ebert 2001
Helmut Ebert: Zum Zusammenhang von Strategie, Struktur und Stil am Beispiel der ›Anatomie‹ eines Privatbriefes. In: "Ich an Dich". Edition, Rezeption und Kommentierung von Briefen. Hg. v. Werner M. Bauer u. a. Innsbruck 2001, S. 21–33.

Eckermann
Johann Peter Eckermann: Gespräche mit Goethe [Zitiert nur mit Angabe des Datums nach FA II 12 (39)].

Eckstein 1869
Friedrich A. Eckstein: Zur Geschichte der Anrede im Deutschen durch die Fürwörter. In: Neue Jahrbücher f. Philologie u. Pädagogik 100 (1869), S. 469–487.

Eiermann 1912
Walter Eiermann: Gellerts Briefstil. Leipzig 1912.

Eissler 1983
Kurt R. Eissler: Goethe. Eine psychoanalytische Studie 1775–1786. Bd 1, Basel/Frankfurt a. M. 1983 [zuerst amerikanisch 1963].

Engelsing 1974
Rolf Engelsing: Der Bürger als Leser. Lesergeschichte in Deutschland 1500–1800. Stuttgart 1974.

Ermert 1979
Karl Ermert: Briefsorten. Untersuchungen zu Theorie und Empirie der Textklassifikation. Tübingen 1979.

FA
Johann Wolfgang Goethe: Sämtliche Werke. Briefe, Tagebücher und Gespräche. Hg. v. Hendrik Birus u. a. 40 Bde, Frankfurt a. M. 1985 ff.

Fairley 1957/58
Barker Fairley: Goethe's last letter. In: University of Toronto Quarterly 27 (1957–58), S. 1–9.

Femmel/Heres 1977
Die Gemmen aus Goethes Sammlung. Bearbeiter der Ausgabe Gerhard Femmel. Katalog Gerald Heres. Leipzig 1977.

Fernow 2013
Carl Ludwig Fernow: ›Rom ist eine Welt in sich‹. Briefe 1789–1808. Hg. v. Margrit Glaser u. Harald Tausch. Göttingen 2013.

Finkenstaedt 1963
Thomas Finkenstaedt: You and Thou. Studien zur Anrede im Englischen (Mit einem Exkurs über die Anrede im Deutschen). Berlin 1963.

Fischer 1968
Ludwig Fischer: Gebundene Rede. Dichtung und Rhetorik in der literarischen Theorie des Barock in Deutschland. Tübingen 1968.

Fischer 2014
Bernhard Fischer: Johann Friedrich Cotta. Verleger – Entrepreneur – Politiker. Göttingen 2014.

Fischer-Lamberg 1959
Hanna Fischer-Lamberg: Die Datierung des Romanfragments Ariane an Wetty. In: Beiträge zur Goetheforschung. Hg. v. Ernst Grumach. Berlin 1959, S. 87–142.

Fischer-Lamberg 1963–74
Der junge Goethe. Neu bearbeitete Ausgabe in 5 Bänden. Hg. v. Hanna Fischer-Lamberg. Berlin 1963–1974.

Flach 2003
Willy Flach: Goethe im Februar 1779. Ein Beitrag zur Chronik von Goethes Leben [Erstdruck 1957.] In ders.: Beiträge zum Archivwesen, zur thüringischen Landesgeschichte und zur Goetheforschung. Weimar 2003, S. 359–383.

Flämig 1962
Walter Flämig: Zum Konjunktiv in der deutschen Sprache der Gegenwart. Dt. Akad. d. Wissenschaften zu Berlin. Veröffentlichungen d. Instituts f. dt. Sprache u. Literatur 15. 2Berlin 1962.

Fränkel 1960/62
Jonas Fränkel (Hg.): Goethes Briefe an Charlotte v. Stein. Umgearbeitete Neuausgabe. Berlin 1960/62.

Funck 1901
Goethe und Lavater. Briefe und Tagebücher. Hg. v. Heinrich Funck. Weimar 1901.

Furger 2010
Carmen Furger: Briefsteller: Das Medium „Brief" im frühen 17. und 18. Jahrhundert. Köln 2010.

GB
Johann Wolfgang Goethe: Briefe. Historisch-kritische Ausgabe. Im Auftrag der Klassik Stiftung Weimar hg. v. Georg Kurscheidt, Norbert Oellers u. Elke Richter. Berlin 2008 ff. [bisher erschienen Bd 1–3, 6 und 7 für den Zeitraum 1764–1779 und Sept. 1786–Juni 1788].

Gedike 1794
Friedrich Gedike: Ueber Du und Sie in der deutschen Sprache. Berlin 1794.

Geiger 1881
Ludwig Geiger: Goethe in Dornburg. In: Goethe-Jb. 2 (1881), S. 316–335.

Geiger 1897
Ludwig Geiger: Weimarer Analekten (4). In: Zeitschrift f. vergleichende Litteraturgeschichte NF Bd XI (Weimar 1897), S. 205 ff.

Geiger 1903
Ludwig Geiger: Goethe und die arkadische Gesellschaft. In: Goethe-Jb. 24 (1903), S. 248–252 [= Kurzfassung von Dieterich 1902].

Gellert 1751
C. F. Gellert: Briefe, nebst einer Praktischen Abhandlung von dem guten Geschmacke in Briefen. Leipzig 1751 [Faksimilenachdruck in Christian Fürchtegott Gellert: Die epistolographischen Schriften. Deutsche Neudrucke. Texte des 18. Jahrhunderts. Stuttgart 1971].

Gervinus 1836
G.[eorg] G.[ottfried] Gervinus: Ueber den Göthischen Briefwechsel. Leipzig 1836.

Goethe-Wörterbuch
Hg. v. der Akad. d. Wissensch. der DDR [ab 1998: der Berlin-Brandenburgischen], der Göttinger u. Heidelberger Akad. d. Wissensch. [bisher 6 Bde]. Stuttgart 1978ff.

Goethe und Weimar 1999
Goethe und Weimar. Vorphilatelistische und philatelistische Spuren Goethes, seiner Stadt und ihrer Postverbindungen. Hg.: Deutsche Post AG Zentrale. Hamburg 1999, S. 1–194.

Goethe – Zelter
Briefwechsel zwischen Goethe und Zelter in den Jahren 1799 bis 1832. Hg. v. Edith Zehm u. Sabine Schäfer [= MA Bd 20.1–20.3]. München 1991/1998.

Goethes Amtliche Schriften
Goethes Amtliche Schriften. Veröffentlichung des Staatsarchivs Weimar. Hg. v. Willy Flach. 4 Bde [in 5]. Weimar 1950–1987.

Goethes Briefe
[Zitiert nur mit Angabe des Datums nach der neuen Hist.-krit. Ausgabe (→ GB); für den dort noch nicht erfaßten Zeitraum 1780–Sept. 1786 und Juni 1788–1832 nach der IV. Abt. der alten Weimarer Ausgabe (→ WA)].

Goethes Tagebücher
[Zitiert nur mit Angabe des Datums nach der neuen Hist.-krit. Ausgabe (→ GT); für den dort noch nicht erfaßten Zeitraum 1821–1832 nach der III. Abt. der alten Weimarer Ausgabe (→ WA)].

Götting 1953
Franz Götting: Die Bibliothek von Goethes Vater. In: Nassauische Annalen 64 (1953), S. 23–69.

Gräf 1916
Goethes Briefwechsel mit seiner Frau. Hg. v. Hans Gerhard Gräf. 2 Bde, [2]Frankfurt a. M. 1916.

Grillmeyer 1999
Siegfried Grillmeyer: Habsburgs langer Arm ins Reich. Briefspionage in der Frühen Neuzeit. In: Klaus Beyrer [Hg.]: Streng geheim. Die Welt der verschlüsselten Kommunikation. Heidelberg 1999, S. 55–66.

Grillmeyer 2005
Siegfried Grillmeyer: Habsburgs Diener in Post und Politik. Das ›Haus‹ Thurn und Taxis zwischen 1745 und 1867. Mainz 2005.

Grimm 1855
Jacob Grimm: Über den personenwechsel in der rede. In ders.: Kleinere Schriften III. Nachdruck Hildesheim 1965, S. 236–311.

Grumach
Johann Wolfgang Goethe: Begegnungen und Gespräche. Hg. v. Renate Grumach [bisher erschienen Bd I–VI für den Zeitraum 1749–1808 und VIII–XIV für 1811–24]. Berlin/New York 1965 ff.

GSA
Goethe- und Schiller-Archiv der Klassik Stiftung Weimar.

GT
Johann Wolfgang Goethe: Tagebücher. Historisch-kritische Ausgabe. Im Auftrag der Stiftung Weimarer Klassik hg. v. Jochen Golz. Stuttgart/Weimar 1998 ff. [bisher erschienen Bd I–VII für den Zeitraum 1775–1820].

Guglia 1894
Eugen Guglia: Kaiserin Maria Ludovica von Österreich (1787–1816). Wien 1894.

Günther/Wyss 1996
Ulla Günther und Eva Lia Wyss: E-Mail-Briefe – eine neue Textsorte zwischen Mündlichkeit und Schriftlichkeit. In: Textstrukturen im Medienwandel. Hg. v. Ernest W. B. Hess-Lüttich u. a. (forum Angewandte Linguistik 29). Frankfurt a. M. … 1996, S. 61–86.

Günzel/Schmidt-Grépály 2003
Friedrich Nietzsche: Schreibmaschinentexte. Hg. v. Stephan Günzel u. Rüdiger Schmidt-Grépály. [2]Weimar 2003.

HA
Johann Wolfgang Goethe: Werke. Hg. v. Erich Trunz. Neubearbeitete Auflage. 14 Bde, Hamburg 1981.

Habermas 1969
Jürgen Habermas: Strukturwandel der Öffentlichkeit. Untersuchungen zu einer Kategorie der bürgerlichen Gesellschaft [zuerst 1962]. [4]Neuwied/Berlin 1969.

Hahn 1953
Karl-Heinz Hahn: Jakob Friedrich v. Fritsch. Minister im klassischen Weimar. Weimar 1953.

Hahn 1980
Karl-Heinz Hahn: Einleitung zu: Briefe an Goethe (Regesten). Bd 1, Weimar 1980.

Hammermeyer 1988
Ludwig Hammermeyer: Bayern im Reich und zwischen den grossen Mächten. In: Handbuch d. bayerischen Geschichte. Bd 2, [2]München 1988, S. 1198–1224 (§ 160/161).

Haussherr 1949
Hans Haussherr: Der Minister Goethe und die äußere Politik Carl Augusts. In: Historische Zeitschr. 169 (1949), S. 299–336.

Hecht 1982
Wolfgang Hecht: Goethe als Zeichner. Leipzig/München 1982.

Hellmuth 1926
Hans Hellmuth: Der Kampf des Kaisers mit den Ständen des Deutschen Reichs um das Postregal im siebzehnten und achtzehnten Jahrhundert. In: Archiv für Post und Telegraphie 54 (1926), S. 237–298 passim.

Henkel 1982
Arthur Henkel: Die "verteufelt humane" Iphigenie. In ders.: Goethe – Erfahrungen. Studien und Vorträge. Stuttgart 1982, S. 85–101.

Hennis 2000
Wilhelm Hennis: Rat und Beratung im modernen Staat. In ders.: Politikwissenschaft und politisches Denken. Tübingen 2000, S. 161–176.

Herre 1935
Paul Herre: Goethe und Friedrich der Große. In: Jb. d. Goethe-Gesellschaft 21 (1935), S. 26–62.

Herrmann 1904
Helene Herrmann: Die psychologischen Anschauungen des jungen Goethe und seiner Zeit. I. Teil. Diss. Berlin 1904.

Heun 1930
Hans Georg Heun: Der Satzbau in der Prosa des jungen Goethe (Palaestra Bd 172). Leipzig 1930.

Heyne 1869
E. v. Heyne: Geschichte des 5. Thüringischen Infanterie-Regiments Nr. 94 (Großherzog von Sachsen) vormaligen Großherzoglich Sächsischen Bundes-Contingentes und seiner Stämme. Weimar 1869.

Höfer 1997
Anja Höfer: Heiterkeit auf dunklem Grund. Zu einem zentralen Begriff in Goethes Kunstanschauung. In: Heiterkeit. Konzepte in Literatur und Geistesgeschichte. Hg. v. Petra Kiedaisch u. Jochen A. Bär. München 1997.

Hosäus 1882
Wilhelm Hosäus: Ernst Wolfgang Behrisch (1738–1809). Ein Bild aus Goethe's Freundeskreise. In: Mitteilungen des Vereins f. Anhaltinische Geschichte u. Altertumskunde 3 (1882), S. 492–547.

Hubatschke 1975
Harald Hubatschke: Die amtliche Organisation der geheimen Briefüberwachung und des diplomatischen Chiffrendienstes in Österreich (Von den Anfängen bis etwa 1870). In: Mitteilungen d. Instituts f. Österreichische Geschichtsforschung 83 (1975), S. 352–413.

Hübner 1961
Hans Hübner: Zur Geschichte der Portofreiheit, einer die deutsche Post jahrhundertelang bedrückenden betriebsfremden Last. In: Archiv für Deutsche Postgeschichte 1961, S. 28–33.

Jagemann 1926
Die Erinnerungen der Karoline Jagemann. Hg. v. Eduard v. Bamberg. 2 Bde, Dresden 1926.

Jauß 1982
Hans Robert Jauß: Ästhetische Erfahrung und literarische Hermeneutik. Frankfurt a. M. 1982.

Jeßing 1997
Benedikt Jeßing: Goethe als Briefschreiber. In: Goethe-Handbuch. Hg. v. Bernd Witte u. a. Bd 3, Stuttgart/Weimar 1997, S. 430–473.

Jaeger 2004
Michael Jaeger: Fausts Kolonie. Goethes kritische Phänomenologie der Moderne. Würzburg 2004.

Joost 1993
Ulrich Joost: Lichtenberg – der Briefschreiber (Lichtenberg-Studien Bd 5). Göttingen 1993.

Justi 1766
Johann Heinrich Gottlob v. Justi: System des Finanzwesens [...]. Halle/S. 1766 [Reprint Aalen 1969].

Kindermann 1680
Balthasar Kindermann: Teutscher Wolredner. Wittenberg 1680 [von Kaspar Stieler bearbeitete u. mit Anmerkungen versehene 4. Aufl. von Kindermann: Der Deutsche Redner, zuerst 1660].

Keudell 1931
Elise v. Keudell: Goethe als Benutzer der Weimarer Bibliothek. Ein Verzeichnis der von ihm entliehenen Werke. Hg. v. Werner Deetjen. Weimar 1931 [Reprint Leipzig 1982].

Klauß 2009
Jochen Klauß: Genie und Geld. Goethes Finanzen. Düsseldorf 2009.

Kleßmann 1993
Eckart Kleßmann: Christiane. Goethes Geliebte und Gefährtin. [2]Zürich 1993.

Kloosterhuis 2004
Jürgen Kloosterhuis: Donner, Blitz und Bräker. Der Soldatendienst des ›armen Mannes im Tockenburg‹ aus der Sicht des preußischen Militärsystems. In: Schreibsucht. Autobiographische Schriften des Pietisten Ulrich Bräker (1735–1798). Hg. v. Alfred Messerli u. Adolf Muschg. Göttingen 2004, S. 129–187.

Klüber 1811
Johann Ludwig Klüber: Das Postwesen in Deutschland, wie es war, ist und seyn könnte. Erlangen 1811.

Koch 1932
Franz Koch: Goethes Stellung zu Tod und Unsterblichkeit. Weimar 1932.

Koschwitz 2002
Hansjürgen Koschwitz: Wider das ›Journal- und Tageblattsverzeddeln‹. Goethes Pressesicht und Pressenutzung. Münster 2002.

Koselleck 1992
Reinhart Koselleck: Kritik und Krise. Eine Studie zur Pathogenese der bürgerlichen Welt [zuerst 1959]. Frankfurt a. M. 1992.

Krünitz
Johann Georg Krünitz: Oeconomische Encyclopädie oder allgemeines System der Land-, Haus- und Staats-Wirthschaft. 1.–242. Theil. Berlin 1773–1858.

Kucharska 2000
Elżbieta Kucharska: Anreden des Adels in der deutschen und der polnischen Briefkultur vom 17. bis Anfang des 20. Jahrhunderts. Neustadt a. d. Aisch 2000.

Künzel 1873
Heinrich Künzel: Die Arkadische Gesellschaft zu Philandria. Nach den Originalurkunden zusammengestellt. In: Latomia. Freimaurerisches Jb. für 1873, S. 105–127.

Kuhn 1979/1983
Goethe und Cotta. Briefwechsel 1797–1832. Hg. v. Dorothea Kuhn. Stuttgart [Bd 1 und 2 1979, identisch ²1980; Bd 3 1983].

Kunigk 1951
Annelie Kunigk: Es gibt Steine des Anstoßes … In: Die neue Schule. Blätter f. demokrat. Erneuerung in Unterricht u. Erziehung. Bd 48, Berlin 1951, S. 1140–1144.

LA
Johann Wolfgang Goethe: Die Schriften zur Naturwissenschaft. Vollständige mit Erläuterungen versehene Ausgabe. Hg. im Auftrage der Deutschen Akademie der Naturforscher Leopoldina. Weimar 1947 ff.

Lausberg 1960
Heinrich Lausberg: Handbuch der literarischen Rhetorik. München 1960.

LeCollen 1999
Eric LeCollen: Feder, Tinte und Papier. Die Geschichte schönen Schreibgeräts. Hildesheim 1999.

Lessing
Gotthold Ephraim Lessing: Werke und Briefe. Hg. v. Wilfried Barner u. a. 12 Bde, Frankfurt a. M. 1985 ff.

Leuschner 2007
Johann Heinrich Merck. Briefwechsel. Hg. v. Ulrike Leuschner. 5 Bde, Göttingen 2007.

Ljungerud 1979
Ivar Ljungerud: Der deutsche Anredestil. In: Moderna Språk LXXIII (1979), S. 353–379.

Lorenz 1893
Ottokar Lorenz: Goethes Politische Lehrjahre. Berlin 1893.

MA
Johann Wolfgang Goethe: Sämtliche Werke nach Epochen seines Schaffens. Münchner Ausgabe. Hg. v. Karl Richter. 21 Bde [in 26]. München 1985 ff.

Macher 2000
Heinrich Macher: Goethe und Bertuch. Der Dichter und der homo oeconomicus im klassischen Weimar. In: Friedrich Justin Bertuch … Hg. v. Gerhard R. Kaiser u. Siegfried Seifert. Tübingen 2000, S. 55–77.

Maisak 1996
Petra Maisak: Johann Wolfgang Goethe, Zeichnungen. Stuttgart 1996.

Mandelkow 1988
Goethes Briefe. Hg. v. Karl Robert Mandelkow [im Rahmen der HA]. 4 Bde, 4München 1988.

Mattenklott/Schlaffer 1988
Deutsche Briefe 1750–1950. Hg. v. Gert Mattenklott, Hannelore Schlaffer u. Heinz Schlaffer. Frankfurt a. M. 1988.

Maurer 2003
Michael Maurer: Die Briefe des jungen Goethe. In: Goethe und die Weltliteratur. Hg. v. Klaus Manger. Heidelberg 2003, S. 159–172.

Mayr 1935
Josef Karl Mayr: Metternichs Geheimer Briefdienst. Postlogen und Postkurse. Wien 1935.

Mentz 1936
Georg Mentz: Weimarische Staats- und Regentengeschichte vom Westfälischen Frieden bis zum Regierungsantritt Carl Augusts. Jena 1936.

Mentzel 1909
Elisabeth Mentzel: Wolfgang und Cornelia Goethes Lehrer: ein Beitrag zu Goethes Entwicklungsgeschichte nach archivalischen Quellen. Leipzig 1909.

Metcalf 1938
George J. Metcalf: Forms of Address in German (1500–1800). St. Louis 1938.

Meyer 1951
Heinrich Meyer: Goethe. Das Leben im Werk. Hamburg-Bergedorf 1951.

Mommsen 1948
Wilhelm Mommsen: Die politischen Anschauungen Goethes. Stuttgart 1948.

Mommsen 1988
Katharina Mommsen: Goethe und die arabische Welt. Frankfurt a. M. 1988.

Moritz 1783
Carl Philipp Moritz: Anleitung zum Briefschreiben. Berlin 1783.

Morris 1912
Der junge Goethe. Neue Ausgabe in sechs Bänden besorgt v. Max Morris. Bd 6, Leipzig 1912.

Müller 1825
August Müller: Geschichtliche Übersicht der Schicksale und Veränderungen des Großherzogl: Militairs während der glorreichen Regierung S: Königl: Hoheit des Großherzogs Carl August. Weimar 1825.

Müller 1936
Hermann Müller: Das Heerwesen im Herzogtum Sachsen-Weimar von 1702–1775. Jena 1936.

Neuhaus 1952
Rolf Neuhaus: Die Entwicklung des Sprachstils in Goethes Jugendbriefen. Berlin 1952.

Nickisch 1969
Reinhard M. G. Nickisch: Die Stilprinzipien in deutschen Briefstellern des 17. und 18. Jahrhunderts [Palaestra Bd 254]. Göttingen 1969.

Nickisch 1991
Reinhard M. G. Nickisch: Brief [Sammlung Metzler Bd 260]. Stuttgart 1991.

Nickol 2010
Thomas Nickol: Kommentar der Schriften von Goethe Zur Farbenlehre und Optik nach 1810 … In: Acta historica Leopoldina 55 (2010), S. 141–166.

Oehlke 1905
Waldemar Oehlke: Bettina von Arnims Briefromane. Berlin 1905.

Oellers 1967
Norbert Oellers: Schiller. Geschichte seiner Wirkung bis zu Goethes Tod. Bonn 1967.

Oellers 2009
Friedrich Schiller, Johann Wolfgang Goethe: Der Briefwechsel. Hist.-krit. Ausg. Hg. und kommentiert v. Norbert Oellers unter Mitarbeit v. Georg Kurscheid. 2 Bde. Stuttgart 2009.

Overheid 1657
Neu vermehrte Schreib-Kunst / Vom Rechtschreiben / Brieff-stellen / Titulgeben / und was dem anhengig ist [...] herauß gegeben Durch Gebhard Overheiden. Braunschweig 1657 [zuerst 1654].

Papke 1979
Gerhard Papke: Von der Miliz zum Stehenden Heer. Wehrwesen im Absolutismus. In: Handbuch z. dt. Militärgeschichte 1648–1939. Bd 1, Abschnitt I, München 1979.

Payer v. Thurn 1913
Rudolf Payer v. Thurn: Vor hundert Jahren. Eine Nachlese zu Goethes Aufenthalt in den böhmischen Bädern. In: Chronik des Wiener Goethe-Vereins 26 (1913), S. 20–40.

Pniower 1925
Otto Pniower: Goethe in Berlin und Potsdam. Berlin 1925.

Preuß 1834
J.[ohann] D.[avid] E.[rdmann] Preuß: Friedrich der Große. Eine Lebensgeschichte. Bd 4, Berlin 1834.

Pütter 1790
[Johann Stephan] Pütter: Erörterungen und Beispiele des Teutschen Staats- und Fürstenrechts. Erstes Heft vom Reichspostwesen. Göttingen 1790.

Rabener 1757
Gottlieb Wilhelm Rabener: Satiren. ^{3}Leipzig 1757.

Repertorium der Goethe-Briefe
Johann Wolfgang Goethe: [Elektronisches] Repertorium sämtlicher Briefe 1764–1832. Hg. v. d. Klassik Stiftung Weimar.

Richter 2001
Elke Richter: Zur historisch-kritischen Gesamtausgabe von Goethes Briefen. In: Goethe-Philologie im Jubiläumsjahr – Bilanz und Perspektiven. Hg. v. Jochen Golz. Tübingen 2001, S. 123–145.

Richter 2005
Elke Richter: Das „Straßburger Konzeptheft" – zur Überlieferung von zehn Briefen und einem Werkfragment Goethes aus den Jahren 1770 und 1771. In: Goethe-Jb. 122 (2005), S. 286–296.

Riemer 1841
Friedrich Wilhelm Riemer: Mittheilungen über Goethe. 2 Bde, Berlin 1841.

Rockinger 1863
Ludwig Rockinger: Briefsteller und Formelbücher des eilften bis vierzehnten jahrhunderts. Erste abtheilung. München 1863.

Roethe 1932
Gustav Roethe: Die Briefe des jungen Goethe. In ders.: Goethe. Gesammelte Vorträge und Aufsätze. Berlin 1932, S. 25–48 [zuerst 1926].

Rühling 2001
Lutz Rühling: Fiktionalität und Poetizität. In: Grundzüge der Literaturwissenschaft. Hg. v. Heinz Ludwig Arnold u. Heinrich Detering. [4]München 2001, S. 25–51.

Ruland 1895
Carl Ruland [Hg.]: Aus dem Goethe-National-Museum. Bd 1 (= Schriften d. Goethe-Gesellschaft Bd 10), Weimar 1895.

Sanford 2005
Goethes Briefwechsel mit seinem Sohn August. Hg. v. Gerlinde Ulm Sanford. 2 Bde, Weimar 2005.

Sauer 1902
Goethe und Österreich. Briefe mit Erläuterungen. Hg. v. August Sauer. 1. Theil (= Schriften d. Goethe-Gesellschaft Bd 17.b). Weimar 1902.

Schaefer 1879
Gustav Schaefer: Geschichte des Sächsischen Postwesens vom Ursprunge bis zum Uebergang in die Verwaltung des Norddeutschen Bundes. Dresden 1879.

Schaubert 1751
Anweisung zur Regelmäsigen Abfassung Teutscher Briefe und der Wohlstandsbriefe hg. v. M. Johann Wilhelm Schaubert. Jena 1751.

Schlaffer 1996
Hannelore Schlaffer: Glück und Ende des privaten Briefes. In: Der Brief. Eine

Kulturgeschichte der schriftlichen Kommunikation. Hg. v. Klaus Beyrer u. Hans-Christian Täubrich. Heidelberg 1996, S. 34–45.

Schlawe 1969
Fritz Schlawe: Die Briefsammlungen des 19. Jahrhunderts. Bibliographie der Briefausgaben und Gesamtregister der Briefschreiber und Briefempfänger 1815–1915. 2 Halbbände. Stuttgart 1969.

Schleif 1965
Walter Schleif: Goethes Diener. Berlin/Weimar 1965.

Schmid 1988
Irmtraud Schmid: Was ist ein Brief? Zur Begriffsbestimmung des Terminus ›Brief‹ als Bezeichnung einer quellenkundlichen Gattung. In: editio. Internat. Jahrbuch f. Editionswissenschaft 2 (1988), S. 1–7.

Schmid 2001
Irmtraud Schmid: Anforderungen an die Kommentierung von Briefen und amtlichen Schriftstücken. In: "Ich an Dich". Edition, Rezeption und Kommentierung von Briefen. Hg. v. Werner Bauer u. a. Innsbruck 2001, S. 35–45.

Schmid 2008
Gerhard Schmid: Archivar von Profession. Wortmeldungen aus fünfzig Berufsjahren. Berlin 2008.

Schmidt 1968
Gerhard Schmidt: Die Krankheit zum Tode. Goethes Todesneurose (= Forum der Psychiatrie Nr 22). Stuttgart 1968.

Schmitz/v. Steinsdorff 1992
Bettine von Arnim. Werke und Briefe. Hg. v. Walter Schmitz u. Sibylle v. Steinsdorff. Bd 2, Frankfurt a. M. 1992.

Schöll/Wahle 1899
Goethes Briefe an Frau von Stein. Hg. v. Adolf Schöll. 3. Aufl. (umgearbeitet v. Julius Wahle). Bd. 1, Frankfurt a. M. 1899.

Schöne 1987
Albrecht Schöne: Goethes Farbentheologie. München 1987.

Schottel 1663
Justus-Georg Schottel: Ausführliche Arbeit Von der Teutschen HaubtSprache. Braunschweig 1663.

Schrader 1911
Ernst Schrader: Die Schlußformel in Goethes Briefen. Diss. Greifswald 1911.

Schrader 2004
Hans-Jürgen Schrader: Sphärensprünge vom Landleben zur Literatur. Von Bräker bis Brandstätter. In: Schreibsucht. Autobiographische Schriften des Pietisten Ulrich Bräker (1735–1798). Hg. v. Alfred Messerli u. Adolf Muschg. Göttingen 2004, S. 93–115.

Schreckenbach 1961
Goethes Autographensammlung. Katalog. Bearbeitet v. Hans-Joachim Schrekkenbach. Weimar 1961.

Schubart-Fikentscher 1977
Gertrud Schubart-Fikentscher: Goethes Amtliche Schriften. Eine rechtsgeschichtliche Untersuchung. Sitzungsberichte d. Sächs. Akad. d. Wissensch. zu Leipzig. Phil.-hist. Klasse. Bd 119, Heft 2. Berlin 1977.

Schuchardt 1848
Christian Schuchardt: Goethe's Kunstsammlungen. Zweiter Theil: Geschnittene Steine […]. Jena 1848.

Schuster/Strobel 2013
Jörg Schuster und Jochen Strobel [Hg.]: Briefkultur. Texte und Interpretationen – von Martin Luther bis Thomas Bernhard. Berlin/Boston 2013.

Schwarz 1931
Konrad Schwarz: Die Entwicklung der deutschen Post. Berlin 1931.

Sckell 1864
Karl August Christian Sckell: Goethe in Dornburg. Jena/Leipzig 1864.

Segebrecht 1977
Wulf Segebrecht: Das Gelegenheitsgedicht. Ein Beitrag zur Geschichte und Poetik der deutschen Lyrik. Stuttgart 1977.

Seibt 2008
Gustav Seibt: Goethe und Napoleon. Eine historische Begegnung. München 2008.

Sengle 1993
Friedrich Sengle: Das Genie und sein Fürst. Die Geschichte der Lebensgemeinschaft Goethes mit dem Herzog Carl August von Sachsen-Weimar-Eisenach. Ein Beitrag zum Spätfeudalismus und zu einem vernachlässigten Thema der Goetheforschung. Stuttgart/Weimar 1993.

Siebenschein 1957/58
Hugo Siebenschein: Goethe und Maria Ludovica. In: Wissenschaftl. Zeitschr. d. Friedrich-Schiller-Universität Jena, Jg. 7 (1957/58), S. 363–375.

Siebenschein 1962
Hugo Siebenschein: Goethes Liebesglück in Böhmen. In: Festgabe für L. L. Hammerich. Kopenhagen 1962, S. 255–269.

Sikora 1996
Michael Sikora: Disziplin und Desertion. Strukturprobleme militärischer Organisation im 18. Jahrhundert (Historische Forschungen Bd 57). Berlin 1996.

Sikora 1998
Michael Sikora: Das 18. Jahrhundert: Die Zeit der Deserteure. In: Ulrich Bröckling u. Michael Sikora [Hg.]: Armeen und ihre Deserteure. Vernächlässigte Kapitel einer Militärgeschichte der Neuzeit. Göttingen 1998, S. 86–111.

Sinemus 1976
Volker Sinemus: Stilordnung, Kleiderordnung und Gesellschaftsordnung im 17. Jahrhundert. In: Stadt – Schule – Universität – Buchwesen und die deutsche Literatur im 17. Jahrhundert. Hg. v. Albrecht Schöne. München 1976, S. 22–43.

Spriegel 1934
Liese Spriegel: Der Leipziger Goethe und Gellert. Diss. Tübingen 1934.

Spyrka 1990
Ines Spyrka: Kommunikativ-pragmatische Funktionen der Anredepronomen in Goethes Briefen und Schriften. Masch.schriftl. Diss. (Akad. d. Wissensch. der DDR) Berlin 1990.

Staiger 1960
Emil Staiger: Goethe. Bd I, [3]Zürich/Freiburg i.Br. 1960.

Steiner 1895
Rudolf Steiner: Goethes Beziehungen zur Versammlung deutscher Naturforscher u. Ärzte in Berlin 1828. In: Goethe-Jb. 16 (1895), S. 52–56.

Steinhausen 1889/91
Georg Steinhausen: Geschichte des deutschen Briefes. Zur Kulturgeschichte des deutschen Volkes. 2 Teile. Berlin 1889 und 1891.

Steinmetz 1958
Max Steinmetz [Hg.]: Geschichte der Universität Jena 1548/58 – 1958. Bd I, Jena 1958.

Stenzel 1970
Jürgen Stenzel: Zeichensetzung. Stiluntersuchungen an deutscher Prosadichtung [Palaestra Bd 241]. ²Göttingen 1970.

Stenzel 1999
Jürgen Stenzel: Symbolische „Scheitholzflöss-Anarchie" oder Meisterschaft und Dilettantismus. In: Jb. des Freien Deutschen Hochstifts 1999, S. 52–67.

Stephan 1859
H.[einrich von] Stephan: Geschichte der Preußischen Post von ihrem Ursprunge bis auf die Gegenwart. Nach amtlichen Quellen. Berlin 1859 [Nachdruck 1987].

Stockhausen 1756
Johann Christoph Stockhausen: Grundsätze wohleingerichteter Briefe. Nach den neuesten und bewährtesten Mustern der Deutschen und Ausländer. Nebst beygefügten Erläuterungen und Exempeln. ³Helmstedt 1756 [zuerst 1751].

Stockhorst 2002
Stefanie Stockhorst: Fürstenpreis und Kunstprogramm. Sozial- und gattungsgeschichtliche Studien zu Goethes Gelegenheitsdichtungen für den Weimarer Hof. Tübingen 2002.

Stöhr 1810
August Leopold Stöhr: Kaiser Karlsbad und dieses weit berühmten Gesundheitsortes Denkwürdigkeiten für Kurgäste, Nichtkurgäste und Karlsbader selbst. Karlsbad 1810.

Stöhr 1822
August Leopold Stöhr: Kaiser=Karlsbad, im Jahre MDCCCXXII. Ein Handbuch für Kurgäste und andere Freunde dieses weltberühmten Badeorts. Karlsbad/Leipzig 1822.

Strodtmann 1874
Briefe von und an Gottfried August Bürger. Hg. v. Adolf Strodtmann. 4 Bde, Berlin 1874.

Strohschneider-Kohrs 1999
Ingrid Strohschneider-Kohrs: Ein Goethe-Brief der Spätzeit und sein Kontext. In dies.: Poesie und Reflexion. Aufsätze zur Literatur. Tübingen 1999, S. 221–247.

Süss 1926
Wilhelm Süss: Gesellschaft derer Arcadier in Phylandrien dargestellt nach den Akten dieser Gesellschaft im Archiv der Freimaurerloge Joh.:d.:Ev.:z.:Eintr.: in

Darmstadt [Manuskript vom Oktober 1926, ohne Seitenzählung. Benutzt wurde eine handschriftl. Kopie vom Juli 1936, welche die Darmstädter Loge zur Verfügung stellte].

Talander 1716
Gründliche Einleitung Zun Teutschen Briefen [...] Mit einer ietzt üblichen Titulatur und aller-hand Briefmustern erläutert Von Talandern [= August Bohse]. Jena 1716 [zuerst 1700].

Tümmler 1949–62
Goethes Briefwechsel mit Christian Gottlieb Voigt. Bearb. u. hg. v. Hans Tümmler [= Schriften d. Goethe-Gesellsch. Bde 53–56]. 4 Bde, Weimar 1949–1962.

Tümmler 1954
Politischer Briefwechsel des Herzogs und Großherzogs Carl August von Weimar. Hg. v. Willy Andreas, bearb. v. Hans Tümmler. Bd 1, Stuttgart 1954.

Tümmler 1964
Hans Tümmler: Goethes politisches Gutachten aus dem Jahre 1779 [Zuerst in: Goethe. Neue Folge des Jb. d. Goethe-Gesellsch. 18, 1956]. In ders.: Goethe in Staat und Politik. Köln/Graz 1964, S. 57–76.

Tümmler 1976
Hans Tümmler: Goethe als Staatsmann. Göttingen 1976.

Unseld 1993
Siegfried Unseld: Goethe und seine Verleger. ²Frankfurt a. M./Leipzig 1993.

Ventzke 2004
Marcus Ventzke: Das Herzogtum Sachsen-Weimar-Eisenach 1775–1783. Köln/Weimar/Wien 2004.

Vogel 1904
Carl Vogel: Die letzte Krankheit Goethe's. In: Chronik d. Wiener Goethe-Vereins XVIII (1904), S. 12–21.

Vogel 1908
Theodor Vogel: Führer durch Goethes Briefwechsel. In: Zeitschrift f. d. deutschen Unterricht 22 (1908), S. 609–623, 689–706, 737–751.

Vogl 1999
Leopold Vogl: Goethe und die Musterung. In: Bundeswehrverwaltung, 43. Jg. (1999), S. 193–202.

Voigt 1912
Julius Voigt: Goethe und Ilmenau. Leipzig 1912.

Vordtriede 1964
Werner Vordtriede: Bettina und Goethe in Teplitz. In: Jb. d. Freien Deutschen Hochstifts 1964, S. 343–365.

Voßkamp 1971
Wilhelm Voßkamp: Dialogische Vergegenwärtigung beim Schreiben und Lesen. Zur Poetik des Briefromans. In: Deutsche Vierteljahrsschrift f. Literaturwiss. u. Geistesgeschichte 45 (1971), S. 80–116.

Vulpius 1990
Wolfgang Vulpius: Goethe in Thüringen. Stätten seines Lebens und Wirkens. 2Rudolstadt 1990.

WA
Goethes Werke. Hg. im Auftrage der Großherzogin Sophie von Sachsen. I. Abt., Bd 1–55: Werke. II. Abt., Bd 1–13: Naturwissenschaftliche Schriften. III. Abt., Bd 1–15: Tagebücher. IV. Abt., Bd 1–50: Briefe. Weimar 1887–1919 [Fotomechan. Nachdruck München 1987] mit 3 Ergänzungsbänden, hg. v. Paul Raabe, München 1990: Bd 51 und 52 mit ›Nachträgen 1768–1832‹, Bd 53 mit einem ›Gesamtregister‹ der bis 1989 bekannt gewordenen Goethebriefe [gegliedert in ein chronologisches, ein alphabetisches, ein nach Wohnorten und ein nach Beruf und Stand geordnetes Verzeichnis der 1439 Briefempfänger].

Wahl 1923
Hans Wahl: Die Dornburger Schlösser [= Schriften d. Goethe-Gesellsch. 36]. Weimar 1923.

Wahl 1927/28
Hans Wahl: Carl Augusts letzte Reise. In: Jb. d. Sammlung Kippenberg 7 (1927/28), S. 75–103.

Wahl 1971
Briefwechsel des Herzog-Großherzogs Carl August mit Goethe. Hg. v. Hans Wahl. 3 Bde, Berlin 1915–1918 [Reprint Bern 1971].

Wargenau 2010
Udo Wargenau: Über Gottfried August Bürgers Korrespondenz mit Heinrich Christian Boie. In: Lichtenberg-Jb. 2010, S. 153–175.

Weinrich 1986
Harald Weinrich: Lügt man im Deutschen, wenn man höflich ist? Mannheim/Wien/Zürich 1986.

Weise 1684
Christian Weise: Neu-Erleuterter Politischer Redner. Leipzig 1684.

Weise 1691
Christian Weise: Curiöse Gedancken Von Deutschen Brieffen. Dresden 1691.

Weiß 2004
Carina Weiß: Zu Goethes Sammlung antiker und nachantiker Gemmen. In: Jb. des Freien Deutschen Hochstifts 2004, S. 116–151.

Wiedemann 2000
Conrad Wiedemann: Goethe in Berlin. In: Berlin-Brandenburgische Akad. d. Wissensch. Berichte u. Abhandlungen Bd 8 (Berlin 2000), S. 11–15.

Wilkinson 1954
Elizabeth M. Wilkinson: Goethes Letters. In: Publications of the English Goethe Society. New Series XXIII (1954), p. 121–125.

Wilson 1999
W. Daniel Wilson: Das Goethe-Tabu. Protest und Menschenrechte im klassischen Weimar. München 1999.

Wurm 1834
Commentar zu Göthe's west-östlichem Divan bestehend in Materialien und Originalien zum Verständnisse desselben. Hg. v. Christian Wurm. Nürnberg 1834 [Nachdruck Hildesheim 1983].

Zedler
Johann Heinrich Zedler: Grosses vollständiges Universal Lexicon. 68 Bde, Halle/Leipzig 1732–1754 [mit leicht variierenden Titel- und Ortsangaben].

Zehe 2004
Horst Zehe: „Pfauenaugen kann man finden". Prosaisches zu Goethes entoptischen Farben. In: Acta Historica Leopoldina 39 (2004), S. 191–200.

Zehm 1997
Edith Zehm: [Goethes] Briefwechsel mit Carl Friedrich Zelter. In: Goethe-Handbuch. Hg. v. Bernd Witte u. a. Bd 3, Stuttgart/Weimar 1997, S. 484–496.

Zittel 2007
Manfred Zittel: Erste Lieb' und Freundschaft. Goethes Leipziger Jahre. Halle/S. 2007.

BEDANKUNGEN

Viele Ratgeber, meist aus Göttingen und Weimar, sind mir bei den hier vorliegenden Versuchen zu Hilfe gekommen. In besonders gewichtigen Fällen habe ich sie in den Anmerkungen namentlich genannt. Dankbar verbunden bin ich dabei vor allem Elke Richter, die im Goethe- und Schiller-Archiv mit der maßgebend neuen und reich kommentierenden Ausgabe von Goethes Briefen (GB) befaßt ist. Sie hat mir, ebenso sachkundig wie geduldig, mit zahlreichen Auskünften auf die Sprünge geholfen.

Neben meiner langjährigen Schreiberin Christa Fischer, deren ›Mini-Job‹ nach meiner Emeritierung noch bis 2009 die Akademie der Wissenschaften zu Göttingen finanzierte, sind mir im Wechsel Wissenschaftliche Hilfskräfte zur Hand gegangen, deren (eine) Stelle auch bis 2009 durch die Göttinger Universität finanziert worden ist. In ihnen allen habe ich hochengagierte Mitarbeiter gefunden. Ich preise die Georgia Augusta für diese Förderung des wissenschaftlichen Nachwuchses und für die (leider sehr ungewöhnliche) Altersförderung, die mir selber dadurch zuteil wurde.

Nach dem Tod meiner Schreiberin im Januar 2014 ist noch einmal eine meiner früheren Helferinnen eingesprungen: Debora Helmer, der ich für diese Rettungsaktion herzlich dankbar bleibe. Die Typoskripte hat Ulrich Joost in Darmstadt mit kenntnisreicher Sorgfalt gegengelesen. Der Wortlaut der 1. Auflage wurde dann auch von meinem Stuttgarter Korrespondenten Heinz Schlaffer noch einmal korrigierend durchgesehen.

Ich bin froh darüber, daß der Verlag C.H.Beck in München, dem ich ein halbes Jahrhundert lang verbunden sein durfte, freundlich antreibend darauf bestanden hat, auch dieses Buch noch in seine Obhut zu nehmen.

Albrecht Schöne

BUCHVERÖFFENTLICHUNGEN ALBRECHT SCHÖNE

Säkularisation als sprachbildende Kraft. Studien zur Dichtung deutscher Pfarrersöhne. Göttingen: Vandenhoeck & Ruprecht 1958, 2. Aufl. 1968 (vergriffen).

Das Zeitalter des Barock. Texte und Zeugnisse (Hg.). München: C.H.Beck 1963, 3. Aufl. (Studienausgabe) 1988.

Emblematik und Drama im Zeitalter des Barock. München: C.H. Beck 1964, 3. Aufl. 1993.

Über politische Lyrik im 20. Jahrhundert. Göttingen: Vandenhoeck & Ruprecht 1965, 3. Aufl. 1972 (vergriffen).

Emblemata. Handbuch zur Sinnbildkunst des XVI. und XVII. Jahrhunderts (hg. mit Arthur Henkel). Stuttgart: J. B. Metzlersche Verlagsbuchhandlung 1967, 7. Aufl. 2013.

Literatur im audiovisuellen Medium. Sieben Fernsehdrehbücher. München: C.H.Beck 1974 (vergriffen).

Der Hochstapler und der Blechtrommler. Die Wiederkehr der Schelme im deutschen Roman. Wuppertal: Peter Hammer 1974 (vergriffen).

Kürbishütte und Königsberg. Modellversuch einer sozialgeschichtlichen Entzifferung poetischer Texte. Am Beispiel Simon Dach. München: C.H.Beck 1975, 2. Aufl. 1982.

Götterzeichen, Liebeszauber, Satanskult. Neue Einblicke in alte Goethetexte. München: C.H.Beck 1982, 3. Aufl. 1993.

Aufklärung aus dem Geist der Experimentalphysik. Lichtenbergsche Konjunktive. München: C.H.Beck 1982, 3. Aufl. 1993.

Georg Christoph Lichtenberg. Briefwechsel. Bd 1–4 (hg. mit Ulrich Joost). München: C.H.Beck 1983–1992.

Göttinger Vademecum. Ein literarisches Gästebuch und historisches Poesiealbum, welches leselustige Fußgänger und spazierfreudige Leser in 5 Jahrhunderte führt und durch 172 Straßen der Stadt (Hg.). München/Göttingen: C.H.Beck / Vandenhoeck & Ruprecht 1985 (vergriffen).

Kontroversen, alte und neue. Akten des VII. Internationalen Germanisten-Kongresses, Göttingen 1985 (Gesamt-Hg.). 11 Bände. Tübingen: Max Niemeyer 1986 (vergriffen).

Juden in der deutschen Literatur. Ein deutsch-israelisches Symposion (hg. mit Stéphane Moses). Frankfurt/M.: Suhrkamp 1986, 2. Aufl. 1987.

Goethes Farbentheologie. München: C.H.Beck 1987 (vergriffen).

Physiognomische Übungen zur Beförderung der Menschenkenntnis und der Liebe zu Verlegern. München: C.H.Beck 1988 (vergriffen).

Vom Biegen und Brechen. Göttingen: Wallstein 1991 (vergriffen).

Johann Wolfgang Goethe: Faust. 2 Bde (Texte und Kommentar). Frankfurt/M.: Deutscher Klassiker Verlag 1994. Zuletzt revidierte und aktualisierte 8. Aufl. (als Taschenbuch) 2017.

Schillers Schädel. München: C.H.Beck 2002, 3. Aufl. 2005.

Vom Betreten des Rasens. Siebzehn Reden über Literatur. München: C.H.Beck 2005, 2. Aufl. 2005.

Keine Gesänge aus dem Elfenbeinturm. Sechs Kleinigkeiten, eine Reverenz und das Schriftenverzeichnis. Hg. von Ulrich Joost und Thedel v. Wallmoden. Göttingen: Wallstein Verlag 2015.

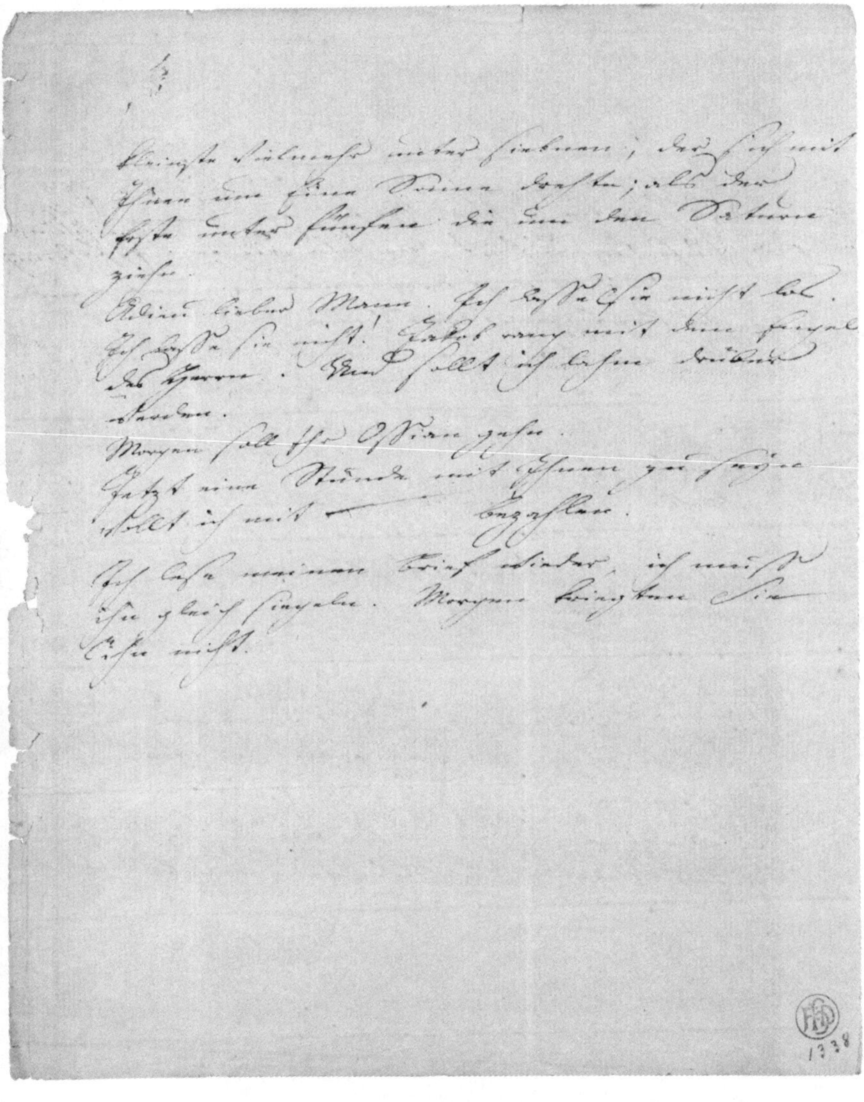

kleinste Rücksicht mehr hindern, daß ich mich
Ihnen um seiner Seelen dächte; als der
sich mehr fühlen die man dem Verkehre
ziehe.
Adieu lieber Mann. Ich lasse Sie nicht los.
Ich lasse Sie nicht! Jakob rang mit dem Engel
des Herrn. Und sollt ich lahm drüber
werden.
Morgen soll ich Ossian haben.
Jetzt eine Stunde mit Ihnen zu sprechen
sollt ich mit — bezahlen.
Ich lese meinen Brief wieder, ich muß
ihn gleich siegeln. Morgen kriegten Sie
ihn nicht.

1338

Goethe an Herder, wohl im Oktober 1771
(Handschrift: Goethe-Museum Frankfurt a.M.).
Angeführt hier Seite 465 f.